Objective-C und Cocoa

Band 1: Grundlagen

Amin Negm-Awad

Objective-C und Cocoa

Band 1: Grundlagen

Objective-C und Cocoa – Band 1: Grundlagen

Bibliografische Information der Deutschen Nationalbibliothek

Die Deutsche Nationalbibliothek verzeichnet diese Publikation in der Deutschen Nationalbibliografie; detaillierte bibliografische Daten sind im Internet über http://dnb.d-nb.de abrufbar.

Copyright © 2012 dpunkt.verlag GmbH, Ringstr. 19B, 69115 Heidelberg

ISBN: 978-3-908498-08-7
3., überarbeitete Auflage 2012

Projektleitung und Lektorat:	Gabriel Neumann
Lektorat	Horst-Dieter Radke
Korrektorat:	Dr. Anja Stiller-Reimpell/ Horst-Dieter Radke
Layout und Satz:	Susanne Streicher
Covergestaltung:	Johanna Voss, Florstadt
Foto Cover:	istockphoto.com
Illustrationen:	© Peter Galbraith - Fotolia.com
Druck und Bindung:	M. P. Media-Print Informationstechnologie GmbH, 33100 Paderborn

Trotz sorgfältigem Lektorat schleichen sich manchmal Fehler ein. Autoren und Verlag sind Ihnen dankbar für Anregungen und Hinweise!

SmartBooks	Ein Imprint der dpunkt.verlag GmbH
	Ringstr. 19B - 69115 Heidelberg - Deutschland
http://www.smartbooks.de	E-Mail: info@smartbooks.de

Alle Rechte vorbehalten. Die Verwendung der Texte und Bilder, auch auszugsweise, ist ohne die schriftliche Zustimmung des Verlags urheberrechtswidrig und strafbar. Das gilt insbesondere für die Vervielfältigung, Übersetzung, die Verwendung in Kursunterlagen oder elektronischen Systemen. Der Verlag übernimmt keine Haftung für Folgen, die auf unvollständige oder fehlerhafte Angaben in diesem Buch oder auf die Verwendung der mitgelieferten Software zurückzuführen sind. Nahezu alle in diesem Buch behandelten Hard- und Software-Bezeichnungen sind zugleich eingetragene Warenzeichen oder sollten als solche behandelt werden.

Besuchen Sie uns im Internet!
www.smartbooks.de
www.smartbooks.ch

Svea Frieda

Vorwort zur dritten Auflage

Liebe Leserin, lieber Leser,

zunächst möchte ich mich dafür bedanken, dass Sie das Buch gekauft haben. Schon eine ganze Weile ist die vorhergehende Auflage vergriffen und vieles hat sich bei Apple auch hinsichtlich der Programmiererei getan. Da war eine neue Auflage erforderlich, die nun – manch einer im Verlagshause wird »endlich« schreien – vorliegt.

Ausdrücklichen Dank schulde ich erneut meiner Freundin Anja Désirée Toboll, die mich wegen der Arbeit an diesem Werk häufig entbehren musste. Allerdings fanden wir dennoch irgendwie die Zeit, für unsere Tochter Svea Frieda zu sorgen, die leider in der heißen Phase des Buches den Ausspruch »Papa arbeiten« gelernt hat und ihn innig mit meinem MacBook Air verbindet.

Es gab einige Gründe, auch konzeptionell an dem Werk etwas zu tun: Zum einen verändern sich Objective-C, Cocoa und Xcode ständig, zuletzt mit Mountain Lion. Zum anderen will ich auch immer größere Bereiche der Thematik besprechen.

Natürlich stand wieder die Frage nach der richtigen Betriebssystemversion an. Das zentrale Problem dürfte darin liegen, dass sich die Entwicklungsumgebung, insbesondere der Interface Builder, dramatisch weiterentwickelt haben. Außerdem wurde Objective-C um Sprachmittel erweitert, die die Lesbarkeit der Programme deutlich erhöht haben. Inhaltlich hat sich bei der von Apple gelieferten Bauteilkiste (Cocoa) zwar auch einiges getan. Aber das ist für diesen ersten Band gar nicht einmal so entscheidend.

Gliederung und Konzeption

Womit wir bei der Konzeption wären: Wie Sie vielleicht bei genauer Betrachtung des Einbandes gesehen haben, ist dies der erste von zwei Bänden. Dieser erste Band adressiert vor allem Einsteiger. Und dies ist gleich mit einer dringenden Bitte verbunden: Auch Leute, die jahrelang in C++ oder Java programmiert haben, sind Einsteiger bei Objective-C. Die Sprache funktioniert nämlich grundlegend anders. Ich kann daher nur immer und immer wieder empfehlen, keine Konzepte von anderen Programmiersprachen mit in dieses Buch zu nehmen. Fangen Sie wieder bei Null an! Es ist besser für Ihren Code. Das gilt übrigens auch für diejenigen, die bereits auf Objective-C umgestiegen sind und sich fragen, warum es keine Generics wie bei C++ und Java gibt. Sie sind noch nicht bei Objective-C angekommen.

Dieses Buch ist nicht primär als Nachschlagewerk, sondern als Lehrbuch konzipiert. Es soll vielmehr wie in einem Roman das Wissen rund um Objective-C und Cocoa vermitteln. Gerade für den Anfänger ist es daher wichtig, die Kapitel in der angegebenen Reihenfolge durchzuarbeiten. Ich weiß, die Neugier ist groß und man schaut gerne nach vorne. Aber die einzelnen Kapitel setzen aufeinander auf.

Ich habe jedoch auch von Auflage zu Auflage darauf geachtet, dass das Werk stärker strukturiert wird. Einschübe sind selten vorhanden und der Anlaufpunkt sollte stets das entsprechende Kapitel sein, welches sich nach der Struktur von Cocoa und den von Ihnen entwickelten Programmen richtet. Natürlich führt dies umgekehrt zu mehr Querverweisen. Ich denke, diese im Rahmen gehalten zu haben.

Die beiden ersten Kapitel dienen dem Kennenlernen vor allem für Anfänger. Kapitel 1 erläutert die grundsätzlichen Bestandteile und Konzeptionen sowohl der Programmiersprache Objective-C und des Frameworks Cocoa als auch der Bestandteile der Entwicklungsumgebung Xcode, mit der wir uns im Laufe des Buches befassen werden.

In Kapitel 2 werden Sie eine kleine Applikation schreiben, um die Handhabung der Entwicklungsumgebung Xcode zu erlernen. Gleichzeitig erhalten Sie einen Einsteig in Objective-C.

In den Kapiteln 3 und 4 werden die gewonnenen Kenntnisse von Objective-C und Cocoa vertieft. Sie erhalten einen detaillierten Blick in allgemeine Themen, die Sie zur weiteren Arbeit benötigen. Mir ist bekannt, dass dies der langweiligste, weil abstrakteste Teil des Buches ist. Irgendwann muss man durch dieses Stahlbad. Ich habe dies an eine frühe Stelle des Buchs gesetzt, damit Sie den nachfolgenden Teil mit tieferem Verständnis durcharbeiten können. Aber auch umgekehrt: Sicherlich kann man sich nicht alles aus Kapitel 3 und 4 sofort merken, weshalb es ein guter Rat ist, dort immer wieder mal nachzuschauen.

Wie Sie gelernt haben werden, strukturiert man eine Anwendung mit graphischem User-Interface (GUI) in drei Ebenen: View – Controller – Model. Diese werden in den Kapitel 5 bis 7 genauer besprochen.

Kapitel 8 enthält zusätzliche Hinweise zum Arbeiten mit der Entwicklungsumgebung und schließt damit den Kreis.

Aktualität

Dieses Buch setzt – was die Entwicklungsumgebung angeht – auf OS X 10.8 Mountain Lion mit Xcode 4.5 auf. Dies hat leider zu einer weiteren Verzögerung geführt, da zahlreiche Textstellen und Screenshots angepasst werden mussten. Gerade die Übernahme von Xcode 4 war wichtig, da sich hier vieles getan hat.

Die zeitgleich mit Mountain Lion erschienenen Erweiterungen von Objective-C sind ebenfalls eingearbeitet, so dass das Buch hoch aktuell ist. Allerdings mag man das »zeitgleich« ernst nehmen: Sie können ohne Weiteres mit OS X 10.7 Lion arbeiten, da auch dort die Neuerungen der Programmiersprache Einzug erhielten. Letztlich sind die Unterschiede zwischen den beiden Betriebssystemen nicht tragend für dieses Buch.

Auch bereits mit Lion wurde ein neues Speicherverwaltungsmodell, Automatic Reference Counting, in Cocoa und Objective-C eingeführt, welches die Arbeit deutlich vereinfacht. Damit ist ein älteres (keinesfalls das älteste) Speicherverwaltungsmodell, Garbage-Collection, obsolet geworden. Es wird nicht mehr besprochen und in diesem Buch nicht benutzt.

Automatic Reference Counting wird allerdings von mir in allen Sources eingesetzt, es sei denn, ich bespreche gerade manuelles Reference-Counting. An kniffligen Stellen gibt es auch kurze Hinweise für manuelles Reference-Counting. Ich rate aber von der Verwendung ab.

Bei Objective-C habe ich mich für die neueste Version entschieden, zeige aber auf, wie Sie das in altes Objective-C übersetzen können. Sie lässt aber prägnantere Formulierungen zu, was einfach zur klareren Verständlichkeit und zu Seitenersparnis führt.

Weiterführende Informationen
Auf meiner Webseite zum Buch

www.cocoading.de

sollten Sie immer einmal vorbeischauen. Zwar finde ich nur noch wenig Zeit, dort Artikel zu veröffentlichen, aber es findet sich dort der Code zum Buch wie Anmerkungen, Fehler usw. Sie können mich auch über meine E-Mail-Adresse ansprechen:

negm-awad@cocoading.de

Ich bemühe mich, auf alle Fragen einzugehen. Es kann eben bloß auch mal eine Woche dauern, bis ich die Zeit finde, einen komplizierten Sachverhalt anzuschauen. Erinnern Sie mich ruhig!

Für Freunde des kurzen Textes ist vielleicht mein Twitter-Account interessant.

cocoading

Des Weiteren existiert, betrieben von Kay Löhmann, das wichtigste deutschsprachige Forum für Cocoa-Entwickler (aber nicht nur Cocoa-Entwickler) unter der Domain

www.osxentwicklerforum.de

Hier können Sie Einzelfragen stellen, die von einer Horde hilfsbereiter Entwickler sicherlich schnell beantwortet wird. Kay Löhmann hat dankenswerterweise in der Diskussionsgruppe Cocoa eine Untergruppe für dieses Buch mit dem Namen »Fragen zum Buch Objective-C und Cocoa« eingerichtet. Ich bin dort – wie generell auf dem Forum – (fast) täglich zu erreichen.

Ich werde an einigen Stellen in diesem Buch auf Band 2 verweisen. Dies dient nicht der Werbung – die Existenz des 2. Bandes werden Sie ohnehin bemerkt haben. Vielmehr gelange ich zuweilen an Stellen, bei denen ich Erweiterungen, Hintergrundinformationen, vertieftes Wissen usw. aufzeigen möchte, ohne dies bereits in diesem Band besprechen zu können. Ich will es aber auch nicht verschweigen, da dies Wissen vielleicht für Ihre geplante Applikation wichtig ist und Sie daher wissen wollen, ob etwas, das sie beabsichtigen, möglich ist. Bei einem riesigen Framework wie Cocoa läuft man sonst schnell in die verkehrte Richtung und verirrt sich.

Überhaupt Apple-Dokumentation: Sie sollten die in dem Buch angesprochenen Dinge auch parallel in der Dokumentation nachschlagen und sich ruhig ein wenig umschauen. Auch in zwei Bänden kann man allenfalls die wichtigsten Punkte ansprechen. Ich habe aber die Links in die Apple-Dokumentation auf der Webseite zum Buch eingefügt, so dass Sie dort nachschauen können. Die Liste im Internet erweitere und aktualisiere ich zudem ständig auf der Webseite.

Programmlistings und Screenshots

In diesem Buch sind freilich zahlreiche Listings enthalten, die den von Ihnen einzugebenden Text darstellen. Ich habe mir Mühe gegeben, zu ändernde oder in Bezug genommene Stellen durch Fettschrift hervorzuheben. Sind Auszüge dargestellt, so befindet sich an den ausgelassenen Stellen ein Ellipsenzeichen („…"). Der Umbruch der Codezeilen orientiert sich an dem Layout, wie es in einem gedruckten Werk erforderlich ist. Da mir hier nur 80 Zeichen pro Zeile zur Verfügung stehen, ist dies zuweilen etwas gewöhnungsbedürftig. Sie können bei eigener Eingabe deutlich breiter setzen. Als Merkregel gilt: Immer wenn ein Leerzeichen oder ein Zeilenumbruch erfolgt, können Sie dies gegeneinander austauschen. Sie können also Teile, die auf mehrere Zeilen verteilt sind, bei sich wieder zusammenfügen, wenn dazwischen ein Leerzeichen getippt wird.

Auch bei Screenshots habe ich, soweit erforderlich, Hervorhebungen durch Rahmen vorgenommen. Bitte beachten Sie diese, wenn Sie in Dialogen verschiedene Einstellmöglichkeiten suchen.

Leider kann es vorkommen, dass das von Ihnen verwendete Programm Xcode Fehler hat. In diesen Fällen funktioniert dann »auf einmal« gar nichts mehr. Schauen Sie im Zweifel auf die Webseite zum Buch, ob ich dort etwas dazu publiziert habe. Ansonsten empfiehlt es sich, zuweilen Xcode neu zu starten.

Überhaupt können Sie den von Ihnen einzugebenden Code auch von der Webseite herunterladen. Es wird allerdings eher nicht funktionieren, diese eins-zu-eins mit Ihrer Eingabe zu vergleichen, da sich doch immer wieder minimale Unterschiede ergeben, die sich im Laufe der Zeit summieren. Mit etwas Verständnis kann das aber eine wichtige Hilfe zur Fehlersuche sein.

Fehlersuche und -meldung

Zuweilen macht man einen Fehler, der so offensichtlich ist, dass man ihn gar nicht sieht. Auch, wenn man sich die entsprechende Stelle 283981237 Mal angeschaut hat, gelingt dies nicht. Da hilft nur eines: Besuchen Sie das vorgenannte Forum und schildern Sie das Problem. Es besteht eine hohe Wahrscheinlichkeit, dass jemand anderes dies sehr schnell sieht, einfach weil er weiter von der Thematik entfernt ist. Ich selbst habe bei einem Fehler im Code für die letzte Auflage stundenlang gesessen, um nach Rückfrage innerhalb kürzester Zeit von Manfred Kress auf das Unsichtbar-Offensichtliche hingewiesen zu werden. Danke noch einmal, Manfred! Ich wäre mutmaßlich über diesen Fehler verstorben.

Ich hoffe, dass Sie beim Lesen des Buches so viel Spaß haben, wie ich beim Schreiben hatte.

Amin Negm-Awad
Köln, im September 2012

Übersicht

Kapitel 1	Einführung	21
Kapitel 2	Umrechner – Die erste Applikation	49
Kapitel 3	Objective-C	141
Kapitel 4	Foundation	251
Kapitel 5	Die Viewschicht	373
Kapitel 6	Die Controllerschicht	457
Kapitel 7	Die Modelschicht	589
Kapitel 8	Xcode & Co	691
	Index	733

Inhaltsverzeichnis

Vorwort zur dritten Auflage 7

Kapitel 1 Einführung   21

1.1	*Die Sprache und das Framework*	22
1.1.1	*Objective- ...*	22
	Nachrichten	24
	Objekte	24
	Klassen und Klassenobjekte	26
	Ableitung und Vererbung	30
	Überschreiben und Polymorphie	31
	Erweiterung oder Spezialisierung	33
	Delegieren: alternative Spezialisierungen	35
1.1.2	*... C ...*	36
1.1.3	*... und Cocoa*	38
	Cocoa als Library	39
	Cocoa als Umgebung	39
1.2	*Xcode Developer-Tools*	40
1.2.1	*Installation der Developer-Tools*	40
1.2.2	*Xcode Integrated Developer Envirement*	40
1.2.3	*Compiler, Linker und Build*	41
1.2.4	*Debugger*	47
1.3	*Zusammenfassung und Ausblick*	47

Kapitel 2 Umrechner – Die erste Applikation   49

2.1	*Xcode und das Projekt*	50
2.1.1	*Projekt anlegen*	51
2.1.2	*Die Bereiche des Projektfensters*	54
2.1.3	*Die Symbolleiste*	55
2.1.4	*Die Navigatoren*	57
	Der Projektnavigator	57
	Symbolnavigator	61
	Search-Navigator	62
	Sonstige	63
2.2	*Xib-Editor: das User-Interface*	63
2.2.1	*Die Objektliste*	64
	Placeholder	65
	Objects	66
2.2.2	*Die Library im Interface Builder*	67
2.2.3	*Der Inspector für die Einstellungen*	70
2.3	*Outlets, Actions und Targets*	73
2.3.1	*Der Button als Anfang allen Übels*	73
2.3.2	*Die Klasse Controller, ...*	75
2.3.3	*... und das Instanzobjekt*	79
2.3.4	*Outlets: Verbindungen zum User-Interface*	81
	Outlet graphisch erzeugen	83
	Outlet selbst programmieren	86
	Letztes Textfeld	90
	Outlets kontrollieren	90

2.3.5	Action-Target: Verbindungen vom User-Interface	91
	Manuell: Action schreiben und Target setzen	91
	Automatisch Methode erzeugen lassen und setzen	94
	Action kontrollieren	95
2.3.6	Konsole	95
2.4	Source-Editor: erste Schritte des Programmierens	97
2.4.1	Nachrichten – Wir beginnen zu sprechen	97
2.4.2	Variablen und Returnwerte – Fragen und Antworten	99
2.4.3	Dokumentation und Quick-Help	101
	Vollständige Dokumentation	101
	Kurzdokumentation	103
2.4.4	Fehleranzeige	105
2.4.5	Lesen – Denken – Schreiben	106
2.5	Der Debugger	108
2.5.1	Breakpoints	108
2.5.2	Angezeigte Informationen	109
	Editor	109
	Debugger	110
	Navigationsleiste	111
2.5.3	Durchlaufen	112
2.6	Das letzte Drittel: Das Model	113
2.6.1	Amin's next top model: äußere Ansichten …	113
2.6.2	… und innere Werte	120
	Modelbeschreibung und -editor	121
2.6.3	Verbindungen schaffen	124
2.7	Zusammenfassung und Ausblick	139

Kapitel 3 Objective-C 141

3.1	Kleinkram	145
3.1.1	Typen	145
	Einfache Datentypen	146
	Strukturen	147
	C-Arrays	152
	Zeiger	153
	Objektvariablen	157
3.1.2	Objektarten	163
	Klassen- und Instanzobjekte	163
	Entitäten und Container	164
	Swinger-Club für Objekte – Attribute und Beziehungen	164
3.1.3	Mathematische Operationen	167
3.1.4	Kontrollstrukturen	169
	Verzweigungen	170
	Schleifen	173
	Bedingungen	178
3.1.5	Ausführungseinheiten	181
	Blöcke	181
	Funktionen	182
	Methoden	186
	Closures (Objective-C-Blocks)	190
	Konzept	190
	Syntax im Einzelnen	195
	Praktische Anwendung in Cocoa	198

3.2	Klasse	198
3.2.1	Interface (Beschreibung)	199
	Die Klasse und ihre Basisklasse	200
	Instanzvariablen	202
	Eigenschaften (Declared-Propertys)	202
	Methodenliste	207
3.2.2	Class-Continuation	208
	Möglichkeiten	209
	Zweck	209
3.2.3	Implementierung (Funktionalität)	211
	Eigenschaften	212
	Weitere Methoden	213
3.2.4	Verwendung	214
	Erzeugung einer Instanz	214
	Benutzen der Instanz	216
3.2.5	Instanzvariablen	217
3.2.6	copy und strong (und weak)	219
3.3	Eine Subklasse als Spezialisierung	225
3.4	Eine Subklasse als Erweiterung	229
3.5	Kategorien	235
3.5.1	Erweiterung	236
3.5.2	Strukturierung	239
3.5.3	Kapselung	240
3.5.4	Informelle Protokolle	240
3.6	Protokolle	240
3.6.1	Definition	241
3.6.2	Übernahme in Klassen	242
3.6.3	Verwendung	244
	Required-Methoden	244
	Optional-Methoden	244
	Protokolltypisierung	246
	Protokollabfrage	248
3.7	Zusammenfassung	249

Kapitel 4 Foundation 251

4.1	Objekterzeugung	252
4.1.1	Allokation	252
4.1.2	Initialisierung	253
	Designated-Initializer	253
	Secondary-Initializer	258
	Ererbte Initialisierer	259
	Zusammenfassung	264
	Initialisierung von Klassenobjekten	264
4.1.3	Convenience-Allocators und +new…	265
4.1.4	Kopien: Objektorientiertes Plagiieren	271
	Kopien, Identität, Dasselbe, Das Gleiche	271
	Implementierung	274
	Convenience-Copy	281
	Gleichheit	281
4.1.5	Zusammenfassung	283
4.2	Speicherverwaltung	283

	4.2.1	Das Konzept anhand von Automatic Reference Counting 284
		Vernetztes Denken 285
		Anker 290
		Löschwelle 296
		Weak – Zyklen und der Softie unter den Settern 297
		Autorelease-Pools und die Rückgabe von Objekten 307
		Zusammenfassung 320
	4.2.2	Manuelle Speicherverwaltung 321
		Grundregel 321
		Lokale Variablen 321
		Accessoren und Instanzvariablen 325
		Rückgabe 327
		Objektvernichtung 329
		Zusammenfassung 329
	4.2.3	Automatische vs. Manuelle Speicherverwaltung 329
	4.3	Container 330
	4.3.1	Arten von Containern 331
	4.3.2	Skalare Container 333
		Formatter 335
		Werte 337
		Zahlen 338
		Dezimalbrüche 339
		Zeichenketten 345
		Date und Calendar 351
		Binäre Daten 352
	4.3.3	Collections 352
		Elemente und Speicherverwaltung 353
		Erzeugung 356
		Keine Collection, leere Collection und leeres Element 357
		Abzählung 358
		Sets 361
		Counted-Sets 362
		Ordered-Sets 363
		Arrays 363
		NSDictionary 365
	4.3.4	Property Lists 367
		Struktur 368
		Umwandlung von Entitäten in Property-Lists 369
		XML-Property-Lists 370
	4.4	Zusammenfassung 371

Kapitel 5 Die Viewschicht — 373

	5.1	Grundlagen 374
	5.1.1	Responder als Basisklasse 374
		Fenster 376
		Views 376
		Die Aufgabenteilung zwischen Fenstern und Views 376
	5.1.2	Views und Cells 382
	5.1.3	Nib-Files 386
	5.2	Menüs 389
	5.3	Fenster 391
	5.3.1	Wichtige Eigenschaften 392

	5.3.2	Delegate	395
	5.3.3	Sheets	398
		Synchrone Alerts	399
		Asynchrone Alerts	400
		Synchrone, applikationsmodale Fenster	402
		Asynchrone, fensterlokale Sheets	406
	5.3.4	Drawers	409
	5.3.5	Toolbars	410
		Toolbar-Struktur	410
		Eigene Toolbar erstellen	413
	5.4	Views und Controls	418
	5.4.1	Wichtige Eigenschaften	418
	5.4.2	Autolayout	421
		Constraints	423
		Ungleichungssystem	425
		Nutzung aus dem Code	427
	5.4.3	Buttons	428
		Aktionsbuttons	429
		Umschaltbuttons	429
	5.4.4	Imageviews	431
	5.4.5	Boxen	432
	5.4.6	Tabviews	432
	5.4.7	Splitviews	435
	5.4.8	Progressindicator	436
	5.4.9	Textfelder	441
	5.4.10	Pop-up-Buttons	442
	5.4.11	Scrollviews	444
	5.4.12	Tableviews	446
		Struktur	446
		Content-Mode	447
		Data-Source	449
		Sourceview	449
		Selection	451
	5.4.13	Outlineviews	451
	5.4.14	Weitere Views und Eigenschaften	451
	5.5	Animation	452
	5.6	Zusammenfassung	455

Kapitel 6   Die Controllerschicht   457

	6.1	Bindings-Controller, KVC, KVV und KVO	458
	6.1.1	Grundlagen	458
		Key und Key-Path	458
		Key-Value-Coding	460
		Key-Value-Validation	460
		Key-Value-Observation	460
		Cocoa-Bindings (Key-Value-Bindings)	461

6.1.2	Key-Value-Coding	462
	Funktionsweise	463
	Einfache Accessoren (Getter und Setter)	465
	Ungeordnete To-many-Relationships (Sets)	467
	Geordnete To-many-Relationships (Arrays, Ordered-Sets)	473
	Zusammenfassung:	474
	Fehlermethoden	474
6.1.3	Key-Value-Validation	475
6.1.4	Key-Value-Observing	476
6.1.5	Bindings	478
	Bindbare Eigenschaften	478
	Bindings-Optionen	481
	Value-Transformer	482
6.1.6	Der Arraycontroller	483
	Einstellungen im Attributes-Inspector	483
	Observierbare Eigenschaften	485
6.1.7	Der Tree-Controller	488
6.1.8	Der Dictionary-Controller	489
6.1.9	Der Defaults-Controller und Voreinstellungen	491
	Defaultssystem	491
	Registrationdefaults und Application-Delegate	493
6.1.10	Komplexe Bindings	499
	Bindingsketten	499
	Selektions-Bindings	505
6.2	Windowcontroller und Viewcontroller	510
6.2.1	Aufgabe und Stellung	510
6.2.2	Fenstertyp	513
6.2.3	Dokumentenwindowcontroller	515
	Der eigene Windowcontroller	515
	Document-Bindings	517
	Outlets	519
	Actions und First Responder	519
6.2.4	Infowindowcontroller	522
6.2.5	Inspector-Windowcontroller	531
	Erstellen	532
	Synchronisation	535
6.2.6	Viewcontroller	540
6.3	Notifications	541
6.3.1	Lokale Notifications	542
	Notification definieren	543
	Notification auslösen	545
	Notification fangen	546
6.3.2	Als Observer anmelden	547
	Notifications und Delegating	549
6.3.3	Distributed-Notifications	550
6.4	Data-Sources	552
6.4.1	Bindings einreißen und Data-Source vorbereiten	552
6.4.2	Die Urgründe	554
6.4.3	Manuelle Synchronisation der Auswahl	559
6.4.4	Personen zum Outlineview hinzufügen	562
6.4.5	Gruppen und ihre Elemente	565
6.4.6	Ansichten tauschen	567

	6.4.7	Manuelle Synchronisation der Attribute	579
	6.4.8	Key-Loop	580
	6.5	Drag-and-drop-Controller, Pasteboards	581
		Dragging	582
		Dropping	584
	6.6	Zusammenfassung	588

Kapitel 7 Die Modelschicht 589

	7.1	Grundlagen	590
	7.1.1	Inhalt	590
		Informationen	590
		Fähigkeiten	592
	7.1.2	Modellierung	593
		Problemstellung	593
		Modellierungsregeln	595
	7.2	Dokumente eigener Klassen	601
	7.2.1	Modellimplementierung	602
	7.2.2	Anbindung	603
	7.2.3	Laden und Speichern	604
		Methodensatz	605
		Serialisierung mit Codern	605
		Serialisieren	607
		Deserialisierung	614
		Handwerksregeln	615
	7.2.4	Undo	616
		Undo-Manager	616
		Undo-Stack	617
		Undo implementieren	621
		Undo deaktivieren	626
		Handwerksregeln	627
	7.3	Core Data	627
	7.3.1	Grundlagen	628
		Aufgabe von Core Data	628
		Was ist Core Data?	628
		Aufbau	631
	7.3.2	Modelbeschreibung	634
		Entitätsbeschreibung	635
		Eigenschaftsbeschreibungen	636
		Klassen und Entitäten	643
	7.3.3	Instanzverwaltung	644
		Objekt-ID	644
		Instanzerzeugung	645
		Speicherverwaltung	647
		Instanzvernichtung	647
		Abweichungen zwischen Store und Kontext	649
	7.3.4	Anpassung	649
		Accessoren	650
		Klasseneigenschaften	655
		Eigene Attributtypen	658
	7.3.5	Fetch-Requests	662

	7.3.6	Prädikate 665
		Eigenschaft (Key) 666
		Wert 666
		Operator 667
		To-many-Beziehungen und Aggregate 668
		Prädikaterzeugung 669
	7.3.7	Sortierung 670
		Möglichkeiten der Sortierung 670
		Sort-Deskriptoren 670
		Reihenfolgeeigenschaft im Model 671
		Reihenfolgeeigenschaft per Drag-and-Drop und die Objekt-ID 677
	7.4	Applikationsmodelle 685
	7.4.1	Zugriff 685
	7.4.2	Ohne Core-Data-Support 685
		Im Code 686
		Im Nib 687
	7.4.3	Mit Core-Data-Support 687
	7.4.4	Undo-Management 687
	7.4.5	Laden und Speichern 688
	7.5	Versions und Autosave 689
	7.6	Zusammenfassung 689

Kapitel 8 Xcode & Co 691

	8.1	Workspace, Projekt und Target 692
	8.1.1	Übersicht 692
	8.1.2	Workspaces 692
		Workspace erzeugen 693
		Projekte erzeugen 693
		Mit Workspace arbeiten 694
	8.1.3	Projekt 697
	8.1.4	Target 697
	8.1.5	Schemes 698
	8.1.6	Configurations 699
	8.2	Projektdateien 699
	8.2.1	Datei hinzufügen 699
	8.2.2	Dateien finden 702
	8.3	Target 703
	8.3.1	Summary 704
	8.3.2	Info 705
	8.3.3	Build-Settings 708
	8.3.4	Build-Phasen 709
	8.4	Lokalisierung 711
	8.4.1	Ressourcen und Lokalisierung 712
		Lokalisierte Dateien 712
		Auswahl der Lokalisierung 713
		Lokalisierung hinzufügen 713
		Lokalisierung im Code 717
	8.4.2	Das »Über«-Fenster 719
	8.5	Texteditor und Code-Generierung 720

8.5.1	Texteditor und Preferences	720
	Textvervollständigung	720
	Code-Folding	721
	Navigation	722
	Kodierung	722
	Bezeichnernutzung	723
	Einrückung	723
	Key Bindings	723
8.5.2	Code-Generierung	723
	Core-Data	724
	Interface Builder	724
8.5.3	Refaktorierung	724
	Umbenennen	724
	Auslagern	725
	Klassenhierarchie	726
	Konvertierung zu ARC	727
8.6	Codeanalyse	727
8.7	Die erste eigene Applikation	728
8.7.1	Leistungsumfang	728
8.7.2	Arbeitsabläufe	729
8.7.3	User-Interface	729
8.7.4	Model	729
8.7.5	Controller aufbauen	730
8.7.6	Testen und Fehlersuche	730
8.7.7	Anwendung publizieren	730
	Archive-Build	731
	Archive	731
8.8	Zusammenfassung	731

Index   733

Verzeichnis der Schlüsselwörter und Bezeichner	734
Stichwortverzeichnis	737

Einführung

Kapitel 1

Gleich herein: Ich habe mir das allgemein übliche Herumgerede am Anfang eines Lehrbuches gespart. Sie sollen hier einen Überblick über die verschiedenen Elemente erhalten, die Sie zur Programmierung erlernen müssen, damit Sie erst einmal eine Grundstruktur des Wissens haben.

Sie haben es als Programmierer mit zahlreichen neuen Dingen zu tun. Das verwirrt häufig und führt zu Missverständnissen. Meist sind es nur Begriffsverwechslungen, die nicht wirklich schlimm sind. Wenn Sie dann aber im Internet nachforschen wollen oder Fragen in Foren stellen, ist es schwierig, an die richtige Information zu kommen. Daher hier erst einmal die Grundstruktur und wesentliche Gedanken:

Jeder Handwerker hat zwei Dinge in seiner Werkstatt: das Material, das er bearbeitet, und die Werkzeuge, mit denen er es bearbeitet. Und Programmieren ist viel, viel Handwerksarbeit. Daher will ich mit Ihnen zunächst einen kleinen Rundgang durch die von Ihnen neu erworbene Werkstatt machen.

Das Material, die Programmiersprache »Objective-C« und das Framework »Cocoa« bespreche ich als Erstes, wobei ich ganz abstrakt bleibe, also nur die Grundkonzepte vorstelle.

Danach geht es an die Aufgabengebiete der Werkzeuge, der sogenannten Developer-Tools.

1.1 Die Sprache und das Framework

Computer werden mit Programmiersprachen programmiert. Die Programmiersprachen stellen also das Material dar, aus dem wir später unser Programm bauen. Aber bei modernen Programmiersprachen verhält es sich so, dass sie gleichermaßen nur eine leere Hülle bilden. Inhaltliche Funktionalität gibt erst das »Framework«, eine Art Grabbelkiste vorgefertigter Elemente. Man kann also vereinfachend die Programmiersprache Objective-C als »Grammatik« und das Framework Cocoa als »Vokabular« bezeichnen. Dabei können Sie an der Programmiersprache nichts ändern. Ihre Programmiertätigkeit liegt vielmehr darin, das Vokabular ständig zu erweitern.

Der Buchtitel »Objective-C und Cocoa« vermittelt dabei eine Zweiteilung. In Wahrheit geht es aber um drei Komponenten:

1.1.1 Objective- ...

Die Programmiersprache, mit der wir hier programmieren werden, nennt sich »Objective-C«. Das steht ja auch auf dem Buchdeckel. Daher hier ein paar einleitende Worte zur Sprache und ihren Konzepten:

Bei Objective-C handelt es sich um eine sogenannte objektorientierte Sprache. Die Technologie bezeichnet man als »objekt-orientierte Programmierung« (OOP). Da der Begriff eine ganze Zeit ein Modewort war, ist er leider versaubeutelt worden. Objective-C verdient jedoch den Namen OOP so, wie er ursprünglich von *Alan Kay* Ende der 70er-Jahre erfunden wurde, als dieser die Programmiersprache Smalltalk-80 entwickelte, den Vorläufer von Objective-C.

Kay arbeitete am Xerox Palo Alto Research Center (Xerox-PARC). Richtig, Xerox-PARC, das war das Forschungsinstitut, von dem auch Apple die ersten Ideen für eine graphische Benutzeroberfläche bekam. (Später arbeitete übrigens Kay eine Zeit lang für Apple.) Und diese Idee der graphischen Benutzeroberfläche revolutionierte nicht nur die Bedienung von Computern, sondern auch ihre Programmierung. Denn für diese neue Art des User-Interfaces waren bisherige Programmiersprachen unbequem. Um das zu verstehen, muss man sich erinnern (wenn man alt genug ist) oder lernen, wie man damals mit Computern arbeitete:

Grundsätzlich gab das Programm dem Benutzer in einem Raster vor, was wann zu tun war. Wir schreiben gleich ein Umrechnungsprogramm. Eine Sitzung mit einem solchen Programm hätte damals vermutlich wie folgt ausgesehen:

```
Geben Sie den Ausgangswert ein: 3[Enter]
Geben Sie den Umrechnungsfaktor ein: 2.54[Enter]
Das Ergebnis ist 7,62
Möchten Sie noch eine Umrechnung vornehmen (j/n):n[Enter]
```

Hier werden also 3 Zoll in 7,62 cm umgerechnet. Der Punkt ist, dass das Programm vorgibt, wann was getan wird: Ausgangswert eingeben – Umrechnungsfaktor eingeben – Ergebnis berechnen und ausgeben – Ende des Programms abfragen. Das Programm hat also gewissermaßen vier Arbeitsschritte, die im festen Raster abgearbeitet wurden.

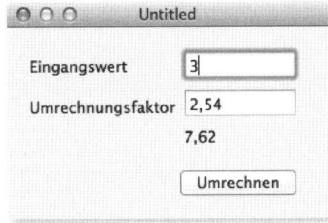

Eine moderne Anwendung legt Sie nicht fest.

Stellen Sie sich mal eine Anwendung für OS X vor: Hier gäbe es zwei Felder zur Eingabe der Werte (Ausgangswert und Umrechnungsfaktor), einen Button oder einen Menüeintrag *Umrechnen* und einen Menüeintrag *Beenden*. Und für Sie wäre es völlig klar, dass Sie jeden dieser Arbeitsschritte in beliebiger Reihenfolge ausführen können. So könnten Sie etwa den Umrechnungsfaktor 2,54 vor dem Ausgangswert eingeben. Sie könnten jederzeit das Programm beenden. Natürlich würden Sie ganz häufig beim zweiten Mal nur noch den Ausgangswert eingeben und auf *Umrechnen* klicken, da sich der Umrechnungsfaktor nicht ändert, wenn Sie etwa eine ganze Zahlenkolonne von Zoll nach cm umrechnen. Wieso jedes Mal den Umrechnungsfaktor neu eingeben? Dann wäre also die Reihenfolge der Arbeitsschritte wieder eine andere.

Lange Rede, kurzer Sinn: Mit der Erfindung der graphischen Benutzeroberfläche gibt nicht mehr das Programm dem Benutzer die Abfolge der Arbeitsschritte vor, sondern der Benutzer dem Programm. Die Leute, die die graphische Benutzeroberfläche entwickelten, nannten diesen ersten Lehrsatz: »Don't mode me!«, übersetzt vielleicht: »Zwinge mich nicht dazu, eine bestimmte Abfolge einzuhalten.«

Und dies war für bisherige Programmiersprachen unbequem zu formulieren. Grundsätzlich denkt man beim Programmieren in Schritten, die nacheinander ausgeführt werden. Als Vergleich werden hier gerne Kochrezepte herangezogen: ein Arbeitsschritt nach dem anderen. Sie kämen ja auch nicht auf den Gedanken, zuerst die Pizza zu belegen und dann den Teig zu machen. Geht irgendwie nicht …

Nachrichten

Versetzen wir uns also in Alan Keys Situation: Er kannte Programmiersprachen, die eine feste Abfolge von Arbeitsschritten wollten, und er hatte im Nebenzimmer Gestalter sitzen, die sagten, dass der Benutzer eine freie Abfolge von Arbeitsschritten will. Und er musste das irgendwie zusammenbringen.

Der erste Schritt zur Lösung besteht darin, die Aktionen des Benutzers (Drücken einer Taste, Klicken auf einen Button oder einen Menüeintrag usw.) als Nachricht des Benutzers an das Programm aufzufassen. Schauen Sie sich oben noch einmal den Ablauf eines »herkömmlichen« Programms an: Dort schickt das Programm Nachrichten an den Benutzer, was er jetzt zu tun habe. Jetzt machen wir es genau umgekehrt: Wir schicken Nachrichten an das Programm, was es zu tun habe. Also etwa: »Taste gedrückt: 3.«

Jeder dieser Nachrichten wird dann vom Programmierer ein Stück Programm zugeordnet. Also, es gibt etwa einen Programmteil, der ausgeführt wird, wenn eine Nachricht »Taste gedrückt: 3« eintrifft. Dann wird der Programmteil tasteGedrückt: ausgeführt.

GRUNDLAGEN

Für die OOP im Sinne von Kay ist die Nachricht zentral. Es gibt auch Programmiersprachen, die Nachrichten gar nicht explizit kennen. Sie sind nicht objektorientiert in Kays Sinne.

Objekte

Jetzt gibt es da aber ein Problem: Wohin mit der 3? Die könnte ja im ersten Eingabefeld (Ausgangswert) oder im zweiten Eingabefeld (Umrechnungsfaktor) gedrückt worden sein. Und was soll mit der 3 geschehen? Sie muss ja irgendwie in den bereits bestehenden Text im Eingabefeld angehängt oder eingefügt werden oder was auch immer.

Einführung

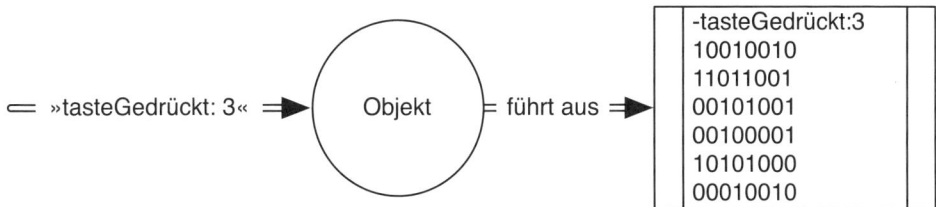

Erhält ein Objekt eine Nachricht, so führt es ein kleines Stück Programm aus.

Hier kommt das zweite Konzept zum Tragen: Jede Nachricht hat einen Adressaten. Und diesen Adressaten nennt man »Objekt«. In unserem Beispiel wäre jedes Eingabefeld ein Objekt, eben ein Eingabefeldobjekt. Und so ein Objekt zeichnet sich durch zwei Dinge aus: Zum einen kann es aufgrund einer Nachricht ein bisschen Programm ausführen, wie bereits oben angedeutet. Man bezeichnet dieses bisschen Programm als »Methode«. In unserem Beispiel könnten die beiden Objekte also die Methode tasteGedrückt: ausführen. Dort wäre dann ein bisschen Programm, welches die Taste entgegennimmt und in den Text einfügt.

Das Zweite ist, dass ein Objekt Daten speichern kann. Nehmen Sie an, dass im ersten Eingabefeld schon der Wert 7 steht, im zweiten 2,5. Dies bedeutet, dass das erste Eingabefeld-Objekt den Wert 7 gespeichert hat und das zweite den Wert 2,5.

GRUNDLAGEN

Um dies gleich klarzustellen: Jedes Objekt kann mehrere Werte speichern, nicht nur einen. In unserem Beispiel benötigen wir jedoch lediglich einen. Andere Werte, die zu einem Eingabefeld-Objekt gespeichert sind, sind etwa die Textfarbe (fast immer schwarz), ob ein Rahmen gezeichnet werden soll usw.

Wird jetzt eine Taste im ersten Eingabefeld gedrückt, so erhält dieses erste Eingabefeld-Objekt die Nachricht »tasteGedrückt: 3« und führt daraufhin seine Methode tasteGedrückt: aus. Daraufhin fragt es sich selbst, welcher Wert denn bisher gespeichert ist, und erkennt 7.

Kapitel 1

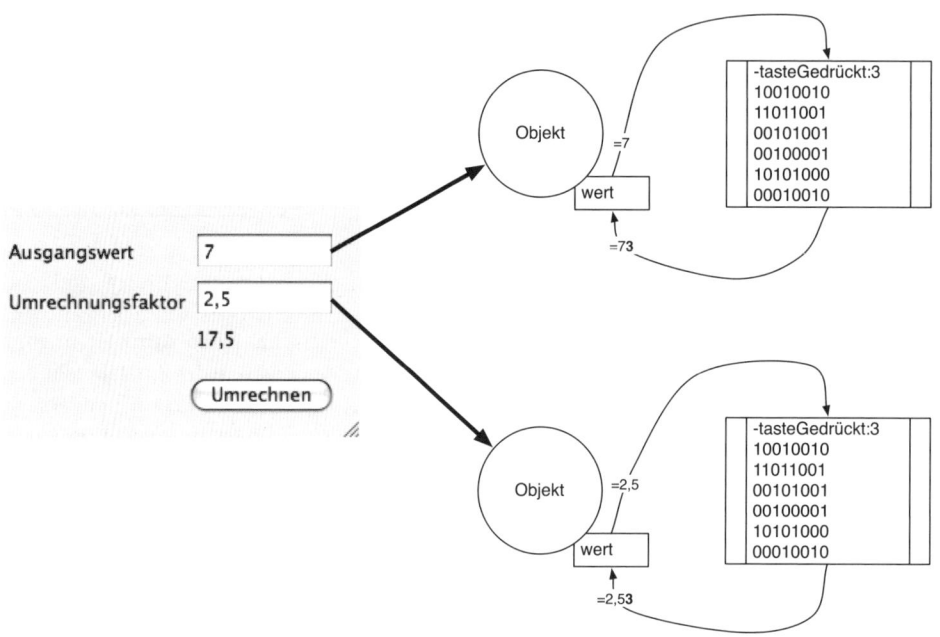

Jedes Objekt kennt zudem seine Werte.

An diese 7 hängt es die 3 an und speichert 73 als neuen Wert.

Drückt der Benutzer demgegenüber die Taste, während der Cursor im zweiten Eingabefeld ist, so erhält das zweite Eingabefeld-Objekt die Nachricht »Taste gedrückt: 3« und führt die Methode tasteGedrückt: aus. Dort sieht die Methode, dass bisher der Wert 2,5 gespeichert ist, hängt eine 3 an und speichert das wieder als Wert 2,53.

Wieso machte das Kay auf diese Weise? Nun, wenn früher das Programm die Arbeitsschritte festlegte, konnte es keine Missverständnisse geben: Der erste Wert, der vom Benutzer eingegeben wurde, war der Ausgangswert. Der zweite Wert, der eingegeben wurde, der Umrechnungsfaktor. Die Zuordnung der Benutzereingabe zu den Speicherstellen des Programms war also fest. Jetzt jedoch ging das ja alles durcheinander. Und daher musste eine Zuordnung der Nachricht und des Speichers erfolgen.

Zusammengefasst: Ein Objekt ist eine Einheit, die Daten speichern kann und aufgrund einer Nachricht eine Operation (Methode) ausführt.

Klassen und Klassenobjekte

Ihre Arbeit als Programmierer besteht nun darin, diese Objekte zu programmieren. Nein, ganz richtig ist das nicht. Objective-C ist auch eine sogenannte klassenbasierte Programmiersprache.

Schauen wir noch einmal auf unser Programm, das wir gleich programmieren werden. Ich hatte Ihnen gesagt, dass beide Eingabefelder Objekte sind, weil sie einerseits Nachrichten empfangen können, andererseits Werte speichern.

Aber auch der weiter unten liegende Button ist ein Objekt. Er kann auch Nachrichten empfangen, etwa, wenn der Benutzer auf ihn klickt. Auch kann er Werte speichern, etwa seine Beschriftung »Umrechnen«. Also auch ein Objekt.

Aber ich muss Ihnen nicht erklären, dass die beiden Eingabefelder sehr ähnlich sind, der Button demgegenüber etwas ganz anderes. Überlegen wir uns mal, warum das richtig ist, was wir bereits ganz intuitiv fühlen:

Zum einen können beide Eingabefelder die gleiche Art von Daten speichern, nämlich den Wert, der gespeichert ist. Klar, der Wert kann in jedem Eingabefeld anders sein. Aber was überhaupt gespeichert wird, ist bei beiden Eingabefeldern gleich. Beim Button dagegen wird etwas anderes gespeichert, nämlich seine Beschriftung. Jeder Button kann wiederum eine andere Beschriftung haben. Aber die Art der Daten, die gespeichert wird, ist eben Beschriftung.

Ebenso verhält es sich bei den Nachrichten und Methoden: Beide Eingabefelder können auf die Nachricht »tasteGedrückt:« reagieren und dementsprechend die Methode –tasteGedrückt: ausführen. Der Button dagegen kann die Methode –klick ausführen.

Der Trick besteht jetzt darin, dass man gleichartige Objekte wie unsere Eingabefeldobjekte zusammenfasst zu einer Klasse. Ein ganz anderes Objekt (wie unser Button) gehört dagegen zu einer anderen Klasse. Also:

Das erste Eingabefeldobjekt ist von der Klasse `Eingabefeld`.

Das zweite Eingabefeldobjekt ist von der Klasse `Eingabefeld`.

Das Buttonobjekt ist von der Klasse `Button`.

Und Ihre Aufgabe als Programmierer ist es jetzt, diese Klassen zu programmieren. Das sieht dann etwa so aus:

```
Eingabefeld
    Hat folgende Eigenschaften:
    Wert
    Textfarbe

    Hat folgende Fähigkeiten:
    tasteGedrückt:
```

Kapitel 1

```
Button
    Hat folgende Eigenschaften:
    Beschriftung

    Hat folgende Fähigkeiten:
    klick:
```

Dabei legen Sie also fest, welche Eigenschaften (Zahlen, Texte, Farbe usw.) das Objekt hat und welche Methoden aufgrund einer Nachricht ausgeführt werden können.

Später, wenn das Programm gestartet wird, liest der Computer diese Beschreibung und erstellt entsprechende Objekte in der gewünschten Zahl. Man kann also sagen, dass die Klasse eine Beschreibung der Objekte ist, deren Bauplan. Und man sagt, dass es den Typen festlegt. »Typ«, das ist das Fachwort.

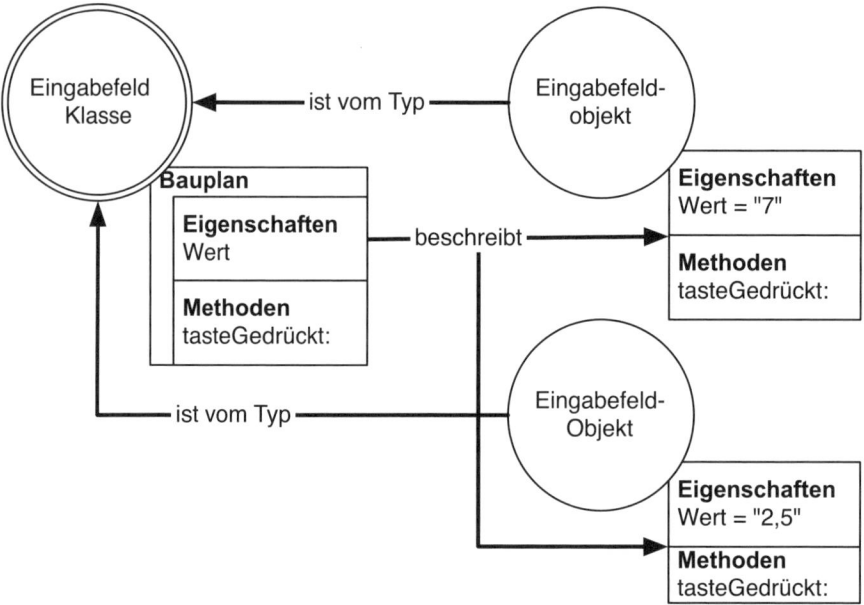

Die Klasse enthält die Beschreibung, das Objekt den konkreten Wert.

Wenn man die drei Kreise vergleicht, stellt man etwas fest: Die Eingabefeldklasse beschreibt einmalig die bei den Eingabefeldern vorhandenen Eigenschaften und Methoden. Dies ist daher bei beiden Eingabefeldobjekten gleich, Der einzige Unterschied besteht darin, dass die konkret gespeicherten Werte (7 bzw. 2,5) voneinander abweichen. Daher reicht es aus, wenn bei einem Objekt nur dieser Wert gespeichert wird, bei der Klasse der Rest. Für Sie ist es aber wichtig zu sehen, dass die Methode tasteGedrückt: eine Methode des Objektes, nicht der Klasse ist. Und Wert ist die Bezeichnung einer Eigenschaft des Objektes, nicht der Klasse. Deutlich wird das, wenn wir unser Modell erweitern:

Weil aber die Klasse der Hohe Wächter des Bauplanes ist, hat sie noch eine zweite wichtige Funktion: Sie stellt die Objekte her. Hierzu erhält sie eine Nachricht der Art: »Erzeuge mir ein Objekt nach dem bei dir gespeicherten Bauplan.« Und jetzt wird es schwierig: Wenn eine Nachricht an die Klasse geschickt wird, dann muss diese Klasse ja auch ein Objekt sein. Denn Objekte sind die Empfänger von Nachrichten. Und es muss bei der Klasse also auch eine entsprechende Methode vorhanden sein, die bei jeder Nachricht ein neues Objekt erzeugt.

Und so ist es auch: Jede Klasse wird gleichzeitig durch ein sogenanntes Klassenobjekt repräsentiert. Dieses Klassenobjekt ist, vereinfacht gesagt, bei Start des Programms einfach da, muss also nicht erst erzeugt werden. Und weil es einfach da ist, können wir es ohne weiteres benutzen. Nur eine Nachricht hinschicken, das war's. Dafür haben die Klassenobjekte einen Nachteil: Man kann in ihnen keine Daten speichern. Das ist für ihre Aufgabe aber auch nicht erforderlich.

Um das Ganze unterscheiden zu können, nennen wir die erzeugten Objekte »Instanzobjekte« oder kurz »Instanzen« und die Klassenobjekte eben so oder »Klassen«. Wobei man begrifflich schon unterscheiden sollte, dass Klasse den Typen eines Instanzobjektes bezeichnet, während Klassenobjekt den Empfänger einer Nachricht meint. Wir können unsere Graphik jetzt verfeinern:

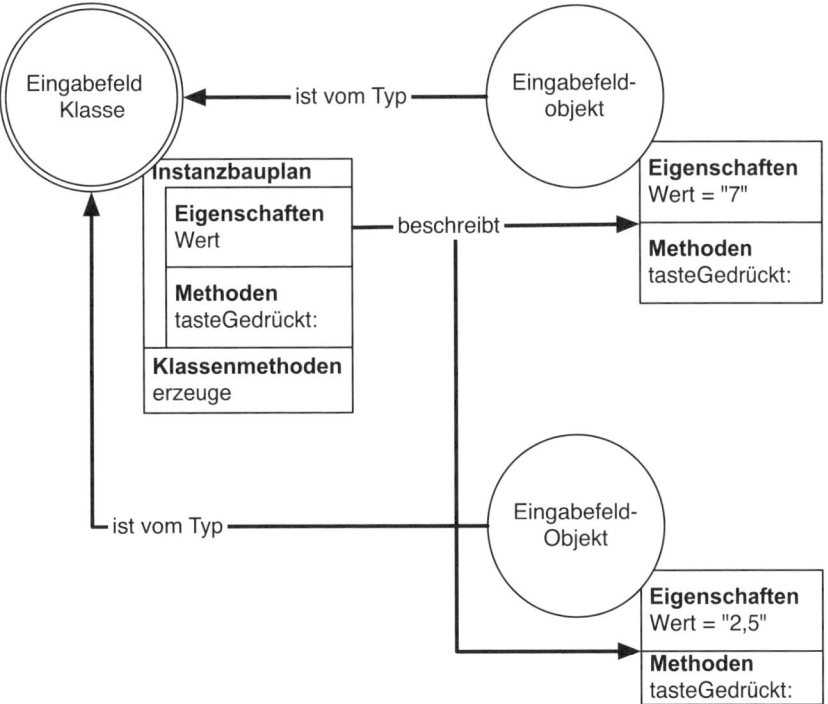

Klassenobjekte haben auch Methoden, mit denen sich Instanzobjekte erzeugen lassen.

Um einem Missverständnis gleich vorzubeugen: Klassenmethoden müssen nicht zwingend Instanzobjekte erzeugen. Sie können auch andere Aufgaben wahrnehmen. Das ist aber seltener der Fall und hier nicht von Interesse.

Ableitung und Vererbung

Warum macht man das aber mit den Klassen? Es hat einen einfachen Grund, den man »Ableitung und Vererbung« nennt.

Nehmen wir ein Beispiel, welches wir uns im Kapitel 3 über Objective-C programmieren werden. Dort werden wir es mit Musikinstrumenten zu tun haben, mit Klavieren und Gitarren. Beide Instrumente haben Gemeinsamkeiten, nämlich etwa Preis und Alter. Das liegt daran, dass sie Instrumente sind und jedes Instrument einen Preis und ein Alter hat. Daneben haben Klaviere und Gitarren aber auch unterschiedliche Eigenschaften: Klaviere haben die Eigenschaft Tastenanzahl. Gitarren haben die Eigenschaft Saitenanzahl. Wenn wir also nach dem obigen System die Klassen für Klaviere und Gitarren schreiben, sähe das in etwa so aus:

```
Gitarre
    Hat folgende Eigenschaften:
    Alter
    Preis
    Saiten

    Hat folgende Fähigkeiten:
    …

Klavier
    Hat folgende Eigenschaften:
    Alter
    Preis
    Tasten

    Hat folgende Fähigkeiten:
    …
```

Fällt Ihnen etwas auf? Da ist etwas doppelt. Man kann das strukturieren, indem man eine Klasse Instrument erstellt.

```
Instrument
    Hat folgende Eigenschaften:
    Alter
    Preis

    Hat folgende Fähigkeiten:
    …
```

und dann sagt, dass Gitarren und Klaviere eine besondere Art von Instrumenten sind:

```
Gitarre ist ein Instrument
    Hat folgende zusätzliche Eigenschaften:
    Saiten

    Hat folgende Fähigkeiten:
    …

Klavier ist ein Instrument
    Hat folgende zusätzliche Eigenschaften:
    Tasten

    Hat folgende Fähigkeiten:
    …
```

Man sagt, dass die Klassen Gitarre und Klavier von Instrument abgeleitet sind. Die Klasse Instrument bezeichnet man als »Basisklasse«, Gitarre und Klavier als »Subklassen«. (Oder ausgehend von Gitarre wäre diese die Basisklasse und Instrument die Superklasse. Eine Frage des Startpunktes der Betrachtung.) Der Witz ist übrigens, dass auch eine nachträgliche Erweiterung der Basisklasse Instrument zu einer Erweiterung der abgeleiteten Klassen Gitarre und Klavier führt. Füge ich etwa in Instrument eine neue Eigenschaft Farbe ein, so haben auch die Subklassen Gitarre und Klavier diese Eigenschaften.

Das Ganze gilt übrigens nicht nur für Eigenschaften, sondern auch für Methoden. Wir können also etwa bereits Instrument eine Methode spielen geben. Diese Methode hätten dann auch automatisch die Subklassen Gitarre und Klavier. Und man kann ebenso die Subklassen mit Methoden erweitern, etwa der Gitarrenklasse eine weitere Methode gezupftSpielen geben.

Wir lernen also, dass man durch Ableitung Eigenschaften und Fähigkeiten strukturieren und erweitern kann.

Überschreiben und Polymorphie

Jetzt mögen Sie sich gefragt haben, wieso es überhaupt sinnvoll sein kann, bereits der Basisklasse Instrument eine Methode spielen zu geben, weil man ja nun Gitarren und Klaviere auf ganz unterschiedliche Weise spielt. Gut, ich kann einwenden, dass dennoch diese Methode logisch vorhanden ist, weil jedes Instrument gespielt werden kann und es sich daher um eine Fähigkeit bereits des Instrumentes handelt. Aber das wird Sie wenig beruhigen, weil man einfach nicht das Programm für diese Methode schreiben kann, also abstrakt, ohne Rücksicht auf die Subklasse: Es gibt keine Musiklehrer für »Instrumente spielen«. Es gibt nur Lehrer für bestimmte Instrumente.

Und hier kommen wir zu einem weiteren Punkt: Methoden, also die Fähigkeiten, kann man in einer Subklasse nicht nur erweitern, sondern auch ändern. Der übliche Grund dafür ist, dass zwar die Basisklasse ein sinnvolles Verhalten aufweist, man aber dennoch in einer Subklasse ein geeigneteres programmieren will.

Konzentrieren wir uns zunächst nur auf die Gitarre. Sie werden mir Recht geben, dass man die Methode spielen sinnvollerweise für eine Gitarre programmieren könnte. Das wäre dann das Standardgeklimper auf einer Gitarre. Wenn man jetzt eine Subklasse Jimi-Hendrix-Gitarre programmiert, so wird die Art des Spielens der Gitarre doch änderungsbedürftig. Niemand spielt so Gitarre wie Jimi Hendrix. Und jetzt schreiben wir uns einfach eine neue Methode spielen, die eben anders funktioniert. Die Methode spielen in der Klasse Jimi-Hendrix-Gitarre überschreibt dann die Methode spielen in der Klasse Gitarre.

Ähnlich verhält es sich bei Instrument und dessen Subklassen. Ich kann vermutlich gar keine sinnvolle Methode schreiben. Das ist aber nicht schlimm. Ich lasse sie einfach leer und übertrage damit den Subklassen Gitarre und Klavier die Verantwortung, dort etwas Sinnvolles hinein zu schreiben. Man nennt eine solche Methode wie spielen in der Klasse Instrument eine »virtuelle Methode«. Sie gehört zwar logisch zum Instrument, weil man jedes Instrument spielen kann, aber ist inhaltlich noch nicht da, man kann die konkreten Schritte zum Spielen eines Instrumentes eben nur in Bezug auf ein bestimmtes Instrument programmieren.

Nun stellt sich aber die Frage, welche Methode ausgeführt wird, wenn eine Nachricht spielen an ein Objekt geschickt wird. Die einfache Antwort: die desjenigen Objektes, das Empfänger ist. Empfängt also ein Instanzobjekt der Klasse Gitarre diese Nachricht, so führt es die Methode aus, die in seiner Klasse Gitarre vorgegeben ist. Erhält ein Instanzobjekt der Klasse Jimi-Hendrix-Gitarre diese Nachricht, so wird die Methode ausgeführt, die bei der Klasse Jimi-Hendrix-Gitarre angegeben ist. Dieselbe Nachricht kann also in Abhängigkeit vom Empfänger zu verschiedenen Methoden, Programmstücken führen. Diesen Effekt bezeichnet man als »Polymorphie« (Vielgestaltigkeit).

Wenn übrigens eine Klasse nicht von der Möglichkeit Gebrauch macht, eine Methode zu überschreiben, so wird einfach in der übergeordneten Klasse nach einer passenden Methode gesucht. Gibt es dort keine entsprechende Methode, dann bei der nächsthöheren und so weiter. Hat man sich auf diese Weise bis zur höchsten Klasse gehangelt und diese verfügt immer noch über keine entsprechende Methode, so erzeugt das Computerprogramm einen Fehler.

Dabei ist aber ein Aspekt wichtig, den wir später noch besprechen werden: Derjenige, der die Nachricht versendet, weiß möglicherweise gar nicht, dass er es mit einer Subklasse zu tun hat. Stellen Sie sich eine Schreckenscombo vor, die aus einem Klavier und einer Gitarre besteht. Bei der Erzeugung der Instanzen muss natürlich angegeben werden, was ich will:

```
Instrument1 ist ein Instrument
Speichere in Instrument 1 eine Gitarre
Instrument2 ist ein Instrument
Speichere in Instrument2 ein Klavier
```

Sie sehen hier schon, dass ich ohne Weiteres eine Gitarre bzw. ein Klavier in einer Speicherstelle ablegen darf, die Instrumente speichert. Klar: Gitarren und Klaviere sind ja Instrumente. Wieso sollte das verboten sein? Und ein ganz anderer Programmteil, der von all diesen Subklassen nichts weiß, startet jetzt das Konzert:

```
Instrument1 spielen
Instrument2 spielen
```

Im ersten Fall wird eine Gitarre gespielt, im zweiten ein Klavier, obwohl dort nichts von Gitarren und Klavieren steht. Die in `Instrument1` gespeicherte Instanz hat sich gemerkt, dass sie eine Gitarre ist, und führt daher die Methode `spielen` von `Gitarre` aus. Entsprechendes gilt für das Klavier.

Also, zusammengefasst: Eine Subklasse kann bestehende Methoden einer Basisklasse überschreiben, was bedeutet, dass bei Empfang einer entsprechenden Nachricht anstelle des Programmteiles in der Basisklasse der Programmteil in der Subklasse ausgeführt wird. Wird sie nicht überschrieben, so wird die Methode aus der Basisklasse gewählt. Gibt es in der gesamten Ahnengalerie keine passende Methode, so erzeugt dies einen Fehler.

Erweiterung oder Spezialisierung

Widersprechen sich die Begriffe Spezialisierung und Erweiterung in einer Subklasse eigentlich nicht? Ist es nicht vielmehr so, dass eine Erweiterung etwas allgemeiner macht, also das Gegenteil von einer Spezialisierung ist?

Kommt drauf an, und zwar letztlich darauf, dass die Erweiterung eine Spezialisierung ist: Stellen Sie sich die Klasse Arzt vor. Die Objekte dieser Klasse hätte Fähigkeiten, die jeder Arzt hat, die man so in einem medizinischem Grundstudium erlernt. Dann gibt es Fachärzte als Spezialisten. Die können mehr auf ihrem Spezialgebiet, haben zusätzliches Wissen. Ihre Spezialisierung liegt also gerade in dem Mehr. Sie stimmen mir sofort zu, dass das logisch ist: Sie sind Spezialfälle, weil sie eine Erweiterung sind.

Jetzt haben Mediziner aber eine geniale Idee gehabt: den Facharzt für Allgemeinmedizin. Ist das nicht irre? Ein Spezialist für das Allgemeine! Ideen haben die Leute … Ist das jetzt ein allgemeiner Arzt (Basisklasse `Arzt`), wie das Wort Allgemeinmedizin vermittelt? Oder ist das ein Spezialist (Subklasse von `Arzt`) wie das Wort Facharzt vermittelt? Überlegen wir uns das einmal: Auch ein Facharzt für Allgemeinmedizin kann mehr als andere Ärzte, wenn auch auf breitem Gebiet. Es gibt sicherlich Dinge, mit denen er sich auskennt, die ein Facharzt für Chirurgie nicht einmal mit der Zange anfassen würde. Er ist also ein Spezialist. Und daher bildet er nicht die Basisklasse Arzt, sondern davon eine Subklasse Allgemeinmediziner, wie die anderen Fachärzte auch.

Kapitel 1

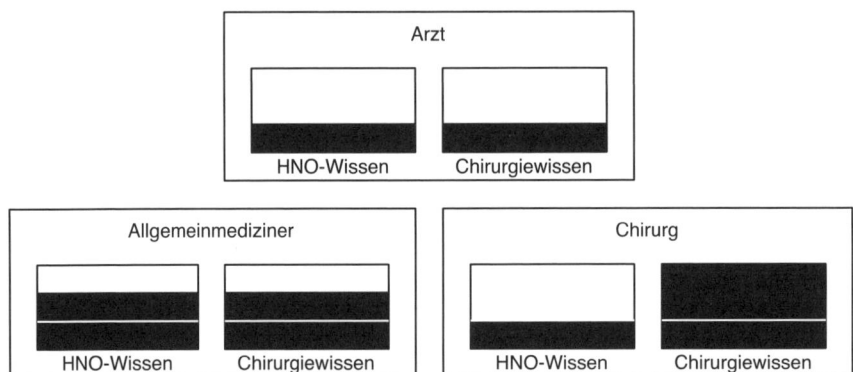

Behauptungen über das Mindestwissen von Ärzten werden in der Subklasse bestätigt.

Es gibt ein System, um zu überprüfen, ob die Anordnung von Klassen untereinander richtig ist. Sie müssen dazu einfach Behauptungen über die Basisklasse aufstellen. Hier etwa: »Hat medizinisches Wissen aus dem Grundstudium.« Und dann müssen Sie in einem zweiten Schritt überprüfen, ob jede einzelne dieser Behauptungen auch für die Subklassen gilt. Das wäre hier der Fall. Denn bei beiden Subklassen liegt in allen Bereichen mindestens das Wissen der Basisklasse vor.

Anders wäre es, wenn wir den Allgemeinmediziner zur Basisklasse erhoben hätten, was ja zunächst naheliegt. Denn gäbe es die Behauptung: »Hat breites, aber nicht tiefes Spezialwissen.« (So stelle ich mir in etwa einen Facharzt für Allgemeinmedizin vor.) Der Chirurg als Subklasse würde diese Behauptung nicht mehr erfüllen, da er zwar vermutlich auf seinem Gebiet tieferes Spezialwissen hat, dafür aber außerhalb seines Gebietes viel weniger Wissen als der Allgemeinmediziner. Wir hätten also eine Behauptung, die für die Basisklasse wahr ist, für die Subklasse nicht mehr: Fehler! Gehen Sie ruhig mal durch Ihre Wohnung und klassifizieren Sie zu Übungszwecken verschiedene Gegenstände.

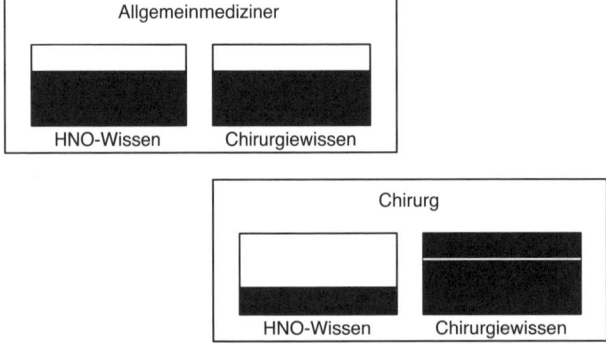

Falsch: Wäre der Allgemeinmediziner Basisklasse, würde uns das HNO-Wissen des Chirurgen enttäuschen.

Einführung

> **BEISPIEL**
>
> Apple liefert uns übrigens in Cocoa ein wunderbares Beispiel dafür, wie man es falsch macht. Sie werden im Kapitel 4 Container kennenlernen, so etwas wie Datenhalden. Davon gibt es häufig zwei Varianten: Eine unveränderliche Datenhalde, die die immer selben Daten hält, und eine veränderliche Variante. Die veränderliche Variante ist eine Subklasse, also Spezialisierung der unveränderlichen. Das ist falsch, denn ich kann über die Basisklasse die Behauptung aufstellen »Verändert sich nicht!« Diese Behauptung wird in der Subklasse unwahr. Tja ...

Delegieren: alternative Spezialisierungen

Zuletzt sei Ihr Augenmerk noch kurz auf etwas gerichtet: Bisher hatten wir Spezialisierungen durch Subklassen hergestellt. Das hat bestimmte Nachteile, so dass man sich fragen muss, ob es nicht Alternativen gibt.

> **GRUNDLAGEN**
>
> Der Nachteil liegt darin, dass eine Subklasse umfangreiche Kenntnisse über den Aufbau der Basisklasse erhält. Häufig will man aber gerade den verschweigen, um sich nicht festzulegen. Das ist dann schwierig.

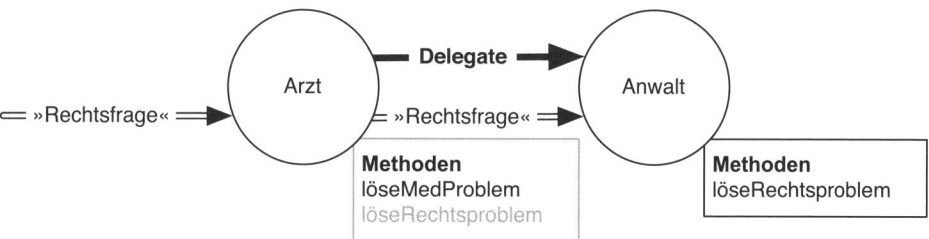

Delegation: Das Spezialwissen wird nicht durch eine Subklasse, sondern durch ein Objekt einer anderen Klasse besorgt.

Kommen wir wieder zu den Ärzten. Sie haben da dieses Jucken und gehen zu Ihrem Hausarzt. Der doktort an etwas herum und stellt dann fest, dass es nicht so eine übliche Krankheit ist, sondern etwas ganz Spezielles. Also schickt er sie zu einem Spezialisten, einer (anderen) Subklasse von Arzt. Das hatten wir bisher.

Es gäbe aber noch eine Möglichkeit: Der Arzt, nicht Sie, konsultiert einen Spezialisten, erklärt ihm den Fall und holt sich einen Ratschlag ein. Mit dem behandelt er Sie dann. Sie wissen nun gar nichts mehr von Fachärzten, haben es einfach mit einem einzigen Arzt zu tun, der sich sein Wissen zusammenklaubt. Der Patient, der vorhin noch von einem Facharzt zum nächsten geschickt wurde, merkt davon gar nichts. Für ihn gibt es nur einen Arzt.

Es gibt aber noch einen Trick. Derjenige, der konsultiert wird, muss gar kein Arzt sein. (Bei einer Subklasse wäre er ja automatisch ein Arzt.) Wenn Sie bei einem Plausch mit Ihrem Arzt also auf eine rechtliche Frage stoßen, so kann der Arzt sagen: »Da frage ich meinen Freund, den Anwalt.« Telefonanruf, und schwupps bekommen Sie von Ihrem Arzt eine rechtliche Auskunft. Wir verschieben also das Problem: Die Spezialisierung erfolgt nicht mehr von einer Basisklasse in eine Subklasse, sondern von dem Objekt einer Klasse zu einem Objekt einer gänzlich anderen Klasse. Und damit umgehen wir das obige Problem, dass die Basisklasse Interna bekannt machen muss. Anstelle von Hierarchien erstellen wir also Collagen. Und vor allem: Für diese Spezialisierung müssen wir nicht Anwälte zu Subklassen von Ärzten machen – was sie einfach nicht sind.

So etwa gibt es auch in der OOP. Man nennt es »Delegating«, wobei der konsultierte Rechtsanwalt das Delegate ist. Und ich stelle Ihnen das hier schon vor, weil Apple, sehr löblich, von dieser zweiten Möglichkeit der Spezialisierung durch Konsultation in Cocoa regen Gebrauch macht. Sie werden dem im Laufe dieses Buches häufig begegnen.

> **GRUNDLAGEN**
>
> Es gibt noch weitere Fälle, bei denen ein Objekt eine Nachricht an ein anderes Objekt schickt, um seine Aufgaben zu bearbeiten. Das ist ja auch klar, wenn man bedenkt, dass es bei der OOP darum geht, Nachrichten zu versenden. Das Besondere am Delegating ist, dass zwischen den Partnern (hier: Arzt und Anwalt) ein sehr genauer Vertrag dazu besteht, welche Anfragen weitergeleitet werden, welche davon der Anwalt bearbeiten und welche er nicht bearbeiten muss. Dies ist ein weiterer Vorteil: Beim Delegating wird genau definiert, welche Nachrichten das Delegate erhält. Beim Ableiten kann in Objective-C prinzipiell jede Methode überschrieben werden. Man sieht also nicht so genau, was spezialisiert ist und was nicht.

1.1.2 ... C ...

Diese Nachrichten, Objekte und Klassen bilden die große Struktur des Programms. Aber jede Nachricht führt ja dazu, dass eine Methode ausgeführt wird. Und diese einzelnen Methoden funktionieren klassisch so, wie man das vor Alan Kay kannte: Schritt für Schritt wird die Aufgabe erledigt, wie in einem Rezept. Das ist sozusagen der mikroskopische Blick auf Ihre Arbeit.

Als *Brad Cox*, der Entwickler von Objective-C, Kays Ideen aufnahm, legte er also den objektorientierten Teil von Objective-C fest. Dann musste er aber noch diesen Kleinkram festlegen? Nö, musste er nicht, denn das gab es ja schon zuhauf. Also nahm er einfach die klassische Programmiersprache C, um diesen Kleinkram zu erledigen. Das Ganze vermischt ergibt dann Objektive-C.

GRUNDLAGEN

Aber, dies sei auch gesagt: C inkorporiert einige Konzepte, die in Objective-C schlicht überflüssig sind. Wenn Sie ein C-Recke sind, so werden Sie etwa nur an ganz obskuren Ecken C-Arrays und Pointer-Arithmetik finden. Falls Sie kein C-Recke sind, so werden Sie nicht verstehen, was ich gerade gesagt habe. Das ist nicht schlimm. Zwar soll dieses Buch auch Einsteigern helfen, programmieren zu lernen. Und daher werde ich auch – ohne das zu trennen – C vermitteln. Aber eben nur immer so viel C, wie es für Objective-C nützlich ist. C ist hier also ein reines Hilfsmittel für Objective-C.

Der Grund dafür war einfach: C ist sehr verbreitet, C ist sehr gut dokumentiert, es gibt zahllose Bücher, Tutorials, was weiß ich für C. C ist eben ein Standard.

Nun gut, Nachrichten, Objekte und Klassen waren der Objective-Anteil an Objective-C. Was ist der C-Anteil? Im Wesentlichen geht es um drei Dinge, die wir von C benutzen werden:

- mathematische Berechnungen
- Verwendung von Datentypen
- Kontrollstrukturen

Klingt gut, nicht wahr? Richtig freakig. Eine ganz kurze Einleitung:

In unserem Programm müssen wir später eine Berechnung durchführen, nämlich den Ausgangswert mit dem Umrechnungsfaktor multiplizieren, um das Ergebnis zu erhalten. Der entsprechende Teil des Computerprogramms sieht so aus:

```
result = input * factor;
```

Das ist C. Reines C. Da tauchen keine Objekte auf, da werden keine Nachrichten ausgetauscht usw. Sie haben auch keine Fähigkeiten. Ein solcher Wert kann eben gespeichert und wieder gelesen werden. Das war es dann aber auch. Es werden oben einfach zwei Werte multipliziert. Der Mikrokosmos eben.

BEISPIEL

Sie sehen den Unterschied zu OOP nicht? In einer reinen OOP-Sprache würde diese Multiplikation sinngemäß lauten: »input-Objekt, bitte multipliziere dich mit dem factor-Object.« Also eine Nachricht an ein Objekt. Es gibt Programmiersprachen, die so funktionieren. Man kann das auch in Objective-C so machen. Aber Objective-C lässt es eben auch zu, dass man es »klassisch« macht.

Das Zweite sind diese (einfachen) Datentypen. Ich hatte ja bereits geschrieben, dass Instanzobjekte Daten speichern. Wenn man das in Objective-C machen möchte, so muss man in der Regel sagen, was für eine Art von Daten gespeichert wird, also etwa Text,

Kapitel 1

ganze Zahlen (-3, 5, 8 usw.) oder Brüche (2,54, 3,7, -4,8 usw.). Auch dieses System der Datentypen ist von C gestohlen.

Schließlich, und damit möchte ich diese kleine Einführung abschließen, werden nicht immer alle Arbeitsschritte nacheinander ausgeführt. Ich habe es mir da bisher ein bisschen leicht gemacht. Auch das kennen Sie bereits von Rezepten: Manchmal steht da etwas, was wiederholt werden soll, zum Beispiel:

```
Solange, bis der Teig Blasen wirft,
    Kneten Sie den Teig
```

Der Arbeitsschritt »Kneten Sie den Teig« wird also wiederholt, bis eine sogenannte Abbruchbedingung erfüllt ist. Man nennt dies eine »Schleife«. Eine andere wichtige Kontrollstruktur ist die Verzweigung. Manchmal liest man so etwas in Rezepten:

```
Falls Sie das Gericht im Ofen zubereiten wollen,
    ...
andernfalls
    ...
```

Das Rezept sieht hier also zwei Arten der Zubereitung – im Ofen und sagen wir: auf dem Herd – vor, und die Arbeitsschritte, die Sie erledigen müssen, unterscheiden sich dann. (Bei einer Zubereitung im Ofen muss dieser etwa erst vorgeheizt werden, während man das bei Herden eher selten macht.)

Dies ist alles C. Wie bereits angekündigt, werde ich das im weiteren Verlauf des Buches aber nicht weiter unterscheiden. Sie sollen Objective-C lernen, so, wie es jetzt ist.

1.1.3 ... und Cocoa

Das letzte Element des Buchtitels bildet Cocoa. Hierbei handelt es sich um ein sogenanntes Framework. Ein solches Framework hat vornehmlich zwei Funktionen: Zum einen ist es eine Art Bauteilkiste, in der wir uns bedienen können, ohne selbst programmieren zu müssen. Zum anderen ist es so etwas wie ein warmes Plätzchen für unser Programm.

> **GRUNDLAGEN**
>
> Objective-C und Cocoa sind so eng verzahnt, dass es zuweilen Haarspalterei ist, eine Technologie Cocoa oder Objective-C zuzuordnen. Es kommt auch immer wieder vor, dass eine Technologie vom Framework in die Sprache verschoben wird. Ich werde das hier deshalb nicht immer haarscharf trennen. Aber Sie merken sich bitte, dass Objective-C die Programmiersprache ist und Cocoa das Framework. Ich wiederhole es gerne: Objective-C ist eine Grammatik und Cocoa das Vokabular. Erst beides zusammen hat einen sinnvollen Einsatzzweck.

Cocoa als Library

Wie bereits erwähnt ist Cocoa zunächst eine Bauteilkiste. Denken Sie etwa noch einmal an unsere Anwendung Umrechner. Hier hatten wir zwei Eingabefeld-Objekte. Sie werden in der Abbildung erkannt haben, dass diese ganz normal aussehen, wie Sie es schon bei x Anwendungen beobachtet haben. Und wenn Sie eine Taste drücken, verhalten sich diese Objekte so, wie Sie es aus x anderen Programmen gewöhnt sind. Da wäre es eine Schande, wenn jeder Programmierer jede dieser Eingabefeld-Klassen neu programmieren und jedes Mal dasselbe schreiben müsste, damit bei einem Tastendruck ein Zeichen eingefügt wird. Daher hat Apple diese Objekte bereits für uns programmiert. Wenn wir in Kapitel 2 unser erstes Programm herstellen, werden Sie sehen, dass wir uns nur bei Apple bedienen müssen und entsprechend vorgefertigte Objekte holen. Man kann das also mit einer Standard-Bauteilkiste vergleichen, bei der wir uns bedienen, um etwas herzustellen. Fertighausbauweise …

Und dies ist ein großer Vorteil: Verwenden Sie immer, wenn es möglich ist, Standardbauelemente von Cocoa. Sie ersparen sich dadurch nicht nur die Arbeit, so etwas selbst programmieren zu müssen, sondern partizipieren auch gleich noch an der Horde hochqualifizierter Programmierer bei Apple.

Cocoa selbst besteht aus drei Themenbereichen:

- Foundation: Hierbei handelt es sich um grundlegende Klassen für Objective-C-Programme.
- AppKit (Application Kit): die Elemente einer Anwendung mit graphischer Benutzeroberfläche
- Core Data: Elemente für die Datenspeicherung

Alle Klassen des Frameworks beginnen mit NS, was für »NextStep« steht. NextStep ist der Vorfahr von Cocoa.

Daneben existieren noch zahlreiche weitere Frameworks, die man optional einbinden kann. Mit diesen weiteren Frameworks werden wir uns nicht beschäftigen.

Cocoa als Umgebung

Daneben stellt uns Cocoa wichtige grundlegende Funktionen zur Verfügung, die unser Programm überhaupt erst lauffähig machen. Zum einen geht es dabei um handwerkliche Dinge. Zum anderen erschafft uns Cocoa eine Welt, die zu Objective-C passt. Was nämlich im Computer wirklich vor sich geht, ist alles andere als objekt-orientiert. Damit wir also überhaupt sinnvoll programmieren können, muss uns zunächst jemand aus der kalten Welt des Computers eine Illusion der OOP schaffen. Und auch dies ist eine Aufgabe von Cocoa.

Insgesamt ist also Cocoa eine nährende Mutter, die uns viele Dinge vorbereitet, und ein beschützender Vater, der uns die heile Welt vorgaukelt.

1.2 Xcode Developer-Tools

Der nächste wichtige Grundbegriff, von dem ich hier sprechen möchte, ist Xcode. Wie Sie sicher schon gehört haben, kann man mit einem Computer nichts anfangen, wenn man kein passendes Programm hat. Und so ist es auch, wenn es ums Programmieren geht: Wir benötigen zuerst ein Programm. Es sind die Xcode Developer-Tools. Dabei handelt es sich genau genommen um zahlreiche Programme. Aber Xcode ist das Programm, das Sie unmittelbar kennenlernen und bedienen werden. Man nennt so etwas ein »Front-End«. Die Programme, die im Hintergrund arbeiten, nennt man »Back-End«.

1.2.1 Installation der Developer-Tools

Sie installieren sich jetzt bitte Xcode. Sie erhalten das Programmpaket im App Store auf gewohnte Weise. Es ist kostenlos. Während des nicht so ganz kurzen Zeitraumes, den das in Anspruch nehmen wird, können Sie hier schon weiterlesen.

1.2.2 Xcode Integrated Developer Envirement

Ein wichtiger Teil der Developer-Tools ist das Integrated-Developer-Envirement (IDE) Xcode. Wie der Name bereits ausdrückt, handelt es sich um die Schaltzentrale des Programmierers, hinter der sich viele Programme und Programmbestandteile verbergen. Sie starten daher stets Xcode selbst.

Es verhält sich seit Xcode 4 so, dass auch das Programm zur Gestaltung der Benutzerschnittstelle (vormals Interface Builder) in Xcode integriert wurde.

Mit der Bedienung von Xcode werden wir uns im nächsten Kapitel intensiv beschäftigen. Eine ganz besondere Einsteigerhürde will ich aber schon hier nehmen: die Sonderzeichen.

Bei der Programmierung mit Objective-C und Cocoa haben wir es mit geschweiften und eckigen Klammern zu tun. Und die sind auf einer deutschen Tastatur nicht aufgedruckt. Sie verstecken sich bei gedrückter Wahltaste hinter den Tasten für die Ziffern 5 bis 9, jedoch nur im normalen Tastenfeld, nicht im Zahlenblock.

Durch Drücken der Wahltaste erreichen wir geschweifte und eckige Klammern.

Auf amerikanischen Tastaturen sind die geschweiften und eckigen Klammern auf Kosten der deutschen Sonderzeichen wesentlich leichter zu erreichen. Da beim Programmieren kein Deutsch verwendet wird, setzen einige Entwickler amerikanische Tastaturen ein. Man verwechselt dann allerdings leicht [y] und [z].

1.2.3 Compiler, Linker und Build

Die Programmiersprache Objective-C, in der wir programmieren werden, wird vom Computer nicht verstanden. Daher können Objective-C-Programme nicht auf dem Computer gestartet werden.

Super Sache! Was ich Ihnen hier also beibringen möchte, ist völlig nutzlos? Nein, so dramatisch ist es nun nicht ganz. Wie Sie vielleicht schon wissen, verstehen Computer nur 1'en und 0'en. Sie kennen nichts anderes. Daher besteht ein letztlich lauffähiges Programm immer aus solchen 1'en und 0'en, die Befehlsfolgen in sogenannter Maschinensprache enthalten.

So werden wir etwa gleich ein kleines Programm in Objective-C schreiben, in dem – wie bereits erwähnt – folgende Anweisung vorkommen wird:

```
result = input * factor;
```

Sie werden das sicher nicht verstehen, da wir mit dem Programmieren noch gar nicht angefangen haben. Aber Sie werden vermutlich irgendwie nachvollziehen können, dass in dieser Zeile eine Variable input mit einer Variablen factor multipliziert und das Ergebnis in der Variablen result gespeichert wird. Wenn man das Sternchen als Multiplikationszeichen liest (was es ist), dann ist das ja fast wie normale Mathematik. Diesen Programmtext in der Ausgangssprache nennt man »Source«, »Sourcetext« oder »Sourcecode«.

Dies sind aber offenkundig keine 1'en und 0'en. Was der Computer ausführt, sieht so aus:

```
11110010 00001111 00010000 01000101 11100000
11110010 00001111 01011001 01001001 11101000
11110010 00001111 00010001 01000101 11110000
```

Sofort verständlich, nicht wahr? Und noch schlimmer: Das hier abgedruckte Programm ist indessen nur auf Intel-Macs ausführbar. Dieses Produkt in der Sprache des konkreten Computers nennt man »Maschinencode« oder »Objectcode«. Unsere Anweisung in Objective-C ist aber unabhängig davon, ob das Programm auf einem Intel-Mac oder einem PPC-Mac ausgeführt werden soll. Was hat die obige Gleichung mit Prozessoren zu tun?

Wir lernen daraus also, dass die Sprache, die wir benutzen, zwar leichter zu verstehen und vom Computermodell unabhängig ist, jedoch gar nicht ausgeführt werden kann. Deshalb

Kapitel 1

muss jedes Programm, das wir hier schreiben, in die Sprache des Computers übersetzt werden. Dies geschieht mit einem Programm, welches Sie niemals wirklich zu Gesicht bekommen: dem Compiler. Und der bei den Developer-Tools mitgelieferte Standardcompiler heißt clang/LLVM.

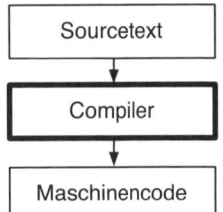

Der Compiler macht aus dem Sourcetext einen ausführbaren Maschinencode.

GRUNDLAGEN

Dieser Begriffswirrwarr hat eine Bedeutung: Der Compiler clang erzeugt entgegen meinen obigen Ausführungen Maschinencode nur für einen gedachten, imaginären (virtuellen) Computer, der sich LLVM (Low-Level-Virtual-Machine) nennt. Daraus wird dann mittels eines weiteren Compilers Maschinencode für das Zielsystem erzeugt. Insgesamt ist das aber ein für Sie unbemerkter Vorgang, der deshalb nicht weiter interessiert. In der tatsächlich von Xcode ausgelieferten Version geschieht dies alles in einem Übersetzungsvorgang. Theoretisch könnte aber der zweite Schritt erst auf einem anderen Computer ausgeführt werden, so dass dieser einen ganz anderen Prozessor eingebaut haben könnte.

Allerdings erfolgt da noch mehr. Man kann Programme zur Übersichtlichkeit in verschiedene Module gliedern. Jedes dieser Module besteht aus »seinem« Sourcecode und wird unabhängig von den anderen übersetzt. Sie können sich das wie dieses Werk vorstellen, das in zwei Bänden geschrieben ist. Jeder Band erhält unabhängig voneinander sein Layout, wird unabhängig voneinander gedruckt usw.

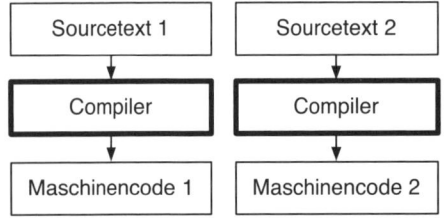

Mehrere Module werden unabhängig voneinander übersetzt.

GRUNDLAGEN

Im Übrigen gilt das nicht nur für die von Ihnen eingegebenen Sourcetexte. Auch andere Bestandteile der fertigen Anwendung, insbesondere Dateien der graphischen Benutzerschnittstelle, werden mit dafür vorgesehenen Compilern übersetzt.

Hierbei tauchen allerdings zwei Probleme auf. Wenden wir uns dem ersten zu: Wie Sie der Graphik entnehmen können, haben wir jetzt zweimal Maschinencode. Wir wollen aber am Ende ein Programm haben. Dies bedeutet, dass wir beide Maschinencode-Dateien zu einer Datei verschmelzen müssen. Dies macht der sogenannte Linker. Das Endergebnis nennt man das »Target«.

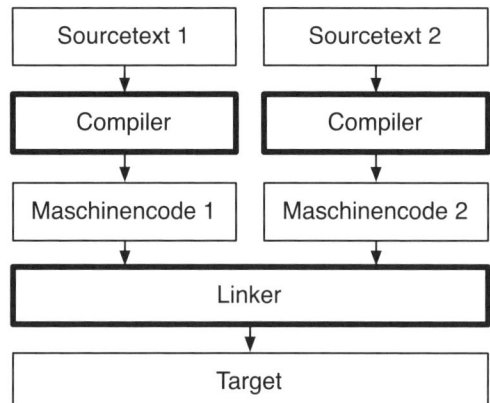

Der Linker fasst die Module zu einem Programm zusammen.

BEISPIEL

Ich habe mich dazu entschlossen, dieses Werk in zwei Bänden zu schreiben, also zwei Modulen. Diese können unabhängig voneinander ein Layout bekommen, also »übersetzt« werden. Wenn Sie jedoch das gesammelte Wissen über Objective-C und Cocoa haben wollen, benötigen Sie beide Bände. Daher werden sicherlich verschiedene Büchereien ein Paket mit beiden anbieten. Die beiden Bände sind dann wieder zu einem Werk gelinkt.

Das zweite Problem besteht darin, dass ich ja aus Gründen der Übersichtlichkeit zwei Module gemacht hatte. Natürlich gehören die aber zusammen. Es kann also passieren, dass ich für ein Modul die Funktionalität des anderen Moduls benötige. Denken Sie etwa, dass im obigen Beispiel die Klasse Rechtsanwalt den bei der Klasse Arzt definierten Delegating-Vertrag kennen muss, um sich organisatorisch darauf einzurichten, dass da komische Fragen weitergeleitet werden. Der Compiler würde sich aber bei Übersetzung des einen Moduls weigern, irgendetwas des anderen Moduls zu verwenden, weil er dies ja gar nicht kennt. Die Übersetzungen laufen ja unabhängig voneinander.

Und deshalb hat man sich etwas Feines ausgedacht: Der Sourcetext von jedem Modul wird in zwei Dateien aufgeteilt. Der eine Teil, genannt »Header«, enthält nur eine Art Lieferschein, ein Inhaltsverzeichnis. In diesem Header wird also nur gesagt: »Ich verspreche, dass dieses Modul die Methode X enthält.« In einer zweiten Datei, der »Implementierung«, wird dann die Methode erst programmiert.

Kapitel 1

> **BEISPIEL**
>
> Wenn ich in Band 1 auf ein Kapitel in Band 2 verweisen möchte, so muss ich ja zunächst wissen, dass dort das entsprechende Kapitel existiert. Daher habe ich mir vorher zwei Zettel geschrieben, die einfach eine Liste der Kapitel enthalten. So kann ich anhand dieses Inhaltsverzeichnisses von Band 2 sicher im Text von Band 1 verweisen. Geschrieben haben muss ich das Kapitel in Band 2 aber dazu noch nicht.

Und jetzt kommt der Trick: Ich kann mir in Modul 1 den Header (also das »Inhaltsverzeichnis«) von Modul 2 einblenden. Man nennt diesen Vorgang »importieren«. Damit weiß der Compiler, was sich dort findet, und übersetzt mein Modul 1 einwandfrei auch dann, wenn ich die Methode aus Modul 2 verwende. Aber jetzt gibt es ein Problem: Damit ich Modul 1 übersetze, muss der Compiler drei Dateien haben: den Header von Modul 1 selbst, den Header vom fremden Modul 2 und die Implementierung von Modul 1 selbst. Die drei Dateien müssen also dem Compiler zusammengeklebt übergeben werden. Hierum kümmert sich der sogenannte Präprozessor.

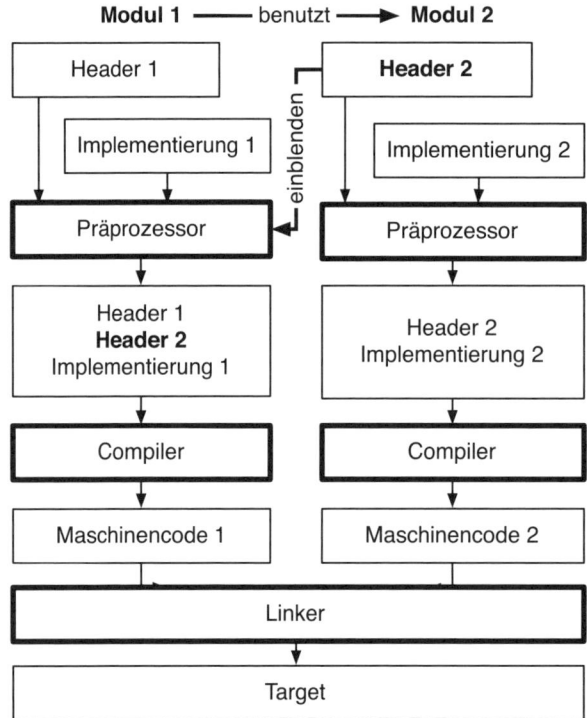

Die getrennten Teile eines Moduls können mit anderen Headern verschmolzen werden.

> **GRUNDLAGEN**
>
> Der Präprozessor kann noch mehr. Diese Importfunktion ist aber das, was wir vor allem benötigen werden.

Hierbei passiert übrigens noch etwas: Der Compiler weiß ja nur über den Header von Modul 2, dass dort die Methode von Modul 2 vorhanden ist. Er kennt aber noch nicht die »Seitenzahl« dieser Methode. Die ist erst bekannt, wenn auch das zweite Modul übersetzt ist. Daher hinterlässt der Compiler bei der Übersetzung des Modules 1 an der entsprechenden Stelle nur einen Hinweis: »Hier soll die Methode X von Modul 2 genutzt werden.« Der Linker löst diesen Hinweis auf und setzt dafür ein, wo sich denn genau die Methode bei Modul 2 befindet. Erst dies macht das Programm lauffähig.

> **GRUNDLAGEN**
>
> Was passiert eigentlich, wenn Modul 1 sich auf den Header von Modul 2 verlässt und die dort genannte Methode aber nie in Implementierung 2 programmiert wird? Modul 1 vertraut ja einfach auf den Header von Modul 2 und das dort enthaltene Versprechen. Bei der Übersetzung von Modul 2 überprüft der Compiler, ob auch wirklich jedes Versprechen aus dem Header eingelöst wurde. Ist dies nicht der Fall, beschwert er sich bei Ihnen sinngemäß mit einer Fehlermeldung: »Du hast Modul 2 nicht vollständig programmiert, weil die Methode X fehlt, die du im Header versprochen hattest.« Der Linker wird dann gar nicht mehr gestartet und kein Programm erzeugt.

Ein letztes Wort: Ich hatte Ihnen ja davon erzählt, dass Cocoa ein Framework ist, welches unter anderem die Aufgabe hat, Ihnen zahlreiche vorgefertigte Funktionalitäten zu bieten. Bei diesem Framework handelt sich um nichts anderes als viele zusammengefasste Module. Dies bedeutet, dass, wenn wir Cocoa nutzen wollen, wir den Header von Cocoa importieren müssen, was wir auch tun. Das sehen Sie gleich. Aber es gibt einen Unterschied zu eigenen Modulen. Bei Cocoa sind nur die Header und der fertige Maschinencode mitgeliefert worden. Die Implementierung existiert nur bei Apple. Das funktioniert auch, wenn wir uns das mal graphisch anschauen:

Kapitel 1

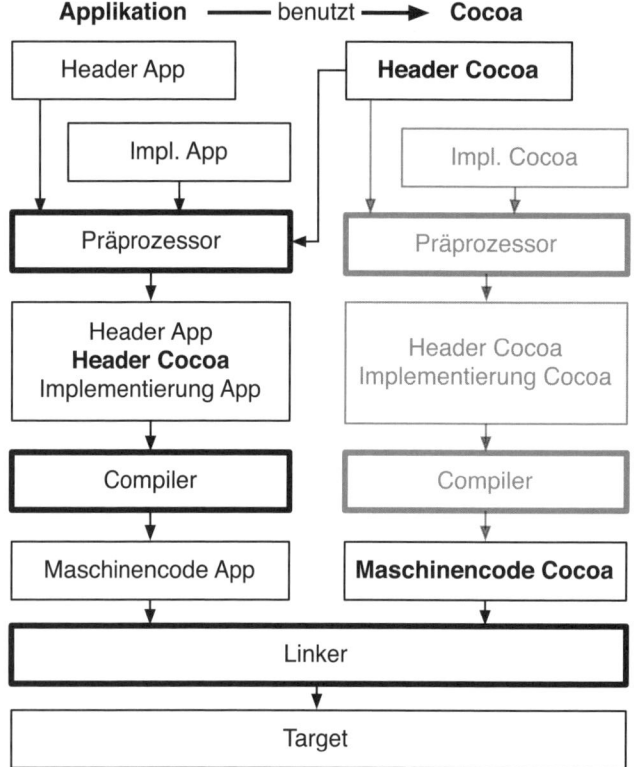

Header und Maschinencode von Cocoa sind da, der Rest ist bei Apple.

Sie können es sehen: Wir können unser Modul kompilieren, weil wir den Header von Cocoa haben, so dass für den Compiler alles Notwendige da ist. Der Linker kann auch seine Arbeit tun, weil er den Maschinencode von Cocoa hat. Was genau in Cocoa die Implementierung programmiert, bleibt geheim, das weiß nur Apple.

Abschließend sei noch gesagt, dass dieser Build-Prozess hier keinesfalls vollständig dargestellt wurde. Vielmehr habe ich mich auf die reine Programmierarbeit beschränkt. Tatsächlich gehört aber zu einem Programm noch mehr, wie Sie gleich lernen werden, so dass in der Horizontalen noch andere Dinge erledigt werden. Und zu einem vollständigen Build gehören auch noch zusätzliche Schritte, so dass die vollständige Graphik auch in der Höhe noch wächst. An dieser Stelle soll das aber nicht weiter ausgeführt werden, weil wir es nicht zum Verständnis benötigen.

1.2.4 Debugger

Ein weiterer wichtiger Bestandteil der Developer-Tools ist der »Debugger«. Ein Debugger ist ein Programm, welches es Ihnen erleichtert, Fehler zu finden und zu beseitigen. Der mitgelieferte Debugger nennt sich LLDB, was eben der Debugger für die LLVM ist.

> **GRUNDLAGEN**
>
> Mit »Bug« bezeichnet man bei der Softwareentwicklung einen Fehler. Dies geht angeblich darauf zurück, dass sich vor geraumer Zeit ein Käfer (englisch Bug) in einen Großcomputer verirrte und dort ein Relais blockierte. Das funktionierte dann nicht mehr, hatte einen Fehler, einen Bug eben.

Im nächsten Kapitel werden wir den Debugger benutzen. Ich erspare mir hier Ausführungen, da das Verständnis dafür bereits einige Programmierkenntnisse voraussetzt. Das Grundprinzip sei aber schon erläutert: Sie können mit dem Debugger dem Programm bei der Arbeit zuschauen und auf diese Weise Fehlentwicklungen und deren Ursache erkennen.

1.3 Zusammenfassung und Ausblick

Sie haben in diesem Kapitel einen ersten Eindruck davon bekommen, was Ihre Tätigkeit als Softwareentwickler ausmacht. Sie haben rudimentäre theoretische Kenntnisse darüber gewonnen, was objekt-orientierte Programmierung mit Klassen in der Weise, wie es Objective-C umsetzt, ausmacht. Sie werden in Kapitel 2, bei einem kurzen Demo-Projekt, die praktische Umsetzung dieser Ideen und Konzepte erfahren. In Kapitel 3 erfolgt dann die tiefer gehende Auseinandersetzung mit Objective-C.

Ihnen wurde das Framework Cocoa vorgestellt, welches die Standardklassen einer Mac-Anwendung mitbringt. Der Löwenanteil dieses Buches befasst sich ab Kapitel 4 mit der Funktionalität von Cocoa und damit, wie Sie diese einsetzen und abwandeln können.

Außerdem haben Sie einen Überblick über die wichtigsten Werkzeuge erhalten und erfahren, dass Sie keinesfalls ein fertiges Programm schreiben. Vielmehr sind, auch nachdem Ihre Arbeit getan ist, zahlreiche Schritte notwendig, um ein lauffähiges Programm zu erstellen. Die wichtigsten Arbeitsschritte bei der Bedienung von Xcode und Interface Builder erläutere ich gleich im Anschluss in Kapitel 2. Weitere Kniffe und Tricks gibt es dann ganz am Ende in dem Xcode-Kapitel.

Und jetzt keine Müdigkeit vortäuschen und die Seite umschlagen.

Umrechner – Die erste Applikation

Kapitel 2

In diesem Kapitel werden Sie Ihr erstes Programm schreiben. Ziel ist es weniger, Ihnen bereits hier das Programmieren beizubringen. Vielmehr möchte ich Ihnen die wichtigsten Funktionen der Developer-Tools namens Xcode und Interface Builder erläutern und entsprechendes handwerkliches Geschick vermitteln.

Dieses Kapitel durchzulesen macht noch keinen Programmierer aus Ihnen. Nach der Lektüre dieses Kapitels sollten Sie aber wissen, was sie tun müssten, wenn Sie programmieren könnten. Zentrales Thema sind also die handwerklichen Tätigkeiten mit Xcode und Interface Builder. Dennoch werde ich hier auch einführend und teilweise bewusst vereinfachend auf Dinge der Programmierung zu sprechen kommen. Das hat zwei Gründe: Erstens ist es schwierig, die Bedienung des Werkzeuges zu lernen, wenn Sie nicht gleichzeitig etwas vom bearbeiteten Werkstück verstehen (erklären Sie mal eine Säge, wenn der Zuhörer Holz nicht kennt), und zweitens nehme ich einfach dreist die Gelegenheit wahr, Ihnen schon etwas Wissen unterzuschieben.

Das erste Programm ist eine Applikation. In diesem Buch werden wir – bis auf einen Fall und dort nur aus didaktischen Gründen – stets Applikation schreiben. Mit »Applikation« bezeichnet man ein Programm mit graphischem Benutzer-Interface, also Fenstern, Menüs usw. Dafür sind Objective-C und Cocoa wie gemacht. Das Ergebnis wird so aussehen:

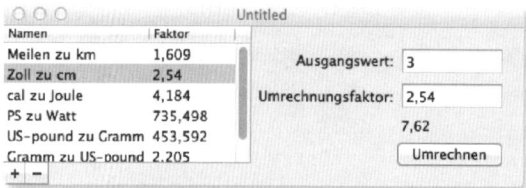

Am Ende dieses Kapitels werden Sie dieses Programm geschrieben haben.

Sie können links in der Liste verschiedene Umrechnungsfaktoren eingeben und dann rechts Umrechnungen durchführen. Die Liste können Sie als Dokument (»Physikalische Einheitenrechnung«, »Wechselkurse«, »Rezeptmaße« usw.) abspeichern und wieder laden.

Was sollen wir lange reden? Legen wir gleich los:

2.1 Xcode und das Projekt

Nach dem Start von Xcode erscheint recht schnell die Menüleiste. Damit wir aber ein Programm schreiben können, müssen wir zunächst ein Projekt anlegen. In diesem Projekt werden die Dateien gesammelt, die für das Programm benötigt werden. Außerdem können Sie hier Einstellungen vornehmen. Auch dies werden wir Schritt für Schritt machen.

> **AUFGEPASST**
>
> Mit Xcode 4 ist es auch möglich, mehrere Projekte in einem Workspace zusammenzufassen. Dies ist bei großen Softwareprojekten, die sich in Teilbereiche gliedern, praktisch.

2.1.1 Projekt anlegen

Aber legen wir endlich ein Projekt an. Dazu wählen Sie im Menu *File* den Eintrag *New | Project...* und klicken diesen an. Es erscheint als Nächstes ein Dialog, in dem Sie die Projektart bestimmen müssen. Freundlicherweise erstellt uns nämlich Xcode gleich ein ganzes Gerüst für unser Programm. In der Leiste auf der linken Seite wählen Sie bitte in der Rubrik *OS X* den Eintrag *Application* aus, rechts dann *Cocoa Application*. Klicken Sie auf *Next*.

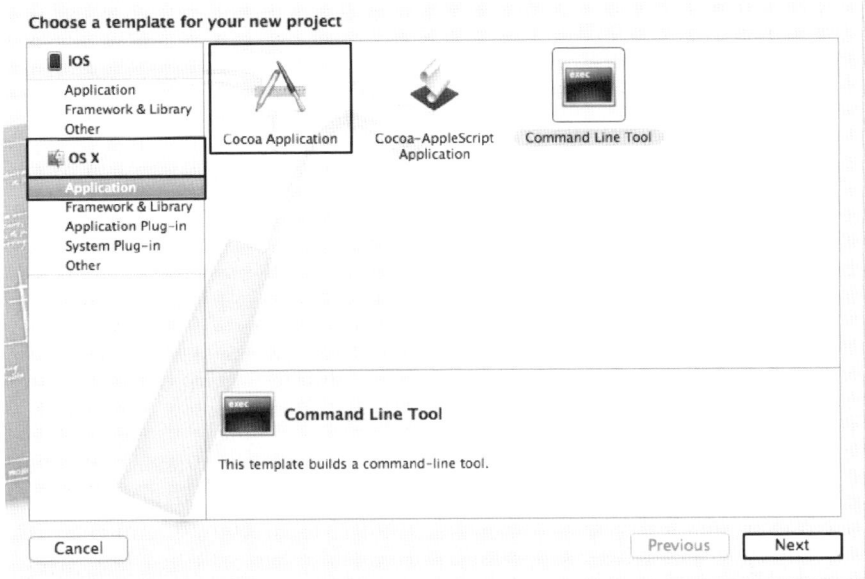

Es gibt zahlreiche Arten von Projekten.

Es erscheint ein neuer Dialog, der verschiedene Konfigurationsmöglichkeiten für das Projekt vorsieht.

Gehen wir den Namen dieser Projektart durch:

- *Product Name* bezeichnet den Namen unseres Programmes. Sie geben hier bitte *Converter* ein.

- *Organization Name*: Der lesbare Name Ihres Unternehmens. Sie können einfach ihren vorgesetzten Namen übernehmen.

- *Company Identifier* ist der Systemname Ihrer Firma. Dieser sollte mit *com*, gefolgt von einem Punkt beginnen und dann den Namen enthalten, unter dem Sie das Produkt anbieten. Sie sollten dort also nicht *com.cocoading* eingeben, da das ja mein Name ist. Denken Sie sich gefälligst etwas Eigenes aus.

Hieraus generiert Xcode mit dem Product Name automatisch einen Bundle-Identifier. Dieser kennzeichnet unser Programm einzigartig. Und mit diesem Namen wird auch Ihr Programm in Apples Stores geführt. Er kann auch bei Updates nicht verändert werden (sehr wohl aber der für den Nutzer sichtbare Name).

- Mit *Class Prefix* wird ein Kürzel bezeichnet, das jeder von Ihnen programmierten Klasse vorangesetzt wird. Damit will man Namenskollisionen vermeiden. Dies spielt vor allem dann eine Rolle, wenn Sie über Cocoa hinaus noch andere Frameworks verwenden. Diese können ja von unterschiedlichen Programmierern stammen, so dass diese keine Rücksicht aufeinander nehmen können, wenn sie ihre Klassen benennen. Wir benötigen das nicht. Lassen Sie das Feld also frei.

- *App Store Category* sollte sich selbst erklären. Belassen Sie aber die Auswahl auf *None*. Wir wollen das Programm ja nicht im App Store anbieten. (Und wenn Sie das täten, hätte dies auch Konsequenzen zur Folge ...)

- *Create Document-Based Application* bedeutet, dass unsere Anwendung Dokumente verwaltet. Dies kennen Sie etwa von Textverarbeitungsprogrammen, bei denen man ja auch verschiedene Dokumente laden kann. Andere Programme wie iTunes und iPhoto arbeiten ohne Dokumente und laden lediglich eine private Datenbank. Sie haben daher dort in dem Menüpunkt *Ablage* keinen Eintrag *Öffnen ...*, *Sichern* usw. Sie wählen bitte diese Option.

- *Document Extension* ist die Dateiendung, die Dokumente unserer Applikation tragen. Geben Sie hier *conversions* an.

- *Use Core Data* steht für eine Technologie von Apple, die die Organisation der in unserem Programm gespeicherten Daten (Model) erleichtert. Diese Unterstützung werden wir auch schon hier in der ersten Applikation wahrnehmen. Durch die Auswahl dieser Option ist automatisch der Support in unserem Programm enthalten. Wir müssen uns also nicht um die Speicherung von Daten kümmern.

- *Use Automatic Reference Counting* bezeichnet ein Speicherverwaltungsmodell. Wählen Sie diese Option. Mit der Speicherverwaltung werden wir uns noch intensiv beschäftigen.

- Die beiden letzten Optionen *Include Unit Tests* und *Include Spotlight Importer* lassen Sie bitte ausgeschaltet. Beides benötigen wir nicht.

So belehrt können Sie nun auf *Next* klicken. Es klappt dann ein Speichern-Dialog auf. Der Name des Projektes entspricht unserem Product-Name aus dem letzten Dialog. Die Wahl des Ordners überlasse ich Ihnen. Es ist jedoch praktisch, wenn Sie für Ihre Projekte einen eigenen Ordner anlegen.

Unter der eigentlichen Dateiauswahl existiert die Option *Create local git repository for his project*, die Sie bitte ausschalten. Es handelt sich um ein Versionskontrollsystem, welches wir erst im zweiten Band besprechen.

Umrechner – Die erste Applikation

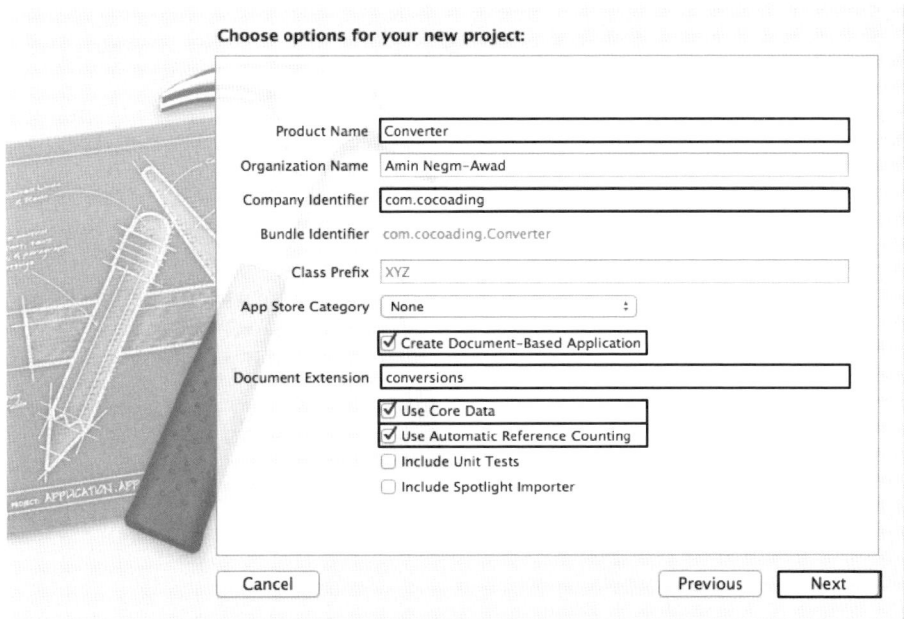

Mit Xcode 4 werden zahlreiche Einstellungen schon bei der Anlage des Projektes vorgenommen.

Wenn Sie im Dialog auf *Create* klicken, können Sie im Finder in dem von Ihnen gewählten Ordner das neue Verzeichnis sehen. Sie erkennen dort auch gleich, dass Xcode schon ein paar Dateien hineingelegt hat, genauer: im Unterverzeichnis. Die gehen wir auch gleich durch, allerdings nicht anhand des Finders, sondern in Xcode selbst. Wichtig ist aber die Datei *Converter.xcodeproj*, welche Sie doppelklicken, um das nächste Mal Xcode mit Ihrem Projekt zu starten.

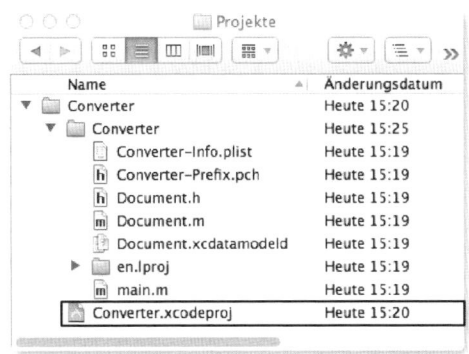

Ein Doppelklick auf die Projektdatei startet Xcode.

Kapitel 2

> **HILFE**
>
> Sie können das Projekt in diesem Zustand als Converter-01 von der Webseite herunterladen.

Eine andere Möglichkeit, ein altes Projekt zu öffnen, ist der Menüeintrag *File | Open Recent*, den Sie in ähnlicher Form (*Datei | Benutzte Dokumente*) von anderen Programmen kennen. Da man sehr viel länger an einem Projekt als etwa an einer Kalkulationstabelle oder einem Brief sitzt, findet man hier fast immer das gewünschte Projekt. Eine weitere Möglichkeit besteht natürlich darin, *File | Open...* in Xcode zu benutzen.

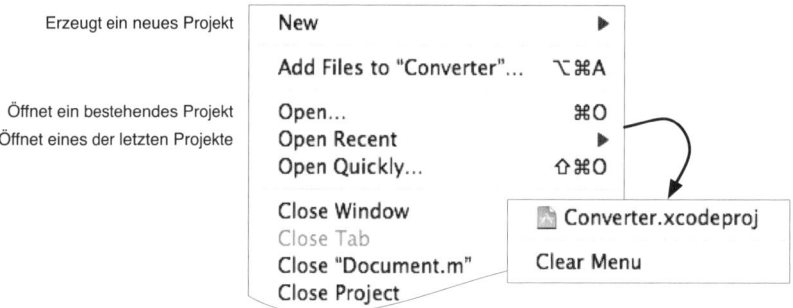

Viele Wege führen zum Projekt.

2.1.2 Die Bereiche des Projektfensters

Sie haben jetzt das Projektfenster vor sich. Mit Xcode 4 ist es zwar weiterhin möglich, zu einzelnen Dateien gesonderte Fenster zu öffnen. Der regelmäßige Arbeitsalltag ist jedoch so vorgesehen, dass die gesamte Arbeit in diesem Projektfenster erledigt werden kann. Dazu ist es in verschiedene Bereiche aufgeteilt, von denen allerdings die beiden letzten noch nicht eingeblendet sind:

- Die sofort zu besprechende Werkzeugleiste, die die wichtigsten Aktionen enthält.
- darunter links sichtbar die Navigatoren, die ähnlich wie in iTunes oder Mail Listen-Elemente enthalten.
- dazu rechts davon die Editoren, die die jeweilige Auswahl in den Navigatoren bearbeiten lassen.
- darunter einblendbar die Debugger-Area. Sie dient zur Fehlerbeseitigung und wird von uns noch verwendet werden.
- rechts davon einblendbar die Inspector- und Library-Area, gemeinsam Utility-Area genannt, welche Einstellungen und vorgefertigte Elemente zur Verwendung im Editor enthält. Auch diese werden wir noch verwenden.

Umrechner – Die erste Applikation

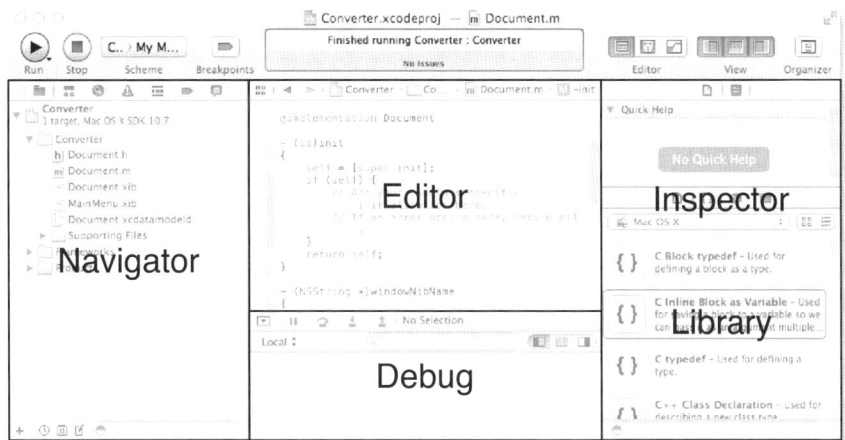

Noch sehen Sie nicht alles: das Projektfenster in voller Pracht.

2.1.3 Die Symbolleiste

Als Erstes betrachten wir die Symbolleiste näher. Ich habe bei mir die Anzeige auf *Icon and Text* gestellt, damit keine Missverständnisse aufkommen. Bitte stellen auch Sie Ihre Werkzeugleiste so ein.

> **TIPP**
>
> Sie können mit einem [Control]-Klick auf die Symbolleiste den Anzeigemodus auf *Icon and Text* stellen, wenn bei Ihnen der Text nicht angezeigt wird.

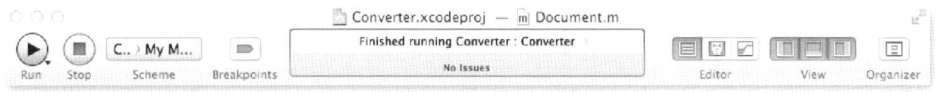

Die Symbolleiste von Xcode erleichtert uns das alltägliche Arbeiten.

Run und Stop

Ganz links befindet sich der Button *Run*. Mit diesem starten Sie die Übersetzung des Programms und dann unser Programm selbst. Da wir bereits aufgrund der Angaben im Projektdialog eine vorgefertigte Anwendung erhalten haben, können Sie jetzt darauf klicken. Warten Sie eine Weile und schauen Sie dabei in die Mitte in die Aktivitätsanzeige. Sie werden sehen, dass dort der Projektname und Angaben erscheinen, die mit *Compiling* zu tun haben. Unser Projekt wird jetzt also übersetzt. Nach einer Weile erscheint ein Dialog, der Sie zur Eingabe des Administrationsaccounts und dessen Passwort zwingt. Machen Sie das bitte.

55

In der Aktivitätsanzeige sollte dann *Running Converter.app: Converter* angezeigt werden, unser Programm laufen und ein Fenster erscheinen, welches natürlich noch völlig langweilig aussieht (*Your document contents here*). (Möglicherweise liegt das Fenster im Hintergrund und Sie müssen es erst nach vorne holen. Das Programm-Icon ist auch im Dock rechts unten zu sehen.) Sie können auch schon mit *File | New* neue Dokumene erzeugen.

Aber hey, Sie haben gerade zum ersten Mal ein von Ihnen erstelltes Programm zum Laufen gebracht! Seien Sie stolz!

Es ist Ihnen möglich, das Programm über dessen Menü so zu beenden, wie Sie es gewohnt sind, oder es mit der Schaltfläche *Stop* in Xcode »abzuschießen«. Dies bedeutet, dass die Anwendung ohne Rücksicht auf Verluste und vor allem ohne Speichern sofort beendet wird (das entspricht auch dem *Sofort beenden ...* im Systemmenü).

Wenn Sie lange auf die Schaltfläche *Run* klicken, dann werden übrigens weitere Arten des Programmstartes angeboten. Dies aber nur der Vollständigkeit halber.

Um sich künftig nicht nach jedem Start von Xcode beim ersten Run als Administrator anmelden zu müssen, können Sie den Account, mit dem Sie programmieren, der Gruppe Developer hinzufügen. Dazu wechseln Sie bitte einmalig in Ihren Administrationsaccount und öffnen dort das Programm Terminal (notfalls über Spotlight suchen). Dort geben Sie bitte folgende Zeile ein:

```
sudo dscl . append /Groups/_developer GroupMembership IhrNutzername
```

Als Ihren Nutzernamen wählen Sie den Kurznamen des normalen Nutzers (also nicht des Administrators), wie er in der Nutzerauswahl des Systems erscheint. Sie müssen dann noch das Passwort des Administrators angeben.

Scheme
Mit Schemes können Sie verschiedene Einstellungen für den Programmstart vornehmen. Wir werden damit ein bisschen zu tun bekommen.

Breakpoints
Durch diese Umschaltfläche können Sie bestimmen, ob das Programm an vorher definierten Stellen anhalten soll. Das werden wir später ausprobieren.

Aktivitätsanzeige
Sie haben ja schon vorhin beim Klick auf *Run* bemerkt, dass Xcode hier anzeigt, was es gerade (im Hintergrund) tut bzw. zuletzt getan hat. Wenn Sie bei der Programmierung einen Fehler machen, wird das hier ebenfalls vermerkt. Wir werden das gleich absichtlich machen, damit Sie den Umgang damit lernen.

Editor

Hiermit können Sie den Editor aufteilen, um mehrere Dateien oder Versionen einer Datei zu vergleichen. Lassen Sie die linke Option (ein Editor) bitte bestehen.

View

In der Übersicht zum Projektfenster sehen Sie weitere Bereiche, die noch nicht auf dem Schirm sind. Diese können Sie mit den Schaltflächen über der Bezeichnung *View* einblenden. Klicken Sie einmal probehalber darauf. Schalten Sie sie nun bis auf die linke wieder aus. Wir kümmern uns darum, wenn wir die entsprechenden Bereiche näher besprechen.

2.1.4 Die Navigatoren

Im linkeren Bereich des eigentlichen Fensters finden Sie wie erwähnt Navigatoren. Diese erleichtern es Ihnen, ganz unterschiedliche Dinge im Projekt zu finden. Dabei existiert am oberen Ende des Navigatorbereichs eine Umschaltleiste für verschiedene Themen:

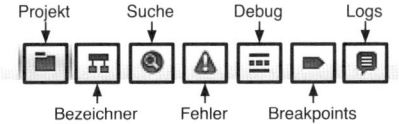

Am oberen Ende des Navigatorbereiches kann der konkrete Navigator ausgewählt werden.

Der Projektnavigator

Der Projektnavigator listet im Wesentlichen die zur Erzeugung des Programms notwendigen Dateien auf. Durch die Angaben, die wir gemacht haben, als wir das Projekt angelegt haben, hat uns Xcode schon ein paar Dateien automatisch erzeugt, die es in eine Struktur gelegt hat. Diese erkennen Sie, wenn Sie auf das Dreieck (Disclosure) neben dem Eintrag *Converter* klicken und so die Untereinträge sichtbar machen. Öffnen Sie auch diese. Wir schauen uns das kurz einmal an.

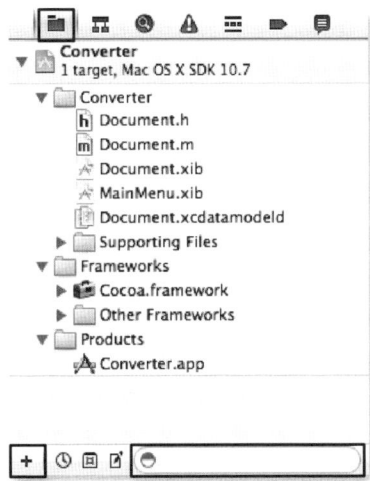

Die wichtigsten Dateien des Projektes finden sich im Project-Navigator.

Kapitel 2

Gehen wir zu den Details einzelner Dateien:

Projektdatei

Der oberste, blaue Eintrag *Converter* steht für das Projekt an sich. Wählen Sie diesen an. Sie sehen dann rechts zunächst eine Liste mit nur zwei Einträgen, nämlich dem eigentlichen Projekt und seinem Target. Wie bereits erwähnt, ist das Target das Ergebnis eines Übersetzungsvorganges (Build). Folgerichtig können Sie hier Einstellungen für en Übersetzungvorgang (Build-Optionen, Build-Einstellungen) vornehmen. Wir machen das auch sogleich.

Allerdings können zu einem Projekt mehrere Targets gehören, etwa für verschiedene Versionen Ihrer Software. Daher ist das Projekt den Targets sozusagen übergeordnet. Wir benötigen das nicht, weil wir stets nur ein Target pro Projekt haben werden. In Kapitel 8 über Xcode gehe ich darauf näher ein. Hier betrachten wir nur das Projekt. Wählen Sie hier den Eintrag *Converter* unter *PROJECT* an. Auf der rechten Seite wählen Sie bitte oben *Build Settings* anstelle von *Info* aus; darunter *All* und *Levels*. Das sollte dann in etwa so aussehen:

Der Projekteditor besteht aus einer Auswahlliste und den einzelnen Einstellungen.

Interessant ist daher an dieser Stelle nur noch, dass auch noch Systemeinstellungen (OS X Defaults) existieren, die die Grundeinstellung unabhängig vom Projekt bilden. Dann stellt sich natürlich schon hier die Frage, ob die Einstellungen des Systems oder des Projektes gelten. Um dies anzuzeigen, existieren in der Darstellung *Levels* drei Spalten.

Ich hatte ja bereits erläutert, dass wir eine Programmiersprache verwenden, die der Computer so nicht versteht. Ihr Programm muss daher für den Computer erst übersetzt werden. Hier stellen wir nun ein, auf welche Art und Weise das geschehen soll. Wir werden uns nicht mit allen Möglichkeiten auseinandersetzen. Allerdings nehmen wir zwei Einstellungen vor:

Umrechner – Die erste Applikation

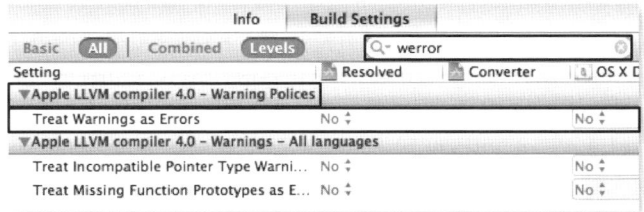

Wir setzen gleich unsere erste Einstellung.

Geben Sie bitte rechts oberhalb der Einstellungsliste im Suchfeld *werror* ein. Sie sehen jetzt eine gefilterte Liste zu diesem Suchbegriff. Wir konzentrieren uns auf die Zeile *Treat Warnings as Errors*, ohne dass Sie diese jetzt auswählen. Nur schauen, nicht berühren! Diese Option bedeutet, dass bei der Übersetzung vom Compiler entdeckte Ungereimtheiten nicht nur Ihnen gemeldet werden, sondern sogar das Programm nicht zu Ende gebaut wird. Dies ist sinnvoll, da Sie so kein Programm erhalten, welches Ungereimtheiten enthält. Wie Sie aber in der rechten Spalte *OS X Default* sehen können, steht diese Einstellung als Systemdefault auf *NO*, also ausgeschaltet. In der Spalte *Converter* links daneben ist das entsprechende Feld leer. Das heißt, dass die Projekteinstellungen die Systemeinstellungen nicht ändern. Noch in der Spalte *Resolved* links davon sehen Sie daher das Ergebnis NO.

Selektieren Sie jetzt die Zeile. In der Spalte *Converter* erscheint jetzt NO, und Sie können darauf klicken, um in einem Pop-up-Menü YES auszuwählen. Machen Sie das bitte. Es verändern sich jetzt mehrere Dinge auf einmal:

- Die Spalte Converter erhält den neuen Wert. Dies ist klar.
- Die Zeile wird mit Ausnahme der Spalte *OS X Default* fett gesetzt. Dies zeigt an, dass auf der Ebene des Projektes eine Änderung (gegenüber der höheren Ebene des Systems) vorgenommen wurde.
- Die resultierende Einstellung (*Resolved*) ist für das Projekt nunmehr YES.

Geben Sie nun oben rechts im Suchfeld den Text »other wa« ein. Die Liste wird wiederum gefiltert und es erscheint ein Eintrag *Other Warning Flags*. Wenn Sie diese Zeile selektieren und sodann rechts in der Spalte *Converter* auf das Feld klicken, können Sie einen Wert eingeben. Tragen Sie hier als Text *-Wall* (mit führendem Minuszeichen) ein. Nein, mit Wänden hat das gar nichts zu tun. Es ist die Abkürzung für *Warnings all*, was bedeutet, dass Xcode rigoros nach Ungereimtheiten in Ihrem Programm sucht und gegebenenfalls eine Warnung ausspricht. Es gibt übrigens eine noch schärfere Einstellung, die sich »pedantic« (pedantisch) nennt, allerdings zu Problemen führen kann. Wir verwenden sie daher nicht.

Insgesamt haben wir jetzt also die Optionen gesetzt »Suche intensiv nach Ungereimtheiten« und »Behandle Ungereimtheiten als Fehler.« Das führt dazu, dass uns der Compiler deutlich bei der Fehlersuche hilft.

Converter

Unterhalb des (blauen) Projekteintrages *Converter* erscheint im Navigator die (gelbe) Gruppe *Converter*. Wenn Sie diese geöffnet haben, sehen Sie dort unsere Sources, also die von Ihnen zu bearbeitenden Dateien. *Document.h* und *Document.m* bilden dabei die Klasse Document. *Document.xib* und *MainMenu.xib* stellen Dateien für das User-Interface dar. *Document.xcdatamodeld* ist eine Datei, die die Art der von uns verwendeten Daten beschreibt. Die Untergruppe *Supporting Files* sammelt Hilfsdateien. Da wir uns im Rest des Buches hauptsächlich hier aufhalten werden, erspare ich uns eine Vorabbeschreibungen. Klicken Sie nur noch auf Document.m und ändern Sie ganz unten im Text das YES auf NO. Was es damit auf sich hat, werden Sie im Kapitel 7 lernen.

Frameworks

In der Gruppe *Frameworks* stehen wenig überraschend die von uns im Projekt verwendeten Frameworks. Da wir gesagt hatten, dass wir eine Cocoa-Applikation erstellen wollen, befindet sich dort zunächst das Framework *Cocoa*. Wenn Sie *Other Frameworks* öffnen, dann sehen Sie dort weitere Einträge. Es handelt sich um die bereits im letzten Kapitel vorgestellten Themenbereiche. Dass diese hier gesondert aufgeführt werden, liegt daran, dass Cocoa sozusagen ein Framework von Frameworks ist (Umbrella-Framework). Dies hat für Sie nur insoweit Bedeutung, als dass die Liste der Header-Dateien – das sind die Lieferscheine aus dem letzten Kapitel, erinnern Sie sich? – bei diesen Frameworks zu finden sind und nicht bei Cocoa. Ansonsten sollten Sie mit dieser Struktur nichts zu tun haben, solange Sie Applikationen schreiben.

Products

Als Untereinträge finden Sie hier unsere Anwendung als Ergebnis unserer Tätigkeit. Unmittelbar nach dem Start war übrigens der darin enthaltene Eintrag *Converter.app* rot. Das liegt daran, dass wir das Projekt noch nicht gebaut hatten und es deshalb noch kein Produkt gab.

Aber ich sehe Verwirrung in Ihrem Gesicht: Waren nicht vorhin noch die Produkte eines Projektes Targets? Und jetzt sollen sie Products sein? Jein. Wie ich erwähnt hatte, konnte man bei den Targets ja Dateien auswählen und Einstellungen für den Übersetzungsvorgang (Build) vornehmen. Targets enthielten also gewissermaßen noch den Weg zur Anwendung, während das hier aufgelistete Product wirklich die Anwendung, das Ziel ist. Da uns aber der Buddhismus lehrt, dass der Weg das Ziel ist, existiert natürlich ein enger Zusammenhang zwischen Targets und Products. Das eine ist eben mehr die Xcode-Sicht auf die Dinge, das andere dann das fertige Programm, wie es an Ihre Kunden ausgeliefert wird.

Filterleiste

Unterhalb der eigentlichen Aufzählung der Dateien befindet sich die Filterleiste. Sie hat mehrere Funktionen, weshalb die in der Überschrift genannte Bezeichnung eigentlich etwas zu kurz greift.

Ganz links finden Sie ein + (Add), was in typischer OS X-Manier darauf hindeutet, dass Sie hier eine Datei der Liste hinzufügen können. Das werden wir später machen, wenn wir eine neue Klasse hinzufügen.

Daneben können Sie bestimmen, welche Teilmenge aus den Projektdateien angezeigt werden soll.

- *Recent Files* zeigt Ihnen nur die zuletzt von Ihnen bearbeiteten Dateien an. Da Sie in einem großen Projekt gerne hunderte von Dateien haben, ist das sehr praktisch. Tatsächlich arbeitet man nämlich eine ganze Weile lang nur mit einer Teilmenge.
- *Source-Control Status* enthält nur die Dateien, die aus einem Source-Control-System (Source-Control-Manager, SCM) entnommen wurden. Damit beschäftigen wir uns in Band 2.
- *Unsaved Changes* enthält nur diejenigen Dateien, die von uns bearbeitet, aber noch nicht gespeichert wurden. Ist dies der Fall, erhalten wir aber auch bei einem Klick auf *Run* in der Symbolleiste eine entsprechende Liste.
- Zuletzt existiert ein normales Suchfeld als Filter (Textfilter), wie Sie es aus zahlreichen Applikationen kennen.

Das war es dann vom Projektnavigator. Wir werden uns noch eingehend mit ihm praktisch befassen.

Symbolnavigator

Als Nächstes in unserer Liste der großen spanischen Navigatoren auf ihrer Entdeckungsreise in das Land Xcode behandeln wir den Symbolnavigator. »Symbol« bedeutet hierbei Name für ein Ding im Programm. Auf Deutsch nennt man das »Bezeichner«.

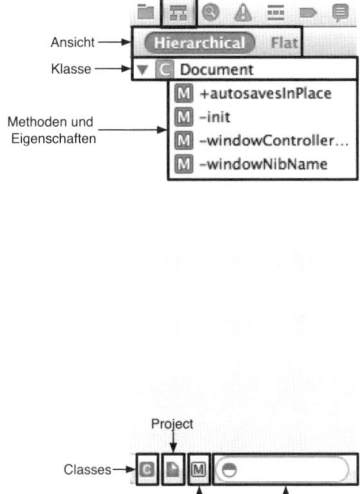

Bleibt natürlich die Frage, was die Dinge sind, die man bezeichnet. Nun, Sie haben es eigentlich schon im ersten Kapitel gelernt: Vor allem Klassen und deren Methoden und Fähigkeiten. Und genau das sehen Sie dort auch: Das violette *C* weist auf eine Klasse *Document* hin, die uns automatisch mit dem Projekt angelegt wurde. Und diese bekam ebenfalls automatisch vier Methoden. Das erkennen Sie an dem *M*, wenn Sie die Klasse durch einen Klick auf den Disclosure – das Dreieck am Anfang der Zeile – öffnen. Da dieser automatisch erzeugten Klasse keine Eigenschaften mitgegeben wurden, sehen wir auch keine in der Liste. Kommt aber im Laufe des Buches noch zur Genüge.

Der Symbolnavigator listet die Bezeichner auf.

Oberhalb der Liste können Sie bestimmen, ob die Anzeige von Klassen hierarchisch, also anhand ihrer Vererbungsstrategie, oder flach dargestellt werden sollen. Sie sollten da im Laufe des Buches gerne immer wieder hereinschauen.

Klicken Sie auf einen Eintrag in der Liste, so wird im Editor daneben der entsprechende Sourcecode angezeigt. Sie können das natürlich noch nicht verstehen, aber doch anhand der Markierung den Zusammenhang nachvollziehen.

Unterhalb der Liste befinden sich wieder Filter:

- *Classes* bestimmt, ob nur Klassen und ihre Methoden bzw. Eigenschaften dargestellt werden sollen. Es kann noch andere Dinge geben, die wir hier aber nicht besprechen wollen. Lassen Sie am besten diese Option eingeschaltet.
- Mit *Project* begrenzen Sie die Ansicht auf die im Projekt definierten Bezeichner, also ohne diejenigen von Cocoa. Sie können das ja mal testweise umschalten. Haben Sie noch *Hierarchical* eingeschaltet, so sehen Sie auch sofort, dass die Klasse Document eine Subklasse von NSPersistentDocument, diese eine Subklasse von NSDocument und diese schließlich eine Subklasse von NSObject ist. Was das genau ist, erörtern wir hier nicht. Sie können sich aber schon merken, dass NSObject eine Wurzelklasse ist, von der fast alle anderen Klassen ableiten.
- Mit der Schaltfläche *Member* werden die Methoden und Fähigkeiten einer Klasse nicht mehr angezeigt. Das ist nützlich, wenn Sie eine komplizierte Vererbungsstruktur haben und sich nur darauf konzentrieren möchten. Schalten Sie sie einmal testweise ein. Sie sehen jetzt den Klassenbaum von Cocoa und unsere Projektklasse Document. Schalten Sie jetzt aber bitte wieder die Projektbegrenzung ein und die Klassenbegrenzung aus. Das ist für unsere nächsten Schritte übersichtlicher.
- Die Funktion des Textfilters dürfte bekannt sein.

Search-Navigator

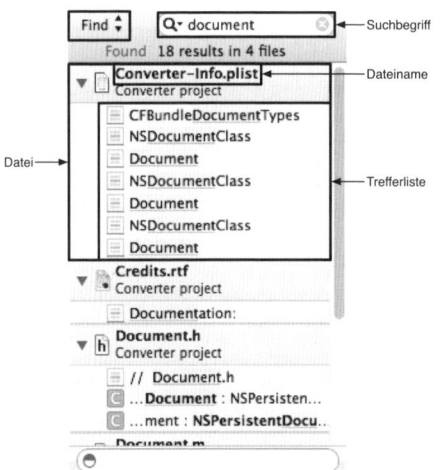

Der nächste Navigator lässt Sie einfach nach Texten in den Projekten suchen. Außerdem können Sie oben rechts einstellen, dass anstelle eines Finds ein Replace durchgeführt werden soll.

Die Suche funktioniert textuell.

Geben Sie einfach mal oben ins Suchfeld *document* ein. Es erscheint dann eine Trefferliste, wobei die Treffer nach Dateien gruppiert sind. Bemerken Sie aber in der Trefferliste zweierlei: Zum einen wird wirklich alles gefunden, was den Text enthält, derzeit unabhängig von der Groß-/Kleinschreibung. Und zum anderen erkennt Xcode, auch wenn es textuell sucht, dass manche Treffer Bezeichner sind, und markiert sie entsprechend. Das gilt in der Abbildung etwa für die vorletzte Zeile.

Sie können das Verhalten der Suche konfigurieren. Dazu klicken Sie im Suchfeld auf die Lupe und in dem dann aufspringendem Menü auf *Show Find Options*. Ich gehe davon aus, dass sich die Optionen erklären. Lediglich die Optionsgruppe *Find in* ist etwas komplexer. Hier können Sie nicht nur eigene Suchbereiche festlegen, sondern auch durch das Optionsfeld darunter (*And linked frameworks*) festlegen, ob auch in den Frameworks gesucht werden soll. Das will man aber meist nicht.

Der Textfilter wieder am unteren Ende des Navigators filtert dann wieder die Treffer.

Sonstige
Die weiteren Navigatoren betreffen Nachrichten bei der Herstellung und dem Ablauf der Anwendung und werden von mir an passender Stelle in diesem Kapitel besprochen.

2.2 Xib-Editor: das User-Interface

Fangen wir nach diesem Rundgang mal an, an unserem Projekt zu arbeiten.

Kümmern wir uns als Erstes um das Äußere des Programms. Wir bauen uns ja einen Einheitenrechner, bei dem der Benutzer einen Wert eingeben kann und aufgrund eines Umrechnungsfaktors ein Ergebnis erhält. Also benötigen wir erst einmal in unserem Fenster drei Felder: Eingabewert, Umrechnungsfaktor und Ausgabewert. Für die äußere Gestaltung unseres Programms sind die sogenannten Xib-Files zuständig, die sich in dem Project-Navigator in der Gruppe *Converter* befinden. Wenn Sie diesen aufklappen, finden Sie unter anderem zwei Dateien: *MainMenu.xib* und *Document.xib*. Die erste Datei beinhaltet die Elemente, die für das Programm einheitlich sind, also etwa die Menüleiste unseres Programms. Die zweite Datei beinhaltet das Aussehen eines einzelnen Dokumentes, also insbesondere das Fenster des Dokumentes.

AUFGEPASST

Diese Xib-Dateien werden ebenfalls übersetzt, und zwar in Nib-Dateien. Früher erstellte man als Programmierer unmittelbar die Nib-Dateien. Vielerorts wird daher immer noch von Nibs gesprochen, wenn Xibs gemeint sind.

Da wir jetzt das Fenster des Dokumentes verändern wollen, müssen wir *Document.xib* in dem Project-Navigator auswählen. Rechts erscheint jetzt der Editor für die Dateien des Typs Xib.

Kapitel 2

> **AUFGEPASST**
>
> Sie können auch mit einem Doppelklick auf die Datei im Project-Navigator den Editor in einem gesonderten Fenster öffnen. Generell ist aber Xcode 4 darauf ausgelegt, dass man alle Arbeiten im Projektfenster vornimmt.

Auch dieser Editor ist wieder zweigeteilt. Jetzt wird es allerdings schon komplizierter, denn wir benötigen noch zusätzlich die Utilities. Schalten Sie hierzu in der Werkzeugleiste von Xcode oben rechts unter *Views* auch die rechte Schaltfläche ein. Der Editor ist jetzt dreigeteilt (oder viergeteilt, je nach Zählung).

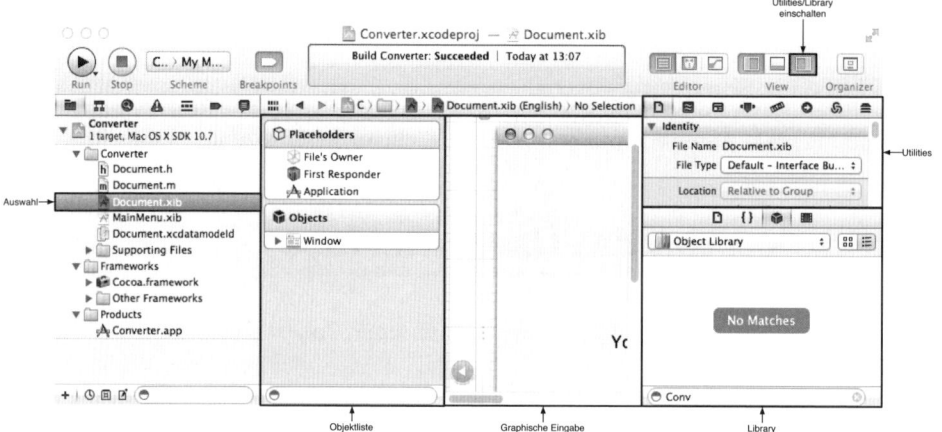

Sie sollten allerdings Ihr Fenster größer machen ...

- Links erscheint eine Liste von Objekten in zwei Kategorien *Placeholders* bzw. *Objects*.
- In der Mitte befindet sich der eigentliche graphische Editor für das Objekt, welches in der Liste ausgewählt wurde.
- Rechts sehen Sie übereinander zwei Bereiche, oben die Inspektoren und unten die Library.

2.2.1 Die Objektliste

Die Objektliste – wobei ich damit sowohl die Placeholder wie die Objects meine – ist endlich in die genannten Kategorien zweigeteilt. Früher führten nämlich diese zwei Arten von Dingen zu einem Missverständnis – und das, obwohl ich nicht müde wurde, in der Vorauflage darauf hinzuweisen. Jetzt ist die Sache sofort klar.

> **TIPP**
>
> Sie können übrigens die Objektliste verkleinern, indem Sie auf den Pfeil in dem Kreis unten links klicken.

Umrechner – Die erste Applikation

Die Objektliste ist der Startpunkt für das Bearbeiten.

Placeholder

Die Placeholder symbolisieren Objekte, die gerade nicht in dem Xib enthalten sind. Vielmehr verweisen sie auf Objekte außerhalb des Nibs. Diese Referenzen benötigt man, damit man aus einem Xib in andere Programmteile verweisen kann. Die Xib-Datei selbst enthält ja nur das User-Interface. Im Einzelnen:

Referenz File's Owner

Das wichtigste Referenz ist der *File's Owner*, der Eigentümer der Xib-Datei. Jede Xib-Datei wird nicht automatisch mit dem Programm geladen, sondern erst auf ausdrückliche Anweisung des Programmes. Zwar kann diese Anweisung bereits in Cocoa stehen, so dass es uns als Programmierer so erscheint, als ob der Xib ohne unser Zutun geladen würde. Das stimmt aber technisch nicht.

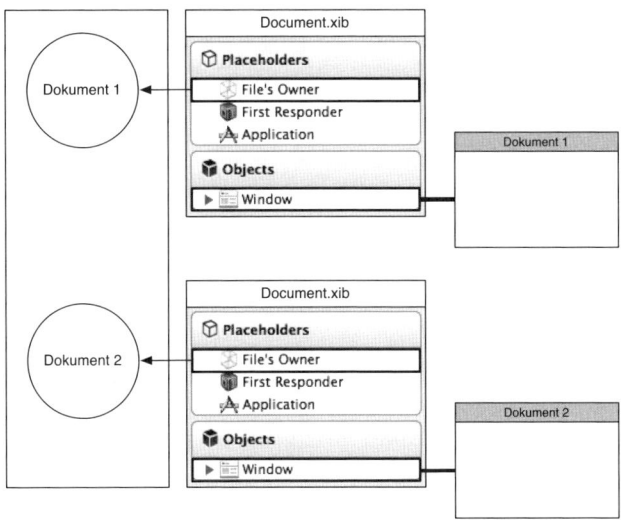

Zwei Fenster mit dem jeweiligen Verweis auf ihr Dokument

Beim Laden eines Nibs bestimmt das Programm ein Instanzobjekt, welches als Eigentümer des Nibs gelten soll, eben den File's-Owner. Meist ist das einfach das Objekt, in dessen Methode das Laden veranlasst wurde. Dadurch hat jetzt das User-Interface einen Rückverweis in das Objekt, das es geladen hat.

In unserem konkreten Fall ist es so, dass Cocoa bei einem Klick des Nutzers auf *File | New* oder *File | Open* usw. nicht nur ein Dokumentenobjekt erzeugt (übrigens von der Klasse Document, die Sie schon im Project-Navigator sahen), sondern auch Document.xib dazu lädt und das neue Dokumentenobjekt zum File's-Owner des Xib macht.

Dies bedeutet aber auch, dass, wenn zwei Dokumente und damit zwei Fenster geöffnet sind, jedes Mal auf ein anderes Dokument verwiesen wird. Hiermit wird sichergestellt, dass in jedem Fenster die richtigen Daten angezeigt werden. (Sie wären ja auch überrascht, wenn Ihre Textverarbeitung anfinge, bei zwei geöffneten Dokumenten die Texte zu vermischen.)

Referenz First Responder
Der *First Responder* ist auch nur ein Verweis, allerdings etwas komplizierter. Im Prinzip sorgt er dafür, dass User-Aktionen richtig verteilt werden. Wir werden später näher darauf eingehen. Hier würde Sie das nur verwirren, zumal wir den First-Responder nicht benötigen.

Referenz Application
Hinter diesem Verweis verbirgt sich unser Programm als Ganzes.

> **HILFE**
>
> Sie haben das möglicherweise so abstrakt mit den Verweisen noch nicht verstanden. Grämen Sie sich nicht. Bereits im nächsten Kapitel müssen Sie sich damit konkret herumquälen.

Objects
Kommen wir zu den im Xib wohnenden Dingen: den enthaltenen Objekten. Die Liste zeigt nur einen Eintrag, benannt *Window*. Grundsätzlich gilt, dass alle Objekte, die sich im Xib befinden, beim Laden des kompilierten Nibs automatisch vom Nib-Loader erzeugt werden.

Wählen Sie *Window* an und schauen Sie in den Editorbereich. Es erscheint da ein Fenster. Hier liegt es also, das Dokumentenfenster! Genau das, was wir sahen, als wir die Anwendung vorhin testweise laufen ließen. Es ist kein Verweis auf irgendwas, sondern ein richtiges Fenster. Und mit dem müssen wir jetzt arbeiten.

Es handelt sich bei ihm aber nur um ein Wurzelobjekt, welches wiederum andere enthält. Klicken Sie mal auf den Text *Your document content here*. Sie sehen, dass sich links in der Objektliste der Eintrag Window öffnet und Untereinträge erscheinen (allerdings nur, wenn die Objektliste nicht verkleinert ist).

2.2.2 Die Library im Interface Builder

Zwei weitere Bereiche werden Ihr Leben beim Zusammenschrauben von User-Interfaces bestimmen: Das erste ist die sogenannte *Library*, die wir jetzt benutzen werden. Sie können den Bereich über die Symbolleiste *Views* ein- und ausschalten. Da sich die Library die rechte Spalte mit den Inspektoren teilt, können Sie sie an ihrer oberen Begrenzungslinie nach oben vergrößern, was Sie bitte bis zum Maximum machen. Darunter stellen Sie dann bitte sicher, dass die Schaltfläche *Object Library* ausgewählt ist, so wie darunter die Schaltfläche *List View*.

Schauen wir es uns zunächst einmal grob an:

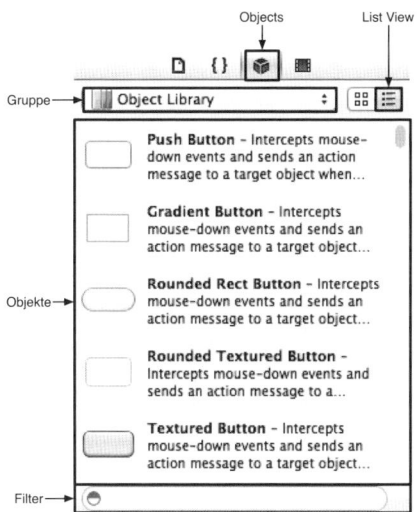

Die Library enthält die Bausteine unseres User-Interfaces.

Im obersten Bereich können wir eine Gruppe auswählen, etwa *Cocoa*. Viel bringt das allerdings nicht, da immer noch zahlreiche Einträge übrig bleiben. Einfacher ist es daher, unterhalb der Liste den Textfilter zu benutzen. Geben Sie dort *Text Field* ein. In der Liste darüber müsste dann ein ebenso benannter Eintrag erscheinen. Selektieren Sie diesen. Halten Sie die Maus kurz darüber, sollte ein kleiner Beschreibungstext erscheinen. Aha, ein solches Textfeld ist also ein Element, das den Benutzer Text eingeben lässt. NSControl (*... is a kind of NSControl ...*) ist eine Klasse, deren Instanzen generell die Verarbeitung einfacher Werte zulassen. Das Textfeld ist von der Subklasse NSTextField und lässt als solches dann ebenfalls Nutzerinteraktionen zu. Sie wissen schon, die Sache mit der Ableitung. Die Erweiterung und Spezialisierung liegt darin, dass es eine Texteingabe als Aktion vermittelt. Andere Controls sind etwa Buttons, die nur einen Klick erkennen können oder sich umschalten lassen.

Kapitel 2

Okay, jetzt wird's feinmotorisch. Ziehen Sie bei gedrückter Maustaste das Textfeld in unser Dokumentenfenster – plumps, fallen lassen. Schieben Sie es bei gehaltener Maustaste etwas auf der rechten Seite so an den oberen Rand, dass mit der Oberkante des Textfeldes eine horizontale, blaue Linie erscheint.

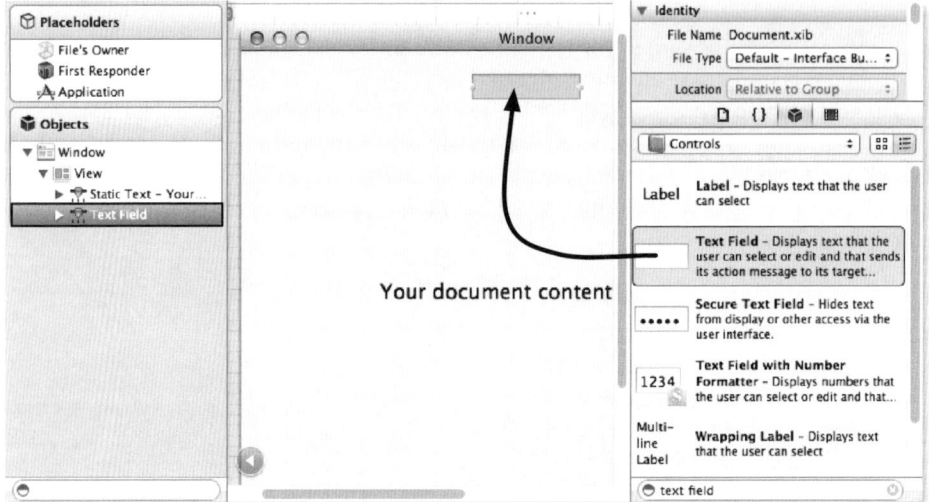

Nehmen, zielen, fallen lassen.

Sie sehen jetzt auch das neue Element in der Objektliste links.

Duplizieren Sie es mit der Zwischenablage ([Befehl]+[D] oder [Befehl]+[C], gefolgt von [Befehl]+[V]). Schieben Sie es etwas weiter herunter, bis blaue Linien erscheinen. Und zwar wiederum eine horizontale, die den Anbstand zum ersten Feld markiert, und drei vertikale, die die Ausrichtung unter dem bisherigen Textfeld anzeigen.

Zwei wichtige Sachen, bevor Sie daran verzweifeln:

Erstens: Wenn das Objekt nicht in der hellblauen Selektionsfarbe erscheint, sondern aufgehellt in einen Rechteck mit abgerundeten Ecken, so haben Sie in Wahrheit nicht das Control selektiert, sondern seine Cell. Das Verhältnis zwischen Controls und Cells wird später in einem eigenen Kapitel erläutert. Hier arbeiten wir nur mit dem Control. Achten Sie also auf die richtige Selektierung wie im Bild links. Um später die Cell zu selektieren, müssten Sie erneut auf die bereits bestehende Selektion klicken. Sollten Sie auf die Cell geraten sein, so klicken Sie einfach in den Fensterhintergrund und dann wieder auf das Textfeld.

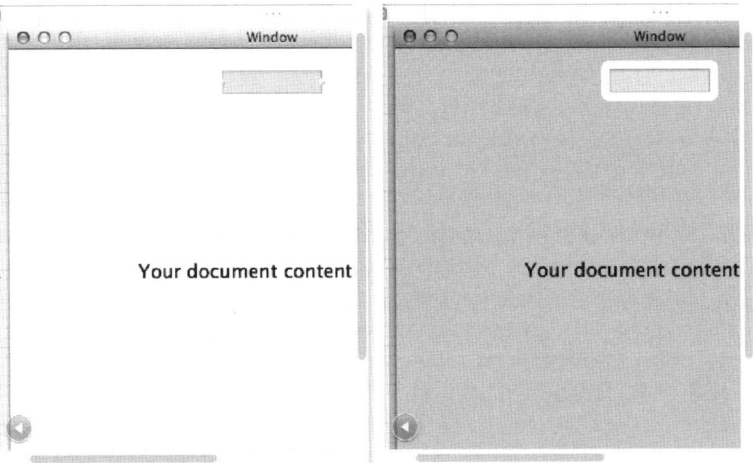

Im Editor: Wenn ein Control umrandet erscheint (rechts), so ist seine Cell selektiert.

Zweitens: Die beim Verschieben erscheinenden blauen Linien sind Hilfslinien, die den Gestaltungsrichtlinien von Apple (Human Interface Guidelines, HIG) entsprechen. Sie sollten diese beachten. So bedeuten etwa die vorhin angezeigten horizontalen Linien, dass der Standardabstand zum Fensterrand bzw. zum nächsten Element eingehalten ist.

GRUNDLAGEN

Dies ist kein Buch über die Gestaltung von Benutzeroberflächen. Sie sollten also unbedingt die HIGs lesen, wenn Sie nicht gleich einen Gestalter engagieren. Die Gestaltung, die in diesem Buch verwendet wird, soll nicht als Vorbild für spätere Applikationen dienen, sondern findet seine Ursache vor allem darin, dass ich wichtige Gebiete abdecke und gut zu erläuternde Screenshots erhalte. Sie dürfen aber gerne selbst Ihrer Phantasie freien Lauf lassen ... Aus diesem Grund erscheinen Ihnen übrigens die Screenshots vielleicht etwas gedrängt. Sie selbst sollten Ihrem Fenster mehr Platz gönnen.

Sie können als Nächstes den vorgefertigten Text *Your document contents here* auswählen und löschen, wozu Sie die [Backspace]-Taste betätigen.

Ziehen Sie jetzt aus dem Library-Fenster das Objekt mit dem Namen *Label* in das Dokumentenfenster und richten Sie es links aus. Dies erkennen Sie wieder daran, dass links eine senkrechte, blaue Linie erscheint. In der Höhe veschieben Sie es so, dass sich eine blaue Linie von der Basisschreiblinie zum Textfeld zieht. Dadurch werden die Buchstaben in beiden Feldern ordentlich ausgerichtet. Auch dieses Label verdoppeln Sie und richten es entsprechend zum zweiten Textfeld aus. Nach einem Doppelklick auf das erste dieser Labels geben Sie den Text *Ausgangswert:* ein, im zweiten verfahren Sie ebenso mit dem Text *Umrechnungsfaktor:*.

Kapitel 2

Schieben Sie jetzt das obere Label bei gleichbleibender Höhe (blaue Linie auf der Basislinie) so lange nach rechts, bis eine rechtbündige blaue Linie zum zweiten Label erscheint. Sie haben jetzt beide Labels rechtsbündig ausgerichtet, wie es sein sollte. Ziehen Sie ein weiteres Label aus der Library linksbündig unter die beiden Textfelder. Am rechten Rand des Labels ziehen Sie es so breit, dass es auch rechtsbündig zu den Textfeldern ist. Hier lassen Sie den Text unverändert.

Zuletzt selektieren Sie bitte die beiden Textfelder und das darunter liegende Label. Sie können das machen, indem Sie ein Selektionsrechteck aufziehen oder einfach bei gedrückter Shift-Taste die Labels nacheinander zur Selektion anklicken, Gemeinsam verschieben Sie die drei dann so lange etwas rechts von den Labels, bis wieder eine vertikale blaue Linie den richtigen Abstand anzeigt, Sie können das Fenster schon deutlich verkleinern, bis wieder blaue Hilfslinien am rechten Rand erscheinen. Insgesamt sollte das in etwa so aussehen:

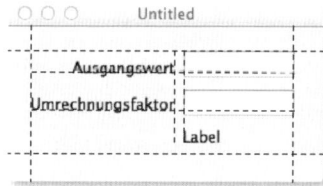

Das fertige Fenster mit den wesentlichen Hilfslinien

2.2.3 Der Inspector für die Einstellungen

Der Inspector ist der Bereich oberhalb der Library. Ziehen Sie also die Library klein und damit den Inspector groß, damit Sie mehr sehen.

Bevor wir das speichern, müssen wir uns aber noch Gedanken darüber machen, was passiert, wenn das Fenster in seiner Größe verändert wird. Es soll ja auch etwas hermachen, unser Programm. In vertikaler Richtung sollten wir das verbieten, da es wenig sinnvoll ist. Es würde ja nur Fensterhintergrund erscheinen. In horizontaler Richtung wollen wir aber die Vergrößerung des Fensters zulassen. In diesem Falle sollen sich die Eingabefelder entsprechend mitvergrößern.

> **AUFGEPASST**
>
> Die Werte, die Sie in den Abbildungen und im Text sehen werden, unterscheiden sich freilich von den Werten, die bei Ihnen auf dem Monitor erscheinen. Sie haben ja möglicherweise die einzelnen Elemente nicht exakt so angeordnet, wie ich das getan habe. Lassen Sie sich davon nicht verwirren. Es geht um das Prinzip.

Wenn der Benutzer das Fenster breiter macht, dann sollten sich diese Felder ebenfalls verbreitern.

Umrechner – Die erste Applikation

AUFGEPASST

Wir werden hier die Anpassung der Views mit dem klassischen Autosizing machen. Mit OS X 10.7 existiert noch das mächtigere Autolayout, welches wir im Kapitel über Views genauer besprechen werden. Hier würde es von der eigentlichen Aufgabe wegführen. Außerdem erhalten Sie so eine Einführung in das Autosizing, welches Sie weiter benötigen, wenn die Software unter Mac OS X 10.6 laufen soll.

In der Inspectorleiste wählen Sie bitte zunächst das ganz links liegenden File-Inspector aus. In der Rubrik *Interface Builder Document* schalten Sie die Option *Use Auto Layout* aus.

Um die eigentliche Anpassung zu bewerkstelligen, müssen Sie zunächst die beiden Eingabefelder und das Label darunter anwählen (sonst müssten wir dieselbe Arbeit dreimal machen).

Die Einstellungen für das automatische Vergrößern werden im Size-Inspector vorgenommen. Dies ist in der Inspectorleiste der fünfte von links.

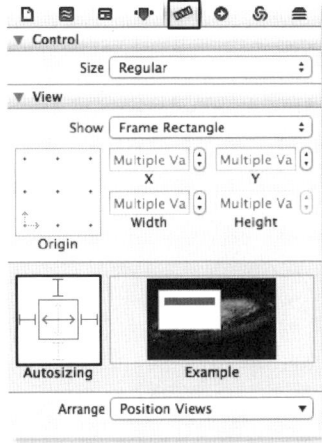

Im Size-Inspector stellen wir das automatische Vergrößerungsverhalten ein.

Hier interessiert uns der Bereich *Autosizing* neben der Animation (*Example*). Zu jedem Interface-Element können wir hier angeben, wie es sich bei Vergrößerungen verhalten soll. Wir beachten jetzt nur die horizontale Richtung. Durch Klicken können Sie die drei waagerechten Symbole so wie abgebildet einstellen. Dies bedeutet: Der Rand links neben dem Feld soll fest sein. Die Breite des Feldes soll variabel sein. Der Rand rechts neben dem Feld soll fest sein. Zusammengenommen bedeutet das, dass die gesamte Verbreiterung des Fensters in die Breite des Textfeldes fließt. Sie können daneben in der Animation beobachten, wie sich das Textfeld verhält, wenn sich das Fenster in seiner Größe verändert. Dazu gehen Sie mit der Maus darüber.

Kapitel 2

Über die vertikale Vergrößerung machen wir uns keine Gedanken, da wir als Nächstes dem Fenster verbieten, sich in dieser Richtung zu vergrößern.

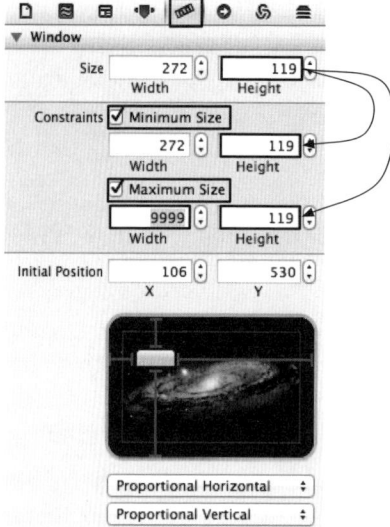

Die erlaubten Größen des Fensters lassen sich auch im Inerface Builder einstellen.

Wählen Sie das Dokumentenfenster (*Window*) in der Objektleiste aus. Im Size-Inspector erscheinen jetzt andere Einstellungen. Sie können in der Abbildung sehen, wie Sie die Werte setzen sollen. Eigentlich sollte sich das selbst erklären. Nur der Wert von 9999 bedarf einer Erläuterung: Mit 10.000 wird die »maximale Größe« wieder aufgehoben. Deshalb bleiben wir knapp drunter. Bei der *Minimum Size* sollten Sie für *Width* den Wert in der Zeile darüber übernehmen. (Das ist in der Abbildung der Wert 272.) Sonst lässt sich das Fenster so verkleinern, dass die Texfelder verschwinden.

Speichern Sie das Ergebnis und klicken Sie in der Werkzeugleiste wieder auf *Run*. Sie können jetzt im Fenster in den beiden Feldern Werte eingeben, allerdings passiert noch nichts. Verändern Sie das Fenster in der Breite, um die Vergrößerung der Textfelder zu überprüfen. Sie können auch über das Menü *File* mehrere Dokumente anlegen. Gespeichert und geladen wird auch noch nichts, aber immerhin: Es lebt!

> **TIPP**
>
> Anstatt das Target erneut zu erzeugen und zu starten, können Sie einzelne Fenster auch einfach mit dem Menüpunkt *Editor | Simulate Interface* testen.

> **HILFE**
>
> Sie können das Projekt in diesem Zustand als Converter-02 von der Webseite herunterladen.

2.3 Outlets, Actions und Targets

Kümmern wir uns also als Nächstes um das Umrechnen. Dazu benötigen wir erst folgende Dinge:

- einen Button, damit der Benutzer überhaupt die Umrechnerei starten kann (das können Sie eigentlich schon)
- eine Klasse, deren Instanzenobjekte rechnen können
- ein entsprechendes Instanzobjekt
- eine Verbindung zu den beiden Textfeldern, um die Eingabedaten lesen zu können
- Eine Verbing zu dem Ergebnisfeld, damit wir das Ergebnis schreiben können
- eine Verbindung zwischen dem Button und unserem Programmcode, damit dieser bei einem Klick auf den Button ausgeführt wird
- Programmcode, der die Umrechnerei vornimmt

Eins nach dem anderen:

2.3.1 Der Button als Anfang allen Übels

Um zunächst diesen Button in das Fenster zu bekommen, müssen wir wieder zurück in unseren Xib-File. Klicken Sie in Xcode wieder in der Projektleiste auf *Document.xib*, um dieses im Editor zu selektieren. Das Fenster im Editor vergrößern Sie bitte nach unten, um Platz für den Button zu schaffen. In der Library suchen Sie dann mit dem Textfilter nach *Button*. In der Trefferliste ziehen Sie bitte den ersten Eintrag *Push Button* in das Fenster unterhalb des untersten Labels, rechtsbündig zu diesem. Beachten Sie wieder die blauen Hilfslinien. Verkleinern Sie das Fenster jetzt wieder so, wie es durch die Hilfslinien vorgeschlagen wird.

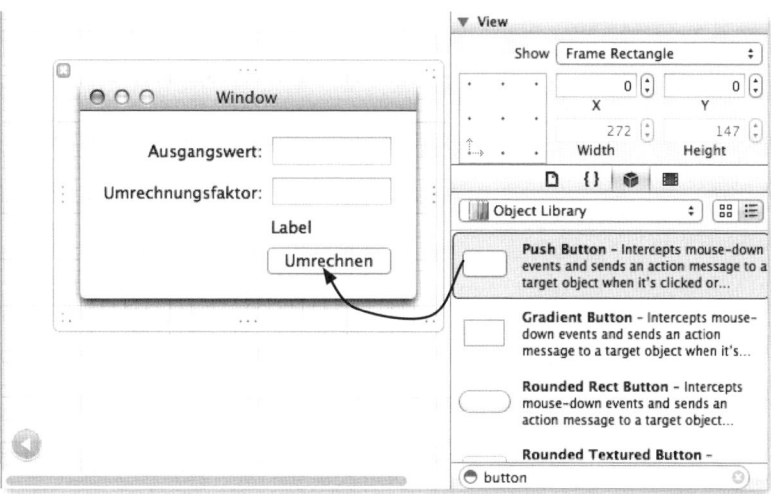

Als Ausgangspunkt aller Nachrichten ziehen wir einen Button ins Fenster und beschriften ihn.

Kapitel 2

Nachdem der Button sich dort befindet, können Sie einen Doppelklick darauf ausführen und einen anderen Text als Button eingeben. Hmmm, wie wäre es mit »Umrechnen«? Klingt nach einer guten Idee, nicht wahr? Sie müssen danach den Button neu platzieren, damit es wieder schön aussieht. Im Size-Inspector setzen Sie das Autosizing bitte noch so, dass nur die rechte und die untere Strebe gesetzt sind. So bleibt der Button in der unteren rechten Ecke.

Sie müssen jetzt wieder in der Objektleiste das Dokumentenfenster *Window* anwählen und im Size-Pane die aktuelle Höhe des Fensters (oberste Zeile) in das Minimum bzw. Maximum übernehmen (Zeilen 2 und 3).

Speichern Sie Ihre Arbeit ab.

Wenn Sie jetzt in Xcode das Programm erneut mit *Run* starten, passiert aber bei einem Druck auf den Button nicht viel. Insbesondere wird nichts umgerechnet. Aber immerhin ändert er kurz seine Farbe. Der Klick kommt also beim Button an.

HILFE

Sie können das Projekt in diesem Zustand als Converter-03 von der Webseite herunterladen.

Verbinden wir das mit dem ersten Kapitel: Weil der Benutzer auf den Button klickt, wird diesem eine Nachricht »klick« geschickt, was wiederum zur Ausführung einer Methode -klick führt. Diese Methode enthält dann die Operationen, um den Button kurz blau einzufärben.

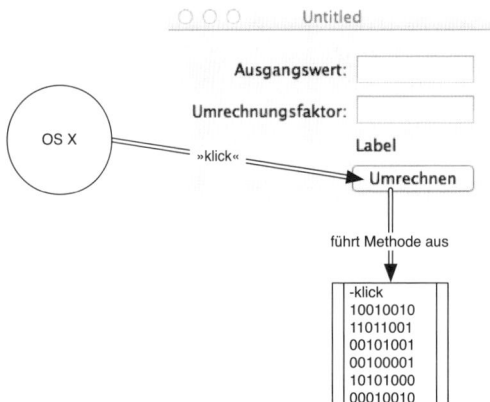

Klickt der Benutzer auf einen Button, verschickt OS X eine Nachricht an ihn.

Jetzt sind aber dieser Button und seine Methode -klick (die enthält ja die Operationen für die Nachricht »klick«) bereits bei Apple programmiert worden. Dort gab es einen freundlichen Programmierer, der dafür sorgte, dass bei Empfang dieser Nachricht der Button blau gezeichnet wird. Können wir von ihm erwarten, dass er uns gleich die

Umrechnen-Operationen programmiert? Eigentlich nicht, denn er wusste damals ja nicht einmal, dass ich ein Buch schreiben würde, in dem irgendetwas umgerechnet wird.

2.3.2 Die Klasse Controller, ...

Eigentlich sind all die Dinge auf dem Bildschirm – wie etwa Buttons, Textfelder, was wir halt so ins Fenster schoben – bei jedem Programm gleich. Sogar wenn Programme vereinzelt ganz besondere Anzeigemöglichkeiten haben, so sind dort immer noch die überwältigende Anzahl aller Elemente zur Anzeige, man nennt sie »Views«, gleich. Man kann sie also bereits bei Apple programmieren und mit der Library ausliefern, wie es ja auch geschah. Wir müssen uns dann nur noch in der Library bedienen und die Elemente in unser Fenster schieben. Programmieraufwand: 0.

Aber jedes Programm hat auch seine spezifische Funktionalität. Wenn Sie in iTunes auf einen Button klicken, wird etwa ein Lied abgespielt. In einer Textverarbeitung wird es so etwas wie einen Button zum Fettdruck des Textes geben usw. usf. Hinter dem schnöden, standardisierten Schein der Views liegt also die wahre, individuelle Funktionalität verborgen. Und jetzt kommt der Trick: Wir teilen unser Programm in zwei Drittel. (Ja, das dritte Drittel kommt später.) Den äußeren Anschein nennen wir »Viewschicht«, die echte Funktionalität »Controllerschicht«. Verbunden wird das Ganze, indem der Button wiederum eine Nachricht an den Controller schickt: »Ich habe hier einen Klick bekommen, jetzt mach mal etwas damit.« Und wir können dem Button sogar sagen, welche Nachricht er wohin verschicken soll. Diese Controllerschicht ist also aus Sicht des Benutzers die nachfolgende Schicht, die er gar nicht unmittelbar sieht.

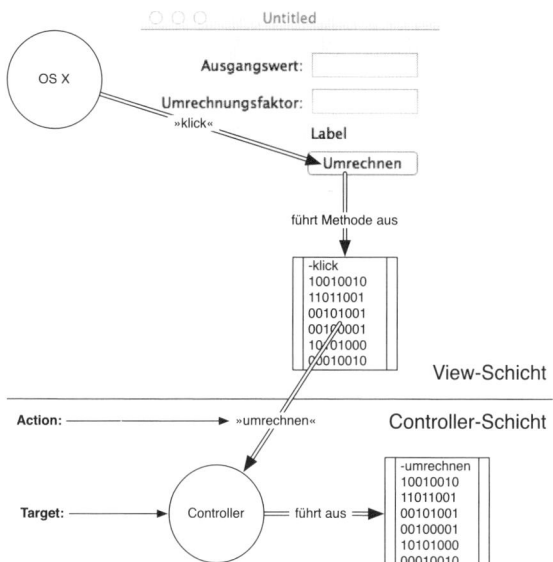

Stille Post: Der View reicht die spezifische Arbeit weiter.

Also noch einmal kurz zusammengefasst: Klickt der Benutzer auf einen Button (View), so erhält dieser von OS X die Nachricht »klick«. Daraufhin zeichnet er sich blau und verschickt wiederum an ein weiteres Objekt (Controller) eine Nachricht. Den Button hat dabei bereits Apple programmiert. Den Empfänger der weiteren Nachricht müssen wir uns programmieren.

> **AUFGEPASST**
>
> In den nachfolgenden Abschnitten erzeugen wir uns eine Klasse und versehen diese mit Eigenschaften und Fähigkeiten. Dies ist eigentlich nicht notwendig, da uns ja bereits von Xcode bei der Anlage des Projektes eine Klasse Document erstellt wurde. Wir könnten diese auch einfach erweitern. Ich möchte hier aber gerade die grundlegenden Schritte in Xcode erläutern, so dass es aus didaktischen Gründen angezeigt ist, eine eigene Klasse von 0 bis fertig für unsere Aufgabe zu erstellen. Außerdem hat dies den Vorteil, dass sich in der bereits erzeugten Klasse Document jede Menge Sourcecode befindet, den Sie noch nicht verstehen würden. Unsere neue Klasse ist dagegen rein. Und es ist ja auch ganz schön, seine eigene kleine Klasse zu haben.

Um also unsere Umrechnung zu veranlassen, benötigen wir ein neues Umrechnen-Objekt, einen Controller, der eine Nachricht »umrechnen« erhält. Außerdem müssen wir die Methode programmieren, die die Umrechnen-Operation dann schließlich ausführt.

Sind wir damit fertig, so sagen wir einfach dem Button, dass er an das von uns programmierte Objekt die Nachricht schicken soll.

Zunächst eine kurze Liste des wichtigsten Vorgehens als Straßenkarte:

- Der Programmierer erstellt (programmiert) Klassen als Vorlage für Objekte, die wir »Instanzen« nennen. Beim Programmieren (also vor dem Programmstart) teilt er dem Computer mit, welche Eigenschaften und Methoden die Objekte der Klasse haben sollen. Hierum wollen wir uns zunächst kümmern.

- Während das Programm läuft, werden (Instanz-)Objekte erstellt, indem man die Klasse darum bittet. Die Eigenschaften der Objekte können dann vom Programm nach den Anweisungen des Programmierers gesetzt werden.

Das Schöne ist, dass wir uns hier noch nicht um den zweiten Teil kümmern müssen. Wenn wir nämlich unsere Klasse programmiert haben, dann machen wir das ebenso wie mit den Textfeldern und Buttons und ziehen sie einfach in den Xib. Schwupp – schon ist das Objekt da.

Umrechner – Die erste Applikation

GRUNDLAGEN

Das Verhältnis von Objekten und Klassen wird in den Kapiteln 3 und 4 eingehend und ausführlich erläutert. Hier akzeptieren Sie bitte einfach, dass die Klasse die Vorlage für das Objekt ist, wie es ja auch schon im ersten Kapitel skizziert wurde.

Nach all diesen langen Ausführungen sollten wir uns wieder an die eigentliche Arbeit machen. Dazu müssen wir also eine Klasse programmieren. Als Erstes erzeugen wir sie: In Xcode wählen Sie links in dem Projektnavigator die Gruppe *Converter* unter dem Projekteintrag *Converter* an. Am besten, Sie öffnen ihn gleich mit einem Klick auf das kleine Dreieck (Disclosure). Dann klicken Sie im Menü *File* auf den Menüeintrag *New | File…*. Es erscheint eine Dialogbox, welche uns nach dem Typ der neuen Datei fragt. Auch Objektive-C-Klassen sind nur eine Datei – äääh, eigentlich zwei zusammengehörige Dateien, warten Sie's ab …

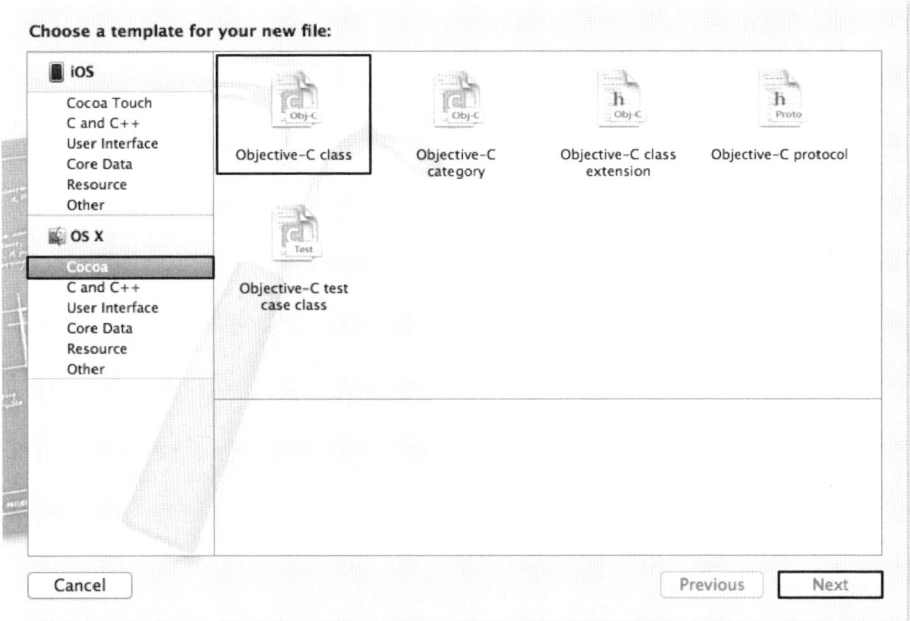

Als Vorlage wählen wir Klasse (Objective-C Class).

Als Erstes werden wir aufgefordert, den Typ der neuen Datei auszuwählen. Wir wollen eine Klasse in Objective-C programmieren, also wählen Sie bitte in der Gruppe *Mac OS X* den Unterpunkt *Cocoa* und dann rechts den Eintrag *Objective-C class*. Klicken Sie auf *Next*.

Kapitel 2

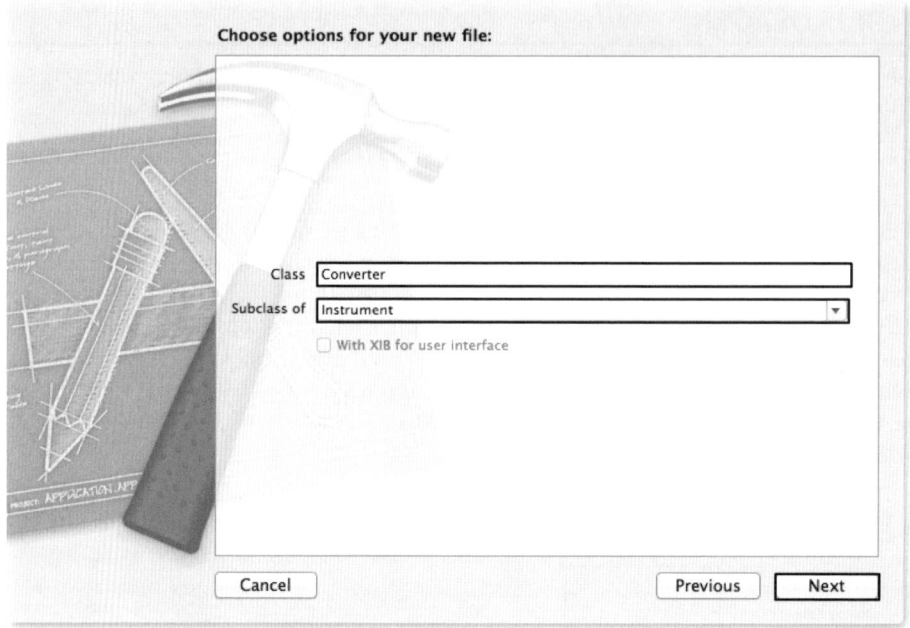

Die notwendigen Angaben für unsere neue Klasse

Nun erscheint die zweite Seite des Dialoges. Hier will zunächst Xcode den Namen unserer Klasse wissen, der zugleich auch der Dateiname ist. Tragen Sie *Converter* ein. Außerdem müssen wir angeben, was die Basisklasse zu unserer neuen Subklasse sein soll. Wir wählen hier *NSObject*, eine Klasse, die ganz allgemein für Objekte gilt. Klicken Sie wieder auf *Next*.

AUFGEPASST

Objective-C ist »case-sensitive«, was bedeutet, dass zwei Wörter mit unterschiedlicher Groß- bzw. Kleinschreibung verschiedene Wörter sind. Da man Klassennamen groß schreibt, müssen Sie wirklich »**Converter**« und nicht »**c**onverter« eingeben.

Es erscheint nun ein Speichern-Dialog. Hier können Sie keinen Namen eingeben, was zunächst verwundern mag. Die Definition einer Klasse besteht – wie in Kapitel 1 erwähnt – jedoch aus zwei Dateien, der Implementierungsdatei mit ».m« als Endung und der Headerdatei (kurz: Header) mit ».h« als Endung. Um es hier kurz zu wiederholen: Die Implementierungsdatei enthält die Operationen für die einzelnen Nachrichten. Hier steckt also die echte Arbeit drin. Wir müssen aber auch anderen Programmteilen die Möglichkeit geben, überhaupt zu wissen, welche Nachrichten akzeptiert werden. Denken Sie nur an unseren wackeren Button, der uns eine Nachricht schicken sollte, wenn er geklickt wird. Dazu muss er die Nachricht kennen. Und daher wird diese für ihn in einer eigenen Datei, der Headerdatei, gleichermaßen freigegeben, bekannt gemacht, wie auch immer Sie es nennen wollen. Wie dem auch sei. Beide Dateien erhalten den Namen der Klasse, bei uns kommen also Converter.m und Converter.h heraus. Deshalb müssen Sie auch keinen Dateinamen eingeben.

Die Optionen darunter ermöglichen Ihnen zwei Dinge: Zum einen können Sie bei *Group* angeben, wo in der Projektleiste die neuen Dateien eingefügt werden sollen. Das sollte bereits richtig auf *Converter* stehen. Außerdem können Sie darunter bei *Target* eingeben, in welchem Target die Datei verwendet werden soll. Da wir nur eines haben, fällt die Auswahl leicht.

Klicken Sie jetzt auf *Create*, um die Klasse – genauer: ihr Grundgerüst – erzeugen zu lassen. In der Projektleiste links sind jetzt zwei Dateien hinzugekommen.

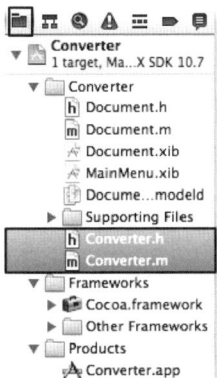

Es finden sich zwei neue Dateien für unsere Klasse in der Projektleiste.

Schieben Sie bitte die beiden neuen Dateien vor die Subgruppe *Supporting Files*.

2.3.3 ... und das Instanzobjekt

Bevor wir die Klasse fertig programmieren, erstellen wir von ihr ein Instanzobjekt im Xib. Das erleichtert uns später die Arbeit, weil Xcode und der Interface Builder Tipparbeit abnehmen, wenn letzterer durch die Instanz von der Existenz der Klasse erfährt.

Wählen Sie hierzu zunächst im Projektnavigator den Eintrag *Document.xib* aus, damit im Bereich rechts davon wieder der Interface Builder als Editor erscheint.

Gehen Sie in die Library und suchen Sie dort im Textfilter nach *Object*. In der Trefferliste sollte als Erstes eben der Eintrag *Object* erscheinen.

Object ist einfach eine Instanz irgendeiner Klasse.

Gut. Das ist ja gewissermaßen wiederum nur die Klasse unseres Controllers, hatte ich ja lang und breit erklärt. Wir brauchen aber auch ein entsprechendes Objekt. Bisher hatten wir die Elemente aus der Library an die entsprechende Stelle im Dokumentenfenster gezogen, um sie in der laufenden Applikation zum Leben zu erwecken. Das ist jetzt aber Blödsinn, weil unser Converter ja nicht im Fenster sichtbar ist. Deshalb ziehen wir das Element in die Objektliste.

Wir haben erneut ein Objekt erzeugt. Aber irgendwie stimmt da etwas noch nicht. Mit keinem Wort haben wir dem Interface Builder gesagt, welche Klasse dieses Objekt haben soll. Und jetzt kommt wiederum der Inspector ins Spiel. Zunächst wählen Sie in der Objektliste das neu hinzugefügte Objekt aus. Klicken Sie im Inspector auf den Bereich *Identity* (dritter von links).

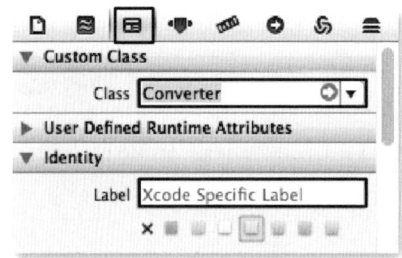

Die Identity-Einstellungen für das Objekt im Interface Builder

Gleich ganz oben können wir jetzt unsere Klasse eintragen. Tippen Sie dort, wo jetzt noch grau *NSObject* steht, einfach *Converter* ein. Sie haben damit den Interface Builder angewiesen, ein Objekt unserer Klasse Converter zu erzeugen.

Bemerken Sie übrigens auch, dass in der Objektleiste der Eintrag jetzt auch als Converter bezeichnet ist. Dies liegt daran, dass wir das Feld *Label* im Identity-Inspector leer gelassen hatten. In diesem Falle wird automatisch der Klassenname als Name angezeigt. Sie können also dort auch etwas eingeben, was sinnvoll ist, wenn Sie mehrere Instanzen derselben Klasse im Xib haben. Es sei aber auch gleich vor einem Missverständnis gewarnt: Die hier vergebene Bezeichnung hat allein Erinnerungsfunktion für Sie. Mit dem Programm selbst hat sie nichts zu tun.

2.3.4 Outlets: Verbindungen zum User-Interface

Wir haben jetzt also eine neue Klasse und ein Instanzobjekt hiervon. Was natürlich noch fehlt, ist die Funktionalität in dieser Klasse.

Schauen wir uns zunächst den Kram an, den Xcode für uns erzeugt hat. Zunächst wählen Sie die Datei *Converter.h* im Projektnavigator aus, so dass diese rechts im Editor erscheint. Dies ist der Source-Editor. Bitte nicht erschrecken! Sie wird in etwa so aussehen, wobei der Copyrighttext freilich anders aussieht:

```
//
// Converter.h
// Converter
//
// Created by Amin Negm-Awad on 01.01.11.
// Copyright (c) 2012 Amin Negm-Awad. All rights reserved.
//

#import <Foundation/Foundation.h>

@interface Converter : NSObject

@end
```

Gehen wir das einmal durch:

Alle Zeilen, die mit // beginnen, sind sogenannte Kommentarzeilen. Dahinter verbirgt sich nur eine Anmerkung des Programmierers. Das eigentliche Programm wird hiervon nicht beeinflusst. Wenn Sie noch einmal in das erste Kapitel gedanklich zurückkehren, erinnern Sie sich daran, dass der Präprozessor für den Compiler die verschiedenen Sourcetexte zusammenbaute. Hierbei entfernt er ebenfalls automatisch alle Kommentare, so dass der Compiler sie gar nicht erst sieht. Wenn er sie nicht sieht, kann er daraus auch keinen Code erzeugen.

> **TIPP**
>
> Sie sollten sich angewöhnen, Ihren Code mit derartigen Anmerkungen zu versehen, damit Sie später noch wissen, was Sie seinerzeit dachten. Ich werde hiervon auch hin und wieder Gebrauch machen, um kurze Erläuterungen einfließen zu lassen.

Als Nächstes folgt eine Zeile, die mit `#import` beginnt. Dies dient dazu, dass diese Datei alles kennt, was in Foundation, einem Themenbereich von Cocoa, definiert ist. Ich hatte dazu im ersten Kapitel ja schon ein paar Takte verloren.

Mit `@interface` beginnt die eigentliche Programmierung unserer Klasse. Jetzt wird's spannend! Dieses Schlüsselwort leitet unsere neue Klasse, genauer die öffentliche Bekanntgabe der Klasse ein. Den Lieferschein. Sie erinnern sich? Daher erscheint als Nächstes der Name unserer neuen Klasse `Converter`, damit der Compiler diese kennt. Danach folgt ein Doppelpunkt sowie die Angabe der sogenannten Basisklasse `NSObject`. Ich gehe im nächsten Kapitel auf das System der Basisklassen und Vererbung genauer ein, weil wir das hier noch nicht benötigen. Es wird Sie noch beschäftigen, glauben Sie mir ... Aber eine grobe Vorstellung sollten Sie schon aus dem ersten Kapitel mitgebracht haben.

Mit `@end` wird dann die Bekanntgabe der Klasse beendet.

Also fangen wir mal damit an, ganz rudimentär: »Anfangen« heißt beim Programmieren stets, mit dem Denken anzufangen. Und wir müssen uns jetzt überlegen, welche Eigenschaften unser Converter haben soll. Er soll ja den Eingabewert aus einem Textfeld lesen, mit einem Umrechnungsfaktor in einem anderen Textfeld, welches den Umrechnungsfaktor enthält, multiplizieren und das Ergebnis in ein drittes Ausgabe-Textfeld (das Label ist auch ein solches) schreiben. Dazu muss er diese Textfelder aber kennen. Deshalb machen wir eine Verbindung zu diesen Textfeldern als Eigenschaften unserer Instanz.

> **GRUNDLAGEN**
>
> Im ersten Kapitel hatten wir Eigenschaften, die ein Objekt beschrieben, wie etwa die Tastenzahl. Diese Eigenschaften nennt man »Attribute«. Eine Eigenschaft kann aber auch darin liegen, dass eine Beziehung zu einem anderen Objekt besteht. Diese Eigenschaften nennt man eben »Beziehung«, »Relation« oder »Relationship«.

Ein solche Relation, die zu einem Objekt in einem Nib-File führt, nennt man »IBOutlet« (oder kurz Outlet), und zwar gleichgültig, ob die Verbindung aus der Applikation in den Nib führt oder ob sie innerhalb des Nibs besteht.

Um die Beziehung anzulegen, existieren zwei sinnvolle Methoden (und eine dritte nicht sehr sinnvolle, die wir daher nicht näher besprechen): Die erste besteht darin, den entsprechenden Sourcecode einzutippen. Schöne Sache, wenn man eine Sekretärin ist. Hat man was zu tun. Machen wir gleich auch noch. Ab Xcode 4 ist es jedoch so, dass Sie diese Aufgabe auch Xcode und dem Interface Builder übertragen können. Und das wollen wir jetzt einmal probieren:

Outlet graphisch erzeugen

Der Grundgedanke des Vorganges liegt darin, dass wir graphisch eine Linie vom entsprechendem Textfeld in den Sourcecode unserer Klasse ziehen. Dort wird dann automatisch von Xcode entsprechender Code erzeugt. Das bedeutet aber zunächst einmal, dass wir sowohl die Xib-Datei (Quelle der Verbindung) als auch den Sourcecode (Ziel der Verbindung) auf dem Schirm benötigen. Um das zu bewerkstelligen, müssen Sie, während Converter.h im Editor ist, den Assistant-Editor auf den Schirm bringen. Das gelingt entweder über das Menü *View | Assistant Editor | Show Assistant Editor* oder über die Symbolleiste, indem Sie auf den mittleren Button der Gruppe *Editor* klicken. In jedem Falle haben Sie jetzt übereinander zwei Editoren, wobei beide den Sourcecode von Converter.h zeigen. Nunmehr wählen Sie bitte in dem Projektnavigator erneut den Eintrag *Document.xib* an. Dieser erscheint jetzt im oberen Editor, während im unteren unser Converter.h bestehen bleibt.

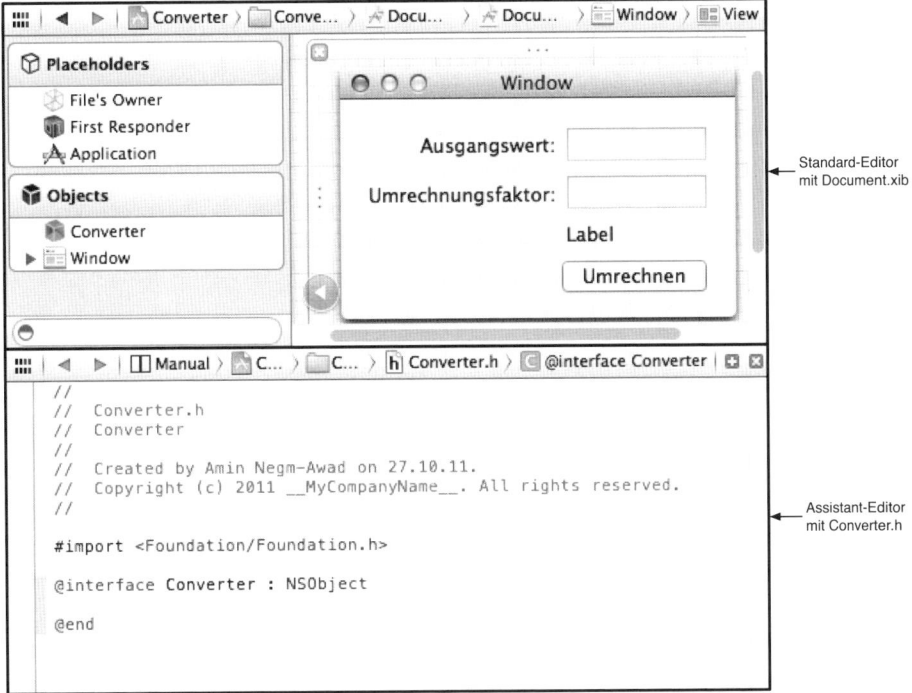

Mit Haupt- und Hilfseditor können wir zwei Dateien gleichzeitig bearbeiten.

Jetzt muss wieder das Fingerspitzengefühl her. Ziehen Sie bei gedrückter [Control]-Taste vom oberen Textfeld eine Verbindung zu unserem Sourcetext, so dass eine blaue Einfügemarke unterhalb der Zeile erscheint, die mit @interface beginnt. Loslassen.

Kapitel 2

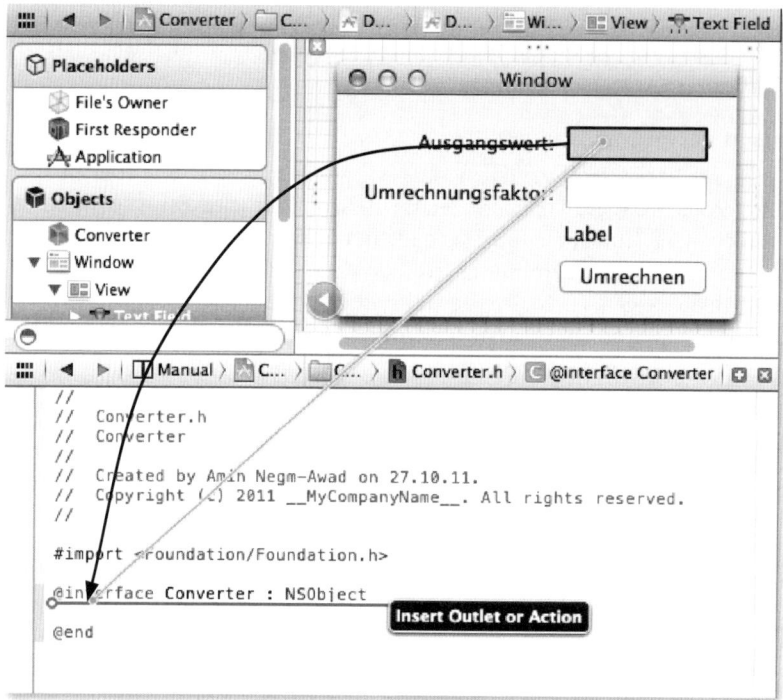

Mit Drag-and-drop programmieren

Allerdings kann Xcode jetzt noch nicht unmittelbar den neuen Code erzeugen, weil dazu noch Angaben fehlen. Deshalb springt ein kleines Fenster auf.

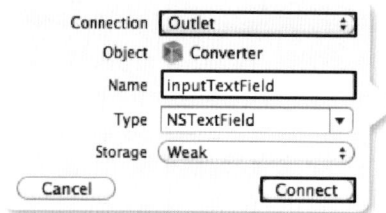

Die Einstellungen für ein Outlet

Unter *Connection* lassen Sie bitte das *Outlet* stehen. Wir wollten ja ein Outlet einfügen, steht oben. Darunter erscheint *Object*. Hier können Sie nichts auswählen, sondern es ist automatisch *Converter* vorgesetzt. Darauf kommen wir gleich zurück. Bei *Name* müssen wir angeben, welche Bezeichnung die Verbindung haben soll. Wir werden schließlich mehrere haben, so dass man diese unterscheiden muss. Geben Sie hier *inputTextField* ein. Mit *Type* wird der Typ des Objektes im Interface Builder bezeichnet. Dort steht schon richtig *NSTextField*, was die Klasse unseres Eingabefeldes ist. So lassen. Ebenfalls unverändert lassen Sie die Angabe *weak* bei *Storage*. Da geht es um die Speicherverwaltung, für die es einen gesonderten Abschnitt gibt. Klicken Sie auf *Connect*.

Sie bemerken jetzt im Sourcecode, dass automatisch eine Zeile eingefügt wurde:

```
@interface Converter : NSObject
@property (weak) IBOutlet NSTextField *inputTextField;
@end
```

Was heißt das jetzt?

- Mit der Einleitung `@property` wird bestimmt, dass wir eine Eigenschaft festlegen. (Property ist Englisch für Eigenschaft.)
- In Klammern dahinter erscheint der Speicherverwaltungstyp weak. Sie kennen das bereits aus dem kleinen Fenster von vorhin.
- `IBOutlet` hat keinerlei Auswirkungen auf die Abarbeitung der Anwendung. Es ist lediglich eine Markierung, damit der Interface Builder das Outlet erkennt.
- `NSTextField` ist der Typ des Elements im Interface Builder. Hatten wir vorhin auch angegeben. Der kleine Stern bedeutet, dass es sich um eine Verbindung zu einem Objekt dieses Typen handelt.
- Danach wird der von uns eingetippte Name als Bezeichnung für die Eigenschaft verwendet.
- Abgeschlossen wird das Ganze mit einem Semikolon.

Sie haben es zwar nicht selbst getippt, aber immerhin ist das die erste Zeile Code, die aufgrund Ihrer Angaben in der Applikation vorhanden ist. Sie machen Fortschritte!

Eines habe ich allerdings noch, bevor wir uns an das nächste Outlet machen. Wenn Sie genau aufgepasst und schon alles tiefgründig verstanden haben, dann werden Sie sich vielleicht wundern: Wir hatten ja eine Klasse in der Source und ein Instanzobjekt im Nib. Durch das Ziehen vom Xib in die Source sind in Wahrheit zwei Dinge geschehen, nicht eine:

- Unsere Klasse, also die Vorlage für die Instanzobjekte, wurde um eine Eigenschaft erweitert. Dies bedeutet, dass ab jetzt jede Instanz von dieser Klasse über eine entsprechende Eigenschaft verfügt.

- Diese Eigenschaft der Instanz, die sich im Nib befindet, wird auf das Textfeld gesetzt. Das heißt jetzt, das genau das Instanzobjekt als Eigenschaft die konkrete Beziehung zu dem konkretem Textfeld erhält.

Kapitel 2

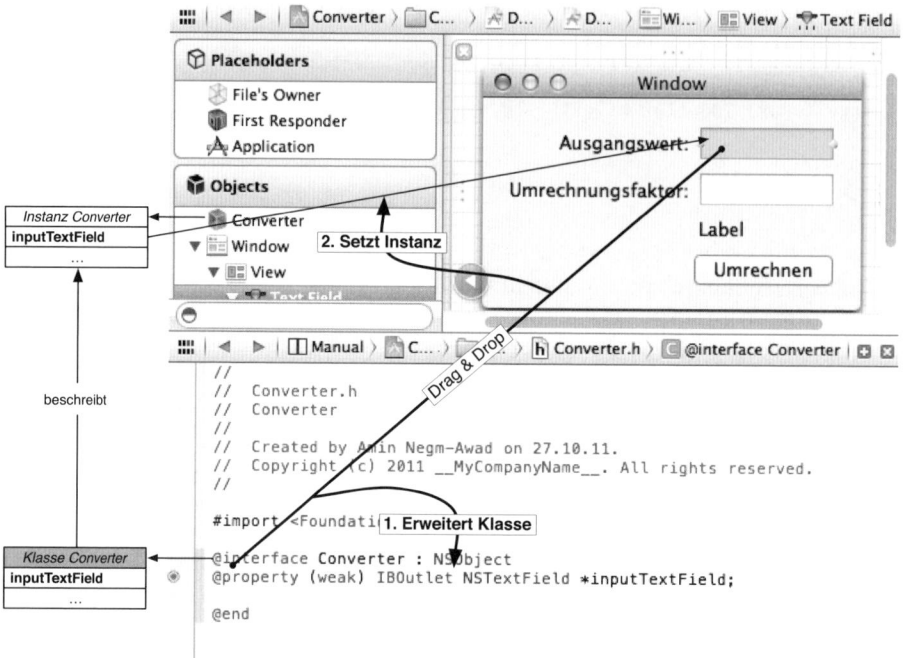

2 Mal inputTextField: Die Klasse wird erweitert und das Instanzobjekt gesetzt.

Das war auch der Grund, warum im kleinen Fenster als Object *Converter* stand und Sie das nicht verändern konnten. Auch wenn es bei unserer Applikation nicht sinnvoll ist, so wäre es ja denkbar, dass wir zweimal ein Converter-Objekt in die Objektleiste dex Xib gezogen haben. Eindeutig wäre dann, dass die Klasse Converter erweitert werden muss. Unklar wäre aber, welches Instanzobjekt im Xib jetzt genau auf das Textfeld verweisen soll. Erinnern Sie sich bitte: Die Klasse gibt die Art der Eigenschaft an (hier: Verweis auf ein Textfeld). Die konkreten Werte können sich von Instanz zu Instanz unterscheiden.

Um das vielleicht klarer zu machen, bauen wir uns einen weiteren Verweis von Hand:

Outlet selbst programmieren

Bitte schließen Sie wieder den Assistant-Editor entweder durch die Werkzeugleiste (linker Button der Gruppe *Editor*), oder einfach, indem Sie in dessen Navigationsleiste auf das *x* (*Remove Assistant Editor*) ganz rechts klicken. In den übrig bleibenden Standardeditor holen Sie sich Converter.h herein, indem Sie diese Datei im Projektnavigator auswählen.

Umrechner – Die erste Applikation

Über die Navigationsleiste kann ein Assistant-Editor geschlossen werden.

Eigenschaftsbeschreibung der Klasse hinzufügen

Schauen wir noch einmal in den Sourcecode und erweitern wir ihn entsprechend dem Code, den uns Xcode erzeugte:

```
@interface Converter : NSObject
@property (weak) IBOutlet NSTextField *inputTextField;
@property (weak) IBOutlet NSTextField *factorTextField
@end
```

> **HILFE**
>
> Sie werden bemerken, dass, immer wenn Sie ein paar Buchstaben eines Wortes getippt haben, eine kleine Liste mit Vorschlägen erscheint, wie das Wort weitergeht. Sie können in dieser Liste mit den Pfeiltasten navigieren und den ausgewählten Vorschlag mit der Returntaste übernehmen. Sie können aber auch einfach weitertippen.

Wir erzeugen also eine identische Eigenschaft, jedoch mit dem Unterschied, dass nunmehr der Bezeichner der Eigenschaft auf `factorTextField` lautet. Wenn Sie eine kurze Weile warten, werden Sie aber auch bemerken, dass links neben der Zeile ein rotes Stoppschild mit einem Ausrufezeichen erscheint. Während Sie tippen, wird unentwegt der Sourcecode von Xcode analysiert, und an dieser Stelle findet Xcode einen Fehler. Wenn Sie auf das Stoppschild klicken, sehen Sie rechts die Fehlerbeschreibung – vielleicht ist es nötig, das Fenster etwas zu vergrößern. Was haben wir falsch gemacht?

```
Expected ; at end of declaration list
```

Aha, so, so, ist ja interessant! Und was bedeutet das? Wir haben am Ende der Anweisung das Semikolon vergessen. Vergleichen Sie mal die beiden Zeilen. Klicken Sie bitte auf das Stoppschild unmittelbar vor der Fehlerbeschreibung. Es geht ein kleines Fenster auf, in dem ein Fix angeboten wird, nämlich das fehlende Semikolon einzufügen. Doppelklicken Sie darauf.

Wechseln Sie über den Projektnavigator zu Converter.m. Die Datei sieht wir folgt aus:

```
//
//  Converter.m
//  Converter
//
//  Created by Amin Negm-Awad on 11.11.11.
//  Copyright © 2012 Amin Negm-Awad. All rights reserved.
//

#import "Converter.h"

@implementation Converter
@synthesize inputTextField;

@end
```

Erklären wir auch kurz das: Die unwichtigen Kommentarzeilen kennen Sie schon. Danach erfolgt wieder ein Import. Diesmal wird einfach der Header in die Implementierung importiert. Schauen Sie noch einmal in die Übersicht in Kapitel 1. Sie werden erkennen, dass das dort genau so beschrieben wurde. Mit @implementation leiten wir die Implementierung der Klasse ein, also die Einlösung der Versprechen. Dies endet mit @end.

Dazwischen befindet sich schon die Zeile mit @synthesize. Wo kommt die her? Vorhin, als wir das Outlet per Drag-and-drop erzeugten, hat Xcode nicht nur die Property im Header eingefügt, sondern auch gleich diese Zeile in der Implementierung. Danke sehr!

Was bedeutet aber dieses @synthesize? Wir hatten ja im Header eine Eigenschaft versprochen, die es noch zu implementieren gilt. Da aber die Implementierung von Eigenschaften zu 96,472 Prozent immer gleich aussieht, existiert eine sogenannte Standardimplementierung. Mit @synthesize weisen wir den Compiler an, diese Standardimplementierung automatisch für uns bei der Übersetzung zu erzeugen. Der kennt die nämlich. (Klugscheißer!)

Gut, beim Drag-and-drop wurde das also auch das automatisch gemacht. Mit der neuesten Version des Compilers ist es nicht mehr erforderlich, explizit die Synthetisierung der Property anzugeben. Fehlt jede Angabe, so nimmt der Compiler ein @synthesize an. Das Verhältnis der verschiedenen Möglichkeiten ist etwas kompliziert, weshalb wir das gesondert besprechen. Wir wollen es jetzt jedoch von Hand machen, also fügen wir eine Zeile ein:

```
@implementation Converter
@synthesize inputTextField;
@synthesize factorTextField;
@end
```

Nachdem das erledigt ist, schauen wir noch einmal in den Header. Um zu dem zurückzukommen, existieren mehrere Möglichkeiten:

- Sie klicken wieder auf Converter.h in dem Projektnavigator.
- Sie klicken oben in der Navigationsleiste auf den Pfeil zurück.
- [Control]+[Befehl]+[Pfeil hoch]. (Dasselbe mit Pfeil runter führt von .h zu .m.)

Wählen Sie eine aus. Mit der Zeit werden Sie wahrscheinlich immer mehr dazu tendieren, die letzte Variante zu nehmen.

Wir haben jetzt den esten Schritt erledigt und die Klasse, also die Beschreibung der Instanzen, um eine Eigenschaftsbeschreibung (kurz: Eigenschaft) erweitert.

Eigenschaftswert setzen

Kommen wir also zum zweiten Schritt und setzen auch für diese Eigenschaft den Wert. Da es jetzt ja um das Objekt, nicht die Klasse geht, müssen wir uns auch zum Objekt begeben. Das befand sich in Document.xib. Wählen Sie es also in dem Projektnavigator an, damit sich wieder der Interface Builder im Editor öffnet.

Wir müssen mitteilen, dass die Eigenschaft `factorTextfield` von dem Instanzobjekt `Converter` auf das zweite Textfeld verweist. Dazu ziehen Sie bei gedrückter [Control]-Taste eine Line vom Converter-Objekt in der Objektleiste auf das zweite Textfeld. Loslassen.

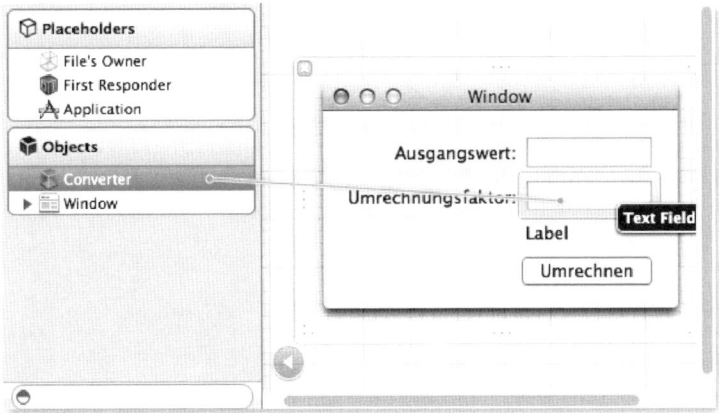

Wir setzen das Outlet als Eigenschaft.

Jetzt erscheint erneut ein kleines Fenster (diesmal in schwarz, was allerdings einigermaßen traditionell ist). Wir müssen jetzt auswählen, welches Outlet gesetzt werden soll. Der Spiegelstrich vor `inputTextField` zeigt dabei übrigens an, dass dieses Outlet bereits anderweitig gesetzt wurde. Klar, haben wir ja vorhin gemacht. Wählen Sie also `factorTextFieldOutlet`.

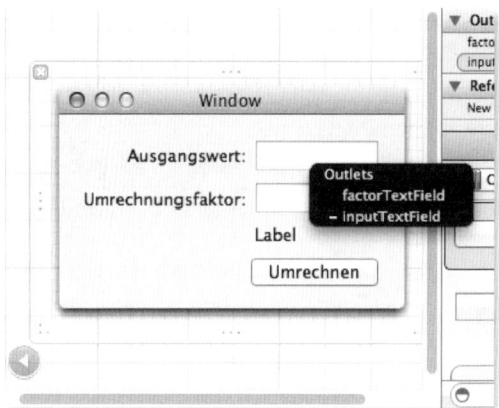

Setzen wir das Outlet für das Faktorfeld.

Diese Methode hat den Vorteil, dass die Verbindung wirklich so gesetzt wird, wie sie gerichtet ist: Vom Converter zum View. Und dies hängt nicht von der Richtung der Daten ab. Es ist gleichgültig, ob der Controller Daten vom View liest oder dorthin schreibt. Entscheidend ist alleine, dass er derjenige ist, der diese Tätigkeit vornimmt. Daher bekommt er das Outlet.

Außerdem werden Sie diese Methode natürlich immer dann anwenden, wenn das Outlet in der Klasse schon besteht und lediglich für die Instanz gesetzt werden muss.

Letztes Textfeld

Auch beim Label, welches sich unterhalb der Textfelder befindet, handelt es sich in Wahrheit um eine Instanz der Klasse NSTextfield. Wir benötigen also noch ein drittes Outlet, um auch dieses zu bedienen. Das erstellen Sie jetzt bitte selbst. Nach welchem Verfahren, überlasse ich Ihnen. Sie nennen es bitte outputTextField.

Die Reihenfolge ist übrigens hier gleichgültig.

Outlets kontrollieren

Sie können sich die gesetzten Outlets als Übersicht anschauen. Dazu wählen Sie die Converter-Instanz in der Objektliste an und schalten Sie auf den Connections-Inspector. Sie sehen dann die Liste der Outlets und können beim Ziel durch einen Klick auf das x die Verbindung auch wieder löschen.

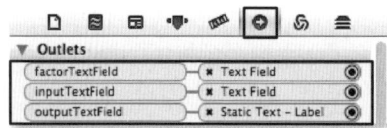

Eine Übersicht über die Outlets

Wenn Sie das Textfeld selektieren, können Sie umgekehrt in der Rubrik *Referencing Outlets* erkennen, dass dieses Textfeld Ziel einer Verbindung ist.

> **HILFE**
>
> Sie können das Projekt in diesem Zustand als Converter-04 von der Webseite herunterladen.

2.3.5 Action-Target: Verbindungen vom User-Interface

Jetzt haben wir es also geschafft, Verbindungen zum User-Interface zu legen, um Daten lesen und schreiben zu können. Übrig bleibt allerdings noch die Aufgabe, die Klick-Nachricht an den Button an unser Controllerobjekt weiterzuleiten. Hier ist die Richtung eine andere: Der Button sendet ja eine Nachricht an den Controller, also unsere Converter-Instanz. Der Button muss daher wissen, wer das ist, und benötigt die Verbindung. Allerdings geschieht hier noch etwas mehr: Der Button muss außerdem wissen, welche Nachricht er schicken soll. Man nennt dies daher nicht Outlet, sondern »Action-Target«, wobei Target das Empfängerobjekt bezeichnet und Action die Nachricht.

Machen wir uns dran, dies umzusetzen. Zunächst müssen Sie wissen, dass der Button für das Action-Targeting bereits eingerichtet ist. Wir müssen ihn also nicht ändern. Was bleibt?

- Wir müssen im Converter-Objekt eine Methode bekannt machen und schreiben, die die empfangene Nachricht verarbeitet (Action). Das ist neu.
- Wir müssen dem Button sagen, dass die Converter-Instanz der Empfänger dieser Nachricht ist (Target). Dies entspricht im Wesentlichen dem zweiten Schritt bei unseren Outlets.

Auch hier ist es wieder möglich, in einem (graphischen) Schritt unsere Klasse zu erweitern und die entsprechenden Verbindungen für das Objekt im Xib zu setzen. Wir werden dies auch mal machen, aber zunächst manuell probieren. So lernen Sie beides kennen.

Manuell: Action schreiben und Target setzen

Machen wir also diesmal zuerst die manuelle Variante.

Action schreiben

Bevor wir etwas verbinden können, müssen wir eine Methode schreiben, die die entsprechende Nachricht umsetzen soll. Und diese Methode muss auf dem Lieferschein bekannt gemacht werden. Damit fangen wir an.

Kapitel 2

Im Source-Editor öffnen Sie bitte Converter.h, indem Sie diese Datei im Projektnavigator auswählen. Sie sehen dann Folgendes:

```
@interface Converter : NSObject
@property (weak) IBOutlet NSTextField *inputTextField;
@property (weak) IBOutlet NSTextField *factorTextField;
@property (weak) IBOutlet NSTextField *outputTextField;
@end
```

Hier müssen wir unsere Methode einrichten, wobei es üblich ist, dies nach den Eigenschaften zu machen. Üblich, nicht zwingend. (Sie werden übrigens später lernen, dass es in Wahrheit gar keinen Unterschied zwischen Propertys und Methoden gibt.) Machen wir das also und setzen eine Methode –calculate: auf den Lieferschein:

```
@interface Converter : NSObject
@property (weak) IBOutlet NSTextField *inputTextField;
@property (weak) IBOutlet NSTextField *factorTextField;
@property (weak) IBOutlet NSTextField *outputTextField;
- (IBAction)calculate:(id)sender;
@end
```

Obwohl es sich hier ja nicht um das Objective-C-Kapitel handelt, gehen wir das einmal kurz durch:

- Das – am Anfang teilt mit, dass es sich um eine Methode eines Instanzobjektes handelt. Sie erinnern sich ja, dass Klassenobjekte ebenfalls Nachrichten empfangen können, also Methoden haben. Dies dient vor allem der Instanzerzeugung. Wir wollen hier aber die Nachricht an die Converter-Instanz schicken.

- In Klammern erfolgt üblicherweise der sogenannte Rückgabetyp. Hier ist nur wichtig, dass es sich bei IBAction wiederum um einen Marker handelt, der dem Interface Builder mitteilt, dass man mit dieser Methode in ihm arbeiten darf.

- Danach folgt offenkundig der Name der Methode und damit der Nachricht, die abgearbeitet werden kann.

- Schließlich wird durch den Doppelpunkt ein sogenannter Parameter mitgeteilt. Damit beschäftigen wir uns später kurz einmal.

- Beendet wird eine Position auf dem Lieferschein (Deklaration) durch das Semikolon.

Damit haben wir wieder nur die Methode auf den Lieferschein gesetzt, »deklariert«, wie der Fachmann sagt.

Kommen wir zur Implementierung. Sie könnten jetzt natürlich Converter.m in der Projektleiste mitselektieren, um sie in dem Source-Editor zu öffnen. Da aber Header- und Implementierungsdatei eng verzahnt sind, sieht Xcode die Möglichkeit vor, in einem Fenster zwischen den beiden hin- und herzuwechseln. Über die Tastatur geht dies schnell mit [Control]+[Befehl]+[Pfeil herunter]. Sie sehen jetzt wieder die Implementierung. Hier muss also unsere Methode -calculate: von uns programmiert werden, um den aus dem Bestellschein versprochenen Posten auch ins Paket zu bekommen:

```
#import "Converter.h"

@implementation Converter
@synthesize inputTextField;
@synthesize factorTextField;
@synthesize resultTextField;

- (IBAction)calculate:(id)sender
{
    NSLog( @"Hallo!" );
}
@end
```

Zunächst sehen Sie, dass wir die Bekanntgabe der Methode wiederholen. Diesmal beenden wir die Zeile aber nicht mit einem Semikolon, sondern mit einer geöffneten geschweiften Klammer in der nächsten Zeile. Und dies ist der Unterschied: Während das Semikolon nur die Bekanntgabe (Deklaration) abschließt, befinden sich in den geschweiften Klammern dann unsere wirklichen Operationen (Definition). In diesem Falle haben wir nur eine Operation eingefügt, dieses komische `NSLog()`. Es handelt sich dabei um eine Operation, die einfach den Text in der Klammer und dann zwischen @" und " ausdruckt. Man nennt dies zwischen den Hochkommata auch eine »Stringkonstante«, also einen Text, der fest in unserem Programm verankert ist. `NSLog()` kann unter anderem solchen Text ausdrucken.

Gut, das war es dann zunächst mit unserer Implementierung. Richtig, hier wurde noch nichts umgerechnet. Da Sie gerade aber ziemlich angestrengt zwischen den Dateien herumgehüpft sind, wollen wir das Gelernte zunächst abschließen und testen.

Action verbinden

Die Actionmethode muss irgendwie noch genutzt werden. Fangen wir mit der Nachricht an. Wenn Sie noch einmal ein paar Seiten zurückgehen, erinnern Sie sich an das System: Der Button bekommt die Nachricht »klick«, wenn er gedrückt wird. Und er soll dann uns eine Nachricht schicken. Wechseln Sie durch Auswahl in dem Projektnavigator im Editor wieder auf Document.xib. Ziehen Sie jetzt bei gedrückter [ctrl]-Taste eine Verbindung vom Button auf das Converterobjekt in der Objektliste. Die Zugrichtung entspricht also der Richtung der Nachricht.

Kapitel 2

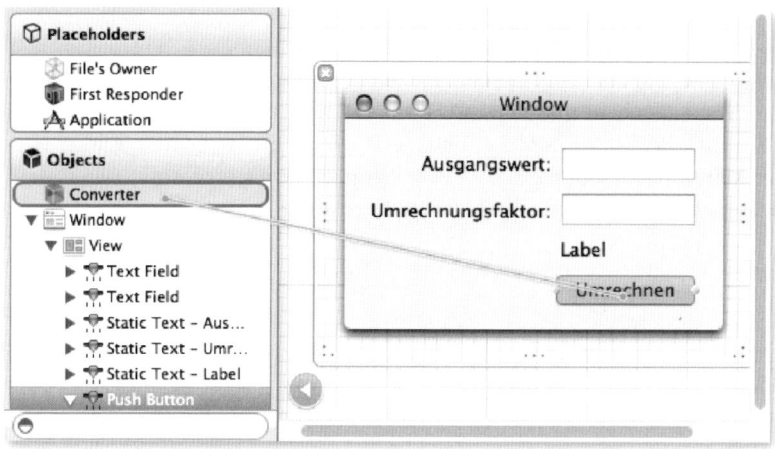

Durch das Ziehen einer Verbindung teilen wir dem Button mit, an welches Objekt er die Nachricht schicken soll.

Wenn Sie dann im Converter angekommen die Maustaste wieder loslassen, erscheint wie bei den Outlets ein kleines, schwarzes Fenster, welches die von uns programmierte Methode *calculate:* anzeigt. Klicken Sie hierauf. Damit haben wir dem Button mitgeteilt, dass er bei einem Klick eine calculate:-Nachricht an unseren Converter senden soll. Dieser empfängt die Nachricht und führt daraufhin die Operationen, die wir programmiert hatten, aus. Et voilá!

Automatisch Methode erzeugen lassen und setzen

Ich bin ehrlich: Ich halte – noch weniger als bei Outlets – nichts davon, durch Drag-and-drop eine Methode in der Klasse erzeugen zu lassen und gleich zu setzen. Aber ich will darauf hinweisen, dass es geht:

Fenster teilen: Laden Sie durch Auswahl in dem Projektnavigator wieder Converter.m in den Editor. Den Assistant-Editor in der Werkzeugleiste öffnen und dann im Projektnavigator Document.xib anwählen. Ziehen Sie jetzt bei gedrückter [Control]-Taste eine Verbindung vom Button in das Fenster unterhalb des letzten @synthesize, aber noch vor der soeben programmierten Methode –calculate:. Jetzt sehen Sie wieder das kleine weiße Fenster zur Eingabe von weiteren Einstellungen. Dabei gilt:

- *Connection* gibt wieder an, ob ein Outlet oder eine Action angelegt werden soll. Da wir die Verbindung in die .m-Datei zogen, ist es nur möglich, eine Action anzulegen. Dies ist auch ausgewählt.
- Der Name sollte klar sein.
- *Type* ist der Typ des Parameters. Wie gesagt: Damit beschäftigen wir uns später, nämlich im Kapitel über Objective-C.
- Klicken Sie auf *Cancel*, damit die Methode nicht angelegt wird. Wir brauchen keine weitere Actionmethode.

Action kontrollieren

Sie können jetzt den Button auswählen und im Connection-Inspector unter der Rubrik *Sent Actions* sehen, dass eine entsprechende Action-Target-Verbindung gesetzt wurde. Umgekehrt können Sie im Converter-Objekt erkennen, dass die Verbindung in der Rubrik *Received Actions* auftaucht.

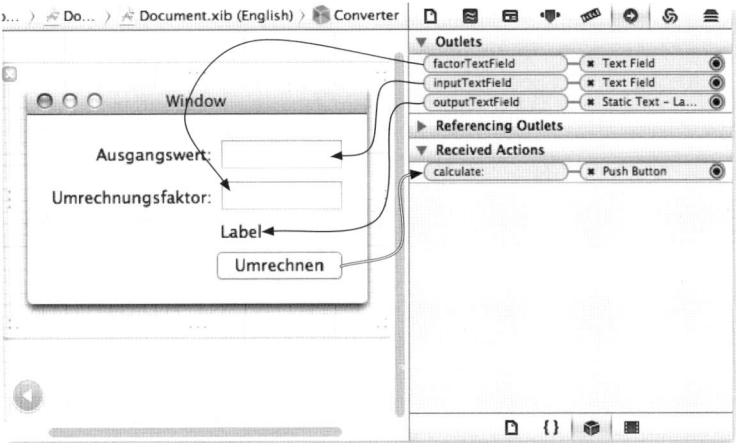

Zusammengefasst: die Beziehungen unseres Converters

2.3.6 Konsole

Wir haben jetzt alle Verbindungen gesetzt und ja auch schon ein bisschen Sourcecode getippt. An der Zeit das einmal auszutesten.

Klicken Sie in der Werkzeugleiste von Xcode wieder auf *Run* oder tippen Sie einfach [Befehl]+[R]. Das Programm startet nach einiger Zeit und das Fenster erscheint. Holen Sie das Programm notfalls in den Vordergrund.

Klicken Sie jetzt auf den Button, damit der Text »Hallo« ausgegeben wird. – Und es passiert nichts. [Zensiert]! Keine Panik, alles ist in Ordnung: Wir hatten ja den Text mittels NSLog() ausgegeben. Dieser erscheint dann nicht in unserem Dokumentenfenster, sondern in einem eigenen Textfenster. Sie können dies in Xcode im Menü *View* unter dem Eintrag *Navigators | Show Log Navigator* öffnen. Oder Sie wählen im Navigationsbereich (linker Teil des Fensters) den Eintrag *Log Navigator* (Sprechblase) ganz rechts.

Kapitel 2

> **HILFE**
>
> Der Editor wird sich ebenfalls verkleinern, weil unten ein neues View eingeblendet wird. Dies ist die Debug-Area, welche wir später benutzen. Ich hatte das ja schon eingangs dargestellt. Sie können Sie mit dem kleinen, nach unten gerichteten Dreieck ganz links in der Navigationsleiste der Debug-Area minimieren – oder gleich in den Symbolleiste unter *View* ausschalten (mittlerer Button). Gleiches gilt für die Inspektoren rechts, da diese hier keinen Sinn ergeben. Ich habe beides für die Screenshots gemacht. Da wir die Bereiche aber später noch benötigen, können Sie sie auch eingeschaltet lassen.

Es erscheint die Log-Ansicht der Navigationsleiste. In der Liste links sehen Sie verschiedene Einträge. Um es kurz zu machen: Sie werden es mit zwei Arten von Einträgen zu tun haben, weil zwei Programme Logs ausgeben werden: Wir zum Testen (Eintrag mit dem Titel *Debug*) und der Compiler, um verschiedene Sachen anzumerken (Eintrag mit dem Titel *Build*). Dementsprechend haben Sie daher auch dort zwei Arten von Einträgen. Sie wählen bitte den obersten mit dem Namen *Debug Converter*. Der sich daneben drehende Progress-Indicator (so heißt dieses zappelige Dings) zeigt an, dass gerade das Programm, also unseres, läuft, welches in diesen Eintrag Logs schreibt. Rechts im Editor sehen Sie nach der Auswahl die Ausgabe unserer Anwendung.

Eine neue Ansicht: Über den Log-Navigator gelangen Sie zu Programmausgaben.

Im Editor – er kann nur anzeigen – steht dann neben vielem, was hier nicht interessiert, auch unser »Hallo!«. Klicken Sie in unserem Programm erneut auf den *Umrechnen*-Button. Siehe da, es wird stets ein »Hallo!« in der Konsole hinzugefügt.

Beenden Sie wieder das Programm über sein Menü mit *Converter | Quit Converter* oder im Projektfenster von Xcode mit dem *Stop*-Button in der Werkzeugleiste.

> **HILFE**
>
> Sie können das Projekt in diesem Zustand als Converter-05 von der Webseite herunterladen.

2.4 Source-Editor: erste Schritte des Programmierens

Gut, dieser Log ist natürlich eine ungemein feine Sache für den Benutzer, sieht er ihn doch nicht. Sie können also Ihren Kunden sagen: »Doch, doch, das Programm macht schon, was es soll, Sie merken davon aber nichts.« Das erspart auch lästige Fehlersuche ... Ja, das war Ironie. Wir müssen dem Anwender das Ergebnis schon präsentieren:

2.4.1 Nachrichten – Wir beginnen zu sprechen

Daher will ich nicht gleich mit der Umrechnerei loslegen, sondern zunächst irgendwas ins Fenster bringen. Dass ich dies vorziehe, hat einen einfachen Grund: Wir müssen dazu selbst eine Nachricht verschicken. Sie lernen also, wie das geht.

Öffnen Sie in Xcode wieder *Converter.m* durch die Auswahl im Projektnavigator. Wir ändern jetzt die Operation in der Methode -calculate: wie folgt. Fangen Sie aber noch nicht an. Wir machen das gleich gemeinsam:

```
...
@implementation Converter
- (IBAction)calculate:(id)sender
{
    [self.outputTextField setDoubleValue:17.02];
}
@end
```

Lassen Sie die Augen zunächst noch im Buch. Ich will Ihnen kurz das System erläutern: Eine Nachricht wird immer in eckigen Klammern (die Sie ja mit [Wahltaste]-[5] und [Wahltaste]-[6] erreichen) gesetzt, so wie es hier steht. Als Erstes muss dann derjenige stehen, der die Nachricht erhält, also der Empfänger. Wir wollen hier eine Nachricht an das letzte Textfeld schicken, damit dort ein Wert erscheint. Also schreiben wir outputTextField. Was hat aber das self zu bedeuten? Stellen Sie sich vor, der Nutzer hat zwei Dokumente geöffnet. Dann hat ja jedes Dokument sein Fenster mit seinen Textfeldern und seiner Converter-Instanz. Alles doppelt. In welches Textfeld soll dann geschrieben werden? Natürlich in das, welches zu der Converterinstanz gehört, die gerade die

Actionmethode ausführt, in deren Fenster also geklickt worden ist. Und hier kommt etwas Wichtiges: `self` bedeutet immer: »Dasjenige Objekt, in dem gerade die Methode läuft.« Sie können also ganz kurz das self.outputTextField lesen als »mein Output-Textfeld«.

Danach kommt der Inhalt der Mitteilung, was in unserem konkretem Falle `setDoubleValue:` ist. Übersetzt bedeutet dies: »Setze eine Gleitkommazahl«, wobei Gleitkommazahl (Double) für einen Bruch wie 452,12 oder 21,88 steht. Beachten Sie aber, dass das Komma in amerikanischer Schreibweise mit einem Punkt geschrieben wird. Da das Textfeld aber auch irgendwie wissen muss, welchen Wert es setzen soll, lassen wir ihn nach dem Doppelpunkt folgen: 17.02. Man nennt dies den »Parameter der Nachricht«. Auch unsere Methode bekam einen Parameter sender, für den wir uns nicht interessierten. Hier ist er aber interessant.

Insgesamt bedeutet diese Zeile also: »Output-Textfeld, setze die Gleitkommazahl 17,02.«

Tippen wir das in den Computer ein. Während der Eingabe werden Sie bemerken, dass Ihnen Xoce wieder hilft. Sie können die vorgeschlagene Auswahl bei `outputTextField` und `setDoubleValue:` ruhig annehmen. Dann werden Sie bemerken, dass auch hinter dem Nachrichtennamen gleich ein blaues Feld erscheint, welches selektiert ist. Damit will uns Xcode mitteilen, dass ein Parameter des Typs double angegeben werden muss:

```
[self.outputTextField setDoubleValue:(double)
```

Immer, wenn Sie eine Nachricht über die Xcode-Hilfe einfügen (man nennt das »Code-Completion« oder deutsch »Codevervollständigung«), werden die übermittelten Parameter mit Platzhaltern versehen. Mit [Tab] können Sie den jeweils nächsten Platzhalter markieren, mit [Shift]+[Tab] den vorherigen. Der erste Parameter ist jetzt aber schon markiert. Daher können Sie gleich lostippen: 17.02. Abschließend bitte die geschlossene eckige Klammer und das Semikolon nicht vergessen. Das muss da also am Ende stehen:

```
[self.outputTextField setDoubleValue:17.02];
```

Speichern Sie die Änderungen ab und starten Sie erneut das Programm mit einem Klick auf *Run*. Wenn Sie jetzt auf den *Umrechnen*-Button klicken, dann erscheint im Output-Text-Field tatsächlich »17,02«.

AUFGEPASST

Sollte bei Ihrer Eingabe ein krummer Wert knapp daneben erscheinen, so ist das weder schlimm noch erstaunlich. Das liegt daran, dass Computer entgegen einem sogar bei Programmierern verbreiteten Irrglauben mit Brüchen nur ganz schlecht rechnen können. Bei meinem Rechner wird etwa der Ausgangswert 3 mit einem Faktor 1,6 zu 4,80000…001 multipliziert. Sie können sich für die Zukunft merken: Wenn es auf das exakte Ergebnis ankommt, verwenden Sie keine Brüche. Wir werden noch Besseres kennenlernen.

GRUNDLAGEN

Im Fenster unserer Applikation erscheint tatsächlich 17,02, obwohl wir im Programm 17.02 gesagt hatten. Das Textfeld ist aber so schlau, dass es weiß, dass Ihre Landeseinstellungen auf Deutsch stehen, und es berücksichtigt dies automatisch. Haben Sie Englisch ausgewählt, so würde die englische Notation gelten.

Hey, Sie haben einen Riesenschritt gemacht! Das Programm macht jetzt schon etwas, was Sie ihm gesagt haben. Endlich sind nicht mehr Sie Sklave Ihres Computers, sondern umgekehrt.

Noch einmal rekapituliert: Wir versenden eine Nachricht »setze Gleitkommazahl« an das Textfeld und übergeben dabei den Parameter »17,02«. Daher zeigt dann das Textfeld diesen Wert an.

Noch nicht ganz klar, nicht wahr? Na, Sie haben ja auch noch einige Seiten vor sich, da können Sie ja nicht schon jetzt alles verstanden haben ...

HILFE

Sie können das Projekt in diesem Zustand als Converter-06 von der Webseite herunterladen.

2.4.2 Variablen und Returnwerte – Fragen und Antworten

Öffnen Sie in Xcode wieder Converter.m und erweitern Sie die Methode:

```
- (IBAction)calculate:(id)sender
{
    double result = 17.02;
    [self.outputTextField setDoubleValue:result];
}
```

Zuerst einmal fügen wir eine Zeile ein. Der linke Teil (vor dem Gleichheitszeichen) ist etwas kompliziert. Hier müssen Sie sich an den Mathematikunterricht erinnern. Ich hoffe doch, dass das nicht zu sehr in Angstschweiß endet. `result` ist eine sogenannte Variable, wie Sie sie auch aus der Mathematik kennen: »x = 5«, Sie wissen schon. Bei Computern müssen wir aber notieren, was in einer Variablen gespeichert werden soll, sozusagen welche Art von Zahl. `double` steht hierbei wiederum für eine gebrochene Zahl. Wir sagen also: »Ich möchte eine Variable mit dem Namen result, die einen Bruch speichern kann.« Und dann geben wir auch gleich dieser Variablen einen Wert, nämlich 17,02. Dies erfolgt durch das Gleichheitszeichen.

Kapitel 2

> **GRUNDLAGEN**
>
> Auch in der Mathematik gibt es übrigens Typen von Variablen, nur nicht so ausdrücklich genannt. x enthält in etwa in der Regel eine »normale« Zahl. Aber vielleicht haben Sie auch mit Vektoren gerechnet. Das ist jetzt ein anderer Typ von Zahl. Und hier schreibt man kleine Pfeile über den Buchstaben. Also auch in der Mathematik wurde der Typ einer Variablen angegeben, nur eben für Insider.

Man könnte diesen Sinn auch in zwei Zeilen schreiben:

```
double result;
result = 17.02;
```

Die erste Zeile legt die Variable fest (definiert sie), die zweite Zeile weist den Wert zu.

Gut, schauen wir wieder in unseren Sourcetext und dort auf die zweite Änderung:

```
[self.outputTextField setDoubleValue:result];
```

Der Parameter hinter `setDoubleValue:` hat sich geändert. Dort steht jetzt `result` anstelle von **17.02**. Aber wir hatten ja der Variablen `result` gerade erst 17,02 zugewiesen. Also wird beim Programmlauf exakt dieser Wert an der Stelle eingesetzt. Das Ergebnis ist, dass unser Programm genau das macht, was es schon vorher machte. Starten Sie es einmal mit *Run* und schauen Sie nach. Sehen Sie! Programm wieder mit *Quit Converter* oder [Befehl]+[Q] im Programm selbst oder in Xcode mit der Schaltfläche *Tasks* in der Symbolleiste beenden.

Na, da war ich aber ein Scherzkeks. Ich erkläre Ihnen hier komplizierte Sachen mit Variablen und Zuweisungen, und am Ende kommt nichts Neues dabei heraus. Neeee, neeee, so ist das nicht: Sie haben eine grobe Vorstellung davon bekommen, was eine Variable ist. Und das brauchen wir jetzt. Wir verändern nun nämlich erneut die Methode:

```
- (IBAction)calculate:(id)sender
{
    double result = [self.inputTextField doubleValue];
    [self.outputTextField setDoubleValue:result];
}
```

Sie verstehen vielleicht schon den geänderten Teil: Wieder wird eine Nachricht verschickt, nämlich die Nachricht `doubleValue` an das `inputTextField`. Aber diese Nachricht unterscheidet sich von der letzten: Sie ist kein Befehl »setze die Zahl 17,02«, sondern eine Nachfrage: »Welche Zahl hast du?« Bei dem Input-Text-Field handelte es sich ja um unser oberstes Textfeld, in das der Benutzer etwas eingeben konnte. Und das, was der Benutzer eingegeben hat, wird hier abgefragt. Als Lohn für unsere Frage-Nachricht liefert uns das

Textfeld die vom Benutzer eingegebene Zahl. Und die speichern wir jetzt in der Variablen result.

Kommen wir zurück zu unserem Programm: In der nächsten Zeile

```
[self.outputTextField setDoubleValue:result];
```

wird exakt diese Zahl aus der ersten in das unterste Textfeld geschrieben. Wenn wir das also alles zusammen nehmen, dann müsste bei einem Druck auf den Umrechnen-Button unten die Zahl erscheinen, die vom Benutzer eingegeben wurde. Das gilt es zu überprüfen! *Run* geklickt und im obersten Textfeld einen Wert eingegeben. Dann ein Klick auf den *Umrechnen*-Button … Siehe da!

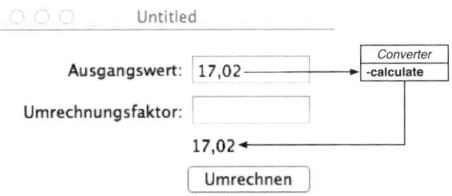

Unser Programm nimmt langsam Formen an.

Aber wenn Sie jetzt mal eine andere Zahl eingeben, dann erscheint unten nach dem Klick auf den Button eben auch eine andere Zahl. Was passiert eigentlich, wenn Sie gar keine Zahl eingeben, sondern einen Text? In diesem Falle wird einfach eine 0 genommen.

Beenden Sie wieder unser Programm über sein Menü oder schließen Sie es mit dem *Task*-Button in der Werkzeugleiste von Xcode ab.

> **HILFE**
>
> Sie können das Projekt in diesem Zustand als Converter-07 von der Webseite herunterladen.

2.4.3 Dokumentation und Quick-Help

Da wir schon einige Methoden hatten, verlieren Sie vielleicht langsam den Überblick, was womit gemeint ist. Xcode bietet hierzu eine Dokumentation zu den von Cocoa gelieferten Methoden und Klassen. Dabei existieren mehrere Möglichkeiten:

Vollständige Dokumentation
Halten Sie den Mauszeiger über dem Wort *doubleValue* im Sourcetext. Halten Sie die Optionstaste ([alt]) gedrückt und doppelklicken Sie aus das Wort. Nach einiger Zeit des Wartens erscheint ein neuen Fenster, die Dokumentation.

Kapitel 2

> **GRUNDLAGEN**
>
> Es handelt sich bei Xcode 4 nicht mehr um ein eigenes Dokumentationsfenster, sondern um die Dokumentationsansicht des Organizers. Wir werden mit diesem noch zu tun bekommen.

Xcode sucht jetzt in der Dokumentation nach dem Text doubleKlick. Dabei analysiert es jedoch bereits den Code und weiß daher, dass es sich um eine ganz bestimmte Methode handelt. Alternativ können Sie auch oben in das Textfeld den Suchbegriff eintragen, hier also doubleValue, so dass darunter eine Trefferliste erscheint. Sie können Art und Umfang der Suche wiederum beeinflussen, wenn Sie in dem Menü im Suchfeld die Einstellungen (*Show Find Options*) einblenden. Ich habe das mal für den Screenshot gemacht.

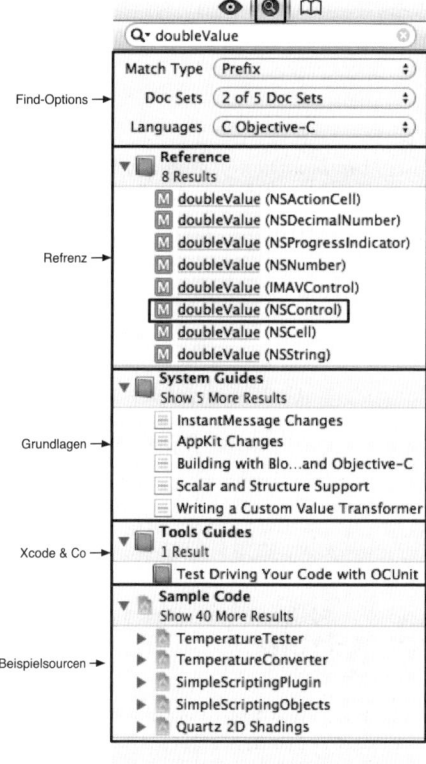

Rein textuell: Die Treffer für doubleValue schön gruppiert

Sie sehen aber, dass uns die Dokumentation eine ganze Liste von Treffern anzeigt. Dies liegt daran, dass wirklich nur der Text in die Suche eingesetzt wird. Diese ist ein reiner Textfilter. Das hat natürlich auch Vorteile. Wie dem auch sei: Klicken Sie auf den Eintrag *doubleValue (NSControl)*. Warum gerade dieser? Wir schicken die Nachricht an eine

Instanz von NSTextField. Diese ist von NSControl abgeleitet, ohne die Methode zu überschreiben. Daher findet sich die entsprechende Dokumentation bei NSControl.

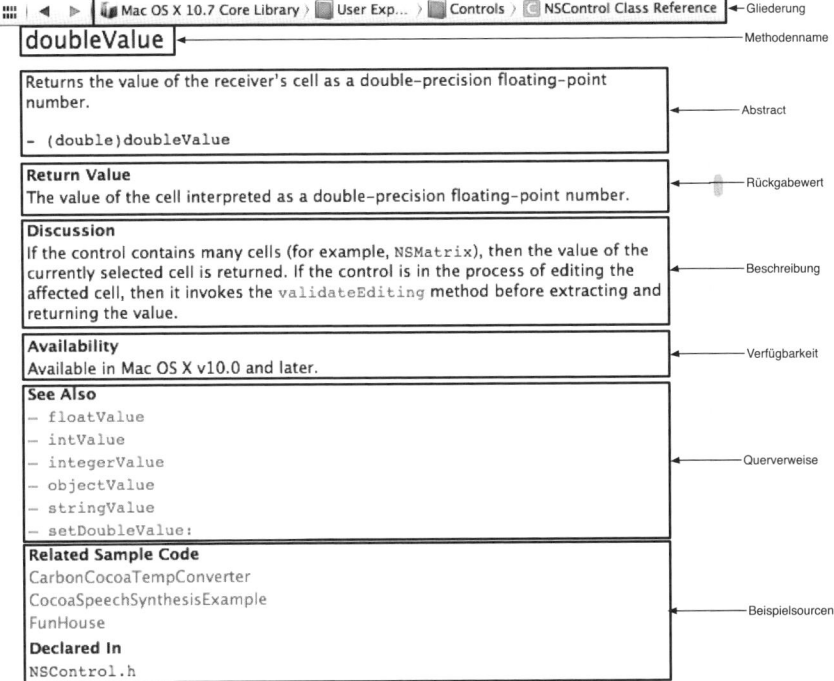

drawCell:

Die Dokumentation einer einzelnen Methode

Nach einiger Zeit erscheint rechts dann die eigentliche Dokumentation. Sie ist für Methoden entsprechend der Abbildung stets gleich aufgeteilt. Sie können in dem Dokument auch nach ganz oben scrollen (oder gleich nach der Klasse suchen, was freilich auch geht). Dort finden Sie eine allgemeine Beschreibung der Klasse und danach eine thematisch geordnete Liste der einzelnen Methoden unter der Überschrift *Tasks*.

> **TIPP**
>
> Sie können die Dokumentation auch über *Help | Documentation and API Reference* öffnen und dann von Hand in den Textfilter etwas eingeben.

Kurzdokumentation

Daneben existieren zwei Möglichkeiten der Kurzdokumentation (Quick-Help). Diese sind (fast) inhaltsgleich, erscheinen jedoch je nach Geschmack und Aufteilung der Bereiche

Kapitel 2

an verschiedenen Stellen. Dies ist dann wiederum wie der Doppelklick kontextsensitiv, also nicht eine reine Textsuche über das Suchfeld in der Dokumentation. Der angewählte Begriff wird nicht nur einfach textuell gesucht. Vielmehr versteht Xcode den Sinnzusammenhang und sucht daher die richtige Methode, nämlich -setDoubleValue: von NSControl.

Source-Editor

Halten Sie den Mauszeiger erneut in Converter.m, aber diesmal über setDoubleValue. Halten Sie die Optionstaste gedrückt. Das Wort sollte sich jetzt blau verfärben. Klick. Es erscheint an dieser Stelle ein Kurzdokumentationsfenster. Der Aufbau ist dabei ähnlich wie in der vollständigen Dokumentation. Beachten Sie aber, dass diese Methode einen Parameter bekommt, jedoch keinen Rückgabewert hat. Daher ist *Return Value* zugunsten von *Parameters* verschwunden. Es ist auch die Kombination möglich. Über die blauen Texte gelangen Sie dann in weitere Dokumentation, falls dies erforderlich sein sollte. Schließen Sie das Fenster jetzt wieder.

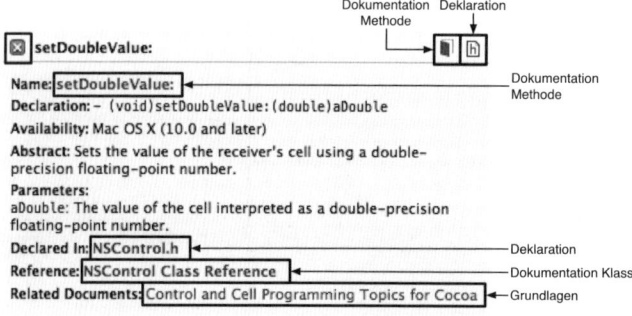

Knapp, aber mit Weiterleitung: die Hilfe im Editor

Inspector

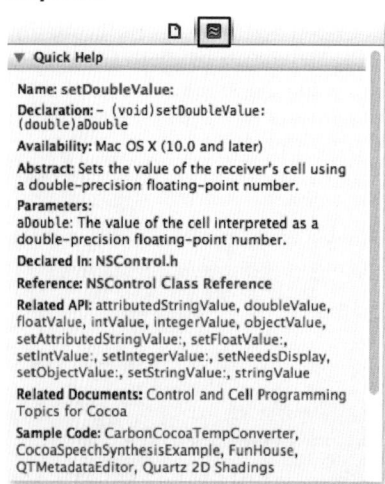

Von Umfang und Wirkungsweise ähnlich ist der Help-Inspector. Sollten Sie die Inspektoren nicht anzeigen, schalten Sie diese wieder in der Symbolleiste über *Views* ein. Wählen Sie dann die rechte Auswahlschaltfläche. Im Inspeckorbereich, um an den Quick-Help-Inspector zu kommen.

Ähnlich der Editorhilfe, aber synchron: der Help-Inspector

Der Witz hieran ist, dass sich diese Hilfe immer auf die Auswahl im Editor synchronisiert. Wandern Sie mal mit dem Cursor durch den Sourcetext. Bei Cocoa-Bezeichnern wird automatisch eine entsprechende Hilfe eingeblendet. Und: Das funktioniert auch im Interface Builder, also im Editor für das User-Interface. Auf ein Textfeld geklickt, und schon erscheint die Kurzdokumentation zum Textfeld.

2.4.4 Fehleranzeige

Ändern Sie nunmehr die Methode -calculate:

```
- (IBAction)calculate:(id)sender
{
    double result = [self.inputTextField doubleValue];
    [self.outputTextField setDoubleValue:result];
    XXXXXXXX
}
```

Gut, welche Bedeutung hat das jetzt? Gar keine. Wie? Ja, es ist einfach Blödsinn ohne jede Bedeutung. Nach kurzer Zeit merken Sie schon, dass die Zeile im Editor angemeckert wird. Ich hatte Ihnen ja bereits mitgeteilt, dass während der Eingabe Ihr Code analysiert wird. Dessen ungeachtet klicken Sie mal in der Symbolleiste auf *Run*. Sie werden bemerken, dass Ihr Programm nicht startet. Zum einen erscheint in der Aktivitätsanzeige am oberen Rand des Fensters eine Mitteilung. Zum anderen ist die Zeile nun rot markiert. (Sollte dies nicht der Fall sein, klicken Sie wieder links auf das Stoppschild mit dem Ausrufezeichen.)

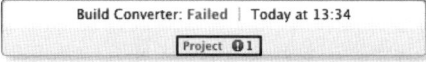
Fehler werden von Xcode nicht geduldet!

Klicken Sie bitte in der Aktivitätsanzeige auf die untere Zeile mit *Project*. Im Navigatorbereich wird automatisch auf den Issue-Navigator gewechselt. Dieser zeigt eine Liste der Fehler an. Klicken Sie auf den Fehler. Die entsprechende Zeile wird markiert. Gleichzeitig sehen Sie die Fehlermeldung:

```
use of undeclared identifier 'XXXXXXXX'
```

> **TIPP**
>
> Sie können übrigens mit den Pfeiltasten oben rechts in der Navigationsleiste des Editors von Fehler zu Fehler springen, wenn es mehrere gab.

Der Grund ist einfach: Weil unser Text völliger Blödsinn war, hat sich Xcode geweigert, daraus ein Programm zu machen – in etwas verqueren Worten. Übersetzt heißt das etwa: »XXXXXXXX ist mir nicht bekannt.«

Kapitel 2

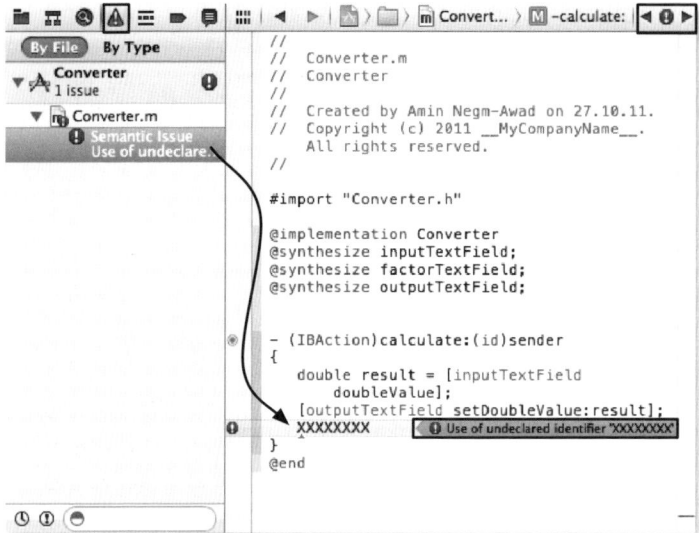

Auch in unserem Programm erscheinen die Fehler.

> **TIPP**
>
> Ein wesentlicher Vorteil des neuen Compilers LLVM liegt darin, dass seine Fehleranalyse deutlich besser ist. Schauen Sie mal genau auf die angemeckerte Zeile. Es befindet sich sogar ein kleines gelbes Dreieck an der Zeichenposition, an der der Compiler den Fehler bemerkte.

Merken Sie sich bitte schon hier, wie das funktioniert, wenn Sie einen entsprechenden Tippfehler machen: Der Build-Prozess wird unterbrochen, eine Fehlerliste erscheint, und durch einen Klick gelangen Sie an die entsprechende Stelle. Jetzt löschen Sie den Unfug aber bitte wieder, damit wir weiterarbeiten können.

> **TIPP**
>
> Sie können in den Preferences von Xcode unter *Behaviour | Build fails* als Option *Show navigator Issue Navigator* einstellen. Dann wird automatisch bei einem Fehler auf den entsprechenden Navigator gewechselt. Ich finde das praktisch.

2.4.5 Lesen – Denken – Schreiben

So langsam sollten wir aber nun anfangen, unser Ziel zu erreichen. Dies war die Umrechnerei. Schauen wir unsere Methode mal an: Sie soll ja die Werte aus den beiden Textfeldern lesen und in das dritte Textfeld das errechnete Ergebnis setzen. Kümmern wir uns zunächst um das Lesen der Werte.

Löschen Sie den bisherigen Code aus -calculate: und schreiben Sie folgenden Code zwischen die geschweiften Klammern:

```
- (IBAction)calculate:(id)sender
{
    double input = [self.inputTextField doubleValue];
    double factor = [self.factorTextField doubleValue];

    double result = input * factor;
    [self.outputTextField setDoubleValue:result];
}
```

> **TIPP**
>
> Sie haben es sicherlich schon wieder vergessen, daher noch einmal in gebotener Kürze: »[« erreichen Sie mit [Wahltaste] + [5], »]« mit [Wahltaste] + [6], »{« mit [Wahltaste] + [8] und »}« mit [Wahltaste] + [9]. Wie gesagt: Eine Abbildung als Lesezeichen befindet sich auf der Webseite.

Nun, die erste Zeile dürfte klar sein. Wir fragen das Input-Text-Field nach dem eingegebenen Wert und speichern ihn diesmal in einer Variablen input. Dasselbe machen wir mit dem mittleren Textfeld, welches ja factorTextField hieß. In der nächsten Zeile wird eine Variable result angelegt, der ebenfalls ein Wert zugewiesen wird (Gleichheitszeichen!) – ja, aber welcher eigentlich? Nun, die Sache ist einfach: Das Sternchen * steht in Objective-C an dieser Stelle für Multiplikation. Es wird also der Wert des ersten Textfeldes mit dem Wert des zweiten Textfeldes multipliziert und das Ganze in result gespeichert. Schließlich, und das kennen Sie schon, soll das Ganze an das dritte Textfeld geschickt werden, damit es dort erscheint.

Dies bedeutet, dass dieses Programm schon ziemlich genau machen wird, was wir wollen. Es rechnet den Wert im ersten Textfeld mithilfe des Umrechnungsfaktors im zweiten Textfeld um und zeigt das Ganze im dritten Textfeld. Speichern, *Run* und testen. Nach dem Test das Programm wieder beenden.

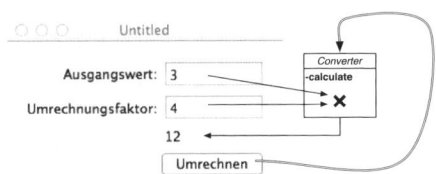

Jetzt klappt's auch mit dem Umrechnen.

> **HILFE**
>
> Sie können das Projekt in diesem Zustand als Converter-07 von der Webseite herunterladen.

2.5 Der Debugger

Ein wichtiger Bestandteil einer Entwicklungsumgebung ist zudem der Debugger. Den Begriff »Bug« für einen Fehler in einem Computerprogramm haben Sie bereits im ersten Kapitel kennengelernt. Ein Debugger ist dementsprechend ein Werkzeug zum Beseitigen von Bugs. Mit den Xcode-Developer-Tools werden der neuere, zu clang/LLVM passende LLDB als Standarddebugger und der ältere GNU Debugger gdb als alternativer Debugger geliefert. Wir werden im Folgendem mit dem Standarddebugger LLDB arbeiten. Tatsächlich ist in der Bedienung von Xcode der Unterschied allerdings nicht so groß, da Xcode die Einzelheiten der Debugger hinter der graphischen Benutzeroberfläche weitestgehend verbirgt.

2.5.1 Breakpoints

Die hauptsächliche Funktionsweise ist im Prinzip ganz einfach: Sie können an bestimmten Stellen das Programm anhalten und es anschauen. Man nennt einen solchen Haltepunkt »Breakpoint«, was Sie als Unterbrechungspunkt oder Haltepunkt und nicht mit Kotzstelle übersetzen sollten. Also, was soll das lange Gerede, setzen wir einen solchen Breakpoint in unserer Methode. Dazu klicken Sie in der ersten Zeile der Methode links in die Leiste. Es sollte dort jetzt ein blauer Pfeil erscheinen. Mit weiteren Klicks können Sie den Breakpoint dort deaktivieren (hellblau) und wieder aktivieren. Lassen Sie ihn jetzt aber bitte aktiviert.

Aktiv/Deaktiv: An der Leiste rechts neben der Source können wir einen Breakpoint platzieren.

> **TIPP**
>
> In den Text-Edit-Preferences von Xcode können Sie einstellen, ob links in der Leiste Zeilennummern dargestellt werden: *Xcode | Preferences | Text Editing* und dann das Häkchen vor *Line Numbers* setzen.

Gleichzeitig sollten sich *Breakpoints* in der Symbolleiste einschalten. Dies bedeutet, dass der Debugger die Breakpoints beim Programmlauf berücksichtigen soll. Sie sind scharf gestellt. Mit einem Klick auf diese Schaltfläche werden sämtliche Breakpoints unbeachtlich, mit einem neuerlichen wieder sämtliche Breakpoints beachtlich. Das geht sogar, während das Programm läuft! Graphisch wird diese globale Deaktivierung dadurch dargestellt, dass die Breakpoints grau erscheinen. Lassen Sie bitte auch dies unverändert.

Starten Sie jetzt die Anwendung mit einem Klick auf *Run*. Es sollte wieder unterhalb des Editors der Debug-Bereich erscheinen. Haben Sie den vorhin mit dem kleinen Dreieck zusammengeklappt, müssen Sie ihn jetzt wieder aufklappen. Geben Sie in unserer Anwendung im Textfeld für den Ausgangswert 3 und im Textfeld für den Umrechnungsfaktor 2,54 ein. Klicken Sie auf den *Umrechnen*-Button. Das Programm tritt in den Hintergrund und Xcode ploppt nach vorne. Gleichzeitig hat sich einiges getan:

Umrechner – Die erste Applikation

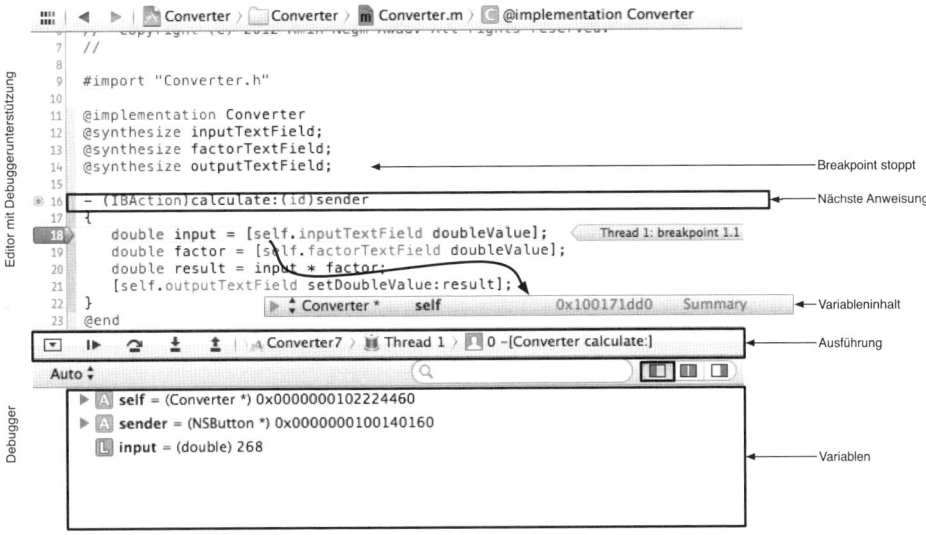

Debuggerunterstützung im Überblick

2.5.2 Angezeigte Informationen

Zunächst einmal erhalten wir einige Informationen:

Editor

Zunächst bietet Xcode eine Unterstützung des Debuggers unmittelbar im Sourceeditor von Xcode. Dies betrifft zweierlei:

Zum einen können Sie grün unterlegt mit einem grünem Dreieck an der linken Seite diejenige Zeile sehen, vor der das Programm durch den Breakpoint angehalten wurde. Diese Anweisung ist also noch nicht ausgeführt.

Zum anderen versuchen Sie mal bitte, die Maustaste lange über ein *self* im Text zu halten. Es sollte dann, ist zugegebenermaßen etwas frickelig, ein einzeiliges gelbes Fenster (Tool-Tip) erscheinen, welches Angaben zu der Variablen self macht. Vereinfacht gesagt bedeutet dies: self ist von der Klasse Converter (*Converter **) und hat den Wert 0x10017… (Der Wert kann bei Ihnen abweichen und interessiert uns hier nicht.) Da ich Ihnen vorhin gesagt hatte, dass self in einer Methode immer auf das Instanzobjekt zeigt, in dem gerade die Methode läuft, und wir es mit einer Methode von Converter zu haben, ist diese Angabe offenkundig richtig. Sie können aber die Maus etwa auch einmal über *input* halten. Dann erscheint eine entsprechende Angabe dazu.

Der Disclosure (das Dreieck) ganz links im Tool-Tip besprechen wir gleich.

109

Kapitel 2

Debugger

Auch der Debuggerbereich zeigt Variableninhalte, allerdings in einer Übersicht. Sie finden als die ersten drei Einträge *self* – der Hinweis auf uns selbst – und *sender*. Bei dem ersten handelt es sich um technische Angaben. Der zweite Wert ist der Parameter, den Sie im Methodenkopf erkennen können. Sie sehen dort, dass der Absender ein Button war, erkennbar an der Klasse *NSButton*.

Darunter folgt die Liste der Variablen, die wir in der Methode (Fachbegriff: lokal, daher das L) definiert hatten. Diese haben jetzt noch keine gültigen Werte, da ja noch keine Anweisung ausgeführt wurde, die Werte setzt.

Bevor wir aber weitergehen, möchte ich Sie auf etwas aufmerksam machen: Sie hatten ja schon im Editor den Disclosure links in der Zeile gesehen. Und auch hier taucht der wieder auf. Damit hat es eine wichtige Bewandtnis: Der Wert, der dort in der Variablen self eingetragen ist, ist ja etwas einigermaßen Kryptisches und – wie ich schon sagte – erst einmal nicht interessant. Überlegen wir mal, was der wahre Wert unseres Converter-Objektes ist: Es hat ja eigentlich keinen Wert, sondern drei Eigenschaften. Diejenigen Eigenschaften, die wir in der Klasse programmierten und mithilfe des Interface Builders verknüpften. Wir haben also drei Werte. Außerdem haben Sie im ersten Kapitel gelernt, dass eine Klasse alle Eigenschaften ererbt, die die Superklasse hat. Unsere Superklasse war NSObject.

Mit dieser Erinnerung klappen Sie jetzt mal self auf, indem Sie auf den Disclosure links daneben klicken:

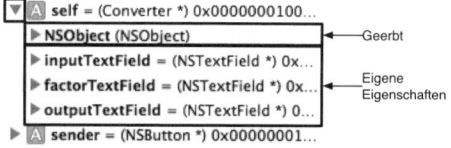

Die Eigenschaften der Converterinstanz

Sie sehen es: Zunächst erfolgt ein Eintrag NSObject, der die von dieser Klasse erenbten Eigenschaften beinhaltet, wenn Sie ihn aufklappen. Das ist aber nur etwas Internes, das hier nicht interessiert. Spannender sind die von uns programmierten drei Eigenschaften. Diese haben Sie hier aufgelistet. Sie sehen wiederum nicht sinnvolle Werte, weil es sich wiederum um Instanz-Objekte handelt, die aus ganz vielen Eigenschaften bestehen. Soweit wollen wir hier aber noch gar nicht gehen. Erkennen Sie aber, dass alle diese drei Eigenschaften NSTextField als Typen notieren. Es handelt sich also wirklich um die drei Eigenschaften, die wir im Interface Builder verknüpften. Hätten wir eine Verknüpfung vergessen, so würde hier 0 für keine Verknüpfung stehen.

Klingt alles nicht sinnvoll, weil wir keine echten Werte sehen? Warten Sie es ab. Gleich tauchen die auf.

110

Navigationsleiste

In der Navigationsleiste des Debuggers befindet sich verborgen eine weitere wichtige Information, der sogenannte Callstack. Sie sehen dort in der rechten Hälfte den Eintrag *Converter | Thread 1 | 0 – [Converter calculate:]*. Dies bezeichnet dabei unsere Methode (calculate:) in unserer Klasse (Converter). Wieso wird überhaupt diese Methode ausgeführt? Richtig, weil eine entsprechende Nachricht an das Converter-Objekt gesendet wurde. Aber wer hat die eigentlich gesendet? Irgendwie das System, sagte ich Ihnen. Das können wir uns genauer anschauen. Klicken Sie auf 0 - [Converter calculate:], und es geht ein Pop-up-Fenster auf.

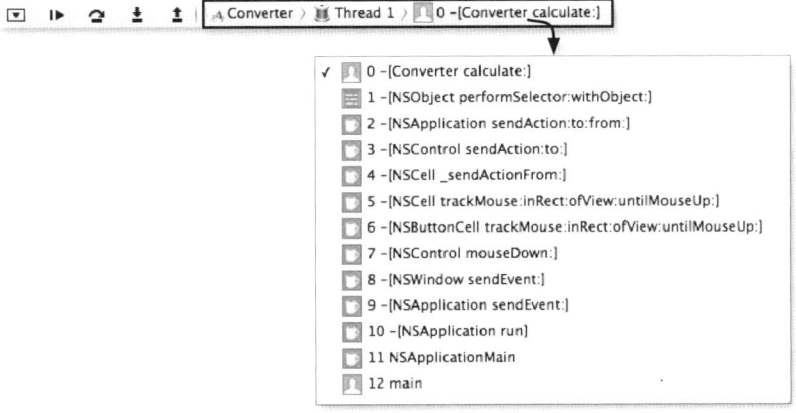

Der Weg vom System zu unserer Methode

Die zweite Zeile dieses Callstacks sagt einfach, dass die Nachricht von der Methode *-performSelecto:withObject* der Klasse *NSObject* an uns geschickt wurde. Und in diese Methode ist man gelangt, weil in der Methode *sendAction:to:from:* der Klasse *NSApplication* eine entsprechende Nachricht versendet wurde usw. Das erkennen Sie in der nächsten Zeile. Mit anderen Worten: Hier sieht man immer, von welcher Stelle aus ich an meine aktuelle Programmstelle kam. Da wir nur eine eigene Methode im Callstack haben (erkennbar an dem blauen Symbol), ist das hier ziemlich uninteressant. Es wird aber interessant, wenn wir selbst Nachrichten an Instanzen eigener Klassen versenden. Dann können wir nämlich unseren Nachrichtenversand zurückverfolgen. Das kann hilfreich sein.

Ebenfalls hat sich links der Debug-Navigator eingeblendet. Auch er zeigt den Callstack, sortiert nach sogenannten Threads, die wir im ersten Band nicht nutzen werden. Daher ist für uns immer Thread 1 maßgeblich. Der Callstack wird dabei zur besseren Übersicht komprimiert, nämlich immer dann, wenn eine horizontale gestrichelte Linie erscheint. Sie können den Grad der Komprimierung unterhalb der Liste mit dem Schieberegler verändern. Mal ausprobieren …

2.5.3 Durchlaufen

Ich hatte Ihnen aber vesprochen, dass man das Programm bei der Abarbeitung beobachten kann. Und das dürfte einiges klarer machen.

Um den Durchlauf des Programmes zu kontrollieren, existieren in der Navigationsleiste des Debuggers verschiedene Schaltflächen:

Die Schaltflächen für den Programmlauf

Um das Ganze zu veranschaulichen, klicken Sie auf *Step Over*. Dies bedeutet, dass der Computer jetzt diese Zeile ausführen und dann gleich wieder anhalten soll. Jetzt sollte also die nächste Zeile grün unterlegt sein. Gleichzeitig hat sich in der Variablenansicht etwas getan: Der Wert für die Variable *input* hat sich auf 3 geändert. Wieso 3? In der gerade abgearbeiteten Zeile hatten wir ja die Eingabe vom Textfeld geholt und in input gespeichert. Und da es sich bei input um eine »normale« Variable handelt, also ohne dieses ganze Eigenschaftenobjektgedöns, kann man jetzt sehen, dass der Wert 3 gespeichert wurde.

Klicken Sie erneut auf *Step Over*, um auch die nächste Zeile unseres Programms auszuführen. Diesmal sehen Sie, wie sich die lokale Variable *factor* auf den eingegebenen Wert verändert hat. Noch mal *Step Over* und nun erscheint in der dritten Variablen das Ergebnis unserer Multiplikation.

Wenn Sie im Editor die Maus über die verschiedenen Variablen halten, wird auch der Wert der Variablen angezeigt.

Klicken Sie jetzt in der Werkzeugleiste auf *Continue*, damit das Programm fortgeführt wird. Es lässt sich erst jetzt wieder von Ihnen bedienen. Klicken Sie erneut auf den *Umrechnen*-Button, so wird unser Programm wieder angehalten.

Die beiden verbleibenden Schaltflächen *Step Into* und *Step Out* sind dafür da, nicht eine Anweisung zu überspringen und dann anzuhalten, sondern in der Methode, die aufgrund der Anweisung ausgeführt wird, gleich wieder am Anfang anzuhalten bzw. diese zu verlassen. In unserem Falle ist das nicht sinnvoll, weil wir ja Nachrichten an die Textfelder schicken und wir deren Sourcen nicht kennen.

Um den Breakpoint jetzt zu entfernen, ziehen Sie ihn einfach aus der Leiste in den Editor herein.

Beenden Sie wieder das Programm.

Es kann im weiteren Verlauf des Buches eine gute Übung sein, sich den Ablauf unserer Anwendung im Debugger mal anzuschauen. Seien Sie da nicht vorsichtig.

2.6 Das letzte Drittel: Das Model

Ich sprach bisher zwei wesentliche Teile einer Anwendung an: Die View-Schicht, die mit dem Benutzer kommuniziert und die Controller-Schicht, die spezifische Funktionalität enthält. Der dritte große Teil wird die »Model-Schicht« genannt.

Was haben Models mit Softwareentwicklung zu tun? Es fehlt noch was: Die Daten und ihre Speicherung.

Zwar wurden Daten vom Benutzer eingegeben, aber letztlich wurden sie nie gespeichert. Das wäre auch nicht sinnvoll. Will der User einzelne Zahlen, die er irgendwann umgerechnet hat, speichern? Wohl eher nicht. Aber doch, da gibt es etwas Praktisches: Man könnte eine Liste von benannten Umrechnungsfaktoren (»cm zu Zoll«, »km zu Meilen« usw.) erstellen, die dann gespeichert wird. Dazu müssten wir eine entsprechende Liste abspeichern können.

Diesen Teil des Programms, der die Daten speichert, nennt man »Model« oder deutsch Modell. Der Grund für diese Bezeichnung ist, dass die Daten in unserem Programm eine Lebenswirklichkeit beschreiben. Die Buchungen in einer Buchhaltungssoftware beschreiben etwa die Lebenswirklichkeit »Geldbewegungen des Unternehmens«. Wir haben also im wahrsten Sinne des Wortes ein Modell im physikalisch-technischen Sinne.

Den Vorgang, die Wirklichkeit eines Programms in einem Model abzubilden, nennt man »Modellierung«. Und die sorgfältige Modellierung ist ein schwieriges Kapitel. Im Kapitel 7, wenn Sie sich vielleicht an eigene Projekte wagen wollen, gebe ich hierzu Tipps. Wir nähern uns zunächst ganz vorsichtig an und machen das einfachste Model, das man sich denken kann. Einfach eine simple Liste von Umrechnungsfaktoren. Die Liste enthält dann Objekte mit zwei Eigenschaften: dem Namen und dem Faktor.

2.6.1 Amin's next top model: äußere Ansichten …

Damit Sie sich darunter etwas vorstellen können, beginnen wir aber zunächst mit dem Interface im Interface Builder.

Kapitel 2

> **TIPP**
>
> Man kann die Benutzeroberfläche für ein einfaches Model auch automatisch erstellen lassen. Ich führe Ihnen das hier von Hand vor, damit Sie die Arbeitsschritte verstehen. Außerdem gewinnen Sie so einen ersten Einblick in die dahinter stehenden Vorgänge.

Öffnen Sie wiederum Document.xib und machen Sie diesmal das Dokumentenfenster breiter. (Das Dokumentenfenster war jenes, in das wir unsere Buttons usw. gezogen hatten.) Verschieben Sie alle Elemente an den rechten Rand, bis wieder die blaue Hilfslinie erscheint. Zum Schieben müssen Sie dabei auf eines der ausgewählten Elemente klicken und die Maus bei gedrückter Taste bewegen.

> **HILFE**
>
> Wählen Sie alle Objekte aus, indem Sie ab einer leeren Fläche im Dokumentenfenster ein Rechteck über alle Elemente aufziehen. In diese Falle können Sie ebenfalls einfach [Befehl] + [A] benutzen, um alle Elemente auszuwählen.

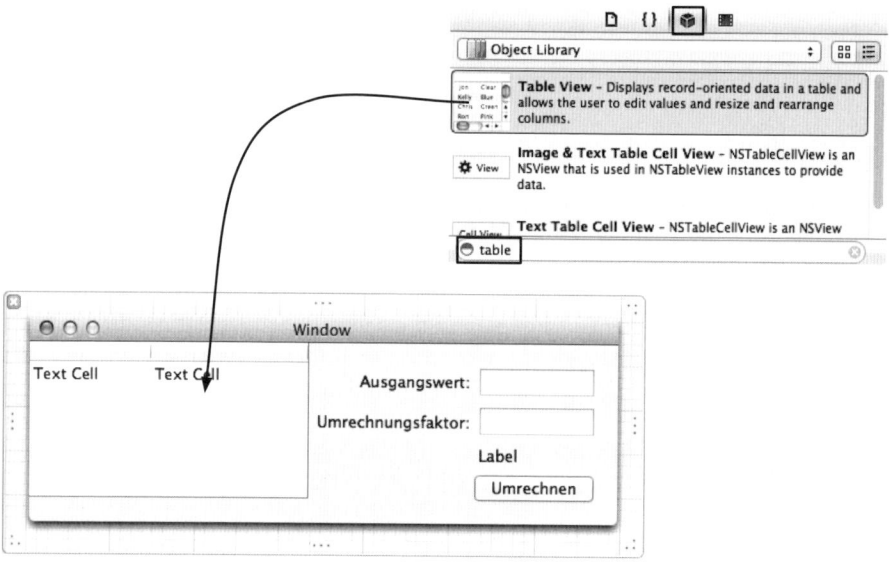

Der Tableview dient zur tabellarischen Anzeige von Daten.

Umrechner – Die erste Applikation

Tableview hinzufügen

In der Library geben Sie jetzt im Textfilter *table* ein. Es sollte dann ein Eintrag *Table View* erscheinen. Ziehen Sie das links in das Dokumentenfenster. Ziehen Sie es in der Größe zurecht und lassen Sie dabei am unteren Rand etwas Platz, links und oben gehen Sie aber bitte bis zum Anschlag. Auch dort erscheinen blaue Hilfslinien.

Die Handhabung eines Tableviews ist leider im Interface Builder nicht so einfach, weil es sich in Wahrheit um mehrere verschachtelte Views handelt. Das nennt man eine »View-Hierarchie«. Ich will Ihnen an dieser Stelle lediglich die verschiedenen Möglichkeiten der Selektion erklären. Bitte beachten Sie dabei auch den Eintrag in der Navigationsleiste des Interface Builders.

Klicken Sie irgendwo in den Fensterhintergrund, so dass kein Element des Fensters ausgewählt ist. Jetzt klicken Sie bitte ein Mal auf das Tableview. Es wird jetzt selektiert und erscheint insgesamt umrandet und mit blauem Hintergrund.

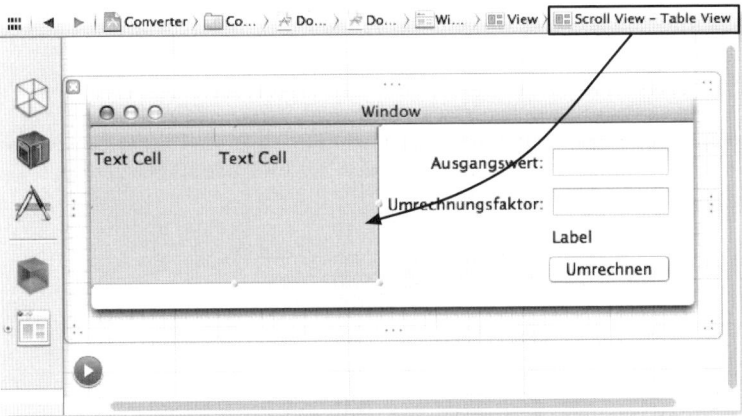

Hier ist nur ein Scrollview als äußere Hülle ausgewählt.

Nein, es ist gar nicht selektiert, sondern ein umgebendes Scrollview: In der Navigationsleiste bemerken Sie, dass dort *Scroll View – Table View* steht. Dieser Scrollview ist sozusagen die Hülle des Tableviews, die für die Rollbalken (Scroller) sorgt.

Klicken Sie jetzt erneut einfach auf den Tableview, äh Scrollview, äh, also dort, wo es selektiert ist, in etwa in die Mitte, und Sie bemerken, dass jetzt nur noch der sichtbare Ausschnitt der Tabelle selektiert ist. Das ist wirklich unser Tableview, wie uns auch die Bezeichnung in der Navigationsleiste belegt. Sie befinden sich jetzt sozusagen eine Ebene tiefer. Hierauf beziehen sich dann auch verschiedene Inspektoren.

Kapitel 2

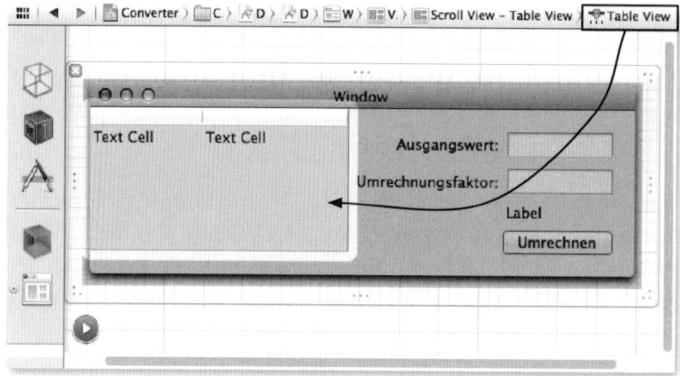

Das eigentliche Tableview und auch die anderen Elemente befinden sich im Scrollview.

Klicken Sie jetzt auf die linke Spalte des Tableviews und Sie gelangen wieder eine Ebene tiefer zu der »Tablecolumn«, wie uns erneut die Navigationsleiste mitteilt. Es handelt sich um eine Spalte der Tabelle.

> **TIPP**
>
> In der Navigationsleiste können Sie durch Anklicken der Einträge zu Geschwister- und Tochterelementen wechseln.

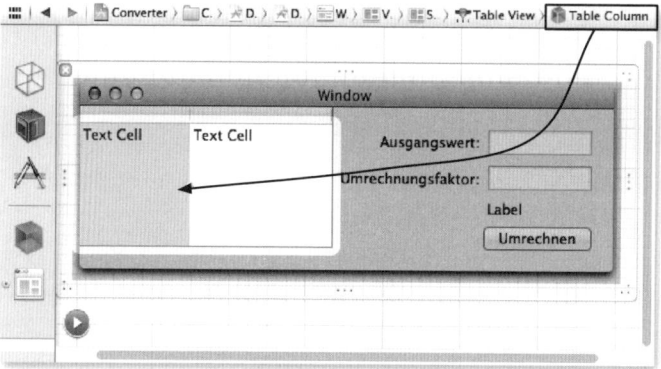

Ein Tableview verwaltet wiederum einzelne Tablecolumns.

> **TIPP**
>
> Wenn es die Größe ihres Bildschirms zulässt, können Sie auch die Objektliste aufklappen und dort die Hierarchie noch einmal sehen. Ich finde es eher störend, dass der Interface Builder dort das selektierte Element immer aufklappt. Zum ersten Lernen ist es aber vielleicht nicht schlecht.

GRUNDLAGEN

Eine Tablecolumn ist eigentlich nicht erneut ein View, da es sich hier nur um eine »Verwaltungseinheit« des Tableviews handelt. Ein Tablecolumn zeichnet aber nichts selbst.

Im Attributes-Inspector geben Sie in der ersten Zeile *Title* den Namen der Spalte mit *Namen* ein. Dies sollte jetzt entsprechend im Tableview erscheinen. Selektieren Sie die zweite Spalte und geben Sie hier im Inspector als Namen *Faktor* ein. (Sie können auch gleich auf die Titelzeile im Tableview, genannt Header, doppelklicken.)

Der Spaltentitel ist ein Attribut der Tabellenspalte.

Als i-Tüpfelchen können Sie jetzt wieder das Scrollview wählen, im Size-Inspector das Autosizing einsetzen. Dabei müssen alle Linien gesetzt sein, so dass die gesamte Vergrößerung des Fensters in das Tableview geht. Vergrößerung des Fensters? Richtig, jetzt ist auch wieder eine vertikale Vergrößerung sinnvoll, da dies ja das Tableview vergrößert, so dass dort mehr Einträge sichtbar werden. Heben Sie also im Size-Inspector für das Fenster die Höhenbeschränkung *Maximum Size* wieder auf. Alle Elemente auf der rechten Seite des Fensters stellen Sie im Autosizing so ein, dass diese nur Verstrebungen nach oben und rechts haben.

HILFE

Wenn Sie das noch nicht schaffen, blättern Sie noch einmal zurück. Grämen Sie sich aber nicht. Das Autosizing ist für den Fortgang nicht wichtig, sondern dient lediglich der Schönheit. Aber probieren sollten Sie es schon, da es gut der Übung dient. Sie können auch das Projekt gleich von der Webseite herunterladen und dies vergleichen. Auch gibt es gleich noch eine Übersicht. Geben Sie sich aber jetzt Mühe. Mit *Editor | Simulate Document* können Sie ja testen.

Buttons hinzufügen

So weit, so gut. Wir haben einen Teil des User-Interfaces erstellt, damit Sie eine Vorstellung davon haben, was wir überhaupt machen wollen. Ziel soll es sein, dass bei einem Klick in eine Zeile des Tableviews der Umrechnungsfaktor übernommen wird.

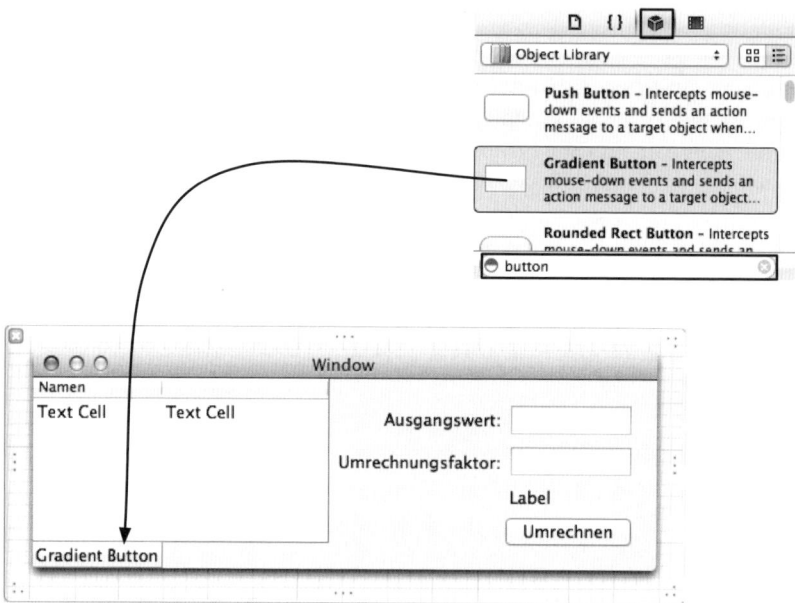

Für die Hinzufüge-Aktion verwenden wir einen schicken Gradient-Button.

Allerdings muss der Nutzer noch irgendwie die Möglichkeit erhalten, überhaupt Einträge in der Tabelle zu erstellen und wieder zu löschen. Dazu verwenden wir ganz typisch zwei Buttons mit Plus und Minus.

Suchen Sie in der Library bitte nach *button* und ziehen Sie diesmal den zweiten Button (*Gradient Button*) in das Dokumentenfenster, und zwar ganz an den unteren Rand des Fensters. Es handelt sich um einen Button mit Farbverlauf. Durch einen Doppelklick darauf können Sie die Beschriftung ändern. Leeren Sie diese, also so, dass keine Beschriftung vorhanden ist. Der Button verkleinert sich automatisch. Das ist erst einmal okay so. In der Library wechseln Sie jetzt bitte auf die *Media Library*, das ist die Schaltfläche ganz rechts. Hier befinden sich Standardbilder und -töne. Suchen Sie dort nach *add*. Als einziger Treffer sollte *NSAddTemplate* erscheinen. Ziehen Sie das auf den Button. Im Button sollte jetzt ein Pluszeichen erscheinen.

Umrechner – Die erste Applikation

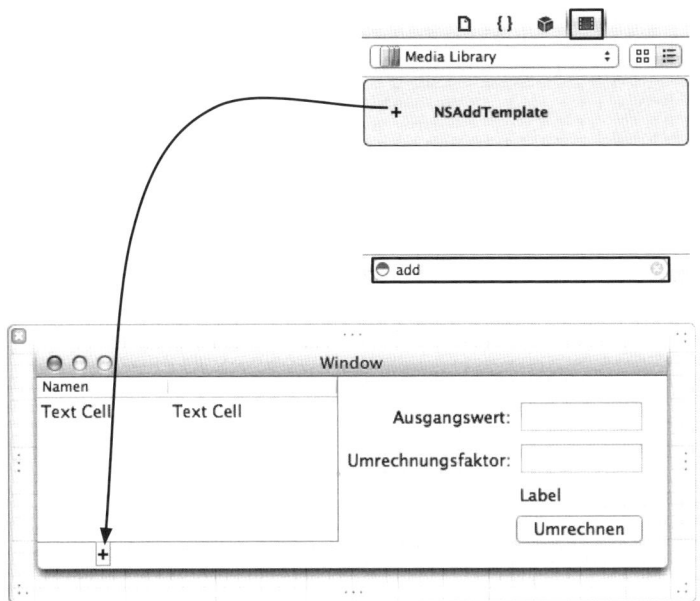

»Das Urdenken geschieht in Bildern: […]« (Arthur Schopenhauer)

POWER

Es geht auch mit Text: Das normale Pluszeichen sieht jedoch nicht ganz so schön aus, weil es etwas tief liegt. Wenn Sie es besser machen wollen, suchen Sie in der Zeichenpalette von OS X nach dem Zeichen mit den Namen *FULLWIDTH PLUS SIGN* und dem Unicode FF0B und verwenden dieses. Das von uns verwendete Bild ist jedoch der Königsweg.

Sie können jetzt im Inspector wieder auf die Size-Ansicht umschalten und dort von Hand die Größe 23 x 23 bei *Width* und *Height* eingeben. Das Autosizing stellen Sie bitte so ein, dass der Button an der unteren linken Ecke klebt. Dazu dürfen nur die linke und die untere Verstrebung gesetzt sein. (Auch hier gilt obige Anmerkung: Schönheit und Übung.) Ziehen Sie den Button jetzt in die untere linke Ecke des Fensters.

Diese Tätigkeit wiederholen Sie mit einem weiteren Button, den Sie daneben platzieren. Dazu wählen Sie den bestehenden Button aus und duplizieren ihn, wie Sie es von OS X gewohnt sind. Als Bild verwenden Sie *NSRemoveTemplate*, welches Sie im Textfilter mit *remove* finden. Ziehen Sie den Button rechts neben den alten. Vergrößern Sie jetzt das Tableview so weit nach unten, dass es an die Buttons stößt.

Kapitel 2

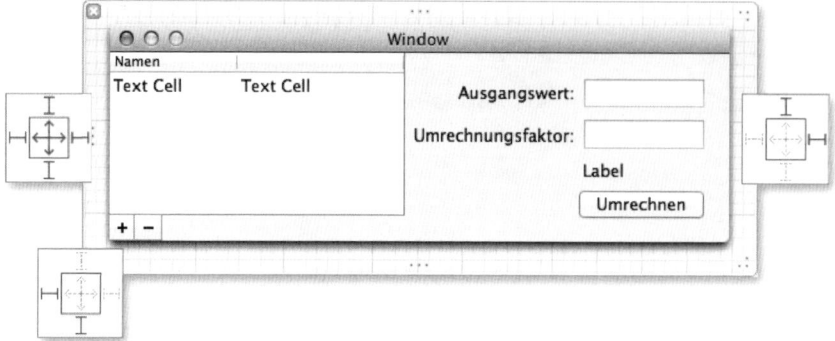

In etwa so sollte das User-Interface am Ende aussehen. Die Lösungshinweise zum Autosizing stammen natürlich von mir.

> **HILFE**
>
> Sie können das Projekt in diesem Zustand als Converter-08 von der Webseite herunterladen.

2.6.2 ... und innere Werte

Gut, das war die äußere Verhüllung unseres Top-Models im Interface Builder, sozusagen die Kleidung. Schauen wir darunter, um das Model selbst zu sehen. (Nicht, dass das bei den heute üblichen Hungerhaken wirklich jemand wollte ...)

Bevor wir loslegen, schauen wir uns noch kurz den Datenfluss und die Methodenaufrufe an, wie sie bereits hinsichtlich des Converters bestehen:

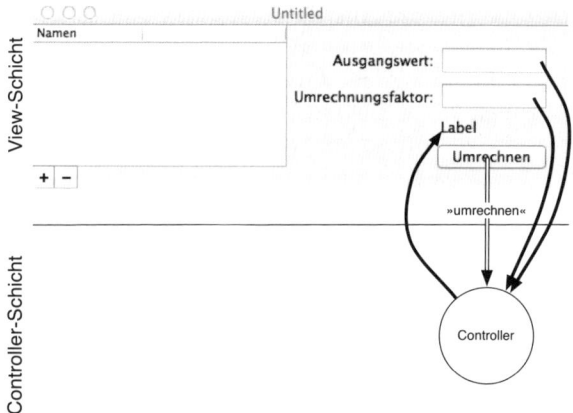

So fließen Daten und Nachrichten bisher in unserem Programm.

Wie Sie sehen können, erhielt der Converter eine Nachricht `calculate:`, wenn der User auf den Button klickte. In diesem Falle holte er sich die Eingaben aus dem Fenster über seine Outlets und schrieb das Ergebnis ebenfalls wieder über ein Outlet zurück ins Fenster. Das machten wir alles von Hand in der Source von Converter.m.

Jetzt erweitern wir das für die neuen Buttons und bedienen uns dabei zweier wichtiger Technologien: Core Data zur Modellierung und Cocoa Bindings zur Verbindung mit unserem Restprogramm.

Kommen wir zur eigentlichen Arbeit, der Erstellung des Models. Früher war das eine zeitraubende, langweilige, mühselige und daher fehlerträchtige Arbeit. Das hat sich mit Tiger (Mac OS X 10.4) dramatisch geändert, weil eine neue Technologie namens Core Data eingeführt wurde. Mit dieser ist es möglich, ähnlich wie im Interface Builder unsere Datenstrukturen graphisch aufzubauen.

POWER

Das Geniale an Core Data ist nicht, dass man solche Modelle erstellen kann. Das gibt es schon lange. Der Knackpunkt liegt darin, dass hierzu nicht ein externes System wie eine Datenbank, erzeugt wird, sondern die Modellierung wirklich in unserem Programm erfolgt. Als Programmierer merkt man üblicherweise nicht einmal, dass man es mit einer automatischen Generierung des Models zu tun hat. Man behandelt es ganz normal wie ein Model, welches man selbst programmierte.

Modelbeschreibung und -editor

Um unser Model zu erzeugen, existiert ein sogenannter Model-Designer, der Editor für Models. Um ihn zu öffnen, müssen wir einfach die entsprechende Modellbeschreibungsdatei auswählen: Nicht anders als bei User-Inferfaces (.xib) und Sourcecode (.h, .m). Eine solche Datei wurde auch schon angelegt und findet sich im Projektnavigator unter dem Namen *Document.xcdatamodeld*, was wohl für Xcode Data Model Description (Xcode-Datenmodellbeschreibung) stehen soll. Klicken Sie jetzt also im Projektnavigator auf diesen Eintrag, damit sich rechts der Modeleditor öffnet.

Der Modeleditor oder Model-Designer verfügt nunmehr über zwei Ansichten: Eine neuere tabellarische und eine graphische. Wir benutzen hier nur die tabellarische.

Bei der tabellarischen Ansicht sehen Sie rechts in der Entitätsliste Entitäten, Fetch-Requests und Configurations. Wir benötigen hier nur Entitäten. Eine Entität ist so etwas wie die Beschreibung einer gleichartigen Ansammlung von Objekten. In unserem Beispiel bedeutet dies, dass die einzelnen Zeilen in der Tabelle Objekte bilden. Die (stets gleiche) Beschreibung der Objekte ist die Entität. Sie beschreiben die einzelnen Objekte, indem Sie hier festlegen, welche Eigenschaften die Objekte haben werden. Das sind Name und Umrechnungsfaktor. Es handelt sich sozusagen um die Tabellenspalten.

Kapitel 2

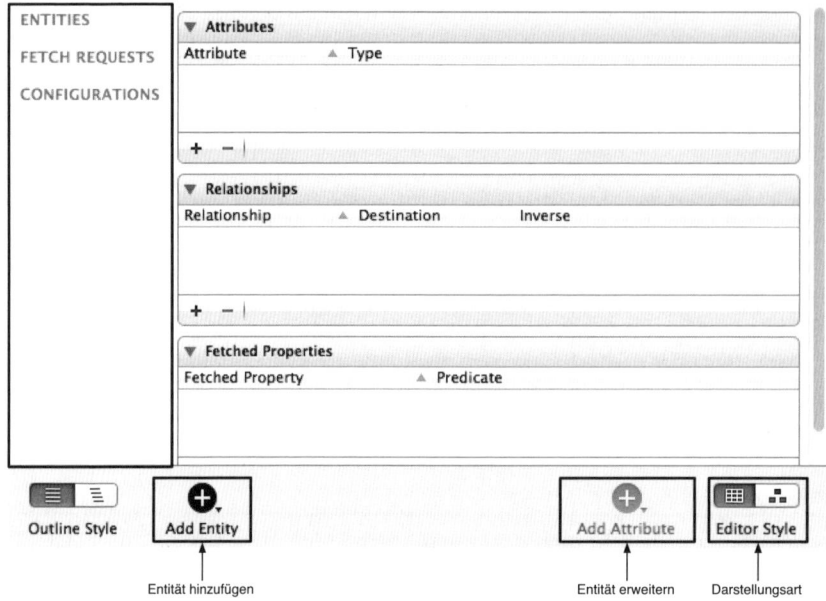

In der tabellarischen Ansicht sind die Informationen als Listen aufbereitet.

GRUNDLAGEN

Damit klingen Entitäten den Klassen sehr ähnlich. Tatsächlich werden Sie später sehen, dass dem nicht ganz so ist. Die Entitäten beschreiben nämlich lediglich die Eigenschaften eines Objektes, nicht aber die ausführbaren Methoden, eine Klasse beschreibt beides. Und tatsächlich kann ein Core-Data-Objekt in unserem Programm Eigenschaften haben, die es aufgrund seiner Entität erlangt hat, und Eigenschaften, die es aufgrund seiner Klasse erhalten hat. Im Model werden wir in der Regel die Standardeigenschaften mittels Core Data modellieren, Spezialitäten über die Klasse zur Verfügung stellen. Fähigkeiten des Objektes bleiben allerdings eine Sache der Klasse. In Kapitel 7 gehe ich darauf genauer ein.

Leider wird die Bezeichnung »Entität« nicht einheitlich verwendet. Zuweilen bezeichnet man damit das einzelne Objekt, also eine Tabellenzeile, während die Beschreibung im Model-Designer als »Entitätstyp« bezeichnet wird. Apple macht es so, wie hier angegeben, und nennt die Beschreibung Entität. Ich halte mich an diese Bezeichnung aus Kompatibilitätsgründen zur Dokumentation von Apple. Wenn Sie andere Literatur verwenden, achten Sie bitte auf die verwendeten Begrifflichkeiten.

Durch einen Klick auf den +-Button unterhalb der Entitätsliste erzeugen Sie eine neue Entität. Sie erscheint dann in der Liste. Geben Sie ihr den Namen *Conversion*. Das sollte dann so aussehen:

Umrechner – Die erste Applikation

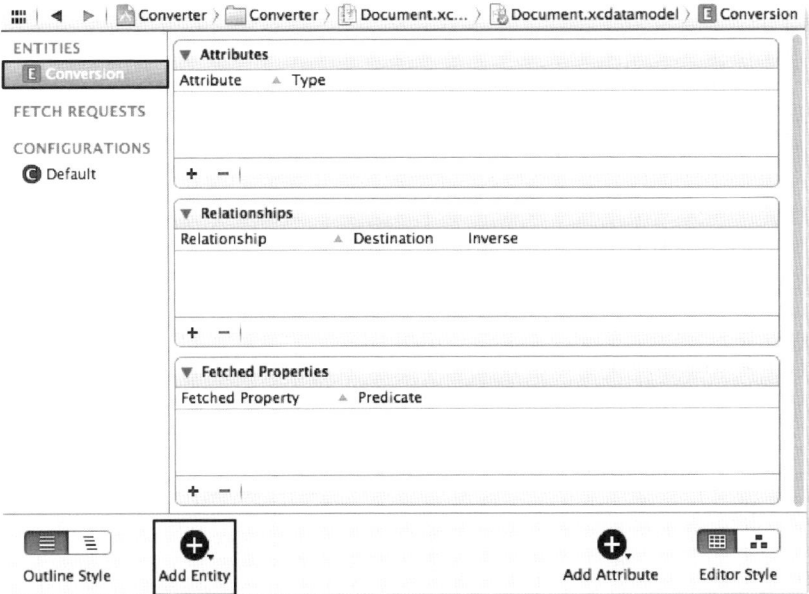

Unsere erste Entität ist die Beschreibung einer Umrechnung.

Auf der linken Seite sehen Sie die oberste – noch leere – Liste *Attributes*. Hier werden die Eigenschaften unseres Models eingegeben. Klicken Sie unten auf den Button mit der Beschriftung *Add Attribute*.

> **GRUNDLAGEN**
>
> Zur Erinnerung: Attribute sind Eigenschaften, die ein Objekt beschreiben, also Dinge wie Farbe, Name, Preis usw. Daneben existieren noch Eigenschaften, die Beziehungen zu anderen Objekten herstellen. Man nennt sie »Relationship« oder eben auf Deutsch »Beziehung« oder »Relation«. Als wir unser Controller-Objekt gemacht haben, waren die Verbindungen zu den Textfeldern eben solche Beziehungen.

Geben Sie in der ersten Spalte *Attribute* den Namen der Eigenschaft *name* ein. In der zweiten müssen wir angeben, welche Art von Daten in dem Attribute gespeichert werden sollen. Hier wählen Sie bitte im Pop-up-Menü *String* aus. Dies bedeutet, dass wir unformatierte Texte (Strings) speichern wollen.

Diesen Vorgang wiederholen Sie jetzt, indem Sie eine zweite Eigenschaft - *factor* - hinzufügen. Hier wählen Sie in der zweiten Spalte jedoch *Double*. Sie können übrigens auch die Buttons unmittelbar unter der Attributliste zum Hinzufügen verwenden.

Kapitel 2

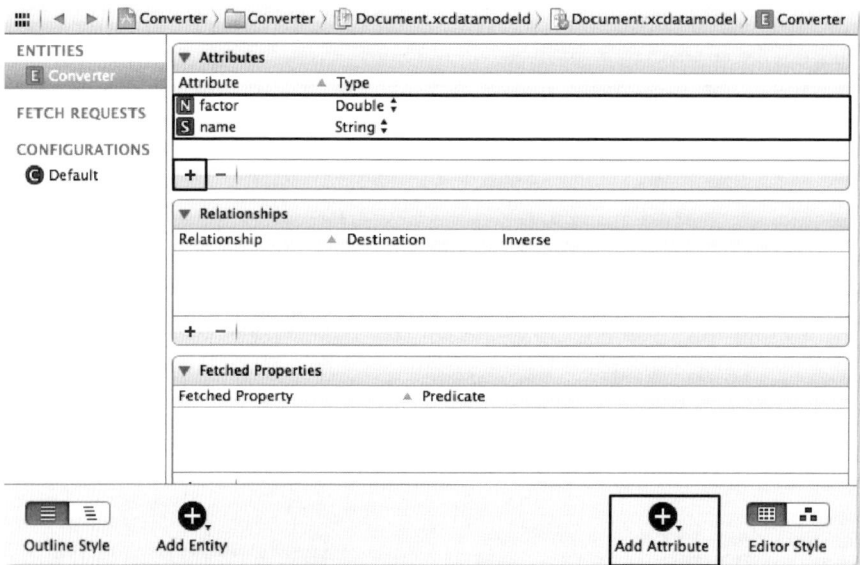

Zwei Eigenschaften für die Converter-Entität

Bei der Eigenschaft factor werden wir uns außerdem kurz dem Data-Model-Inspector zuwenden und einen Defaultwert eingeben, wie Sie unten in der Abbildung erkennen können. Dies bedeutet, dass bei Erzeugung eines neuen Objektes dieser Entität automatisch diese Eigenschaft den Wert 1 erhält. Das ist für einen Faktor ja auch ein sinnvoller Startwert.

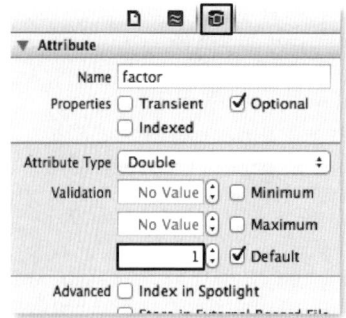

Wichtige Einstellungen können wiederum im Inspector vorgenommen werden.

2.6.3 Verbindungen schaffen

Verschaffen wir uns jetzt einen kleinen Überblick über das, was wir haben. Wir befinden uns in einem Gebäude mit drei Etagen:

Umrechner – Die erste Applikation

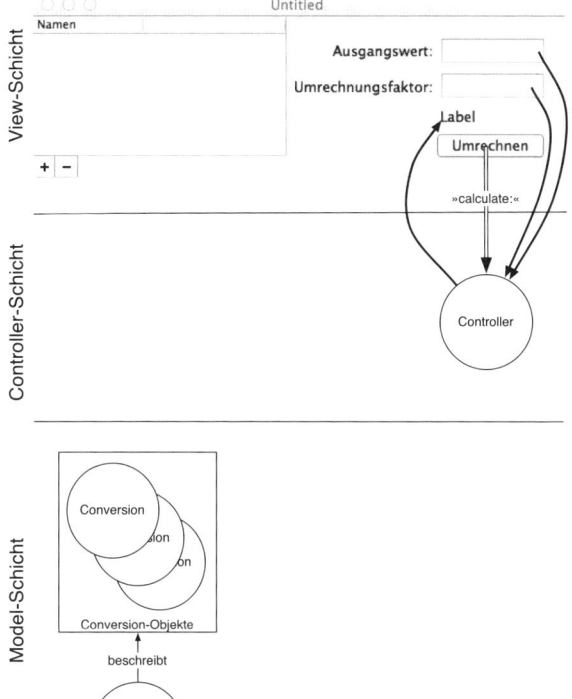

Unsere Applikation hat drei Ebenen: die Views, den Controller und das Model.

Die Verbindung zwischen den »alten« Views und dem Controller erfolgte über zwei Technologien: Zum einen haben wir dem Button gesagt, wo er die Methode zum Ausführen der Operation findet. Dies ist der doppelte Pfeil. Er beschreibt sozusagen die Tätigkeit unseres Programms, den sogenannten Kontrollfluss: »Was passiert?« Das nennt man das »Action-Target-Pattern«. Kennen Sie schon.

GRUNDLAGEN

Mit »Pattern« bezeichnet man bei der Softwareentwicklung eine vordefinierte Vorgehensweise, die vom Programmierer nur noch umgesetzt werden muss. Das Action-Target-Pattern ist die Vorgehensweise: Schicke eine Nachricht (Action) an ein bestimmtes Objekt (Target), um die spezialisierte Operation unseres Programms auszuführen. Die konkrete Auswahl von Nachricht (calculate:) und Ziel (Controller-Objekt) wurde von uns umgesetzt.

Damit unser Controller-Objekt Daten erhalten und wieder zurück schreiben kann, hatten wir Outlets angelegt, Telefonleitungen für Nachrichten. Das waren Verbindungen zu den Views. Schön. Hierbei ging es um die Datenbeschaffung, also den Datenfluss: »Womit passiert es?«

Jetzt haben wir die dritte Etage – und keine Verbindung dahin. Man könnte jetzt wieder daran denken, irgendwelche Outlets zu programmieren. Mal abgesehen davon, dass das mühselig wäre, hätten wir ein Problem: Model und View wären aufeinander angewiesen. Was ist, wenn die Daten auf andere Weise an anderer Stelle in unserem Programm angezeigt würden? Müssten wir nicht das Outlet wechseln? Was ist, wenn die Daten nun übers Internet geschickt werden sollen? Müssten wir dann nicht ein Outlet zu einem anderen Computer in Kalkutta oder Sidney haben? Es gibt später einen eigenen Abschnitt über die drei Etagen Model-Viewcontroller (MVC). Wir kommen dort auf die Problematik zurück. Aber um es hier kurz zu machen: Es gibt gute Gründe, das Model vom View getrennt zu halten. Das Controller-Objekt behandelte unser spezielles Fenster. Es darf daher auf unser spezielles Fenster spezialisiert sein. Das Model ist aber die allgemeine Datenhalde unseres Programms, unabhängig davon, welche Fenster wann wo und wie dargestellt werden. Es darf daher nicht auf unser Fenster spezialisiert sein. Ein direktes Outlet verbietet sich daher.

> **GRUNDLAGEN**
>
> Je mehr sich Klassen kennen müssen, desto weniger ist Code geeignet, wiederverwendet zu werden. Es ist also eine gute Idee, Partner einer Verbindung so allgemein wie möglich bekanntzugeben.

Gut, jetzt wissen Sie, wie es nicht geht. Aber unser Problem ist damit ja nun nicht gelöst: Wie kommt die Tabelle an die Daten? Wie schaffe ich eine Verbindung, wenn nicht mit Outlets?

Öffnen Sie wiederum *Document.xib* im Interface Builder. Diesmal benutzen wir zur Abwechslung oben das Pop-up-Menü und wählen dort *Objects & Controllers* aus.

Ziehen Sie jetzt aus der Liste das Objekt mit der Bezeichnung *Array Controller* in die Objektliste des Xibs. Sie können ihm gleich den Namen Conversions Controller in der Objektliste verpassen oder dies über den Identity-Inspector erledigen. Leider ist die Synchronisation im Interface Builder alles andere als gut. Lassen Sie sich davon nicht irritieren. Zu- und wieder aufklappen der Objektliste sollte eine Aktualisierung durchführen.

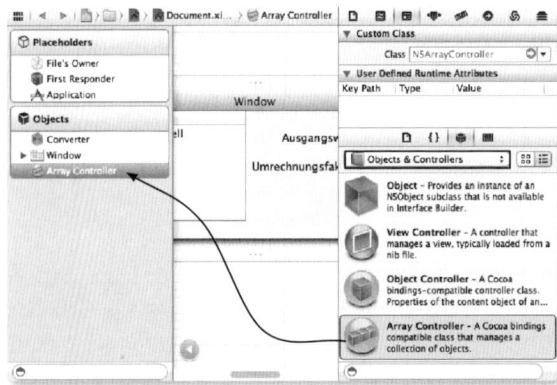

Diesmal besorgen wir uns einen vorgefertigten Arraycontroller.

Umrechner – Die erste Applikation

Sie erinnern sich daran, dass wir schon einmal an dieser Stelle waren. Jetzt haben wir den spezielleren Arraycontroller. Was hat es damit auf sich?

Das Erste, was Sie wissen müssen, ist, dass es sich um einen sogenannten Bindingscontroller handelt. Bindings werden wir sogleich ansprechen. Das Zweite ist, dass er sogenannte Arrays und Sets verwaltet. Das sind Ansammlungen von Objekten (Collections). Und in der Tat ist unsere Umrechnungsliste ja eine Ansammlung von Objekten. Also haben wir das schon einmal richtig ausgewählt.

Noch einmal eine Zeichnung mit all dem, was wir jetzt haben:

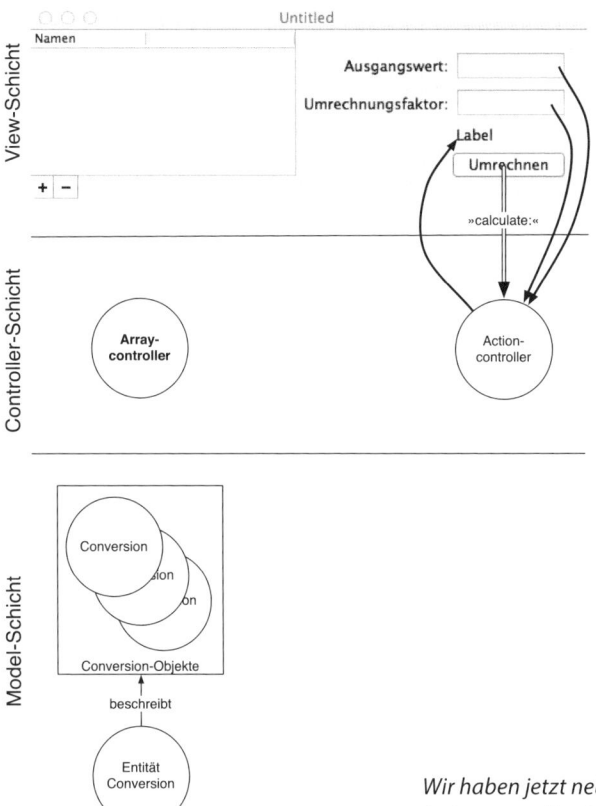

Wir haben jetzt neben unserem eigenem Actioncontroller Converter noch einen Arraycontroller.

Das Ganze muss sich noch kennenlernen: Zunächst legen wir uns eine Verbindung zwischen dem Arraycontroller und unserem Model. Selektieren Sie dazu den Arraycontroller in der Objektliste und schalten Sie auf den Attributes-Inspector.

Kapitel 2

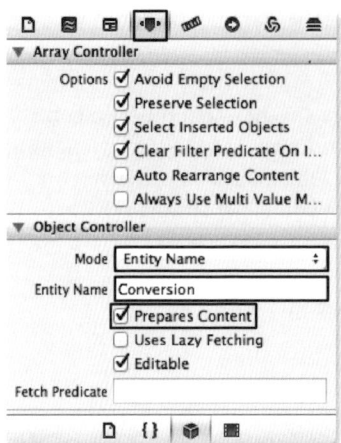

Die Attribute des Arraycontrollers legen die Verbindung.

Im zweiten Abschnitt von oben – *Object Controller* – wählen Sie beim Mode *Entity Name*. Dies bedeutet, dass wir keine normalen Objekte verwenden wollen, sondern uns im Core-Data-Model bedienen. Das hatten wir ja auch erzeugt.

Darunter tragen wir den Namen unserer Entität *Conversion* ein. Wir könnten ja mehrere Entitäten in unserem Model haben und da müssen wir schon irgendwie mitteilen, welche wir haben wollen.

Schließlich muss das Häkchen bei *Prepares Content* gesetzt sein. Damit erreichen wir, dass der Arraycontroller selbst für eine Verbindung zum Model sorgt.

Einen kleinen Punkt gibt es allerdings noch: Unser Model wird beim Öffnen des Dokumentes in den Speicher geladen. Dort residiert es in einem wohligen Kaminzimmer. Dieses Zimmer nennen wir »Managed-Object-Context«. Und dieses Zimmer müssen wir auch noch dem Arraycontroller mitteilen (»Den Flur entlang und am Ende rechts« oder so). Dazu wechseln Sie auf den Bindingsinspector. Wir kommen gleich etwas qualifizierter darauf zurück. Jetzt möchte ich Sie lediglich bitten, eine Eintragung vorzunehmen. Wählen Sie die vierte Gruppe *Parameters* und dort den einzigen Eintrag *Managed Object Context*. Wählen Sie hinter *Bind To:* im Pop-up-Button den *File's Owner*-Eintrag aus und setzen Sie danach das Häkchen, falls dies noch nicht automatisch erfolgt sein sollte. Wählen Sie im *Model Key Path* mit dem Pfeil rechts *managedObjectContext* aus oder geben das in das Feld von Hand ein.

> **AUFGEPASST**
>
> Es kann passieren, dass in der Objektliste auf einmal ein Kästchen *Shared User Defaults* erscheint. Wenn dies der Fall ist, löschen Sie es einfach wieder.

Umrechner – Die erste Applikation

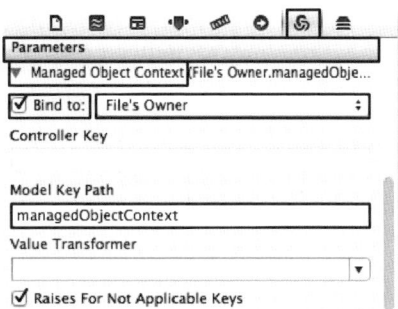

Hier erfährt der Arraycontroller den Aufenthaltsraum seiner Objekte.

Jetzt haben wir eine Verbindung zwischen Arraycontroller und Model geschaffen:

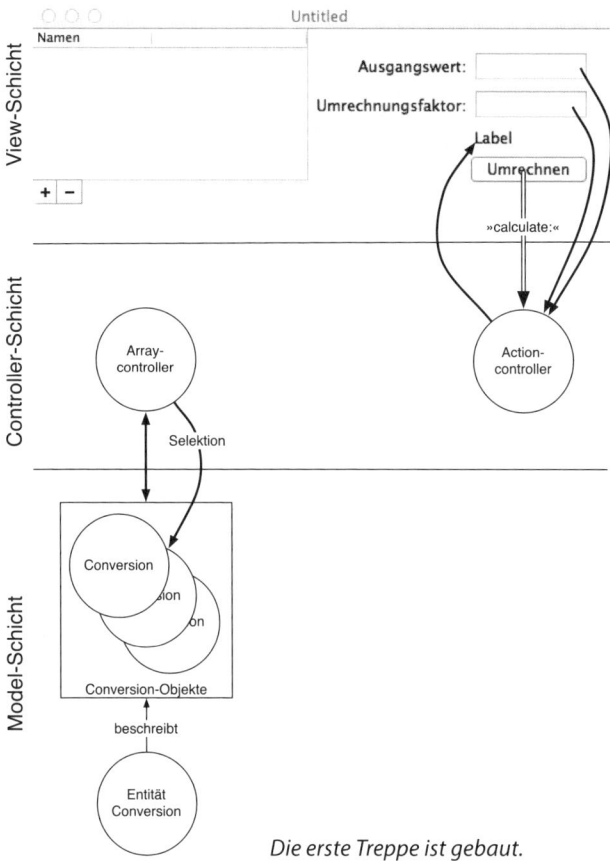

Die erste Treppe ist gebaut.

Bei genauerer Betrachtung bemerken Sie aber, dass ich zwei Pfeile gezeichnet habe. Der linke ist eigentlich klar: Er stellt die Verbindung zum Model her, wobei der Doppelpfeil andeutet, dass sich sowohl der Arraycontroller im Model die Daten holt (liest) als auch umgekehrt bei einer Änderung im User-Interface sie dorthin speichert (schreibt). Der zweite, rechte Pfeil soll deutlich machen, dass der Arraycontroller noch eine Aufgabe wahrnimmt: Er verwaltet die Selektion der gerade im Tableview ausgewählten Zeile. Er weiß also, was gerade ausgewählt ist. Das benötigen wir gleich noch.

Machen wir uns an die Treppe zwischen der Controllerschicht und dem Tableview: Hierzu wählen Sie das Tableview (wirklich das Tableview und nicht das darüber liegende Scrollview! Sie erinnern sich an unsere Klickorgie?) aus und wählen den Bindingsinspector.

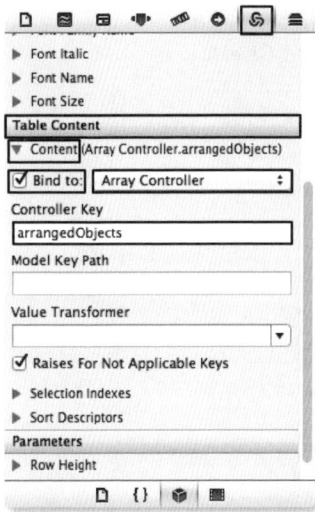

Bindings sind die Wunderwaffe der Synchronisation.

Öffnen Sie dort im vierten Bereich *Table Content* das erste Dreieck *Content*, und setzen Sie den Haken vor *Bind To:*. Stellen Sie sicher, dass daneben im Pop-up-Menü *Array Controller* (falls Sie diesen umbenannt haben: *Conversions Controller*) ausgewählt ist. In der Zeile *Controller Key* darunter muss *arrangedObjects* eingetragen sein. Sie können das auch mit dem Pfeilchen rechts auswählen (oder es mit der Gefahr von Tippfehlern selbst eingeben).

Wir haben damit Folgendes gesagt: Der Inhalt (*Content*) des Tableviews soll immer synchron zu den Objekten (*arrangedObjects*) im Arraycontroller sein. Diese Technologie zur Synchronisierung bezeichnet man als »Cocoa Bindings«. Es bedeutet, dass im Tableview stets exakt diejenigen Conversions-Objekte mit stets exakt dem Inhalt gezeichnet werden, die der Arraycontroller kennt. Und der kennt ja wiederum alle aus dem Model.

Umrechner – Die erste Applikation

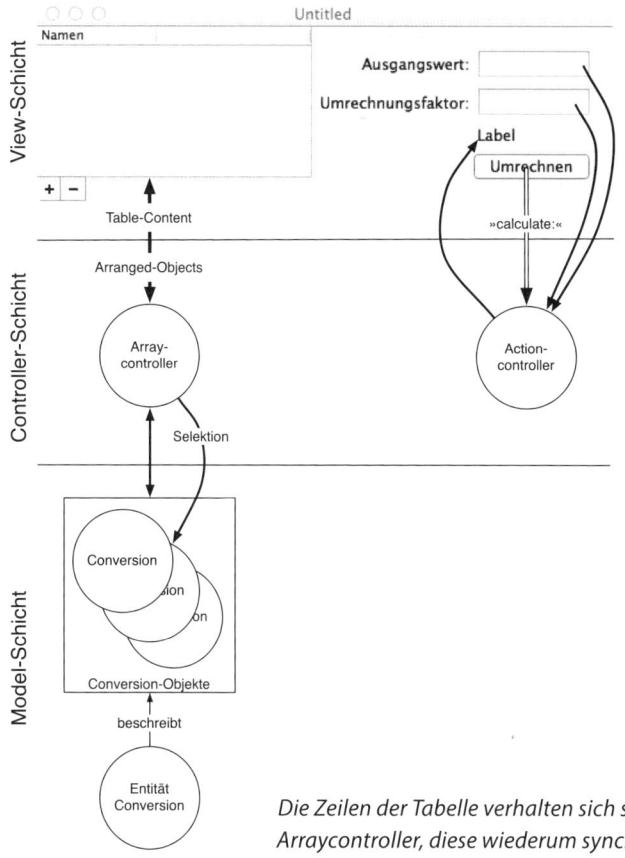

Die Zeilen der Tabelle verhalten sich synchron zu den Elementen im Arraycontroller, diese wiederum synchron zu den Instanzen im Model.

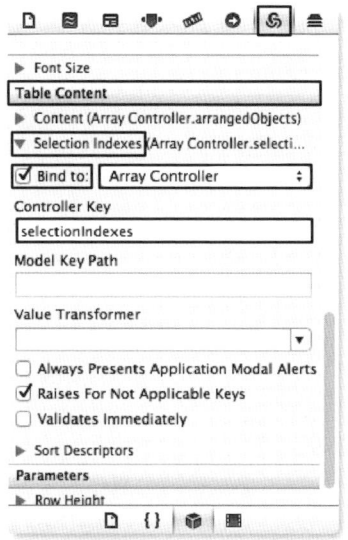

Als Nächstes öffnen Sie die Abteilung für *Selection Indexes*. Dies betrifft die aktuelle Auswahl im Tableview. Wir stellen damit sicher, dass, was auch immer im Tableview ausgewählt wird, gleichzeitig das ausgewählte Objekt im Arraycontroller ist.

Die Auswahl in der Tabelle soll mit der Auswahl des Arraycontrollers synchron sein.

Kapitel 2

Insgesamt sieht das jetzt so aus:

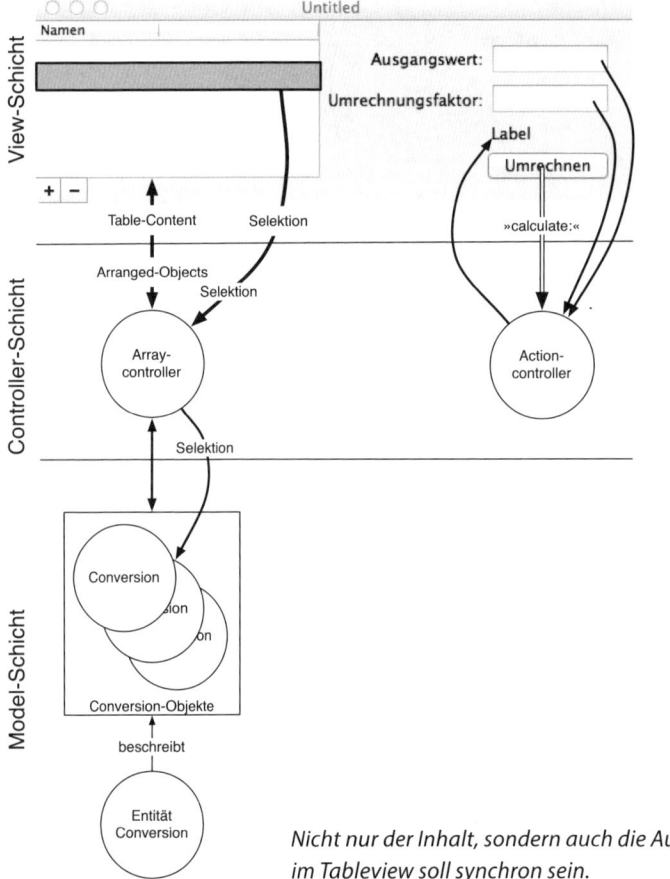

Nicht nur der Inhalt, sondern auch die Auswahl im Tableview soll synchron sein.

Damit sind wir aber noch nicht fertig. Denn wir müssen noch sagen, welche Eigenschaften in den einzelnen Spalten dargestellt werden sollen. Dazu wählen wir eine Spalte aus (zunächst die linke) und schauen wieder in den Bindingsinspector:

Umrechner – Die erste Applikation

Die Eigenschaft in unserem Model ist der Model Key Path.

Den ersten Teil kennen Sie wieder. Aber jetzt ist der *Model Key Path* hinzugekommen. Dies bedeutet, dass die Eigenschaft *name* der Conversio-Instanzen in der angewählten Spalte erscheinen soll. Das ist ja eine Eigenschaft, die wir im Model der Entität *Conversion* gegeben hatten.

> **TIPP**
>
> Es war eigentlich nicht notwendig, zunächst den Content des Tableviews zu binden. Sobald eine Spalte gebunden wird, werden die Einstellungen abzüglich des Modelkeypath in die Tabelle als Ganzes übernommen. Ich wollte das hier aber schon zu Fuß machen, damit Sie die Bindungen im einzelnen sehen.

Selektieren Sie jetzt die nächste Spalte und wiederholen Sie den Vorgang, tragen anstelle von *name* allerdings *factor* ein. Hier taucht jedoch ein Problem auf: In die Spalte werden Zeichen eingegeben, die erst einmal alles Mögliche sein können. Gespeichert werden sollen allerdings Zahlen. Dies bedeutet, dass wir dafür Sorge tragen müssen, dass die Zahlen aus dem Model hier als Text dargestellt werden und umgekehrt vom User eingegebene Texte in Zahlen umgewandelt werden. Bei unserem bisherigen Textfeld war das kein Problem, da wir in unserer Methode ja explizit die Nachricht doubleValue verwendeten. Jetzt werden wir aber keinen Programmcode mehr haben. Daher müssen wir auf andere Weise mitteilen, dass es uns um Zahlen geht.

Kapitel 2

Hierzu dienen sogenannte Formatter, in unserem Falle ein Number-Formatter. Suchen Sie mit dem Wortfilter in der Library nach *formatter*. Jetzt wird es feinmotorisch: Sie müssen aus dem mittleren Teil links den Number-Formatter genau auf den Text *TextCell* in der rechten Spalte des Tableviews ziehen.

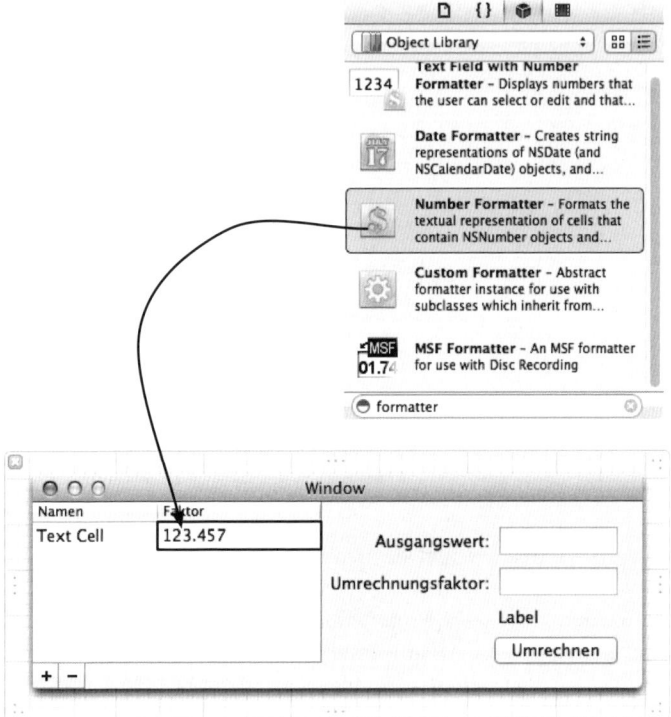

Durch den Formatter teilen wir mit, in welcher Weise welche Daten dargestellt werden sollen.

TIPP

Zur Bedienung schon jetzt: Um später wieder an den Formatter mit seinen Einstellungen zu kommen, müssen Sie bei ausgewählter Spalte im Tableview auf den Text 123 klicken und dann das kleine Formatter-Symbol anwählen.

In der Spalte erscheint jetzt anstelle von *Text Cell* der Text *123*, was auf den Number-Formatter hinweist. Sie sehen zudem im Attributes-Inspector, dass der Formatter zahlreiche Einstellungsmöglichkeiten hat, von denen wir hier allerdings nur wenig Gebrauch machen:

Umrechner – Die erste Applikation

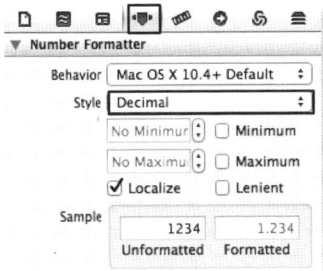

Im Formatter wählen wir einfach den Dezimalstil aus.

Wählen Sie in der obersten Einstellung *Style* den Pop-up-Eintrag *Decimal* aus. Darunter sollte das Format wie in der Abbildung ersichtlich erscheinen.

> **TIPP**
>
> Um später den Formatter erneut auszuwählen, selektiert man ihn in der Objektliste. Er ist ein Eintrag unterhalb des Views. Natürlich ist es auch möglich, dem Formatter einen aussagekräftigen Namen (etwa Factor Column Formatter) zu geben und das Textsuchfeld unterhalb der Objektliste zu verwenden.

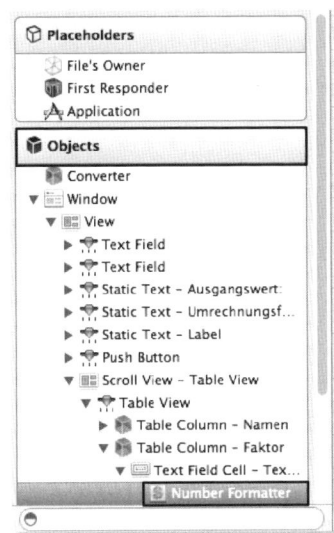

Später lässt sich der Formatter am bequemsten über die Objektliste erreichen.

Wiederholen Sie den Vorgang mit dem mittleren Textfeld auf der rechten Seite, also jenem für die Eingabe des Umrechnungsfaktors.

Eine Sache fehlt allerdings noch: Irgendwie müssen die beiden Buttons unterhalb des Tableviews ja noch ihr Action-Target bekommen, damit etwas passiert, wenn man sie anklickt. Diese Verbindung legen wir an, indem wir mit gedrückter [Control]-Taste eine Verbindung vom Button zum Hinzufügen (+) – diesmal zum Arraycontroller in der

Objektliste ziehen. Sie kennen das ja schon. Wählen Sie im aufpoppenden Zielfenster die Action *add:* aus. Diese ist bereits von Apple für den Arraycontroller programmiert worden und dem Interface Builder bekannt. Das Ganze wiederholen Sie für den *Lösch*-Button (-) –, wobei Sie die Action-Methode *remove:* wählen.

Aufgezeichnet sieht das jetzt so aus:

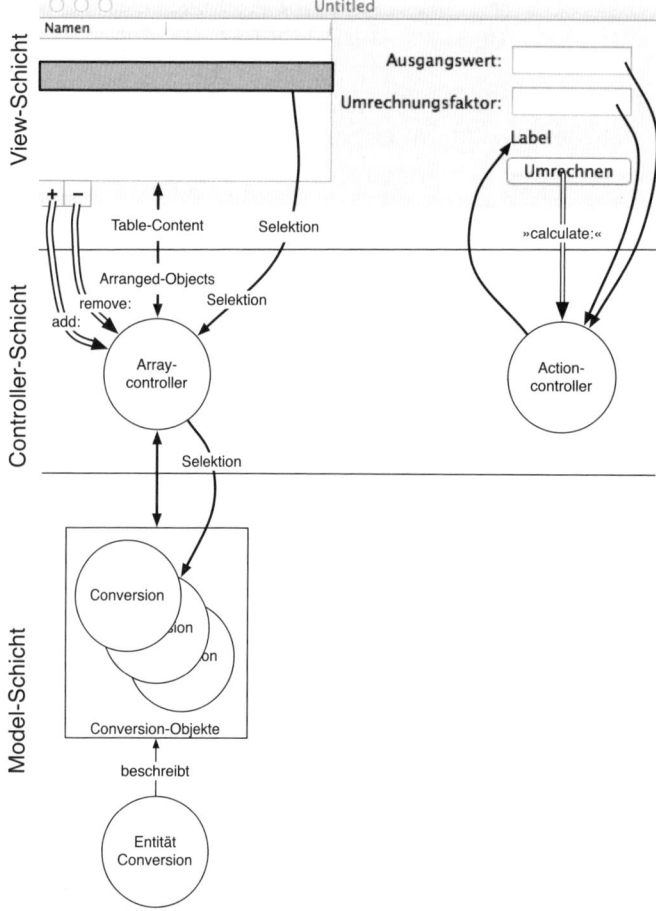

Die beiden Actions sorgen dafür, dass unser Arraycontroller auch etwas zu tun bekommt.

Speichern Sie alles, schließen Sie wieder den Xib im Interface Builder und starten Sie das Programm in Xcode. Drücken Sie auf die Buttons fürs Einfügen und Löschen. Sehen Sie, wie neue Elemente mit dem Faktor 1 erzeugt werden. Ändern Sie diesen in der Tabelle und geben Sie einen Namen ein. Spielen Sie halt etwas herum. Da diese Daten jetzt auch in unserem Modell sind, können Sie die Tabelle auch speichern und wieder laden. Ja, sogar das *Undo* funktioniert schon größtenteils.

Umrechner – Die erste Applikation

HILFE
Sie können das Projekt in diesem Zustand als Converter-09 von der Webseite herunterladen.

Eigentlich haben Sie da ja schon etwas ziemlich Cooles programmiert. Allerdings hat die ganze Applikation einen Fehler: Der rechte Teil und der linke Teil sind voneinander völlig unabhängig. Und solange dies der Fall ist, bringt die ganze Tabelle genau gar nichts, denn der User müsste ja selbst die Werte übertragen.

Der Grund ist einfach und kann in unserer letzten Übersichtszeichnung erkannt werden: So wie unser User-Interface zweigeteilt ist, ist das gesamte Programm zweigeteilt. Es gibt nirgendwo eine Verbindung von unserer Umrechnungstabelle zum Converter. Dies müssen wir also noch hinzufügen. Denken wir mal nach, wie die Verbindung aussehen müsste: Unser Arraycontroller ist das Tor zum Model. Und er kennt auch die aktuelle Selektion. Also müssten wir mitteilen, dass das Textfeld mit dem Umrechnungsfaktor immer den Wert beinhalten müsste, der in der aktuell ausgewählten Zeile unseres Tableviews steht. Und genau das sagen wir jetzt dem Rechner:

Öffnen Sie dazu erneut den Xib-File für das Dokument und wählen Sie im Dokumentenfenster das (mittlere) Textfeld für die Umrechnung auf der rechten Seite an. Wechseln Sie auf den Bindingsinspector und geben Sie dort für das Binding *value* folgende Werte ein:

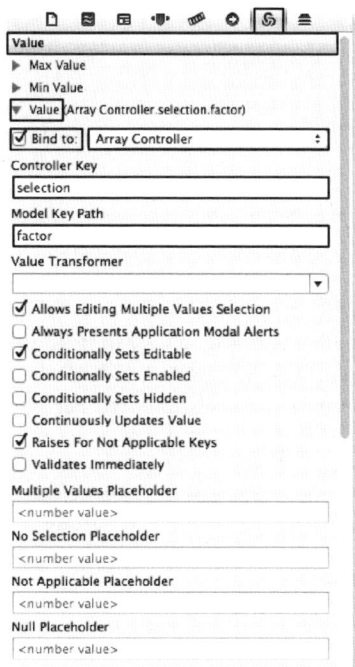

Wir verbinden den Inhalt des Textfeldes mit der aktuellen Auswahl im Tableview.

Kapitel 2

Überlegen wir uns mal, was wir gerade gemacht haben: Wir sagen dem Textfeld, dass es den Wert anzeigen soll, der der Factor-Eigenschaft der gerade aktuellen Selektion im Arraycontroller entspricht. Aufgezeichnet:

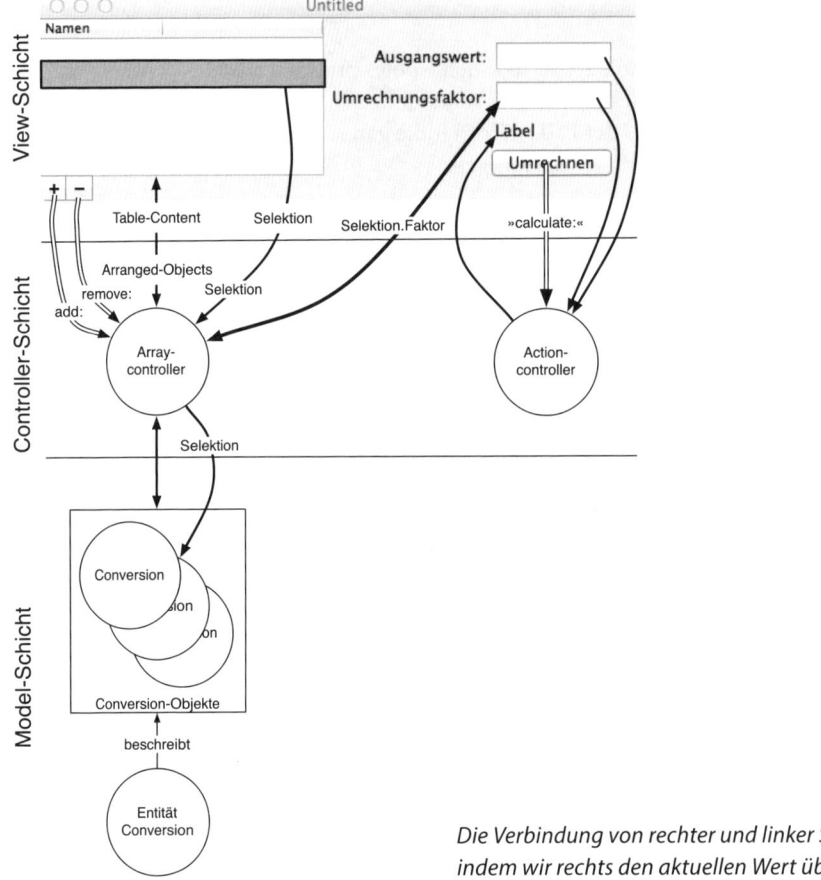

Die Verbindung von rechter und linker Seite erfolgt, indem wir rechts den aktuellen Wert übernehmen.

Schließen und das Programm in Xcode starten. Es macht jetzt genau das, was es sollte. Spielen Sie ein bisschen damit herum. Beachten Sie auch: Gleichgültig, ob Sie im Feld für den Umrechnungsfaktor rechts etwas eingeben oder in der Tabellenspalte auf der linken Seite des Fensters. Bei einem Druck auf [Enter] wird automatisch synchronisiert. Fertig!

HILFE

Sie können das Projekt in diesem Zustand als Converter-10 von der Webseite herunterladen.

2.7 Zusammenfassung und Ausblick

Sie haben jetzt die erste Anwendung für OS X geschrieben. Phantastisch! Insbesondere sollten Sie sich folgende Dinge ins Gedächtnis rufen, da wir diese häufiger verwenden werden:

- Xcode ist unsere Programmierprogramm.
- Xcode benötigt zunächst ein Projekt. Erzeugt wird ein Projekt mit *File | New | Project...*, oder wir laden ein bestehendes Projekt durch Doppelklick auf die Datei *Projektname.xcodeproj*. Die Projektart richtet sich danach, was unser Programm können soll (Dokumente oder nicht) und ob wir Core Data nutzen wollen.
- Ein Projekt wird in Xcode mit dem Projektnavigator verwaltet. Dort befinden sich die Dateien des Projektes.
- Übersetzt und gestartet wird ein Projekt mittels *Run* in der Symbolleiste. Mit *Stop* in der Symbolleiste lässt es sich hart abbrechen (»abschießen«).
- In Xcode werden über *File | New | File...* auch unsere Sourcen für die einzelnen Klassen erstellt.
- Zu diesen Klassen existieren zwei Dateien, der Header und die Implementierung. Sie können Outlets anlegen und Ihren Code eingeben. Der Editor von Xcode unterstützt Sie bei der Eingabe.
- Ein Build-Vorgang kann mit Fehlern enden. Es gibt veschiedene Arten, an die Fehler zu kommen. Ein Klick auf den Fehlernavigator führt zur fehlerhaften Stelle.
- Im Interface Builder erstellen wir die Benutzeroberfläche für unser Programm. Wir ziehen dazu Elemente aus der Library in das Dokumentenfenster.
- Im Inspector können wir Eigenschaften der Elemente setzen.
- Für Buttons können wir Action-Targets zuweisen, die ausgeführt werden, wenn der Benutzer auf einen Button klickt.
- Wir können auch Bindings anlegen, um Elemente der Benutzeroberfläche mit Daten zu verbinden und zu synchronisieren.
- Mit dem Debugger können Sie dem Programm bei der Ausführung zuschauen.

In den nächsten Kapiteln wird es wieder etwas trockener werden, da es an der Zeit ist, ein paar Grundlagen zu lernen. Ich werde dies dennoch immer wieder anhand von konkretem Code machen, den Sie ausführen können.

Objective-C

Kapitel 3

In diesem Kapitel geht es um die Grundlagen von Objective-C. Sie lernen hier also den Umgang mit Ihrem eigentlichen Programmierrüstzeug. Das Kapitel sollte daher besonders aufmerksam durchgearbeitet – und immer wieder aufgeschlagen werden.

Ja, es wird ein Stück weit theoretisch. Wir werden hier zwar auch Programme erstellen, aber doch nicht so anwendungsbezogen wie in Kapitel 2. Mehr als Lehr- und Lerncode. Aber irgendwann müssen Sie eben durch dieses Stahlbad. Daran führt kein Weg vorbei.

Wie bereits angekündigt, beschäftigen wir uns jetzt eingehend mit Objective-C. Das ist aber nicht die ganze Wahrheit, denn im Vergleich zu anderen Programmiersprachen ist Objective-C sehr schlank, und es befindet sich auch essentielle Funktionalität, die ansonsten ein Teil der Programmiersprache selbst ist, in dem Framework Cocoa. Mit anderen Worten: Ohne Cocoa kommt man bei Objective-C auf keinen grünen Zweig. Aus diesem Grunde werden bereits hier grundlegende Funktionen von Cocoa verwendet. Sie sind einfach thematisch sehr nahe an der Programmiersprache dran. Vertieft wird das dann im nächsten Kapitel.

Umgekehrt muss ich Ihnen als Programmierneuling auch etwas über C sagen. Wie bereits angekündigt, beschränke ich mich dabei allerdings auf das, was für Objective-C notwendig ist.

Schließlich müssen noch ein paar theoretische Begriffe geklärt werden.

Das Kapitel wurde stärker als die anderen zum Nachschlagen strukturiert, da es wichtige Grundlagen enthält. Ich habe mich daher dazu entschlossen, dass wir nach einigen einführenden Informationen zunächst einmal anhand eines praktischen Beispieles durchgehen, wie man eine Klasse programmiert und von ihr Subklassen erstellt. Dabei spare ich jedoch die Thematik zur Objektinitialisierung und Speicherverwaltung aus. Hierfür habe ich eigene Abschnitte im nächsten Kapitel reserviert. Dank Automatic Reference Counting geht dies in dieser Auflage auch sehr gut.

Aber damit wir nicht völlig theoretisch herumdümpeln, operieren wir gleich am lebenden Objekt. Deshalb müssen wir uns als Erstes ein neues Projekt erzeugen. Sie sind vielleicht etwas enttäuscht, weil es sich nicht um so eine schicke Applikation mit graphischer Benutzerschnittstelle handelt. Aber mit dieser abgespeckten Version konzentrieren wir uns auf das Wesentliche.

GRUNDLAGEN

Ein weiterer Grund ist, dass ich Ihnen hiermit gleich eine weitere Projektart unterschieben kann. Zwar sind Objective-C und Cocoa auf Anwendungen zugeschnitten, man kann jedoch auch »normale« Programme damit schreiben. Wussten Sie, dass *Tim Berners-Lee*, der »Erfinder des WWW«, den ersten Webserver unter NextStep, dem Vorläufer von Cocoa schrieb …?

Um das Projekt zu erzeugen, starten Sie wieder Xcode und wählen im Menü *File | New | Project…* aus. Klicken Sie links auf *OS X / Application* und wählen Sie rechts dann bitte *Comand Line Tool* aus. Auf *Next* klicken. Tragen Sie im nächsten Schritt als *Product Name* bitte *ObjectiveC* ein und achten Sie darauf, dass unter *Type* die Option *Foundation* ausgewählt ist. Wählen Sie als Projektnamen *ObjectiveC*. Wieder auf *Next* klicken und den Speicherort wählen und mit *Create* abschließen.

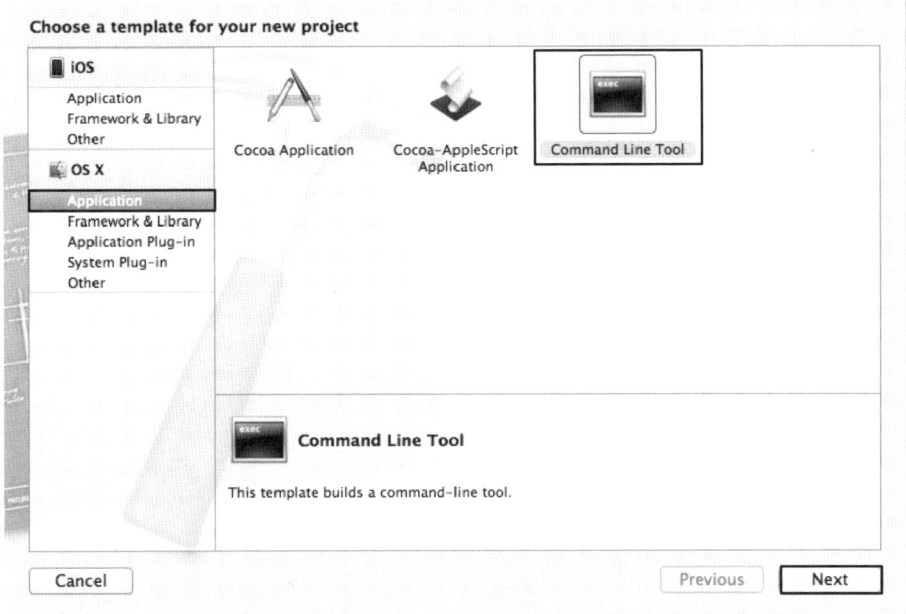

Diesmal wählen wir ein Projekt ohne GUI.

Bei einem Command-Line-Tool handelt es sich um ein Programm, welches eben ohne graphische Benutzerschnittstelle auskommt. Sie haben ja im Kapitel 1 gelernt, dass der AppKit der Teil von Cocoa ist, der die Elemente der Benutzeroberfläche enthält, und Foundation die Basiselemente. Und um die geht es. Soweit wir hier Ausgaben tätigen, werden wir daher NSLog() verwenden, das Sie ja bereits im letzten Kapitel kennengelernt haben. Es ist daher für dieses Kapitel ratsam, wie im vorangegangenen Kapitel beschrieben, in den Einstellungen von Xcode (*Xcode | Preferences | Behaviors | Run Starts* vor *Show* das Häkchen zu setzen und im Pop-up dahinter *Log Navigator* auszuwählen. Gleichzeitig setzen Sie unten die Option *Navigate to* auf *current Log*. Damit haben Sie für die Ausgabe mehr Platz, als es die Konsole bietet. Sie können sich natürlich auch mit dieser begnügen, wenn Sie über einen großen Bildschirm verfügen.

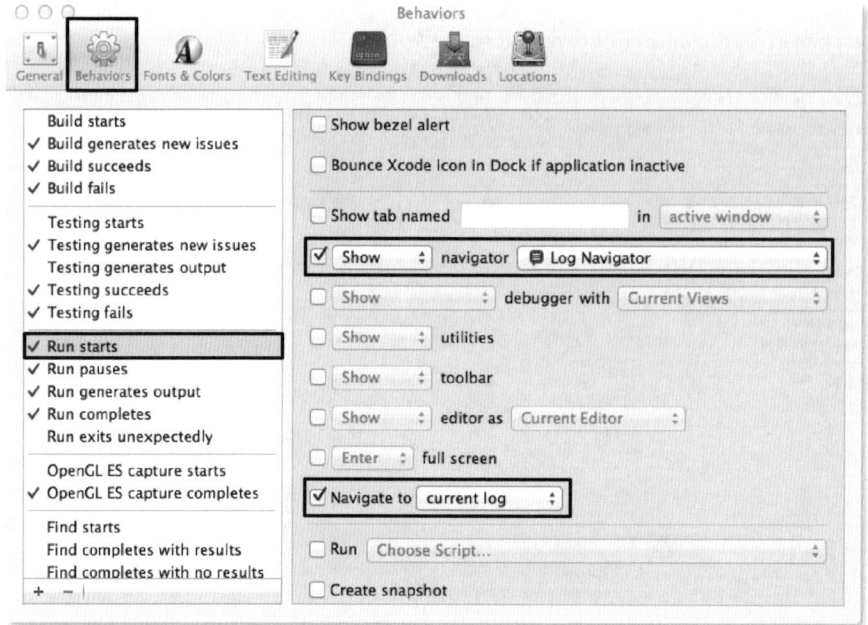

Für dieses Kapitel empfiehlt sich das automatische Öffnen der Konsole.

Setzen Sie auch anhand der Anleitung im letzten Kapitel bitte die Compiler-Optionen -Wall und -Werror.

Der Hintergrund für den neuen Projekttypen ist einfach: Ich hatte Ihnen das ja alles mit den Nachrichten, Objekten usw. mit dem Entstehen der graphischen Benutzeroberflächen erläutert. Daraus ergab sich die Notwendigkeit, »asynchron« an das Programm Nachrichten zu verschicken. Da wir jetzt ein Programm ohne graphische Benutzerschnittstelle schreiben, gibt es dies nicht mehr. Vielmehr wird jetzt unser Programm »klassisch« funktionieren und Schritt für Schritt vorgehen. (Und genau darum geht es mir in diesem Kapitel, weil die hiesige Thematik so für Sie zunächst einmal leichter zu verstehen ist.) Dabei ist es so, dass nach dem Start automatisch die Funktion main() angesprungen wird. Und genau diese haben wir, wenn Sie mit einer Auswahl im Project-Navigator die Source main.m öffnen:

```
int main (int argc, const char* argv[]) {

    @autoreleasepool {

        // insert code here...
        NSLog(@"Hello, World!");
    }
    return 0;
}
```

> **GRUNDLAGEN**
>
> Auch bei einem Programm mit graphischer Benutzeroberfläche wird diese Funktion angesprungen. Sie enthält dann aber einen Befehl, der sinngemäß lautet: »Okay, ich bin da, und jetzt warte ich auf Nachrichten vom Benutzer.«

Eine weitere wichtige Eigenschaft ist, dass nach Beendigung von main() das Programm automatisch beendet wird. Sie müssen es also nicht selbst schließen.

3.1 Kleinkram

Sie haben ja schon einiges programmiert und dabei auch schon etwas oberflächlich gelernt. Bevor wir mit der Arbeit am lebenden Objekt voranschreiten wollen, will ich diese Arbeit in einen theoretischen Kontext setzen. Dazu bedienen wir uns Beispielen aus dem Programm, das in Kapitel 2 programmiert wurde.

3.1.1 Typen

Wir haben jetzt schon mehrfach Variablen deklariert. Dabei hatten Sie in Kapitel 2 sowohl Variablen von Objekten als auch lokale Variablen in einer Methode. Und jetzt ist es an der Zeit, dies mal grundsätzlich zu behandeln.

Schauen wir uns das Codefragment aus dem letzten Kapitel noch einmal an:

```
- (IBAction)calculate:(id)sender
{
    double input = [self.inputTextField doubleValue];
    double factor = [self.factorTextField doubleValue];

    double result = input * factor;
    [self.outputTextField setDoubleValue:result];
}
```

Wie Sie bereits gelernt haben – und vermutlich auch schon selbst bemerkten –, besteht eine Variablendefinition aus dem Typen (oben double) und dem Namen dahinter.

```
typ name;
```

Diese Typen will ich hier näher erläutern.

Einfache Datentypen

Zunächst kennt Objective-C Grundtypen, die nur einen einzigen Wert speichern und von C stammen. Diese sogenannten Skalare sind:

- `char`, `unichar` – ein einzelnes Zeichen. `char` sollte nicht mehr benutzt werden, da nicht alle Zeichen dargestellt werden können. Diese Fähigkeit besitzt in Cocoa der Typ `unichar` (Unicode Character).
- `int` – eine ganze Zahl im Standard-Wertebreich
- `short` (`int`) – eine ganze Zahl im verminderten Wertebereich
- `long` (`int`) – eine ganze Zahl im vergrößerten Wertebereich
- `long long` (`int`) – eine ganze Zahl im stark vergrößerten Wertebereich
- `float` – eine relle Zahl in verminderter Genauigkeit
- `double` – eine reelle Zahl in Standard-Genauigkeit
- `long double` – eine reelle Zahl in vergrößerter Genauigkeit
- `BOOL` – ein Wahrheitswert, der nur YES für eine wahre Aussage oder NO für eine unwahre Aussage sein kann. Hierbei handelt es sich um eine Objective-C-Erweiterung, die ich etwas später bei den Kontrollstrukturen besprechen werde.

Bei allen Ganzzahltypen (`char`, `int`, `long`, `long long`, `short`) kann zudem noch das Wort `unsigned` oder `signed` vorangesetzt werden. Dies führt dazu, dass nur 0 und positive Zahlen gespeichert werden können, die dafür aber doppelt so groß sein können. Für die Lektüre fremden Codes: Steht ein `unsigned` ohne jegliche Angabe von `int` usw., so bedeutet dies `unsigned int`. Für alle diese Typen ist dabei signed der Standard, so dass dies nicht angegeben werden muss. (Bei `char` kann man den Standard als Compiler-Option einstellen.)

Überhaupt Größe, Wertebereich und Genauigkeit: Was meine ich damit? Jeder dieser Datentypen verbraucht eine bestimmte Anzahl an Platz im Hauptspeicher. In C ist dabei nur rudimentär und zudem vor allem als Verhältnis zu anderen Datentypen, aber nicht in absoluten Zahlen, definiert, welche Zahlen in welchem Typen gespeichert werden dürfen. Das findet seine Ursache darin, dass für verschiedene Computer ganz unterschiedliche Anforderungen gelten. Und tatsächlich ist es so, dass ein größerer Datentyp keinesfalls größer sein muss. Er darf lediglich nicht kleiner sein als sein kleinerer Typ. Aus diesem Grunde gibt es vordefinierte Zahlen wie INT_MAX, die die Grenzen angeben. Eine Aufstellung finden Sie in der Datei limits.h.

GRUNDLAGEN

Wenn ich hier von reellen Zahlen spreche, so heißt dies nicht, dass tatsächlich alle reellen Zahlen gespeichert werden können. Eigentlich wäre für die interne Darstellung Binärbruch treffend. Aber ein Wert vom Typen `float` bzw. `double` soll eben eine reelle Zahl darstellen.

Hinzu kommt, dass die darstellbaren Zahlen danach variieren, ob sie eine sogenannte 32-Bit- oder 64-Bit-Applikation herstellen. Dies hat Apple veranlasst, für Ganzzahlen eigene Datentypen in Cocoa zu definieren, nämlich `NSInteger` für Ganzzahlen mit

Vorzeichen und `NSUInteger` für Null und positive Ganzzahlen (also ohne Vorzeichen). Sie verwenden daher zunächst diese Typen und nicht die oben genannten Ganzzahltypen.

> **GRUNDLAGEN**
>
> Es gibt Fälle, in denen man die obigen C-Typen benötigt, insbesondere, wenn man sicher sein möchte, dass auch sehr große Zahlen gespeichert werden können. Auf die interne Darstellung der einzelnen Datentypen und ihren Wertebereich gehe ich in Band 2 genauer ein.

Bei den reellen Zahlen verhält sich die Sachlage etwas anders, da hier nicht nur der Wertebereich, sondern auch die Genauigkeit der gespeicherten Zahlen betroffen ist. Aber auch hier gibt es von Computer zu Computer Unterschiede. Entsprechend existiert der von Apple definierte Datentyp `CGFloat`, der allerdings einen deutlichen Bezug zur graphischen Ausgabe hat. (CG steht für Core Graphics. Bildschirmkoordinaten sind dort reelle Zahlen.) Für Anwendungen, bei denen es auf die glatte Darstellung im Dezimalsystem ankommt, existiert zudem der Typ `NSDecimal`. Wir besprechen dazu etwas im Kapitel 4.

Also bis hierher zusammengefasst: Wenn Sie eine Variable haben, die ganze Zahlen speichert, verwenden Sie die Typen `NSInteger` und `NSUInteger`. Haben Sie Variablen, die reelle Zahlen speichern, verwenden Sie `double` oder `float`. Das ist die ganze Quintessenz.

> **GRUNDLAGEN**
>
> Darüber hinaus können Sie einer Variablen in bestimmten Fällen und mit Auswirkungen in bestimmten Umgebungen weitere Attribute geben, die allerdings teilweise überholt sind, teilweise einfach bei der Programmierung mit Objective-C uninteressant wurden. Letztlich sind noch `const` und `static` interessant. Auch dies hier nur zur Vollständigkeit. Wir werden das erst in Band 2 benötigen.

Strukturen

Darüber hinaus erlaubt es C, diese Typen zusammenzufassen. Den einen Fall bilden sogenannte Strukturen. Hierbei werden verschiedene Variablen zu einer Variablen zusammengefasst. Ein Beispiel ist etwa die Struktur `NSRange` in Cocoa. Sie ist wie folgt definiert:

```
typedef struct _NSRange {
    NSUInteger location;
    NSUInteger length;
} NSRange;
```

Dies bedeutet zweierlei: Zum einen kann ich jetzt eine Variable von einem Typen `NSRange` anlegen, ganz so wie mit `double` oder `NSInteger`. Ich könnte also etwa schreiben:

```
NSRange   aRange;
```

Für diese Definition des neuen Typen sorgt typedef. Für Sie ist es zunächst einmal aber nicht erforderlich, eigene Typen zu definieren. Wir müssen allerdings einige Datentypen von Cocoa verwenden. Bei den Closures kommen wir gleich darauf zurück.

Als Zweites würde eine solche Variable zwei Werte speichern, nämlich location und length. Und diese sogenannten Komponenten kann ich auch einzeln ansprechen:

```
aRange.location = 6;
aRange.length = 3;
```

Strukturen wie NSRange ähneln damit Klassen, deren Variablen wie unser aRange den Instanzobjekten: Beide können verschiedene Eigenschaften zusammengefasst speichern. Allerdings kennen Strukturen keine Ableitung, so dass Sie sämtliche Eigenschaften stets angeben müssen. Methoden sind ihnen ebenfalls unbekannt. Außerdem ist es nur möglich, unmittelbar auf die Mitglieder einer Struktur zuzugreifen, was bei den Eigenschaften von Objekten höchst untunlich ist. Ich beschränke mich daher in Band 1 auf die vorhandenen Strukturen.

Die wichtigsten Strukturen und ihre Komponenten sind:

- NSRange mit den Komponenten location und length (beides unsigned integer): Sie beschreiben einen Bereich, etwa in einem Text. Haben wir etwa den Text »Amin Negm-Awad«, so lautet der Bereich von »Amin« location = 0 (Man zählt ab 0) und length = 4 (vier Buchstaben lang).

- NSPoint mit seinen Komponenten x und y (beides CGFloat): Diese Struktur speichert Koordinatenangaben für den Bildschirm, wenn Sie etwa eine Linie von einem Punkt zu einem anderen zeichnen wollen.

- NSSize mit seinen Komponenten width und height (beides CGFloat): Speichert die Ausdehnung insbesondere von graphischen Elementen, wie etwa einem Rechteck, welches Sie zeichnen wollen.

- NSRect mit seinen Komponenten origin (NSPoint) und size (NSSize): Diese Struktur besteht also wieder aus zwei Strukturen. Die Struktur NSRect bezeichnet einen Bereich auf dem Bildschirm, der seinen Ausgangspunkt in origin hat und seine Größe in size. Die Einstellungen zur Lage und Größe eines Elementes im Interface Builder werden etwa in so einer Struktur abgelegt.

Diese Strukturen will ich kurz anhand eines Codebeispieles erläutern. Ändern Sie bitte den Code von main() wie folgt:

```
int main (int argc, const char * argv[]) {
    @autoreleasepool {
        NSPoint corner = { 1.0, 2.0 };
        NSSize spread;
        NSRect rectangle = { { 3.0, 4.0 }, { 5.0, 6.0 } };
        …
```

Hier definieren wir uns zunächst drei Variablen, die als Typ die verschiedenen Strukturen haben. Hierbei gilt wie bei skalaren Variablen, dass mit der Definition der Variable ein Initialisierungswert angeben werden kann (corner, rectangle). Da es sich um mehrere Einzelwerte handelt, müssen diese in geschweifte Klammern geschrieben werden. Hieraus folgt auch, dass bei der Struktur der Struktur rectangle verschachtelte Klammern gesetzt werden müssen. Das Ergebnis sieht so aus:

corner
x: 1.0
y: 2.0

spread
width: ?
height: ?

rectangle	
origin:	
	x:3.0
	y: 4.0
size:	
	width: 5.0
	height: 6.0

Zunächst haben wir drei Variablen ohne Wert.

...
```
corner.x = 5.2;
corner.y = 7.4;
NSLog( @"corner %f %f", corner.x, corner.y );
spread.width = 98.11;
spread.height = 12.0;
NSLog( @"spread %f %f", spread.width, spread.height );
```
...

Hier setzen wir Werte bei corner und spread vor. Diese geben wir aus. Das Ihnen bereits bekannte NSLog() erhält hier als Formatierungszeichen %f, was eben bedeutet, dass eine reelle Zahl eingesetzt werden soll. Deshalb sehen Sie auch Nachkommastellen. Eine Alternative wäre es, den Inhalt der Strukturvariablen mit NSStringFromPoint() bzw. NSStringFromSize() in eine Stringinstanz umwandeln zu lassen und diese auszugeben.

corner
x: **5.2**
y: **7.4**

spread
width: **98.11**
height: **12.0**

rectangle	
origin:	
	x: 3.0
	y: 4.0
size:	
	width: 5.0
	height: 6.0

Die einfachen Strukturen füllen sich.

Sie erhalten gleich beim Programmlauf die folgende Ausgabe:

>... corner 5.200000 7.400000
>... spread 98.110000 12.000000

Kapitel 3

Zurück zum Code: Wir befüllen jetzt die verschachtelte Strukturvariable rectangle aus den Strukturen

...
```
    rectangle.origin = corner;
    rectangle.size = spread;
    NSLog( @"rectangle %f %f %f %f", rectangle.origin.x,
                                     rectangle.origin.y,
                                     rectangle.size.width,
                                     rectangle.size.height );
```
...

Bemerkenswert ist hierbei, dass die Komponenten von rectangle ja selbst Strukturen sind und mit den Strukturen corner und spread aufgefüllt werden. Es ist also möglich, komplette Strukturen mit einer Zuweisung zu kopieren.

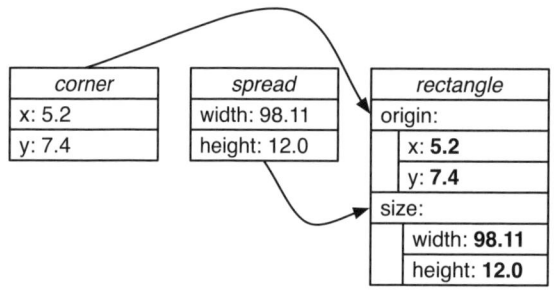

Auch ganze Strukturen lassen sich kopieren.

Dies führt dann gleich im Programmlauf zur Ausgabe:

>... rectangle 5.200000 7.400000 98.110000 12.000000

Man kann freilich auch bei einer Variablen der Strukturstruktur rectangle gleich die einzelne Komponente ansprechen:

...
```
    rectangle.origin.x = 4.8;
    NSLog( @"rectangle %f %f %f %f", rectangle.origin.x,
                                     rectangle.origin.y,
                                     rectangle.size.width,
                                     rectangle.size.height );
```
...

Dies führt dazu, dass die Komponente origin.x von rectangle gezielt geändert wird:

>... rectangle **4.800000** 7.400000 98.110000 12.000000

Obwohl wir ursprünglich origin von rectangle mit corner aufgefüllt hatten, wirkt sich die Änderung an rectangle nicht mehr auf corner aus:

```
…
    NSLog( @"corner %f %f", corner.x, corner.y );
…
```

Es wird weiterhin

>… corner **5.200000 7.400000**

ausgegeben.

```
    }
    return 0;
}
```

Dies würde übrigens auch umgekehrt gelten, wenn wir Änderungen an corner oder spread vornehmen würden. Es werden also wirklich bei einer Zuweisung von Strukturen einfach die Werte kopiert, die sich dann in beiden Variablen unabhängig entwickeln können. Das nennt man »By-Value«, und es wird uns noch einmal bei Funktionen und Methoden beschäftigen.

Starten Sie das Programm und versuchen Sie, es Schritt für Schritt nachzuvollziehen. Vergleichen Sie dabei die Ausgabe mit den hier abgedruckten und sehen Sie sich das ruhig auch im Debugger an.

> **HILFE**
>
> Sie können das Projekt in diesem Zustand als ObjectiveC-01 von der Webseite herunterladen.

Löschen Sie jetzt wieder die Zeilen, so dass main() wie folgt aussieht:

```
int main (int argc, const char * argv[]) {
    @autoreleasepool {
    }
    return 0;
}
```

Zusammengefasst
Strukturen bündeln einzelne Werte zu einem Ganzen. Sie können wie einzelne Werte angelegt und kopiert werden. Eine Kopie verhält sich unabhängig von ihrer Vorlage.

C-Arrays

Bei C-Arrays (C-Feldern) kann eine Variable eines Typs nicht nur einen Wert dieses Typs aufnehmen, sondern eine vorher bestimmte festgelegte Anzahl. (Man kann auch sogenannte offene Arrays definieren, die aber letztlich gleich zu besprechende Zeiger sind.) Dazu schreibt man bei der Definition einfach hinter den Variablennamen in eckigen Klammern die Anzahl der Vervielfältigungen. Angesprochen werden dann die einzelnen Elemente mit einem sogenannten Index ebenfalls in eckigen Klammern. Der Index zählt ab 0. Beispiele:

```
NSInteger threeIntegers[3];
threeIntegers[0] = 5;
threeIntegers[1] = threeIntegers[0];
```

Der angegebene Typ gilt für sämtliche Elemente des Feldes (Homogenität).

Felder können mehrdimensional sein. Hierzu wiederholt man die Größe mit eckigen Klammern:

```
NSInteger chessBoard[8][8];
```

Man kann auch Felder – wie bei Strukturen gesehen – gleich bei der Definition initialisieren. In diesem Falle kann man auch die Größenangabe weglassen, da das Feld dann die Größe verpasst bekommt, die sich aus der Anzahl der Initialisierungswerte ergibt:

```
NSInteger threeIntegers[] = { 1, 2, 3 };
```

Bei mehrdimensionalen Arrays ist ebenso zu verschachteln wie bei Strukturstrukturen. (Und auch bei Strukturen mit Arrays oder Arrays von Strukturen, denn das lässt sich auch kombinieren.)

Felder verhalten sich nicht By-Value. Es ist also nicht möglich, ein Feld komplett an ein anderes Feld zuzuweisen:

```
NSInteger array1[3] = { 1, 2, 3 };
NSInteger array2[3];
array2 = array1; // Fehler
```

Vielmehr sind Felder ohne einen aufgelösten Index so etwas Ähnliches wie Zeiger, die wir gleich im Anschluss besprechen. (Ich sagte »so etwas Ähnliches«, nicht »dasselbe«. Leider liest man diesen Irrtum im Internet sehr gerne.)

Es wird bei einem Zugriff auf ein Feld nicht überprüft, ob das Feld verlassen wird. Vielmehr führt dies regelmäßig zu absonderlichem Verhalten des Programmes. C-Arrays sind daher Quell unergründlicher Fehler und Sicherheitslücken. Ich habe sie daher hier nur der Vollständigkeit halber angesprochen, da man hin und wieder in Cocoa auf solche C-Felder trifft. Sie sollten den Umgang mit derart finsteren Gesellen aber überschaubar gestalten.

Objective-C

Zeiger

Jetzt kommt etwas ganz Ekliges. Zeiger entspringen ebenfalls C und dienten dort vor allem der Flexibilität. Man kann mit Zeigern aber auch übelste Dinge anstellen. Sie sind wie Felder ein ständiger Hort von Fehlern.

Glücklicherweise werden die meisten Dinge, die man in C mit Zeigern löste, in Objective-C sicherer und verständlicher gehandhabt. Eigentlich bleiben für Sie nur zwei Aufgaben übrig: Objektzeiger und Zeiger bzw. Zeiger-Zeiger für Werterückgabe über die Parameterliste. Hä? Gut, anders formuliert: Wir werden Zeiger benötigen, um Verweise auf Objekte zu haben. So waren etwa die Outlets im Interface Builder Verweise von unserem Converter-Objekt auf die Textfelder. Das war etwa ein Zeiger. Und hier versteht man auch den Begriff »Zeiger« ganz anschaulich. Bei Objekten komme ich sogleich darauf zurück. Die zweite Anwendung werden wir im Kapitel 4 über Container ansprechen.

In beiden Fällen ist es jedoch so, dass man nicht hundertprozentig verstanden haben muss, was ein Zeiger ist. Genauer: wie ein Zeiger funktioniert. Wir können ihn in den beiden Fällen glücklicherweise logisch vereinfacht verwenden. Ich möchte dennoch hier eine ganz kleine Einführung geben, schon deshalb, weil manche Menschen diesen Sachverhalt besser verstehen, wenn sie die technischen Hintergründe kennen.

Sie haben ja schon Variablen angelegt, sei es in einer Methode oder als Eigenschaft in einer Klassendefinition. Und jedes Mal wurde in dieser Variablen etwas gespeichert. Wenn ich etwas speichern möchte, so benötigt der Computer dafür immer Speicherplatz. Das ist eigentlich unmittelbar einsichtig. Schauen wir uns mal die Definition und Verwendung von zwei Variablen an:

```
NSInteger a;
NSInteger b;

a = 98;
b = 11;
```

Diese befinden sich im Speicher. Dabei erhält jeder Speicherplatz eine Nummer. Man kann das Ganze so zeichnen:

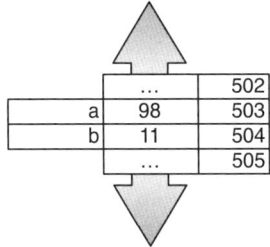

Eine Variable verbraucht Speicher, und Speicher hat eine Nummer.

Jeder Variablen wird eine solche Speichernummer zugeordnet. Man nennt diese Nummer übrigens »Adresse«. In diesem Beispiel landet die Variable a in der Speicherstelle mit der Adresse 503 und Variable b in der Speicherstelle mit der Adresse 504. Es sei angemerkt, dass »in Wahrheit« mindestens vier Speicherplätze für eine Variable vom Typen NSInteger verbraucht werden. Das spielt aber für die grundsätzlichen Überlegungen keine Rolle.

Jetzt kann ich aber auch eine Variable anlegen, die Adressen speichert. Das klingt erst einmal wirr. Schauen wir uns das zur Entwirrung im Sourcecode an:

```
NSInteger *pointer;
pointer = &a;
```

Das sieht zunächst etwas kryptisch aus. Ich löse es auf: In der ersten Zeile legen wir uns eine Variable pointer an, die nicht eine Ganzzahl speichert, sondern einen Zeiger auf eine Ganzzahl. Erkennbar ist das am nachgestellten Sternchen. Es spielt übrigens keine Rolle, ob das Sternchen am Typen (NSInteger) klebt oder am Variablennamen (pointer) oder dazwischen. Das sind einfach unterschiedliche Gewohnheiten von unterschiedlichen Programmierern. Ich verwende aber in dieser Auflage die oben ersichtliche bei Apple gebräuchlichere Notation. Gleichwertig sind aber auch:

```
NSInteger* pointer;
NSInteger * pointer;
```

In der zweiten Zeile des obigen Beispiels speichern wir in dieser Variablen nicht den Wert von a (98), sondern die Adresse von a, also 503. Dies wird durch das kaufmännische Und-Zeichen »&« (Ampersand) bewerkstelligt. Es kann gelesen werden als: »die Adresse (Speicherstellennummer) von«. Graphisch sieht das so aus:

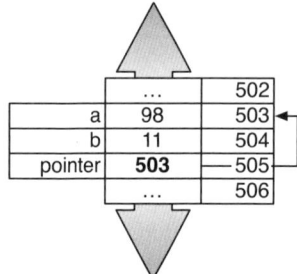

a enthält eine Ganzzahl, pointer einen Verweis auf eine Ganzzahl (a).

Man sieht zunehmend, warum man das Zeiger nennt, nicht wahr? Und wir können jetzt auch den Wert von a mithilfe des Zeigers pointer verändern:

```
*pointer = 99;
```

Das Sternchen vor pointer lässt sich lesen als »das, worauf pointer zeigt«. Danach hat tatsächlich a den Wert 99.

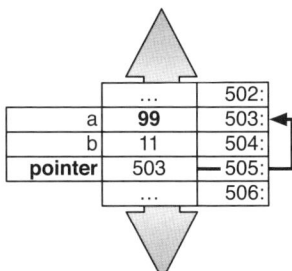

Man kann die Variable hinter dem Zeiger verändern.

Diese unterschiedliche Bedeutung des Sternchens ist eigentlich schlüssig. Man muss es nur richtig lesen: `NSInteger *pointer` kann man als »*pointer ist ein NSInteger« verstehen. Dementsprechend wird auch eine Ganzzahl (99) an *pointer zugewiesen.

```
     ┌─ ist ein ─┐           ┌── ist ein ──┐
     ▼           │           ▼             │
NSInteger    a ;     NSInteger    *pointer;
a          = 99;     *pointer   = 99       ;
▲            │       ▲            │
└────────────┘       └────────────┘
```

Wenn *pointer *ein NSInteger ist, dann kann an* *pointer *die Zahl 99 zugewiesen werden.*

Wo liegt der Vorteil gegenüber einem einfachen a = 99;? Gehen wir ein Programm mal weiter durch:

```
pointer = &b;
*pointer = 99;
```

Jetzt wird tatsächlich b der Wert 99 zugewiesen. Das bedeutet, dass ein und dieselbe Anweisung

```
*pointer = 99;
```

das Potenzial hat, mal a und mal b zu verändern. Und darum geht es. Man nennt dies eine »Indirektion«, weil die Zuweisung »um eine Ecke gedacht« indirekt erfolgt.

Um das Ganze komplett zu machen, überlegen wir uns, dass pointer ja auch eine Variable ist, die eine Adresse hat. Also kann ich auch einen Zeiger auf pointer setzen. Ändern Sie main() wie folgt:

```
int main (int argc, const char * argv[]) {
    @autoreleasepool {
        NSInteger   b;
        NSInteger   *pointer;
        NSInteger   **pp;
```

```
            pp = &pointer;
            *pp = &b;
            **pp = 34;
            NSLog( @"b ist %ld", b );
        }
        return 0;
    }
```

Dies ergibt als Ausgabe (%ld steht hier übrigens für eine von NSLog() einzusetzende Ganzzahl) Folgendes:

>… b ist 34

Sehen Sie, an dieser Stelle bin ich mir ziemlich sicher, dass Sie keine Lust mehr auf Zeiger haben. Und ich bin mir ziemlich sicher, dass Sie verstehen, warum Zeiger so fehleranfällig sind. Und ich bin mir außerdem ziemlich sicher, dass Sie es zu schätzen wissen, wenn ich im Rest des Buches nur noch die leichter zu verstehenden Fälle bespreche, die wir benötigen.

Hier übrigens die Lösung auf die Frage, wieso in Gottes Namen b 34 geworden ist:

pp = &pointer;

Hiernach zeigt pp auf die Adresse von pointer, also 505.

*pp = &b;

Das, worauf pp zeigt, also pointer, zeigt jetzt auf die Adresse von b, also 504.

**pp = 34;

Das, worauf pp zeigt, also pointer, worauf dies zeigt, also b, bekommt den Wert 34.

	...	502
a	98	503
b	34	504
pointer	504	505
pp	505	506
	...	507

Indirektion der Indirektion ist intellektuell herausfordernd.

Objective-C

> **HILFE**
>
> Sie können das Projekt in diesem Zustand als ObjectiveC-02 von der Webseite herunterladen.

Löschen Sie wieder den Code, damit main() wieder so wie am Ende des letzten Abschnittes aussieht.

Objektvariablen

Bisher haben wir aber nur einfache Daten wie Ganzzahlen und reelle Zahlen, maximal Strukturen in Variablen gespeichert. Kann man auch Objekte in Variablen speichern? Hier ein ganz klares und entschiedenes »Jein« von mir!

Wir hatten so etwas Ähnliches schon in Kapitel 2 gemacht. Sie hatten Verweise im Interface Builder gezogen. Das war recht anschaulich: Zeiger. Dabei hatten wir allerdings nicht Variablen definiert, sondern Eigenschaften:

```objc
@property (weak) IBOutlet NSTextField *inputTextField;
```

Damit Sie nicht lange zurückblättern müssen, zitiere ich mich mal:

- NSTextField ist der Typ des Elements im Interface Builder. Hatten wir vorhin auch angegeben. Der kleine Stern bedeutet, dass es sich um eine Verbindung zu einem Objekt dieses Typen handelt.

Sie können das jetzt schon viel besser verstehen. Es handelt sich also bei der Eigenschaft um einen Objektzeiger. Bevor wir uns aber mit Eigenschaften beschäftigen, belassen wir es bei dem einfachen Fall und nehmen eine simple Objektvariable, wie wir auch bisher simple Variablen hatten. Das sieht dann entsprechend simpel aus:

```objc
int main (int argc, const char * argv[])
{
   @autoreleasepool {
      NSString *pointer = @"Hallo";
      NSLog( @"%@, Sie da!", pointer );
   }
   return 0;
}
```

In der ersten Zeile wird ein Zeiger auf ein Objekt der Klasse NString angelegt. Instanzen dieser Klasse enthalten unformatierten Text. In der zweiten Zeile geben wir dies dann mit NSLog aus, wobei wir %@ als Format-Specifier für Objekte verwenden. Sie können das starten und testen. Die Ausgabe lautet:

```
>… Hallo, Sie da!
```

Nunmehr verstehen Sie auch den Stern: Er bedeutet eben Zeiger, Verweis. Gut, nach dem letzten Abschnitt über Zeiger wissen Sie sogar mehr, nämlich, dass die Speicherstellennummer gespeichert wird. Das interessiert hier aber nicht. Sie merken sich, dass dies ein Verweis auf ein Objekt ist. Das war also der Ja-Anteil am Jein.

Bevor ich zum Nein-Anteil komme, möchte ich hier ein häufig entstehendes Missverständnis beseitigen: Im Beispiel über Zeiger hatte ich eine Variable angelegt und dann einen Zeiger auf eine Variable in einer neuen Variable. Ich erinnere zusammenfassend:

```
NSInteger a = 99;
NSInteger *pointer;
pointer = &a;
```

Wir hatten also zwei Variablen: Eine »Wertvariable« und eine Zeigervariable. Zeichnen wir das mal anders, und zwar unter Verzicht dieser Speicherstellennummern auf:

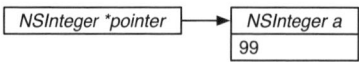

Eine Zeigervariable und ihre Wertevariable

Ganz klar: Der Wert ist in a gespeichert, pointer enthält nur einen Verweis auf a.

Jetzt überlegen wir uns das einmal mit dem Sourcecode von oben. Da wird ja auch an eine Zeigervariable zugewiesen. Zeichnen wir das jetzt auch auf:

Eine Zeigervariable und ihre … Ja, was denn?

Vergleichen Sie das: Es gibt gar keine Objektvariable, kein a. Es gibt nur eine Zeigervariable. Das führt dazu, dass man in der Not vom »pointer-Objekt« spricht. Das ist aber falsch und wäre so, als ob man im Beispiel mit NSInteger davon spricht, dass in pointer 99 gespeichert ist. Das stimmt nicht. Nichtsdestotrotz hat sich eine solche Sprechweise durchgesetzt, und in aller Regel ist das auch in Ordnung, da eben das Objekt nicht in einer Variablen gespeichert ist und daher keinen Namen hat.

Nun kommt aber der Nein-Anteil: Sie können überhaupt nur solche Verweise auf Objekte haben. Im obigen Beispiel könnte man ja auf den Gedanken kommen, nicht einen Verweis auf den String zu speichern, sondern den String selbst. Wir machen einfach dasselbe, was wir auch mit dem Integer machen. Das sähe dann so aus:

```
NSString value = @"Hallo";
NSString *pointer = &value;
```

Objective-C

Denken Sie an `NSInteger a` und `NSInteger *pointer`: Letzteres war ein Verweis (mit Sternchen), das erste der Wert selbst. So wäre also Obiges auch unmittelbar ein Objekt. Nur: Wenn Sie dies probieren, beschwert sich der Compiler, wobei Sie im Editor nur den Teil nach dem letzten Doppelpunkt sehen.

```
error: Semantic Issue: Interface type cannot be statically allocated
```

Sprich: »Fehler: Interface-Typ kann nicht statisch alloziert werden.« Mit anderen Worten: Der Compiler erlaubt uns das erst gar nicht, eine Wertevariable von Objekten zu haben. Das gibt es nicht.

Wir speichern in einer Objektvariablen also nicht das Objekt selbst, sondern einen Zeiger hierauf, den wir uns vereinfacht (und damit ohne komische Speicherstellennummern) als Identifikation (ID) eines Objektes vorstellen können. Das sehen Sie am Sternchen bei einer Variablendefinition: * bedeutet demnach hier sozusagen »ID«. Stellen Sie sich diese ID wie Ihre Personalausweisnummer vor. Das sind nicht Sie. Aber mit dieser Nummer können wir Sie eindeutig identifizieren. Eine solche ID selbst ist seinerseits kein Objekt, sondern nur ein Zeiger (wie Ihre Personalausweisnummer kein Mensch ist):

Gegenstand	Verweis
Mensch	Personalausweisnummer
Instanzobjekt	ID-Variable

IDs können, da sie kein Objekt, sondern Zeiger sind, von uns wie eine skalare Variable erzeugt werden. Die Erzeugung des verwiesenen Objektes ist dagegen deutlich komplizierter. Die Erläuterungen dazu haben daher ihren eigenen Abschnitt.

Aber achten Sie auf Folgendes: Dass es sich um eine ID handelt, führt nicht dazu, dass eine ID wie die andere wäre. Denn immerhin steht in unserem Code ja noch: Zeiger auf eine Instanz von `NSString`. Das bedeutet, dass wir sehr wohl einen Typen haben. Worauf verwiesen wird, darf also nur eine Instanz der entsprechenden Klasse sein. Nehmen wir mal testweise die Klasse `NSNumber`, welche Zahlen speichert. Probieren Sie es mal aus:

```
int main (int argc, const char * argv[])
{
   @autoreleasepool {
      NSNumber *pointer = @"Hallo";
      NSLog( @"%@, Sie da!", pointer );
   }
   return 0;
}
```

Sofort zeigt Xcode einen Fehler an:

```
warning: incompatible pointer types initializing 'NSNumber *__strong' with an
expression of type 'NSString *' [-Wincompatible-pointer-types]
```

Also: Inkompatible Zeigerinitialisierung: NSNumber-Zeiger mit einem Ausdruck, der ein NSString-Zeiger ist. Es werden also schon die Typen der Zeiger und damit hier die Klassen unterschieden.

Man kann in Objective-C aber auch wirklich sagen: »Hierhin soll ein Zeiger auf irgendeine Instanz von irgendeiner Klasse.« In diesem Falle schreiben wir stattdessen id als Typen (und ohne Sternchen, das Sie sich hinzudenken können). Das geht also auch in unserem Code:

```
int main (int argc, const char * argv[])
{
   @autoreleasepool {
      id pointer = @"Hallo";
      NSLog( @"%@, Sie da!", pointer );
   }
   return 0;
}
```

Variablen vom Typen id dürfen auf alle Objekte zeigen.

Es gibt aber für normale (typisierte) Zeiger wie NSString *, NSNumber * usw. noch eine wichtige Regel: Bereits im ersten Kapitel hatten Sie gelernt, dass es Basisklassen und Subklassen gibt. Wir hatten uns etwa eine Basisklasse Instrument vorgestellt, von der es eine Subklasse Guitar gibt. Eine weitere wichtige Regel zur Typisierung lautet:

Man darf an einen Zeiger auf eine Basisklasse eine Instanz der Subklasse zuweisen.

Habe ich also eine Variable, die die ID eines Instrumentes enthält, darf ich eine Gitarreninstanz zuweisen, weil Gitarren eine Subklasse von Instrumenten sind. Umgekehrt gilt das nicht! Also, alle Regeln zusammengefasst:

```
id          einObjekt;
Instrument *einInstrument;
Guitar     *eineGitarre;

// Regel 1:
// An id darf man alles zuweisen:
einObjekt = einInstrument; // erlaubt: Instrument* -> id
einObjekt = eineGitarre;   // erlaubt: Guitar* -> id
```

```
// Regel 2:
// Ein id darf an alles zugewiesen werden:
einInstrument = einObjekt; // erlaubt: id -> Instrument*
eineGitarre = einObjekt; // erlaubt: id -> Guitar*

// Regel 3:
// Eine Subklasse darf an eine Basisklasse zugewiesen werden:
einInstrument = eineGitarre; // erlaubt: Guitar* -> Instrument*

// Regel 4:
// Basisklasse darf nicht an Subklasse zugewiesen werden:
eineGitarre = einInstrument; // VERBOTEN!
```

Wozu das alles, und wieso ist das überhaupt so? Der Grundgedanke ist der, dass eine Instanz ja bestimmte Fähigkeiten hat. Wenn wir diese Instanz ansprechen, dann wollen wir sicher sein, dass sie diese Fähigkeiten besitzt. Wir hatten im Kapitel 2 etwa doubleValue auf ein Textfeld angewendet. Das funktioniert nur, wenn wirklich ein Textfeld vorliegt. Dadurch, dass wir in unserer Definition von Converter gesagt hatten, dass ein Textfeld vorliegen soll, überprüft für uns der Compiler automatisch, ob wir eine Nachricht verschicken, die das Textfeld auch kennt. Ist dies nicht der Fall, so gibt es ein paar auf die Rübe. Also, es geht hier einfach zunächst nur um Klarheit und Sicherheit: Der Compiler überprüft, ob der Empfänger einer Nachricht damit überhaupt etwas anfangen kann. Wir sollen eben nicht Italienisch mit einem Schweden sprechen.

Jetzt ist auch klar, warum ich eine Subklasse an eine Basisklasse zuweisen darf: Die Subklasse erbt ja von der Basisklasse automatisch alle Fähigkeiten. Wenn ich also einen Zeiger auf eine Textfeldinstanz erwarte, kann auch eine Subklasse zugewiesen werden. Ich weiß ja, dass diese alle Fähigkeiten des Textfeldes geerbt hat. Daher ist dies alles sicher:

- Ich erwarte die Fähigkeiten der Basisklasse.
- Jede Subklasse erbt diese Fähigkeiten.
- Daher erfüllt auch eine Subklasse die Erwartung.

Umgekehrt gilt das nicht. Habe ich etwa eine Variable, die auf eine Gitarre zeigen soll, so erwarte ich zum Beispiel auch die Fähigkeit -spieleGezupft. Wenn ich jetzt eine Instrumenteninstanz zuweisen würde, so hätte diese gar nicht diese Fähigkeit. Ein Programmfehler wäre die Folge. Deshalb verbietet mir Objective-C gleich von Anfang an, dass ich eine solche Zuweisung vornehme:

```
eineGitarre = einInstrument; // Compiler-Verbot, weil sich …
[eineGitarre spieleGezupft], // … ein Programmfehler ergäbe.
```

Daraus lernen Sie grundsätzlich schon einmal: Wenn wir die Klasse einer Instanz kennen, sollten wir unsere Variable auch genau so typisieren, also nicht id verwenden, sondern Klasse *.

Bei id ist es so, dass wir nicht nur jedes Objekt zuweisen können, sondern dass wir sogar jede Nachricht, die irgendwo mal in irgendeiner Klasse definiert wurde, an dieses Objekt verschicken dürfen.

```
einObjekt = eineGitarre; // erlaubt: Guitar* -> id
[einObjekt spieleGezupft]; // erlaubt: id hat alle Fähigkeiten!
```

Nach diesen langen Reden ist dies aber unsicher und gefährlich. Denn da wir jedes Objekt an id zuweisen können und id jede Nachricht versteht (das glaubt der Compiler zumindest), geht auch dies:

```
einObjekt = einInstrument; // erlaubt: Instrument* -> id
[einObjekt spieleGezupft]; // PROGRAMMFEHLER!
```

Denn wir dürfen ja auch ein Instrument an id zuweisen, weil man alles an id zuweisen darf. Außerdem versteht id jede Nachricht. Also können wir jetzt die Nachricht -spieleGezupft an ein Instrument verschicken, ohne dass sich der Compiler beschwert. Wenn das Programm dann aber ausgeführt wird, gibt es einen Fehler. Denn Instrumente haben gar nicht diese Fähigkeit, sondern nur Instanzen der Subklasse Gitarre. Sie lieben doch fehlerhafte Programme genauso wie ich, nicht wahr?

Hieraus lernen wir, dass man nur in ganz bestimmten und gut begründeten Fällen id verwendet. Allerdings werden wir manchmal diesen Typen benutzen. An den entscheidenden Stellen komme ich darauf zurück und begründe dies.

> **BEISPIEL**
>
> Ein Beispiel haben Sie aber schon kennengelernt: Als wir im Interface Builder den Button mit unserer Converter-Instanz verbanden, speicherte der Button einen Verweis auf unser Objekt. Dieser Verweis hatte tatsächlich den Typen id. Grund: Die Programmierer bei Apple konnten ja, als sie den Button programmierten, nicht wissen, was für eine Klasse wir später erstellen würden. Sie konnten daher gar nicht Converter *target; schreiben. Daher mussten sie id verwenden. Und dies ist gleich einer der Hauptgründe für die Verwendung: Man will später ein Objekt ansprechen, dessen Klasse man noch gar nicht kennt.

Zusammengefasst

Sie merken schon, dass das mit Zeigern und Objektvariablen ziemlich kompliziert geworden ist. Daher mal ein kurzes Resümee: Objekte selbst werden nie in Variablen gespeichert. Vielmehr speichert man ihre ID (Speicherstellennummer) in Zeigervariablen. Diese nennt man »Objektvariablen«.

3.1.2 Objektarten

In Objective-C haben wir es mit Objekten zu tun. Das hatten Sie schon bemerkt. Aber das kann man natürlich auch detaillierter betrachten.

Klassen- und Instanzobjekte

Im Kapitel 1 hatte ich schon davon gesprochen, dass es Klassenobjekte gibt, deren Hauptaufgabe die Erzeugung der Instanzobjekte ist. Und ich hatte Ihnen gesagt, dass man auch an solche Klassenobjekte Nachrichten schicken kann, insbesondere die Aufforderung, ein Instanzobjekt zu erzeugen.

Sie haben auch bereits gelernt, dass jedes Objekt eine Klasse hat, die gewissermaßen den Typ des Objektes angibt. In Objective-C ist diese Klasse jedoch wiederum ein Objekt, eben ein sogenanntes Klassenobjekt. Solche Klassenobjekte besitzen keine Eigenschaften, sondern nur Methoden, eben Klassenmethoden. Sie werden auch nicht im Programm von Ihnen erzeugt, sondern sind »einfach da«. Jedes genau ein Mal. Diese Eigenarten kann man zuweilen nützlich einsetzen. Für Sie reicht es an dieser Stelle aus, den praktischen Nutzen von Klassenobjekten zu kennen:

- Klassenobjekte erzeugen die Instanzobjekte. Das wird etwas später am praktischen Beispiel erläutert.
- Klassenobjekte verwalten ein im System nur ein Mal existierendes Ding.

Wir hatten also das Klassenobjekt `Converter`. Und dieses Klassenobjekt `Converter` erzeugte uns das Instanzobjekt `Converter` im Nib. Wieso Sie das nicht mitbekommen haben? Ganz einfach: Wir hatten das Objekt ja in den Nib-File gezogen und im Identity-Inspector als Klasse `Converter` angegeben. Wenn wir später das Programm starten, wird der Nib-File von Cocoa geladen und analysiert. Hierbei bemerkt Cocoa automatisch, dass wir ein Instanzobjekt von der Klasse `Converter` haben wollen. Jetzt bittet Cocoa unser Klassenobjekt, ein solches Instanzobjekt zu erzeugen. Dies alles ist bereits von Apple programmiert worden, so dass wir uns darum nicht kümmern mussten.

Gleichzeitig und ohne dass wir das bemerkten, haben wir uns damit also noch ein Objekt programmiert, nämlich das Klassenobjekt. Wir benötigten das bisher nicht ausdrücklich, was sich jedoch im Laufe des Kapitels noch ändern wird.

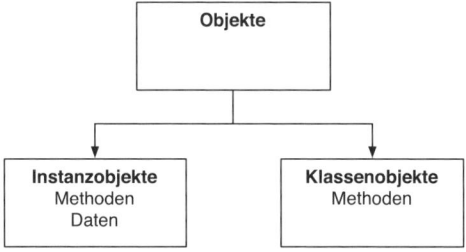

Klassenobjekte erzeugen Instanzen, Instanzen kennen ihr Klassenobjekt als Typ.

Entitäten und Container

Die Instanzobjekte kann man wiederum in zwei Arten unterteilen: Entitäten und Container. Beide bestehen – da sie Instanzobjekte sind – aus Daten und Operationen. Der Unterschied liegt in der Organisation der Daten. Entitäten haben sogenannte Eigenschaften, denen wir Namen geben. Im Beispiel aus Kapitel 1 hat ein Instrument die Eigenschaften »Art«, »Preis« und »Alter«, in Kapitel 2 hatte die Converter-Instanz Verweise als Eigenschaften. Diese Beziehung zwischen der Eigenschaft und ihrem Namen ist übrigens typisch für Ihre Programmierarbeit. Sie erstellen fast immer Entitäten.

Dies ist aber nicht bei allen Instanzen so. Manche dienen uns nur als Ablage für irgendwelchen Datenkrimskrams. Sie haben doch sicher auch so eine Küchenschublade, in der sich alles Mögliche tummelt: Container. Man kann da keine Eigenschaften benennen. Wichtigstes Beispiel sind Instanzen der Klasse NSString. Ein String ist ein unformatierter Text, ein Zeichenwurm. Da gibt es keine Eigenschaften. Welche auch? Daneben existieren so etwas wie Sporttaschen. Sie können einen ganzen Haufen von Instanzen sammeln. Man nennt sie »Collections«. Diese Container werden wir im Abschnitt – na, raten Sie mal – über die Container näher besprechen. Sie selbst erstellen so gut wie nie solche Klassen, sondern benutzen sie einfach in Ihrem Programm.

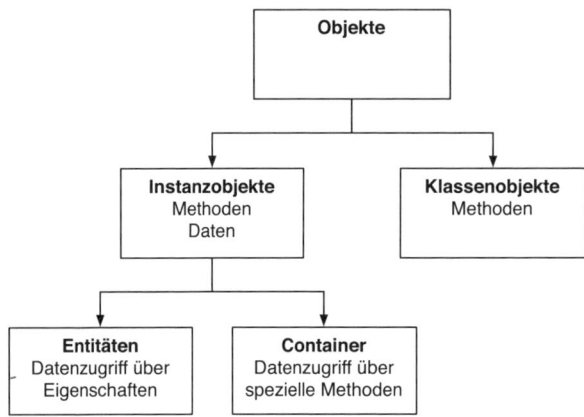

So kompliziert sind sie gar nicht, die verschiedenen Arten von Objekten.

Swinger-Club für Objekte – Attribute und Beziehungen

Wie dargestellt, besitzen Entitäten Eigenschaften. In unserem Beispiel waren die genannten Eigenschaften eines Instrumentes Alter und Preis. Diese Eigenschaften beschreiben das Instrument. Man nennt sie daher »Attribute«. Daneben können Eigenschaften aber auch in Beziehungen zu anderen Entitäten bestehen. Nehmen wir an, dass wir nicht nur jede Menge Instrumente in unserem Programm haben, sondern auch Musikanten. Ein Musikant wäre kein Musikant, wenn er nicht ein Instrument besitzen würde. Also hat er die Eigenschaft Instrumente. Diese Eigenschaft verweist von einer Entität (Musikant) auf eine andere Entität (Instrument). Man nennt dies eine »Beziehung« oder »Relation« (Relationship).

GRUNDLAGEN

Es gibt vereinfacht einen (allerdings nicht zwingenden) Zusammenhang zwischen Attributen und Beziehungen einerseits und Entitäten und Containern andererseits: Attribute sind der Verweis einer Entität auf einen Container, etwa Musikant (Entität) und sein Name (Container NSString). Relationen sind Verweise einer Entität (Musikant) auf andere Entitäten (Instrument).

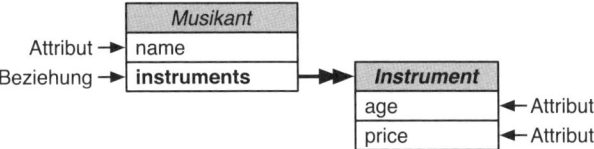

Der Musikant hat eine Beziehung zu seinen Instrumenten.

Die Beziehungen kann man übrigens wiederum nach ihrer Komplexität (Fachbegriff; Kardinalität) unterteilen. Hierzu bedienen wir uns eines Beispiels aus den menschlichen Beziehungen:

Jede Ehefrau hat genau einen Ehemann. Jeder Ehemann hat genau eine Ehefrau (so sieht es jedenfalls im westlichen Kulturkreis aus. Zu den anderen kommen wir noch). Diese Beziehung nennt man »1-zu-1-Beziehung« (1:1-Beziehung): One man, one woman!

Beschreiben wir jetzt doch den Weg nicht-westlicher Gesellschaften und schauen uns die Polygamie an: Dort kann eine Frau mehrere Ehemänner haben. (Sie haben jetzt sicher an den umgekehrten Fall gedacht. Aber ich will Sie ja für Neues öffnen: Open up your mind!) Man bezeichnet eine solche Beziehung auch als »1-zu-n-Beziehung« (1:n-Beziehung). Schließlich können wir es ganz kompliziert machen. Ohne einen Rest an sittlichem Anstand zu verlieren, erkennen wir die sogenannte Gruppenehe an. Bei dieser kann ein Mann mehrere Ehefrauen haben (1:n-Beziehung) und eine Ehefrau mehrere Männer (1:m-Beziehung). Man nennt dies eine »n-zu-m-Beziehung« (n:m-Beziehung). Schauen wir uns das für ein paar Freunde aus unserem Bekanntenkreis an:

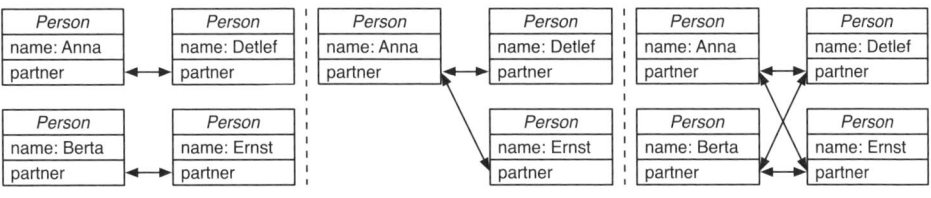

In Programmen geht es unsittlicher zu als im westlichen Kulturkreis.

Aber ich will hier gleich mal die Graphiken etwas abstrahieren. Zunächst erinnere ich Sie daran, dass die Klasse ja die abstrakte Beschreibung enthielt, also die Eigenschaften und deren Typen, jedoch keine Werte. Die gibt es erst bei den Instanzen. Man kann das also gegeneinander stellen, wobei Beziehungen eben zu Pfeilen werden.

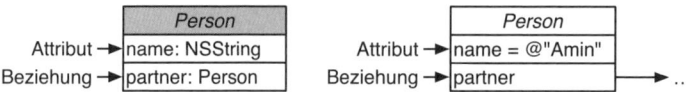

Eine Klasse legt die Eigenschaften und den Typen fest, die Instanz gibt ihr Werte.

Auch die obigen Graphiken zu den Eheleuten haben konkrete Instanzen bezeichnet, nämlich die Personen Anna, Berta, Detlef und Ernst. Diese Information ist für uns aber häufig nicht wichtig, ja, wir kennen sie beim Programmieren nicht einmal, weil der Anwender erst später die einzelnen Personen eingibt. Uns interessiert als Programmierer der Klasse nur das grundsätzliche Schema. Deshalb zeichnet man häufig nur die Beziehungsmöglichkeiten auf:

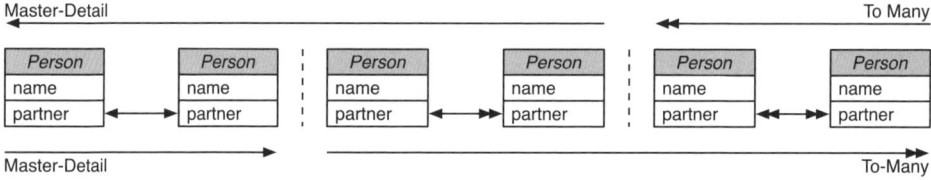

Die Eheformen unabhängig von konkreten Personen

Und hier spielt die Pfeilspitze eine Rolle: Haben wir eine einfache Pfeilspitze, so bedeutet dies, dass nur ein Verweis möglich ist. In der Abbildung links hat der Pfeil von der Frau zum Mann eine Pfeilspitze, also kann die Frau einen Mann haben. Umgekehrt gilt dort dasselbe: Der Pfeil vom Mann zur Frau hat eine Pfeilspitze, also kann ein Mann eine Frau haben.

Ganz rechts sehen Sie aber zum Beispiel jeweils Pfeile mit Doppelspitzen. Dies bedeutet, dass eine Frau mehrere Männer (auch drei oder vier) haben kann und umgekehrt. Betrachtet man also immer nur eine Seite der Beziehung, also nur die Frau oder nur den Mann, so ist die Sache einfach: Eine Frau kann entweder einen einzigen Mann oder mehrere Männer haben. Den ersten Fall bezeichnet man als »Master-Detail-Relationship«, den zweiten als »To-Many-Relationship«.

Die Quintessenz der Geschichte ist also, dass 1:1-, 1:n- und n:m-Beziehungen je vom Standpunkt aus *Master-Detail-* oder *To-Many-Relationships* sind.

Hinbeziehung	Rückbeziehung	Kombination
Master-Detail	Master-Detail	1-zu-1
To-Many	Master-Detail	1-zu-n
To-Many	To-Many	n-zu-m

Zusammengefasst

Man kann Objekte zunächst nach Klassenobjekten und Instanzobjekten unterscheiden. Instanzobjekte speichern Daten. Innerhalb der Gruppe der Instanzobjekte gibt es solche, die den Datenzugriff über Eigenschaften erlauben (Entitäten), und solche, die spezielle Methoden zur Verfügung stellen (Container).

Insbesondere Entitäten treten in Beziehungen miteinander. Dabei kann es sich um eine einfache Beziehung handeln (Master-Detail) oder um eine, bei der von einer Entität auf mehrere andere Entitäten (To-Many) verwiesen wird. Existiert eine entsprechende Rückverweisung, ergeben sich als Kombinationen die Beziehungstypen 1:1, 1:n, n:m.

3.1.3 Mathematische Operationen

Machen wir mal wieder etwas Einfaches. Besser ist das jetzt, nicht wahr? Sie haben ja bereits gelernt, wie man multipliziert. Aber es gibt noch deutlich mehr mathematische Operationen.

Objective-C hat die vier Grundrechenarten von C geerbt. Die entsprechenden Zeichen dafür lauten:

- Addition mit dem Pluszeichen:

```
float a = 5.0 + 7.3;
// a ist 12,3
```

- Subtraktion mit dem Minuszeichen:

```
double b = 12.4 - 17.8;
// b ist -5,4
```

- Multiplikation mit dem Sternchen:

```
NSInteger irgendwas = 5 * 7;
// irgendwas ist 35
```

- Division mit dem Schrägstrich ([Umschalttaste]+[7]):

```
double var = 55.0 / 2;
// var ist 27,5
```

- Rest (Modulo)

```
NSInteger rest = 17 % 5;
// rest ist 2 (17 : 5 = 3 Rest 2)
```

Hat man es mit Ganzzahlen zu tun (NSInteger, NSUInteger), so wird das Ergebnis ebenfalls ganzzahlig, und zwar stets abgerundet. Das ist ein häufiger Fehler. Nehmen wir zunächst einen klaren Fall:

```
NSInteger quotient = 7 / 5; // 7 und 5 sind Ganzzahlen: Also Ganzzahldivision
// quotient ist 3, nicht 3,5
```

Der Compiler achtet dabei nur auf die Operanden, nicht auf das Ziel der Zuweisung. Und schwupps haben wir das Missverständnis:

```
double quotient = 7 / 5; // 7 und 5 sind Ganzzahlen: Also Ganzzahldivision
// quotient ist 3,0, nicht 3,5
```

Der Programmierer hat hier sicherlich 3,5 als Ergebnis erwartet. Da aber beide Operanden ganzzahlig sind, wird auch die Division ganzzahlig durchgeführt. Um eine Fließkommaoperation hinzubekommen, muss mindestens ein Operand eine reelle Zahl sein:

```
double quotient = 7.0 / 5; // 7.0 ist eine reelle Zahl
// quotient ist 3,5
```

Wird wie hier eine Operation von Operanden unterschiedlichen Typs vorgenommen, so wählt der Compiler für die Operation immer den mächtigsten Typen und wandelt den anderen Operanden um. Dabei gilt, dass reelle Zahlen mächtiger sind als Ganzzahlen und dass innerhalb der beiden Gruppen der Typ mit dem größeren Wertebereich (double gegenüber float, long gegenüber int) bestimmend ist.

C beachtet die Punkt-vor-Strich-Regel. Man kann freilich auch (runde) Klammern setzen, wie man es in der Mathematik gewohnt ist.

Wichtig ist die Möglichkeit, Zuweisungen mit Rechnungen zu kombinieren:

```
NSInteger a = 5;
a += 3;
// a ist jetzt 8. Entspricht: a = a + 3
```

Zurückhaltend eingesetzt sind auch die Inkrement- und Dekrementoperatoren von C eine bequeme Formulierung:

- Erhöhung (Inkrement) mit doppeltem Pluszeichen, das Ergebnis verändert die Variable selbst und kann auch zugewiesen werden:

```
NSInteger a;
NSInteger b;
a = 5; // a ist 5
b = a++; // a (=5) wird zugewiesen, also: b ist 5, a wird 6
a = 5; // a ist 5
b = ++a; // a wird 6, a (=6) wird zugewiesen, also: b ist 6
```

- Die Verminderung (Dekrement, übrigens nicht Erniedrigung, die gibt es nur im Domina-Studio) funktioniert entsprechend mit doppeltem Minuszeichen.

Es sei angemerkt, dass man niemals in einer Anweisung mehrfach eine Variable erhöhen oder vermindern oder auch nur die entsprechende Variable mehrfach verwenden sollte, da dann die Reihenfolge nicht definiert ist!

```
a = 5;
b = a++ * a; // b ist 5 * 5 = 25? 5 * 6 = 30?
```

Das liegt daran, dass das Postinkrement ausgeführt werden muss, nachdem das erste a ausgelesen wurde. Es ist aber nicht definiert, ob es unmittelbar danach ausgeführt wird (dann ist das zweite a in dem Moment schon 6) oder erst am Ende der gesamten Operation (dann wäre das zweite a noch 5). Entsprechendes gilt für das Preinkrement und ein Post- oder Predekrement.

Es existieren natürlich noch weitere Operationen. Die sind aber nicht grundlegend von Interesse.

3.1.4 Kontrollstrukturen

In unseren bisherigen Beispielen bestand jede Methode aus einer Abfolge von Anweisungen, die nacheinander ausgeführt wurden. Wie bei einem Kochrezept. Ich hatte aber bereits in Kapitel 1 darauf hingewiesen, dass zuweilen der Programmlauf wiederholt werden soll oder aber Anweisungen nur unter bestimmten Bedingungen ausgeführt werden sollen. Hierfür existieren sogenannte Kontrollstrukturen.

Kontrollstrukturen können einzelne Anweisungen unter eine Bedingung stellen oder ganze Gruppen von Anweisungen, die man »Blöcke« nennt. Hierauf gehe ich zum Schluss ein.

Es lassen sich zwei Arten bilden: Die wiederholte Ausführung von Anweisungen nennt man »Schleifen«, die bedingte Ausführung von Anweisungen »Verzweigung«. Gehen wir die wichtigsten durch:

Kapitel 3

Verzweigungen

Um je nach Situation nur bestimmte Anweisungen auszuführen, existiert die Verzweigung mittels If-Else-Konstrukt oder die Mehrfachauswahl mittels Switch-Case-Break-Default-Konstrukt.

if-else

Mithilfe der Schlüsselwörter if und else lassen sich Anweisungen in Abhängigkeit einer Bedingung formulieren. Der allgemeine Aufbau ist wie folgt:

```
if( Bedingung ) {
    Erfüllt-Anweisungen
} else {
    Nicht-Erfüllt-Anweisungen
}
```

Beispiel:

```
NSInteger value;
NSInteger signed = …
if( signed < 0 ) {
   value = - signed;
} else {
   value = signed;
}
```

Stellen wir uns vor, signed habe einen negativen Wert, sagen wir -3. In diesem Falle wäre die Bedingung hinter if, also signed < 0, erfüllt, weil -3 kleiner als 0 ist. Jetzt würden die in den geschweiften Klammern folgenden Anweisungen ausgeführt, also würde unser Programm so ablaufen:

```
NSInteger value;
NSInteger signed = -3;
if( signed < 0 ) {
   value = - signed;
} else {
   value = signed;
}
```

Damit wäre value gleich 3, denn -(-3) ist 3. Ist hingegen signed positiv, sagen wir +3, so wäre die Bedingung hinter dem if nicht erfüllt, weil +3 nicht kleiner als 0 ist. Es werden jetzt die Anweisungen in den geschweiften Klammern hinter dem else ausgeführt, also

```
NSInteger value;
NSInteger signed = +3
if( signed < 0 ) {
   value = - signed;
} else {
   value = signed;
}
```

Hier wird also signed einfach unverändert an value zugewiesen, so dass value den Wert 3 erhält. Unabhängig vom Vorzeichen hat also value den (stets positiven) Betrag von signed. Wir haben also gerade die Betragsfunktion programmiert.

Der Else-Zweig ist übrigens optional. Dies bedeutet, dass Sie ihn weglassen können.

Gerne will man auch mehrfache Verzweigungen haben. Soweit das sogleich besprochene Switch-Konstrukt nicht funktioniert, muss man in C mehrfach verschachteln. Nachfolgend soll etwa geprüft werden, ob ein Wert in den Bereichen > = 1000, 100 bis 999, 10 bis 99 oder 0 bis 9 liegt:

```
if( signed >= 1000 ) {
   value = 3;
} else { // signed muss kleiner als 1000 sein!
   if( signed >= 100 ) {
      value = 2;
   } else { // signed muss kleiner als 100 sein!
      if( signed >= 10 ) {
         value = 1;
      } else { // signed muss kleiner als 10 sein!
         value = 0;
      }
   }
}
```

Diese sogenannte If-Kaskade ist sehr unübersichtlich. Lässt man die Blöcke (geschweifte Klammern) teilweise weg und verwendet eine andere Schreibweise, so erreicht man jedoch eine Lesbarkeit wie in anderen Programmiersprachen mit einem Else-if-Zweig:

```
if( signed >= 1000 ) {
   value = 3;
} else if( signed >= 100 ) {
   value = 2;
```

```
} else if( signed >= 10 ) {
   value = 1;
} else {
   value = 0;
}
```

Bedingter Ausdruck
Bei einem bedingten Ausdruck handelt es sich eigentlich um eine mathematische Operation. Er wird allerdings zumeist als verkürztes If verwendet:

In vielen Fällen, wie auch in unserem Beispiel, ist es lediglich erforderlich, die Zuweisung eines Wertes von einer Bedingung abhängig zu machen. Schauen wir uns das If-Beispiel noch einmal an:

```
NSInteger value;
NSInteger signed = …
if( signed < 0 ) {
   value = - signed;
} else {
   value = signed;
}
```

Eigentlich wird hier in Abhängigkeit von der Bedingung mal -signed, mal signed zugewiesen. Wenn die Aufgabe eines solchen If-Konstruktes lediglich die ist, eine Zuweisung anders auszuführen, so kann man auch die bedingte Zuweisung einsetzen:

```
value = (signed < 0)? -signed : signed;
```

Das sieht kompliziert aus, ist aber recht einfach: Wenn die Bedingung vor dem Fragezeichen erfüllt ist (sozusagen das If), wird an value der Wert nach dem Fragezeichen zugewiesen (sozusagen der If-Zweig), also -signed. Andernfalls wird der Wert nach dem Doppelpunkt zugewiesen (sozusagen der Else-Zweig), also signed. Hiermit erreichen wir also dasselbe wie mit unserer If-Konstruktion, nur kürzer formuliert. Eine andere beliebte Verwendung ist das Heraussuchen eines Maximalwertes (größerer von zweien):

```
NSInteger groesser = (a > b)? a : b;
```

oder das Kappen an einer Höchstgrenze:

```
double hoechstens100 = (prozent > 100.0)? 100.0 : prozent;
```

Switch

Die echte Mehrfachauswahl wird in C durch ein switch eingeleitet. Sie ist in ihrem Aufbau sehr merkwürdig, was die Herkunft aus der Maschinensprache verrät. Der grundsätzliche Aufbau:

```
switch( wert ) {
   case 0:
      // Anweisungen für den Fall wert = 0
      break;
   case 1:
      // Anweisungen für den Fall wert = 1
      break;
…
   default:
      // Anweisungen für alle anderen Fälle
      break;
}
```

Die Anweisungen unter dem case werden also ausgeführt, wenn der hinter dem case genannte Wert gleich dem Wert in der Klammer des switch ist. Dabei können zu einem Case-Zweig mehrere Werte durch Kommata getrennt aufgezählt werden. Es ist unbedingt zu beachten, dass nur die Einfügung des break am Ende eines Zweiges dazu führt, dass der nächste Zweig nicht ausgeführt wird. Sonst fällt die Programmausführung zu diesem durch. Das ist fast nie gewollt und eine sehr beliebte Fehlerquelle. Sie sollten daher stets einen Case-Zweig mit einem break beenden. Gleich angewöhnen!

Ebenfalls fällt auf, dass die Anweisungen eines einzelnen Case-Zweiges nicht in geschweifte Klammern gesetzt werden müssen. Hierauf komme ich sogleich bei der Besprechung der Blöcke zurück.

Schleifen

Schleifen dienen der wiederholten Ausführung von Anweisungen. Dabei unterscheidet man den Schleifenkörper (oder Schleifenrumpf), der die einzelnen zu wiederholenden Anweisungen enthält, und den Schleifenkopf, der bestimmt, ob bzw. wie oft der Schleifenkörper ausgeführt wird.

while

Bei der While-Schleife werden Anweisungen so lange wiederholt, wie eine Bedingung erfüllt ist. Allgemein sieht sie so aus:

```
while( Bedingung ) {
   // Anweisungen …
}
```

Ein einfaches Beispiel, das eine Ganzzahl so lange halbiert, bis 0 erreicht ist. Fügen Sie wiederum folgenden Code in main() ein:

```
int main (int argc, const char * argv[]) {
{
   @autoreleasepool {
      NSInteger exponent = 0;
      NSInteger counter = 7;
      while( counter > 0 ) {
         counter = counter / 2;
         exponent = exponent + 1;
         NSLog( @"cnt %ld, exp %ld", counter, exponent );
      }
   }
   return 0;
}
```

Sie erhalten als Ausgabe:

>... ObjectiveC[78234:813] cnt 3, exp 1
>... ObjectiveC[78234:813] cnt 1, exp 2
>... ObjectiveC[78234:813] cnt 0, exp 3

Am Anfang ist counter gleich 7 und die Bedingung erfüllt. Dann wird counter halbiert. Weil wir es hier mit Ganzzahlen zu tun haben, wird der Rest der Division »weggeworfen«, also stets abgerundet. Daher ist nach der Ausführung der Zeile in der Schleife counter gleich 3 (7 : 2 = 3 Rest 1). Außerdem wird exponent um 1 erhöht, ist jetzt also 1. Dies wird am Ende der Schleife ausgedruckt.

Jetzt wird wieder die Bedingung getestet und festgestellt, dass counter immer noch größer als 0 ist. Also wieder rein in die Schleife und dividieren. counter wird jetzt nach der Halbierung 1 (3 : 2 = 1 Rest 1), und exponent wird zu 2. Wieder die Bedingung abfragen. 1 ist immer noch größer als 0, weshalb die Schleife erneut ausgeführt wird. counter wird jetzt 0 (1 : 2 = 0 Rest 1), und exponent wird auf 3 erhöht. Da counter jetzt tatsächlich 0 ist, ist die Bedingung im Schleifenkopf jetzt nicht mehr erfüllt. Die Ausführung der Schleife wird abgebrochen, und das Programm fährt mit der nächsten Anweisung nach der Schleife fort.

Ich hatte Ihnen übrigens bei den mathematischen Funktionen erzählt, dass man die Grundrechenarten (und einiges mehr, was wir nicht benötigen) gleich auf der Variablen selbst anwenden kann. Hier bedeutet dies, dass man anstelle von

```
counter = counter / 2;
```

auch

```
counter /= 2;
```

schreiben könnte. Außerdem kann man statt der Addition von 1 auch den Inkrement-Operator verwenden. Dann sieht unsere Schleife so aus:

```
NSInteger exponent = 0;
NSInteger counter = 7;
while( counter > 0 ) {
    counter /= 2;
    exponent++;
    NSLog( @"cnt %ld, exp %ld", counter, exponent );
}
```

HILFE

Sie können das Projekt in diesem Zustand als ObjectiveC-03 von der Webseite herunterladen.

Löschen Sie nach dem Testen bitte wieder die neuen Zeilen:

```
int main (int argc, const char * argv[]) {
{
    @autoreleasepool {
    }
    return 0;
}
```

Man muss aufpassen, dass die Bedingung wirklich einmal nicht mehr vorliegt, weil sonst die Schleife bis in alle Ewigkeit wiederholt wird und das Programm daher für den Benutzer hängt.

```
NSUInteger counter = 3;
while( counter >= 0 ) {
    counter--;
}
```

Sehen Sie, warum die Schleife nie beendet wird? NSUInteger ist der Datentyp für eine Ganzzahl ohne Vorzeichen. Diese Variable kann also nie kleiner als 0 sein. Ist vielmehr 0 erreicht und wird dann erneut mittels des Dekrement-Operators 1 abgezogen, so nimmt counter den höchsten möglichen Wert an. Dieser ist aber ebenfalls größer null, so dass die Schleifenbedingung noch wahr ist. Das Ding hört nie auf.

Ebenso ist zu beachten, dass der Schleifenkörper auch gar nicht ausgeführt werden kann, wenn bei Eintritt in die Schleife bereits die Bedingung unwahr ist. Man nennt dies »abweisendes Verhalten«.

```
NSInteger exponent = 0;
NSInteger counter = -1;
while( counter > 0 ) {
   counter = counter / 2;
   exponent = exponent + 1;
}
```

do

Die Do-Schleife verhält sich ebenso, führt aber den Schleifenkörper mindestens ein Mal aus, weil erst am Ende der Schleife die Bedingung geprüft wird:

```
NSInteger exponent = 0;
NSInteger counter = -1;
do {
   counter = counter / 2;
   exponent = exponent + 1;
} while ( counter > 0 );
```

Man nennt dies »annehmendes Verhalten«, im Gegensatz zum vorhin erläuterten »abweisenden Verhalten«. In aller Regel ist dies nicht gewünscht. Zu beachten ist hier das gerne vergessene Semikolon nach der Bedingung in der Zeile mit dem while.

for

Die for-Schleife ist sehr flexibel und wird daher gerne missbraucht. Sie dient dazu, eine bestimmte Anzahl von Wiederholungen durchzuführen. Ihr genereller Aufbau ist bereits kompliziert.

```
for( Startanweisung; Bedingung; Inkrement )  {
   // Anweisungen
}
```

In aller Regel wird mit ihr ein Zähler durchgezählt:

```
NSInteger counter;
for( counter = 0; counter < 4; counter++ )  {
   // Anweisungen
}
```

Hier wird also die for-Schleife vier Mal durchlaufen, und zwar für counter = 0, counter = 1, counter = 2 und counter = 3. Da die Bedingung vor jedem Schleifendurchlauf geprüft wird (abweisendes Verhalten), erfolgt kein Durchlauf mit counter = 4. Der letzte Teil enthält die Anweisung zur Erhöhung des Zählers. Er wird am Ende der Schleife ausgeführt. Das obige Beispiel ist daher letztlich identisch mit:

```
NSInteger counter;
counter = 0; // Startanweisung
while( counter < 4 ) { // Bedingung
    // Anweisungen
    counter++; // Erhöhung
}
```

Nach diesem Muster kann man umgekehrt ziemlich wüst eine »normale« while-Schleife in eine for-Schleife umbauen, auch dann, wenn es gar nicht um abgezählte Durchläufe geht. Verständlicher wird Ihr Programm damit nicht …

Übrigens ist es in den Standardeinstellungen des clang/LLVM erlaubt, die Zählvariable im Schleifenkopf zu definieren:

```
for(NSInteger counter = 0; counter < 4; counter++ ) {
    // Anweisungen
    // Hier kann counter verwendet werden.
}
// hier nicht mehr
```

Diese ist dann aber nur im Schleifenkopf und im Schleifenrumpf mit den Anweisungen bekannt.

for in
Eine Schleife mit einer speziellen Funktion ist die For-In-Schleife, welche es aber nur in Objective-C 2 gibt. Hierauf gehe ich näher im Kapitel 4 über Collections ein.

break
Bei allen Schleifen ist es möglich, die Ausführung mit break vorzeitig abzubrechen. Stellen Sie sich vor, Sie möchten die Elemente einer Liste miteinander multiplizieren. Symbolisch:

```
produkt = 1;
while( nochWerteDa? ) {
    produkt = produkt * nächsterWertAusDerListe;
}
```

Es wäre jetzt überflüssig, weitere Multiplikationen vorzunehmen, wenn einmal das Produkt 0 wurde. Denn jede weitere Multiplikation, mit welchem Wert auch immer, führt wieder zu 0.

```
produkt = 1;
while( nochWerteDa? ) {
   produkt = produkt * naechsterWertAusDerListe…;
   if( produkt == 0 ) {
      break; // hat keinen Sinn mehr …
   }
}
```

Der Abbruch gilt unabhängig davon, an welcher Stelle das break im Schleifenkörper steht. Es wird unmittelbar die Schleife verlassen, auch dann, wenn im Schleifenkörper noch Anweisungen folgen. Man kann daher mit break Bedingungen »in der Mitte« des Schleifenkörpers prüfen und so annehmendes und abweisendes Verhalten einer Schleife kombinieren:

```
while( YES ) { // YES ist immer erfüllt
   // Annehmende Anweisungen
   if( Bedingung ) {
      break;
   }
   // Abweisende Anweisungen
}
```

continue

continue führt ebenfalls dazu, dass die im Schleifenkörper folgenden Anweisungen nicht ausgeführt werden, aber die Schleife weiter läuft. Die Erhöhung bei einer For-Schleife wird ebenfalls durchgeführt. Hiermit kann man bestimmte Schleifendurchläufe »auslassen«. Bleiben wir beim Beispiel mit dem Produkt: Wir können die Schleife so ändern, dass bei einer 0 einfach keine Multiplikation durchgeführt wird:

```
produkt = 1;
while( nochWerteDa? ) {
   NSInteger naechsterWert = naechsterWertAusDerListe…;
   if( naechsterWert == 0 ) {
      continue; // lass diesen Durchlauf aus.
   }
   produkt = produkt * naechsterWert;
}
```

Bedingungen

In allen Beispielen spielte irgendwie eine Bedingung eine Rolle, etwa ein Vergleich. Es gibt zahlreiche Möglichkeiten des Vergleiches:

- Gleichheit mit dem doppelten Gleichheitszeichen: = =

```
if( value == 0 ) {
   // Ausführung, wenn value gleich 0 ist
}
```

- Ungleichheit wird mit einem Ausrufezeichen und einem Gleichheitszeichen dargestellt: !=

```
if( value != 0 ) {
    // Ausführung, wenn value ungleich 0 ist
}
```

- Es gibt die Größer- und Kleiner-Vergleiche, ähnlich denen in der Mathematik mit < (ist kleiner), > (ist größer), <= (ist kleiner oder gleich), >= (ist größer oder gleich).

```
if(value >= 100 ) {
    // Ausführung, wenn value größer als 100 oder gleich 100
}
```

> **TIPP**
>
> Man sollte niemals reelle Zahlen (float, double) auf Gleichheit prüfen, da diese ungenau sind und Rundungsfehler aufweisen können. Wenn es auf Genauigkeit ankommt, sollte man Ganzzahlen verwenden (also bei Kontoständen etwa nicht Dezimalbrüche von Euro, sondern Ganzzahlen von Cents). Cocoa bietet auch eine spezielle Klasse, die wir im Kapitel 4 über Container besprechen werden.

Daneben können Bedingungen verknüpft werden.

- Mit einem doppelten senkrechten Strich | ([Wahltaste]+[7]) werden mehrere Bedingungen »Oder-Verknüpft«. Das heißt, dass die Bedingung insgesamt wahr ist, wenn mindestens eine der Teilbedingungen wahr ist:

```
if( (value > 100) || (value < -100) )
    // Ausführung, wenn value größer als 100 oder kleiner als -100
}
```

- Soll eine Anweisung ausgeführt werden, wenn genau eine von zwei Teilbedingungen wahr ist (»Entweder-Oder«), dann kann man dazu den Vergleich auf Ungleichheit verwenden. (Denken Sie mal in einer ruhigen Minute darüber nach, warum das funktioniert!) Man braucht das aber vergleichsweise selten, daher nur der Vollständigkeit halber:

```
if( (value1 > 100) != (value2 < -100) )
    // Ausführung, wenn entweder die eine Bedingung oder die
    // andere Bedingung erfüllt ist, aber nicht bei beiden!
}
```

Kapitel 3

- Wichtiger ist die Und-Verknüpfung, die insgesamt nur wahr ist, wenn alle Verknüpfungen wahr sind. Hierzu verwendet man doppelte kaufmännische Und-Zeichen: &&

```
if( (value1 > 100) && (value2 < -100) )
    Ausführung, wenn beide Bedingungen erfüllt sind
}
```

Die »Punkt-vor-Strich-Regeln« (Und-vor-oder-Regeln) von C sind dabei meist richtig. Man sollte aber zur Klarheit die Einzelbedingungen klammern, wie ich es getan habe.

Man kann übrigens derlei Bedingungen nicht nur in Kontrollstrukturen einsetzen, sondern auch in Variablen speichern. Dabei wird der Datentyp BOOL verwendet, der nur zwei Werte kennt: YES und NO.

```
NSInteger value = -3;
BOOL valueIsNegative = (value < 0);
// valueIsNegative hat jetzt den Wert YES
```

Es muss allerdings beachtet werden, dass C die Sache etwas anders als nur mit wahr oder falsch bzw. YES oder NO sieht: Für C ist alles wahr, was nicht 0 ist. Daher wird der folgende Code ausgeführt:

```
NSInteger value = 5;
if( value ) { // entspricht: value != 0
    // Wird ausgeführt, da value nicht 0
}
```

Das macht man sich an manchen Stellen zur kürzeren Formulierung zunutze. Ich werde darauf zurückkommen, wenn sich so eine Situation stellt.

Außerdem stellt es eine Besonderheit von C dar, dass auch eine Zuweisung einen Wert hat. Dies führt zu besonderen Ausdrücken:

```
if( value = 5 ) {
    // value wird 5 -> 5 ist ungleich 0: Ausführung!
}
```

In Wahrheit war hier vermutlich

```
if( value == 5 ) {
    // value wird mit 5 verglichen
}
```

gemeint. Es gab schon C-Programmierer, die über dem vergessenen zweiten Gleichheitszeichen verstorben sind. Ich hatte Ihnen ja im zweiten Kapitel empfohlen, die Option -Wall einzuschalten. Diese würde im ersten Fall eine Warnung auswerfen: »Hey, hey, willst du wirklich zuweisen und nicht vergleichen?« Weil man dies aber manchmal wirklich will, muss man dann die Zuweisung klammern:

```
if( (value = 5) ) {
    // Gewollt!
}
```

Im Kapitel über Container komme ich darauf zurück. Löschen Sie jetzt wieder die eingefügten Zeilen in `main()`.

3.1.5 Ausführungseinheiten

Man kann Anweisungen bündeln. Dadurch entsteht eine Ausführungseinheit. Eigentlich haben wir das auch schon gemacht, wenn wir etwa Schleifenkörper in geschweifte Klammern setzten. Das ist eigentlich gar nicht nötig. Unterlässt man es jedoch, so wird nur genau die nächste Anweisung wiederholt. Gleiches gilt für `if`.

Bevor wir uns mit weiteren Anweisungsbündeln beschäftigen, noch eine kleine Ergänzung:

Blöcke

Wir hatten also Anweisungen bei Schleifen oder Verzweigungen in geschweifte Klammern gestopft. Man nennt dies einen »Block«.

Wenn Sie einen Block haben und innerhalb des Blockes eine Variable definieren, gilt diese auch nur innerhalb des Blocks. Das hatten wir bereits bei unserer Methode -calculate: in Kapitel 2 gemacht. Das geht aber auch an jeder anderen Stelle in einem Programm:

```
NSInteger value = …
if( value > 5 ) {
    NSInteger variable;
    variable = value – 2;
} else {
    variable = 3; // Fehler!
}
```

Die Variable `variable` ist wirklich nur zwischen denjenigen geschweiften Klammern gültig, zwischen denen sie definiert wurde. Im Else-Zweig ist sie unbekannt, und daher führt ihre Verwendung zu einer Fehlermeldung.

Umgekehrt werden jedoch alle Variablen in einem äußeren Block in einen inneren Block übernommen. (Hat eine innere Variable denselben Namen wie eine äußere, stellt dies zwei Variablen dar, von denen die innere im inneren Block gilt.) Betrachtet man die Sammlung aller Variablen auf einer Ebene gemeinsam, so entsteht ein sogenannter Kontext.

Kapitel 3

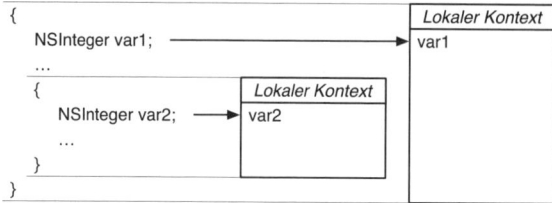

Ineinander verschachtelte Blöcke führen dazu, dass Kontexte von außen nach innen vererbt werden.

Übrigens ist ein Block ausschließlich durch geschweifte Klammern festgelegt, und zwar unabhängig davon, ob diese in der gleichen oder der nächsten Zeile stehen. Ebenfalls spielt die Einrückung keinerlei Rolle. Man kann sie bei vielen Konstrukten auch weglassen. Davon rate ich unbedingt ab!

Funktionen

Thematisch verwandt sind sogenannte Funktionen. Es handelt sich dabei auf den ersten Blick um etwas Ähnliches wie eine Methode. Allerdings ist eine Funktion nicht irgendwie an ein Objekt oder eine Klasse gebunden, sondern lässt sich unabhängig ausführen. Insbesondere muss man keine Nachrichten erzeugen, da es ja auch kein Empfängerobjekt gibt. Der Aufbau ist einfach:

```
Typ Funktion( Typ Parameter1, Typ Parameter2, … )
{
    Anweisungen
}
```

Machen wir das an einem Beispiel deutlich: Denken Sie an unsere If-Konstruktion, die immer den Betrag einer Ganzzahl ermittelte. Benötigen wir das häufiger in einem Programm, so kann man daraus eine Funktion machen. Fügen Sie Folgendes vor der Funktion main() ein:

```
NSInteger betrag( NSInteger signedValue )
{
   NSInteger value;
   if( signedValue < 0 ) {
      value = -signedValue;
   } else {
      value = signedValue;
   }
   return value;
}
```

Der erste Teil der Funktion ist der sogenannte Funktionskopf:

```
NSInteger betrag( NSInteger signedValue ) {
```

Diese Funktion bekommt einen sogenannten Parameter oder deutsch »Übergabewert«, den ich `signedValue` genannt habe. Diese Parameter stehen in den Klammern. Man kann mehrere Parameter übergeben, die man dann mit Kommata trennt. Es ist sogar möglich, durch Einfügung von drei Punkten »...« am Ende der Liste der Parameter zu sagen, dass eine beliebige Anzahl von Werten übergeben werden kann. Dies ist aber recht kompliziert in der Handhabung der Funktion, weshalb ich darauf nicht weiter eingehe. Es ist aber wichtig zu wissen, dass es solche Funktionen gibt. So hatten wir insbesondere die Funktion `NSLog()` bereits mit unterschiedlicher Anzahl von Parametern aufgerufen. Schauen Sie etwa mal in das Beispiel für Strukturen. Solche Funktionen bilden aber die Ausnahme.

Zudem sagt uns das `NSInteger` vor dem Namen der Funktion (`betrag`), dass diese Funktion ein Ergebnis als Rückgabewert liefert, nämlich eine Ganzzahl. Daher muss in der Funktion das Schlüsselwort `return` auftauchen, das diesen Wert zurückgibt. Soll eine Funktion nichts zurückgeben, so setzt man als Typ einfach `void`.

Den folgenden Block an Anweisungen – der Funktionskörper oder Funktionsrumpf – kann man dann mit einem Schlag ausführen lassen. Ändern Sie `main()`:

```
int main (int argc, const char * argv[]) {
   @autorelease {
      NSInteger value;
      value = betrag( -3 );
      NSLog( @"value ist %ld", value );

      value = betrag( 5 );
      NSLog( @"value ist %ld", value );

      NSInteger signedValue = -7;
      value = betrag( signedValue );
      NSLog( @"value ist %ld", value );
   }
   return 0;
}
```

Nach Klick auf *Run* bekommen Sie dieses Ergebnis in der Konsole:

```
>... value ist 3
>... value ist 5
>... value ist 7
```

HILFE

Sie können das Projekt in diesem Zustand als ObjectiveC-04 von der Webseite herunterladen.

Kapitel 3

Gehen wir das mal durch: Durch den Text betrag(-3) wird sozusagen in der Funktion betrag überall an der Stelle von signedValue dieser Wert eingesetzt. Virtuell sieht jetzt also unsere Funktion so aus:

```
NSInteger betrag( -3 )
{
   NSInteger value;
   if( -3 < 0 ) {
      value = --3;
   } else {
      value = -3;
   }
   return value;
}
```

Beim nächsten Aufruf wird 5 eingesetzt. Das dürfte klar sein. Im letzten Fall wird signedValue eingesetzt? Nein! Im letzten Fall wird der Wert von signedValue, also -7 eingesetzt! Das ist wichtig zu verstehen: Wenn wir in der Funktion den Wert des Parameters ändern, wird dadurch nicht der Wert der Variablen signedValue in unserem Hauptprogramm verändert. Ein Beispiel, um das zu überprüfen. Bitte ändern Sie die Funktion betrag() wie folgt:

```
NSInteger betrag( NSInteger signedValue )
{
   NSInteger value;
   if( signedValue < 0 ) {
      value = -signedValue;
   } else {
      value = signedValue;
   }
   signedValue = 0;
   NSLog( @"signed in betrag() ist %ld", signedValue );
   return value;
}
```

Und in main() fügen Sie am Ende eine Zeile ein:

```
NSInteger signedValue = -7;
value = betrag( signedValue );
NSLog( @"value ist %ld", value );
NSLog( @"signed in main() ist %ld", signedValue );
```

Wieder Run und wir bekommen ...

184

```
>… signed in betrag() ist 0
>… signed in main() ist -7
```

Also: Der Wert von `signedValue`, also die -7, wird an die Funktion übergeben. Damit hat `signedValue` in der Funktion `betrag()` den Wert -7. Dies ist aber nicht dasselbe `signedValue`, sondern ein neues. Wenn ich dieses in der Funktion ändere, dann ändert sich deshalb nicht das `signedValue` im Hauptprogramm!

> **GRUNDLAGEN**
>
> Man nennt dieses Verhalten »Call-by-Value«, was man am klarsten mit »Führe mit Wert aus« übersetzen kann. Das Gegenteil ist »Call-by-Reference«, was dann eben »Führe mit Verweis aus« bedeutet. In C wird das nicht explizit angegeben, sondern vielmehr einfach ein Zeiger auf den Parameter übergeben. Wir werden damit noch unsere liebe Not haben.

Da Sie vorhin schon etwas von Kontexten gelernt hatten, können wir das jetzt genauer erklären: Auch wenn die Funktion `betrag()` von der Funktion `main()` aufgerufen wird, erbt sie nicht den Kontext von `main()`. Das ist ganz einfach zu sehen: Der Block der Funktion `betrag()` steht nicht im Block der Funktion `main()`. Dies ist Absicht, da so die Funktion `betrag()` nicht Variablen im Kontext von `main()` beeinflussen kann und umgekehrt – außer durch die Parameterliste. Man sieht also sofort, welcher Kontext bei `betrag()` besteht, gleichgültig, von wo die Funktion aufgerufen wird. So behält man die Übersicht.

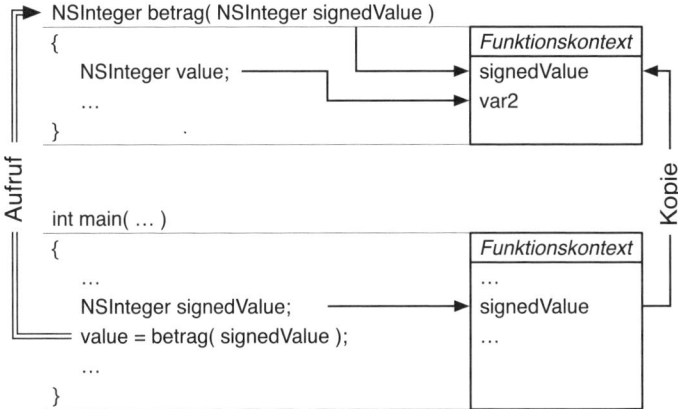

Auch wenn der Wert kopiert wird, sind signedValue und signedValue voneinander unabhängig.

Tipp: Das `return` in der Funktion beendet übrigens jede weitere Ausführung von Anweisungen in der Funktion. Daher können wir unseren obigen Sourcetext vereinfachen:

Kapitel 3

```
NSInteger betrag( NSInteger signed ) {
   if( signed < 0 ) {
      return -signedValue;
   } else {
      return signedValue;
   }
}
```

Es ist aber darauf zu achten, dass in jedem Fall ein Wert zurückgeliefert wird. Dies ist hier gewährleistet, da beide Zweige des If-Else-Konstruktes einen Wert zurückliefern. Der Compiler kontrolliert dies! Um das klarer zu machen, tendieren manche Programmierer auch zu einer anderen Schreibweise einer solchen Funktion:

```
NSInteger betrag( NSInteger signed )
{
   if( signed < 0 ) {
      return -signedValue;
   }
   return = signedValue;
}
```

Die Funktionen werden grundsätzlich in die Implementierungsdatei geschrieben. Man kann allerdings im Header ein Versprechen eingehen, eine Funktion zu programmieren (Funktionsdeklaration). Das hatten wir ja oben schon in der Implementierungsdatei gemacht.

Methoden

Wir werden im Laufe des Buches etliche Methoden programmieren. Daher soll hier nur eine kleine, abstrakte Einführung in den Aufbau erfolgen.

Wie Sie bereits gelernt hatten, sind Methoden ein kleines Stück Code, das ausgeführt wird, wenn ein Objekt eine Nachricht erhält. Sie erhalten Parameter und können einen Rückgabewert liefern. Insoweit gleichen sie Funktionen – und sind etwas ganz anderes.

Ihr genereller Aufbau ist wie folgt:

```
± (Typ)nameParameter:(Typ)parameter1 parameter:(Typ)parameter2
{
   …
}
```

Was den Methodenrumpf angeht, gibt es keinen wesentlichen Unterschied im Aufbau zu Funktionen. Zunächst der Methodenkopf. Dazu zwei einfache Beispiele:

```
+ (Instrument*)instrumentWithName:(NSString*)name
- (void)growOld
```

Klassenmethoden und Instanzmethoden
```
+ (Instrument*)instrumentWithName:(NSString*)name
- (void)growOld
```

Zunächst schauen wir uns das erste Zeichen an, welches einmal ein Pluszeichen und einmal ein Minuszeichen ist. Ich hatte Ihnen bereits erläutert, dass es Klassenobjekte und Instanzobjekte gibt. Ferner hatte ich ausgeführt, dass die Klassenobjekte Instanzobjekte erzeugen. Die erste Methode ist genau eine solche Erzeugermethode: Sie erstellt eine neue Instanz der Klasse `Instrument`. Deshalb handelt es sich um eine Klassenmethode. Um das zu kennzeichnen, beginnt die Methodendeklaration mit einem Pluszeichen.

Die zweite Methode ist eine Instanzmethode. Dies wird durch das Minuszeichen klargestellt.

Rückgabewert
```
+ (Instrument*)instrumentWithName:(NSString*)name
- (void)growOld
```

Hiernach folgt in Klammern der Rückgabewert der Methode. Es existiert hierbei kein Unterschied zwischen Funktionen und Methoden, auch was das `return` angeht. Lediglich verhält es sich so, dass bei Methoden der Typ des Rückgabewertes in runde Klammern gesetzt wird.

Name
```
+ (Instrument*)instrumentWithName:(NSString*)name
- (void)growOld
```

Als Nächstes folgt der Name der Methode. Hier schauen wir uns zunächst den unteren Fall an. Die Methode heißt also –growOld. Bei der ersten Methode ist es etwas komplizierter, weil sie einen Parameter enthält:

Parameter
```
+ (Instrument*)instrumentWithName:(NSString*)name
- (void)growOld
```

Die zweite Methode nimmt keinen Parameter. Wir brauchen sie daher nicht zu beachten. Der Methodenkopf ist bereits fertig.

Anders bei der ersten: Verbunden mit dem Namen wird die Bezeichnung eines Parameters geschrieben, es folgt ein Doppelpunkt, dann in runden Klammern der Typ des Parameters und schließlich der Name. Man kann das mit einem Leerzeichen und Doppelpunkt getrennt fortführen, etwa wenn man zwei Parameter übergeben möchte:

```
- (NSInteger)addX:(NSInteger)x toY:(NSInteger)y
```

Wichtig ist, dass der Parametername bei Methoden anders als bei Funktionen zum Namen der Methode gehört. Ebenso der Doppelpunkt. Daher hat die obige Methode den Namen -addX:toY:.

> **AUFGEPASST**
>
> Es ist nicht zwingend vorgeschrieben, dass jeder Parameter vor dem Doppelpunkt einen Namen bekommt. Es ist also auch möglich, eine Methode -(NSInteger)add:(NSInteger)x :(NSInteger)y zu definieren, die dann konsequenterweise den Namen -add:: hat. Tatsächlich gibt es wenige Methoden in Cocoa, die so bezeichnet sind. Machen Sie es nicht. Es gibt überhaupt keinen Grund dafür, eine Beschreibung des Parameters vorzuenthalten.

Objektkontext und self

Ebenso wie bei Funktionen kann man ein Semikolon anschließen, wenn man im Header lediglich sagen möchte, dass eine Methode später in der Implementierung programmiert wird. Und ebenso wie bei Funktionen kann man die Anweisungen einer Methode in geschweifte Klammern setzen. Das hatten wir ja schon gemacht und nannten es den »lokalen Kontext«.

Allerdings gibt es einen riesigen Unterschied zwischen Methoden und Funktionen: Methoden gehören immer zu einem Objekt. Und dies macht aus ihnen etwas ganz anderes:

Sie haben bereits gelernt, dass Instanzen Eigenschaften hatten. Dabei handelt es sich, auch wenn das noch gut versteckt ist (ich decke das sogleich auf) auch nur um Variablen, sogenannte »Instanzvariablen«. Der Witz einer Methode besteht jetzt darin, dass die Instanzvariablen, also die Eigenschaften, in der Methode bekannt sind. Und dabei haben alle Methoden, wenn sie auf derselben Instanz arbeiten, dieselben Instanzvariablen. Eine Methode kann also außerhalb von sich selbst Variablen beschreiben. Eine Angelegenheit, die für Funktionen undenkbar wäre. Methoden haben also einen zweiten Kontext, nämlich den Objektkontext.

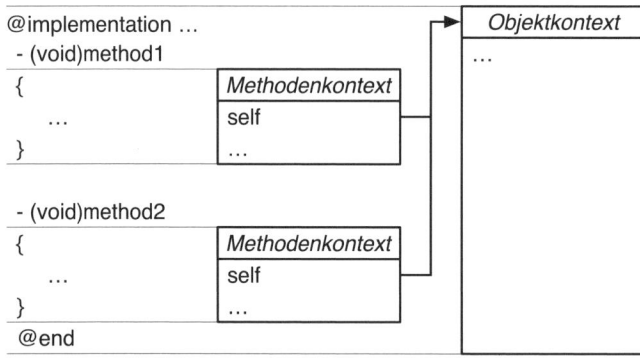

Eine Methode kennt immer ihr Objekt.

Beachten Sie aber bitte umgekehrt, dass wir die Methode ja zu einer Klasse programmieren. Von einer Klasse kann es prinzipiell beliebig viele Instanzobjekte geben. Dies bedeutet, dass die Methode bei jeder Ausführung in einem anderen Objektkontext laufen kann. Ein Beispiel:

```
Person *husband = …;
Person *wife = …;
[husband method1]; // Wird im Objektkontext von husband ausgeführt
[wife method1];    // Wird im Objektkontext von wife ausgeführt
```

Das ist der grundlegende Trick der objektorientierten Programmierung! Und deshalb funktionierte es auch in Kapitel 2, dass wir einem Textfeld die Nachricht stringValue geschickt haben und dessen Nutzereingabe bekamen. Dann schickten wir dieselbe Nachricht an das zweite Textfeld und bekamen dessen Nutzereingabe. Schauen Sie dazu noch einmal auf die Graphiken.

Es gibt eine Verbindung zwischen dem Methodenkontext und dem Objektkontext: self.

Dieses self bedeutet übersetzt etwa »ich selbst«. Man kann damit Nachrichten an das eigene Objekt schicken, wenn man self als Empfänger einer Nachricht einsetzt, was wir auch machen werden. In der vorstehenden Graphik etwa, würde

```
- (void)method2
{
…
}

- (void)method1
{
    [self method2];
}
```

bedeuten, dass die Methode 2 mit derselben Instanz ausgeführt wird, mit der die erste Methode ausgeführt wurde.

Das Ganze hat aber eine gedankliche Konsequenz: Eine Methode befindet sich immer in einem Objektkontext. Die Methode -spiele von Instrument ist etwa überhaupt nur sinnvoll, wenn es ein Instrument gibt, das gespielt werden kann. Die Methode -stringValue ist überhaupt nur dann sinnvoll, wenn sie sich auf ein bestimmtes Textfeld bezieht. Usw. usf. Das ist der wahre Unterschied: Methoden sind überhaupt erst sinnvoll im Kontext zum Objekt.

> **GRUNDLAGEN**
>
> Ferner befindet sich im Methodenkontext unsichtbar der Name der Nachricht in einer Variablen _cmd (Command, Befehl). In aller Regel benötigen wir ihn nicht, da wir ja in der Methode wissen, dass wir uns in der Methode befinden.

Closures (Objective-C-Blocks)

Mit Mac OS X 10.6 bzw. iOS 4 hat Apple den Sprachstandard um »Blocks« erweitert. Die Erweiterung ist auch beim C-Standardisierungsgremium vorgeschlagen worden. Dort fiel dann auf, dass die Bezeichnung Block deshalb schwierig ist, weil es ja bereits Blöcke in C gibt, siehe oben. Sie erfolgte aber nicht ohne Berechtigung, wie wir sehen werden.

Konzept

Hinter den Closures steckt ein sehr theoretisches, hochinteressantes, aber komplexes Konstrukt. Ich kann das hier nicht im Einzelnen ausführen. Die Stichwörter, nach denen Sie googlen können, lauten »funktionale Programmierung«, »Closure«, »Lambda-Kalkül«. Ich habe auf der Macoun 2010 dazu einen längeren Vortrag mit Bezug auf Objective-C-Blocks gehalten, dessen Aufzeichnung leider missraten ist. Derzeit wird allerdings versucht, sie zu restaurieren. Schauen Sie auf der Homepage einmal nach. Hier will ich mich auf die praktische Wirkung von solchen Closures konzentrieren.

Sie hatten bereits gelernt, dass es in C Blöcke gibt, in denen Sie Variablen definieren können. Innerhalb eines solchen Blockes ist dann diese Variable bekannt sowie auch alle äußeren. Deshalb konnten wir etwa in einem If-Block auf Variablen zugreifen, die im äußeren Block definiert waren. Ich hatte Ihnen aber bei den Funktionen auch gesagt, dass dies nur der Fall ist, wenn ein Block in einem anderen steht, nicht wenn er in einem anderen ausgeführt wird. Das war die Geschichte mit dem signedValue, der von einer Funktion zu einer anderen Funktion weitergereicht wurde. Schauen Sie noch einmal unter »Call-by-value« nach.

Wir gießen das dann mal in Code:

```
int main (int argc, const char * argv[])
{
    @autoreleasepool {
        // Außen
        NSInteger a = 5;

        // Block im Block
        {
            // Innen
            NSInteger b = 7;
            NSLog( @"%ld", a+b );
        }
    }
    return 0;
}
```

Es ist Ihnen vermutlich völlig klar, dass man im inneren Block auf a, also eine Variable aus dem äußeren, zugreifen kann und dass das Ganze 12 als Ausgabe ergibt.

> **AUFGEPASST**
>
> Der äußere Block wird hier von den geschweiften Klammern des @autorelease gebildet. Dies ist völlig gleichgültig. Jedes außen stehende Paar an geschweiften Klammern bildet einen solchen Block, gleichgültig, wozu es gehört.

Jetzt stellen Sie sich aber mal vor, Sie könnten den inneren Block zwischenspeichern. Er wird also nicht ausgeführt, sondern wie ein Wert, eine Ganzzahl, in einer Variablen gespeichert. Da es zunächst nur um das Konzept geht, entwerfe ich hier einen ganz einfachen Grundfall:

```
int main (int argc, const char * argv[])
{
    @autoreleasepool {
        // Außen
        NSInteger a = 5;

        // Block im Block
        void(^block)(void);
        block = ^{
            // Innen
            NSInteger b = 7;
            NSLog( @"%ld", a+b );
        };

        NSLog( @"Nach dem Block" );
        block();
    }
    return 0;
}
```

Jetzt läuft der innere Block nicht ab, sondern wird nur gespeichert. Die Variable `block`, eine sogenannte Blockreferenz, erkennen Sie. Ich weiß, dass die Schreibweise (Syntax) sehr ungewohnt ist. Sie akzeptieren hier, da es um das Konzept geht, bitte einfach, dass diese ID-Variable `block` Code aufnehmen kann.

Bemerken Sie aber bitte auch in der nächsten Zeile mit der Zuweisung das Caret ^, welches aus einem popeligen C-Block einen Objective-C-Block macht (Closure). Das bedeutet erst einmal nur, dass der entsprechende Code nicht ausgeführt, sondern in der Blockreferenz gespeichert wird. Man nennt dies ein Blockliteral.

Als Letztes führen wir mit `block()` den gespeicherten Block aus. Wenn Sie das Programm starten, sehen Sie als Ausgabe:

>... Nach dem Block
>... 12

Beachten Sie bitte: Es wird zuerst das `NSLog()` mit dem Text ausgegeben, dann wird der gespeicherte Block und das darin enthaltene `NSLog()` mit der Zahl ausgeführt.

Nun, ansonsten ist aber nicht viel passiert. Wir hätten dasselbe Ergebnis erzielt, wenn wir einfach unseren guten alten C-Block verwendet hätten und das `NSLog()` mit dem Text einfach davor geschrieben hätten.

Jetzt machen wir aber etwas Besonderes:

```
int main (int argc, const char * argv[])
{
   @autoreleasepool {
      // Außen
      NSInteger a = 5;

      // Block im Block
      void(^block)(void);
      block = ^{
         // Innen
         NSInteger b = 7;
         NSLog( @"%ld", a+b );
      };

      a = 1000;
      NSLog( @"Nach dem Block" )
      block();
   }
   return 0;
}
```

Starten und auf die Ausgabe schauen:

```
>… Nach dem Block
>… 12
```

Moment, wieso 12? Wenn wir den Block ausführen, ist a doch längst 1000, so dass 1007 als Ergebnis angezeigt werden müsste. Hier geschieht etwas Wichtiges: In der Blockreferenz wird nicht nur der Code gespeichert, sondern auch ein Schnappschuss aller von ihm verwendeten Variablen. Er speichert also den äußeren Kontext (Variable a) zum Zeitpunkt der Erzeugung mit. Genau das nennt man einen Closure, und genau das stellt das grundlegende Konzept dar.

Objective-C

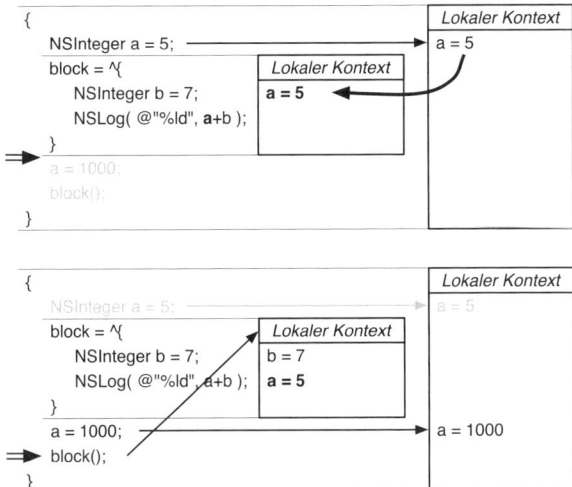

Der Wert des äußeren Kontextes (a) wird zum Zeitpunkt der Blockerzeugung im Closure gefangen (Capture).

Dieses Verhalten können Sie übrigens für einzelne Variablen des äußeren Kontextes abschalten. Dazu dient das Schlüsselwort __block. Probieren Sie es einmal:

```
__block NSInteger a = 5;
```

Jetzt wird die Änderung von a auf den Wert 1000 mitgenommen. Eine solche Variable, die in einem Block benutzt wird, dessen Wert aber nicht nachgehalten wird, nennt man »Blockvariable«. Das ist aber gerade nicht das Konzept eines Closures! Entfernen Sie daher wieder das __block.

Aber nur zum Merken für später einen Hinweis: Wenn die Variable, die im Closure landet, eine ID-Variable ist, also auf ein Objekt zeigt, dann wird auch nur der Wert der Objektvariablen kopiert, nicht das gesamte Objekt! Ändern wir also die ID-Variable, so hat das keinen Einfluss auf den Block. Ändern wir das Objekt hinter der ID-Variablen, so wird das im Block bemerkt.

Die Mitnahme einer äußeren Variable gilt sogar dann, wenn diese gar nicht mehr existiert:

```
int main (int argc, const char * argv[])
{
    @autoreleasepool {
        void(^block)(void);
        {
            // Außen
            NSInteger a = 5;
```

Kapitel 3

```
        // Block im Block
        void(^block)(void);
        block = ^{
            // Innen
            NSInteger b = 7;
            NSLog( @"%ld", a+b );
        };

        a = 1000;
    } // a existiert nicht mehr!

    NSLog( @"Nach dem Block" );
    block(); // Der Block verwendet a!
    }
    return 0;
}
```

Das Ganze funktioniert noch einwandfrei! Der Wert von a wird noch gemerkt und ist bei der Ausführung des Blockes vorhanden, obwohl a längst gelöscht ist!

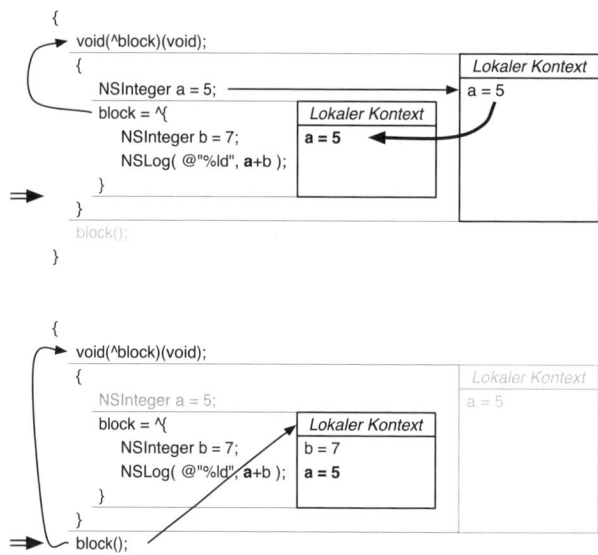

Die Kopie von a lebt im Closure länger als a.

Es ist sogar möglich, den Block in einer Methode oder Funktion zurückzugeben. Und alle in ihm benutzten Variablen werden automatisch gemerkt. Das ist das besondere an Blocks. Nicht die Möglichkeit, Code an eine Blockreferenz zuzuweisen. So etwas ließe sich nämlich auch in C programmieren. (Was ich mir hier spare, weil es eben nur der halbe Weg einer überkommenen Technologie ist. Sie können nach Funktionszeiger googeln.)

> **GRUNDLAGEN**
>
> Verwendet man als Speicherverwaltungssystem das ältere manuelle Reference-Counting, so ist es bei der Rückgabe eines Blockes erforderlich, von Hand eine Kopie zu erzeugen. Dies geht wie bei Objekten, da es sich auch bei Blocks um Objekte handelt.

Syntax im Einzelnen

Im Code zur Verdeutlichung des Konzeptes wurden verschiedene Ingredienzien verwendet, um die Technologie umzusetzen.

- Zunächst hatten wir ein Stück Code, das wie ein Wert gespeichert werden konnte. Das ist das Blockliteral.
- Dann hatten wir eine Variable, die diesen Codewert aufnehmen konnte. Das ist die Blockreferenz.
- Schließlich haben wir den Code in der Blockreferenz ausgeführt. Das ist die Blockausführung.

Gehen wir das einmal syntaktisch exakt durch:

Blockliteral

So wie 5 der ausdrücklich geschriebene Wert einer Ganzzahl ist, so wie 4.3 der ausgeschriebene Wert einer reellen Zahl ist, so ist das Blockliteral der ausgeschriebene Wert eines Blocks. Man bezeichnet nämlich ausgeschriebene Werte als Literale. Schauen wir uns das noch einmal im obigen Code an:

```
… = ^{
    // Innen
    NSInteger b = 7;
    NSLog( @"%ld", a+b );
};
```

Nimmt man das als allgemeine Form, so ergibt sich:

```
^{
   // Anweisungen im Block
};
```

Allerdings ist es erlaubt, einem Block wie einer Funktion Parameter zu übergeben. Daraus ergibt sich eine allgemeinere Form:

```
^( Typ Parameter1, Typ Parameter2, … ) {
    …
}
```

Das sieht wie die Parameterliste einer Funktion aus, wobei die Parameter zwischen Caret und der öffnenden geschweiften Klammer anstelle eines Funktionsnamens erscheinen. Als Beispiel können Sie unseren Code in `main()` erweitern:

```
block = ^(NSInteger c){
        // Innen
        NSInteger b = 7;
        NSLog( @"%ld", a+b+c );
    };
```

Stören Sie sich nicht an der erscheinenden Fehlermeldung bei der Zuweisung des Blockliterals an die Blockreferenz. Das liegt daran, dass die Parameterliste der Blockreferenz noch an das neue Blockliteral angepasst werden muss. Machen wir ja gleich.

Ein Typ des Rückgabewertes muss übrigens bei einem Blockliteral nicht angegeben werden. Er wird vom Compiler selbst ermittelt. In unserem Falle bemerkt er, dass mit `return` nicht ein Wert zurückgegeben wird. Also setzt er den Rückgabetyp automatisch auf `void`.

Blockreferenz

Wenn dies oben ein Blockliteral war, wie 5 ein Literal ist, so muss es auch Variablen geben, die Blocks speichern, so wie `NSInteger` 5 speichert. Man nennt sie »Blockreferenz«, wobei es sich um einen Objektzeiger handelt, da es sich bei Blockliteralen um Objekte handelt, deren IDs gespeichert werden. Auch das hatten wir schon:

```
void(^block)(void);
block = …
```

Oder wieder in allgemeiner Form:

blockReturnTyp (^*blockVariablenName*) (*blockParameterTyp*, …);

Zunächst fällt auf, dass bei einer Blockreferenz der Returntyp angegeben werden muss. Der Compiler vergleicht dann bei einer Zuweisung, ob Blockliteral und Blockreferenz den richtigen Typen für den Rückgabewert aufweisen.

Die Parameterliste kann übrigens auch leer bleiben. Das gilt dann wie void – kein Parameter. Nicht möglich ist es jedoch, wie bei einem Blockliteral ganz die Parameterliste samt Klammern wegzulassen.

Wir haben aber gerade unserem Blockliteral einen Parameter verpasst. Das führte zu einem Fehler, den es jetzt auszumerzen gilt. Geben Sie auch der Blockreferenz einen entsprechenden Parameter:

```
void(^block)(NSInteger);
```

Objective-C

Jetzt sollte ein Fehler bei der Blockausführung angezeigt werden:

Blockausführung:
Zuletzt hatten wir den Block ausgeführt. Dies geschieht wie bei Funktionen mittels Aufruf mit runden Klammern. Da wir mittlerweile dem Block einen Parameter gegeben hatten, müssen wir das auch bei der Ausführung machen:

```
block(9);
```

Insgesamt solle main jetzt also so aussehen, wobei ich die Änderungen noch einmal hervorgehoben habe:

```
int main (int argc, const char * argv[])
{
   @autoreleasepool {
      void(^block)(NSInteger);
      {
         // Außen
         NSInteger a = 5;

         // Block im Block
         block = ^(NSInteger c){
            // Innen
            NSInteger b = 7;
            NSLog( @"%ld", a+b+c );
         };
         a = 1000;
      } // a existiert nicht mehr!

      NSLog( @"Nach dem Block" );
      block(9);
   }
   return 0;
}
```

Führen Sie den Code aus. Es müsste 21 ausgegeben werden: a=5, b=7, c=9.

Blocktyp
Da die Schreibweise doch etwas kompliziert ist, kann man sich einen Typen für die Blockvariable definieren. Dies funktioniert wie die Definition einer Blockvariablen, aber mit dem Unterschied, dass ein typedef vorangestellt wird. Die Syntax entspricht also der einer Blockvariablen, so dass ich nur ein Beispiel liefere:

```
typedef void(^BlockType)(NSInteger);
BlockType block;
```

Gerade am Anfang, wenn man die Syntax noch nicht verinnerlicht hat, kann dies eine Hilfe darstellen. Üblicherweise werden derlei Typen allerdings nach den Importen und außerhalb einer Funktion festgelegt. Sie können das in dem Beispielprojekt mal anschauen.

> **HILFE**
>
> Sie können das Projekt in diesem Zustand als ObjectiveC-05 von der Webseite herunterladen.

Praktische Anwendung in Cocoa

In Cocoa spielt vor allem die Eigenschaft von Closures eine Rolle, sich die Werte eines äußeren Kontextes merken zu können. Wir werden etwa bei den Collections einen Fall haben, in dem das von Bedeutung ist. Aber ganz allgemein geschrieben: Immer dann, wenn wir eine Methode in Cocoa verwenden, die ihrerseits wieder Code von uns ausführen soll, werden Blocks verwendet. Auch will ich Ihnen ein Beispiel geben für die eigene Verwendung: Stellen Sie sich vor, dass bei einer Methode –execute einer Klasse ein bestimmtes Stück Code ausgeführt werden soll. Ein Nutzer der Klasse kann jetzt einen Block an eine Eigenschaft zuweisen und die Methode –execute führt dann diesen Code aus.

Sie müssen sich also auch hier nicht grämen, wenn Sie das nicht bis ins Detail verstanden haben. Wir erstellen Beispiele, an denen Sie erkennen können, wie praktisch das ist. Dann lesen Sie vielleicht hier einfach noch einmal nach.

Löschen Sie jetzt wieder den Typedef und die Anweisungen zwischen den Klammern des @autorelease.

3.2 Klasse

Wir schauen uns mal den Aufbau einer Klasse genauer an. Immerhin ist das mal wieder tägliche Arbeit.

Erzeugen Sie, wie in Kapitel 2 beschrieben, mit *File | New | File...* eine neue Klasse Instrument, wobei Sie als Basisklasse NSObject wählen. Wenn Sie das noch nicht verinnerlicht haben, schauen Sie noch einmal in Kapitel 2 nach oder auf den How-Tos auf der Webseite zum Buch.

In der Projektleiste sehen Sie jetzt in der Gruppe *Source* zwei Dateien: Instrument.h und Instrument.m, also Header als Inhaltsverzeichnis und Implementierung als Text. Dies wollen wir jetzt genauer erkunden. Vorab, gewissermaßen als Orientierungskarte, zeige ich Ihnen aber schon den Grobaufbau, den wir in den folgenden Abschnitten nach und nach durchgehen werden:

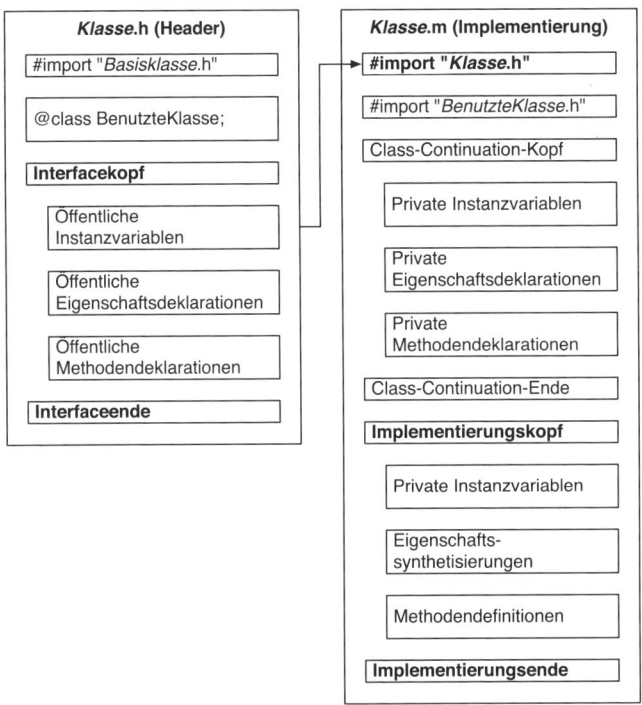

Die wichtigsten Elemente einer Klasse

> **GRUNDLAGEN**
>
> Vielleicht wundert es Sie, dass ich zuweilen von »Modul« (Kapitel 1) und »Klasse« spreche. Ein Modul sollte in aller Regel genau eine Klasse definieren, so dass der Unterschied keine praktische Auswirkung hat. Theoretisch kann man das aber auch anders handhaben und mehrere Klassen pro Header-Implementierungpaar anlegen.

3.2.1 Interface (Beschreibung)

Nach dem Erzeugen einer neuen Klasse wird zunächst die Implementierungsdatei, bei uns also Instrument.m, angezeigt. Öffnen Sie daher die Datei Instrument.h durch Anwahl in Project-Navigator. Sie sehen eine leere Klassenbeschreibung, die jetzt Schritt für Schritt durch uns aufgefüllt werden wird:

```
// ...
#import <Foundation/Foundation.h>
@interface Instrument : NSObject
@end
```

Zunächst kommen wieder die für die Ausführung des Programms unerheblichen Kommentare (wie angekündigt, nicht mehr abgedruckt).

Das Schlüsselwort `import` bedeutet, dass die Datei Foundation.h benutzt werden soll. Foundation ist derjenige Teil von Cocoa, der die Basisfunktionalität enthält. Es fehlen die Klassen für Core Data und für ein graphisches User-Interface. Aber das brauchen wir ja auch nicht, weil wir ein Kommandozeilenprogramm als Projekt haben. Generell importiert die Vorlage aber nur Foundation, wenn die angegebene Basisklasse `NSObject` ist. Mit dieser einen Zeile kann daher die eingebaute Funktionalität von Foundation von uns benutzt werden. Es handelt sich eben um den Import, wie er in Kapitel 1 bereits skizziert wurde.

Sie können auch selbst erstellte Klassen an dieser Stelle importieren, wie Sie aus der Übersicht entnehmen können. Hiervon machen wir Gebrauch, wenn wir gleich eine Subklasse programmieren. Auch das in der Übersicht genannte `@class` interessiert uns hier noch nicht. Konzentrieren wir uns auf die Klasse selbst.

Die Klasse und ihre Basisklasse
Die nächste Zeile …

`@interface Instrument : NSObject`

… lässt sich in etwa wie folgt lesen: »Wir haben eine neue Klasse `Instrument` und diese erbt von der Klasse `NSObject`.« Oder anders: »`Instrument` ist eine Untergattung der Gattung `NSObject`.« Die allgemeine Form lautet:

`@interface` *Klassenname* `:` *Basisklassenname*

Fangen wir vorne an. `@interface` sagt, dass wir eine Klasse deklarieren, also sozusagen den Lieferschein für die Klasse erstellen. Das ist ja auch die Aufgabe des Headers.

> **AUFGEPASST**
>
> Es ist nicht zwingend, dass ein Interface in einem Header steht. Der Compiler bekommt den Code ja ohnehin in einem Stück aus Implementierung und allen Importen (Kapitel 1). Wenn Sie ein Interface in einer Implementierung legen, kann allerdings nur diese Implementierung die Klasse nutzen. Denn da die Implementierung nicht in andere Module importiert wird, kennt sie niemand anderes. Genau das ist dann auch zuweilen der Grund, so etwas zu tun.

Auf das `@interface` folgt, durch ein Leerzeichen getrennt, der Name der Klasse, hier also `Instrument`. Klassennamen werden grundsätzlich mit einem Großbuchstaben begonnen und dann klein weiter geschrieben – bis man an ein neues Wort kommt, welches man ohne Leerzeichen anfügt und zur Kennzeichnung wieder mit einem Großbuchstaben beginnt. Eine elektrische Gitarre hätte daher als Klasse etwa den Namen `ElectricGuitar`.

> **GRUNDLAGEN**
>
> Es handelt sich um einen sogenannten Bezeichner. Dieser darf auch einen Unterzug _ enthalten, auch an erster Stelle, und Ziffern, jedoch nicht an erster Stelle. Zulässig wäre also etwa auch _Electric3Guitar2. Derlei Komponenten benötigt man allerdings bei Klassen eher nicht. Lediglich der Unterzug am Anfang wird zuweilen dazu verwendet, eine Klasse als privat zu kennzeichnen. Dies hat Bedeutung, wenn Sie ein eigenes Framework schreiben, was wir erst im Band 2 erledigen. Für Sie hier schon wichtig: Wenn Sie selbst eine fremde Klasse mit Unterzug am Anfang benutzen, sollten Sie es bleiben lassen.

Bei Klassen, die zu einer Klassensammlung (Framework) gehören, ist es zudem noch üblich, ein Präfix voranzustellen, um die Zugehörigkeit zur Sammlung zu kennzeichnen. Das Präfix für Cocoa ist etwa NS – jetzt wissen Sie auch, woher das kommt. In Klassen, die unmittelbar zum Programm gehören, verzichte ich jedoch darauf. Andere machen es. Das ist ein wenig Geschmacksfrage.

> **AUFGEPASST**
>
> Damit kann ich auch gleich ein häufiges Missverständnis ausräumen: Das NS am Anfang eines Bezeichners sagt nur und einzig und allein, dass der Bezeichner aus Cocoa stammt. Es behauptet nicht, dass es sich um eine Klasse handelt. Wir hatten dafür auch schon ein Beispiel: NSInteger heißt so, weil es Bestandteil von Cocoa ist. Es handelt sich aber nicht um eine Klasse, sondern als Ganzzahl um einen skalaren Typen.

Durch einen Doppelpunkt getrennt folgt dann der Name der Basisklasse. Sie erinnern sich noch an diese Vererbungsgeschichte aus dem ersten Kapitel? Mit dieser Zeile wird also inhaltlich gesagt, dass Instanzen der Klasse Instrument alle Eigenschaften haben, die bereits Instanzen der Klasse NSObject haben (für uns sind dies keine), und außerdem alle Methoden ausführen können, die auch NSObject ausführen kann. Zweites ist wichtig und wird uns hier noch beschäftigen.

NSObject ist die sogenannte Wurzelklasse von Cocoa, und (fast) alle Klassen, die sich bereits in Cocoa befinden oder die wir jemals programmieren werden, sind von NSObject abgeleitet oder von einer Klasse, die von NSObject abgeleitet ist oder von einer Klasse, die von einer Klasse abgeleitet ist, die von NSObject abgeleitet ist ... Also kurz gesagt: (Fast) jede Klasse hat NSObject unmittelbar oder mittelbar als Vorfahr. Es handelt sich sozusagen um den Urvater Adam. (Ich meine den Adam mit der Eva.)

Übrigens: Das @end ganz am Ende schließt das Interface ab.

Instanzvariablen

Es ist möglich, dahinter eine Liste von Instanzvariablen anzugeben. Aufgrund der aktuellen Entwicklung von Objective-C ist das jedoch untunlich geworden. Worum es sich dabei handelt und wie diese angelegt werden, bespreche ich daher nicht mehr hier, sondern zu einem späteren Zeitpunkt gesondert. Dort wird dann auch darauf eingegangen, wann die Angabe einer Instanzvariable im Header erforderlich ist.

Eigenschaften (Declared-Propertys)

Sie haben ja bereits eine Vorstellung davon, was Eigenschaften sind. Wir hatten diese ja auch im zweiten Kapitel schon benutzt. Genau genommen haben wir es hier aber mit einem Unterfall zu tun, nämlich den sogenannten Declared-Propertys (bekanntgegebene Eigenschaften). Und jetzt kommt etwas Wichtiges: Bei diesen Declared-Propertys handelt es sich nicht um Variablen, die etwas speichern. Sie haben mit Variablen genau genommen rein gar nichts zu tun.

Geben Sie folgenden Code ein:

```
@interface Instrument : NSObject
@property (copy)     NSString *name;
@property (readonly) NSInteger age;
@property            NSInteger price;
@end
```

Die allgemeine Form lautet:

```
@property (Optionsliste) Typ Eigenschaftsname;
```

Funktion

Vielmehr wird auf die Eigenschaften einer Instanz mittels spezieller Methoden zugegriffen, die man »Accessoren« (Zugreifer) nennt. Der Witz bei Objective-C 2 ist, dass man diese Methoden nicht selbst programmieren muss. Vielmehr kann man sie sich automatisch im Header eben mit Declared-Propertys bekanntgeben und dann in der Implementierung erzeugen lassen. Für die Bekanntgabe im Header dient das Schlüsselwort `@property`.

Nehmen wir die erste Zeile. Dort wird – auch ohne dass wir uns das schon genauer angeschaut haben – offensichtlich eine Eigenschaft name mit dem Typen `NSString*` deklariert. Dies bedeutet nichts anderes, als dass es zwei Methoden gibt, die wie folgt heißen:

```
- (NSString*)name;              // Sog. Getter
- (void)setName:(NSString*)name; // Sog. Setter
```

Es werden also mit `@property` Methoden bekanntgegeben, nicht Variablen!

Name
Der Name ist wiederum ein Bezeichner, wird jedoch mit einem Kleinbuchstaben begonnen. Ansonsten gilt dasselbe wie bei Klassennamen. Damit ist schon einmal klar, dass die drei Eigenschaften name, age und price heißen.

Typ
Vor dem Namen steht der Typ. Das wären also in unserem Falle NSString* (name) und NSInteger (age und price). Denken Sie daran, dass bei Objekten immer nur ein Verweis gespeichert wird, weshalb wir wieder das * für ID (oder Zeiger) bei der Eigenschaft name benötigen. Daraus ergeben sich auch noch Konsequenzen, die wir später besprechen.

Optionsliste
Bleiben diese Optionen. Sie können mehrere Optionen angeben, die durch Kommata getrennt werden. Es existieren vier Gruppen von Optionen:

- Accessorennamen
- Beschreibbarkeit
- Verweisart
- Unterbrechbarkeit

Im Einzelnem:

Accessorennamen
Ich hatte ja gerade gesagt, dass eine solche Declared-Property nichts anderes ist als die Angabe von Methoden. Sie können zwischen den Klammern mittels

getter=Gettermethodenname

und

setter=Settermethodenname

dafür sorgen, dass die deklarierten Methoden andere Namen als die oben angegebenen Standardnamen erhalten. Dafür gibt es bei neuer Programmierung eigentlich nur einen Grund, nämlich bei Eigenschaften, die einen boolschen Wert speichern. Bools waren diese Wahrheitswerte, die nur YES oder NO werden konnten. Sie können das oben im Abschnitt über Typen noch einmal nachlesen. Jedenfalls ist es einigermaßen üblich, den Getter, also die Lesemethode, in einem solchen Fall mit is zu beginnen. Daher sähe eine entsprechende Definition einer Eigenschaft so aus:

@property (getter=isKeyboardInstrument) BOOL keyboardInstrument;

Beschreibbarkeit
Die zweite Gruppe hängt ebenfalls damit zusammen. Es gibt Eigenschaften, die nur gelesen werden können. Dafür gibt es ganz unterschiedliche Gründe:

- Die Eigenschaft soll während der Existenz einer Instanz nicht frei verändert werden können. Diesen Fall haben wir bei unserer Eigenschaft age. Zwar werden wir eine Methode einbauen, die das Instrument altern lässt. Aber es soll nicht möglich sein, dass jemand das Alter des Instrumentes setzt. Der könnte ja die Jahre einfach zurückdrehen – vielleicht wünscht man sich das als Mensch, aber die Genetik ist noch nicht so weit. Deshalb sagen wir bei dieser Eigenschaft: Du kannst sie zwar als age lesen, jedoch nicht beschreiben.

- Es handelt sich um eine sogenannte berechnete Eigenschaft (Computed-Property). Denken Sie sich etwa, dass wir eine Eigenschaft haben, die das Herstellungsdatum des Instrumentes angibt. Wir sind hier sogar so großzügig, dies nachträglich verändern zu lassen. Weil wir aber höfliche Menschen sind, erlauben wir über eine Property age die verstrichenen Jahre zu ermitteln, indem man das Datum der Herstellung vom heutigen Datum abzieht. Die Eigenschaft age wird also berechnet, und zwar aus anderen Eigenschaften. Man kann sie jetzt nicht setzen. Man kann nur das Herstellungsdatum neu setzen, was natürlich dazu führt, dass sich das Alter verändert. Ich bezeichne daher diese Eigenschaften lieber als abhängige Eigenschaften. (Weil das Alter vom Herstellungsdatum abhängt.)

Wie dem auch sei: Es gibt die Möglichkeit zu sagen, dass diese Eigenschaft nur lesbar ist. Hierzu wird readonly angegeben, wie Sie es ja auch oben sehen. Dann wird nur eine Gettermethode deklariert, nicht aber eine Settermethode. Daher lässt sich diese Eigenschaft nicht mehr setzen.

Das Gegenstück lautet readwrite und wird immer dann angenommen, wenn weder das eine noch das andere als Option gesetzt wird (Default). Aus diesem Grunde muss man es nicht bei der Property angeben, wie auch ich es bei den anderen weggelassen habe. Nur wenn nachträglich die Art der Eigenschaft von readonly auf readwrite verändert werden soll, zum Beispiel in einer Subklasse, muss readwrite explizit hingeschrieben werden. (Dies ist übrigens die einzige Möglichkeit, in einer Subklasse eine Property zu verändern.) Ich empfehle daher, es auch nur in dieser Situation zu verwenden. Normalerweise lassen Sie es also einfach weg.

Verweisart

Zur nächsten Gruppe gehört etwa das copy bei der ersten Eigenschaft name. Hier wird besprochen, wie ein angegebener Wert als Eigenschaft gespeichert werden soll. Es gibt vier Möglichkeiten: assign, weak, strong, copy. Um das zu verstehen, muss man zunächst eine Fallunterscheidung treffen:

Handelt es sich bei dem Typen der Eigenschaft um einen Typen der Sprache C (Skalar wie Ganzzahl oder reelle Zahl, Strukturen usw.), so ist die Verweisart stets assign. Der Grund dafür ist, dass in diesem Falle der übergebene Wert immer als Kopie gespeichert wird, als ob er mittels Gleichheitszeichen zugewiesen wurde (By_Value). Zuweisung heißt auf Englisch assignment. Daher ist als Verweisart stets assign zu wählen. Da jedoch dies der Default ist, muss es bei Skalaren nicht angegeben werden. Ich lasse es daher in diesem Falle immer weg. So sieht man gleich, dass es sich um ein C-Typen und nicht um ein Objekt handelt.

Bei Objekten ist das schon schwieriger. Zuerst einmal bedenken wir wieder, dass Objekte ja niemals irgendwo gespeichert werden, sondern immer nur IDs auf sie. Das bedeutet auch bei Eigenschaften: Nichts das Objekt wird gespeichert, sondern seine ID. Deshalb hatte die Eigenschaft name ja auch ein Sternchen * hinter der Klasse NSString.

Das führt zu einigen Effekten, die es zu bedenken gilt. Zur rudimentären Erläuterung verweise ich wieder auf mein Beispiel mit der Klasse Person, die ein Attribut name hatte und einen Verweis auf den Lebenspartner. Ich hatte das bisher ein wenig verkürzt dargestellt. Denn dies bedeutet ja, dass auch das Attribut name auf ein Objekt verweist. Machen wir das mal genauer:

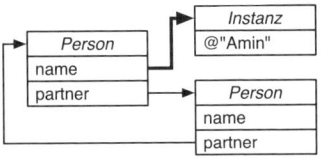

Genau genommen werden auch Objektattribute nicht gespeichert, sondern verwiesen.

Dennoch hatte ich es mir bisher einfach gemacht und den Namen einer Person gleich in die Person geschrieben. Ich hatte vor gar nicht allzu langer Zeit erläutert, dass Attribute eine Entität beschreiben. Sie sagen also, was die Entität ist. So auch hier der Name einer Person. Der Name gehört wirklich zu der Entität, ist ein Bestandteil. Deshalb schreibe ich ihn auch in die Graphik hinein. Man nennt diese Beziehung zwischen den Objekten »Komposition«.

Bei Attributen wie Namen verwendet man copy. Dies bedeutet, dass, wenn ein Objekt in der Eigenschaft gespeichert wird, nicht ein Verweis auf dieses Objekt angelegt wird, sondern von dem Objekt zunächst eine eigene Kopie (daher copy) extra für die Entität erstellt und diese Kopie dann verwiesen wird. Weil die aber ganz privat hergestellt wurde und niemand anderes sie kennt, wird diese Kopie sozusagen von der Entität verschluckt.

Beziehungen indessen lassen verschiedene Entitäten, etwa Personen oder Instrumente und Musikanten, in Beziehung treten. Beziehungen verweisen also auf etwas anderes, Entferntes, Äußeres. Der Name einer Person hat keinen Sinn mehr, wenn die Person gelöscht wird. Die Gruppe einer Person besteht aber weiter, wenn die Person gelöscht wird. Das nennt man »Aggregation«. Sie können sich ja noch einmal den Abschnitt über Attribute und Beziehungstypen durchlesen. Bei Beziehungen wird daher keine Kopie erzeugt, sondern die Beziehung aufrechterhalten. Daher verwenden wir hier strong oder seltener weak, was bedeutet, dass eine Beziehung hergestellt werden soll. Die Unterschiede zwischen den beiden sind ein reines Problem der Speicherverwaltung und werden dort besprochen. Ein solches Master-Detail (oder To-One-)Beziehung sieht daher wie folgt aus:

```
@property (strong) Person *partner;
```

Um das Thema abzurunden, will ich jedoch noch zuletzt die To-many-Beziehungen ansprechen, bei denen entgegen dem letzten Absatz nämlich doch wieder copy verwendet werden kann – oder gar keine Declared-Property, jedenfalls nicht strong oder weak. Das klingt nach alledem, was ich soeben gesagt habe, seltsam. Es hat aber wieder seinen Grund darin, dass meine Zeichnungen bisher (und später dann wieder auch) abgekürzt sind. Sie ahnten vielleicht schon, dass etwas nicht stimmen kann: Eine ID-Variable, also ein Zeiger auf ein Objekt, kann ja immer nur auf ein Objekt zeigen. Wie soll dass dann aber mit den Beziehungen in der Vielehe funktionieren? Habe ich eine Eigenschaft partners, so ist das ja eine ID-Variable.

Der Trick besteht darin, dass man ein zweites Objekt dazwischenschaltet, eine sogenannte Collection. Wie ich bereits erwähnte, sind dies Objekte, die auf eine beliebige Anzahl von Objekten verweisen können. Die Eigenschaft selbst verweist auf diese Collection, und die Collection verweist dann auf die Partner:

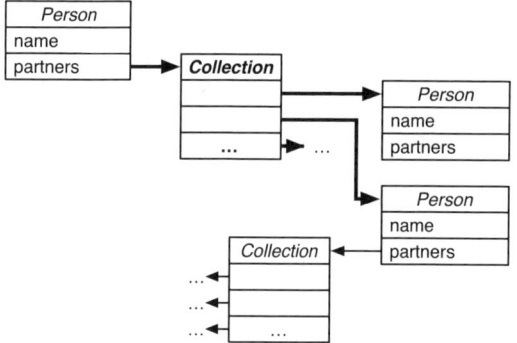

Eine To-many-Relationship ist ein Verweis auf eine Collection, die auf Entitäten verweist.

Daher erhalten To-many-Beziehungen als Typ nicht etwa die Klasse des bezogenen Objektes, also oben etwa Person, sondern eine Collectionklasse. Ein Beispiel wäre etwa:

@property (copy) NSSet *partners;

Hierbei ist NSSet eine Collection, die dazwischengeschaltet wird.

Solche To-many-Relationships werden nur selten durch Declared-Propertys gebildet. Man verwendet viel mehr eigene Methoden. Wenn man allerdings Declared-Propertys verwendet, dann muss da auch ein copy stehen! Betrachtet man dies genauer, verweist die Eigenschaft gar nicht auf andere Entitäten, sondern auf eine Collection, die ein Spezialfall des Containers ist. (Bitte schauen Sie sich noch einmal die Graphik im Abschnitt über Objektarten an.) Und bei Containern verwendet man standardmäßig copy. Daher kommt das.

Wir können also eine weitreichende 99,9-Prozent-Regel aufstellen: Wenn der Typ der Declared-Property ein Container (einschließlich Collections) ist, dann erhält die Eigenschaft copy als Verweisart. Handelt es sich um eine Entität (hat das Ziel also wiederum Eigenschaften), so wird strong oder weak verwendet.

Wenn wir soweit sind, dass wir mit der Klasse, die wir gerade programmieren, auch arbeiten können, werden wir übrigens mal Experimente damit machen. Das wird das noch etwas verdeutlichen. Behalten Sie hier aber schon einmal die Regel im Kopf, auch wenn Sie die Nuancen vielleicht noch nicht verstanden haben.

Unterbrechbarkeit

Schließlich gibt es eine weitere Option `nonatomic`. Ohne diese Angabe kann erwartet werden, dass der Accessor atomar ist. Dies bedeutet, dass bei gleichzeitiger Ausführung von mehreren Methoden – das ist so etwas wie Multitasking in einem Programm – niemals zwei Accessoren eines Objektes gleichzeitig ausgeführt werden können. Wenn also zwei gleichzeitig laufende Methoden versuchen, einen Accessor desselben Objektes auszuführen, wird automatisch eine Methode kurz angehalten und erst dann wieder gestartet, wenn die andere Methode fertig ist. Da wir uns erst in Band 2 mit der konkurrierenden Programmierung beschäftigen, brauchen wir hier keine atomaren Accessoren.

Als Abfallprodukt wird nebenbei noch eine bestimmte Art von Fehlern bei der alten Speicherverwaltung beseitigt. Das besprechen wir daher dort.

Sie merken es schon: Wir brauchen eigentlich zumindest in Band 1 keine atomaren Eigenschaften. Deshalb machen es manche Autoren so, dass sie einfach alle Eigenschaften mit `nonatomic` deklarieren. Das hat dann geringe Geschwindigkeitsvorteile. Ich möchte davon nicht abraten, habe aber hier darauf verzichtet, da es zusätzliche Tipparbeit bedeutet.

Methodenliste

Danach folgt die Liste der Methoden, die von anderen benutzt werden kann. Wir hatten auch dies schon in Kapitel 2 gemacht, dort allerdings mit dem Spezialfall einer Actionmethode. Wie Methoden deklariert werden, wissen Sie bereits.

Erweitern Sie vor dem `@end` die Klasse um eine Methode:

```
#pragma mark Aging
- (void)growOld;
@end
```

Die Zeilen mit dem `#pragma` dienen nur als Unterteilung für den Programmierer und haben keine Auswirkung auf das fertige Programm. Wenn Sie aber oberhalb des Fensters in die Navigationsleiste auf den Eintrag hinter Instrument.h klicken, so sehen Sie, dass das Auswahl-Pop-up diese Einteilung zeigt. Wenn man als Text einfach ein Minuszeichen eingibt, erscheint übrigens eine waagerechte Linie als Trenner. Damit findet man schneller eine bestimmte Methode. Das ist der ganze Trick.

Kapitel 3

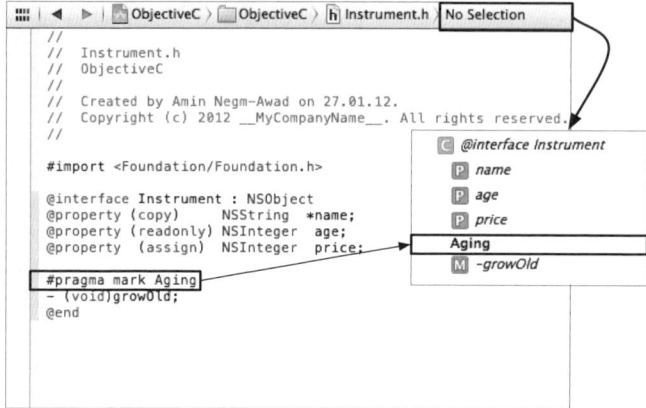

Man kann die Elementauswahl selbst gruppieren.

Als Letztes haben wir mit -growOld eine Methode, die auch einmal etwas wirklich Sinnvolles macht. Diese Methode soll das Instrument altern lassen: Das Alter wird um 1 erhöht und der Wert um 10 Prozent vermindert (wie die Implementierung weiter unten zeigen wird).

3.2.2 Class-Continuation

Class-Continuations sind doppelte Zwitter, ein Zwischending von allem:

- Class-Continuations stehen in der Implementierungsdatei, bei uns also in Instrument.m. Sie sind jedoch inhaltlich Interfaces, würden also eigentlich zum Header gehören.

- Es handelt sich um amputierte anonyme Kategorien. Kategorien sind nachträgliche Klassenerweiterungen, mit denen wir uns noch beschäftigen werden. Inhaltlich sind sie jedoch gerade nicht nachträglich, sondern werden immer in der Implementierung der Klasse vorgenommen.

Aus diesen Grund bespreche ich die immer beliebter werdenden Class-Continuations hier bei der Klasse zwischen dem Interface und der Implementierung. Wir schreiben mal eine Class-Continuation. Wechseln Sie zu Instrument.m und fügen Sie vor @implementation folgenden Code ein:

```
@interface Instrument()
@property (readwrite) NSInteger age;
@end
```

Erst einmal bemerken Sie, dass eine solche Class-Continuation wie ein Interface mit @interface begonnen und mit @end beendet wird. In der Kopfzeile der Class-Continuation folgt dann ebenfalls wie in einem Interface der Name der Klasse, hier also Instrument. Jetzt wird es aber anders: Da ja bereits im (richtigen) Interface angeben ist, von welcher Klasse Instrument erbt, muss dies hier nicht mehr erwähnt werden. Vielmehr folgen runde Klammern, die eigentlich den Namen der später zu besprechenden Kategorie einleiten. Da jedoch der Name hier offenkundig fehlt, haben wir es eben mit einer anonymen Kategorie zu tun.

Möglichkeiten

Eine Class-Continuation kann eigentlich alles, was ein Interface kann: Es können Instanzvariablen bestimmt werden, es können Eigenschaften angelegt werden und es können Methoden deklariert werden. Es geht sogar ein bisschen mehr: Wie bei einer Subklasse darf in einer Class-Continuation die Option zur Beschreibbarkeit einer Eigenschaft von `readonly` auf `readwrite` geändert werden. Das habe ich oben gemacht.

Zweck

Nun, ja, das klingt nicht sehr spannend: Eigentlich ist das ja auch nur ein Interface. Was soll der Spaß also? Ich hatte ja begründet, warum wir nicht erlauben wollen, dass Nutzer der Klasse das Alter ändern können. Deshalb war die Eigenschaft ja auch auf `readonly` gesetzt worden. Nur: In unserer Implementierung soll ja das Alter erhöht werden. Also müssen wir doch einen Wert schreiben können. Das erlauben wir jetzt in der Class-Continuation, und weil diese in unserer Implementierungsdatei steht, kann nur unsere Implementierung einen Wert schreiben – ganz unter der Kontrolle nur der Implementierung. Das verhindert, dass da jemand anderes herumpfuscht. Wir schreiben also in eine Class-Continuation letztlich all das, was eigentlich ins Interface gehören würde, aber nicht nach außen bekanntgemacht werden soll.

Es gibt auch noch einen zweiten Grund, den wir allerdings hier nicht benötigen: In der Implementierung dürfen nur Methoden verwendet werden, die vorher angegeben worden sind. Das ist dann kein Problem, wenn es sich um eine Methode handelt, die im Interface steht: Dies ist ja lange vor der Implementierung. Es ist ebenfalls kein Problem, wenn eine Methode in der Implementierung definiert wird, bevor sie von einer anderen Methode in der Implementierung benutzt wird. Aber es gibt den Fall, dass sich zwei Methoden gegenseitig benutzen. Da kann nicht jede vor der anderen stehen:

```
@implementation ExampleClass
- (void)hue
{
…
    [self hott]; // Fehler: -hott ist noch nicht bekannt.
}

- (void)hott
{
…
    [self hue]; // -hue ist wegen der Definition bereits bekannt.
}
@end
```

Wenn -hott nicht öffentlich im Interface steht, beschwert sich der Compiler bei -hue, dass er -hott nicht kennt. Um das zu vermeiden, kann man einfach -hott in eine Class-Continuation aufnehmen, die ja vor der Implementierung steht:

```
@interface ExampleClass()
- (void)hott;
@end

@implementation ExampleClass
- (void)hue
{
   …
   [self hott]; // -hott ist aus der Class-Continuation bekannt.
}
```

Natürlich könnte man -hott auch einfach ins Interface schreiben. Aber damit wäre die Methode öffentlich und wir hätten uns auf die Existenz festgelegt.

Und jetzt kommen wir allgemein zu einem wichtigen Punkt: Im Header sollte immer nur die Information stehen, die die Funktion unserer Klasse für den Anwender der Klasse beschreibt – und kein Wort mehr. Insbesondere sollen Eigenschaften und Methoden, die wir nur zur internen Arbeitsweise benötigen, nicht im Header landen, sondern in einer Class-Continuation. Denn nur das erlaubt uns später, die Arbeitsweise zu verbessern, ohne Ärger mit Nutzern zu bekommen, die sich auf etwas verlassen haben. Diesen Grundsatz nennt man »Information-Hiding«, und er ist zentral für die OOP: Immer nur eine Beschreibung herausgeben, die auf das Nötigste beschränkt ist. Geplappert wird erst in der Implementierung.

Ein anderes Beispiel, welches ich eigentlich schon eingeführt hatte: Stellen Sie sich vor, dass wir unsere Strategie für die Eigenschaft -age ändern wollen und dies nicht mehr zu einer beschreibbaren Eigenschaft machen. Stattdessen merken wir uns einfach, wann eine Instanz erzeugt wurde, und bei jeder Abfrage von age wird dann das Alter berechnet. Um dies zu machen, müssten wir uns also in einer Eigenschaft productionDate den Zeitpunkt der Herstellung merken. Von dieser Änderung würde aber ein Nutzer der Klasse nichts merken. Er sähe weiterhin nur eine Eigenschaft age, die er nur lesen kann. Wie das intern in unserer Implementierung funktioniert, bemerkt er gar nicht. Wir könnten dann auch wieder auf die alte Lösung zurückgreifen. Wieder würde das kein Mensch merken.

Hätten wir aber age im Header auf readwrite gesetzt (Lösung 1) oder productionDate im Header als Eigenschaft deklariert (Lösung 2), so hätten wir das öffentlich bekanntgemacht, und jeder könnte uns darauf festnageln. Eine Änderung würde bedeuten, dass möglicherweise viele andere Programmierer, die unsere Klasse benutzt haben, jetzt ihren Sourcecode entsprechend anpassen müssten. Enorme Arbeit – und wir sind schuld.

Also überlegen Sie sich genau, welche Funktionalität einer Klasse Sie im Header bekanntgeben wollen. Alles Weitere erklären Sie zu einem sogenannten Implementierungsdetail, das niemanden etwas angeht. Und das landet dann in einer Class-Continuation.

3.2.3 Implementierung (Funktionalität)

Jetzt müssen wir noch die eigentliche Programmierung der Methoden vornehmen. Auch diese ist bereits von Xcode erzeugt worden und sieht nach unserer Class-Continuation bisher so aus:

```
#import "Instrument.h"
@interface Instrument()
...
@end
@implementation Instrument
@end
```

Ich geb's ja zu: Das ist weder sonderlich spannend noch sehr aussagekräftig. Aber ein paar Sachen gibt es schon zu erörtern:

Der Import bedeutet jetzt wiederum, dass der Inhalt der Datei Instrument.h bekannt gemacht wird. Da sich dort unsere Klassenbeschreibung befand, kennt also Instrument.m ab diesem Zeitpunkt die Beschreibung. Es mag merkwürdig erscheinen, dass diesmal der Dateiname in Anführungszeichen(") steht, zuvor aber in spitzen Klammern (< und >). Der Grund ist einfach: Wir haben vorhin Foundation.h importiert, also eine (System-)Datei, die uns Apple mitlieferte. Jetzt wird aber eine von uns erstellte Projektdatei einbezogen. Damit Xcode an den richtigen Stellen sucht, müssen wir diese Unterscheidung deutlich machen.

> **GRUNDLAGEN**
>
> Es gibt verschiedene Stellen, an denen Xcode nach System-Headern sucht. Die wichtigste ist wohl /Developer/SDKs. Unsere eigenen Header werden vor allem in unserem Projektverzeichnis gesucht.

Als Nächstes fällt das Schlüsselwort `@implementation` ins Auge. Hiermit wird unsere Programmierung der Klasse eingeleitet. Sie endet wiederum mit einem `@end`.

Es ist mittlerweile ebenfalls möglich, Instanzvariablen an dieser Stelle einzufügen. Aber ich sagte ja schon, dass wir uns um diese komischen Variablen gesondert kümmern.

Zwischen `@implementation` und `@end` müssen wir also unsere Methoden programmieren. Ich gehe hierbei etwas anders vor als im Header Instrument.h, wobei die Reihenfolge auch eine Frage des Geschmackes ist. Grundsätzlich gilt jedoch: Objective-C wird im 1-Pass-Verfahren übersetzt, was bedeutet, dass die Datei nur ein Mal gelesen wird. Wie bereits erwähnt, können wir daher in jeder Datei nur Dinge benutzen, die wir vorher deklariert haben. Wenn wir also in unserer Klasse eine Methode benutzen wollen, muss sie entweder im Header oder in einer Class-Continuation stehen oder in der Implementierung vorher programmiert worden sein.

Ich gehe nach der Bottom-up-Struktur vor (»von einfach nach kompliziert«), so dass in den allermeisten Fällen alle Methoden bekannt sind, bevor sie benutzt werden.

Eigenschaften

Ich erinnere daran, dass die Declared-Propertys aus dem Header ja nur die Deklarationen von Methoden bedeuteten. Und wie jede andere Methode, die im Header versprochen wird, muss auch diese in der Implementierung definiert werden.

Nein, muss sie nicht. Hier gelten Besonderheiten. Der Grund dafür liegt darin, dass zum einen diese Zugriffsmethoden (Accessoren) in fast allen Fällen identisch sind, was die Programmierung reichlich langweilig macht und zum anderen, dass man solche Methoden zuweilen erst zur Laufzeit erzeugen möchte. Der letzte Fall ist allerdings ziemlich kompliziert, weshalb Sie dies nur im Rahmen von Core Data im entsprechenden Kapitel sehen werden.

Gehen wir damit mal die möglichen Fälle durch, etwa für die Property name:

- Sie programmieren sich selbst entsprechende Methoden. Diese existieren dann und wir finden eine heile Welt vor. Wir werden solche Fälle noch haben. Ich sehe jedoch davon ab, die Standardimplementierung, die nur die entsprechende Instanzvariable setzt oder liest, hier abzudrucken. Denn eine solche Standardimplementierung erhalten Sie über @synthesize:

- Womit wir bei dem nächsten Punkt wären: Sie können die Implementierung dieser Methoden dem Compiler übertragen, in dem Sie synthetisieren lassen. Das stelle ich gleich vor.

- Sie können dem Compiler sagen, dass er diese Methoden als existent voraussetzen soll, obwohl Sie er sie in der Source weder als programmierte noch als synthetisierte sieht. Dies geschieht mit dem Schlüsselwort @dynamic. Das ist die Variante, die wir im Core-Data-Kapitel sehen werden.

- Nichts von alledem, nichts Programmiertes, nichts Synthetisiertes, nichts Dynamisiertes: Früher führte dies zu einer Fehlermeldung. Seit dem mit Xcode 4.4 gelieferten Compiler wird aber stillschweigend @synthesize angenommen (implizite Synthetisierung), sie landen also bei dem zweiten Punkt.

Dies bedeutet in der praktischen Anwendung: Fast immer will man die Standardvariante haben, die ein @synthesize erzeugt. Da dies jedoch angenommen wird, wenn man gar nichts macht, erhält man genau dann die Standardvariante. Also: Machen Sie einfach gar nichts, dann kommt das richtige dabei heraus.

Bei einer Synthetisierung, gleichgültig ob mit @synthesize oder als implizite Synthetisierung, geschieht folgendes:

- Es werden entsprechende Getter- und Settermethoden erzeugt. Handelt es sich um eine Readonly-Property, dann natürlich nur ein Getter. Wir hatten aber age in der Class-Continuation auf readwrite geändert, so dass wir auch für diese Eigenschaft beide Accessoren erhalten. Bei den anderen Eigenschaften war das ohnehin der Standard.

- Es werden entsprechende ominöse Instanzvariablen erzeugt. (Wir nähern uns der Besprechung, noch etwas Geduld. Außerdem sind wir gerade erst losgefahren und ich habe Sie vorher gefragt, ob Sie auf Toilette müssen. Jetzt halten wir nicht gleich wieder an. Basta!)

Bei einer impliziten Synthetisierung erhält übrigens die Instanzvariable den Namen _property, bei einer mit @synthesize hingegen *property*. Der vorangestellte Unterzug ist aber praktisch, da er Verwechslungen vorbeugt. Man sollte daher bei (expliziter) Verwendung von @synthesize den Name entsprechend setzen, was ohne Weiteres möglich ist. Das sähe dann etwa für die Eigenschaft age so aus:

@synthesize age = _age;

Wir brauchen das aber eben nicht, weil nunmehr clang/LLVM dies automatisch macht. Wir tun also einfach gar nichts.

Weitere Methoden
Programmieren wir die Methode aus dem Header.

```
@implementation Instrument
- (void)growOld
{
    self.age = self.age + 1;
}
```

In der Methode wird der Wert der Eigenschaft age um 1 erhöht. Dazu ein paar Worte: Ich hatte gesagt, dass es innerhalb jeder Methode eine Variable self gibt, die das eigene Instanzobjekt bezeichnet. Durch den angehängten Punkt kann ich seit Objective-C 2 einzelne Eigenschaften auf diese Weise ansprechen (sogenannte Dot-Notation). Dies gilt übrigens auch dann, wenn die Eigenschaft nicht als Declared-Property mittels @property erzeugt wurde, sondern die Accessoren explizit als Methoden im Header standen. (Lesen Sie dazu bitte noch einmal, was @property bedeutete.) Es wird hier also auf die Eigenschaften derjenigen Instanz zugegriffen, die gerade die Nachricht growOld erhalten hat, also die Methode -growOld ausführt. Dabei kann ich den Wert sowohl lesen (rechte Seite) als auch setzen (linke Seite).

Bei dieser Dot-Notation werden spezielle Methoden, eben die Accessoren (Getter bzw. Setter), benutzt. Dies bedeutet, dass das Objekt an sich selbst Nachrichten zum Lesen und Setzen der Instanzvariablen versendet. Die von Ihnen eingegebene Zeile ist also identisch mit folgender:

```
[self setAge:[self age] + 1]; // explizite Schreibweise
```

Es werden hier explizit Nachrichten zum Lesen bzw. Setzen der Eigenschaft verschickt. Dies ist für bestimmte Technologien von Cocoa unbedingt erforderlich, weshalb Sie heute, morgen, nächste Woche, ewig und auch noch danach Accessormethoden (explizit oder über Dot-Notation) zum Zugriff auf Eigenschaften verwenden und diese nicht unmittelbar ansprechen.

Diese Dot-Notation ist also nichts anderes als die Kurzschreibweise für diese Accessor-Nachrichten. Nichts mehr, nichts weniger, nichts anderes. Es geht ausschließlich um Bequemlichkeit (Tipparbeit) und Lesbarkeit des Codes.

Allerdings muss noch der Wert um 10 Prozent herabgesetzt werden. Dies erreicht man durch eine Multiplikation mit 0,9. Endlich sieht unsere Methode -growOld so aus:

```
- (void)growOld
{
   self.age = self.age + 1;
   self.price = self.price * 0.9;
}
```

3.2.4 Verwendung

Jetzt haben Sie also schön Ihre erste Klasse programmiert – wenn man mal von der Abtipperei in Kapitel 2 absieht –, und wir sollten die jetzt auch verwenden. Dabei gibt es noch ein paar Probleme zu erörtern:

Erzeugung einer Instanz

Da wir jetzt die Klasse programmiert haben, wollen wir sie nutzen. Öffnen Sie die main.m. Zunächst müssen wir die Klasse Instrument bekannt machen, uns den Lieferschein besorgen. Sie erinnern sich an Kapitel 1? Dazu fügen Sie nach dem ersten Import einen zweiten hinzu:

```
#import <Foundation/Foundation.h>
#import "Instrument.h"
```

Wie Sie im ersten Kapitel gelernt haben, sorgt dies dafür, dass das Inhaltsverzeichnis der Klasse Instrument gelesen wird. Alle Methoden, die dort deklariert wurden, sind daher jetzt auch in dieser Datei main.m bekannt und können benutzt werden.

Als Nächstes legen wir uns gleich am Anfang eine lokale Variable für ein Instrument an. Das Ergebnis sieht so aus:

```
int main (int argc, const char * argv[]) {
    Instrument *aGuitar;

    @autoreleasepool {
...
```

Unser Programm läuft zwischen den geschweiften Klammern von `@autoreleasepool`. Zwischen diesen erzeugen wir ein Objekt und lassen Daten ausgeben:

```
...
        aGuitar = [[Instrument alloc] init];
        aGuitar.name = @"Eine Gitarre";
        NSLog( @"Wir haben: %@", aGuitar.name );
    }
    return 0;
}
```

GRUNDLAGEN

Das `@autoreleasepool` mit seinen Klammern gehört zu dem später besprochenen Thema Speicherverwaltung. Inhaltlich beachten Sie es daher an dieser Stelle nicht.

Übersetzen Sie das Programm, indem Sie im Projektfenster von Xcode oben auf *Run* klicken. Es folgt im Log-Fenster folgende Ausgabe:

>... Wir haben: Eine Gitarre

Gehen wir das Programm durch; Es besteht ja nur aus drei (neuen) Zeilen. Zunächst legen wir eine lokale Variable aGuitar an. Da diese Variable ja nur eine ID enthält, müssen wir das Objekt selbst erst noch erzeugen. Dies geschieht in der Zeile

```
aGuitar = [[Instrument alloc] init];
```

Die Klassenmethode +alloc erzeugt ein Objekt. Da es sich um eine Klassenmethode handelte, ist Empfänger dieser Nachricht das Klassenobjekt Instrument. Das Ergebnis dieser Methode ist also ein neues Instanzobjekt. Dieses muss als Erstes initialisiert werden. Deshalb schicken wir gleich ein -init hinterher. Man könnte das auch in zwei Zeilen machen:

```
aGuitar = [Instrument alloc];
Guitar = [aGuitar init];
```

Wenn Sie sich aber noch an das Einsetzungsverfahren aus Ihrem Mathematikunterricht erinnern, wird klar, dass man die erste Zeile in die zweite einsetzen kann, so dass der von Ihnen eingegebene Code dabei herauskommt.

In der nächsten Zeile

```
aGuitar.name = @"Eine Gitarre";
```

wird dann die Eigenschaft name der Gitarreninstanz auf den entsprechenden Text gesetzt.

Die letzte Zeile

```
NSLog( @"Wir haben: %@", aGuitar.name );
```

gibt den soeben gesetzten Namen auf dem Bildschirm aus.

> **HILFE**
>
> Sie können das Projekt in diesem Zustand als ObjectiveC-06 von der Webseite herunterladen.

Benutzen der Instanz

Wir können nun auch etwas mehr mit der Gitarre herumspielen. Wir setzen einfach mal den Preis auf 1000. Dann lassen wir mittels der Methode -growOld die Gitarre ein Jahr altern:

```
        NSLog( @"Wir haben: %@", aGuitar.name );

        // Wir setzen den Preis der Gitarre
        aGuitar.price = 1000;
        NSLog( @"Alter %ld Preis: %ld", aGuitar.age, aGuitar.price );

        // Ein Jahr vergeht
        [aGuitar growOld];

        // Und jetzt noch einmal die Ausgabe
        NSLog( @"Alter %ld Preis: %ld", aGuitar.age, aGuitar.price );
    }
    return 0;
}
```

Schauen Sie auf die Ausgabe! Wie erwartet, wird das Alter um 1 erhöht, und der Wert vermindert sich um 10 Prozent. Wunderbar!

```
>… Wir haben: Eine Gitarre
>… Alter 0 Preis: 1000
>… Alter 1 Preis: 900
```

> **HILFE**
>
> Sie können sich das Projekt in diesem Zustand als ObjectiveC-07 von der Webseite herunterladen.

3.2.5 Instanzvariablen

Schon einige Male hatte ich diesen Abschnitt erwähnt. Worum geht es jetzt also bei diesen ominösen Instanzvariablen, kurz: Ivars?

Wir hatten ja Eigenschaften spezifiziert. Diese erhielten dann Werte, die gespeichert wurden. Wenn wir aber etwas speichern, dann benötigen wir wieder Variablen. Lokale Variablen, wie etwa das aGuitar in unserem letzten Beispiel, hatten wir auch schon benutzt. Nur hilft uns das hier nicht. Denn es könnte ja sein, dass wir zwei Gitarren haben, die entsprechend zwei Namen haben. Wir brauchen also diese Variablen für Name, Preis und Alter für jede Instanz von Instrument neu. Und so werden sie auch angelegt und deshalb heißen sie auch Instanzvariablen. Kurzer Test, erweitern Sie das Programm:

```
aGuitar = [[Instrument alloc] init];
aGuitar.name = @"Eine Gitarre";
NSLog( @"Wir haben: %@", aGuitar.name );

Instrument *guitar2 = [[Instrument alloc] init];
guitar2.name = @"Noch eine Gitarre";
NSLog( @"1: %@", aGuitar.name );
NSLog( @"2: %@", guitar2.name );
```

Sie erhalten entsprechend die Ausgabe:

>... 1: Eine Gitarre
>... 2: Noch eine Gitarre

Also: Die über die Eigenschaften gesetzten Werte werden in der Instanz gespeichert. Dazu hat eine Instanz Instanzvariablen. Da die Eigenschaften bei jeder Instanz unterschiedlich gesetzt sein können, muss für jedes Instanzobjekt ein kompletter Satz vorhanden sein.

Woher kommen aber diese Instanzvariablen? Sie werden automatisch mit @synthesize erzeugt, genau so wie die Getter und Setter. Das gilt auch dann, wenn sie implizit synthetisiert werden, man also wie wir es getan haben, zur Implementierung einfach gar nichts angibt. Sie haben dann auch automatisch den Namen der Eigenschaft mit einem führenden Unterzug.

Kapitel 3

> **GRUNDLAGEN**
>
> Dahinter steckt übrigens eine lustige Geschichte: Ich hatte schon in den ersten Auflagen darauf hingewiesen, dass man die Instanzvariablen mit einem Unterzug (_) versehen sollte, um Verwechslung und Kollision zu vermeiden. Apple hat das früher »verboten«, weil das Unternehmen selbst solche Namen für sich reservieren wollte. Ich hatte nur schon damals darauf hingewiesen, dass der von Apple dahinter gestellte Gedanke ohnehin nicht funktioniere, so dass man sich nicht darum scheren solle. Dafür erhielt ich wilde Äußerungen im Internet. Auch nähere Erläuterungen, warum Apples Idee nicht funktioniert, halfen da wenig. In späteren Auflagen verzichtete ich dann auf den Unterzug-Hinweis, damit man nicht bei fremdem Code verwirrt wird, der sich an Apples Idee hält. Nunmehr ist es aber so, dass selbst Apple die Verwendung des Unterzuges anrät, also genau das will, was ich schon immer geschrieben habe. Was lernt man daraus: 1. Auch bei Apple vertrauen Sie bitte nicht blind, sondern benutzen Ihren eigenen Kopf. 2. Es stimmt nicht, dass, wenn viele dumme Leute im Internet etwas schreiben, dabei Schwarmintelligenz herauskommt. Es kommt Schwarmdummheit heraus. Und irgendwie ist das ja auch logisch.

Man kann aber auch derlei Instanzvariablen von Hand (deshalb nenne ich sie dann auch manuell) anlegen. Dies geht an den drei Stellen, an denen ich das bereits angesprochen habe:

- im Interface
- in der Class-Continuation
- in der Implementierung

In allen drei Fällen muss dabei nach dem Kopf eine Liste von Instanzvariablen in geschweiften Klammern folgen, wobei mehrere Instanzvariablen durch ein Semikolon getrennt werden. Beispiel:

```
@interface Instrument : NSObject {
    NSString* _name;
    NSInteger _age;
    NSInteger _price;
}
```

Bei der Class-Continuation und der Implementierung geht das dann analog. Man kann zusätzlich mit @package, @private, @protected und @public die Sichtbarkeit von Instanzvariablen steuern, was aber ohnehin nur im Interface irgendeinen Sinn ergibt. Ich sehe von einer weiteren Erläuterung ab, da »irgendein Sinn« in diesem Falle eigentlich »kein Sinn« bedeutet.

Generell ist es eine gute Idee, Instanzvariablen synthetisieren zu lassen, so wie wir das bisher machen, oder aber in der Implementierung anzulegen. Dadurch wird weitestgehend sichergestellt, dass nicht von anderen unmittelbar auf sie zugegriffen wird, was in nahezu jedem Falle ein Fehler ist.

In der Implementierung müssen Instanzvariablen dann angelegt werden, wenn man kein @synthesize verwenden kann. Das ist dann der Fall, wenn eigene Accessoren benötigt werden. (@synthesize würde ja auch diese erzeugen.) Wir werden so einen Fall noch erleben, nämlich bei den Accessoren für Key-Value-Coding. Das kommt aber erst im nächsten Kapitel. Bis dahin (und auch in den allerallermeisten Fällen danach) synthetisieren Sie einfach die Instanzvariablen und zwar implizit, also ohne Verwendung von @synthesize.

GRUNDLAGEN

Wenn Sie eine 32-bittige Applikation auf dem Mac schreiben, müssen Sie das alte Runtime-Envirement verwenden und die Instanzvariablen im Header selbst anlegen.

3.2.6 copy und strong (und weak)

Es gibt da aber noch eine Sache, die ich schon bei den Propertys angesprochen habe. Ändern Sie das main.m wie folgt:

```
int main (int argc, const char * argv[])
{
    Instrument *aGuitar;
    NSMutableString* name;

    @autoreleasepool {
        name = [NSMutableString stringWithString:@"Gitarre"];
        aGuitar = [[Instrument alloc] init];
        aGuitar.name = name;
        NSLog( @"Name: %@", name );
        NSLog( @"Wir haben: %@", aGuitar.name );

        [name appendString:@" möp"];
        NSLog( @"Name: %@", name );
        NSLog( @"Wir haben: %@", aGuitar.name );
    }
    return 0;
}
```

Wir konzentrieren uns also auf den Namen. Zur Erläuterung: NSMutableString ist ein Objekt, welches einen Text aufnimmt. Das mutable deutet aber an, dass man diesen Text verändern kann. Gut, zunächst sagen wir, dass dieser Text auf Gitarre lauten soll. Dann erzeugen wir ein Instrument mit just diesem Namen, das kennen Sie ja schon. Beides wird ausgegeben, sobald Sie das Programm gestartet haben.

Im nächsten Schritt hängen wir an den Namen mit -appendString: einen weiteren Text an. Wieder ausgeben. Als Ergebnis erhalten Sie:

>… Name: Gitarre
>… Wir haben: Gitarre
>… Name: Gitarre möp
>… Wir haben: **Gitarre**

Vermutlich haben Sie das erwartet: Die Änderung der Variablen name in unserem Hauptprogramm hat nicht die geringste Auswirkung auf unser Instrument und seinen Namen, also – um das genauer zu sagen – auf die Eigenschaft name (und Instanzvariable _name) unseres Instrumentes. Jetzt machen wir aber eine kleine Änderung in Instrument.h:

@property(**strong**) NSString* name;

Klicken Sie erneut auf *Run* und beachten Sie, was nunmehr in der Konsole erscheint:

>… Name: Gitarre
>… Wir haben: Gitarre
>… Name: Gitarre möp
>… Wir haben: **Gitarre möp**

Obwohl bei uns im Hauptprogramm nur die Rede davon ist, den Text möp an die lokale Variable name zu hängen, ändert sich der Name des Instrumentes wie von Geisterhand mit! Wieso das?

Der Grund ist zwar relativ einfach, aber leider nicht einfach zu verstehen. Unser kleiner Text ist ein Objekt. Bei der Initialisierung geben wir dieses Objekt an die Instanz. Halt, nein! Überall steht NSString*. Was also übergeben wird, ist die ID des Objektes. Wenn wir also unser Objekt verändern, so ändert es sich bei jedem, der sich mal die ID gespeichert hat.

Setzen:

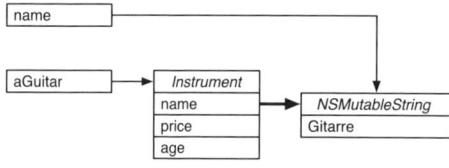

Ändern:

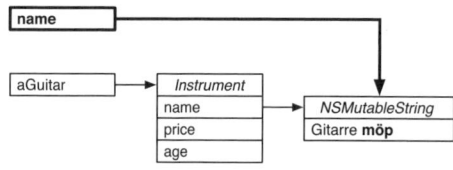

Wird nur die ID gespeichert, so hat eine Änderung umfassende Auswirkungen.

Anders war es, als wir noch copy in der Property-Definition stehen hatten. Dies veranlasst den Computer, eine Kopie von diesem Text zu machen und die Kopie bei unserem Instrument zu speichern. Eine Änderung des Ausgangstextes wirkt sich dann nicht aus.

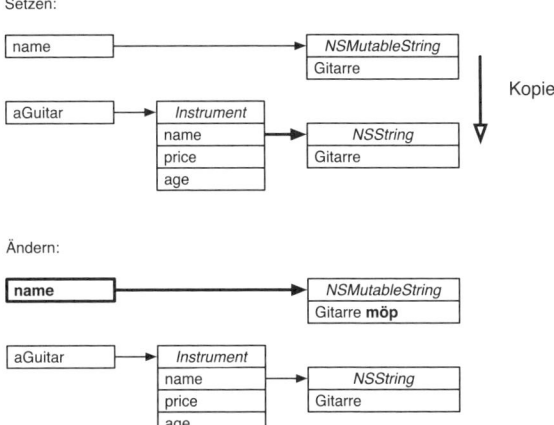

Wird eine Kopie erzeugt, so besteht Unabhängigkeit.

Sie müssen mir das übrigens nicht glauben. Man kann sich nämlich die ID auch anzeigen lassen. Ändern Sie wieder das Hauptprogramm und fügen Sie zwei NSLog() ein:

```
aGuitar = [Instrument instrumentWithName:name];
NSLog( @"Name: %@", name );
NSLog( @"Wir haben: %@", aGuitar.name );
NSLog( @"Main-Name-ID: %p", name );
NSLog( @"Guitar-Name-ID: %p", aGuitar.name );

[name appendString:@" möp"];
```

Jetzt erhalten Sie in der Konsole folgende Ausgabe:

>... Name: Gitarre
>... Wir haben: Gitarre
>... Main-Name-ID: **0x1001149d0**
>... Guitar-Name-ID: **0x1001149d0**
>... Name: Gitarre möp
>... Wir haben: Gitarre möp

Nein, Sie müssen diese komische ID nicht wirklich verstehen und sie wird vermutlich bei Ihnen auch anders lauten. (Es handelt sich um die Speicherstellennummer.) Entscheidend ist, dass beide IDs identisch sind (hier: 0x1001149d0). Die Variable in unserem Hauptprogramm zeigt also auf *dasselbe* Objekt wie die Instanzvariable der Instanz. Wenn es

Kapitel 3

dasselbe Objekt ist, so muss man jede Änderung anstecken. (Das Ganze ginge übrigens auch umgekehrt.)

Jetzt ändern Sie in Instrument.h wieder die Angabe im Property von strong auf copy und starten das Programm erneut. Als Ausgabe erscheint jetzt:

>… Name: Gitarre
>… Wir haben: Gitarre
>… Main-Name-ID: **0x1001149d0**
>… Guitar-Name-ID: **0x100114c80**
>… Name: Gitarre möp
>… Wir haben: Gitarre

Aha! Wir haben *zwei verschiedene* IDs für den Text. Also sind es auch zwei verschiedene Instanzen. Also wirkt sich die Änderung des einen nicht auf das andere aus. Das ist das ganze Geheimnis.

Zusammengefasst, weil es wirklich wichtig ist:

- Eine Instanz speichert stets nur einen Verweis auf ein Objekt, die ID eines Objektes.
- Bei einer Strong-Property wirkt sich daher jede Änderung am gesetzten Objekt auch automatisch auf die Eigenschaft der Instanz aus.
- Bei einer Copy-Property wird ein neues Objekt erzeugt, so dass sich die Änderungen nicht auswirken.

AUFGEPASST

Beachten Sie in der Graphik bitte auch, dass bei einer Copy-Property die Kopie von der (unveränderlichen) Klasse NSString ist. Dies bedeutet, dass die Instanz nicht nur ihre eigene Kopie bekommt, sondern diese eigene Kopie auch nicht mehr verändert werden kann. Das Ding ist also doppelt vor Änderungen gesichert.

Bleibt die Frage, was denn jetzt richtig ist. Das hängt in aller Regel von der Art der Eigenschaft ab:

Haben wir ein Attribut, also eine Eigenschaft, die lediglich unsere Instanz beschreibt wie Name usw., so will man in der Regel, dass diese Eigenschaft isoliert ist. Daher verwendet man für derlei Attribute copy. Das ist das, was ich oben Komposition nannte.

Haben wir dagegen eine Beziehung, also den Verweis von einer Entität auf eine andere Entität, so will man in der Regel, dass die Änderung abhängig ist. Daher verwendet man für Beziehungen strong. Das ist das, was ich oben als Aggregation bezeichnete.

Sie glauben das noch nicht ganz? Die Begründung pro copy ist eigentlich einfach: Wenn ich irgendein Attribut setze, möchte ich nicht, dass Änderungen an ganz anderen Stellen des Programms bei mir auf einmal aus dem Nichts Auswirkungen zeigen. Das copy sichert also meine Instanz vor heimlichen Änderungen. Und da Programmierer Kontrollfreaks sind, will man das so.

Bei Beziehungen stimmt das aber nicht mehr wirklich: Denken Sie an unsere Eheleute, sogar an den einfachsten Fall der Einehe. Beide hatten Attribute, nämlich ihren Namen. Aber beide hatten auch Beziehungen, nämliche ihren jeweiligen Ehepartner. Wenn jetzt irgendwer im Programm an dem Ehepartner herumfummelt (räusper), seinen Namen ändert, sein Alter usw., so will der andere das mitbekommen. Würde aber jedes Mal ein Klon des Ehepartners erzeugt, so wären diese Kopien unabhängig. Stellen wir uns das mal als Code vor, zunächst die Erzeugung der Instanzen:

```
Person* frau = [[Person alloc] init];
frau.name = @"Anna";
Person* mann = [[Person alloc] init];
mann.name = @"Detlef";
...
```

Wir erzeugen zwei Personen, die wir gleich verkuppeln.

Als Nächstes sollen die heiraten. Wir setzen hierzu die Eigenschaft (die Beziehung) partner der Frau auf den Mann (die umgekehrte Beziehung lassen wir hier der Einfachheit halber weg).

```
...
frau.partner = mann;
...
```

Nehmen wir an, es würde eine Kopie erzeugt, weil partner eine Copy-Property ist:

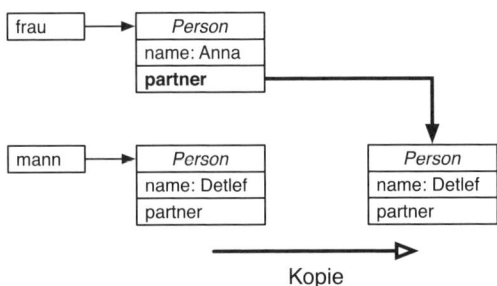

Bei einer Kopie entsteht ein neuer Mann.

Ich finde es an sich ja schon verwerflich, dass wir einen neuen Mann haben, obwohl der nur heiratet. Aber gut, das mag sogar gesellschaftlich stimmen ...

Jetzt will aber unser Mann seinen Namen ändern, weil Detlef immer wieder Anlass zu seltsamen Bemerkungen war. Er nennt sich jetzt Dieter. Diese Änderung geschieht über unsere Variable mann.

```
...
mann.name = @"Dieter"
...
```

Jetzt schauen wir uns mal an, was da angerichtet worden ist:

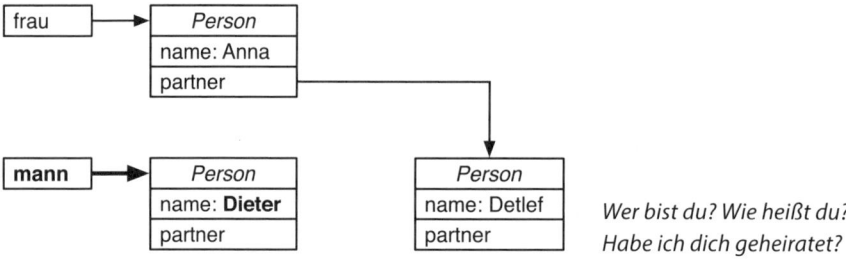

Wer bist du? Wie heißt du?
Habe ich dich geheiratet?

Der Mann heißt jetzt Dieter. Die Frau ist allerdings fest davon überzeugt, dass ihr Partner Detlef heißt. Die Gute weiß nicht mal mehr den richtigen Namen ihres Mannes! Na bravo, dieses Programm hat einen erstklassigen Scheidungsgrund geliefert. Die armen Kinder!

Anders ist das, wenn wir von vornherein gar nicht erst eine Kopie des Mannes erzeugen, also strong bei der Property angeben:

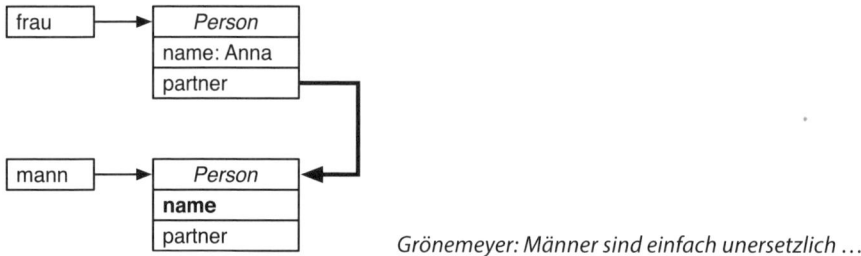

Grönemeyer: Männer sind einfach unersetzlich ...

Es ist hier sofort klar, dass jede Änderung beim Mann sich automatisch auf das Wissen der Frau über ihren Mann auswirkt. Und das ist genau richtig: Eine Frau sollte schon wissen, was so mit ihrem Manne geschieht.

Drei Sachen will ich noch klarstellen. Erstens: Die Eigenschaft name der beiden ist ein Attribut. Hier wird also kopiert, wenn der Name gesetzt wird. Dies ist unschädlich. Ich drösele das mal graphisch auf:

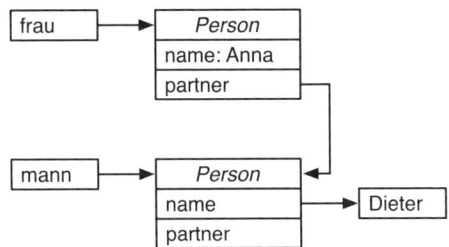

Der Name erhält eine Copy-Property.

Weil die Frau immer den »Umweg« über ihren Mann gehen muss, kann niemals ein Missverständnis über den Namen auftreten. Also, es bleibt bei der Regel: Attribute erhalten eine Copy-Property, Beziehungen eine Strong-Property.

Zweitens: Es gibt noch eine dritte Art, nämlich die Weak-Property. Der Unterschied liegt alleine in der Behandlung durch die Speicherverwaltung. Für unser Problem an dieser Stelle verhält sich aber eine Weak-Property wie eine Strong-Property : Reiner verweis.

Drittens: Dieser gesamte Zirkus mit copy, strong und weak ist nur dann relevant, wenn der Typ unserer Eigenschaft eine Klasse ist. Haben wir es mit einem skalaren Typen aus C zu tun oder C-Strukturen, so gibt es diese Unterscheidung nicht, es wird immer eine Kopie erzeugt (und zwar mit assign). Daher haben die anderen Eigenschaften von mir auch keine Angabe hierzu beim @property erhalten, denn assign ist Standard.

HILFE

Sie können das Projekt in diesem Zustand als ObjectiveC-08 von der Webseite herunterladen.

3.3 Eine Subklasse als Spezialisierung

Es wurde bereits mehrfach erwähnt, dass Klassen abgeleitet werden können zu spezielleren Subklassen. Dabei existieren vor allem zwei Ziele:

- Eine Operation der Basisklasse soll geändert werden. Wir werden etwa den jährlichen Wertverlust für Gitarren anpassen, da Gitarren schneller an Wert verlieren: Spezialisierung.
- Eine Methode oder eine Eigenschaft soll hinzugefügt werden. Wir werden etwa der Klasse Klavier die Eigenschaft Anzahl der Tasten hinzufügen, nebst entsprechenden Accessoren als Methoden: Erweiterung.

Fangen wir mit einer Subklasse Guitar an, die die Fähigkeiten der Basisklasse spezialisiert.

Beginnen wir einfach damit, eine neue Klasse für Gitarren, nämlich `Guitar`, zu erzeugen, wie Sie dies bereits können oder dann bitte ab jetzt auf der Webseite in den How-Tos nachschlagen. Geben Sie im Dialog bitte `Instrument` als Basisklasse ein.

Es öffnet sich automatisch »Guitar.m«. Wechseln Sie bitte zu Guitar.h:

```
#import "Instrument.h"
@interface Guitar : Instrument
@end
```

Bemerken Sie bitte feine Unterschiede zu Instrument.h: Importiert wird die Basisklasse von `Guitar`, nämlich `Instrument`. Auch wird dies als Basisklasse im Interface angegeben. An dieser Stelle hat also die Subklasse `Guitar` alle Fähigkeiten und Instanzvariablen, die auch Instrument hatte.

Wenn man also ableitet, muss man die Basisklasse importieren. Aber auch nur dann: Es ist ein häufig auftauchender Fehler, dass in einer Header-Datei eine andere Header-Datei importiert wird, obwohl die andere Klasse dort lediglich in Bezug genommen wird, etwa als Klasse einer Property. Dies kann zu Problemen führen. In diesen Fällen benutzt man keinen Import, sondern lediglich die Anweisung

```
@class AndereKlasse;
```

Damit weiß der Compiler genug. In der .m-Datei muss freilich dann ein Import der anderen Header-Datei erfolgen:

```
#import "MeineKlasse.h"
#import "AndereKlasse.h"
```

> **AUFGEPASST**
>
> Schauen Sie noch einmal auf die Graphik zum generellen Aufbau einer Klasse. Wie Sie dort sehen können, wird in den Header die Basisklasse importiert, in der Implementierung andere Klassen, die lediglich benutzt werden sollen. Soll die andere Klasse der Typ einer Eigenschaft sein, so muss sie mit `@class` im Header bereits angekündigt werden. Man nennt dies eine *Forward-Declaration* oder kurz einen *Forward*.

Wir benötigen keine neuen Methoden. Allerdings lassen wir Gitarren schneller altern und geben ihnen einen jährlichen Wertverlust von 20 Prozent. Öffnen Sie bitte Guitar.m und fügen Sie den folgenden Code ein:

```
#import "Guitar.h"

@implementation Guitar

- (void)growOld
{
    self.age = self.age + 1;
    self.price = self.price * 0.8;
}

@end
```

Sie werden jetzt allerdings bemerken, dass ein Fehler in der Zeile mit age angemerkt wird. Das liegt daran, dass im Header von Instrument – und nur der wird importiert – die Eigenschaft ja noch auf readonly steht. Da ich das vorhin nur als Beispiel einer Class-Continuation verwendet hatte, können wir das wieder ändern. In Instrument.h entfernen Sie bitte bei der Eigenschaft age die Optionen aus der Property:

```
@property NSInteger   age;
```

Dementsprechend entfernen Sie die komplette Class-Continuation aus Instrument.m. Sie ist ja jetzt sinnlos geworden, da wir dort von readonly auf readwrite umstellten. Jetzt sollte auch bei Guitar.m keine Fehlermeldung mehr angezeigt werden. (Manchmal dauert das etwas. Sie können auch mit [Befehl]+[B] einen Buildvorgang auslösen.)

> **TIPP**
>
> Sie mögen jetzt sagen, dass dies auch keine Lösung sei, weil jetzt ja auch wieder von main.m die Eigenschaft age gesetzt werden könne. Richtig! Wenn man das wirklich vermeiden will, so liegt die Lösung darin, die Class-Continuation in einen eigenen Header zu schreiben. Sie können hierfür die Vorlage *Objective-C class extension* verwenden. Diesen Header importieren Sie dann in der Implementierung der Basisklasse (also hier Instrument.m) und in der Implementierung von abgeleiteten Klassen (also hier Guitar.m), nicht jedoch in Implementierungen von Nutzern der Klasse (hier main.m). Bei Kategorien kommen wir noch hierauf zurück.

> **HILFE**
>
> Sie können das Projekt in diesem Zustand als ObjectiveC-09 von der Webseite herunterladen.

Wir ändern jetzt das Hauptprogramm main.m, um etwas mit der Gitarre zu machen:

```
#import <Foundation/Foundation.h>
#import "Instrument.h"
#import "Guitar.h"
...
```

Hierdurch wird am Anfang noch die Klasse Guitar durch den Import bekannt gemacht.

```
...
int main (int argc, const char * argv[]) {
   Instrument* aGuitar;

   @autoreleasepool {
      aGuitar = [[Guitar alloc] init];
      aGuitar.name = @"Eine Gitarre";
      NSLog( @"Wir haben: %@", aGuitar.name );

      // Wir setzen das Alter und den Preis einer neuen Gitarre
      aGuitar.age = 0;
      aGuitar.price = 1000;
      NSLog( @"Alter %ld Preis: %ld", aGuitar.age, aGuitar.price );

      // Ein Jahr vergeht
      [aGuitar growOld];

      // Und jetzt noch einmal die Ausgabe
      NSLog( @"Alter %ld Preis: %ld", aGuitar.age, aGuitar.price );
   }
   return 0;
}
```

Der zweite Unterschied ergibt sich daraus, dass das Hauptprogramm jetzt also eine Gitarre anstatt eines Instrumentes erzeugt. Übersetzen und starten Sie das Programm.

>… Wir haben: Eine Gitarre
>… Alter 0 Preis: 1000
>… Alter 1 Preis: **800**

Die Gitarre erlebt jetzt also einen Wertverlust von 20 Prozent. Das liegt daran, dass anstelle der Basisklasse die Methode -growOld der abgeleiteten Klasse ausgeführt wird. Bedenken Sie aber auch, dass im Hauptprogramm Methoden verwendet werden, die wir nur in der Basisklasse programmiert haben und die an die Klasse Gitarre vererbt wurden. Zuallererst seien da die Eigenschaften erwähnt. Sogar noch erstaunlicher: Wenn Sie genau hinschauen, zeigt sich ja, dass die Instanz der Klasse Guitar weiterhin an eine Variable mit dem Type Instrument* zugewiesen wird!

```
Instrument* aGuitar;
…
aGuitar = [[Guitar alloc] init];
```

Dies bedeutet Folgendes:

- Wir benutzen eine Methode, die bereits in der Basisklasse vorhanden war. Daher beschwert sich der Compiler nicht: Er geht von einem Instrument aus und weiß, dass Instrument-Instanzen –growOld kennen.

- Wir weisen eine Subklasse an die Basisklasse zu. Das macht der Compiler mit, da er weiß, dass eine Subklasse die Methoden der Basisklasse kennt. Deshalb sieht er ein, dass es ungefährlich ist.

- In der Zeile, in der die Nachricht growOld verschickt wird, ist jetzt eigentlich unklar, ob die Methode der Basisklasse oder der Subklasse ausgeführt wird. Denn der Zeiger aGuitar hat ja weiterhin den Typen Instrument*. Tatsächlich ist an ihn aber eine Instanz von Guitar zugewiesen worden. In einem so kurzen, übersichtlichen Programm sieht man das natürlich sofort. Aber: In der Zeile mit dem Versand der Nachricht ist als einzige Information enthalten, dass es sich um eine Instanz von Instrument oder der Subklasse Guitar handelt. Diese Zeile haben wir auch gar nicht verändert. Deshalb kann bei der Übersetzung des Programms noch nicht entschieden werden, welche Methode ausgeführt wird. Erst wenn das Programm läuft, wird die richtige Methode gefunden. Dies nennt man – wie bereits erwähnt – »Polymorphie« (Vielgestaltigkeit), weil die gleiche Zeile, die gleiche Nachricht zu verschiedenen Methoden führen kann.

> **HILFE**
>
> Sie können das Projekt in diesem Zustand als ObjectiveC-10 von der Webseite herunterladen.

3.4 Eine Subklasse als Erweiterung

Wir dürfen jedoch nicht vergessen, die Klasse Piano als Erweiterung der Basisklasse Instrument zu schreiben. Wieder erzeugen Sie bitte eine Subklasse von Instrument, die Sie Piano nennen. Falls Ihnen das noch nicht leicht von der Hand geht, verweise ich wieder auf die How-Tos auf der Webseite zum Buch.

Den Header erweitern Sie bitte wie folgt um eine Eigenschaft:

```
@interface Piano : Instrument
@property (copy) NSNumber* keyCount;
@end
```

Beachten Sie bitte, dass diesmal eine Eigenschaft hinzugefügt wurde. Auch hier hätte man ein `NSInteger` als Typ für die Instanzvariable nehmen können, wie wir das mit age in der Basisklasse machten. Allerdings sollen ja verschiedene Aspekte vorgestellt werden, so dass dieses Mal der Container `NSNumber` Verwendung findet.

In `main()` müssen wir größere Änderungen vornehmen. Bitte beachten Sie dabei die Änderung des Variablennamens.

```
#import "Guitar.h"
#import "Piano.h"
int main (int argc, const char * argv[])
{
    Instrument *anInstrument;

    @autoreleasepool {
        anInstrument = [[Guitar alloc] init];
        anInstrument.name = @"Gitarre";
        anInstrument.age = 0;
        anInstrument.price = 1000;
        NSLog( @"Wir haben: %@", anInstrument.name );
        NSLog( @"Alter %ld Preis: %ld", anInstrument.age, anInstrument.price );

        // Ein Jahr vergeht
        [anInstrument growOld];

        // Und jetzt noch einmal die Ausgabe
        NSLog( @"Alter %ld Preis: %ld", anInstrument.age, anInstrument.price );

        // Jetzt ein Klavier
        anInstrument = [[Piano alloc] init];
        anInstrument.name = @"Klavier";
        anInstrument.age = 0;
        anInstrument.price = 1000;
        NSLog( @"Wir haben: %@", anInstrument.name );
        NSLog( @"Alter %ld Preis: %ld", anInstrument.age, anInstrument.price );

        // Ein Jahr vergeht
        [anInstrument growOld];

        // Und jetzt noch einmal die Ausgabe
        NSLog( @"Alter %ld Preis: %ld", anInstrument.age, anInstrument.price );
    }
    return 0;
}
```

Nach einem Klick auf *Run* sehen wir das Ergebnis unserer Bemühungen:

```
>… Wir haben: Gitarre
>… Alter 0 Preis: 1000
>… Alter 1 Preis: 800
>… Wir haben: Klavier
>… Alter 0 Preis: 1000
>… Alter 1 Preis: 900
```

Nun, irgendwie war das ja zu erwarten. Aber dennoch sollten Sie sich das klar machen. Wir haben eine Variable vom Typen Instrument*, also neutral. Wir haben zwei Nachrichten growOld an diese Variablen, also neutral. Aber dennoch werden unterschiedliche Methoden ausgeführt.

Ich bin aber noch gar nicht auf die Erweiterung eingegangen. Wir haben ja die neue Instanzvariable keyCount. Ändern Sie main() nun so:

```
int main (int argc, const char * argv[])
{
    Instrument *anInstrument;

    @autoreleasepool {
…
        // Jetzt ein Klavier
        anInstrument = [[Piano alloc] init];
        anInstrument.name = @"Klavier";
        anInstrument.age = 0;
        anInstrument.price = 1000;
        anInstrument.keyCount = [NSNumber numberWithInt:42];
        NSLog( @"Wir haben: %@", anInstrument.name );
        NSLog( @"Alter %ld Preis: %ld", anInstrument.age, anInstrument.price );
…
    }
    return 0;
}
```

Sie merken gleich, dass ein Fehler erscheint. Mit einem Klick auf das Fehlersymbol erhalten Sie auch den Grund:

```
Property 'keyCount' not found on object of type 'Instrument *'
```

Woran liegt das? Immerhin haben wir ja kurz darüber eine Instanz der Klasse Piano erzeugt. Aber die ID dieser Instanz wurde an eine Variable des Typs Instrument* zugewiesen. Mehr kann der Compiler nicht erkennen, wenn wir versuchen, die Eigenschaft keyCount zu setzen. Daher beschwert er sich, dass Instanzen der Klasse Instrument keine solche Eigenschaft haben. Dasselbe würde übrigens passieren, wenn wir eine anderweitige Methode aus Piano nutzen wollten.

Die einfachste Lösung liegt darin zu sagen, dass es sich hier um ein Klavier handelt. Ändern Sie mal die Source in `main()`:

```
int main (int argc, const char * argv[])
{
    Instrument *anInstrument;

    @autoreleasepool {
    …
        // Jetzt ein Klavier
        Piano *aPiano = [[Piano alloc] init];
        aPiano.name = @"Klavier";
        aPiano.age = 0;
        aPiano.price = 1000;
        aPiano.keyCount = [NSNumber numberWithInt:42];
        NSLog( @"Wir haben: %@", aPiano.name );
        NSLog( @"Alter %ld Preis: %ld", aPiano.age, aPiano.price );
    …
    }
    return 0;
}
```

Kein Fehler mehr. Jetzt weiß der Compiler, dass aPiano auf eine Instanz von Piano zeigt und daher die Eigenschaft keyCount besitzt. Aber das geht freilich nur, wenn wir so ein kurzes Stück haben. Was ist aber, wenn das Objekt ganz woanders erzeugt wird? Wir wissen dann ja nicht, womit wir es zu tun haben. Um das Projekt nicht in die Größe zu treiben, simulieren wir das Problem einfach mal:

```
int main (int argc, const char * argv[])
{
    Instrument *anInstrument;

    @autoreleasepool {
    …
        // Jetzt ein Klavier: Erzeugung
        Piano *aPiano = [[Piano alloc] init];
        aPiano.name = @"Klavier";
        aPiano.age = 0;
        aPiano.price = 1000;
        aPiano.keyCount = [NSNumber numberWithInt:42];
    …
```

Das wäre jetzt der Erzeugerteil. Der weiß, was er erzeugt, und kann daher auf Piano typisieren.

```
    …
        // "Verstecken" wir wieder die Subklasse der Instanz:
        anInstrument = aPiano;
    …
```

Jetzt tun wir so, als ob wir in einem ganz anderen Programmteil sind, der nicht weiß, welche Subklasse von Instrument verwendet wurde. Wir können übrigens obige Zuweisung problemlos machen, weil wir ja eine Instanz der Subklasse an die Basisklasse zuweisen:

```
    …
        // Klavier: lesen
        NSLog( @"Wir haben: %@", anInstrument.name );
        NSLog( @"Alter %ld Preis: %ld", anInstrument.age, anInstrument.price );
    …
    }
    return 0;
}
```

Bis hierher funktioniert das. Und das ist das Wichtige: Da unser Leseteil nur mit Instrumenten arbeitet, kann es unabhängig von der Subklasse formuliert werden. Aber was wäre eigentlich, wenn – falls es sich um ein Klavier handelt – jetzt der keyCount auch ausgegeben werden soll? Einfach hinschreiben können wir das ja nicht, probieren Sie es:

```
int main (int argc, const char * argv[])
{
    Instrument *anInstrument;

    @autoreleasepool {
    …
        // Klavier: lesen
        NSLog( @"Wir haben: %@", anInstrument.name );
        NSLog( @"Alter %ld Preis: %ld", anInstrument.age, anInstrument.price );
        NSLog( @"Klavier mit %@ Tasten", anInstrument.keyCount );
    …
    }
    return 0;
}
```

Wieder die alte Fehlermeldung. Das ist ja auch klar: Jetzt haben wir ja absichtlich simuliert, dass wir die Subklasse nicht kennen. Wie können wir da einfach rotzfrech annehmen, dass es die entsprechende Eigenschaft eines Klaviers gibt!?

Kapitel 3

Wir müssen das also ermitteln. Die einfachste Variante ist es dabei, die Klasse abzufragen:

```
int main (int argc, const char * argv[])
{
   Instrument *anInstrument;

   @autoreleasepool {
      ...
      // Klavier: lesen
      NSLog( @"Wir haben: %@", anInstrument.name );
      NSLog( @"Alter %ld Preis: %ld", anInstrument.age, anInstrument.price );
      if( [anInstrument isKindOfClass:[Piano class]] ) {
         Piano *aPiano = (Piano*)anInstrument;
         NSLog( @"Klavier mit %@ Tasten", aPiano.keyCount );
      }
      ...
   }
   return 0;
}
```

Das if bedeutet offenkundig, dass die Klasse vom Instanzobjekt, auf das Instrument zeigt, Piano (oder hiervon eine Subklasse) ist. Falls dies der Fall ist, so erzeugen wir uns eine neue ID-Variable und weisen der anInstrument zu. Das ist aber ja eigentlich nicht erlaubt, weil es eine Zuweisung von Basisklasse an Subklasse ist. Hier wissen wir aber wegen des ifs, dass es richtig ist. Um also die Zuweisung zu erlauben, müssen wir den Typen von anInstrument explizit in Piano* umwandeln. Das geschieht durch die Angabe des Typen in den runden Klammern vor anInstrument und nennt sich »Type-Casting« oder kurz »Casting«. Hiermit überzeugen wir den Compiler, dass es richtig ist und er sich nicht beschweren soll. Ein solches Casting ist also die pure Rechthaberei.

Da wir jetzt eine ID-Variable haben, die auf Piano typisiert ist, können wir diese in der nächsten Zeile zur Ausgabe der Tastenzahl verwenden.

Sie können übrigens diesen Block auch nach der Ausgabe für die Gitarre kopieren. Da dort die Subklasse eine andere ist, wird der If-Zweig nicht ausgeführt. Sie sehen also, dass man im If-Zweig auf Klassen spezialisierten Code unterbringen kann.

HILFE

Sie können das Projekt in diesem Zustand als ObjectiveC-11 von der Webseite herunterladen.

> **AUFGEPASST**
>
> Wieso steht in dem `NSLog()` eigentlich %@ anstelle von %ld, wie etwa beim Alter? Ganz einfach: Der Eigenschaft `keyCount` hatten wir ja als Typen `NSNumber*` gegeben, also ein Objekt. Objekte werden mit %@ ausgegeben, wie Sie bereits wissen.

Eine Alternative liegt darin, dass abgefragt wird, ob eine entsprechende Methode vorhanden ist. Rufen Sie sich hierzu in Erinnerung, dass die Dot-Notation ja auch nur die Verwendung von Accessoren ist. Entsprechender Code sähe so aus:

```
SEL getter = @selector( keyCount );
if( [anInstrument respondsToSelector:getter] ) {
    NSLog( @"%@ Tasten", [aPiano performSelector:getter] );
}
```

Hier wird abgefragt, ob das Instanzobjekt auf eine Nachricht `keyCount` empfangen kann. Ist dies der Fall, so wird eine entsprechende Nachricht mit `-performSelector:` versendet. Der Unterschied zur vorangegangenen Lösung liegt darin, dass wir uns nicht auf eine Klasse festlegen: Auch jede andere Subklasse von Instrument, die die Methode `keyCount` hat, würde entsprechend behandelt werden. Diese Technik wird zum Beispiel beim Delegating angewendet. Das besprechen wir noch im Rahmen von Protokollen und verfeinern es.

3.5 Kategorien

In Objective-C existiert eine Möglichkeit, bestehende Klassen nachträglich um weitere Methoden zu erweitern. Wir haben auch schon einmal eine Kategorie benutzt, nämlich als anonyme Kategorie in einer Class-Continuation. Dies ist aber ein Spezialfall, da derlei anonyme Kategorien immer gemeinsam mit der Implementierung der zu erweiternden Klasse kompiliert werden müssen.

Generell lassen sich aber mit Kategorien sogar dann Klassen erweitern, wenn sie nicht als Source vorliegen. Und der Witz ist, dass sich diese Erweiterungen auch auf alle Subklassen auswirken, sogar dann, wenn die Subklasse längst von jemand anderem erstellt wurde. Man kann mit Kategorien also auch nachträglich fremde Klassen wie die von Cocoa erweitern.

Kategorien können auch Klassen um Propertys erweitern, da diese ja auch nur Methodendeklarationen sind. Allerdings ist es nicht möglich, in einer Kategorie eine Instanzvariable explizit oder mittels `@synthesize` hinzuzufügen. Propertys sind also nur insoweit sinnvoll, wie die Accessoren nicht auf Instanzvariablen zugreifen, etwa im Rahmen einer Calculated-Property. Damit verliert `@synthesize` seinen Zweck und ist in einer Kategorie verboten.

Kapitel 3

3.5.1 Erweiterung

Stellen Sie sich vor, Sie haben die tolle Idee, eine Klasse um eine Methode zu erweitern. Nehmen wir zum Beispiel NSString, die Klasse mit den unformatierten Texten: Da soll es jetzt eine Methode geben, die immer das erste Wort zurückliefert. Erweitern kennen Sie, das macht man mit Subklassen.

Jetzt muss man also NSString zu einer neuen Subklasse, sagen wir MyString, ableiten und seine neue Methode, nennen wir sie -firstWord, einfügen. Alle weiteren Klassen, Subklasssen von NSString, müssen dann von der neuen Klasse MyString ableiten, um diese Methode zu erben. Das betrifft etwa NSMutableString, die veränderliche Variante, die Sie auch schon kennengelernt haben. Außerdem werden ja an den verschiedensten Stellen Instanzen von NSString erzeugt. Da steht dann so etwas wie:

… = [[NSString alloc] init];

Auch das müsste jetzt zu MyString geändert werden. Mal abgesehen davon, dass das unpraktisch ist, wenn man schon häufig von NSString abgeleitet oder es verwendet hat, ist es zudem unmöglich, wenn man fremden Code hat. Ich glaube nicht, dass Sie jemanden bei Apple davon überzeugen können, nunmehr Ihre Klasse als Basisklasse für NSMutableString zu verwenden. Sie werden auch bei Apple niemand überzeugen können, an allen Stellen von Cocoa Instanzen von Ihrer Stringklasse anstelle von NSString zu erzeugen. Dies gilt umso mehr, als Sie ja nun nicht der einzige Programmierer sind und andere Programmierer auch gerne mal NSString erweitern. Wer soll sich jetzt bei Apple durchsetzen?

Dies bedeutet also, dass Sie fremde Klassen nicht nachträglich durch Ableitung in der Art erweitern können. Das heißt, Sie können das zwar, es wird sich nur niemand außer Ihnen um Ihre Klasse kümmern und sie berücksichtigen. Ableitung ist also nur das Mittel zur Erweiterung bestehender Funktionalität, wenn es sich um die eigene Klassenhierarchie handelt.

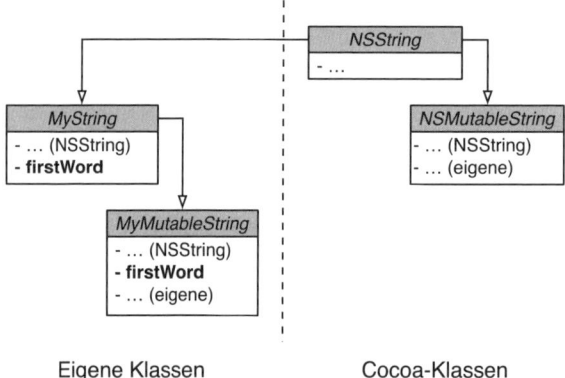

Wenn wir eine Subklasse erzeugen, kommen nur wir in den Genuss der Erweiterung.

236

Geht nicht gibt's nicht: In Objective-C geht das tatsächlich und wird als »Kategorie« bezeichnet. Sie suchen sich die entsprechende Klasse aus und schreiben dafür eine Kategorie. Alle Instanzen der Klasse, auch ohne dass sie mit Hinweis auf die Kategorie erzeugt wurden, erhalten dann ebenfalls die Fähigkeiten aus der Kategorie. Wird also mit obigem Code eine Instanz von NSString erzeugt, so hat auch diese automatisch die neue Methode –firstWord.

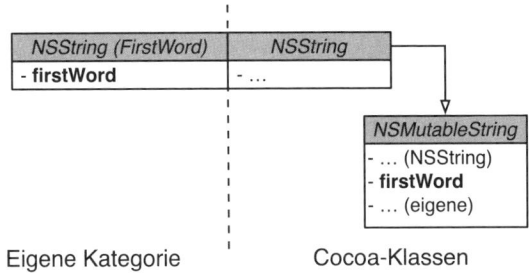

Kategorien wirken sich auch auf fremde Ableitungen aus.

Wir probieren das einmal aus. Sie gehen bei der Erstellung einer Kategorie wie bei einer Klasse vor (*File* | *New* | *File...* oder durch den *Plus*-Button unterhalb des Project-Navigators), wählen als Vorlage im erscheinenden Dialog jedoch anstelle von *Objective-C class* wenig überraschend *Objective-C category*. Wenn Sie auf *Next* klicken, so werden Sie nach dem Namen der Kategorie gefragt, den Sie bitte einfach mit *Word* angeben. Darunter müssen Sie jetzt nicht wie bei Klassen die Basisklasse angeben, sondern diejenige Klasse, die erweitert werden soll. Hier tragen Sie *NSString* ein. *Next* klicken und einen Speicherort wählen. *Create*.

HILFE

Auch für das Anlegen einer Kategorie gibt es ein How-To auf der Webseite.

Sie sehen, dass zwei neue Dateien im Projekt gelandet sind, nämlich NSString+Word.h und NSString+Word.m. Dies ist die klassische Bezeichnung für Kategoriedateien: *Klassename+Kategoriename*.

Wie in einer Klasse gibt es zwei Teile, von denen einer in den Header gehört und der andere in die Implementierung. Sie erzeugen sich also wiederum zwei Dateien. Im Header geben Sie die neue Methode bekannt:

```
@interface NSString (Word)
- (NSString*)firstWord;
@end
```

und implementieren Sie dann in der Implementierungsdatei:U.

```
@implementation NSString (Word)
- (NSString*)firstWord
{
    NSCharacterSet *nonLetters;
    nonLetters = [[NSCharacterSet letterCharacterSet] invertedSet];
    NSRange nonLetterRange;
    nonLetterRange = [self rangeOfCharacterFromSet:nonLetters];
    if( nonLetterRange.location == NSNotFound ) {
        return [NSString stringWithString:self];
    }
    return [self substringToIndex:nonLetterRange.location];
}
@end
```

Wir müssen hier nicht inhaltlich auf die Erweiterung eingehen. Für Interessierte: Zunächst wird ein Zeichensatz erzeugt, der alle Buchstaben enthält, und dieser wird dann umgedreht. Das Ergebnis ist also ein Zeichensatz, der keine Buchstaben enthält. Dann wird nach einem solchen Zeichen im String gesucht. Wird keines gefunden, wird einfach eine Kopie des Strings selbst zurückgeliefert, andernfalls der erste Teil des Strings bis zu diesem Zeichen.

Und diese Erweiterung findet sich dann ohne Neukompilierung der alten Klasse in allen abgeleiteten Klassen wieder. Das können wir mal in `main()` ausprobieren:

```
#import "NSString+Word.h"
...
```

Wie bei einer Subklasse müssen wir den Header der Kategorie importieren. (Die anderen Importe benötigen wir gleich noch, so dass Sie diese bitte stehen lassen.)

```
...
int main (int argc, const char * argv[])
{
    @autoreleasepool {
        NSString* text = @"Dies ist ein Satz";
        NSLog (@"Satz:'%@' Wort: '%@'", text, [text firstWord] );

        text = [NSString stringWithFormat:@"Amin Negm %d", 2];
        NSLog (@"Satz:'%@' Wort: '%@'", text, [text firstWord] );

        NSMutableString *mutable = [NSMutableString string];
        NSLog (@"Satz:'%@' Wort: '%@'", mutable, [mutable firstWord] );

        [mutable appendString:@"Negm"];
        NSLog (@"Satz:'%@' Wort: '%@'", mutable, [mutable firstWord] );
```

```
        [mutable appendString:@"-"];
        NSLog (@"Satz:'%@' Wort: '%@'", mutable, [mutable firstWord] );

        [mutable appendString:@"Awad"];
        NSLog (@"Satz:'%@' Wort: '%@'", mutable, [mutable firstWord] );
    }
    return 0;
}
```

Wenn Sie das Programm starten, sehen Sie die zutreffenden Ergebnisse:

>… Satz:'Dies ist ein Satz' Wort: 'Dies'
>… Satz:'Amin Negm 2' Wort: 'Amin'
>… Satz:'' Wort: ''
>… Satz:'Negm' Wort: 'Negm'
>… Satz:'Negm-' Wort: 'Negm'
>… Satz:'Negm-Awad' Wort: 'Negm'

Bemerken Sie, dass wir die Standardklassen NSString und NSMutableString verwenden, also keine eigene Subklasse hiervon? Die Strings werden also irgendwo in den Tiefen von Cocoa erzeugt. Dennoch kennen Sie unsere neue Methode.

HILFE

Sie können das Projekt in diesem Zustand als ObjectiveC-12 von der Webseite herunterladen.

3.5.2 Strukturierung

Eine weitere Funktion von Kategorien ist es dann, die Fähigkeiten einer großen Klasse in einzelne Kategorien zu verpacken. Auf diese Weise erhält man Dateien, die nicht so überladen sind, und hat das Ganze gleich thematisch strukturiert.

Ein Beispiel hierfür liefert uns wiederum die Klasse NSString. Diese speichert Texte, das wissen Sie langsam zur Genüge. Aber man kann diese nicht in Fenstern ausgeben. Das liegt schon daran, dass es sich bei NSString um eine Klasse des Foundation-Frameworks, also der Grundlagen handelt, während Aufgaben, die sich auf Applikationen mit graphischer Benutzeroberfläche beziehen (Fenster!), im AppKit-Framework befinden. Nun kann ein und dieselbe Klasse ja nicht zweimal definiert werden.

Muss sie auch nicht: Das AppKit erweitert einfach die aus Foundation bestehende Klasse NSString um eine Kategorie AppKitAdditions.

Das kann auch Ihnen hilfreich sein, wenn Sie große Klassen haben: Die Basisfunktionalität stopfen Sie einfach in die Klasse, erweiterte Funktionalitäten in Kategorien. So wird der Sourcecode gut gegliedert. Und noch besser: Jeder, der eine Kategorie benutzt, muss diese ja importieren. Sie sehen also gleich bei der Benutzerklasse, welche Funktionalitäten sie benötigt.

3.5.3 Kapselung

Daneben existiert bei dieser Aufteilung in Funktionseinheiten die Möglichkeit, Teile einer Klasse zu verheimlichen. Im Grunde genommen hatten wir das bereits mit der anonymen Kategorie in einer Class-Continuation gemacht. Deren Zweck lag ja auch darin, Teile der Klassendeklaration nur in der Implementierung zu kennen. Das funktioniert aber nicht, wenn bestimmte andere Klassen die Erweiterung kennen sollen:

Stellen Sie sich vor, dass es Methoden in Instrument gibt, die zwar alle von Instrument abgeleitete Klassen kennen sollen, jedoch nicht die Benutzer der Klassen, in unserem Beispiel also das Hauptprogramm in main.m. Der Trick besteht dann darin, die geheimen Zusatzmethoden in eine Kategorie zu packen und diese nicht zu dokumentieren. Zur Klarstellung wird dem Kategorienamen dann auch gerne ein Unterzug _ vorangestellt. Diese Kategorie wird jetzt von den Subklassen Piano und Guitar importiert, so dass diese die Methoden kennen, nicht aber von main.m.

Bedeutend wird dies, wenn Sie selbst Klassen in einem eigenen Framework zusammenfassen. (In Band 2 werden wir das einmal machen.) Hierbei können Sie nämlich bestimmen, welche Header für den Anwender des Frameworks sichtbar sein sollen. Klammern Sie hier die entsprechende Kategorie aus, so kann niemand außerhalb des Frameworks die geheimen (man sagt: privaten) Methoden versehentlich benutzen.

3.5.4 Informelle Protokolle

Früher dienten Kategorien als Behelf für sogenannte informelle Protokolle. Dabei handelte es sich um Methodensammlungen, bei denen die Implementierung einer Methode optional war. Wie Sie sogleich sehen, geht dies mittlerweile auch mit formellen Protokollen.

Ich habe schon früher nichts von diesem Trick gehalten. Jetzt ist er ganz gewiss absurd geworden. Denken Sie nicht weiter darüber nach, sondern lernen Sie gleich, wie Protokolle funktionieren.

3.6 Protokolle

Protokolle sind so etwas wie Methodenbündel. Eine Liste von Methoden bildet also zusammen ein Protokoll. Ein Protokoll ist dabei anders als eine Kategorie nicht an eine Klasse gebunden. Das Vorhandensein von Methoden wird vielmehr in beliebig vielen

Klasseninterfaces versprochen und in den Klassen selbst implementiert. Es gibt also kein Implementierungsgegenstück des Protokolls selbst, wie Sie das von Klassen und Kategorien kennen. Gehen wir das mal im Einzelnen durch:

3.6.1 Definition

Die Definition eines Protokolls ist formal recht einfach:

```
@protocol MyProtocol
- (void)method1;
- (void)method2;
@end
```

Eine solche Festlegung nennt man genauer ein »formelles Protokoll«. Dies grenzt es von den vorgenannten informellen Protokollen ab. Da diese aber nicht mehr zu verwenden sind, verzichte ich künftig auf das Adjektiv formell. Ich meine mit Protokollen nur noch formelle.

Der Grund dafür liegt in der nunmehr bestehenden Möglichkeit, bei Protokollen anzugeben, ob bestimmte Methoden zwingend oder optional enthalten sein müssen. Erweitern wir obiges Beispiel:

```
@protocol MyProtocol
- (void)requiredMethod1;
@optional
    - (void)optionalMethod1;
    - (void)optionalMethod2;
@required
    - (void)requiredMethod2;
@end
```

Übernimmt eine Klasse ein solches Protokoll, so muss sie die Methoden -requiredMethod1 (weil @required Standard ist) und -requiredMethod2 implementieren, nicht aber diejenigen, die nach @optional folgen.

Erstellen wir ein Beispiel. Wir definieren uns ein Protokol für Instrumente. Dazu erzeugen Sie wiederum eine neue Datei wie bei Klassen oder Kategorien, wählen aber im Dialog als Vorlage *Objective-C protocol* aus. Nach einem Klick auf *Next* können Sie nur den Protokollnamen eingeben. Richtig, Protokolle beziehen sich ja auch nicht auf Klassen. Geben Sie *Play* ein, klicken Sie wieder auf *Next* und erzeugen Sie die Datei am gewünschten Ort.

Wie Sie im Project-Navigator erkennen können, ist jetzt nur eine Headerdatei erzeugt worden. Auch das ist richtig, weil Protokolle ja keine Methoden implementieren. Wenden wir uns aber dem neuen Protokoll zu. Es soll das Spielen von Instrumenten formalisieren. Schauen wir uns zunächst den bestehenden Code an:

@protocol Play <NSObject>

@end

Es wird ein Protokoll definiert, welches Play heißt. In den spitzen Klammern wird bestimmt, welche (bestehenden) Protokolle automatisch enthalten sein sollen. Das ist also auch die Spezifikation von Protokollen, nicht von Klassen. In diesem Falle wird also das Protokoll NSObject übernommen. (Nicht etwa die Klasse NSObject. Protokolle können wie Klassen heißen, ohne dass das kollidiert.) Wozu wir das benötigen, sehen wir sogleich.

Fügen wir zwei Methoden hinzu:

```
@protocol Play <NSObject>
- (void)play;

@optional
- (void)pluck;
@end
```

Es werden also zwei Methoden implementiert, von denen die erste, -play, zwingend vorgeschrieben und die zweite, -pluck, optional ist. Das bedeutet übrigens zupfen.

Gut, damit ist das Protokoll definiert.

3.6.2 Übernahme in Klassen

Wie bereits erwähnt, werden Protokolle durch Klassen übernommen. Sie ahnen bereits, dass unsere Klasse Instrument das Protokoll übernimmt. Machen Sie das mal in Instrument.h:

```
#import "Play.h"

@interface Instrument : NSObject <Play>
...
@end
```

Zunächst müssen wir wieder das Protokoll bekannt machen, wozu der Import dient. Auch hier: Wenn wir das Protokoll lediglich zur Typisierung von Methodenparametern oder Eigenschaften benötigen, existiert eine Forward-Declaration analog zur Klasse:

@protocol Play;

Wir übernehmen es allerdings in die Klasse und müssen es daher importieren.

Mit den spitzen Klammern in der Zeile mit @interface nach der Basisklasse sagen wir, dass die abgeleitete Klasse Instrument das Protokoll Play unterstützt. Also ganz einfach: Die Methode -play wird in Instrument implementiert, die Methode -pluck vielleicht. (Und die Methoden des NSObject-Protokolls entsprechend, weil ja das Protokoll Play das Protokoll NSObject übernimmt. Aber diese sind bereits vorhanden, weil ja Instrument von NSObject erbt und NSObject das NSObject-Protokoll implementiert.)

> **AUFGEPASST**
>
> Man kann in einer Klasse mehrere Protokolle versprechen, indem man diese in den spitzen Klammern durch Kommata getrennt aufzählt.

Deshalb erhalten wir auch schnell eine Fehlermeldung, dass Instrument unvollständig programmiert wurde (*incomplete implementation*). Denn die zwingende Methode -play fehlt ja. Holen wir das nach und wechseln in die Implementierung von Instrument. Dort fügen wir am Ende die Methode hinzu:

```
@implementation Instrument
...
- (void)play
{
    NSLog( @"Playing" );
}
@end
```

Nunmehr sollte sich bereits das Programm übersetzen lassen. Sie können es mit [Befehl]+[B] ausprobieren oder einfach warten, bis die im Editor angezeigten Fehler wieder verschwinden.

Aber fehlt nicht noch -pluck? Nein, weil die Methode ja optional war. Kümmern wir uns auch darum. Gitarren können gezupft werden. Also bauen wir in Guitar.m die Methode am Ende ein:

> **GRUNDLAGEN**
>
> Auch hier gelten die Regeln des Ableitens. Da Guitar eine Subklasse von Instrument ist, müssen auch die Protokolle der Basisklasse implementiert werden. Da aber Guitar als Subklasse die Methoden der Basisklasse erbt, ist das auch bereits erfolgt. Sonst würde ja bereits ein Fehler bei Instrument erscheinen. Wir können natürlich in Guitar die Methode -play überschreiben, wie dies bei jeder Methode geht.

```
@implementation Guitar
...
- (void)pluck
{
    NSLog( @"kling klung" );
}
@end
```

Soviel zur Übernahme von Protokollen in Klassen.

3.6.3 Verwendung

Nachdem die Klassen das entsprechende Protokoll übernommen haben, können wir entsprechende Nachrichten an die Instanzen schicken. Dabei sind jedoch mehrere Fälle zu unterscheiden:

Required-Methoden

Schicken wir zunächst in main.m eine Nachricht an die Instanzen, welche eine Required-Methode auslösen:

```
int main (int argc, const char * argv[])
{
   @autoreleasepool {
      Instrument *instrument;

      instrument = [[Instrument alloc] init];
      [instrument play];

      instrument = [[Guitar alloc] init];
      [instrument play];
   }
   return 0;
}
```

Sie sehen also, dass man die entsprechende Required-Methode ohne Not ausführen kann. Übrigens ist ein Import des Protokolles hier nicht notwendig, da es ja bereits im Header von Instrumten importiert wird und dieser wiederum in main.m.

Das ist aber jetzt wenig neu: Immerhin hätten wir einfach die entsprechende Methode gleich in Instrument deklarieren können. Das Protokoll bringt hier noch keinen Nutzen.

Optional-Methoden

Gehen wir einen Schritt weiter: Wir hatten aber noch eine Methode in das Protokoll geschrieben, die von den Klassen lediglich implementiert werden konnte. Wir können ebenso eine entsprechende Nachricht an die Instanzen schicken. Na, ja, nicht so richtig. Denn tatsächlich hatte nur Guitar die Methode -pluck enthalten. Probieren wir das aus:

```
instrument = [[Guitar alloc] init];
[instrument play];
[instrument pluck];
```

Nach einem Probedurchlauf sehen Sie, dass die Methode zutreffend ausgeführt wird. Versuchen wir das mit der Basisklasse:

```
instrument = [[Instrument alloc] init];
[instrument play];
[instrument pluck];
```

Starten Sie jetzt das Programm, kommt es zu einem Fehler. Dies können Sie im Log sehen:

```
Playing
> -[Instrument pluck]: unrecognized selector sent to instance 0x1001142a0
> *** Terminating app due to uncaught exception 'NSInvalidArgumentException',
reason: '-[Instrument pluck]: unrecognized selector sent to instance
0x1001142a0'
```

Das ist auch klar: Hier wird eine Instanz der Klasse Instrument erzeugt, die die Methode nicht implementiert, und genau an diese eine entsprechende Nachricht gesendet. Das kann nicht funktionieren. Aus diesem Grunde müssen wir bei einer solchen optionalen Methode nachfragen, ob sie implementiert wurde. Noch einmal das Ganze:

```
int main (int argc, const char * argv[])
{
   @autoreleasepool {
      Instrument *instrument;
      SEL pluckSelector = @selector(pluck);

      instrument = [[Instrument alloc] init];
      [instrument play];
      if( [instrument respondsToSelector:pluckSelector] ) {
         [instrument pluck];
      }

      instrument = [[Guitar alloc] init];
      [instrument play];
      if( [instrument respondsToSelector:pluckSelector] ) {
         [instrument pluck];
      }
   }
   return 0;
}
```

Sie kennen diese Abfrage schon aus einem vorangegangenem Beispiel. Beachten Sie aber einen kleinen, jedoch feinen Unterschied: Im If-Zweig wird nicht mehr die Klasse verändert, es fehlt dieses Casting von vorhin. Das macht die Sache schon deutlich lesbarer. Code ausprobieren!

Halten wir also fest:

- An eine Instanz einer Klasse können diejenigen Nachrichten geschickt werden, für die im Header der Klasse Methoden deklariert wurden.
- Ebenso können an diese diejenigen Nachrichten geschickt werden, für die ein Protokoll Required-Methoden enthält, welches von der Klasse implementiert wurde.
- Werden jedoch Nachrichten gesendet, für die Methoden im von der Klasse übernommenen Protokoll lediglich Optional-Methoden existieren, so lässt dies der Compiler zwar zu. Für einen fehlerfreien Programmlauf müssen wir jedoch vor Absetzen der Nachricht nachfragen, ob eine entsprechende Methode implementiert wurde.

Aber auch das ist kein wirklicher Vorteil. Wir hatten Ähnliches schon mit Klassen gemacht.

Protokolltypisierung

Der wahre Nutzen erscheint erst dann, wenn man noch einen Schritt weitergeht. Das Problem: Stellen Sie sich vor, dass ein Element von Cocoa, etwa ein Tableview, Daten aus unserem Programm abholen will. Es müsste dazu Nachrichten an eine von uns programmierte Klasse schicken. Nur welche? Die von Apple programmierte Klasse kennt unsere Datenlieferantenklasse nicht. Es weiß also nicht, welche Nachrichten die richtigen sind. Dies bedeutet, dass solcher Code nicht auf eine Klasse typisieren kann und id verwenden muss. Das ist jetzt aber auch nicht das Gelbe vom Ei, da ja an id jede Nachricht geschickt werden kann. Es sollen aber nur bestimmte zur Datenlieferung erlaubt sein. Die Lösung liegt darin, die ID-Variable ohne Klasse (id), aber mit Protokoll zu typisieren:

```
int main (int argc, const char * argv[])
{
    @autoreleasepool {
        id<Play> instrument;
…
    }
    return 0;
}
```

An diese Variable darf ja jede Instanz jeder Klasse zugewiesen werden, da wir lediglich mit id typisiert haben. Durch die Angabe des Protokolles in den spitzen Klammern teilen wir dem Compiler mit, dass wir nur die Methoden aus dem Protokoll erwarten, also -play und -pluck. Daher muss die Klasse der zugewiesenen Instanz im Header die Einhaltung des Protokolles versprechen, was bei sämtlichen unserer Klassen der Fall war, da Instrument bereits die EInhaltung versprach und die anderen Klassen hiervon ableiteten. Da wir auch nur Nachrichten aus dem Protokoll versenden, ist das kein Problem. Wir haben also gewissermaßen bei der Nachrichtenüberprüfung des Compilers die Klasse durch das Protokoll ersetzt.

Stopp! Wir versenden eine andere Nachricht, nämlich -respondsToSelector:. Schauen Sie mal in das if. Wieso geht das? Sie ist ja nicht Bestandteil des Protokolls. Doch, ist sie. Denn unser Protokoll Play hat wiederum das Protokoll NSObject übernommen. Und dort befindet sich genau diese Methode.

> **HILFE**
>
> Protokolle werden genauso dokumentiert wie Klassen. Sie können also in der Hilfe nach einem Protokoll von Cocoa suchen. Versuchen Sie es mal mit NSObject. In der Trefferliste erscheint dann ein *Pr* neben dem Treffer anstelle eines *C* für Klassen.

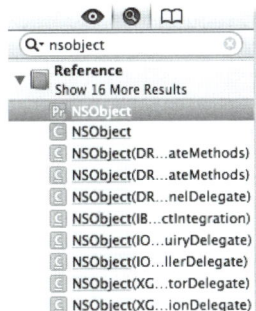

Wie Klassen werden auch Protokolle dokumentiert.

Wir können alternativ auch einmal eine Nachricht schicken, für die eine Methode zwar in Instrument implementiert wurde, die aber nicht im Protokoll enthalten ist:

```
instrument = [[Instrument alloc] init];
instrument.name = @"Basisklasse";
[instrument play];
```

Das lässt der Compiler nicht zu, wie Sie daran erkennen können, dass sofort ein Fehler angezeigt wird. Löschen Sie die Zeile wieder,

Fassen wir also auch dies zusammen:
- An eine eine ID-Variable mit einem Protokoll können wir nur Nachrichten verschicken, für die Methoden im Protokoll enthalten sind.
- »Im Protokoll enthalten« bedeutet ebenfalls, in einem Protokoll enthalten, welches vom Protokoll übernommen wurde.
- Auch hier ist es unsicher, eine Nachricht an eine Instanz zu senden, für die die entsprechende Methode optional ist.

Kapitel 3

Protokollabfrage

Auf einen Umstand möchte ich Sie noch aufmerksam machen: In unserem Code sind weiterhin die Klassen `Instrument` und `Guitar` enthalten. Dies ist nur deshalb der Fall, weil ich hier ein kurzes Beispielprogramm brauche. Wir können hier wieder die Objekterzeugung und die Objektverwendung gedanklich trennen:

```
// Objekterzeugung
instrument = [[Instrument alloc] init];
// Objektverwendung
[instrument play];
if( [instrument respondsToSelector:pluckSelector] ) {
    [instrument pluck];
}
```

Dann sollte Ihnen klar sein, dass im unteren Teil nicht mehr bekannt ist, von welcher Klasse Instrument ist. Denken Sie sich einfach, dass die Objekterzeugung an einer ganz anderen Stelle des Programmes erfolgt ist.

Aus diesem Grunde ist es bei der Zuweisung einer Instanz an die mit einem Protokoll versehene ID-Variable wichtig zu überprüfen, ob die Instanz wirklich das Protokoll implementiert. In unserem Falle, wie sehr häufig, erfolgt das automatisch durch den Compiler. Denn der sieht ja, dass mit +alloc und -init eine Instanz von `Instrument` bzw. `Guitar` erzeugt wird. Er überprüft daher, ob diese Instanz von einer Klasse ist, die das Protokoll übernimmt. Sie können das einfach mal testen, indem Sie im Header von `Instrument` die Angabe des Protokolles im Interface entfernen. Schon hagelt es Fehler.

Es gibt aber Konstellationen, in denen sich das nicht mehr so leicht erkennen lässt. In diesen Fälle lässt sich mit der Methode `-conformsToProtocol:` nachprüfen, ob die Instanz das Protokoll implementiert. Dies ist sozusagen das Protokollgegenstück zu `-isKindOfClass:`. Ein Beispiel:

```
id<Play> instrument;
Protocol *playProtocol = @protocol(Play);
instrument = …;
if( [instrument conformsToProtocol:playProtocol] ) {
    …
}
```

Jetzt haben wir den Zustand erreicht, dass unser Code klassenlos geworden ist. Das Grundproblem, dass der Programmierer bei Apple unsere Klasse kennen muss, ist verschwunden. Er liefert einfach ein Protokoll.

Ist das jetzt aber besser oder doch nur der Teufel mit dem Belzebub ausgetrieben? Immerhin hätte uns der Programmierer bei Apple anstelle des Protokolles eine Basisklasse liefern können. Ja, es ist besser, weil sich Protokolle beliebig kombinieren lassen und das auf mehreren Ebenen der Klassenhierarchie. Sprachen, die das mit Klassen anfangen, man nennt das Mehrfachvererbung, führen zu komplizierten Problemen und Konstrukten. Das erspart man sich.

> **GRUNDLAGEN**
>
> Überprüft wird immer, ob eine Instanz von einer Klasse ist, die das Protokoll offiziell implementiert. Wenn also die Methoden des Protokolles ohne Angabe im Interface gleichsam »zufällig« implementiert wurden, so gilt, dass die Instanz das entsprechende Protokoll nicht implementiert.

Mir ist klar, dass die Verwendung von Protokollen nicht ganz einfach zu verstehen ist. Es führt aber zu dem für Cocoa so wichtigem Delegating. Dieses wird uns daher auch noch begegnen. Dann schlagen Sie vielleicht noch einmal in diesen Abschnitt zurück und gehen ihn erneut durch.

3.7 Zusammenfassung

So, Sie haben ein wichtiges Grundlagenkapitel hinter sich gelassen und nunmehr Ahnung von Objective-C. Und ich darf Ihnen sagen, dass Ihre Kenntnisse schon ganz schön fortgeschritten sind: Sie sollten die Sprachmittel von Objective-C einschließlich der wichtigen Wurzeln aus C verstanden haben. Natürlich bedarf das noch der Erfahrung, Erfahrung, Erfahrung, um es schnell umsetzen zu können. Das allermeiste wird Ihnen aber schon bald aus dem Rückenmark gelingen. Es ist noch kein Meister vom Himmel gefallen.

Dennoch, und darauf kommt es mir an, wissen Sie jetzt schon, wie man wichtige Details richtig umsetzt. Wenn Sie es anfänglich wieder vergessen, dann schlagen Sie einfach hier nach. Die neue Kapitelstruktur dient auch dazu, dieses häufig nachzuschlagende Wissen in einem Kapitel konzentriert zu haben.

Foundation

Kapitel 4

Wie bereits ausgeführt, sind Teile, die klassischerweise Bestandteil der Programmiersprache sind, in Objective-C in das Framework ausgelagert. Derlei Funktionalität befindet sich in dem Bereich Foundation von Cocoa. Hinzu kommen auch bei anderen Programmiersprachen klassische Elemente des Frameworks, nämlich informationstechnologische Standardklassen wie Texte, Zahlen, Listen usw. Dieses Kapitel komplettiert also den Grundbestand an Wissen, der in Kapitel 3 aufgebaut wurde.

Kapitel 4

4.1 Objekterzeugung

Wir arbeiten an dem Projekt aus dem letzten Kapitel weiter. Bisher haben wir es uns recht einfach mit der Erzeugung von Objekten gemacht. Schauen wir uns einmal ein typisches Stück Code an, welches Sie bereits kennen, das erste Auftauchen einer eigenen Instanz:

```
aGuitar = [[Instrument alloc] init];
```

Ich erläuterte dazu, dass mit +alloc eine Instanz erzeugt wird, die mit -init ihre Initialisierung erhält. Daran ist bemerkenswert:

- Objective-C unterscheidet das reine Erzeugen einer Instanz vom Initialisieren. In anderen Programmiersprachen wird das als Ein-Schritt-Konstruktion angesehen. Hier existiert also die Möglichkeit, etwas feiner einzugreifen.

- Sowohl die reine Erzeugung wie auch die Initialisierung geschieht nicht mit stinknormalen Nachrichten. Es ist also nicht in der Programmiersprache selbst definiert, wie Instanzen erzeugt werden, sondern Aufgabe des Frameworks.

Genau der letzte Punkt ist der Grund dafür, warum die Instanzerzeugung jetzt in Kapitel 4 beschrieben wird und nicht in Kapitel 3. Gehen wir das im Einzelnen durch:

> **GRUNDLAGEN**
>
> Wie bereits erwähnt, werden Klassenobjekte nicht durch Sie als Programmierer erzeugt, sondern sind einfach da. Es existiert allerdings eine Initialisierung von Klassenobjekten. Diese wird auch besprochen. Aber ein +alloc für Klassenobjekte gibt es einfach nicht, weil es unnötig ist.

4.1.1 Allokation

Wie Sie bereits wissen, speichert eine Instanz Eigenschaften in Instanzvariablen. Die belegen – wie jede andere Variable – Speicher. Und zwar für jede Instanz neu. Die Allokation selbst erfolgt über die Nachricht

```
[AClass alloc]
```

Als Rückgabewert wird die neue Instanz geliefert.

Aufgabe der Allokation ist es, diesen Speicher vom Betriebssystem anzufordern. Außerdem wird das Objekt »teilinitialisiert«, was bedeutet, dass sämtliche Instanzvariablen (und damit die daran hängenden Eigenschaften) als Wert ihre Repräsentation von 0 erhalten. Dies bedeutet:

- Ganzzahlen, gleichgültig, welche Größe sie haben und ob sie negative Zahlen beinhalten, haben den Wert 0.
- Fließkommazahlen, gleichgültig welcher Genauigkeit, haben den Wert 0.0.
- ID-Variablen (Zeiger auf Objekte) haben den Wert nil bzw. Nil, wenn sie über den Typen Class auf Klassenobjekte zeigen.
- Andere Zeiger (C-Zeiger) haben den Wert NULL.
- Für Strukturen und C-Felder gelten diese Regeln für jede Komponente.

Ferner wird bereits in der Allokation das erzeugte Instanzobjekt für den Empfang von Nachrichten aufgebaut, erhält also eine Klasse. Dies ist deshalb wichtig, weil das Objekt als nächstes die Initialisierungsnachricht empfangen muss. (In unseren bisherigen Beispielen –init.)

+alloc selbst übernimmt genau genommen nicht diese Aufgaben, sondern schickt an das Klassenobjekt die Nachricht +allocWithZone:. Hierbei wird als Zone nil übergeben, was Standardzone bedeutet.

> **GRUNDLAGEN**
>
> »Zones« sind in Cocoa Speicherbereiche, die zusammenhängen. Sie müssen sich nicht um diese Zones kümmern, da Cocoa und OS X selbst eine Standardzone erzeugen.

Es besteht in aller Regel kein Bedarf, die +alloc...-Implementierungen von NSObject zu verändern.

4.1.2 Initialisierung

Nachdem das Objekt mit +alloc erstellt wurde, ist die nächste Nachricht immer eine Initialisierungsnachricht. Diese beginnt mit init. Sie sollten (mit sollten im Sinne von dürfen) auch keine andere Methode als einen Initialisierer so bezeichnen. Ja, ich weiß, init ist so ein schönes Wort. Ihnen fällt sicherlich aber im entscheidenden Falle ein anderes ein.

Die Initialisierung dient dazu, die neu erzeugte Instanz mit sinnvollen Werten zu befüllen. Bisher stehen dort ja nur 0-en, was vielleicht nicht zulässig ist. Stellen Sie sich nur vor, jedes Instrument müsste einen Namen haben.

Designated-Initializer

Bisher hatten wir lediglich die Nachricht –init verwendet. Eine entsprechende Methode wurde von uns nicht in den abgeleiteten Klassen Instrument, Guitar und Piano implementiert. Dadurch wurde sie von NSObject geerbt. Da diese Methode nichts macht, bleibt es dabei, dass alle Instanzvariablen auf 0-en stehen. Das bedeutet also, dass die Eigenschaft age 0 ist, die Eigenschaft price 0 und die Eigenschaft name nil. Wir können das mal testen. Dazu ändern Sie bitte main.m:

```
int main (int argc, const char * argv[])
{
   @autoreleasepool {
      Instrument *instrument = [[Instrument alloc] init];
      NSLog( @"%@ %ld %ld", instrument.name, instrument.age, instrument.price );
   }
   return 0;
}
```

Als Ausgabe erhalten wir entsprechend:

>... (null) 0 0

Das *(null)* bedeutet übrigens bei Objekten nil. Deshalb hatten wir auch häufig als erstes dem Instrument einen Namen gegeben.

Aus diesem Grunde bietet man neben dem von NSObject ererbten Initialisierer -init weitere an, die die Erstellung einer Instanz erleichtern. Das machen wir jetzt auch. Zunächst geben wir dem Header-Instrument eine neue Methode:

```
@interface Instrument : NSObject <Play>
@property (copy)   NSString  *name;
@property NSInteger  age;
@property NSInteger  price;

#pragma mark Creation
- (id)initWithName:(NSString*)name age:(NSInteger)age price:(NSInteger)price;

#pragma mark Aging
- (void)growOld;
@end
```

Diese Methode muss freilich dann auch implementiert werden.

```
- (id)initWithName:(NSString*)name age:(NSInteger)age price:(NSInteger)price
{
   // Zunaechst Initialisierung der Superklasse ausfuehren
   self = [super init];

   // Bei Erfolg ...
   if( self ) {
```

```
        // ... eigene Instanzvariablen setzen
        self.name = name;
        self.age = age;
        self.price = price;
    }
    return self;
}
@end
```

> **TIPP**
>
> Ich implementiere die Initialisierer immer am Ende einer Klasse. Dies hat den Vorteil, dass ich sämtliche bestehenden Methoden davor stehen habe, welche deshalb von mir benutzt werden können. Umgekehrt wird so gut wie nie eine andere Methode einen Initialisierer nutzen. Die Initialisierungsnachricht kommt ja von außen. Und deshalb befinden sich Initiailisierer ja auch im Header. Nach der Regel, dass Methoden erst benutzt werden dürfen, nachdem sie deklariert wurden, verhindere ich so Kollisionen. Ich nannte das bereits einmal Bottom-Up.

Gehen wir das mal durch:

```
self = [super init];
```

Auffallend ist hier, dass das super zum ersten Mal von uns verwendet wird. Aufgepasst, jetzt kommt eine goldene Regel: Wenn sich eine Instanz einer Subklasse initialisiert, muss sie zunächst der Basisklasse die Gelegenheit geben, sich ebenfalls zu initialisieren. Es könnte ja sein, dass in NSObject bereits Instanzvariablen definiert wurden, die ebenfalls auf vernünftige Werte gesetzt werden müssen. Auch wird das klar, wenn man bedenkt, dass wir ja noch Subklassen haben, nämlich Guitar und Piano. Auch diese werden gleich Initialisierer erhalten. – Und auch diese müssen dann Instrument die Gelegenheit geben, sich zu initialisieren. Denn nur jede Klasse für sich weiß, was bei der Initialisierung ihrer Instanzen geschehen muss. Die Initialisierung läuft also die Klassenhierarchie hoch. Da jedoch diese Nachricht die erste in jedem Initialisierer ist, wird die Initialisierung ausgehend von der obersten Klasse nach unten durchlaufen.

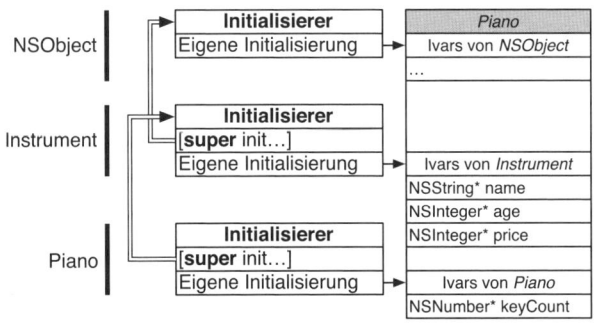

Von oben nach unten: Jeder initialisiert die von ihm definierten Instanzvariablen.

Für Umsteiger von anderen Programmiersprachen ist es auch außerordentlich ungewöhnlich, dass die Initialisierung einen Rückgabewert hat. Und der wird dann auch noch an self zugewiesen. self war ja der Objektkontext. Das bedeutet also nichts anderes, als dass, während die Initialisierungsmethode läuft, das Instanzobjekt ausgetauscht werden kann. Tatsächlich gibt es dafür Anwendungsfälle, die allerdings fortgeschrittene Technologien betreffen. Für Sie ist es nur wichtig zu wissen, dass es diesen Rückgabewert gibt und dass er an self zugewiesen werden muss.

Kommen wir zum if: Jeder Initialisierer ist berechtigt, die Initialisierung als gescheitert zu markieren. Er muss dann den Wert nil zurückliefern. Der Objektkontext existiert dann also nicht mehr, und die Initialisierung muss abgebrochen werden. Wenn self nil ist, wird unser If-Zweig nicht ausgeführt. (Bei Objektzeigern bedeutet nil so viel wie unwahr.)

In den If-Zweig, wenn also die Initialisierung funktionierte, setzen wir dann unsere Instanzvariablen auf vernünftige Werte vor.

Hier existiert eine ewige Diskussion, ob auch im -init… die Accessoren benutzt werden sollen, wie ich es im Beispiel mache. Das Allerwichtigste an dieser Diskussion: Es spielt fast nie eine Rolle. Ich mache es so aus den folgenden Gründen:

- Zugriffe mit Accessoren sind gut (gekapselt), direkte Zugriffe sind böse. Das gilt unbestritten in jeder anderen Methode. (Mit Ausnahme des spiegelbildlichen -dealloc, wozu wir noch kommen.) Wieso also nicht im -init…?
- Der Anwender einer Klasse erwartet, dass Parameter genau so die Instanzvariablen setzen wie es beim Setzen der Eigenschaften mit den Accessoren der Fall ist. Das führt zu unterschiedlichem Code, je nach dem ob eine copy-, retain- oder weak-Property betroffen ist. Dieselbe Information wird also an zwei Stellen (Property, Initialisierung) abgehandelt. Das ist grundsätzlich nachteilig. Und wieso sollte man nicht Accessoren verwenden, wenn das Verhalten wie bei Accessoren sein soll?

Um es klar zu sagen: Apple empfiehlt das unmittelbare Setzen der Instanzvariablen. Begründet wird dies nicht. Eine häufig gehörte Begründung ist allerdings, dass theoretisch eine Subklasse die Accessoren überschrieben haben kann. Dann würde der Aufruf von -init… (super) in der Subklasse dazu führen, dass eine Subklassenmethode – nämlich der überschriebene Setter – ausgeführt wird, bevor die Subklasse ihr eigenes -init… durchlaufen hat. Das stimmt. Nur gilt dies grundsätzlich für jede Methode, die in -init… benutzt wird. Es ist einfach ein Umstand, den man kennen sollte. Dann halte ich es für ungefährlich. Übrigens: Auch Apple hält sich nicht immer an die eigene Empfehlung.

Wenn man aber lieber die Instanzvariablen direkt, also ohne Accessoren, setzt, dann gelten folgende Regeln:

Hängt an der Instanzvariable eine Eigenschaft, die mit copy spezifiziert wurde, so ist eine Kopie zu bilden:

```
_name = [name copy];
```

Bedenken Sie hier im Hinblick auf die Synthetisierung, dass die Instanzvariable einen führenden Unterzug (_) hat. Ansonsten: Kopien besprechen wir noch. Aber der Code sollte klar sein und kann jedenfalls so übernommen werden.

Hängt an der Instanzvariable eine Eigenschaft, die mit weak spezifiziert wurde (äußerer Verweis), muss der Parameter unmittelbar zugewiesen werden. Beispiel für name:

```
_name = name;
```

Ist es eine strong-Eigenschaft (äußerer Verweis), so kommt es auf die verwendete Speicherverwaltung an: Bei automatischer Speicherverwaltung erfolgt eine Zuweisung wie bei weak. Bei manueller Speicherverwaltung lautet die Zuweisung:

```
_name = [name retain];
```

Ist der Typ der Instanzvariable ein C-Typ, so ist wieder einfach zuzuweisen. Als Beispiel kann age dienen:

```
_age = age.
```

Sie sehen schon: Hier spielen mit -copy, -retain und einfacher Zuweisung ganz andere Themen in die Initialisierung hinein. Diese werden eigentlich von den Settern abgehandelt. Genau das meinte ich oben mit dem zweiten Nachteil.

Wie dem auch sei: Ich verwende Setter, wie Sie es im Beispielcode von oben sehen.

Am Ende der Methode geben wir dann die initialisierte Instanz mit return zurück. Sollte die Initialisierung in –init (super) gescheitert sein, so steht self auf nil, so dass nil zurückgegeben wird.

Wir probieren jetzt unseren neuen Initialiserer in main() aus:

```
int main (int argc, const char * argv[])
{
   @autoreleasepool {
      Instrument *instrument
      = [[Instrument alloc] initWithName:@"Gitarre" age:0 price:1000];
      NSLog( @"%@ %ld %ld", instrument.name, instrument.age, instrument.price );
   }
   return 0;
}
```

Starten Sie das Programm. Die Ausgabe im Log sollte entsprechend lauten.

Kapitel 4

Secondary-Initializer

Unser erster Initialisierer hatte einen Parameter für jede Eigenschaft. Das führte dazu, dass er sehr lang ist. Wir mussten ja sogar auf eine zweite Zeile ausweichen. Dabei ist das vielleicht gar nicht nötig. age ist eine Eigenschaft, die ja mit 0 ganz gut vorgesetzt wird.

Aus diesem Grunde kann es für den Nutzer einer Klasse bequem sein, weitere Initialisierer zu haben, die weniger Parameter bekommen und die ausgelassenen mit sinnvollen Werten vorsetzen. Erweitern wir die Klasse Instrument um einen solchen:

```
@interface Instrument : NSObject <Play>
…
#pragma mark Creation
- (id)initWithName:(NSString*)name age:(NSInteger)age price:(NSInteger)price;
- (id)initWithName:(NSString*)name price:(NSInteger)price;
…
@end
```

Jetzt müsste man also noch einmal einen solche Initialisierer ebenfalls implementieren. Also noch einmal die gesamte Arbeit von vorhin? Nein, das brauchen wir nicht. Eigentlich macht unser großer Initialisierer ja schon alles. Daher machen wir es uns jetzt einfach:

```
- (id)initWithName:(NSString *)name price:(NSInteger)price
{
    return [self initWithName:name age:0 price:price];
}
@end
```

Sie sehen: In diesem Falle wird einfach der größere Initialisierer ausgeführt und dabei der fehlende Parameter eingesetzt.

Moment, höre ich Sie sagen: Aber müssen wir nicht zuerst den Initialisierer der Basisklasse aufrufen? Ja, das tun wir aber auch. Denn bevor -initWithName:age:price: die eigenen Instanzvariablen setzt, ruft dieser Initialisierer ja den Initialisierer der Basisklasse auf. Die Kette lautet also: Vom Secondary-Initializer zum Designated-Initializer mit self, vom Designated-Initializer der Subklasse zum Designated-Initializer der Basisklasse mit super.

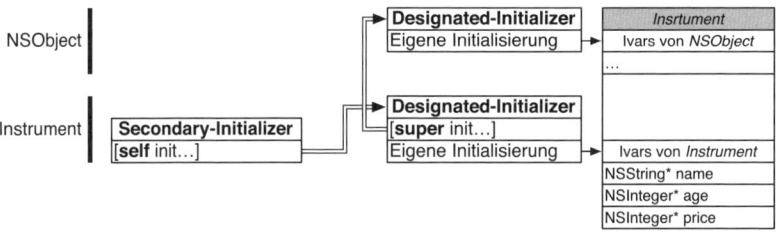

Vom Secondary zum Designated geht es mit self horizontal.

Und jetzt kann ich auch die unterschiedliche Bezeichnung in den Überschriften aufklären: Ein Secondary-Initializer ist einer, der einen eigenen Designated-Initializer aufruft. Ein Designated-Initializer ist einer, der einen Designated-Initialisierer der Basisklasse aufruft. Es stellen sich zwei Fragen:

Wie erfahre ich, was der Designated-Initializer der Basisklasse ist? Das steht in der Dokumentation. Man kann es aber recht leicht erkennen. Es ist nahe zu immer derjenige, der die meisten Parameter hat. Denn wenn der Secondary-Initializer den Designated-Initializer nutzt, kann der Secondary-Initializer jedenfalls nicht ohne Weiteres mehr Parameter haben. Umgekehrt mache ich es ebenso bei eigenen Klassen: Designated-Initializer ist in der Regel derjenige, der die meisten Parameter bekommt. Hiermit erpare ich mir Tipparbeit – und anderen, wie wir gleich sehen werden.

Der zweite Punkt ist, dass ich oben von »einem« Desiganted-Initializer gesprochen habe. Kann es davon auch mehrere geben? Ja, es gibt recht häufig einen weiteren mit dem Namen -initWithCoder:, der eine Instanz aus einer Datei erzeugt. (Das ist hier etwas verkürzt. Wir beschäftigen uns damit noch im Kapitel über die Modelschicht.) Grundsätzlich darf eine Klasse so viele Designated-Initializer bestimmen, wie sie will. Es bedeutet nur mehr Aufwand. Von dem Falle des Coders aber mal abgesehen, existiert bei den allermeisten Klassen jedoch nur einer und zwar derjenige, der die meisten Parameter nimmt.

Gut, da uns die 0 beim Alter ganz gelegen kommt, verbessern wir wieder das Hauptprogramm:

```
int main (int argc, const char * argv[])
{
    @autoreleasepool {
        Instrument *instrument
        = [[Instrument alloc] initWithName:@"Gitarre" price:1000];
        NSLog( @"%@ %ld %ld", instrument.name, instrument.age, instrument.price );
    }
    return 0;
}
```

Sollte auch funktionieren.

Man kann sich jetzt freilich weitere Secondary-Initializer schreiben. Allerdings erscheint es durchaus sinnvoll, wenn Name und Preis gleich angegeben werden. In der Regel will man das ja setzen. Ich verzichte daher hier darauf, weitere Secondary-Initializer anzulegen.

Ererbte Initialisierer

Na ja, so ganz kann ich nicht darauf verzichten. Immerhin hat unsere Klasse Instrument noch -init von NSObject geerbt. Und das ist jetzt wirklich misslich: Wird diese Nachricht an das neu erzeugte Objekt gesendet, so wird -init von NSObject ausgeführt, und unsere

Initialisierer kommen überhaupt nicht zum Laufen. Das gilt es zu ändern. Dabei sind zwei Fälle zu unterscheiden:

Wechsel des Designated-Initializers

Häufig stellt sich die Situation dann, wenn der Designated-Initializer gewechselt wird. So ist es auch hier: Der Designated-Initializer von `NSObject` ist `-init`. Es ist ja der einzige Initialisierer. Der Designated-Initializer von `Instrument` ist `-initWithName:age:price:`, also ein anderer. In diesen Fällen ist der Designated-Initializer der Subklasse zu überschreiben, und zwar so, dass er nun als – neuer – Secondary-Initializer den eignen Designated-Initializer aufruft:

```
- (id)init
{
    return [self initWithName:@"Any Instrument" age:0 price:0];
}
@end
```

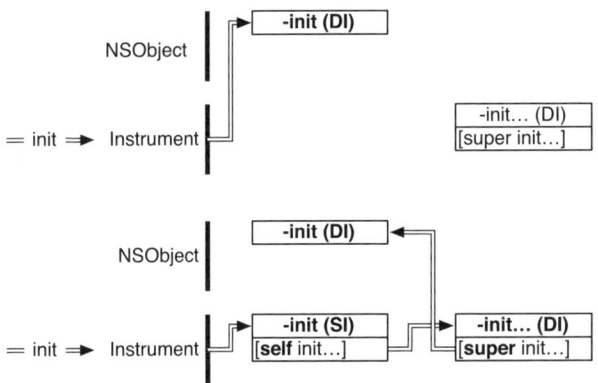

Bei einem Wechsel des DI muss dieser überschrieben werden (unten), da sonst die eigene Klasse nicht initialisiert wird (oben).

Übernahme von Secondary-Initializern

Dies gilt übrigens nicht für die Secondary-Initializer. Da `NSObject` über keine solche verfügt, schauen wir uns das auf einer Ebene tiefer an. Geben Sie zunächst `Piano` einen neuen Designated-Initializer:

```
@interface Piano : Instrument
@property (copy) NSNumber* keyCount;

- (id)initWithName:(NSString *)name
              age:(NSInteger)age
            price:(NSInteger)price
         keyCount:(NSNumber*)keyCount;
@end
```

Den wir entsprechend implementieren:

```
@implementation Piano
- (id)initWithName:(NSString *)name
              age:(NSInteger)age
            price:(NSInteger)price
         keyCount:(NSNumber *)keyCount
{
    self = [super initWithName:name age:age price:price];
    if( self ) {
        self.keyCount = keyCount;
    }
    return self;
}
@end
```

Hier ist nichts Neues zu erkennen: Wir haben einen Designated-Initializer, der den Designated-Initializer der Basisklasse nutzt. Klar ist auch, dass wir einen Wechsel des Designated-Initializers haben, wir also entsprechend weiterleiten müssen:

```
- (id)initWithName:(NSString *)name age:(NSInteger)age price:(NSInteger)price
{
    return [self initWithName:name
                          age:age
                        price:price
                     keyCount:[NSNumber numberWithInt:42]];
}
@end
```

Bis hierhin ist das also nur Übung von Bekanntem. Aber es existieren in der Basisklasse Instrument ja auch noch die Secondary-Initialiser -init und -initWithName:price:. Besteht bei denen nicht ebenfalls das Problem, dass die Initialisierung an Subklasse vorbei läuft? Nein, wenn wir uns das einmal in der Graphik anschauen:

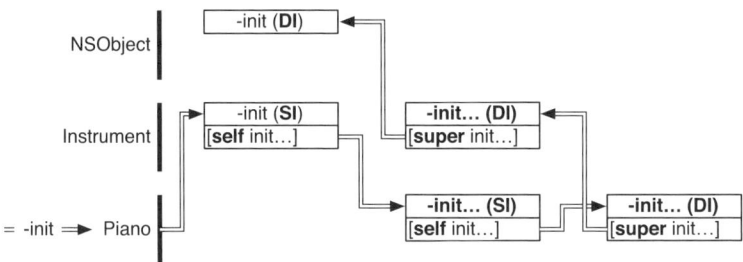

Die Secondary-Initializer führen zu überschriebenen Designated-Initializer.

Der Trick liegt also darin, dass ein Secondary-Initializer ja ohnehin einen Designated-Initializer ausführt. Da ber Designated-Initializer in Subklassen bei einem Wechsel überschrieben wird, führt dies zur Ausführung des Codes in der Subklasse. Alles okay. Auch hier ist es also so, dass die Anzahl der Designated-Initializer den Aufwand bestimmt.

> **TIPP**
>
> Es kann dennoch gewünscht sein, auch einen Secondary-Initializer in einer Subklasse zu überschreiben. In `Piano` so zu überschreiben, dass als Standardname nicht @"Any Instrument", sondern @"Any Piano" gesetzt wird. Aber einen Zwang dazu gibt es eben nicht.

Beachten Sie bitte in der Graphik noch einen wichtigen Punkt, der unabhängig von der Initialisierung interessant ist: Es wird die Nachricht `-init` an eine Piano-Instanz gesendet. Da `Piano` `-init` nicht implementiert, rutscht die Ausführung in `-init (Instrument)` hoch. Diese Implementierung leitet die Nachricht an `-initWithName:age:price:` (self) weiter. Diese Methode gibt es zweimal. Es wird die Variante von `Piano` gewählt, obwohl die Nachricht in `Instrument` steht. Das liegt daran, dass `self` auf eine Instanz von `Piano` zeigt. Es kommt also – wie auch bei allen anderen Nachrichten – bei einer Nachricht an `self` nicht darauf an, von welcher Klasse die Nachricht aus erfolgt, sondern darauf, welche Klasse der Empfänger der Nachricht hat. Und das ist eben in dem Beispiel eine Instanz von `Piano`.

Übernahme des Designated-Initializers

Es ist aber übrigens auch nicht zwingend notwendig, den Designated-Initializer zu überschreiben. Man kann auch den der Basisklasse in einer Subklasse verwenden. Das ist dann nahe liegend, wenn in der Subklasse keine neuen Instanzvariablen auftauchen, die es zu initialisieren gilt oder aber diese Instanzvariablen durchaus mit 0 starten sollen, so dass man sich einen größeren Designated-Initializer erspart.

> **GRUNDLAGEN**
>
> Soll eine Instanzvariable mit dem Wert 0 initialisiert werden, so ist es untunlich, dies explizit in einem Initialisierer zu machen. Der Allocator setzt den Wert bereits auf 0.

Ganz, ganz zufällig haben wir sogar einen solchen Fall: `Guitar`. Hier wurde ja nichts hinzugefügt. Also gibt es auch keine Notwendigkeit, eigene Instanzvariablen vorzusetzen. Also gibt es auch keine Notwendigkeit für einen eigenen Designated-Initializer.

Funktioniert das auch? Schauen wir uns das mal graphisch an:

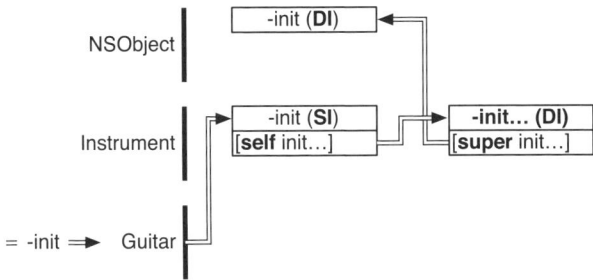

Ist kein eigener Designated-Initializer vonnöten, kann die Arbeit der Basisklasse überlassen werden.

Wird an eine Instanz von Piano die Nachricht -init geschickt, so findet sich in der Klasse Piano dafür keine Methode. Also wird es zu Instrument hoch gereicht. Das Ganze landet bei -init (Instrument). Diese Methode sendet jetzt wieder an self die Nachricht -initWithName:age:price:, was dazu führt, dass bei Guitar nach einer entsprechenden Methode gesucht wird. Wieder kein Treffer und daher hoch zu Instrument.

Jetzt wird es etwas knifflig: -initWithName:age:price: schickt eine init-Nachricht nicht an self, sondern an super. Was heißt das? self zeigt ja immer noch auf eine Instanz von Guitar. So betrachtet würde super bedeuten, dass die Nachricht an Instrument, die Superklasse von Guitar, geschickt wird. Das wäre aber misslich, denn da kommen wir gerade her. Die Nachricht würde durch die Initialisierer kreisen und zwar bis in alle Ewigkeit.

Und hier gibt es eine wichtige Regel, die ich bereits im Kapitel 3 ansprach: Bei einer Nachricht, die an den Empfänger super gesendet wird, kommt es nicht darauf an, welche Klasse der Empfänger hat, hier also Guitar. Vielmehr ist es entscheidend, von wo die Nachricht geschickt wird. Also gerade anders, als ich das vor wenigen Zeilen noch mit self erläutert habe. Weil diese Nachricht von Instrument gesendet wird, landet sie bei NSObject, also der Superklasse von Instrument. Dass wir es gerade mit einer Instanz von Piano zu tun haben, ist hier unbeachtlich. Man nennt das statische Bindung:

> **GRUNDLAGEN**
>
> Wenn die Superklasse keine entsprechende Methode bietet, wird die Nachricht freilich weiter nach oben durchgereicht. Statische Bindung heißt hier also nicht, dass es keine Polymorphie mehr gäbe. Es heißt eben nur, dass das super nicht auf den Empfänger der Nachricht zur Laufzeit bezogen ist, sondern auf den Absender, der bereits zur Übersetzungszeit feststeht.

Auch hier kann es natürlich sinnvoll sein, den Designated-Initializer der Basisklasse zu überschreiben. Erforderlich ist es nicht.

Zusammenfassung

Weil die Erläuterungen recht komplex waren und verschiedene Szenarien betrafen, ist es an der Zeit, das Ganze wieder zu einer Quintessenz zu reduzieren:

- Jede Klasse hat mindestens einen, jedoch möglichst wenige parameterreiche Designated-Initializer. Diese führen zunächst mit super den Designated-Initializer der Basisklasse auf und initialisieren dann ihre eigenen Instanzvariablen.
- Jede Klasse kann parameterärmere Secondary-Initializer haben, die mit self ihren Designated-Initializer ausführen, wobei sie eine Parametrisierung mit Standardwerten vornehmen.
- Eine Subklasse muss den Designated-Initializer selbst implementieren, wenn sie neue Instanzvariablen einführt, die sie auf andere Werte als die 0-Werte des Allocators setzen möchte. Ansonsten kann sie den Designated-Initializer der Basisklasse mitbenutzen.
- Eine Subklasse muss den Designated-Initializer der Basisklasse überschreiben, wenn sie den Designated-Initializer ändert. In der neuen Implementierung muss eine Weiterleitung von dem alten an den neuen Designated-Initializer mittels self erfolgen.

Initialisierung von Klassenobjekten

Wesentlich einfacher ist die Initialisierung von Klassenobjekten. Zunächst ist zu erwähnen, dass diese fast nie notwendig ist. Klassenobjekte speichern ja keine Daten, haben also keine Instanzvariablen. Wenn dennoch etwas getan werden soll, so kann das optional in der Methode +initialize erfolgen. Zwei wichtige Unterschiede: Zum einen hat diese Methode keinen Rückgabewert. Es ist also nicht möglich, bei der Initialisierung das Klassenobjekt auszutauschen. Ist auch irgendwie klar: Die Herstellung wird ja vom System vorgenommen.

Zum anderen darf nicht eine initialize-Nachricht an super gesendet werden. Das macht bereits das System, indem es beginnend mit der Wurzelklasse alle Klassenobjekte anspricht. Letztlich läuft es also darauf hinaus, dass in +initialize einfach der Code untergebracht werden muss, den man unterbringen will. Frei von allem Ballast.

Es gibt nur eine Besonderheit zu beachten: Da das System selbsttätig +initialize für jede Klasse aufruft, erfolgt dies immer für eine Basisklasse und für deren Subklassen. Implementieren die Subklassen nicht +initialize, so wird diese Nachricht wieder an die Basisklasse durchgereicht. Die erhält dann die Nachricht ein weiteres Mal.

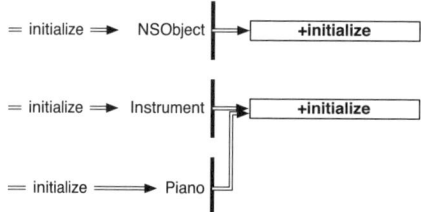

Klassenobjekte erhalten automatische Initialisierungsnachrichten, und zwar auch dann, wenn sie +initialize nicht implementieren.

Wenn man sicherstellen möchte, dass die eigene Methode +initialize nicht mehrfach ausgeführt wird, so kann man das mit einer Abfrage bewerkstelligen. Ein Beispiel für Instrument:

```
+ (void)initialize
{
   if( self == [Instrument class] ) {
      // Initialisierungscode für Instrument
   }
}
```

Das funktioniert, weil, sofern die initialize-Nachricht an das Klassenobjekt von Piano geschickt wird, self auf das Klassenobjekt von Piano zeigt und daher die Bedingung in dem If nicht erfüllt ist.

Tatsächlich benötigt man derlei aber selten und vor allem immer seltener. Der frühere Standardfall für Key-Value-Observing ist weggefallen, wie wir noch dort besprechen werden.

> **HILFE**
>
> Sie können das Projekt in diesem Zustand als Projekt Objective-C-14 von der Webseite herunterladen.

4.1.3 Convenience-Allocators und +new...

Sie haben es schon bemerkt: Die Nachricht zur Erzeugung lautet alloc. Danach muss eine Initialisierungsnachricht verschickt werden. Man kann das dann ja doch zusammenfassen in einer Nachricht und so dem Nutzer einer Klasse noch mehr Komfort bieten. Dabei gibt es aus Gründen der Speicherverwaltung zwei Methodengruppen:

- Die new-Methoden kombinieren +alloc und –init... Im Bereich Speicherverwaltung werden Sie allerdings sehen, dass eine weitere wichtige Nachricht unmittelbar auf die Initialisierung folgt.

- Die Convenience-Allocators nehmen daher auch diese Nachricht, es handelt sich um autorelease, auf.

Die Unterscheidung ist vor allem dann wichtig, wenn Sie mit manueller Speicherverwaltung arbeiten, da dann die autorelease-Nachricht explizit im Code stehen muss. Dies führte in den letzten Jahren dazu, dass viele Convenience-Allocatoren für die bestehenden Klassen geschrieben wurden. Mit der neuen automatischen Speicherverwaltung werden diese Speicherverwatungsnachrichten durch den Compiler erzeugt, so dass der Unterschied jedenfalls auf den ersten Blick gar nicht auffällt. Der Satz an Convenience-Allocatoren ist aber eben historisch bedingt deutlich größer, so dass diese mutmaßlich auch in Zukunft häufiger benutzt werden und sich ihre Zahl weiter vergrößern wird …

Aus diesem Grunde implementieren wir solche Convenience-Allocatoren. In der automatischen Speicherverwaltung, wie wir sie derzeit benutzen, wäre die Implementierung für eine new-Methode buchstabengleich. Den Unterschied lernen Sie bei der Speicherverwaltung kennen.

Der Fahrplan ist einfach. Wir schreiben Methoden, die einfach alloc mit init... kombinieren. Da es verschiedene Initialisierer gibt, machen wir das einfach für jeden einzelnen. Öffnen Sie Instrument.h:

```
- (id)initWithName:(NSString*)name age:(NSInteger)age price:(NSInteger)price;
- (id)initWithName:(NSString*)name price:(NSInteger)price;
+ (id)instrumentWithName:(NSString*)name
                     age:(NSInteger)age
                   price:(NSInteger)price;
+ (id)instrumentWithName:(NSString*)name price:(NSInteger)price;
```

Schauen wir uns das mal im Einzelnen an:

- Es handelt sich um Klassenmethoden. Sie dienen ja der Erzeugung von Instanzen, müssen also an das Klassenobjekt versendet werden.
- Der Name beginnt immer mit *klasse* und wird dann wie bei den init...-Methoden fortgeführt.
- Typischerweise existiert damit genau ein Convenience-Allocator für jede init...-Methode.

Die new-Methoden setzen vor den Klassennamen noch ein new, so dass bei uns etwa +newInstrument... herauskäme, also allgemein: new*Klasse*... Von NSObject wird zudem eine Methode +new ohne Klassennamen geerbt. (Die eigentlich +newObject heißen müsste …)

Machen wir uns an die durchaus übersichtliche Implementierung: Wir haben ja schon alles, das alloc und einen passenden Initialisierer. Die müssen nur verkettet werden. Nach den Initialisierern:

```
+ (id)instrumentWithName:(NSString*)name
                     age:(NSInteger)age
                   price:(NSInteger)price
{
    return [[self alloc] initWithName:name age:age price:price];
}
```

```
+ (id)instrumentWithName:(NSString*)name price:(NSInteger)price
{
    return [[self alloc] initWithName:name price:price];
}
@end
```

Eigentlich eine klare Sache: Die Instanz wird erzeugt, initialisiert und das Ergebnis zurückgeliefert. Nur wundert Sie vielleicht der Ausdruck,

```
[self alloc]
```

und Sie hätten viel eher das gewohnte

```
[Instrument alloc]
```

erwartet. Jein. Erst einmal: Wir befinden uns in einer Klassenmethode. self zeigt daher auf das Klassenobjekt Instrument. Dieses erhält die alloc-Nachricht. Erst einmal *kann* man das also so formulieren. Wir werden aber gleich sehen, dass es sogar außerordentlich praktisch ist. Dazu ändern Sie wieder die Nutzung der Klasse in main.m:

```
int main (int argc, const char * argv[])
{
   @autoreleasepool {
      Instrument *instrument = [Instrument instrumentWithName:@"Tada" price:10];
      NSLog( @"%@ %ld %ld", instrument.name, instrument.age, instrument.price );
   }
   return 0;
}
```

Ein Programmlauf, den Sie bitte durchführen, zeigt das erwartete Ergebnis:

>… Tada 0 0

Ich schulde Ihnen aber noch die Erläuterung für das self anstelle von Instrument. Um das zu erläutern, ändern wir das Programm zunächst in Instrument.h:

```
+ (id)instrumentWithName:(NSString*)name price:(NSInteger)price
{
    NSLog( @"self ist %@", NSStringFromClass( self ) );
    return [[self alloc] initWithName:name price:price];
}
```

Die zusätzliche Zeile gibt also etwas aus. Nämlich dasjenige, worauf self zeigt. Allerdings nicht unmittelbar. Vielmehr erinnern wir uns, dass in einer Klassenmethode self auf ein Klassenobjekt zeigt. NSStringFromClass() erzeugt aus diesem Klassenobjekt einen String, also unformatierten Text, der den Klassennamen enthält. Was also ausgegeben wird, ist der Name der Klasse, auf die self zeigt. Wechseln Sie wieder zu main():

```
#import <Foundation/Foundation.h>
#import "Instrument.h"
#import "Guitar.h"

int main (int argc, const char * argv[])
{
    @autoreleasepool {
        Guitar *instrument = [Guitar instrumentWithName:@"Klimper" price:10];
        NSLog( @"%@ %ld %ld", instrument.name, instrument.age, instrument.price );
    }
    return 0;
}
```

Wir senden jetzt also mal rotzfrech die Nachricht an die Klasse Guitar. Dürfen wir das? Ja, denn auch Klassenmethoden werden vererbt, so dass die Klasse Guitar den Convenience-Allocator geerbt hat. Testen:

>… self ist **Guitar**
>… Klimper 0 10

Zunächst einmal scheint das problemlos zu funktionieren. Das ist schon einmal gut. Aber achten Sie darauf, welche Klasse ausgegeben wird: Guitar. Das ist ja auch richtig, da wir in main() die Nachricht an das Klassenobjekt Guitar sendeten. Dass die Methode in Instrument implementiert war und durch Guitar nur geerbt wurde, ändert daran nichts: Der Empfänger der Nachricht, bleibt der Empfänger der Nachricht, und das war eindeutig das Klassenobjekt von Guitar. »Virtuell« steht jetzt also im Convenience-Allocator:

```
return [[Guitar alloc] initWithName:name price:price]; // self ist Guitar
```

Da jetzt die alloc-Nachricht an das Klassenobjekt von Guitar gesendet wird, wird eben auch ein Instanzobjekt von Guitar erzeugt. Das überprüfen wir noch kurz in main():

```
@autoreleasepool {
    Guitar *instrument = [Guitar instrumentWithName:@"Klimper" price:10];
    NSLog( @"instrument ist %@", NSStringFromClass( [instrument class] ) );
}
```

Wieso diesmal [instrument class]? In dem Convenience-Allocator befanden wir uns in einer Klassenmethode, so dass self auf das Klassenobjekt zeigte. Hier haben wir aber gerade eine Instanz erzeugt. Instrument zeigt daher auf ein Instanzobjekt. Um also NSStringFromClass() mit einem Klassenobjekt zu füttern, müssen wir von dem Instanzobjekt auf das Klassenobjekt wechseln. Dies geschieht mit der Methode –class. Testen:

```
>… self ist Guitar
>… instrument ist Guitar
```

Es stimmt also: Das erzeugte Objekt ist tatsächlich eine Instanz von Guitar. Wir können also mit dem Convenience-Allocator von Instrument auch Gitarren erzeugen. Das spart uns Arbeit bei der Programmierung von Guitar. Löschen Sie wieder die Zeile mit NSLog() in Instrument.

Das ist übrigens auch der Grund, warum der Convenience-Allocator auf id typisiert ist: Er erzeugt potenziell nicht nur Instanzen von Instrument, sondern ebenfalls von Subklassen. Würden wir ihn auf Instrument typisieren, könnten wir das Ergebnis, also die erzeugte Instanz, nur an eine ID-Variable von Instrument (oder einer Superklasse) zuweisen. Wir wollen hier aber an die Subklasse Guitar zuweisen. Das wäre mit einer Typisierung des Convenience-Allocators auf Instrument* verboten. (Na, noch einmal die Zuweisungs-regeln nachschlagen?)

Nun sehe ich allerdings noch Zweifel in Ihren Augen, da ja Guitar ohnehin keine eigenen Initialisierer hatte. Funktioniert das Ganze auch mit Piano? Probieren wir es:

```
#import "Piano.h"

int main (int argc, const char * argv[])
{
   @autoreleasepool {
      Piano *instrument = [Piano instrumentWithName:@"Klimper" price:10];
      NSLog( @"instrument ist %@", NSStringFromClass( [instrument class] ) );
   }
   return 0;
}
```

Ein Test zeigt auch hier, dass das funktioniert. Es wird -instrumentWithName:price: (Instrument) ausgeführt. Dort wird mittels alloc eine Instanz von Piano erzeugt, weil self auf das Klassenobjekt von Piano zeigt. Das anschließende initWithName:price: wird daher an eine Piano-Instanz ausgeliefert. Dort ist das nicht überschrieben, so dass die Version aus Instrument verwendet wird – self ist aber immer noch eine Instanz von Piano! In Instrument wird aus diesem Secondary-Initializer eine Nachricht an den in Instrument bestimmten Designated-Initialisierer –initWithName:age:price: Der ist in Piano – das ist immer noch die Klasse der Instanz – überschrieben, so dass hieraus wiederum eine Weiterleitung an den Designated-Initialisierer von Piano wird, das ist –initWithName:age:price:keyCount. Alles richtig.

Kapitel 4

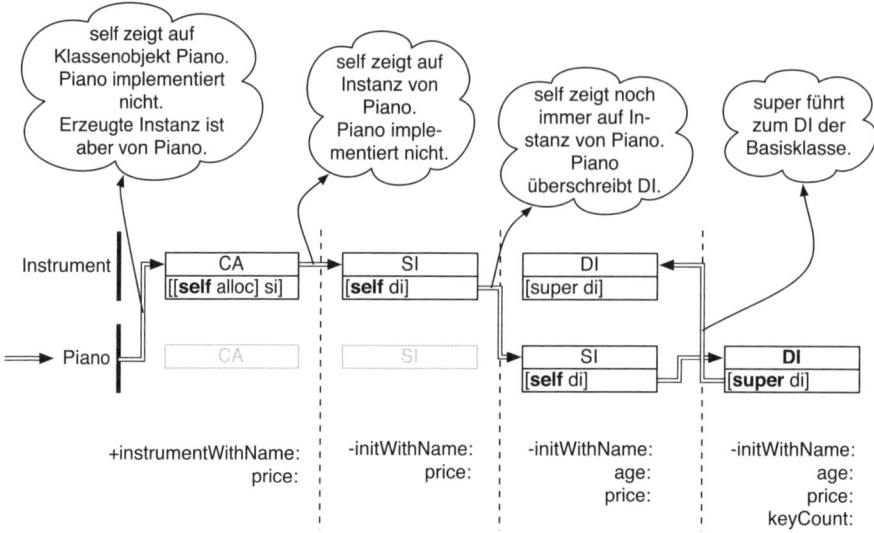

Auch in komplizierten Szenarien haben die einfachen Regeln ihre Gültigkeit.

Damit können wir abschließend eine Landkarte aufzeichnen, die Sie sich bei Zweifeln immer wieder anschauen können.

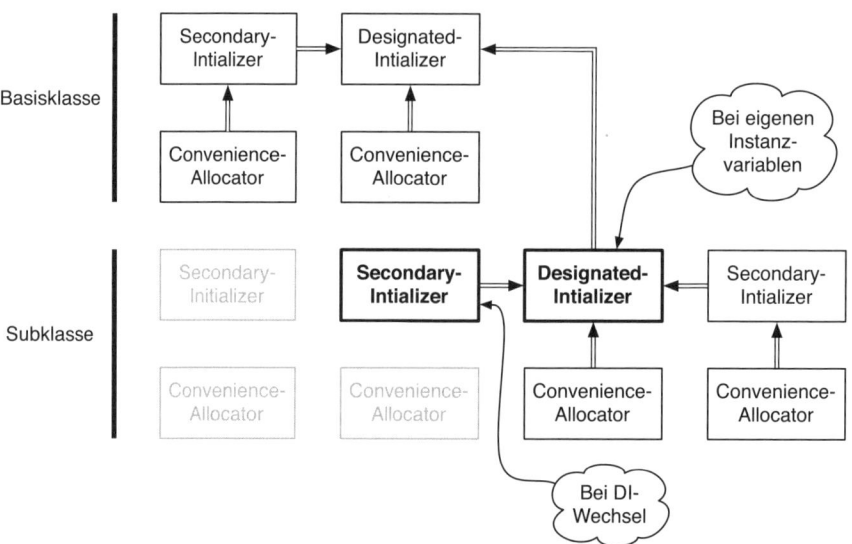

Die notwendigen (fett), optionalen und ererbten (hell) Methoden.

4.1.4 Kopien: Objektorientiertes Plagiieren

Eine weitere Methode, Instanzen zu erzeugen, ist es, Kopien von bestehenden Instanzen herzustellen. Und wir haben das bei copy-Propertys auch schon mit einfachen Klassen wie NSString oder NSNumber gemacht. Entitäten mussten wir bisher nicht kopieren. Und umgekehrt ist es fast stets so, dass Sie Entitäten programmieren. Dies zusammengenommen, gibt es also nur selten Fälle, in denen Sie wirklich für eine eigene Klasse eine -copy-Methode programmieren müssen.

> **AUFGEPASST**
>
> Andere Lehrbücher halten die -copy-Methode für einen Grundbestand einer Klasse, auch dann, wenn es sich um eine Entität handelt. Ich habe es ehrlich gesagt nur selten in einem Projekt benötigt. Und an fast allen Stellen verlangt Cocoa selbst von uns auch kein -copy. Nun gut, wir besprechen es hier.

Neben der Notwendigkeit, selbst eine -copy-Methode zu programmieren, besteht natürlich noch das Erfordernis, diejenige von Cocoa zu verstehen.

Kopien, Identität, Dasselbe, Das Gleiche

Wenn wir uns um Kopien kümmern, müssen wir uns fragen, was das eigentlich bedeutet. Auf den ersten Blick ist das vergleichbar einfach: Es handelt sich bei der Kopie um ein Objekt, welches gleich zum Ursprungsobjekt ist. Jedoch soll sich jede Kopie selbst entwickeln können. Und hier liegt der Hase im Pfeffer: Da wir ja in unserem Code nicht nur Objekte haben, sondern auch IDs der Objekte, stellt sich die Frage, was von beidem kopiert werden muss. Wir machen das an einem Beispiel deutlich:

```
#import <Foundation/Foundation.h>
#import "Instrument.h"

int main (int argc, const char * argv[])
{
   @autoreleasepool {
      Piano *piano = [Piano instrumentWithName:@"Flügel" price:10];
…
```

Es wird hier ein Objekt erzeugt und der lokalen ID-Variable piano zugewiesen, Beachten Sie hier zweierlei Dinge: Zum einen wurden die Eigenschaften age und keyCount durch die Initialisierer automatisch vorgesetzt und zwar auf 0 bzw. 42. Zum anderen werden die Eigenschaften name und keyCount durch Instanzen der Klasse NSString bzw. NSNumber gebildet, die Eigenschaft age durch ein NSInteger. Wir hatten da noch price, welches wir hier nicht weiter beachten, da sie uns in den folgenden Erläuterungen keinen Erkenntnisgewinn bringt.

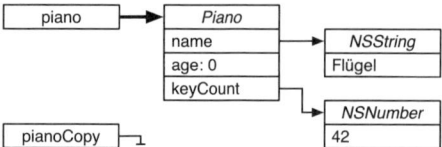

Zunächst wird ein Objekt erzeugt und einer ID-Variable zugewiesen.

```
…
    Piano *pianoCopy = piano;
    NSLog( @"%@ und %@", piano.name, pianoCopy.name );
…
```

Dann kopieren wir die ID in die ID-Variable `pianoCopy` und geben beide aus. Wenn Sie gleich das Programm starten, werden Sie folgende Ausgabe erhalten:

>… Flügel und Flügel

Das ist ja auch, was wir erwarten. Zeichnen wir das mal auf:

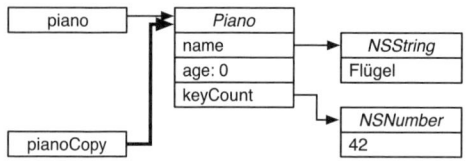

Eine zweite ID-Variable zeigt auf die Instanz.

```
…
    piano.name = @"Klavier";
    NSLog( @"%@ und %@", piano.name, pianoCopy.name );
    }
    return 0;
}
```

Jetzt wird also der Name des Originalklaviers geändert. Aber was erhalten Sie als Ausgabe?

>… Klavier und Klavier

Es haben sich also die Namen des Originals und der Kopie verändert!? Das verwundert zunächst, ist aber klar: In dem Programm wurde nämlich gar keine Instanz kopiert. Vielmehr wurde die ID *ein und derselben* Instanz zwei ID-Variablen zugewiesen! Mit anderen Worten: Wir haben weiterhin nur ein Objekt, dessen ID jetzt zweimal gespeichert ist.

Foundation

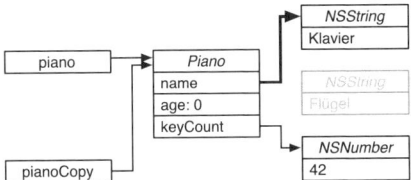

Wird die eine Instanz verändert, spielt es keine Rolle, wie sie angesprochen wird.

Das muss nicht unerwünscht sein: Bauen wir uns mal eben eine neue Klasse `Musician`, also Musiker, als Ableitung von `NSObject`:

```
@class Instrument;

@interface Musician : NSObject
@property (copy)   NSString   *name;
@property (strong) Instrument *instrument;
@end
```

Eine Implementierung können wir uns sparen, da die Eigenschaften auf nil gesetzt werden (kein –init…) und die Accessoren implizit synthetisiert werden können.

Wir haben also einen Musiker, der ein Instrument haben kann. Nicht aufregend. Dazu der Code in main.m:

```
#import "Musician.h"

int main (int argc, const char * argv[])
{
   @autoreleasepool {
      Musician *agnetha = [[Musician alloc] init];
      agnetha.name = @"Fältskog";
      Musician *anniFrid = [[Musician alloc] init];
      anniFrid.name = @"Lyngstad";

      Piano *piano = [Piano instrumentWithName:@"Flügel" price:10];

      agnetha.instrument = piano;
      anniFrid.instrument = piano;
      NSLog( @"%@ und %@", agnetha.instrument.name, anniFrid.instrument.name );

      anniFrid.instrument.name = @"Klavier";
      NSLog( @"%@ und %@", agnetha.instrument.name, anniFrid.instrument.name );

   }
   return 0;
}
```

273

Nach einem Programmlauf erhalten Sie:

>… Flügel und Flügel
>… Klavier und Klavier

Das wäre wohl so gewollt. Ändert sich der Name des Klaviers für eine Musikantin, so ändert er sich ja auch für die andere Musikantin. Gleiches gälte freilich für das Alter, den Preis und die Tastenanzahl. Die beiden teilen sich eben ein Klavier. Es geht also hier weniger um richtig und falsch. Es ist eigentlich die Diskussion, die wir bereits bei der Verwendung von strong und copy im Rahmen von @property geführt haben. Und in der Tat wäre es so, dass bei einer Copy-Property für Instrument (Musician) eine Kopie erzeugt würde und sich die dann in beiden Instanzen unterschiedlich verhalten würde.

Halten wir hier also zunächst fest: Kopieren wir nur die ID eines Objektes von einer ID-Variable in eine andere, so wird keine (unabhängige) Kopie der Instanz erzeugt. Wir haben danach nicht zwei gleiche Objekte, sondern weiterhin ein- und dasselbe.

Implementierung

Ich habe gerade einfach mal so behauptet, dass sich das bei einer copy-Property anders verhalten würde. Probieren wir es doch einmal aus:

```
@interface Musician : NSObject
@property (copy)    NSString    *name;
@property (copy)    Instrument *instrument;
@end
```

Wenn Sie das starten, sieht das Ergebnis nicht wirklich gut aus. Der Log enthält ziemlich viel. Scrollen Sie mal nach oben:

>… -[Piano copyWithZone:]: unrecognized selector sent to instance 0x100115000
>… *** Terminating app due to uncaught exception 'NSInvalidArgumentException', reason: '-[Piano copyWithZone:]: unrecognized selector sent to instance 0x100115000'

Die erste Zeile sagt, dass die Nachricht copyWithZone: an eine Instanz von Piano geschickt wurde, aber die Instanz keine Methode dafür implementiert. Die zweite Zeile teilt uns dann nur noch mit, dass wegen dieses Fehlers das Programm beendet wurde. Klingt ja beides übel.

Es ist aber richtig. Nicht jedes Objekt hat die Fähigkeit, Kopien von sich zu erzeugen. Das müssen wir ihnen erst beibringen. Es existiert dafür sogar ein Protokoll, nämlich NSCopying mit eben der einen Methode.

Einfache Kopie

Und wie macht man nun Kopien von Instanzen? Wir programmieren mal für die Klasse `Instrument` eine Kopiermethode. Diese heißt bei Cocoa-Objekten –copy. Allerdings macht diese Methode nichts selbst, sondern ruft –copyWithZone: auf. Die Methode –copy ist also bereits in `NSObject` implementiert, die dafür notwendige Methode –copyWithZone: noch nicht. Nur diese müssen wir daher nachreichen.

Zunächst geben wir bekannt in Instrument.h, dass wir das Protokoll implementieren:

```
@interface Instrument : NSObject <Play, NSCopying>
```

Öffnen Sie nun Instrument.m, und fügen Sie nach der Methode –play folgenden Code ein:

```
- (id)copyWithZone:(NSZone*)zone
{
    Instrument *copy = [[[self class] allocWithZone:zone] init];
    copy.name = self.name;
    copy.age = self.age;
    copy.price = self.price;

    return copy;
}
```

Sie können selbstverständlich auch gleich einen entsprechenden Initialisierer nehmen und das Ergebnis zurückliefern. Den Trick mit dem [self class] anstelle der Klassenbenennung kennen Sie bereits aus der Allokation.

Wie sieht es mit den Subklassen aus? `Guitar` enthält keine neuen Eigenschaften, und daher muss auch nichts Weiteres gemacht werden. Aufgrund der Verwendung von [self alloc] können wir uns also einen Kopierer sparen.

Anders sieht es bei Subklassen aus, die das machen. Hier sollte der Kopierer der Basisklasse verwendet werden. Das trifft uns bei `Piano`:

```
-(id)copyWithZone:(NSZone*)zone
{
    Piano *copy = [super copyWithZone:zone];
    copy.keyCount = self.keyCount;

    return copy;
}
```

Bedenken Sie auch hier, dass in der Basisklasse eine Instanz von `Piano` erzeugt wird, weil dort [self alloc] steht.

Sie merken sich bitte hier folgende Regeln:

- Implementiert die Superklasse nicht -copyWithZone:, so erzeugen Sie, wie in Instrument, eine neue Instanz mit +allocWithZone:. Dann kopieren Sie alle Eigenschaften, die Sie angelegt haben, entsprechend der obigen Regeln.

- Implementiert die Superklasse -copyWithZone: – wie bei Piano mit der Superklasse Instrument –, so erzeugen Sie diese Kopie mit der Methode der Superklasse und kopieren nur noch Ihre eigenen Eigenschaften.

- Manchmal – auch innerhalb Cocoas – kommt es vor, dass der Entwickler der Basisklasse den Trick mit [self alloc] nicht anwendet. Sie können dann nicht die Basisimplementierung aufrufen, da diese eine Instanz der Basisklasse herstellen würde. Sie erzeugen sich dann selbst eine Instanz mit +allocWithZone:, als ob es keine entsprechende Methode in der Basisklasse gäbe, und kopieren auch die Eigenschaften, die Sie bereits in der Basisklasse vorfinden.

Bitte testen Sie das Programm erneut. Der Absturz sollte verschwinden, stattdessen sollten sich jetzt die Klaviere der Damen unabhängig entwickeln:

>… Flügel und Flügel
>… Flügel und Klavier

Nur zur Klarstellung: Das funktioniert selbstverständlich auch für lokale Variablen. Dort muss dann die Kopie über eine copy-Nachricht erzeugt werden:

```
int main (int argc, const char * argv[])
{
   @autoreleasepool {
…
      Piano *pianoCopy = [piano copy];
      pianoCopy.name = @"Noch eines";
      NSLog( @"%@ und %@", piano.name, pianoCopy.name );
   }
   return 0;
}
```

Dies führt also zu:

…
>… Flügel und Noch eines

Wir sollten uns die Auswirkungen des Codes aber noch einmal genau überlegen. In -copyWithZone; benutzen wir ja Setter, um die Daten in die neue Instanz zu schreiben. Dies bedeutet, dass, wenn die Property (genauer: der daraus synthetisierte Setter) auf copy steht, eben von der Instanz hinter dem entsprechenden Objekt ebenfalls eine Kopie erzeugt wird. Das sieht dann erst einmal so aus:

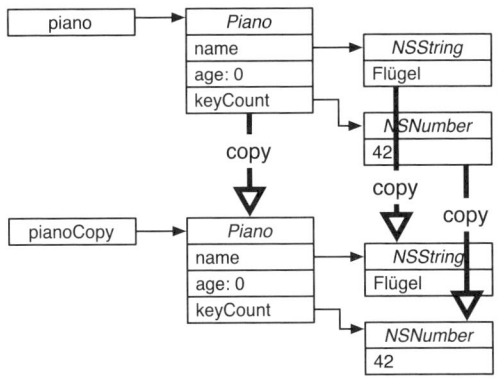

Durch copy-Propertys werden auch die Attribute kopiert.

Allerdings ist das in diesem Falle nicht so: Die gespeicherten Instanzen sind ja von den Klassen `NSString` und `NSNumber`. Diese können sich nicht verändern. Daher gibt es tatsächlich einen Trick: Bei unveränderlichen Containern wird keine reale Kopie erzeugt, sondern das Original zurückgeliefert. Denn weder Original noch Kopie können einen neuen Wert annehmen, werden also bis in alle Ewigkeiten exakt gleich aussehen. Tatsächlich sieht die Lage also nach dem Code so aus:

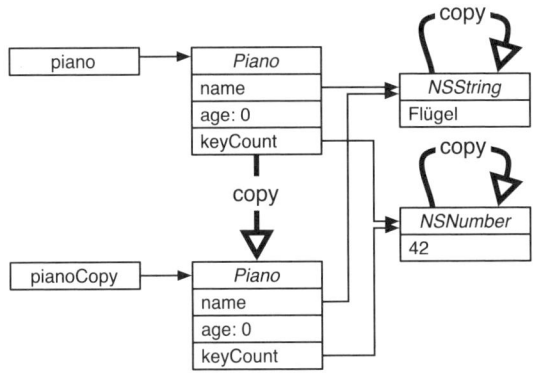

Bei unveränderlichen Instanzen lässt sich der Kopiervorgang optimieren.

Das ist aber wirklich nur eine interne Optimierung, die Sie nicht berücksichtigen sollen. Für Sie existiert eine Kopie. Ich erwähne das bloß, damit Sie sich nicht wundern, wenn die ID einer solchen Instanz mit der ID ihrer Kopie übereinstimmt.

Tiefe und flache Kopien

Sie werden aber nur Entitäten programmieren. Und hier stellt sich die Frage, welchen Umfang eine Kopie hinsichtlich der verwiesenen Objekte hat. Man unterscheidet zwischen flachen (shallow) und tiefen (deep) Kopien. Das Ganze ist aber keine Schwarz-Weiß-Frage, sondern bei jeder Eigenschaft neu zu beantworten. Deutlich wird das an einem Beispiel. Geben wir auch Musikanten die Möglichkeit, sich zu kopieren. Zunächst im Header:

```
@interface Musician : NSObject <NSCopying>
```

Und die entsprechende Implementierung:

```
@implementation Musician
- (id)copyWithZone:(NSZone*)zone
{
    Musician *copy = [[[self class] alloc] init];
    copy.name = self.name;
    copy.instrument = self.instrument;

    return copy;
}
@end
```

In main.m:

```
int main (int argc, const char * argv[])
{
    @autoreleasepool {
        // Original
        Musician *agnetha = [[Musician alloc] init];
        agnetha.name = @"Fältskog";
        agnetha.instrument = [Piano instrumentWithName:@"Flügel" price:10];

        // Copy
        Musician *anniFrid = [agnetha copy];
        anniFrid.name = @"Lyngstad";
        anniFrid.instrument.name = @"Klavier";

        NSLog( @"Agnetha spielt %@, Anni-Frid spielt %@",
              agnetha.instrument.name,
              anniFrid.instrument.name );
    }
    return 0;
}
```

versuchen Sie selbst zu erraten, was das Ergebnis ist:

>… Agnetha spielt Flügel, Anni-Frid spielt Klavier

Die beiden Piano-Instanzen können sich also unterschiedlich entwickeln. Das liegt daran, dass die Eigenschaft Instrument eine copy-Property ist und daher in -copyWithZone: die Zuweisung an die Eigenschaft der copy zu einer Kopie des Instrumentes führt. Anni-Frids Instrument ist also eine eigene Instanz, die sich unabhängig verändern kann.

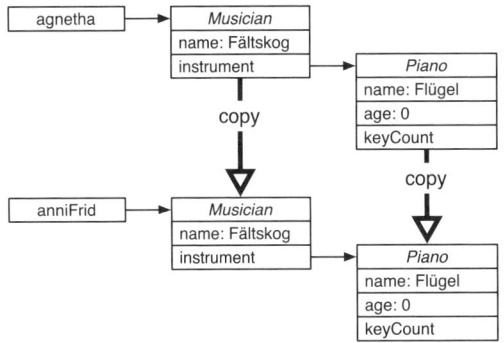

Unabhängigkeit durch Kopie: Die beiden Damen haben jede ihr eigenes Instrument.

Dieses Verhalten ändert sich entsprechend, wenn wir den Typen der Instrument-Eigenschaft wieder von copy auf strong stellen:

```
@interface Musician : NSObject <NSCopying>
@property (copy)   NSString    *name;
@property (strong) Instrument *instrument;
@end
```

Jetzt führt der identische Ablauf des Hauptprogrammes zu folgendem Ergebnis:

>… Agnetha spielt Klavier, Ann-Frid spielt Klavier

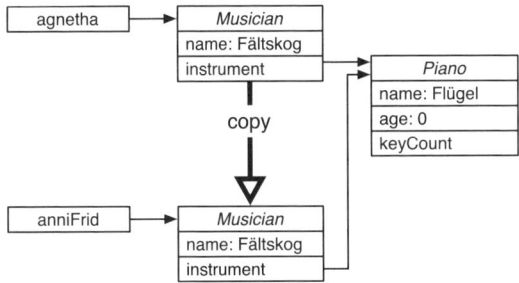

Ist die Property nur ein Verweis (strong, weak), dann bleibt es bei einer Instanz.

Dadurch, dass wir die Setter verwenden, um die Eigenschaften der erzeugten Kopie zu setzen, werden also automatisch tiefe bzw. flache Kopien nach den obigen Regeln erzeugt. Haben wir einen copy-Setter, so haben wir eine tiefe Kopie, haben wir einen strong-Setter, so haben wir eine flache Kopie. Dies wird der Anwender unserer Klasse in der Regel so erwarten. Denn wieso sollte –copy etwas anderes tun, als wenn der Anwender selbst eine zweite Instanz erstellt und die Eigenschaften dann von Hand setzt?

Damit beantwortet sich die Frage danach, ob eine tiefe oder flache Kopie erzeugt werden soll ebenso wie die Frage, ob eine Property eine Kopie (copy) oder eine Referenz erzeugt (strong, weak). Und die hatten wir schon beantwortet: In der Regel werden Attribute kopiert und Verweise auf Entitäten nur zugewiesen.

To-many-Beziehungen

Bei To-many-Beziehungen verhält es sich etwas anders: Stellen Sie sich vor, ein Musikant könnte mehrere Instrumente besitzen. Völlig abwegig ist das ja nun nicht. Unsere bisherige Implementierung enthält ja nur einen Verweis auf eine entsprechende Instanz. Richtig betonen: Unsere bisherige Implementierung enthält ja nur *einen* Verweis auf *eine* entsprechende Instanz.

Um das zu ändern, müssen wir ein Objekt dazwischen schalten, welches in der Lage ist, beliebig viele Referenzen aufzunehmen. Man nennt dies eine Collection. Sowohl diese selbst als auch der richtige Umgang mit ihr wird im Abschnitt – Überraschung – Collections besprochen. Für eine einfache Implementierung kann man aber auch eine simple Property nehmen, die dann nicht die unmittelbar verwiesenen Instanzen – also Instrumente – enthält, sondern eben eine solche Instanz einer Collectionklasse, etwa NSSet. Zeichnen wir das kurz auf:

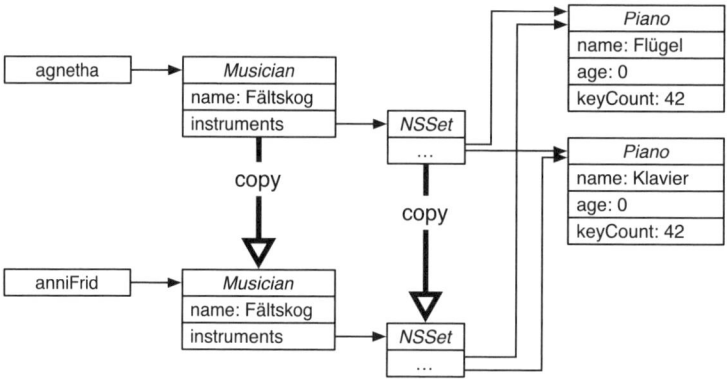

Bei einer To-many-Beziehung wird ein Sammelobjekt dazwischengeschaltet.

Wichtig ist an dieser Stelle, dass eine solche Collection immer kopiert wird (tiefe Kopie), seinerseits aber nicht die enthaltenen Objekte kopiert (flache Kopie), so dass die Situation wie im Schaubild entsteht.

Rückbeziehungen

Zuweilen will man von einer verwiesenen Instanz wieder auf den Ursprung zurückverweisen. Dies wäre dann eine Rückbeziehung von Instanzen der Klasse Instrument auf Instanzen der Klasse Musician. Diese Rückbeziehungen haben vor allem Bedeutung bei der Speicherverwaltung. Hinsichtlich Kopien ist zu sagen, dass hier niemals eine tiefe Kopie erfolgt, da sonst ein Kopierkreis entstünde. (Musiker kopiert Instrument, weshalb Instrument Musiker kopiert, weshalb …).

Je nach Datenmodell kann es sogar so sein, dass überhaupt die Übernahme der Property keinen rechten Sinn ergibt: Hat ein Musiker ein Instrument und umgekeht, kann die Kopie des Instrumentes nicht auf den Musiker verweisen, da dieser noch das alte

Instrument besitzt. Setzt man die Property des Musikers auf die Kopie, wäre der Verweis des Originals noch vorhanden, ohne dass der Musiker auf dieses verweist. Die »Paarbildung« durch Musiker und Instrument kann also in keinem Fall aufrechterhalten werden, da es jetzt ein Instrument mehr als Musiker gibt.

Daher werden solche Rückverweise meist gar nicht kopiert, sondern auf nil gesetzt.

Kopie und veränderliche Kopie

Der Vollständigkeit halber will ich bereits hier erwähnen, dass bei Containern die Nachricht copy immer eine unveränderliche Variante (etwa NSString), die Nachricht mutableCopy eine veränderliche Instanz (etwa NSMutableString) zurückliefert und zwar unabhängig davon, zu welcher Klasse der Empfänger der Nachricht gehört.

Entitäten, wie Sie sie programmieren sind eigentlich immer veränderlich. Hier reicht copy.

Convenience-Copy

Für die manuelle Speicherverwaltung existieren wieder Bequemlichkeitsmethoden. Deren Vorteil erhellt sich ebenso wie der Vorteil der Convenience-Allocators gegenüber new-Methoden erst im Kapitel über manuelle Speicherverwaltung. Sie sind bei automatischer Speicherverwaltung auch wieder buchstabengleich.

Diese Methoden haben den Namen +klasseWithKlasse:, also etwa +instrumentWithInstrument:, wobei das Original als Parameter übergeben wird.

Bei automatischer Speicherverwaltung bietet sich aber copy an.

Gleichheit

Sozusagen die Kehrseite der Kopie ist die Gleichheit, wie eingangs beschrieben wurde. Wie ebenfalls bereits ausgeführt, kann die »Gleichheit« von Objekten nicht mittels == überprüft werden. Hierbei wird die Identität verglichen. Um die inhaltliche Gleichheit zu ermitteln, existiert ein eigener Satz von Methoden, welche alle -isEqual…: heißen. Die Grundmethode -isEqual: soll dabei YES zurückgeben, wenn der Empfänger der Klasse gleich dem übergebenem Parameter ist. Dabei ist der Parameter nicht typisiert, also id. In aller Regel wird man daher schon von Ungleichheit ausgehen, wenn der Parameter nicht dieselbe Klasse oder eine Subklasse des Empfängers hat. Dies kann man abfragen:

```
- (BOOL)isEqual:(id)other
{
   if( [other isKindOfClass:[Person class]] ) {
      // Vergleich durchführen
      return …;
   } else {
      return NO;
   }
}
```

Hierbei sollte übrigens wirklich die Klasse explizit angegeben, also nicht der Trick mit -class verwendet werden. Auch wenn man dies nämlich macht, muss die Subklasse die Methode überschreiben. Ansonsten kann es Situationen geben, in denen nur die Eigenschaften der Basisklasse verglichen werden, obwohl eine Subklasse weitere definiert.

> **HILFE**
>
> Mir ist völlig klar, dass dieses Herumeiern mit -class ziemlich schwierig zu verstehen ist. Meine Erfahrung ist, dass man dies bei der späteren Programmierung merkt, wenn man selbst auf einmal auf ein solches Problem stößt. Und darauf kommt es mir an: In diesem Falle werden Sie sich hieran erinnern oder diesen Abschnitt einfach noch einmal nachlesen.

Wie der Vergleich dann im Einzelnen aussieht, ist freilich eine Frage des Einzelfalles. Man könnte bei Instanzen der Klasse Instrument daran denken zu vergleichen, ob Name, Alter und Preis der beiden Instanzen gleich sind:

```
- (BOOL)isEqual:(id)other
{
    if ([other isKindOfClass:[Person class]]) {
        if (   [self.name isEqualToString:other.name]
            && (self.age == other.age]
            && (self.price == other.price ) {
            return YES;
        } else {
            return NO;
        }
    } else {
        return NO;
    }
}
```

Hieran erkennen Sie zwei wichtige Dinge:

- Häufig gibt es spezialisierte Vergleichsmethoden, in dem Beispiel ist diese etwa -isEqualToString:. Diese verwenden Sie bitte bevorzugt.
- C-Skalare vergleichen Sie bitte ==, wie sie das im Kapitel 3 gelernt haben.

Eine solche spezialisierte Methode sollte angeboten werden, wobei man statt eines Ifs gleich das Ergebnis der Bedienung zurückliefern kann:

```
- (BOOL)isEqualToInstrument:(Instrumnet*)instrument
{
    return  [self.name isEqualToString:instrument.name
         && (self.age == instrument.age)
         && (self.price == instrument.price);
}
```

Dadurch vereinfacht sich auch die allgemeine Vergleichsmethode:

```
- (BOOL)isEqual:(id)other
{
   if( [other isKindOfClass:[Instrument class]] ) {
      return [self isEqualToInstrument:other];
   } else {
      return NO;
   }
}
```

4.1.5 Zusammenfassung

Sie haben nun den gesamten Werdegang bei der Erzeugung neuer Instanzen kennengelernt. Hierzu gehört das eigentliche Erzeugen einer neuen Instanz neben Initialisierung ebenso wie das Anfertigen von Kopien.

Das meiste dürfte Ihnen im weiteren Verlauf keine Probleme bereiten. Lediglich die richtige Initialisierungsfolge muss geübt werden. Schlagen Sie hier ruhig nach, solange es Ihnen noch nicht ins Blut übergegangen ist.

4.2 Speicherverwaltung

»Einige Male habe ich Sie auf diesen Abschnitt verwiesen. Und nun kommt eines der schwierigsten Themen überhaupt zum Zuge.« Mit diesen Worten habe ich bisher den Abschnitt Speicherverwaltung eingeleitet. Jetzt kommt allerdings eine gute Nachricht: Mit OS X 10.7 – und das gilt rückwärts auch für Mac OS X 10.6.8 – hat das automatische Reference-Counting Einzug gehalten. Seine Quintessenz ist: Alles funktioniert einfach automatisch. Gut, ganz so einfach ist es nicht, aber in der Tat kommt es nahe heran. Sie sollten sich übrigens dabei auch nicht durch komplizierte Ausführungen an anderen Orten ablenken lassen: In 99 % ist einfach gar nichts zu tun. Die komplizierten Ausführungen betreffen den Rest.

Dennoch möchte ich hier schon die Funktionsweise des Reference-Countings tiefgehend erläutern. Es ist nicht mehr so tragisch, wenn Sie nicht alles sofort verstehen. Das Unfallrisiko hat sich dramatisch reduziert. Hinzukommt, dass der Compiler Sie bei der Arbeit überwacht und auf Probleme hinweist. Außerdem enthält dieser Abschnitt auch weiterhin Ausführungen zu dem manuellen Reference-Counting. Dieses setzt, da man eben alles von Hand machen muss, das Verständnis von Reference-Counting voraus.

»Dieser Abschnitt ist eigentlich falsch einsortiert. Denn die Speicherwaltung ist zu großen Teilen eine Sache von Cocoa, nicht von Objective-C. Ja, von Cocoa. Denn genau genommen kennt Objective-C kein Schlüsselwort, welches im Zusammenhang mit der Speicherverwaltung steht. Dies ist allein Aufgabe des Frameworks. Allerdings sind Objective-C und Cocoa so eng miteinander verschmolzen, dass die Unterscheidung zuweilen Haarspalterei ist.« So ging es dann dann in den bisherigen Auflagen weiter. Das hat sich ebenfalls etwas geändert: Zwar existieren auch heute keine Schlüsselwörter, die die Speicherverwaltung regeln. Aber der Compiler übernimmt jetzt einen großen Teil der Arbeit. Teile, die vorher im Framework standen.

Neben den beiden angesprochenen Speicherverwaltungsmodellen, automatisches und manuelles Reference-Counting, existiert noch die Garbage-Collection. Bei ihr erfolgt die Speicherverwaltung nicht über Analyse des Codes durch den Programmierer oder den Compiler, sondern durch eine Laufzeitanalyse. Ich habe schon in früheren Auflagen der Garbage-Collection außerordentlich skeptisch gegenüber gestanden. Mittlerweile ist sie tot. Mausetot. Aber so etwas von mausetot, dass ich nicht mehr auf sie eingehe. Auf dem iPhone existierte sie übrigens nie.

Es geht bei der Speicherverwaltung eigentlich um eine ganz einfache Sache, um die wir uns noch nicht wirklich gekümmert haben: Wenn wir Objekte erzeugen, müssen diese auch irgendwann wieder gelöscht werden. Ansonsten verschwenden sie Speicher. Tagtäglich begegnen uns jedoch Programme, die nutzlos den Speicher verschwenden, auch Applikationen von Apple und anderen namhaften Firmen leiden darunter. Ein nicht unbedeutender Grund dafür dürfte sich darin finden, dass sowohl die Apple-Dokumentation als auch Standardwerke zu Cocoa dieses Thema stiefmütterlich behandeln. Das will ich – wie schon in der Vorauflage – ändern, und daher ist dieses Kapitel besonders sorgfältig zu bearbeiten. Ich habe am Ende einige Handwerksregeln aufgestellt, an die Sie sich halten können, auch wenn Sie noch nicht alle Feinheiten verstanden haben sollten. Denn das ist ein großes Glück: Das System ist kompliziert, die Anwendung einfach! Ich will Ihnen die Sache aber nicht so einfach machen, wie man es sich machen könnte. Sie sollen das auch verstehen.

> **TIPP**
>
> Das ist wirklich ernst gemeint: Sie werden am Ende dieses Abschnitts sehen, dass Ihre Hauptaufgabe darin besteht, einfach nichts zu tun. Ich lege bloß Wert auf Verständnis. Deshalb führe ich das hier recht lange aus.

4.2.1 Das Konzept anhand von Automatic Reference Counting

Die Speicherverwaltung von Cocoa ist vollständig dynamisch aufgebaut. Dies erkennen wir daran, dass sich, anders als in anderen Programmiersprachen, ein Objekt gar nicht statisch erzeugen lässt. Wir hatten auch schon probiert, eine Variable den Typen NSString anstelle von NSString* zu verpassen und sind daran gescheitert: Der Compiler ließ uns nicht. Stattdessen haben wir dann die Instanzen in unserem Programm selbst erzeugt. Und deshalb müssen wir es auch wieder selbst löschen.

Früher bediente man sich dazu eines einfachen Systems: Man hat die Instanz erzeugt (kennen Sie schon, das mit dem +alloc und dem -init...), dann hat man es benutzt und schließlich wieder gelöscht. Dieses System hat aber gehörige Nachteile.

Zunächst erzeugen Sie sich bitte ein Projekt der Art *Cocoa Application* und nennen es *ARC*. Achten Sie unbedingt darauf, dass im zweiten Dialog *Create Document-Based Application* und *Use Automatic Reference Counting* eingeschaltet, *Use Core Data* jedoch ausgeschaltet ist. Wir haben also ein Projekt mit Dokumenten, die nicht auf Core Data basieren. Außerdem wird Automatic Reference Counting verwendet, was ja irgendwie total sinnvoll ist, wenn man Automatic Reference Counting erläutern möchte. Wie im Kapitel 2 ändern Sie bitte in Document.m am Ende das YES auf NO.

Vernetztes Denken

In Kapitel 2 hatten wir schon ein bisschen mit Verweisen zwischen Objekten gearbeitet. Dort beschäftigten wir uns nur mit Instanzen, die für sich alleine standen. Das ist aber absichtlich von mir so einfach gehalten worden, weil ich Ihnen andere Dinge beibringen wollte. In Objective-C sind allerdings »echte« Programme Netze von Objekten, die sehr kompliziert verknüpft sein können.

Schauen wir uns ein einfaches Beispiel an: Wir haben eine Firmendatenbank. Diese enthält eine Liste von Gruppen. Jede Gruppe hat wiederum einen Namen, einen Gruppenleiter als Person und eine Liste von Mitgliedern, ebenfalls als Personen. Man kann die Beziehungen der Entitäten recht einfach darstellen:

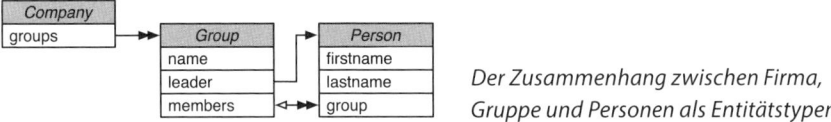

Der Zusammenhang zwischen Firma, Gruppe und Personen als Entitätstypen

Bitte beachte Sie auch die Pfeilspitzen. In der `Entität Group` wird etwa über die Beziehung `members` auf ganz viele Personen verwiesen. Umgekehrt verweist `Person` nur auf eine `Group`. Eine Gruppe kann also aus vielen Personen bestehen, und eine Person gehört zu genau einer Gruppe.

Das Ganze wird zeichnerisch etwas komplizierter, wenn wir uns mal die konkreten Instanzen der Entitäten während eines gedachten Programmlaufes aufzeichnen:

Kapitel 4

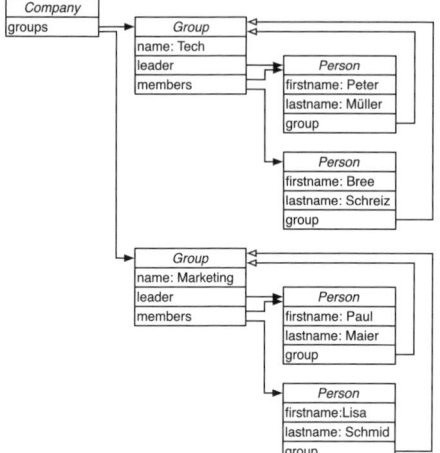

Eine gedachte Firma und ihre Instanzen zur Laufzeit

Also haben wir hier eine Firma mit den beiden Gruppen »Tech« und »Marketing«, denen wiederum konkrete Personen angehören.

Aber das ist immer noch nicht die ganze Wahrheit: Sie hatten soeben gelernt, dass auch die Attribute wiederum in Objekten gespeichert werden können. So hatten wir etwa den Namen eines Instrumentes in einer NSString-Instanz gespeichert. Auch die Anzahl der Tasten des Klavieres war in einem Objekt gespeichert, nämlich in einer NSNumber-Instanz. Als ich Ihnen das mit dem Copy- und Strong-Setter erläuterte, wurde das auch in einer Graphik sichtbar. Dröseln wir also auch das auf:

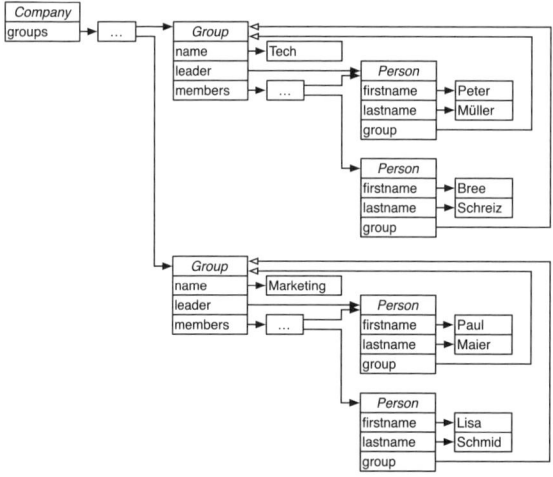

Nimmt man wirklich jede Instanz in die Graphik, so wird es noch komplizierter.

Bemerkenswert sind in diesem Zusammenhang die Objekte, die ich mit »…« kennzeichnete.

Erzeugen Sie sich bitte eine neue Klasse mit den Namen Person, und leiten Sie diese von NSObject ab. Schauen wir uns mal an, wie eine Person-Instanz – nach dem, was Sie bisher gelernt haben – aussieht. Einfach im Header eingeben:

```
@class Group;

@interface Person : NSObject
@property (copy)    NSString *firstname;
@property (copy)    NSString *lastname;
@property (strong)  Group    *group;
@end
```

Als erstes haben wir dieses @class. Ich hatte Ihnen bereits gesagt, dass man damit eine Klasse bekannt macht. Hier wird also die Klasse Group versprochen. Wir könnten auch einen Import vornehmen. Jedoch verwenden wir diese Klasse nur als Typ einer Eigenschaft. Da reicht dieser Forward aus. Und er hat den Vorteil, dass Sie sich mögliche Zirkelschlüsse ersparen. Auch wird dadurch die Übersetzung schneller. Schauen Sie vielleicht noch einmal in den Abschnitt über den Aufbau einer Klasse in Kapitel 3.

Ansonsten passiert hier wenig Spannendes: Drei Eigenschaften, zwei Attribute entsprechend mit copy und eine Beziehung entsprechend mit strong. Kennen Sie schon.

Als nächstes erzeugen wir uns eine Gruppenklasse, wobei wir der Einfachheit halber wie bereits gesehen die To-many-Beziehung durch eine Property mit dem Typen NSSet modellieren.

```
@class Person;

@interface Group : NSObject
@property (copy)    NSString *name;
@property (strong)  Person   *leader;
@property (copy)    NSSet    *members;
@end
```

Schnell noch die Implementierungen fertig machen. In Group.m:

```
@implementation Group
- (void)dealloc {
    NSLog( @"Gruppe %@ wird gelöscht", self.name );
}
@end
```

Entsprechend in Person.m:

```
@implementation Person
- (void)dealloc {
    NSLog( @"Person %@ wird gelöscht", self.lastname );
}
@end
```

In beiden Fällen muss ich die Methode –dealloc erläutern: Sie wird ausgeführt, kurz bevor eine Instanz wieder gelöscht wird. Und zwar für jede Ableitungsebene gesondert. Das ist hier also etwas anderes mit dem Überschreiben: Die Version von –dealloc in einer Subklasse überschreibt die Version in der Bassisklasse nicht, sondern ergänzt sie.

In Automatic Reference Counting benötigen wir diese Methode eigentlich nicht, weil es sich um eine Speicherverwaltungsmethode handelt und Speicherverwaltung ja automatisch ist. Allerdings lassen sich hier Dinge unterbringen, die man kurz vor dem Tode noch erledigt sehen möchte. Dieses kurz vorher Erledigen nennt man Finalisierung und ist eigentlich Teufelswerk. Besser ist es, Dinge auf Befehl zu erledigen. Aber hier wollen wir genau das, was es ist: Den eigenen Tod protokollieren. Deshalb machen wir das zu Testzwecken.

Die Grundidee des Reference-Countings ist jetzt, dass eine Instanz solange im Speicher liegen bleiben muss, wie sie noch jemand benutzt. Damit sie aber jemand benutzen kann, benötigt er eine ID-Variable darauf. Schauen wir uns das in der letzten Graphik an.

Die Personinstanz mit dem Namen Peter Müller wird zweimal benutzt, weil zwei ID-Variablen auf sie zeigen, zwei Pfeile dort enden. Nämlich einmal die Eigenschaft leader der Gruppe Tech und einmal die Collection hinter der Eigenschaft members der Gruppe Tech. Zählt man die Pfeile durch, so kann man die Instanzen entsprechend der bei ihnen endenden Pfeile mit einem Wert versehen. Diesen Wert nennt man Retain-Count. Es ist jetzt vielleicht etwas unklar, woher der Begriff Retain kommt. Sie sehen das noch. Sie können auch ohne Not Reference-Count sagen, also Verweisanzahl. Das sollte sofort einleuchten.

Machen wir die Graphik mal neu: Zum einen notieren wir bei allen Entitäten (Instanzen von Company, Group, Person) die Anzahl der jeweils endenden Pfeile. Das ist eben der Reference-Count. Bei den Attributen und der To-Many-Relationship brauchen wir das nicht. Bei den Attributen hatten Sie ja schon gelernt, dass diese eine Copy-Eigenschaft bekommen. Damit wird jedes Mal eine Kopie, also neue Instanz, erzeugt und diese in der hinter der Eigenschaft stehenden Instanzvariable abgelegt. Sie haben also in einem solchen Netz immer den Retain-Count 1. (Tatsächlich kann sich das ändern, das brauchen wir hier aber nicht zu beachten.)

Exakt dasselbe gilt für die To-many-Relationship. Ich hatte bereits angekündigt, dass auch diese mit einer Copy-Eigenschaft versehen werden. Hier sehen Sie den Grund: Gespeichert werden in der verweisenden Instanz ja gar nicht die bezogenen Instanzen, sondern nur eine Collection. Diese wird beim Setzen ebenfalls kopiert – übrigens nicht die wieder in der Collection liegenden Entitäten. Zum Kopieren kommen wir aber noch.

Langer Rede kurzer Sinn: Es ist jedenfalls an dieser Stelle zum Verständnis nicht erforderlich, die Attribute und To-many-Beziehungen explizit zu betrachten. Wir können also zudem die Graphik wieder stauchen:

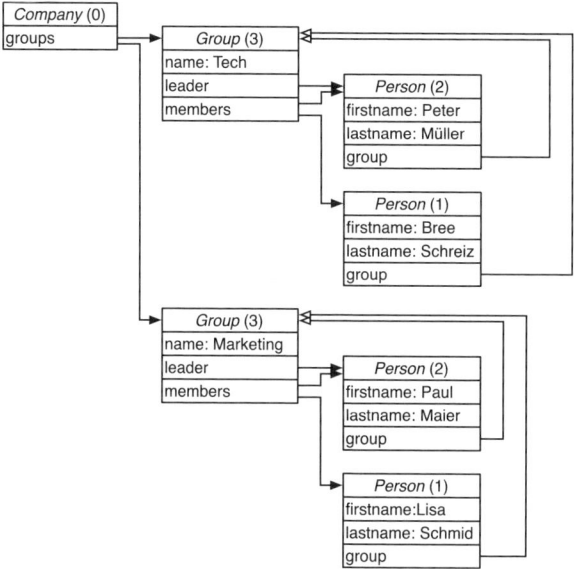

Die Retain-Counts der Entitäten.

Sie sehen also, dass alle Instanzen einen Retain-Count größer als 0 haben, weil bei allen Instanzen eine ID-Variable auf sie zeigt. Dass es sich um eine Instanzvariable hinter einer Eigenschaft handelt, ist gleichgültig. Der gesamte Objektgraph, so nennt man dieses Gebilde aus Objekten und Verweisen, besteht also deshalb, weil auf die in ihm enthaltenen Objekte verwiesen wird.

Kapitel 4

> **AUFGEPASST**
>
> Jede der von mir gezeichneten Graphiken ist potenziell nur ein Ausschnitt aus einer größeren Graphik. Denn in einem Programm kann es ja noch andere Programmteile geben, die Instanzen aus unserem Graphen benutzen. Der Witz ist, und das ist wichtig: Das interessiert nicht. Wenn andere Instanzen benutzen, müssen diese die Regeln der Speicherverwaltung einhalten. Wenn wir Instanzen benutzen, müssen wir die Regeln der Speicherverwaltung einhalten. Jeder kümmert sich um die von ihm benutzten Objekte. Um das deutlicher zu machen, sagen daher einige, dass ein Retain-Count nicht etwa 1 oder 2 beträgt, sondern, dass er +1 oder +2 beträgt. Damit soll zum Ausdruck gebracht werden, dass der Ausschnitt, den man gerade betrachtet, Pfeile enthält, die den Retain-Count erhöhen, man aber nicht sagen kann, ob es nicht noch andere Programmteile gibt, die das ebenfalls machen, so dass der Retain-Count tatsächlich noch höher liegt. Man kann daher meine Angaben auch als Mindestwerte betrachten. Ich erspare es mir, jedes Mal das + davor zu schreiben.

Anker

Der gesamte Objektgraph? Nein, es gibt eine kleine Instanz, für die das nicht zutrifft. Schauen Sie in der Graphik nach oben links: Die Instanz der Klasse Company erhält kein Pfeilende. Da steht eindeutig eine 0. Also müsste sie gelöscht werden.

Würde sie auch. Es ergibt ja überhaupt keinen Sinn, sie weiter am Leben zu erhalten, da niemand eine ID-Variable auf sie hat, niemand sie also benutzten kann. Wie wäre das denn in wirklichem Code?

Zuerst bauen Sie sich bitte eine neue Klasse Company wiederum als Subklasse von NSObject. Den Header bestücken Sie entsprechend der Graphik:

```
@class Group;

@interface Company : NSObject
@property (copy) NSSet *groups;
@end
```

Die Implementierung bauen wir ebenfalls analog zu Bisherigem:

```
@implementation Company
- (void)dealloc {
    NSLog( @"Company %p wird gelöscht.", self );
}
@end
```

Lokale Variablen

Nehmen wir zunächst den einfachen Fall, dass eine Instanz von Company in einer Actionmethode erzeugt und benutzt wird. Eine solche bauen wir in Document.m ein. (Sie finden die Klasse im Project-Navigaor in der Gruppe ARC.) Lassen Sie sich bitte nicht von dem sonstigen Sourcecode dort irrittieren. Dokumente kommen im Einzelnen viel später.

```
#import "Company.h"

@implementation Document
- (IBAction)createCompanyGraph:(id)sender
{
    NSLog( @"Methode betreten" );
    Company *company = [[Company alloc] init];
    NSLog (@"Company-ID: %p", company );
    NSLog( @"Methode wird verlassen" );
}
```

Entsprechend machen wir die Actionmethode im Header bekannt:

```
@interface Document : NSDocument
- (IBAction)createCompanyGraph:(id)sender;
@end
```

Öffnen Sie Document.xib vom Project-Navigator aus und ziehen Sie einen Button in das dort befindliche Fenster. Sie können den Platzhaltertext wie in Kapitel 2 einfach löschen. Die Action des Buttons verbinden Sie wieder mit einem Drag bei gedrückter [ctrl]-Taste auf den *File's Owner*. Das ist das Dokument. Im aufspringendem Fenster wählen Sie unsere neue Methode *createCompanyGraph:*.

Jetzt zeigt eine Referenz auf die Company-Instanz, wenn unsere Methode durchläuft.

| company | → | Company (1) | |
| | | groups | → ... |

Eine ID-Variable hält eine Instanz, solange sie selbst lebt.

Aber wie lange? Es handelt sich bei der ID-Variablen ja um eine normale lokale Variable. Das heißt, dass am Ende der Methode die Variable company vernichtet wird und damit nichts mehr auf die Instanz der Klasse Company verweist. Sie hat dann wieder einen Retain-Count von 0. Wenn Sie das Programm starten und den Button klicken, erleben Sie genau dieses Verhalten:

```
>… Methode betreten
>… Company-ID: 0x1004190b0
>… Methode wird verlassen
>… Company 0x1004190b0 wird gelöscht.
```

(Die konkreten Werte können bei Ihnen wieder anders lauten, weil es sich ja um eine ID handelt.)

Es gibt auch andere Situationen, in denen das passieren kann. Ändern Sie den Code:

```
- (IBAction)createCompanyGraph:(id)sender
{
    NSLog( @"Methode betreten" );
    Company *company = [[Company alloc] init];
    NSLog( @"Company-ID: %p", company );
    NSLog( @"Company wird nil" );
    company = nil;
    NSLog( @"Methode wird verlassen" );
}
```

Jetzt werden Sie sehen, dass die Instanz bereits vor dem Verlassen der Methode gelöscht wird:

```
2012-03-07 15:21:10.975 ARC[3302:707] Methode betreten
2012-03-07 15:21:10.977 ARC[3302:707] Company-ID: 0x100145590
2012-03-07 15:21:10.978 ARC[3302:707] Company wird nil
2012-03-07 15:21:10.979 ARC[3302:707] Company 0x100145590 wird gelöscht.
2012-03-07 15:21:10.980 ARC[3302:707] Methode wird verlassen
```

Wieso das? Ist doch ganz einfach. In dem Moment, in dem der lokalen Variable ein neuer Wert zugewiesen wird, referenziert diese nicht mehr unsere Company-Instanz. Deren Retain-Count geht auf 0, sie wird gelöscht. Das ist ja auch richtig. Sie könnten diese Instanz nicht mehr ansprechen, da die lokale ID-Variable company nicht mehr auf sie zeigt (und auch keine andere ID-Variable).

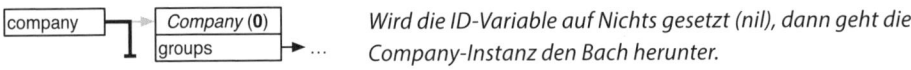

Wird die ID-Variable auf Nichts gesetzt (nil), dann geht die Company-Instanz den Bach herunter.

Das gilt nicht nur bei einer Zuweisung mit nil. Jeder neue Wert verändert die ID-Variable und damit die Referenz. Testen:

```
- (IBAction)createCompanyGraph:(id)sender
{
    NSLog( @"Methode betreten" );
    Company *company = [[Company alloc] init];
    NSLog( @"Company-ID: %p", company );
    NSLog( @"Company wird neu" );
    company = [[Company alloc] init];
    NSLog( @"Company-ID: %p", company );
    NSLog( @"Methode wird verlassen" );
}
```

Sie sehen, dass mit der neuen Instanz automatisch die alte gelöscht wird, weil die ID-Variable jetzt auf eine andere Instanz zeigt:

```
>… Methode betreten
>… Company-ID: 0x10031dd00
>… Company wird neu
>… Company 0x10031dd00 wird gelöscht.
>… Company-ID: 0x100311730
>… Methode wird verlassen
>… Company 0x100311730 wird gelöscht.
```

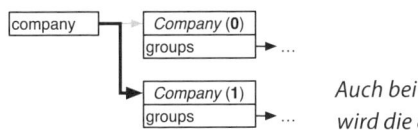

Auch bei einem Setzen auf eine andere Instanz wird die alte automatisch freigegeben.

Hier lernen Sie schon etwas Wichtiges: Wenn Sie in einer Methode nur zwischendurch Instanzen erzeugen, werden diese automatisch gelöscht. Deshalb heißt das übrigens Automatic Reference Counting. Diese Instanzen können Sie also aus Ihrer persönlichen To-Do-Liste schon einmal ausbuchen.

Dokumentenbezogenes Ankerobjekt Document

Es wäre nun der Software nicht zugänglich, wenn nach jeder Action gleich wieder alle Daten verschwinden würden. Um ein Objekt daher dauerhaft zu speichern, muss eine ID-Variable darauf zeigen, die selbst dauerhaft lebt. Sie darf also nicht lokal sein.

Wenn unsere Anwendung mit Dokumenten arbeitet, wie etwa unser Projekt, so existiert ein – oder mehrere – Dokumentenobjekte. Diese werden von einem Document-Controller gehalten. Da der Document-Controller wieder zur Applikation gehört, lebt er unendlich lange. Der Document-Controller gibt erst dann ein Dokument frei, wenn dies auf eine explizite Anforderung geschehen soll. Typischer Fall ist hier, dass der Nutzer das Dokument schließt. Auch hält das Dokument wiederum eine Nib-Datei, nämlich Document.nib. Da waren wir ja bereits.

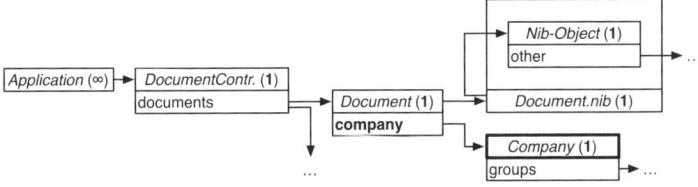

Dokumente sind Anker für Daten, die sich auf diese beziehen.

Damit sind Dokumente die richtige Wurzel, um auf Objekte zu verweisen, die Daten in Bezug auf ein Dokument beinhalten. Es reicht also aus, dem Dokument eine

Eigenschaft – sagen wir – company zu geben und die erzeugte Instanz zuzuweisen. Machen wir das. Zunächst im Header die Property:

```
@class Company;

@interface Document : NSDocument
@property (strong) Company *company;

- (IBAction)createCompanyGraph:(id)sender;
@end
```

Und diese benutzen wir dann in der Implementierung:

```
@implementation Document
- (IBAction)createCompanyGraph:(id)sender
{
    NSLog( @"Methode betreten" );
    Company *company = [[Company alloc] init];
    self.company = company; // Eigenschaft verweist auf Instanz
    NSLog (@"Company-ID: %p", company );
    NSLog( @"Methode wird verlassen" );
}
```

Starten Sie jetzt das Programm und drücken Sie einmal auf den Button. Sie werden sehen, dass am Ende der Methode (also in Menschenjahren gemessen sofort) die Instanz nicht mehr gelöscht wird:

```
>… Methode betreten
>… Company-ID: 0x1001379d0
>… Methode wird verlassen
```

Das ist auch klar. Das Dokument ist ja noch geöffnet und verweist auf die Instanz. Erst, wenn Sie jetzt das Dokument schließen (entweder das Fenster schließen oder über das Menü *File* und dort *Close*), sehen Sie im Log, dass die Instanz verschwindet:

```
>… Company wird gelöscht.
```

Das liegt daran, dass zunächst das Document-Objekt freigegeben wird. Dadurch verschwindet deren Instanzvariable company, wodurch wiederum das Company-Objekt freigegeben wird. Das schauen wir uns gleich genauer an. Zunächst aber machen Sie bitte etwas anderes. Drücken Sie in einem geöffneten Dokument mehrfach den Button. Es wird jetzt jedes Mal eine neue Company-Instanz erzeugt und an die Eigenschaft zugewiesen. Damit entfällt der Verweis auf die alte Eigenschaft, und die alte Instanz von company wird gelöscht. Immer nur das aktuell im Dokument gespeicherte Objekt bleibt bestehen.

Das ist letztlich derselbe Effekt wie bei der lokalen Variablen, die wir ja auch mal mitten in der Methode neu gesetzt haben.

Um das etwas genauer zu verstehen, gehen wir diesmal den Schritt und synthetisieren den Setter für die Eigenschaft Company nicht mehr, sondern schreiben ihn selbst:

```
@implementation Document {
    Company *_company;
}
- (Company*)company
{
    return _company;
}
- (void)setCompany:(Company*)company
{
    _company = company;
}
```

Da wir keine Synthetisierung mehr haben, weil die Accessoren jetzt explizit von uns programmiert wurden, müssen wir uns zunächst die Instanzvariable von Hand anlegen. Dann haben wir zwei Methoden. Die eine, der Getter, liefert einfach den Wert der Instanzvariable zurück. Die andere, der Setter, setzt einen neuen Wert in die Instanzvariable. Dadurch wird gleichzeitig wieder die Reference auf die alte Instanz entfernt. Wenn diese keine weitere Referenz hat, wird sie gelöscht. Sie haben damit zugleich den bereits versprochenen Code für Standard-Accessoren bei einer Strong-Eigenschaft. Bei einer Copy-Eigenschaft würden Sie im Setter einfach mit copy eine Kopie anfordern und deren ID speichern.

Übrigens wird mit dem Dokument auch wieder ein Nib, nämlich Document.nib, geladen, welches ebenfalls wie das Dokument gehalten wird. Auch hier kann ich also etwas hineinlegen, das die Lebensdauer des Dokumentes teilen sollen. Das war in Kapitel zwei etwa die Converter-Instanz. Aber man verwendet hier im Nib bitte nur Objekte, die eine Funktion innerhalb des Nibs wahrnehmen, meist also Helferobjekte wie unser Converter in Kapitel 2. Die eigentlichen Daten des Dokumentes werden ausgehend von einer Dokumenteneigenschaft abgelegt.

Globales Ankerobjekte Application-Delegate

Während unseres Programmlaufes existiert immer ein Application-Objekt. Dieses lädt als erstes MainMenu.nib, eine Nib-Datei, die Sie vielleicht noch aus Kapitel 2 kennen. Alle Objekte in dem Nib leben solange, wie der Nib geladen ist. Da der Inhaber des Nibs das unsterbliche Applikationsobjekt ist, sind die Instanzen, die wir im MainMenu.nib ablegen, ebenfalls unsterblich. Ein wichtiger Fall hierfür ist das Application-Delegate. Wenn Sie ein Projekt ohne Dokumentenunterstützung anlegen, so befindet sich im Projekt automatisch eine Klasse AppDelegate, welche ebenso automatisch im MainMenu.xib instanziert wird. Diese Instanz tritt dann mit ihren Eigenschaften als Anker an die Stelle des Dokumentenobjektes. Sie lebt solange wie die Applikation.

Sie müssen der Klasse `AppDelegate` dann natürlich ebenso eine entsprechende Eigenschaft Company – oder was auch immer – geben.

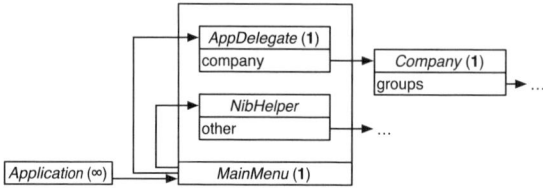

Eine Applikation und ihr Nib sind unsterblich – daher auch alle Instanzen darin.

Andere

Es ist prinzipiell möglich, sich selbst derlei Anker zu schreiben. Es ist aber in aller, aller Regel untunlich. Wie das funktioniert, lernen Sie in Band 2, falls Sie mal einen solchen Spezialfall haben.

Zusammenfassung

Ausgangspunkt für stabile Objekte sind immer ID-Variablen. Da lokale Variablen automatisch sterben, können sie nur vorübergehend Instanzen halten. Soll dieses Verhalten geändert werden, so wird ein von Cocoa zur Verfügung gestelltes Ankerobjekt verwendet.

Löschwelle

Sie haben mutmaßlich verstanden, ich hoffe das jedenfalls, dass ein Objekt freigegeben wird, wenn keine ID-Variable mehr darauf existiert. Und wir hatten das mit dem Company-Objekt auch einmal durchgespielt. Aber was ist mit den anderen Objekten?

Der Trick bestehe darin, dass Objekte, die wieder auf andere Objekte verweisen, ihre Verweise löschen, wenn sie sterben. Eigentlich hatten wir das schon in dem Beispiel, in dem wir die Company-Instanz als Eigenschaft des Dokumentes hatten. Ich hatte Ihnen nämlich gesagt, dass der Dokumentencontroller beim Schließen des Dokumentes das Dokument freigibt. Und da niemand anderes darauf verweist, wird es gelöscht. Aber wieso unsere Company-Instanz?

Ganz einfach: Weil die Eigenschaft des Dokumentes der einzige Verweis auf die company war, wurde mit dem Löschen des Dokumentes dieser Verweis entfernt. Danach hatte das Company-Objekt keinen Verweis mehr und wurde seinerseits gelöscht. Das ganz funktioniert also zweischrittig:

Foundation

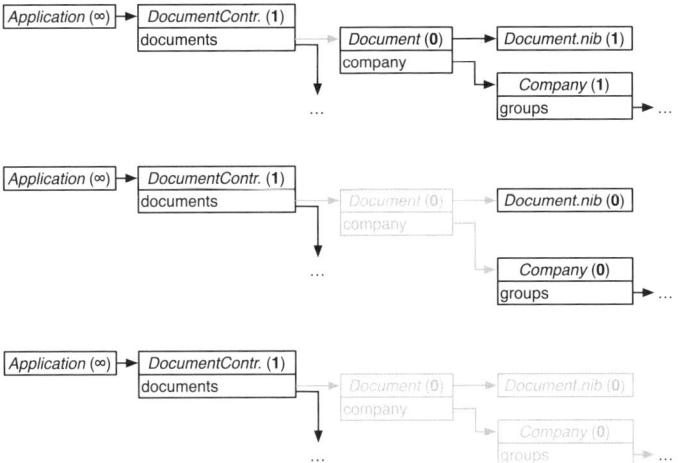

Der Document-Controller gibt das Document frei, das Document gibt die Company frei …

Hätten wir jetzt bereits an der Company-Instanz Gruppen hängen, so würde der Verweis der company auf die Gruppen entfernt. Da dies mutmaßlich die letzten Verweise gewesen wären, würden nun diese gelöscht usw. usf. Es entsteht eine Löschwelle.

Weak – Zyklen und der Softie unter den Settern

Dieses System der Löschwelle, bei der jede Instanz gelöscht wird, wenn sie keine Referenzen mehr auf sich hat und dadurch wieder Referenzen frei werden, so dass … funktioniert allerdings nicht immer.

Verweise in Hierarchien

Wenn wir das allerdings mal bei uns ausprobieren, werden Sie schwer enttäuscht werden. In Document.m:

```
#import "Company.h"
#import "Group.h"
#import "Person.h"

@implementation Document {
…
- (IBAction)createCompanyGraph:(id)sender
{
    NSLog( @"Methode betreten" );

    // Company
    Company *company = [[Company alloc] init];
```

Kapitel 4

```
    // Eine Gruppe mit der Person Müller
    Group *tech = [[Group alloc] init];
    tech.name = @"Tech";
    Person *mueller = [[Person alloc] init];
    mueller.lastname = @"Müller";
    mueller.firstname = @"Peter";
    mueller.group = tech;

    tech.leader = mueller;
    tech.members = [NSSet setWithObject:mueller];

    // Eine leere Gruppe
    Group *marketing = [[Group alloc] init];
    marketing.name = @"Marketing";

    // Gruppe der Company zuweisen
    company.groups = [NSSet setWithObjects:tech, marketing, nil];

    // Fest zementieren
    self.company = company;

    NSLog( @"Methode wird verlassen" );
}
```

Starten Sie das Programm, und erzeugen Sie über den Button ein Objektnetz. Schließen Sie jetzt unmittelbar das Dokument wieder, und schauen Sie sich die Ausgabe im Log an:

>… Methode betreten
>… Methode wird verlassen
>… Company 0x100397b60 wird gelöscht.
>… Gruppe Marketing wird gelöscht

Das ist schon erstaunlich: Die Gruppe Marketing wird gelöscht. Die Gruppe Tech mit der Person Müller indessen nicht!? Dies bedeutet, dass weder Gruppe noch Person gelöscht werden und stattdessen Speicher verschwinden. Woran liegt es, dass unsere Löschwelle hier auf einmal versagt? Wir gehen davon aus, das gibt ja auch der Log her, dass die Company-Instanz verschwindet. Zeichnen wir das mal auf.

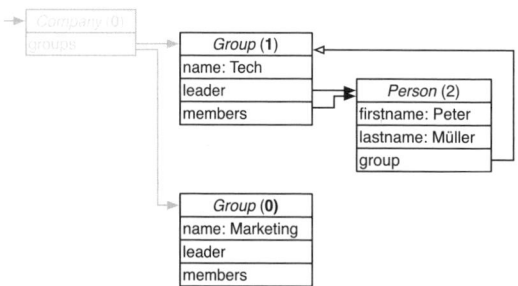

Die Company-Instanz gibt ihre Verweise auf.

Das führt bei der Gruppe Marketing ohne Probleme dazu, dass der Retain-Count auf 0 geht, weil kein anderer mehr darauf verweist. Aber bei der Gruppe Tech kommt die Löschwelle ins Stocken: Der Rückverweis von der Person auf die Gruppe Tech erhöht den Retain-Count der Gruppe, so dass er weiter auf 1 steht. Daher wird die Gruppe nicht gelöscht. Da diese nicht gelöscht wird, wird auch die Person nicht freigegeben und bleibt erhalten. Denn hier beträgt durch die doppelte Verweisung der Retain-Count der Person immer noch 2, weil die Gruppe sie referenziert. Die gut gemeinte Löschwelle führt also zu folgendem Ergebnis:

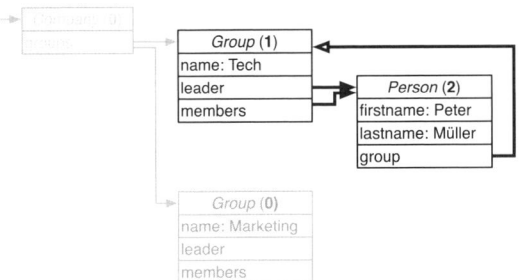

Die Person hält den Retain-Count der Gruppe auf 1, die Gruppe die Person auf 2.

Das Ganze bleibt im Speicher, weil die Gruppe die Person hält und die Person die Gruppe. Bis in alle Ewigkeit. Obwohl niemand mehr drankommt. Schade eigentlich. Man nennt dies einen Retain-Zyklus (Retain-Cycle), weil sich die Instanzen im Kreis im Speicher halten. Wie löst man den auf?

Schauen Sie sich noch einmal die Graphik genau an, ganz genau: Der Rückverweis hat eine hohle Spitze, die anderen eine ausgefüllte. Und das hat einen Grund: Bei einem Rückverweis dürfen wir nicht die Pfeile mitzählen. Sie dürfen keine Referenzen im Sinne des Reference-Counting sein. Man nennt einen solchen nackten Verweis, der keine Benutzung anzeigt, beim Automatic Reference Counting weak (weich).

```
@interface Person : NSObject
@property (copy)   NSString *firstname;
@property (copy)   NSString *lastname;
@property (weak)   Group    *group;
@end
```

Starten Sie jetzt wieder die Applikation. Nunmehr sollte sich bei Schließen des Dokumentes zeigen, dass auch die Gruppe Tech – und in Konsequenz dann eben auch die Person Müller – gelöscht wird (die Reihenfolge kann bei Ihnen abweichen):

```
>… Methode betreten
>… Methode wird verlassen
>… Company 0x1001263b0 wird gelöscht.
>… Gruppe Marketing wird gelöscht
>… Gruppe Tech wird gelöscht
>… Person Müller wird gelöscht
```

Kapitel 4

> **AUFGEPASST**
>
> Um das Ganze sprachlich zu ordnen, nennen wir eine solche weiche Beziehung (weak reference) einen Verweis. Eine Beziehung mit Anzeige der Benutzung nennen wir (harte) Referenz (hard reference).

Jetzt ist das Problem gelöst: Da die Personen nicht mehr die Gruppe halten, wird der Retain-Count der Gruppe nicht erhöht. Es besteht kein Referenzkreis mehr, und das ganze Gebilde kann ordnungsgemäß gelöscht werden.

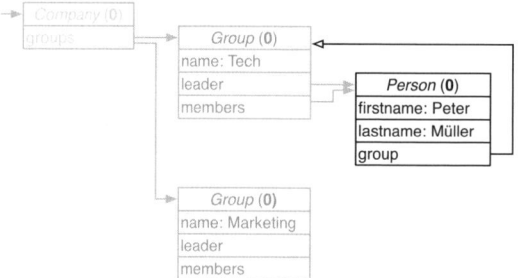

Der Rückverweis erhöht den Retain-Count der Gruppe nicht mehr, und diese wird daher gelöscht.

> **AUFGEPASST**
>
> Damit hier keine Missverständnisse auftauchen: Wenn die -dealloc-Methode von Person durchgeführt wird, hat die Group-Instanz bereits den Verweis auf Person zurückgenommen, ist selbst aber noch gültig. Das heißt, dass in diesem Moment der Verweis in der group-Property der Person-Instanz noch auf ein gültiges Group-Objekt zeigt.

Diese weichen Verweise haben aber eine ganz große Gefahr: Es muss peinlich genau darauf geachtet werden, dass bei Löschung der Group-Instanz keine Person-Instanz mehr die ID der Gruppe hat. Sie existiert ja nicht mehr! Daher setzen wir derlei Beziehungen meist über spezielle Methoden wie -addPersonToGroup:(Group*)group, um die erforderliche Kontrolle dort durchführen zu können.

> **GRUNDLAGEN**
>
> Man könnte etwa auch daran denken, das Setzen des Leiters besser zu kontrollieren, insbesondere darauf zu achten, dass er auch Mitglied der Gruppe ist. Auch das automatische Setzen des Rückverweises, wenn ein Leiter gesetzt wird, ist probat.

Wir merken uns also: Bei hierarchischen Strukturen darf eine untere Hierarchie zwar auf die obere verweisen, sie aber niemals referenzieren!

Was ich hier schreibe, gilt nicht nur für Eigenschaften, sondern auch für alle Variablen. Hier ist es nur so, dass eine Variable, sei es eine Instanzvariable, sei es eine lokale Variable, standardmäßig als stark gilt. Das entsprechende Schlüsselwort dafür lautet __strong. Will man, dass eine Variable nur einen weichen Verweis enthält, so ist sie explizit mit __weak zu kennzeichnen. Das ist in diesem Kontext wichtig für Accessoren. Schreibt man einen solchen explizit für einen Rückverweis, so muss die Instanzvariable das __weak erhalten. Auch das probieren wir kurz aus. Ändern Sie Person.m:

```
@implementation Person {
    Group *_group;
}
- (Group*)group
{
    return _group;
}
- (void)setGroup:(Group*)group
{
    _group = group;
}
```

Wenn Sie das Programm jetzt ausführen, taucht das Problem wieder auf, weil die Instanzvariable _Group als Standard __strong trägt, so dass sie wie eine entsprechende Eigenschaft einen Retain-Cycle aufbaut.

GRUNDLAGEN

In der Property steht aber doch noch weak? Das ist ja nur eine Deklaration, ein Versprechen. Entscheidend ist das, was wir implementiert haben. Und das ist eine Zuweisung an eine strong-Variable. In diesem Falle weicht also unsere Implementierung also auch noch von der Property ab, was noch mal übel ist. Der Compiler kann dies hier übrigens nicht erkennen und erzeugt deshalb keine Warnung. Also zur Erinnerung: Sie sollten selbstverständlich bei der Implementierung der Accessoren dies so machen, wie es in der Property versprochen worden ist. Bei einer Copy-Property muss daher auch eine Kopie erzeugt werden.

Um das zu ändern, müssen wir auch hier die Instanzvariable auf __weak setzen:

```
@implementation Person {
    __weak Group *_group;
}
```

Wechselseitige Verweise

Es bleibt allerdings noch das Problem, wenn man gleichartige Objekte hat wie etwa Ehepartner. In unserer Gesellschaft gibt es keine Hierarchie zwischen Mann und Frau. Daher gibt es kein unteres und oberes Objekt. In solchen Fällen, in denen Kreise von gleichberechtigten Partnern entstehen, durchbricht man den Kreis durch ein Sammelobjekt oder eine andere Entität, welche alle Objekte referenziert. Die Beteiligten verweisen dann lediglich noch aufeinander:

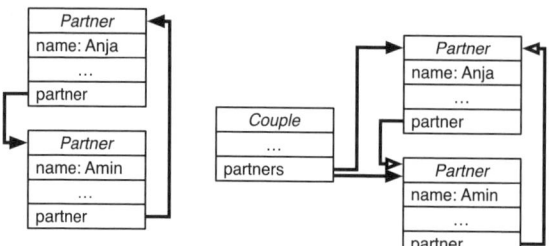

Statt Retain-Cycle: Ein Dritter hält die Beziehung am Leben.

Kreis weg, Problem gelöst. Aber auch hier muss peinlich genau darauf geachtet werden, dass kein Objekt gelöscht wird, ohne dem anderen Objekt den Verweis zu nehmen!

Verweise in Closures

Ein etwas abgefahrener Fall für Retain-Cycles sind Objective-C-Blöcke (Closures). Rekapitulieren wir einmal:

Ein Closure merkt sich den Kontext seiner Erzeugung. Das bedeutet auch, dass er sich an die dort vorhandenen Variablen erinnert. Nur ist das bei ID-Variablen ziemlich sinnlos, wenn die Instanz, auf die die ID-Variable zeigt, gelöscht wird. Deshalb sind solche ID-Variablen wie alle anderen als Standard strong, also Referenzen.

Das ist erst einmal konsequent und richtig und vor allem unproblematisch. Problematisch wird es dann, wenn ein Closure zur Eigenschaft einer Instanz wird und genau diese Instanz referenziert. Dann hält nämlich die Instanz den Closure und der Closure die Instanz: Retain-Cycle. Häufig ist das self, jedoch nicht zwingend.

Klarer wird das an einem Beispiel. In Persom.h:

```
@interface Person : NSObject
@property (copy)   NSString *firstname;
@property (copy)   NSString *lastname;
@property (weak)   Group    *group;
@property (copy)   void (^logger)(void);
@end
```

(Ja, die Syntax ist bei Blocks gewöhnungsbedürftig. Es handelt sich hier um einen Block, der keinen Parameter bekommt und keinen Rückgabewert hat. Der Name der Property ist logger. Gut, dass wir das hier noch üben können.)

Entsprechend in der Implementierung:

```
@implementation Person {
   __weak Group *_group;
}
…
- (id)init
{
   self = [super init];
   if( self ) {
      self.logger = ^(){
         NSLog( @"Ich bin %@", self.firstname );
      };
   }
   return self;
}
@end
```

In älteren Versionen des Compilers ergab sich hier gleich eine Warning:

`Capturing 'self' strongly in this block is likely to lead to a retain cycle`

Mit »Capturing« ist hier gemeint, dass self im Kontext gespeichert wird und deshalb eine strong-Referenz erzeugt wird. Der Compiler ist so schlau zu erkennen, dass die Property ebenfalls eine Referenz (nämlich auf die Kopie des Closures) hält, so dass ein Retain-Cycle entsteht.

Der Gedanke, dies dadurch aufzulösen, dass man, anstatt Accesoren zu benutzen, lieber gleich auf die Instanzvariable zugreift, geht in die Hose:

```
- (id)init
{
   self = [super init];
   if( self ) {
      self.logger = ^(){
         NSLog( @"Ich bin %@", _firstname ); // referenziert self
      };
   }
   return self;
}
```

Das liegt daran, dass bei einer Instanzvariable im Kontext ebenfalls die Instanz referenziert wird. Welche das ist, erkennt der Compiler daran, dass wir uns in einer Instanzmethode von Person befinden. Also muss das Personobjekt gehalten werden, was eben dieselbe Fehlermeldung zur Folge hat. Sie können übrigens beide Fälle auch gleich durch das Programm laufen lassen und testen. Die Person wird nie freigegeben.

Ein Trick kann darin liegen, dass man den Namen, der in dem Closure benutzt werden soll, vorher sich geben lässt:

```
- (id)init
{
   self = [super init];
   if( self ) {
      NSString *firstname = self.firstname;
      self.logger = ^(){
         NSLog( @"Ich bin %@", firstname );
      };
   }
   return self;
}
```

Hier wird jetzt nicht mehr eine Instanzvariable referenziert, deshalb nicht mehr die Instanz, die den Closure speichert, und alles ist gut. Na, ja, der Closure merkt sich jetzt aber den Namen zum Zeitpunkt von -init! Das erkennen wir schnell, wenn wir den Closure ausführen. Document.m:

```
- (IBAction)createCompanyGraph:(id)sender
{
…
   // Eine Gruppe mit der Person Müller
   Group *tech = [[Group alloc] init];
   tech.name = @"Tech";
   Person *mueller = [[Person alloc] init];
   mueller.lastname = @"Müller";
   mueller.firstname = @"Peter";
   mueller.group = tech;
   mueller.logger();
…
}
```

Dies führt zu:

>… Ich bin (null)

Dies ist auch richtig. Als der Block erzeugt wurde, hatte die lokale Variable firstname den Wert nil, welcher als NULL geloggt wird. Das Ganze funktioniert also nur dann, wenn Sie sich sicher sind, das zwischen Erzeugung des Closures und seiner Anwendung die Eigenschaft sich nicht geändert hat oder sie genau wollen, dass der alte Wert verwendet wird. Nicht sehr überzeugend, wenn man bedenkt, dass OOP eigentlich Kapselung versprach.

Eine weitere Lösung liegt darin, anstelle der Benutzung der ID-Variable im Closure diesen zum Parameter zu machen:

```
@interface Person : NSObject
…
@property (copy)   void (^logger)(Person*);
@end
```

Und:

```
- (id)init
{
   self = [super init];
   if( self ) {
      self.logger = ^(Person *person){
         NSLog( @"Ich bin %@", person.firstname );
      };
   }
   return self;
}
```

Jetzt müssen wir die Instanz bei der Anwendung des Blocks mitgeben:

```
- (IBAction)createCompanyGraph:(id)sender
{
…
   mueller.logger(mueller);
…
}
```

Das funktioniert deshalb, weil der Parameter ja erst zur Ausführung des Blocks übergeben wird und daher nicht bereits bei der Erzeugung referenziert wird. Damit haben wir dazwischen (und wieder nach Anwendung) keine Referenz des Blocks auf die Instanz mehr.

Ungünstig ist nur, dass der Anwender des Blocks die Instanz kennen muss, um sie als Parameter zu übergeben. Das ist nicht immer der Fall.

Der generelle Weg, den Retain-Cycle zu lösen, besteht wiederum in einem weak. Zunächst passen wir wieder den Header an:

```
@interface Person : NSObject
…
@property (copy)   void (^logger)(void);
@end
```

Kapitel 4

Außerdem muss der Parameter jetzt wieder bei der Anwendung verschwinden. Document.m:

```
- (IBAction)createCompanyGraph:(id)sender
{
…
   mueller.logger();
-
}
```

Die Implementierung macht in Person.m dann die Idee aus:

```
- (id)init
{
   self = [super init];
   if( self ) {
      __weak Person *weakSelf = self;
      self.logger = ^(){
         NSLog( @"Ich bin %@", weakSelf.firstname );
      };
   }
   return self;
}
```

In dem Closure landet jetzt nur der (weiche) Verweis weakSelf. Der Block hält also nicht mehr die Instanz. Natürlich muss jetzt wiederum aufgepasst werden, dass der Block nicht länger lebt als die Instanz, etwa weil ein Dritter ihn sich merkt. Testen!

> **GRUNDLAGEN**
>
> Neben weak und __weak existiert noch __unsafe_unretained. Für die Speicherverwaltung hat dies dieselbe Bedeutung. Bei weak wird allerdings zusätzlich nach der Freigabe des Objektes der Verweis auf nil gesetzt, so dass Nachrichten an freigegebene Instanzen vermieden werden.

Löschen Sie wieder die Instanzvariablen und die Accessoren für group und den Block in -init von Person.m:

```
@implementation Person

- (void)dealloc {
   NSLog( @"Person %@ wird gelöscht", self.lastname );
}
```

```
- (id)init
{
   self = [super init];
   if( self ) {
   }
   return self;
}
```

Sie können auch gleich die entsprechende logger-Property entfernen.

Autorelease-Pools und die Rückgabe von Objekten

Es bleibt allerdings noch ein schwerwiegendes Problem. Nicht von Ihnen, sondern von der Speicherverwaltung:

Wir haben etwa die Methode +alloc benutzt. Diese erzeugt irgendwie eine Instanz und gibt die zurück. In +alloc gibt es also irgendwie eine ID-Variable, die auf die Instanz zeigt und am Ende muss dort etwas wie

```
return theNewlyAllocatedInstance;
```

stehen. Ähnliches gilt übrigens für -init. Auch hier existiert eine lokale ID-Vartiable, nämlich self, die zurückgegeben wird. In dem Moment, in dem -init beendet ist, müsste eigentlich das entsprechende Objekt aufgegeben werden. Derjenige, der init verschickt hatte, müsste ein gelöschtes Objekt erhalten. Einmal tot, immer tot. Er kann es durch noch so viele Zeiger darauf nicht mehr zurückerwecken. (Es sei denn, es handelt sich um eine Personinstanz und der Name ist Jesus.)

Die Methode, die +alloc nutzte weist dann das Ergebnis im einfachsten Falle einer ID-Variablen zu. (Oder nimmt dies gleich wieder als Empfänger für die init-Nachricht.) Das funktionierte bisher problemlos, und eigentlich ist nicht erkennbar, wo das Problem liegt. Oder doch?

In dem Moment, in dem das return ausgeführt wird, verliert die lokale Variable in +alloc ihre Gültigkeit. Damit wird bereits jetzt der Verweis aufgegeben. Wenn kein zweiter Verweis existiert – woher sollte der kommen? –, wird bereits jetzt die referenzierte Instanz gelöscht. Danach wird der Wert der lokalen ID-Variable an den Nutzer gegeben. Hier wird die Instanz dann wieder referenziert. Das geht aber nicht mehr, weil sie bereits vorher gelöscht wurde.

Klarer wird dies vielleicht, wenn wir uns selbst in eine solche Situation bringen: Document.m vor der Actionmethode -createCompanyGraph:

```
- (Group*)createGroup
{
   NSLog( @"> Methode %@", NSStringFromSelector( _cmd ) );
   …
```

Kapitel 4

Ich hatte bereits am Rande erwähnt, dass jede Methode eine geheime Variable _cmd hat, die den Methodennamen beinhaltet. Diesen lassen wir hier in einen String umwandeln und geben ihn aus. Dies dient nur dazu, dass Sie später im Log erkennen können, in welcher Methode wir uns gerade befinden.

```
...
    Group * local;
    Group * retval;

    local = [[Group alloc] init];
    local.name = @"Lokal";
...
```

Es werden zwei lokale ID-Variablen angelegt und der ersten eine auf üblichem Wege erzeugte Instanz zugewiesen.

```
...
    retval = [[Group alloc] init];
    retval.name = @"Rückgabe";
    NSLog( @"< Methode %@", NSStringFromSelector( _cmd ) );

    return retval;
}
...
```

Hier geschieht dasselbe mit einer weiteren Instanz von Group, die an die zweite ID-Variable zugewiesen wird. Der Unterschied liegt darin, dass diese lokale ID-Variable zurückgegeben wird.

```
...
- (IBAction)createCompanyGraph:(id)sender
{
    NSLog( @"> Methode %@", NSStringFromSelector( _cmd ) );
    Group *group = [self createGroup];
    NSLog( @"Zurück %@", group.name );
    Group *group3 = [[Group alloc] init];
    group3.name = @"Auch lokal";

    // alle zerstören:
    NSLog( @"Weg damit" );
    group = nil;
    group3 = nil;
    NSLog( @"< Methode %@", NSStringFromSelector( _cmd ) );
}
```

Wir nutzen dann noch die neue Methode. Daneben haben wir aber auch noch eine zweite Instanz erzeugt, diesmal lokal in -createCompanyGraph:. Beide ID-Variablen werden zum Ende hin auf nil gesetzt, um die Referenzen freizugeben und die Löschung der Instanzen zu erzwingen?

Setzen Sie bitte noch einen Breakpoint auf die Zeile:

```
NSLog( @"Zurück %@", person );
```

Rückgabe
Starten Sie das Programm und klicken Sie gleich auf den Button im Dokumentenfenster. Das Programm sollte am Breakpoint zum Halten kommen. Schauen wir uns den Log bis dahin an:

```
>… > Methode createCompanyGraph:
>… > Methode createGroup
>… < Methode createGroup
>… Group Lokal wird gelöscht
```

Es werden also erwartungsgemäß die beiden Methoden aufgerufen. Ebenso erwartungsgemäß wird die Gruppe Lokal gelöscht, wenn -createGroup verlassen wird. Aber etwas überraschend wird die Group Rückgabe, die an der lokalen ID-Variable retval hängt, nicht gelöscht. Das ist natürlich gut für uns, da sie auf diese Weise noch in -createCompanyGraph: an die dortige lokale Variable Group weitergeleitet werden kann. Es ist aber auch zu bedenken, dass irgendwann die Instanz doch gelöscht werden muss, da sie sonst unnötig Speicher belegt. Abwarten.

Schauen wir uns also an, wie das weitergeht. Klicken Sie oberhalb des Debuggers auf continue:

HILFE
Wenn Sie nicht mehr im Einzelnen wissen, wie sich der Debugger bedienen lässt, können Sie sich das im Kapitel 2 noch einmal anschauen. Ich habe aber auch hierfür How-Tos auf der Webseite zum Buch hinterlegt.

```
>… Zurück Rückgabe
>… Weg damit
>… Gruppe Auch lokal wird gelöscht
>… < Methode createCompanyGraph:
>… Gruppe Rückgabe wird gelöscht
```

Zunächst wird uns mitgeteilt, dass auch wirklich die Gruppe Rückgabe abgeliefert wurde. Das erfreut uns schon einmal.

Setzen wir danach sowohl die ID-Variable für group3 auf nil wie auch die ID-Variable Group, die unsere zurückgegebene Instanz verzeigert, so wird nur erste gelöscht! Es ist klar, dass diese Instanz gelöscht wird. Das hatten wir schon. Allerdings ist es erstaunlich, dass die zurückgelieferte Instanz auch dieses Prozedere überlebt: In -createGroup kann sie nicht mehr referenziert werden, da diese Methode längst beendet ist und auch in der aktuellen Methode nicht, da der letzte Zeiger auf sie gerade auf nil gesetzt wurde. Wieso lebt das Ding noch?

Erst nachdem auch die Methode -createCompanyGraph: ihre Arbeit einstellte, wird die Instanz dann doch noch gelöscht. Also eigentlich außerhalb unseres Codes, wenn sich die Applikation nach Abarbeitung der Nutzereingabe wieder im System befindet.

Es scheint also so zu sein, dass eine von +alloc und -init zurückgegebene Instanz sich anders erhält, als es eine Instanz tut, die von einer unserer Methoden zurückgeliefert wurde. Scheint. Richtig ist nur, dass es für die Rückgabe von Instanzen zwei Lösungswege gibt, die man das eine Mal Ownership-Transfer und das andere Mal Autorelease-Pool nennt.

Ownership-Transfer

Am Anfang entsteht ein Objekt. Dieses Objekt ist dann da. Es belegt Speicher. Also muss es am Anfang eine Methode geben, die dieses Objekt als Ergebnis liefert. Das ist die Methode +alloc. Diese Methode kann das Objekt nicht freigeben. Selbst wenn man sich weitere schlaue Nachrichten vorstellt, die es irgendwie retten, so können diese Nachrichten erst später verarbeitet werden, also lange nachdem +alloc seine Arbeit getan hat. +alloc muss daher das Objekt zurückliefern, ohne es freizugeben. Und dies, obwohl nach der Beendigung von +alloc keine Referenz mehr darauf existiert. Dies bedeutet, dass auf das mit +alloc erzeugte Objekt noch eine „virtuelle" Referenz zeigt, die im Rückgabewert von +alloc liegt.

Wir schreiben das noch einmal in der Langfassung hin:

```
local = [Group alloc];
local = [Group init];
```

Die von +alloc gelieferte Instanz mit der virtuellen Referenz wird jetzt eine Referenz local. Man kann also sagen, dass local die lokale Referenz von +alloc übernimmt. Und man sagt, dass ein Ownership-Transfer vorliegt:

```
local = [Group alloc];

     ┌─────────────────────────────┐
     │ In +alloc                   │
     │   local = ...;              │
     │   ┌───────┐    ┌──────────┐ │
     │   │ local │───▶│ Group (1)│ │
     │   └───────┘    │   ...    │ │
     │                └──────────┘ │
     │   return local;             │
     │   ┌───────┐    ┌──────────┐ │
     │   │ local │───▶│ Group (1)│ │
     │   └───────┘    │   ...    │ │
     │                └──────────┘ │
Transfer                           │
     └─────────────────────────────┘

  local = local;
  ┌───────┐    ┌──────────┐
  │ local │───▶│ Group (1)│
  └───────┘    │   ...    │
               └──────────┘
```

Die Eigentümerschaft wird vom Empfänger von alloc auf den Versender von alloc transferiert.

Stellen Sie sich das ruhig so vor, dass +alloc »vergisst«, die Referenz wieder abzumelden und der Versender von alloc »vergisst«, seine eigene Referenz anzumelden. Tatsächlich funktioniert das so, wie Sie später bei den Erläuterungen zum manuellen Reference-Counting sehen werden.

Wenn wir das fortführen, dann wird als nächstes -init durchgeführt. Eigentlich ändert sich da nichts. Der Versender der Methode hat bereits die Eigentümerschaft an der Instanz. Er sendet ihr -init und erwartet wieder das Ergebnis.

Na, ja, so ganz richtig ist das ja nicht. Auch wenn häufig -init genau das Objekt zurückliefert, welches die -init Nachricht bekommen hat, muss das nicht zwingend so sein. Daher verhält es sich hier so, dass die Eigentümerschaft wieder an den Empfänger der init-Nachricht abgegeben (Ownership-Consumption) wird und eine neue Eigentümerschaft von dem Empfänger der init-Nachricht zurückgeliefert wird. (Wie bei +alloc.) In aller Regel handelt es sich um dasselbe Objekt, so dass die Eigentümerschaft einfach einmal durchgereicht wird.

> **AUFGEPASST**
>
> Die Dokumentation von Apple spricht daher dieses Problem gar nicht erst an. Und in der Tat ist das, was in -init passiert, ja auch erst einmal Implementierungsdetail und geht uns daher nichts an. Technisch ist die Sache aber nicht so einfach. Deshalb wird die Thematik auch in der Dokumentation des Compilers durchgekaut.

Gleiches gilt übrigens auch für new-Methoden. Diese kombinieren ja nur +alloc und -init, so dass sie ebenfalls die Eigentümerschaft an den Versender der Nachricht abgeben müssen.

Schließlich ist es so, dass copy-Nachrichten ein neues Objekt erzeugen und deshalb ebenfalls sich so verhalten müssen und die Eigentümerschaft transferieren.

Daraus folgt eine Regel. Die Eigentümerschaft wird von einer Methode dann auf den Versender der Nachricht übertragen, wenn sie in eine der Methodenfamilien alloc, init, new, copy oder mutableCopy fallen. Sie gehören automatisch zu den entsprechenden Familien, wenn sie mit dem Familiennamen beginnen und als nächstes Zeichen kein Kleinbuchstabe folgt. Als Beginn des Methodennamens gilt das erste Zeichen, das auf einen Unterzug folgt.

So gehören also die Methoden +alloc und +allocWithZone: zur alloc-Familie. Praktisch wichtiger: Alle Methoden mit dem Namen -init... und +new... gehören zur Familie init bzw. new, wenn nicht das erste Zeichen anstelle der ... ein Kleinbuchstabe ist (z. B.: inited). Da für diese Methodenfamilien der Ownership-Transfer vorgeschrieben ist, sollten niemals Methoden, die etwas anderes tun, so heißen. Man sollte vielmehr durch geeignete Namenswahl klar machen, dass es sich um andere Methoden handelt. Diese Namen sind heilig!

> **BEISPIEL**
>
> Eine Methode -copyRight, die ja einfach der synthetisierte Getter einer Property copyRight sein kann, ist also wirklich keine gute Idee. Ich würde auch den Methodennamen copyRight noch für keine gute Idee halten.

Alle diese Regeln sind veränderbar. Es gibt im normalen Gebrauch dafür keinen Anlass. Das verwirrt eher. Aber man könnte eben im obigen Beispiel mit copyRight explizit sagen, dass diese Methode als Getter keinen Ownership-Transfer vornimmt. Lassen Sie aber solche Tricks, wenn es irgendwie geht.

Autorelease

Gut, so können wir einigermaßen verstehen, wieso die unmittelbar mit +alloc-init in -createCompanyGraph: erzeugte Person-Instanz am Ende wieder freigegeben wird. Aber uns Log verriet auch, dass die von -createPerson zurück gelieferte Instanz viel länger lebt. Sie wurde erst nach Beendigung der äußeren Methode -createCompanyGraph: gelöscht. Und wir könnten sogar noch mehr Methoden ineinander verschachteln: Erst wenn das Programm die Kontrolle nach der Nutzeraktion wieder an das System zurückgäbe, würde die Instanz verschwinden. Was wird damit bezweckt, und wie funktioniert das?

Zunächst zum Zweck: Man kann einige Gründe dafür anführen, dass dieser Ownership-Transfer nicht günstig ist. Der Wichtigste ist wohl, dass sich hierbei die Methode beim Empfänger und der Versender die Verantwortung für die Referenz teilen müssen. Außerdem gibt es beim manuellen Reference-Counting einen zusätzlichen Aufwand dafür, das automatische Reference-Coutning soll aber kompatibel zum manuellen sein. Es lässt sich nur eben nicht ganz vermeiden, weil es eine Wurzel geben muss, die so funktioniert, eben +alloc. Der Rest folgt daraus. Und manches mag auch historisch bedingt sein.

Langer Rede kurzer Sinn: Eigentlich will man das nicht, sondern eine einheitliche Behandlung von Referenzen innerhalb einer Methode, am besten innerhalb eines C-Blocks {}. Wenn also eine Methode ein Objekt zurückgibt, so gibt es das zurück. Wenn es ein erzeugtes

Objekt zurückgibt, so muss es auch wieder für die Freigabe sorgen. (Genauer: Wenn es den Retain-Count eines Objektes erhöht, muss es diesen auch wieder selbst vermindern.)

Gehen wir zu unserer -createPerson-Methode. Die erhöht über das +alloc-init den Retain-Count. Also muss es den auch wieder vermindern. Würde sie ja auch. Macht sie bloß deshalb nicht, weil sie das Objekt noch zurückgeben muss. Deshalb darf sie die Referenz noch nicht »offiziell« freigeben. Denn dann würde nichts mehr ankommen. Das war ja der Ausgangspunkt unserer Überlegungen, und irgendwie bemerkten wir im Log, dass das auch so ist.

Der Trick liegt in etwas anderem: Am Ende von -createPerson wird schon die lokale Referenz freigegeben. Aber die Freigabe erfolgt unter dem Motto: »Ich will es loswerden, weiß aber, dass es als Rückgabewert noch von jemanden benötigt wird, deshalb warte etwas mit der Löschung, falls der Retain-Count auf 0 geht. Etwas Gelassenheit beim Löschen, bitte!«

Tatsächlich funktioniert das so, dass die Referenz aufgegeben wird, also zum Verweis wird, aber jemand anderes, nämlich der Autorelease-Pool dafür eine Referenz drauf setzt. Der was? Der Autorelease-Pool, hatte ich doch gesagt.

Jedes Mal, wenn ein Nutzerereignis eintritt und Cocoa die Kontrolle an unser Programm gibt, wird ein großer Sack aufgemacht. Dieser Sack kann Referenzen auf Objekte halten. Und ich kann diesem Sack sagen, dass er die Verantwortung für mich übernehmen soll. Wenn dann unser Code ausgeführt ist, wir also die Objekte kreuz und quer gereicht haben, geht die Kontrolle an Cocoa zurück und erst dann werden die Referenzen aufgegeben.

Gehen wir das mal Schritt für Schritt durch. Zunächst wird ein ARP erzeugt und die Kontrolle an unsere Methode -createCompanyGraph: abgegeben. Die sendet wiederum die Nachricht createCompany. Dort werden die beiden Instanzen erzeugt. Das sieht dann so aus:

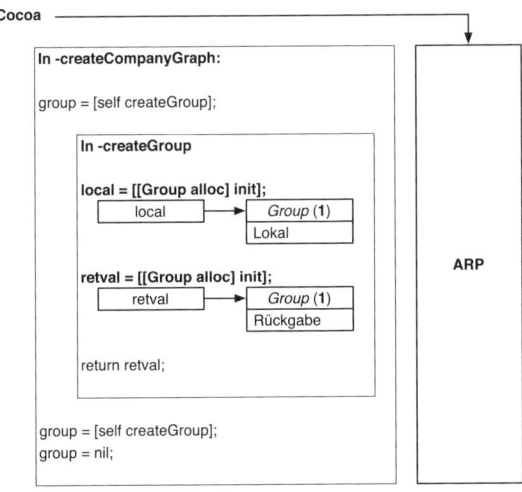

Erst einmal das übliche Spielchen

Jetzt kommen wir allerdings wieder zu dem return. Der Unterschied liegt darin, dass wir uns nicht in einer Methode befinden, die einen Ownership-Transfer auslöst. Den Weg zurück über einen Transfer können wir also nicht gehen. Vielmehr übernimmt der Autorelease-Pool (ARP) eine Eigentümerschaft, weil er einen Verweis enthält:

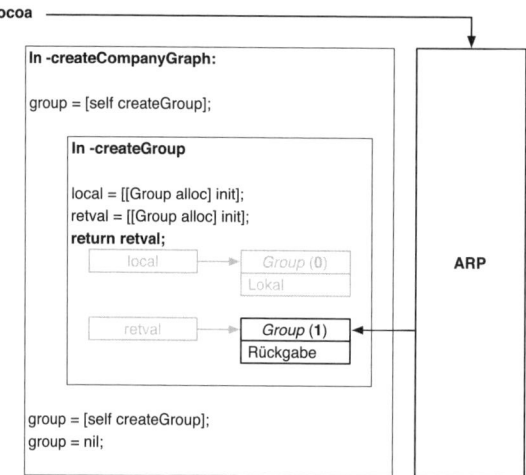

Der Autorelease-Pool gibt einen Verweis.

Die Aufgabe der lokalen Referenz retval kann also unmöglich zur Löschung des Objektes führen, weil mindestens der Autorelease-Pool noch eine Referenz enthält.

AUFGEPASST

Ich erinnere noch einmal daran: Diese etwas holprige Formulierung mit „mindestens" findet seine Ursache darin, dass ja auch noch andere Referenzen existieren könnten. Man weiß ja nicht, wer noch Referenzen hat. In keinem Falle ist der Retain-Count aber kleiner als hier dargestellt, weil außerhalb unserer Graphik der Retain-Count jedenfalls nicht negativ ist. Es interessiert beim Reference-Counting immer nur der Teil, den man gerade bearbeitet. Was andere mit ihren Referenzen machen, die sie bearbeiten, ist deren Kram. Jeder muss es für sich richtig machen, dann ist es für alle richtig.

Nun gelangen wir wieder eine Ebene höher, und das Ergebnis wird gespeichert:

Foundation

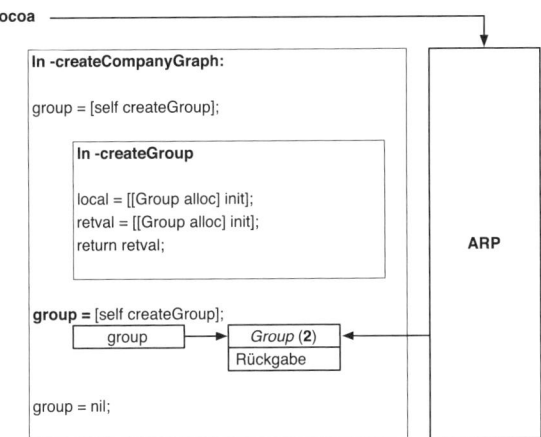

Wir halten unser Objekt, aber auch der Autorelease-Pool.

Hier haben wir jetzt ein Retain-Count von 2 (oder eben +2), weil wir das Objekt in einer __strong-ID-Variable halten und der Autorelease-Pool es hält. Nach Verlassen auch unserer Actionmethode geht wieder eine lokale Referenz flöten. Damit vermindert sich der Retain-Count weiter um 1.

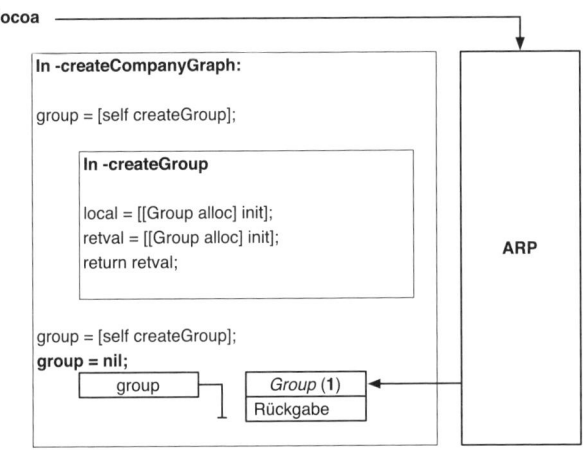

Beim Verlassen der Actionmethode verschwindet unser letztes Überbleibsel.

Gleichzeit wird der Autorelease-Pool gelöscht, bevor es wieder zurück ins System geht. Da er die letzte Referenz hatte, verschwindet die Instanz.

Kapitel 4

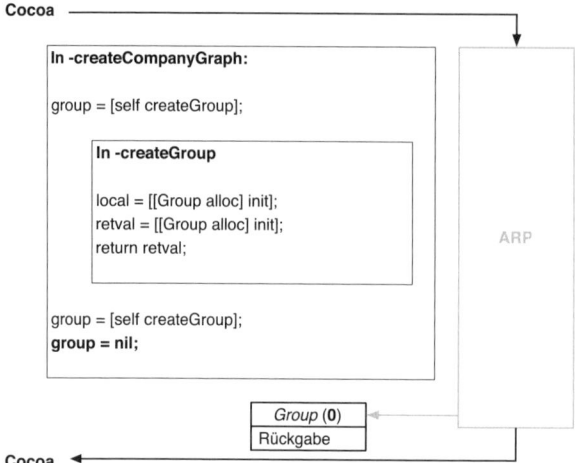

Hat sich keiner das Objekt gemerkt, geht es den Weg alles Irdischen.

Wohlgemerkt: Speichert die eine Referenz auf das Objekt in eine Property, etwa des Dokumentes, so entsteht da wieder reine Retain-Count von +1, und es würde überleben. Das haben wir ja auch schon mit Instanzen von company gemacht.

Dieses andere Verfahren, die Rückgabe über den Autorelease-Pool zu regeln, betrifft alle Methoden, die nicht zu den fünf Methodenfamilien gehören, die einen Ownership-Transfer durchführen.

Return-by-Parameter

Ich hatte in Kapitel 3 bereits angesprochen, dass selten Objekte mittels Zeiger-Zeiger von einer Methode über die Parameterliste zurückgegeben werden. Schauen wir uns das in der Praxis mal an:

```
NSFetchRequest *request = …;
NSError *error = nil;
NSArray *result = [context executeFetchRequest: request error:&error];
```

Sie müssen den Code nicht verstehen. Es geht dabei darum, dass man bei der Anwendung von Core Data im Model gespeicherte Instanzen suchen lassen kann. Wichtig ist der letzte Parameter: &error. error selbst ist eine ID-Variable, ein Zeiger auf ein Instanzobjekt der Klasse NSError. Der Witz liegt darin, dass die Methode –executeFetchRequest:error: im Fehlerfalle eine solche Instanz erzeugt und als Rückgabewert über die Parameterliste liefert. Das ist möglich, weil es sich um einen Zeiger-Zeiger handelt. Wäre error eine ID-Variable, also ein einfacher Zeiger, so würde eine Zuweisung einer neuen Error-Instanz ja nur innerhalb der Methode wirken.

Foundation

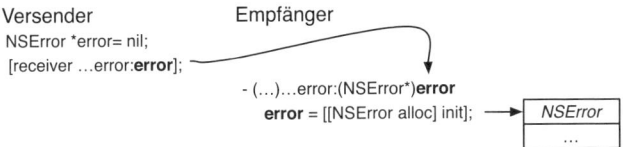

Die ID-Variable wird bei Ausführung der Methode kopiert. Der Aufrufer merkt nichts.

Dadurch aber, dass es sich um einen Zeiger-Zeiger handelt, gelangt die neue Instanz wirklich wieder aus der Methode an den Versender der Nachricht zurück. In unserem Code verweist also error im Fehlerfalle auf eine Instanz von NSError. Machen wir den obigen Code etwas expliziter:

```
NSFetchRequest *request = …;
NSError *error = nil;
NSError *pError = &error;
NSArray *result = [context executeFetchRequest: request error:pError];
```

Jetzt erhält also die Methode nicht mehr einen Zeiger auf eine Instanz, der sich in der Methode unabhängig entwickelt. Vielmehr erhält sie einen Zeiger auf eine lokale Variable, die auf eine Instanz zeigt. Diesen kann aber die Methode des Empfängers erreichen, nämlich mit einem * als Auflösung der Indirektion:

```
- (…)… error:(NSError**)error
{
    // error zeigt auf einen Zeiger auf eine Instanz von NSError.
    // *error zeigt auf eine Instanz von NSError.
    *error = [[NSError alloc] init];
}
```

Daher ist sie jetzt in der Lage, diese lokale ID-Variable des Versenders zu setzen.

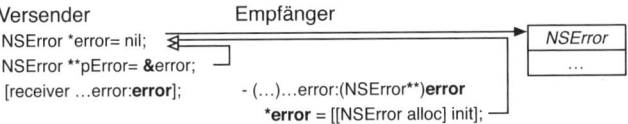

Durch eine weitere Indirektion erhält der Empfänger Zugriff auf lokale Variablen.

Wie dem auch sei. Dieses Muster merken Sie sich bitte, vor allem, was denn Versender angeht. Für die Speicherverwaltung, um die geht es ja hier, hat das aber Auswirkungen:

- Der Parameter ist keine Variable mehr, die auf eine Instanz zeigt. Er ist eine Variable, die auf eine Variable zeigt, die auf eine Instanz zeigt.

317

- Die automatische Speicherverwaltung gilt aber nur für ID-Variablen und deren Objekte, also nur für *error.
- In diesem Moment weiß die Methode aber nicht, auf welche Weise beim Empfänger eine etwaige Instanz verwiesen wurde, also ob das error beim Versender eine Referenz oder ein Verweis war.
- Dementsprechend kann sich die Methode nicht darum kümmern.

Ein solcher Zeiger-Zeiger erhält daher einen Speicherverwaltungstyp __autoreleased. Das lässt sich in etwa übersetzen mit: »Da ist möglicherweise eine Instanz, aber darum hat sich schon ein anderer gekümmert und diese wird irgendwann freigegeben.«

Das führt (nach einigen komplexen Überlegungen der Implementierung) dazu, dass unser obiger Code fehlerfrei funktioniert. Hätten wir eine alte Instanz, auf die die lokale Variable error zeigt, würde die Referenz tatsächlich unproblematisch entfernt. Es gibt nur einen Fall, in dem das zu einem Fehler führt. Nämlich dann, wenn dieser Parameter eine Instanzvariable ist. Denn die Methode beim Empfänger ahnt das nicht einmal und würde auch keinen Setter benutzen, um diese Instanzvariable zu setzen. Sie sieht nur irgendeine ID-Variable, ob nun lokal oder Instanzvariable ist für sie völlig unsichtbar.

Daraus lernen wir: Es ist ohnehin ein ziemlich gefährliches bis absurdes Unterfangen, Zeiger auf Instanzvariablen herauszugeben, da diese dann ohne Setter manipuliert werden können. Handelt es sich um einen Fall der Rückgabe durch die Parameterliste, ist es vom Speicherverwaltungsstandpunkt her auch noch falsch. Der Compiler erkennt das übrigens und meckert.

Als Lösung müssen sie eine solche Instanzvariable zunächst mit einem Getter in eine lokale Variable überführen und diese dann als Parameter verwenden. Bitte merken.

Convenience-Allocator und new-Methoden
Wir hatten am Anfang dieses Kapitels Convenience-Allocator für die Klasse Instrument gebaut. Da dieser nicht zu den fünf Methodenfamilien des Ownership-Transfers gehört, gibt er die Instanzen im Autorelease-Pool zurück. Eine analoge new-Methode würde indessen einen Ownership-Transfer durchführen. Bei Verwendung von Automatic Reference Counting wären beide Methoden aber von Ihnen buchstabengleich zu implementieren. Sie würden sich nur dadurch unterscheiden, dass die new-Methode aufgrund ihres Namens zu einer anderen Familie gehört. Die Implementierung entspricht sich 1-zu-1.

Lokale Autorelease-Pools
Das bedeutet aber auch, dass jede während eines Durchlaufes vom System durch eine außerhalb der fünf Gruppen liegende Methode erzeugte Instanz bis zum Ende des Durchlaufes existiert. Normalerweise ist das unproblemtisch, da diese kurze Speicherbelastung bei heutigen Hauptspeicherkapazitäten folgenlos bleibt. Allerdings kann in einer Schleife schon einmal eine empfindliche Anzahl an ungenutzen Objekten im Autorelease-Pool entstehen. Stellen Sie sich das vor:

Foundation

```
for( counter = 0; counter < veryBigNumber; counter++ ) {
   instance = [receiver methodThatReturnsInARP];
   // irgendwas machen …
}
```

Sämtliche zurückgelieferten Instanzen würden vom Autorelease-Pool gehalten, da die benutzte Methode nicht zu den fünf Familien gehört. Für solche Notsituationen ist es möglich, lokale Autorelease-Pools zu bauen. Wir können das auch in unserem Code machen:

```
- (IBAction)createCompanyGraph:(id)sender
{
   NSLog( @"> Methode %@", NSStringFromSelector( _cmd ) );
   Group *group;
   @autoreleasepool {
      group = [self createGroup];
      NSLog( @"Zurück %@", group.name );
      Group *group3 = [[Group alloc] init];
      group3.name = @"Auch lokal";

      // alle zerstören:
      NSLog( @"Weg damit" );
      group = nil;
      group3 = nil;
      NSLog( @"verlasse ARP" );
   }
   NSLog( @"Was ist mit group? %@", group );
   NSLog( @"< Methode %@", NSStringFromSelector( _cmd ) );
}
```

Wenn Sie jetzt die Applikation laufen lassen und den Button klicken, sehen Sie zunächst, dass die hinter group stehende Instanz bereits gelöscht wird, wenn der Autorelease-Pool verlassen wird. (Schließende Klammer von @autoreleasepool.) Wir überlassen die Reinigung also nicht mehr dem System, sondern kümmern uns selbst vorzeitig darum.

```
>… > Methode createCompanyGraph:
>… > Methode createGroup
>… < Methode createGroup
>… Gruppe Lokal wird gelöscht
>… Zurück Rückgabe
>… Weg damit
>… Gruppe Auch lokal wird gelöscht
>… verlasse ARP
>… Gruppe Rückgabe wird gelöscht
>… Was ist mit group? (null)
>… < Methode createCompanyGraph:
```

Hieraus folgt unmittelbar das Problem, dass wir eine ID-Variable auf ein nunmehr gelöschtes Objekt haben, nämlich group. Der Compiler erkennt dies und setzt diese automatisch auf nil.

Mit diesem Wissen könnten wir also obige »Problemschleife« wie folgt ändern:

```
for( counter = 0; counter < veryBigNumber; counter++ ) {
   @autorelease {
      instance = [receiver methodThtReturnsInARP];
      // irgendwas machen …
   }
}
```

Zusammenfassung

Ja, ja, ganz schön hart. Na, ja, ich wollte Ihnen ja erklären, was hinter dem Vorhang passiert. Das ist eben hart. Wenn man aber überlegt, was übrig bleibt, dann kann man es auf ein paar Regeln reduzieren:

Automatic Reference Counting funktioniert

Der allergrößte Teil des Codes bedarf überhaupt keiner Überlegungen mehr. Der Compiler erzeugt dort, wo er kann, zutreffenden Code. Die gesamte Kleinarbeit wird abgenommen. Verlassen Sie sich drauf! Sie können es.

Retain-Zyklen müssen Sie selbst auflösen

Grundsätzlich darf jeder Verweis als (starke) Referenz angesehen werden. Das gilt für lokale Variablen wie für Instanzvariablen, die hinter Eigenschaften stehen. Bei lokalen Variablen wird dies als Standard vorausgesetzt, bei Eigenschaften sollte regelmäßig strong als Default gewählt werden.

Retain-Zyklen werden vom Compiler nicht erkannt. Dies müssen Sie selbst erledigen. Gefahrenstellen: Rückverweise im Objektgraphen und Blocks.

Namensregeln respektieren

Respektieren Sie die Namensregeln für die fünf Methodenfamilien alloc, init, new, copy, mutableCopy.

Return-By-Parameter

Erwarten Sie die ID der über die Parameterliste zurückgegebenen Instanzen nur in lokalen Variablen. Meist werden Sie ohnehin nichts anderes wollen.

Wie geht es weiter? Eigentlich, das werden Sie auch im weiteren Verlauf des Buches sehen, hat sich mit Automatic Reference Counting das Thema Speicherverwaltung für sie weitestgehend erledigt. Wenn Sie noch zum eigenen Verständnis das vertiefen wollen, können Sie noch den nachfolgenden Abschnitt zur manuellen Speicherverwaltung lesen. Da ist es dann halt expliziter.

4.2.2 Manuelle Speicherverwaltung

Eigentlich ist jetzt für die manuelle Speicherverwaltung alles klar. Sie müssen lediglich lernen, dass die Anzeige einer Referenz mit der Nachricht retain und die Aufgabe einer Referenz mit der Nachricht release erledigt werden muss. Die verzögerte Aufgabe über den Autorelease-Pool erfolgt mittels autorelease. Gehen wir das anhand von Standardfällen durch. Als Vorlage wählen wir wieder unseren Graphen aus Company, Group und Person.

Grundregel

Es gibt bei der Verwendung von manuellem Reference-Counting eine eherne Grundregel: In einem C-Block, also zwischen den geschweiften Klammern, müssen die Anzahl der besitzanzeigenden und besitzaufgebenden Nachrichten immer balanciert sein. (Bis auf eine Ausnahme, die wir noch besprechen.)

Besitzanzeigend sind dabei die Methoden der bereits genannten Familien, also +alloc..., -init..., new..., copy... und mutableCopy..., sowie retain.

Besitzaufgebend sind die Methoden -release, -autorelease und -init. Wenn Sie die doppelte Nennung von -init nicht verstehen, schauen Sie bitte dazu noch einmal in die entsprechenden Erläuterungen beim automatischen Reference-Counting.

Lokale Variablen

Dieses Schema der Anzeige von Referenzübernahme und -aufgabe gilt ebenso bei lokalen Variablen. Ein einfacher Code muss also entsprechende Nachrichten enthalten.

Erzeugung von Instanzen

An eine Instanz kann man zunächst gelangen, indem man sie erzeugt. Da erst einmal jede ID-Variable eine starke Referenz bildet, ergibt sich der Zwang zur Anzeige und Aufgabe. Daraus folgt im einfachsten Falle folgender Code, den wir zur Klarheit ausschreiben:

```
Group *group = [Group alloc];  // Besitzanzeige: +1
group = [group init];          // init: -1 +1 =  0
…
[group release]; group = nil;  // Besitzaufgabe: -1
                               // Saldo:          0
```

Die Zuweisung von nil ist nicht zwingend erforderlich, schützt aber davor, dass die nicht mehr referenzierte und daher möglicherweise gelöschte Instanz noch benutzt wird. Ich hatte ja schon erwähnt, dass dies bei __strong und Automatic Reference Counting automatisch erfolgt.

Man kann diesen Code wie gewohnt eindampfen:

```
Group *group = [[Group alloc] init]; // alloc-init: +1 -1 +1 = +1
…
[group release]; group = nil;        // Besitzaufgabe:       -1
                                     // Saldo:                0
```

Dasselbe gilt bei Verwendung von new:

```
Group *group = [Group new];     // Besitzanzeige: +1 (new ist alloc und init)
if( … ) {
   return nil;
}
[group release]; group = nil;   // Besitzaufgabe: -1
                                // Saldo:          0
```

Sowohl bei +alloc-init wie auch bei +new besteht jedoch der Nachteil, dass bei Verlassen des Codes zwischen Erzeugung und Freigabe der Referenz möglicherweise die Ausführung abgebrochen wird. Denken Sie etwa daran, dass ein return dazwischen steht:

```
Group *group = [[Group alloc] init]; // alloc-init: +1 -1 +1 = +1
if( … ) {
   return nil;
}
[group release]; group = nil;        // Gelangt nicht mehr zur Ausführung
                                     // Saldo:                +1
```

Trifft die Bedingung zu, so erfolgt keine Freigabe der Referenz mehr. Die Instanz vermüllt den Speicher. Gleiches geschieht, wenn versehentlich ein neuer Wert der ID-Variablen zugewiesen wird:

```
Group *group = [[Group alloc] init]; // alloc-init: +1 -1 +1 = +1
group = [[Group alloc] init];        // Die alte Instanz kann nicht mehr frei-
gegeben werden.
                                     // Neues           +1
[group release]; group = nil;        // Besitzaufgabe:  -1
                                     // Saldo:          +1
```

Aus diesem Grunde bietet es sich an, gleich die Erzeugung mit einer Freigabe zu versehen:

```
Group *group = [[Group alloc] init] autorelease]; // Saldo: 0
if( … ) {
   return nil;
}
```

Beachten Sie aber hier, dass genau genommen group keine Besitzanzeige mehr enthält. Das ist hier aber hinnehmbar, da wir aufgrund des autorelease wissen, dass das Objekt noch bis zum Ende der Methode lebt.

Dieses Tripple von alloc, init und autorelease entspricht einem Convenience-Allocator. Denn dieser transferiert keine Eigentümerschaft, sondern speichert das Objekt gleich in dem Autorelease-Pool. (Aha, das war also der Unterschied zum +new…!) Wie das geschieht, sehen wir gleich. Für uns ist nur wichtig, dass dem so ist. Wir können also den obigen Code mit einem Convenience-Allocator deutlich verkürzen:

```
Group *group = [Group groupWithName:…]; // Saldo: 0
if( … ) {
    return nil;
}
```

Vergleichen Sie mal den Codeumfang mit dem Ausgangscode. Und wir haben hier sogar noch den Namen gleich mitgesetzt. Genau deshalb sind Convenience-Allocator bei manueller Speicherverwaltung so beliebt (und nennen sich convenient).

Alles zu +alloc-init und +new Gesagte gilt auch für copy. Denn auch hier liegt ja ein Ownership-Transfer vor.

```
Group *group = …;
Group *copy = [group copy]; // Besitzanzeige: +1
…
[copy release]; copy = nil; // Besitzaufgabe: -1
                            // Saldo:          0
```

Auch hier besteht das Problem des Codeabbruchs, welches sich mit autorelease löst:

```
Group *group = …;
Group *copy = [[group copy] autorelease]; // Saldo: 0
if( … ) {
    return nil;
}
```

Und auch hier gibt es deshalb Convenience-Copy:

```
Group *group = …;
Group *copy = [Group groupWithGroup:group]; // Saldo: 0
if( … ) {
    return nil;
}
```

Ah, schon wieder: Das war also der Unterschied.

Geholte Instanz

Man kann aber auch an eine Instanz gelangen, indem man sie aus einer sonstigen Methode als Rückgabewert erhält. Dies trifft insbesondere Accessoren. Schauen wir uns folgenden Code an:

```
Group *group = …; // bereits vorhanden
Person *person = group.person; // Saldo: 0
…
```

Solchen Code sieht man tausendfach unter manueller Speicherverwaltung. Er ist genau genommen fehlerhaft. Denn person ist eine Referenz und muss daher den Besitz anzeigen. Ausführlich sähe der Code daher wie folgt aus:

```
Group *group = …;
Person *person = [group.person retain]; // Besitzanzeige: +1
…
[person release];           // Besitzaufgabe: −1
                            // Saldo:          0
```

Dies lässt sich wieder wegen der Problematik des Methodenabbruchs umformulieren:

```
Group *group = …; // bereits vorhanden
Person *person = [[group.person retain] autorelease]; // Saldo: +1 −1 = 0
…
```

Tatsächlich wurde das so gut wie nie gemacht, sondern wie in der allerersten Fassung einfach auf Speicherverwaltungsnachrichten verzichtet. Normalerweise fällt das auch nicht auf. Allerdings gibt es eine Situation, in der es relevant wird:

```
Group *group = self.group; // Zum Beispiel aus einer Eigenschaft geholt
Person *person = group.person; // Saldo: +1 −1 = 0
self.group = …; // Neue Instanz wird gespeichert, alte wird potenziell gelöscht
person.name = @"Amin" // Potenzieller Crash
…
```

Wenn lediglich die Referenz aus der Eigenschaft existiert, wird durch Neusetzen der Eigenschaft die alte Group-Instanz aus dem Speicher entfernt. Damit gibt die Instanz auf die Referenz auf die Person auf. Da wir die Benutzung nicht angezeigt haben, wird diese ebenfalls gelöscht, wenn nicht noch jemand anderes (zufällig) die Person-Instanz referenziert. Der folgende Zugriff auf eine Eigenschaft wird dann auf eine gelöschte Instanz ausgeführt. Peng!

Ich hatte hierzu bereits angedeutet, dass Propertys atomar oder nichtatomar sein können. Handelt es sich um eine atomare Property (Default, keine Option nonatomic), so erfolgt im Getter ein retain und autorelease, also das, was ich soeben manuell eingefügt habe. In diesem Falle ist der Code korrekt, da das autorelease die Instanz in jedem Falle am

Leben hält. Das gilt aber eben nur für atomare Getter. Bei anderen Methoden kann man sich darauf nicht verlassen, so dass in einer solchen Situation die Eigentümerschaft sehr wohl angezeigt werden muss. (Diese Situationen sind nur außerordentlich selten, weshalb das kaum auffällt.)

> **AUFGEPASST**
>
> In einem sehr weit verbreiteten Lehrbuch aus dem amerikanischen Raum wurde behauptet, dass man eine zurückgegebene Instanz als autoreleased betrachten kann. Das ist schlicht falsch, wie auch mittlerweile die Dokumentation von Apple und LLVM explizit feststellt. Man kann das nur bei Gettern von atomic-Propertys erwarten. Verlässt man sich in anderen Fällen darauf, ist man schnell verlassen. Sie werden daher noch einige Leute in freier Wildbahn erleben, die das ganz fest glauben. »Possierlich«, wie Grzimek sagen würde.

> **GRUNDLAGEN**
>
> Automatic Reference Counting fügt in diesen Fällen also Code ein, der den Besitz anzeigt, was überflüssig ist, wenn wir einen Getter haben, der selbst ein retain-autorelease vornimmt. Allerdings wird zur Laufzeit nachgeschaut, ob der Abholer der Instanz selbst den Besitz anzeigt. In diesem Falle unterlässt der Getter die Nachrichten.

Accessoren und Instanzvariablen

Womit ich elegant zum nächsten Punkt übergeleitet hätte: Ist eine Property definiert, die an Instanzvariablen hängt, so lassen sich freilich auch bei manueller Speicherverwaltung die Accessoren synthetisieren. Will man sie aber selbst formulieren, um zusätzliche Tätigkeiten in den Accessoren unterzubringen, dann müssen explizite Speicherverwaltungsnachrichten eingebaut werden.

Retain-Setter (strong)

Ein retain-Setter ist einer, der als Option retain enthält. Das entspricht dem strong der autmatischen Speicherverwaltung.

Ein Fall hierfür wäre etwa die Property leader der Gruppe, die eine Referenz auf eine Person enthält. Der Code lautet wie folgt:

```
- (void)setLeader:(Person*)leader
{
    if( _leader == leader) {
        [_leader release];         // Besitzausgebend: -1
        _leader = [leader retain]; // Besitzanzeigend: +1
    }                              // Saldo:            0
}
```

In dem If-Block geschieht etwas unmittelbar Einleuchtendes: Die Referenz auf diejenige Instanz, deren ID bisher gespeichert war, wird freigegeben. Danach wird von dem Parameter, der ja die neue Referenz enthält, die Benutzung mittels retain angezeigt, und die ID wird in der Instanzvariablen abgelegt. Der Rückgabewert von retain ist immer der Empfänger der Nachricht, so dass man das gleich zuweisen kann. Ansonsten wäre eine weitere Zeile für die Zuweisung notwendig.

Allerdings mag es überraschen, dass überhaupt eine solche Abfrage erforderlich ist. Sie dient nicht einfach der Optimierung. Falls der neu gesetzte Wert dem alten entspricht, also dieselbe Instanz erneut als leader gesetzt wird, würde ansonsten diese Instanz freigegeben und erst danach wieder belegt werden. Handelt es sich um die einzige Referenz, dann wäre sie nach der ersten Zeile bereits gelöscht und könnte nicht durch die zweite wiederbelebt werden. Tot ist tot. Daher darf der Code nur ausgeführt werden, wenn es sich bei der neuen und der bisher gespeicherten Instanz nicht um dieselben handelt.

Eine andere Möglichkeit besteht freilich darin, sich die alte ID in einer lokalen Variable zu merken, dann den neuen mit einem retain zu setzen und schließlich danach der alten Instanz ein release zu senden. In diesem Falle kann der Retain-Count nicht auf 0 gehen. Geschmacksfrage.

Assign-Setter (weak)
Bei der alten Speicherverwaltung werden weak-Setter mit der Option assign anstelle von weak versehen. Das liegt daran, dass in diesem Falle eine Zuweisung wie bei einem Skalar erfolgt, also keine Speicherverwaltungsnachrichten gesendet werden. Es soll ja gerade dieser Verweis nicht zur Referenz werden. Das Ergebnis, etwa die group-Eigenschaft einer Person:

```
- (void)setGroup:(Group*)group
{
    _group = group; // Saldo: 0
}
```

Das bedarf dann wohl keiner weiteren Erläuterung.

Copy-Setter
Ein Setter für eine copy-Property muss eine Kopie von der übergebenen Instanz anfertigen und diese speichern. Zudem muss die vorher gespeicherte Instanz freigegeben werden.

Nehmen wir wieder unsere Klasse Person und deren copy-Property firstName. Der typische Copy-Setter hat daher folgenden Aufbau:

```
- (void)setFirstname:(NSString*)firstName
{
    if( _firstName == firstName) {
        [_firstName release];          // Besitzaufgebend: -1
```

```
    _firstName = [firstName copy]; // Besitzanzeigend: +1
(Ownership-Transfer)
    }                              // Saldo:           0
}
```

Wir müssen die Benutzung der Referenz nicht explizit mit `retain` anzeigen, weil `copy` eine Methode ist, die die Ownership auf uns transferiert. Jetzt erleben Sie das erste Mal die Besonderheit dieser Methodenfamilien: Es entsteht eine Referenz, ohne dass diese mit `retain` angezeigt wird.

Nonatomic-Getter
Sie hatten bereits in Kapitel 3 gelernt, dass man Eigenschaften die Option `nonatomic` mitgeben kann. Neben Auswirkungen für Threads, die in Band 2 gehören, spielt dies auch für die Speicherverwaltung eine Rolle. Ein solcher `nonatomic`-Getter hat folgenden Code:

```
- (Person*)leader
{
    return leader; // Saldo: 0
}
```

Öh, ja, intellektuell herausfordernd ist das jetzt nicht. Der Unterschied wird sofort klar, wenn …

Atomic-Getter
… man sich einen Atomic-Getter anschaut. Dieser enthält folgenden Code:

```
- (Person*)leader
{
    return [[leader retain] autorelease]; // Saldo: +1 -1 = 0
}
```

Hier wird zunächst eine Benutzung angezeigt, die aber noch in derselben Zeile aufgegeben wird. Allerdings erfolgt dies mittels `autorelease`, so dass die Freigabe nicht sofort erfolgt, sondern erst nach Abarbeitung unserer Methoden. Dies bedeutet in der Sache, dass wenn sogar die Referenz aufgegeben wird, weil die Eigenschaft einen neuen Wert bekommt, das zurückgegebene Objekt auf jeden Fall zunächst weiterlebt. Sie kennen die Situation aus dem vorangegangenen Abschnitt.

Rückgabe
Soll eine Instanz zurückgegeben werden, so ist darauf zu achten, dass diese nicht durch Beendigung der zurückgebenden Methode ihre Referenzen verliert. Wir hatten dies bereits besprochen, ebenso wie die beiden Möglichkeiten, einen Ownership-Transfer oder ein `autorelease` zu verwenden.

Ownership-Transfer

Die Methoden des Ownership-Transfers müssen gar nichts weiter machen. Sie sehen so aus wie bei Automatic Reference Counting. Denn in ihnen steht in der Regel ein `alloc-init`-Paar, welches die Eigentümerschaft vermittelt. Diese Eigentümerschaft reichen sie durch das `return` ohne eigene Freigabenachricht weiter. Das betrifft: `+alloc...`, `-init...`, `+new...`, `-copy` und `-mutableCopy...`

Da keine zusätzklichen Nachrichten erforderlich sind, die bei automatischer Speicherverwaltung vom Compiler erzeugt werden, unterscheidet sich der Code nicht von der automatischen Speicherverwaltung. Sie können also alle bisherigen Codebeispiele übernehmen.

Autoreleased-Return

Andere Erzeugermethoden wie Convenience-Copy und Convenience-Allocator haben das Problem, dass sie selbst die Eigentümerschaft aus einem `alloc-init` erhalten, aber nicht weiterreichen dürfen. Sie müssen also die erzeugte Instanz einerseits freigeben, dürfen aber andererseits nicht `release` verwenden, da sie sonst eine aufgegebene Referenz weiterreichen würden. Daher müssen sie den Returnwert mit `autorelease` versehen. Der Code erweitert sich also gegenüber automatischer Speicherverwaltung. Ein Beispiel:

```
+ (id)instrumentWithName:(NSString*)name price:(NSInteger)price
{
    return [[[self alloc] initWithName:name price:price] autorelease];
}
```

Andere

Erhält eine Methode keine Eigentümerschaft – außer der lokalen – für eine Instanz, die sie zurückgibt, gibt es auch keinen Grund, diese aufzugeben. Sie kann hier wieder durchreichen, ohne die Instanz mit `retain` und `autorelease` schützen zu müssen. Stellen wir uns bei einer Person folgende Methode vor:

```
- (NSString*)relevantName
{
   if( self.firstNameIsRelevant ) {
      return self.firstname;
   } else {
      return self.lastname;
   }
}
```

Sie geben hier das zurück, was sie verlässlich (sonst liegt der Fehler im Getter) bekommen haben. Da Sie selbst keine Änderungen an `self` vornehmen und auch während der Rückgabe keine Veränderung an `self` vorgenommen wird, gibt es nichts zu schützen.

Objektvernichtung

Geht der Retain-Count einer Instanz auf 0, so wird sie vernichtet. Kurz vorher wird ihre Methode -dealloc aufgerufen.

Bei manueller Speicherverwaltung müssen jetzt alle bestehenden Referenzen freigegeben werden. Dies erfolgt ja nicht automatisch. Auch hier kann man sich lange über die Verwendung von Settern streiten. Allerdings ist es so, dass automatische Speicherverwaltung diese ebenfalls nicht zur Freigabe verwendet, so dass ich mit dieser Auflage erstmalig empfehle, auch bei manueller Speicherverwaltung Objekte unmittelbar freizugeben.

Als Letztes muss die Implementierung der Basisklasse aufgerufen werden, weil auch das nicht automatisch erfolgt. Ein Beispiel für eine Person-Instanz:

```
- (void)dealloc
{
   [_firstname release];
   [_lastname release];
   [super dealloc];
}
```

Beachten Sie bitte, dass der Rückverweis Group nicht freigegeben werden darf, da es sich um einen schwachen Verweis handelt, bei dem auch kein Besitz angezeigt wurde. Gleiches gilt für C-Datentypen.

Hier haben wir also den einzigen Fall, dass Speicherverwaltungsnachrichten unbalanziert sind. Wenn Sie bei den Initialisierern ebenfalls keine Accessoren verwenden, balanziert sich das -dealloc mit dem -init... (Das tut es auch bei Verwendung von Accessoren, weil der Setter das retain an das nil aus der Objekterzeugung schickt, also wirkungslos bleibt. Es ist nur nicht sichtbar.)

Zusammenfassung

Wenn man das Konzept von Reference-Counting verstanden hat, ist eigentlich der Code zumeist klar. Fehler treten allerdings dann gerne auf, wenn Objekte zurückgeliefert werden oder übersehen wird, dass im Kopf des Programmierers eine starke lokale Referenz zu einer weichen optimiert wurde und das Objekt durch einen anderen – letztlich kann das jeder sein – Code manipuliert wurde. Diese Fälle sind aber außerordentlich selten.

4.2.3 Automatische vs. Manuelle Speicherverwaltung

Automatische Speicherverwaltung ist bewusst so formuliert worden, dass sie mit anderem Code, der mit manueller Speicherverwaltung kompiliert wurde, zusammenarbeitet. Kein Argument bei der Auswahl des Speicherverwaltungsmodelles ist es also, dass bereits Code compiliert vorliegt und nicht mehr geändert werden kann.

Kapitel 4

In der Praxis bedeutet automatische Speischerverwaltung, dass man das Thema in nahezu allen Fällen ausblenden kann. Das ist ein großer Vorteil. Anders als bei der Einführung der Garbage-Collection bin ich daher fest davon überzeugt, dass sich automatische Speicherverwaltung durchsetzen wird. Ihnen würde ich sie auch anraten.

4.3 Container

Wie bereits erwähnt, sind sowohl Container als auch Entitäten Instanzobjekte. Sie unterscheiden sich dadurch, dass ich auf Entitäten mittels eines Schlüssels auf eine Eigenschaft zugreife, während bei Containern spezielle Zugriffsmethoden existieren.

Bevor wir aber loslegen, erzeugen Sie bitte ein neues Projekt mit dem Namen *Container*, für das Sie als Vorlage Cocoa Application wählen, bei dem Sie aber bitte die Unterstützung für Dokumente und Core Data ausschalten. Ich möchte die Gelegenheit wahrnehmen, Ihnen möglichst viele Projekttypen zu zeigen. Sie sollten jetzt auch in den Preferences von Xcode die automatische Navigation zum Log und dessen ersten Eintrag wieder ausschalten. Das Feature kennen Sie jetzt ja.

Wie ich bereits bei der Speicherverwaltung ankündigte, hat ein solches Projekt automatisch eine Klasse `AppDelegate`, deren Header Sie bitte öffnen.

```
@interface AppDelegate : NSObject <NSApplicationDelegate>
@property (assign) IBOutlet NSWindow *window;
@property (assign) IBOutlet NSTextField *inputTextField;
@property (assign) IBOutlet NSTextField *factorTextField;
@property (assign) IBOutlet NSTextField *outputTextField;

- (IBAction)calculate:(id)sender;
@end
```

Entsprechend in der Implementierung:

```
@implementation AppDelegate
- (IBAction)calculate:(id)sender
{
}
```

Die darunter liegende, bereits existierende Methode –`applicationDidFinishLaunching:` wird übrigens automatisch von Cocoa ausgeführt, wenn Cocoa die Applikation initialisiert hat und bevor es auf Nutzerereignisse wartet. Hier ist also der richtige Ort, um eigene Initialisierungen vorzunehmen, die bereits das Set-Up durch das System voraussetzen.

Öffnen Sie nun MainMenu.xib und bauen Sie dort das Interface aus Kapitel 2 nach, einschließlich des Tableviews. Die Einstellungen zur automatischen Größenanpassung können Sie erst einmal weglassen, wenn Sie wollen. Hier eine Checkliste:

- Auf der rechten Seite zwei Textfelder mit Labels und ein Label unterhalb der Textfelder; noch darunter einen Button mit der Beschriftung *Calculate*.
- Auf der linken Seite ein Tableview mit zwei Spalten und darunter zwei Buttons zum Hinzufügen bzw. Löschen.

Sie sehen in dem Nibfile in der Objektliste auch unser *App Delegate*. Verbinden Sie auch gleich dessen Outlets mit den Textfeldern und umgekehrt den Calculate-Button mit der Action. Sie haben ja bei der Speicherverwaltung gelernt, dass bei dokumentenlosen Applikationen das App-Delegate sozusagen die Wurzel der gehaltenen Objekte ist.

Na, geht noch nicht alles leicht von der Hand? Glauben Sie mir, dass Sie das alles schon bald in weniger als fünf Minuten machen. Alles nur eine Frage der Übung.

> **HILFE**
>
> Sie können das Projekt in diesem Zustand als Container-01 von der Webseite herunterladen. Das dauert dann weniger als eine Minute.

4.3.1 Arten von Containern

Man kann in zweierlei Hinsicht die von Cocoa bereitgestellten Container unterteilen:

Skalare Container und Collections
Zum einen gibt es solche, die ein einziges zusammengesetztes Datum (als Einzahl von Daten, nicht als kalendarisches Datum) speichern (skalare Container), und solche, die gleich eine ganze Menge an Daten speichern (Collections).

> **AUFGEPASST**
>
> Die Dokumentation von Apple nimmt diese Unterscheidung nicht immer vor und spricht in Bezug auf Collections von Containern. Ich halte die Unterteilung allerdings für sinnvoll, weil Collections ganz besondere Fragestellungen haben.

Kapitel 4

Wir können also unsere Übersicht über die verschiedenen Objektarten verfeinern:

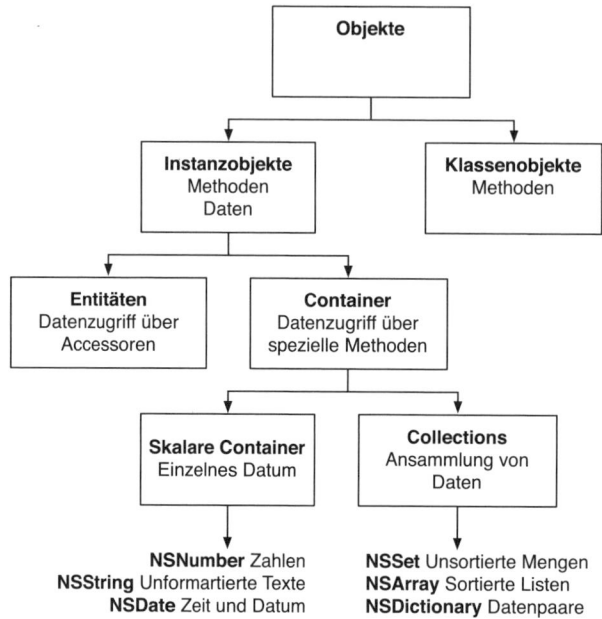

Container organisieren ihre Daten speziell und unterschiedlich.

Mutable und Immutable

Zum anderen lassen sich alle Container danach unterscheiden, ob sie veränderlich oder unveränderlich sind. Man mag sich zunächst fragen, warum es überhaupt unveränderliche Container geben muss. Schließlich würde es ja ausreichen, wenn veränderliche existieren. Niemand ist ja gezwungen, diese zu modifizieren. Aber es gibt Optimierungsvorteile, wenn man weiß, dass ein Container unveränderlich ist. Dies hatten wir auch schon bei der Speicherverwaltung bemerkt:

Wir hatten den Setter für ein Attribut mit dem Schlüsselwort copy versehen, damit er eine eigenständige Kopie bekommt. Dies führte dazu, dass Änderungen am Parameter keine Auswirkungen auf das Attribut hatten (Kapselung). Nur: Dies bedeutet ja gleichzeitig, dass eine Kopie erstellt werden muss, die dieselben Daten wie das Original enthält: Speicherverschwendung!

Eine Instanz von einer Klasse wie NSString weiß aber, dass sie unveränderlich ist. Sie weiß daher auch, dass es gar nicht erforderlich ist, eine Kopie zur Sicherung der Kapselung zu erstellen – und unterlässt es, sondern gibt sich einfach selbst zurück. (Bei manuellem Reference-Counting bedeutet dies zusätzlich, dass ein retain an die Instanz gesendet werden muss, da ja ein weiterer Eigentümer existiert.) Durch die Verwendung der unveränderlichen Variante können wir hier Speicher sparen.

Einen ähnlichen Effekt erleben wir übrigens bei Instanzen der Klasse NSNumber, die ja Zahlen speichern. Die Ganzzahlen von 1 bis 12 werden dabei in Programmen sehr häufig benutzt, da es sich um Uhrzeiten und Monatsangaben handeln kann. Wenn ich eine entsprechende Instanz erzeuge, gibt mir Cocoa in Wahrheit eine alte zurück. Wieso sollte Cocoa jedes Mal eine neue Instanz für die 3 geben, wenn ich das ohnehin nie wieder verändern kann und wenn sie schon 245273 Mal im Programm herumfliegt? Man nennt dies einen Twintone oder Multitone. Sie lernen hieraus einfach, dass nicht jede Methode der Instanzerzeugung wirklich eine neue Instanz liefert. Das ist aber ein Implementierungsdetail und wird daher von Ihnen nicht ausgenutzt.

Es gibt von fast allen Containern veränderliche und unveränderliche Varianten. Dabei bilden die unveränderlichen Varianten die Basisklassen (wie NSString oder NSSet) und die veränderlichen die Subklassen (wie NSMutableString und NSMutableSet).

Um in unserem Code zwischen den veränderlichen und den unveränderlichen Varianten zu wechseln, existieren zum einen die Methoden –copy und –mutableCopy. Außerdem erzeugen uns die Convenience-Copys immer Instanzen ihrer Klasse. Beispielcode:

```
NSString *text;
NSMutableString *mutableText;

text = @"Eine Zeichenfolge";

// Unveränderbare "Kopie" des Textes
text = [text copy];

// Veränderbare Kopie
mutableText = [text mutableCopy];

// Unveränderbare Kopie
text = [mutableText copy];

// Unveränderbare "Kopie"
text = [NSString stringWithString:@"dadada"];

// Veränderbare Kopie
mutableText = [NSMutableString stringWithString:text];
```

Die veränderlichen Varianten sind Subklassen der unveränderlichen.

4.3.2 Skalare Container

Die skalaren Container speichern einen Wert in einem Objekt. NSString dient zur Speicherung von Zeichenketten: NSValue für komplexere Werte und NSNumber für einfache Zahlen. Damit ersetzen sie objektorientiert klassische C-Typen, enthalten aber auch einige eigene Typen, die man sich in C erst zusammensetzen müsste.

Art der Daten	Basisklasse	C-Äquivalent
Zahl	NSNumber	int, float usw.
Zusammengesetzter Wert	NSValue	Struct, pointer usw.
Zeichenkette	NSString	Array von Zeichen
Zeit und Datum	NSDate	time_t
Binäre Daten	NSData	Array von Bytes
Dezimalbruch	NSDecimalNumber	NSDecimal

Gegenüberstellung von Objective-C- und C-Typen. NSDecimal wird nicht im C-Standard, sondern ebenfalls in Cocoa definiert.

Es gibt noch ein paar andere Klassen, die allerdings eine spezielle Bedeutung haben.

> **TIPP**
>
> NSValue bietet noch mehr Möglichkeiten. Bei der oben genannten handelt es sich aber mit Abstand um die wichtigste.

Diese Umwandlung von C-Typen in Objekte hat zum einen den Vorteil der Vereinheitlichung. Zum anderen verlangt Cocoa an gewissen Stellen Objekte. So nehmen etwa die gleich zu erläuternden Collections nur Objekte auf. Dann muss ein entsprechender C-Typ in ein Instanzobjekt umgewandelt werden.

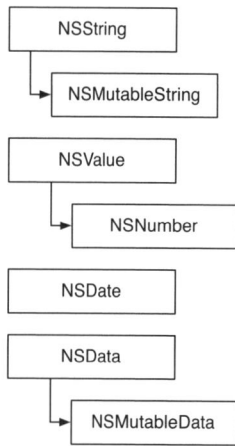

Die Liste der Container für einzelne Werte. Nicht immer existiert eine veränderliche Variante.

Im Folgenden stelle ich die wesentlichen Eigenschaften von wichtigen Skalarklassen vor. Wie Sie sehen können, liegt mir dabei vor allem an NSString, weil diese Klasse ungemein wichtig ist, und an NSDecimalNumber, weil diese Klasse viel zu unbekannt ist. Aber sicherlich sind alle hier zu besprechenden Klassen mit der Zeit so mächtig geworden, dass auch nach Lektüre dieses Kapitels für Sie noch Forschungsbedarf besteht. Am besten, Sie schauen sich in der Dokumentation wenigstens einmal die Methodenliste von NSString an. Sie ist lang, sehr lang. Vorab besprechen wir aber Formatter, Darstellungsklassen für Werte.

Formatter

> **AUFGEPASST**
>
> Formatter haben sich eine ganze Weile in Verhalten und Methodensatz verändert. Seit Mac OS 10.6 sind sie jedoch stabil.

Zu beachten ist, dass insbesondere die numerischen und kalendarischen Klassen der Datenspeicherung nicht der Datenanzeige dienen. Daher kann derselbe Wert zu ganz unterschiedlichen Darstellungen führen. Sie kennen das alle von Datumsangaben: Da mag es der eine kurz (17.2.69), der andere lang (17. Februar 1969), der Deutsche notiert den Tag zuerst, die Amerikaner den Monat. Es handelt sich freilich stets um die Angabe desselben Wertes.

Genau genommen machen wir das auch ständig mit Zahlen, etwa der 9811. Sie meinen, dies sei eine Zahl? Weit gefehlt! Dass ist eine Darstellung einer Zahl im Dezimalsystem. Man kann diese Zahl auch anders schreiben, etwa im römischen Zahlensystem. Oder im binären, wie es der Computer tut: 10011001010011.

Also auch hier: Damit wir diese Zahl ausgeben können, bedarf es einer Angabe, wie dies geschehen soll.

Hierfür dienen besondere Klassen, die sogenannten Formatter. Sie wandeln einen Wert in eine Textdarstellung um und umgekehrt. Dabei gibt es eine Basisklasse für numerische Formatter (nämlich NSNumberFormatter) und eine für kalendarische (nämlich NSDateFormatter). Im Interface Builder kann man jedem Textfeld einen solchen Formatter verpassen, wie wir es ja auch schon in Kapitel 2 getan haben. Ich will hier Ihre Aufmerksamkeit dafür schärfen, dass die Speicherung der Daten unabhängig von ihrer Darstellung ist. (Was letztlich auch eine Ausprägung des MVC-Musters ist.)

Man kann aber auch Formatter im Code anwenden. Machen wir ein kleines Beispiel:

```
- (IBAction)calculate:(id)sender
{
    NSDateFormatter *formatter;
    [NSDateFormatter setDefaultFormatterBehavior:NSDateFormatterBehavior10_4];
    …
```

Hiermit legen wir zunächst fest, dass der Formatter in der seit Mac OS X 10.4 geltenden Version die aktuelle Version darstellt.

Kapitel 4

```
…
    formatter = [[NSDateFormatter alloc] init];
    formatter.dateFormat = @"dd,MM,yy";
…
```

Es wird eine Instanz eines Date-Formatters erzeugt und dessen Format gesetzt. Zunächst sei angemerkt, dass »dd« Tag bedeutet, »MM« Monat und »yy« Jahr, alles in zweistelliger numerischer Angabe. Die zu verwendenden Kürzel entnehmen Sie bitte der Dokumentation. Sie ist standardisiert. Zum anderen fällt es vielleicht auf, dass ich dazwischen ein Komma statt des üblichen Punktes gesetzt habe. Mich ärgert es nämlich total, dass auf der deutschen Zehnertastatur das Komma, nicht aber der Punkt vorhanden ist, und sich deshalb keine Daten über sie eingeben lassen. Unser Deluxe-Formatter erwartet jetzt Kommata.

```
…
    NSString *inputString = self.inputTextField.stringValue;
    NSDate *date = [formatter dateFromString:inputString];
…
```

Hier sehen Sie die Anwendung: Aus dem vom Nutzer eingegebenen Text wird eine Instanz von NSDate, also ein Datum gemacht.

```
…
    formatter = [[NSDateFormatter alloc] init];
    formatter.dateFormat = @"dd. MMMM yyyy";
    formatter.locale = [[NSLocale alloc] initWithLocaleIdentifier:@"en_US"];
…
```

Wieder ein Formatter. Diesmal für die Rückumwandlung. Sie sehen einerseits, dass wir andere Platzhalter verwenden, die für eine längere Ausgabe sorgen. Das Ergebnis sehen Sie ja gleich. Außerdem setzen wir hier ein Locale. Dies sind sozusagen die Landeseinstellungen, in diesem Falle also Amerika (en_US).

```
…
    NSString *outputString = [formatter stringFromDate:date];
    self.outputTextField.stringValue = outputString;
}
```

Zuletzt wird das Ergebnis ausgegeben. Starten Sie die Applikation, und geben Sie bitte *17,05,11* ein. Klicken Sie auf *Calculate*. Als Ergebnis sollte *17. May 2011* erscheinen.

HILFE

Sie können das Projekt in diesem Zustand als Container-02 von der Webseite herunterladen.

Leeren Sie wieder die Methode –calculate:.

Werte

`NSValue` dient vor allem zur Speicherung von Strukturen, die Cocoa vordefiniert: `NSPoint`, `NSRange`, `NSRect`, `NSSize`. Daraus ergeben sich auch die wichtigsten Methoden: `+valueWithStruct:` erzeugt ein `NSValue`-Objekt für die genannten Strukturen, wobei das Präfix NS weggelassen wird. Den Wert kann man dann wiederum mit `–structValue` lesen.

Daneben ist es mit `+value:withObjCType:` auch möglich, eigene Strukturen in eine Value-Instanz zu speichern. Ein kleines Bespiel für eine Struktur, die einen 3D-Vektor mit den Komponenten x, y und z speichert:

```
typedef struct _Vector3 {
      double x;
      double y;
      double z;
 } Vector3;

Vector3 aVector;
aVector.x = 17.0;
aVector.y = 2.0;
aVector.z = 19.69;

NSValue *aVectorAsAnObject = [NSValue value:&aVector
                              withObjCType:@encode( Vector3 )];
```

Wird diese Struktur häufiger verwendet, so bietet es sich an, eine Kategorie daraus zu machen.

```
@interface NSValue( ValueVector3Addition )
+ (NSValue*)valueWithVector3:(Vector3)value;
- (Vector3)vector3Value;
@end

@implementation NSValue( ValueVector3Addition )
+ (NSValue*)valueWithVector3:(Vector3)value {
    return [NSValue value:&value
            withObjCType:@encode( Vector3 )];
}
- (Vector3)vector3Value
{
   Vector3 value;
   [self getValue:&value];
   return value;
}
@end
```

Kapitel 4

> **GRUNDLAGEN**
>
> Drei Dinge sind hier bemerkenswert: Zum einen bekommt -getValue: einen Zeiger auf unsere Struktur als Parameter. Dies liegt daran, dass die Methode ja den Wert in unserem Programm verändern soll. Würde er einfach nur übergeben, so wären die Änderungen in -getValue: nur dort erkennbar. Lesen Sie vielleicht noch einmal die Abschnitte über Parameter und Zeiger. Außerdem taucht dieses merkwürdige @encode auf, welches in Band 2 besprochen wird. Hier wieder die Kurzfassung: Mit diesem Objective-C-Schlüsselwort kann ich die Definition eines Typen in einer Zeichenkette speichern, damit NSValue weiß, was es ablegen muss. Schließlich wundert Sie vielleicht der Methodenname -getValue, und Sie hätten eher -value erwartet, wie man es von Gettern kennt. ==Wird eine Eigenschaft nicht als Returnwert zurückgegeben, sondern über die Parameterleiste mittels eines Zeigers, so kennzeichnet man dies im Parameternamen durch ein vorangestelltes get.==

NSValue bietet weder eine mutable Subklasse noch Methoden, um neue, veränderte NSValue-Objekte zu erzeugen. Sind also Bearbeitungen erwünscht, so wandelt man die Objekte in C-Typen um und nach erfolgreichem Abschluss der Operation in eine Instanz von NSValue zurück.

```
NSRect    rectStruct1;
NSRect    rectStruct2;
NSRect    intersectionStruct;

NSValue *rectObject1 = … // Irgendwoher
NSValue *rectObject2 = … // Irgendwoher

rectStruct1 = [rectObject1 rectValue];
rectStruct2 = [rectObject2 rectValue];

intersectionStruct
   = NSIntersectionRect( rectStruct1, rectStruct2 );

NSValue *intersectionObject
   = [NSValue valueWithRect:intersectionStruct];
```

Natürlich liegt es auch hier nahe, bei häufiger Verwendung eine Kategorie NSValue hinzuzufügen.

Zahlen

NSNumber, eine Subklasse von NSValue, dient entsprechend zur Speicherung der einfachen C-Typen BOOL, char, double, float, int, long, long long, short, unsigned char, unsigned int, unsigned long, unsigned long long, unsigned short, NSInteger, NSUInteger. Dementsprechend existieren die Methoden +numberWithCType:, um Instanzen mit dem entsprechenden C-Typen zu erstellen. Auslesen lassen sich die Werte wiederum mit -CTypeValue. Die Schreibweise richtet sich dabei nach den Objective-C-Regeln, also etwa -boolValue, nicht –BOOLValue. Man benötigt diese Klasse recht häufig, um Attribute von Entitäten in Objekten zu speichern.

Auch hier existieren keine veränderlichen Varianten, so dass man zur Durchführung von Berechnungen zunächst eine Umwandlung in den entsprechenden C-Typen vornehmen muss.

Seit dem mit Xcode 4.4 gelieferten Compiler sind zudem sehr praktische Number-Literals möglich. Hierbei wird automatisch aus einer im Sourcecode eingetippten Zahl eine passende Instanz von NSNumber gemacht. Am einfachste erläutert sich das an Beispielen:

```
NSNumber *nineObject = @9;
NSNumber *mezzoObject = @0.5;
```

Sie können also Zahlenwerten ein @ voransetzen, damit daraus ein Objekt wird.

Das geht nicht nur mit Zahlenwerten, sondern sogar mit Ausdrücken (Berechnungen), wobei dann geklammert werden muss. Dies nennt sich Boxed-Expression:

```
NSInteger nine = 9;
NSNumber *nineAndABitObject = @(nine + 0.1);
NSLog( @"%@", nineAndABitObject);
```

Dezimalbrüche

Ich hatte Sie bereits davor gewarnt, float und double für exakte Berechnungen etwa in finanzmathematischen Anwendungen zu verwenden. Um NSDecimalNumber einen Sinn zu geben, will ich das ausführen:

Grundsätzlich speichert ein Computer einen Wert in einer Speichereinheit fester Größe. Die konkrete Größe und damit Wertebereich und Genauigkeit werden von dem Datentypen festgelegt, also etwa double. In diesem Speicher ist nur eine bestimmte Anzahl von Kombinationen darstellbar. Es können Millionen sein, aber eben nur eine bestimmte Anzahl. Demgegenüber existieren unendlich viele gebrochene Zahlen. Daher kann ein Computer gar nicht alle darstellen und muss zu Rundungen greifen. Von irrationalen Zahlen wollen wir hier noch gar nicht sprechen.

Sie können sich das im Wesentlichen wie bei Ihrem Taschenrechner vorstellen, der nur eine bestimmte Anzahl von Stellen anzeigt. Man nennt dies die »Mantisse«. Dies ist dementsprechend bei Werten, die sich etwa mit 8 Stellen ausdrücken lassen, auch unproblematisch. Hat die Zahl allerdings mehr Stellen, so lässt sie sich nicht mehr im Computer speichern. Die überzähligen Stellen werden daher rechts abgeschnitten, der Wert entspricht nicht mehr der ursprünglichen Zahl. Die Länge der Mantisse gibt also die maximale Genauigkeit an Stellen wieder. Das ist zu akzeptieren.

Jetzt kommt aber hinzu, dass der Computer nicht mit 10 Ziffern 0 bis 9 (Dezimalsystem) rechnet, sondern mit 2 Ziffern: 0 und 1 (Binärsystem). Man kann sich das vereinfacht so vorstellen, dass die Stellen hinter dem Komma nicht die Werte Zehntel, Hundertstel usw. haben, sondern Halb, Viertel usw. Zwar lässt sich das problemlos umwandeln. Aber beim Abschneiden der Zahlen entstehen dann nicht mehr »glatte« Dezimalbrüche, sondern »glatte« Binärbrüche. Und das sieht dann doch zuweilen seltsam aus, weil dies in einen Dezimalbruch zurückgewandelt etwas völlig Krummes ergeben kann.

Aus diesem Grunde existiert eine Klasse `NSDecimalNumber`, die Dezimalbrüche wirklich als Dezimalzahlen speichert. Wenn diese also an die Grenzen ihrer Genauigkeit kommen, so werden »wenigstens« für uns Menschen glatte Rundungen vorgenommen.

AUFGEPASST

Übrigens lassen sich Zahlen darstellen, die mehr Stellen besitzen, als gespeichert werden. Man bedient sich dann sogenannter Exponenten, wie Sie es vom Taschenrechner kennen, wenn er etwa »E-14« anzeigt. So hat NSDezimalNumber etwa eine Genauigkeit von 38 Stellen. Eine Zahl, die 40 Stellen vor dem Komma hat, wird dann mit ihren ersten 38 Stellen gespeichert, wobei die letzten beiden Stellen vor dem Komma 0 sind: Aus 3.756.675.[…].516.**318** wird also 3.756.675.[…].516.**300**. Addiere ich auf eine solche Zahl zum Beispiel 4, so ändert sie ihren Wert nicht, da nur Stellen betroffen sind (Einerstelle), die mangels Genauigkeit gar nicht mehr gespeichert werden! Geschieht das in einer Schleife, die bis zu einem Zielwert läuft, so würde die Schleife nie beendet werden.

NSDecimalNumber-Instanzen sind selbst zwar unveränderlich, lassen aber Berechnungen zu, die eine neue Instanz liefern:

```
NSDecimalNumber *value1;
NSDecimalNumber *value2;
NSDecimalNumber *result;

value1 = [NSDecimalNumber decimalNumberWithString:@"10"];
value2 = [NSDecimalNumber decimalNumberWithString:@"5"];
result = [value1 decimalNumberByAdding:value2];
```

Bei Berechnungen können Berechnungsfehler auftreten. Der bekannteste ist die Division durch Null. Es existiert daher die Möglichkeit, einer Operation eine Instanz mitzugeben, die das Fehler- und Rundungsverhalten der Operation beeinflusst. Öffnen Sie wieder »AppDelegate.m«. Wir wollen jetzt doch ein bisschen herumspielen. Editieren Sie die Methode -calculate wie folgt:

```
- (IBAction)calculate:(id)sender
{
    NSString *text = [self.inputTextField stringValue];
    NSDecimalNumber *input = [NSDecimalNumber decimalNumberWithString:text];

    text = [input description];
    self.outputTextField.stringValue = text;
}
```

Das dürfte eigentlich klar sein: Es wird der Text aus dem ersten Textfield geholt und in das letzte Textfield, dem Label, geschrieben.

Starten Sie das Programm ohne einen Wert einzugeben, klicken Sie auf den Calculate-Button. Im Ergebnisfeld erscheint NaN!? Dann geben Sie einen Wert in das Feld für den Ausgangswert ein und klicken erneut auf den Calculate-Button. Das funktioniert wie erwartet.

Im Kapitel 2 hatten wir ja 0 erhalten, wenn wir ein leeres Textfeld mit -doubleValue abfragten. Hier holen wir uns zunächst den Text selbst und erzeugen daraus eine NSDecimalNumber-Instanz. Aber als Resultat erhalten wir bei einer Dezimalzahl – also einer Instanz der Klasse NSDecimalNumber – nun den Wert NaN. Dies ist die Abkürzung für »Not A Number« und schlicht richtig. Keinen Text eingegeben ist nämlich nicht gleich 0 eingegeben. Haben wir einen Wert eingegeben, so wird der ordentlich abgeholt und dargestellt. Allerdings klappt das mit Brüchen nicht richtig. Das liegt daran, dass es Probleme mit der Lokalisierung gibt (Dezimalpunkt vs. Dezimalkomma).

Man kann das wieder mit einem Formatter lösen, dieses Mal mit einem Number-Formatter. Eigentlich kennen Sie es ja schon, dass wir gleich einen Formatter im Interface Builder setzen können. Das machen Sie jetzt bitte auch für die drei Textfelder mit Zahlen. Kurzerinnerung: In der Object-Library suchen und auf das Textfeld fallen lassen. Die Langfassung finden Sie wieder in den How-Tos. Im Attributes-Inspector wählen Sie bitte als *Style* den Eintrag *Decimal*.

Es bleibt jedoch ein Problem. Wir brauchen ja jetzt aus dem Textfield eine Instanz von NSDecimalNumber. Wir können das Textfeld also nicht mehr mit stringValue abfragen, da wir dort einen String erhielten. Dafür gibt es jedoch objectValue. Probieren wir das mal aus:

```
- (IBAction)calculate:(id)sender
{
    id input = self.inputTextField.objectValue;
    self.outputTextField.stringValue = NSStringFromClass( [input class] );
}
```

Sie sehen schon: Es wird der Klassenname der von objectValue gelieferten Instanz angezeigt. Starten Sie das Programm, geben Sie einen Wert ein, und klicken Sie auf Calculate.

Kapitel 4

Sie erhalten als Ergebnis __NSCFNumber. Gut, das ist eine interne Subklasse von NSNumber, aber eben NSNumber. Der Number-Formatter kann ja auch nicht wissen, dass wir Instanzen von NSDecimalNumber wünschen. Woher? Man kann es ihm aber mitteilen. Und das muss natürlich nicht bei jeder Umrechnung geschehen, sondern geht einmal bei Programmstart. Daher:

```
- (void)switchTextFieldToDecimalNumbers:(NSTextField*)textField
{
   NSCell *cell = textField.cell;
   NSFormatter *formatter = cell.formatter;
   if ([formatter isKindOfClass:[NSNumberFormatter class]]) {
      NSNumberFormatter *numberFormatter = (NSNumberFormatter*)formatter;
      numberFormatter.generatesDecimalNumbers = YES;
   }
}

- (void)applicationDidFinishLaunching:(NSNotification *)aNotification
{
   [self switchTextFieldToDecimalNumbers:self.inputTextField];
   [self switchTextFieldToDecimalNumbers:self.factorTextField];
   [self switchTextFieldToDecimalNumbers:self.outputTextField];
}
```

Bitte jetzt erneut starten: Jetzt erscheint nach Eingabe eines Wertes und einem Klick auf den Calculate-Button tatsächlich NSDecimalNumber. Allerdings funktioniert das nicht mehr mit einem leeren Textfeld, da wir dann nil als Wert bekommen und dies nicht in das Ergebnistextfeld gesetzt werden darf.

Bauen wir das ein bisschen aus:

```
- (IBAction)calculate:(id)sender
{
   NSDecimalNumber *input = self.inputTextField.objectValue;
   NSDecimalNumber *factor = self.factorTextField.objectValue;
   NSDecimalNumber *output;

   if (input == nil) {
      output = [NSDecimalNumber notANumber];
   } else if (factor == nil) {
      output = [NSDecimalNumber notANumber];
   } else {
      output = [input decimalNumberByMultiplyingBy:factor];
   }
   self.outputTextField.objectValue = output;
}
```

Gehen wir das zunächst durch: Am Anfang holen wir nun erst einmal die Werte beider Felder. Ist der Ausgangswert nil, konnte also aus der Nutzereingabe keine Dezimalzahl erstellt werden, so wird das Ergebnis auf »notANumber gesetzt. Dies ist eine Spezialinstanz, die eben gerade angibt, dass kein Wert vorhanden ist. Andernfalls wird die Umrechnung durchgeführt.

Starten Sie das Programm, und lassen Sie zunächst beide Felder leer. Bei einem Klick auf den Umrechnungsbutton erscheint nun *NaN*. Ebenso, wenn Sie in einem Textfeld einen Wert eingeben, aber nicht Factor-Textfeld. Erst wenn beide Textfelder einen Wert erhalten haben, wird ein Ergebnis angezeigt. Sie können übrigens beim Formatter einstellen, welcher Text für eine Nichtzahl angezeigt werden soll.

Ändern Sie jetzt nur zu Testzwecken eine Zeile:

```
} else {
   output = [input decimalNumberByDividingBy:factor];
}
```

Wir dividieren jetzt also einmal. Starten Sie das Programm erneut, und geben Sie zunächst zwei sinnvolle Werte in die Textfelder ein. *Calculate* anklicken. Nun ändern Sie den Umrechnungsfaktor auf 0 und klicken erneut auf *Calculate*. Das Ergebnis ändert sich nicht! Schauen Sie mal in den Log. Der beginnt so:

>… NSDecimalNumber divide by zero exception;

Es ist eine sogenannte Exception geworfen worden. Dies geschieht, wenn etwas im Programm passiert, mit dem der Computer gar nichts anfangen kann. Die weitere Ausführung der Methode wird dann standardmäßig abgebrochen. Daher wurde auch kein Wert im Fenster mehr gesetzt. Ein solches Verhalten ist natürlich für ein Programm nicht akzeptabel. Wir haben drei Möglichkeiten, darauf zu reagieren:

- Wir fragen vorher ab, ob der Wert gleich null ist. Allerdings können bei der Ausführung auch andere Fehler entstehen, die wir nicht so leicht abfragen können. Das bringt also auf Dauer nicht viel.

- Wir behandeln die Exception. Das ist nicht schlecht, würde hier aber viel zu kompliziert sein und weit vom Thema abführen. In Objective-C haben Exceptions ohnehin nicht die Bedeutung eines abfangbaren Fehlers, sondern der totalen Katastrophe. Es sollte verhindert werden, dass überhaupt so ein Fehler auftritt. Das geht auch, weil:

- NSDecimalNumber erlaubt es uns, bei Rechenfehlern ein Verhalten festzulegen. Dies nutzen wir jetzt aus.

Ändern Sie –calculate: wie folgt:

```
} else {
   result = [input decimalNumberByDividingBy:factor withBehavior:self];
}
```

Wir übergeben der Operation ein weiteres Objekt, nämlich uns selbst. Hierbei handelt es sich der Sache nach um ein »Delegate«. Ein Delegate ist ein Objekt, welches eine Aufgabe für ein anderes Objekt wahrnimmt. In diesem Falle delegiert die Decimal-Number-Instanz an uns das Verhalten für Rundungen und Fehler.

Mit Delegates haben Sie es recht häufig zu tun. Ich nehme hier die Gelegenheit wahr, ein paar Worte darüber zu verlieren, konkreter als mit Ärzten und Anwälten im ersten Kapitel: Derjenige, der delegiert (Delegierer, hier: `NSDecimalNumber`), erwartet von demjenigen, an den delegiert wird (Delegate, hier: wir selbst), dass er auf bestimmte Methoden reagiert. Kommt der Delegierer an eine knifflige Situation, so schickt er eine Nachricht an das Delegate, um die nötigen Informationen zu erhalten. Hier sind die erwarteten Methoden durch ein formales Protokoll abgesichert, so dass wir zunächst mitteilen, dass wir dieses Protokoll zu implementieren gedenken. Dazu müssen Sie den Header ändern:

```
@interface AppDelegate : NSObject <NSApplicationDelegate,
                                   NSDecimalNumberBehaviors>
```

Wie Sie bereits theoretisch gelernt haben, geben wir damit bekannt, dass das App-Delegate die Methoden des `NSDecimalNumberBehaviour`-Protokolles implementiert. Das müssen wir jetzt freilich auch noch in unserem Code machen. Vor `-calculate:` fügen Sie den folgenden Sourcetext gleich hinter @implementation in AppDelegate.m ein:

```
- (NSRoundingMode)roundingMode
{
    return NSRoundPlain;
}

- (short)scale
{
    return NSDecimalNoScale;
}

- (NSDecimalNumber*)exceptionDuringOperation:(SEL)method
                       error:(NSCalculationError)error
                 leftOperand:(NSDecimalNumber*)leftOperand
                rightOperand:(NSDecimalNumber*)rightOperand
{
    return [NSDecimalNumber notANumber];
}
```

Die beiden ersten Methoden werden aufgerufen, wenn `NSDecimalNumber` wissen will, wie es runden soll. Wir geben als Rundungsart die wissenschaftliche Rundung (NSRoundPlain) und als Stellenbegrenzung »keine« (`NSDecimalNoScale`) zurück. Um die Rundungsarten zu erfahren, bemühen Sie bitte die Dokumentation.

Mir geht es hier aber vor allem um die letzte Methode: Diese wird aufgerufen, wenn ein Fehler aufgetreten ist. Sie muss dann einen Ersatzwert zurückgeben, was wir hier mit NaN machen.

> **POWER**
>
> Natürlich gibt es umfangreichere Lösungen: So könnte man nach der Fehlernummer fragen und dementsprechend in einer Instanzvariable einen detaillierteren Fehlertext setzen. In -calculate: wäre der abzufragen, falls ein Fehler aufgetreten ist.

Übersetzen und starten Sie das Programm. Wenn Sie jetzt eine Division durch 0 durchführen, sollte *NaN* erscheinen.

Bauen Sie jetzt aber wieder die Methode zu einer Multiplikation um, wobei wir die Fehlerbehandlung im Code lassen:

```
} else {
   result = [input decimalNumberByMultiplyingBy:factor withBehavior:self];
   if( [result isEqualToNumber:noNumber] ) {
      text = @"Fehler!";
   } else {
      text = [result descriptionWithLocale:locale];
   }
}
```

Zeichenketten

Mit Instanzen der Klasse `NSString` lassen sich unformatierte Texte speichern. Diese Klasse gehört wohl zu den wichtigsten in Cocoa. Daher werde ich diese besonders intensiv besprechen.

Zeichenkodierung

Eine wichtige Frage bei der Speicherung von Texten ist stets die verwendete Zeichenkodierung. Die Älteren von uns erinnern sich vielleicht noch an lustige Effekte, wenn man Umlaute im Text hatte und diese ausdruckte: Da tauchten auf einmal geschweifte Klammern auf. Auch der Austausch von Dokumenten zwischen Macs und Windows-PCs war zuweilen eine rechte Freude. Ich darf Ihnen aber sagen, dass dies nunmehr sicher kein Problem von OS X mehr ist. Denn OS X verwendet systemweit den Unicode als Zeichenkodierung. Und dieser erlaubt derzeit die Kodierung von bis zu 1.114.112 Zeichen, wovon etwa 100.000 Zeichen schon kodiert wurden. Ziel ist es, sämtliche jemals auf der Erde benutzten Schriftzeichen in den Unicode zu überführen. Und wenn Sie sich mal die Zeichenpalette von OS X anschauen, finden Sie sogar für uns doch eher abwegige Zeichen wie die Gruppe »Silbenlaute kanadischer Indianerstämme«. Oder suchen Sie in der deutschen Wikipedia mal nach dem Artikel für Unicode, und wechseln Sie dann auf die chinesische Wikipedia. Nach einem Klick auf den ersten Link im Text erhalten Sie dort eine besondere URL:

Überall finden sich Unicode-Zeichen.

Um die Speicherung jedes einzelnen Zeichens aber nicht verschwenderisch zu gestalten, gibt es zu Unicode zwei verbreitete Speichersysteme: Bei UTF-8 werden Zeichen in Ketten von Bytes gespeichert, wobei die gebräuchlichsten Zeichen eben nur ein Byte verbrauchen, seltener verwendete mehrere Bytes. Bei UTF-16 gilt dasselbe für Doppelbytes.

Da aber noch immer andere Zeichenkodierungen als Unicode im Umlauf sind, muss und kann man NSString zuweilen bei der Erzeugung von Instanzen sagen, welche Kodierung die Ausgangsdaten haben. Hierfür definiert Cocoa den eigenen C-Datentypen NSStringEncoding.

String-Erzeugung

Von NSString erzeugte Instanzen sind nach der Erzeugung nicht mehr zu verändern. Es ist aber mit verschiedenen Methoden möglich, aus einem String zum Beispiel durch Anhängen eines Textes einen neuen String zu erzeugen. Denken Sie daran, dass Methoden von NSString in der Regel eine unveränderbare, die von NSMutableString veränderbare Instanzen zurückliefern.

Zu beachten ist auch, dass ein mit @" und " eingeschlossener Text eine (unveränderliche) String-Instanz ist, und daher die ID einer Instanz der Klasse NSString liefert. Auf diesen können also die hier zu besprechenden Methoden angewendet werden!

```
NSString *name = [@"Negm" stringByAppendingString:@"-Awad"];
```

Dies ist dann wiederum ein Literal, eben ein String-Literal. Der Unterschied zu Number-Literalen besteht darin, dass es String-Literale schon immer gab. Neu ist aber auch hier, dass Ausdrücke, die einen C-String liefern, nunmehr als Boxed-Expression in eine Instanz von NSString umgewandelt werden können.

```
char *cText = "Amin";
NSString *textObject = @(cText);
```

Sie wundern sich vielleicht darüber, dass der in den Klammern befindliche Ausdruck nur aus einer Variablen besteht. Zunächst ist hierzu zu erwähnen, dass in C alles, was einen Wert liefert, einen Ausdruck darstellt. (Übrigens auch alle Literale, womit man diese auch in Klammern setzen könnte.) Bei C-Strings ist es nur so, dass C nicht sehr viele Operationen hierauf zulässt. Daher wird in der Regel der Ausdruck in der Klammer nur aus einer Variablen mit einem C-String bestehen. Die praktische Bedeutung ist also geringer, vor allem, wenn man bedenkt, dass man von C-Strings ohnehin die Finger lassen sollte. Sehr fehlerträchtig.

```
+string                // Convenience-Allocator
+stringWithString:     // Convenience-Copy
```

Das sind die üblichen Convenience-Methoden, die Sie so bei vielen Containerklassen finden. Das hatten wir ja an entsprechender Stelle schon besprochen.

```
+stringWithFormat:
```

Mithilfe dieser Methode ist es wie bei `NSLog()` möglich, sich Texte zusammenzubauen. Die wichtigsten Platzhalter für Texte:

%@	Die Beschreibung eines Objektes
%d	Eine Ganzzahl als Dezimalzahl
%ld	Eine große Ganzzahl (long) als Dezimalzahl
%u	Eine vorzeichenlose Ganzzahl als Dezimalzahl
%lu	Eine vorzeichenlose große Ganzzahl (long) als Dezimalzahl
%f	Eine gebrochene Zahl (float, double)
%p	Eine Speicherstellennummer (ID eines Objektes)

Es werden aber auch die weiteren Platzhalter unterstützt, die bereits in C definiert sind. Eine vollständige Liste mit allen Möglichkeiten finden Sie auf der Webseite zum Buch. (Ich beschränke mich hier auf den Cocoa-Hausgebrauch.) Sie kennen das eigentlich schon vom `NSLog()`, der sich desselben Systems bedient.

> **GRUNDLAGEN**
>
> Wir arbeiten hier ja mit `NSInteger`. Da Sie sowohl 32-Bit- als auch 64-Bit-Programme erzeugen können, muss je nach Architektur %d oder %ld gearbeitet werden. Glücklicherweise ist das so gut wie nie relevant. Ein Trick besteht darin, nur die Symbole für große Ganzzahlen zu verwenden und dorthin die Zahl umzuwandeln. Das funktioniert ja immer.

Beispiel:

```
NSString *firstName = @"Amin";
NSInteger age = 37;
NSNumber *ageObject = @(age)
NSString *text = [NSString stringWithFormat:@"%@ ist %@ (%ld)",
                                            firstName,
                                            ageObject,
                                            (long)age];
// text = @"Amin ist 37 (37)"
```

Für Missverständnisse sorgt dabei häufig der Platzhalter für Objekte %@. Er führt dazu, dass an das übergebene Objekt eine Nachricht -descriptionWithLocale: geschickt wird, wenn diese Methode in der entsprechenden Klasse implementiert ist, andernfalls -description. Beide Methoden müssen ein String-Objekt mit einer Beschreibung zurück liefern. Daher kann man durch Überschreiben der Methoden seinen eigenen Text als Beschreibung liefern lassen, etwa wenn bei einer Entität keyCount als Integer definiert ist:

```
@implementation Piano
...
- (NSString*)description
{
    return [NSString stringWithFormat:@"%d Tasten",
                                      self.keyCount];
}
```

+stringWithContentsOfFile:enconding:error:
+stringWithContentsOfURL:enconding:error:

Die Methoden lesen einen String aus einer Datei, die mittels einer Pfadangabe (...File...) bzw. einer URL (...URL...) angegeben wurde. Damit lassen sich zum Beispiel Internetseiten herunterladen. Als Nächstes wird angegeben, welche Kodierung der Zeichen vorausgesetzt werden soll. Hier gibt es einige Konstanten wie NSUTF8String-Encoding, der heutzutage am häufigsten anzutreffenden Kodierung. Lässt sich anhand der Quelle das verwendete Zeichenformat ermitteln, existieren Methoden mit dem Bestandteil ...usedEncoding... anstelle von ...encoding..., die das vorgefundene Encoding zurückliefern.

-stringByAppendingString:

Hiermit wird eine neue String-Instanz geliefert, bei der an den Empfänger eine weitere String-Instanz angehängt wurde:

```
NSString *firstName = @"Amin";
NSString *lastName = @" Negm-Awad";
NSString *name = [firstName stringByAppendingString:lastName];
```

Hiernach enthält name den Text »Amin Negm-Awad«.

-stringByReplacingCharactersInRange:withString:

Ersetzt die Zeichen im angegebenen Bereich durch einen anderen Text.

```
NSRange range = NSMakeRange( 2, 1 );
NSString *name = [@"Amen" stringByReplacingCharactersInRange:range
                                     withString:@"i"];
// name = @"Amin"
```

Der Ersatzstring darf kürzer oder länger sein. Zu beachten ist, dass das erste Zeichen die Location 0, nicht 1 hat.

```
-stringByReplacingOccurrencesOfString:withString:
-stringByReplacingOccurrencesOfString:withString:options:range:
```

tauschen alle Vorkommen eines Suchstrings durch einen Ersatzstring aus. Die Länge darf unterschiedlich sein. Mit der zweiten Methode können zusätzlich Suchoptionen und -bereiche angegeben werden.

Zeichen, Teilstrings und Stringketten

Man kann auch einen String abfragen. Wichtigste Methode ist hierbei wohl -length, welches die Anzahl der enthaltenen Zeichen liefert und -characterAtIndex:, welches das Zeichen an der übergebenen Stelle liefert.

Um Teilstrings zu erhalten, bieten sich die Methoden -substringToIndex:, -substringFromIndex: und -substringWithRange: an.

> **AUFGEPASST**
>
> Intern speichert Cocoa Zeichen in UTF-16, also mit zwei Bytes pro Zeichen. Dies führt dazu, dass Zeichen mit einem Unicode größer als 65.535 aus mehreren Codes zusammengesetzt werden. In Band 2 wird das beim Textsystem näher besprochen. Jedenfalls stellt sich das Problem, dass ein Index oder ein Rand eines Bereiches genau zwischen zusammengehörigen Codes liegt. Es existieren die Methoden -rangeOfComposedCharacterSequenceAtIndex:, -rangeOfComposedCharacterSequencesForRange:, um den Index bzw. den Bereich entsprechend zu vergrößern. Das spielt dann eine Rolle, wenn potenziell in Ihrer Software diese Zeichen eingegeben werden können – also fast immer.

-stringByTrimmingCharactersInSet: liefert einen String zurück, bei dem am Anfang und am Ende diejenigen Zeichen gelöscht wurden, die im sogenannten Characterset enthalten sind. Üblicherweise nimmt man einen Whitespace-Characterset, der nur aus Leerzeichen besteht.

```
NSCharacterSet *spaces=[NSCharacterSet whitespaceCharacterSet];
name = [@" Amin " stringByTrimmingCharactersInSet:spaces];
// name = @"Amin"
```

Ebenfalls ist es möglich, einen String durch ein Trennzeichen gleich in seine Einzelteile zerlegen zu lassen. Hierzu dienen die Methoden -componentsSeperatedByString: und -componentsSeperatedByCharactersInSet:.

Strings als Dateipfade

Es existieren eine ganze Reihe von Methoden, die Strings als Dateipfade interpretieren. Die wohl häufigste Anwendung ist das Auflösen eines Pfades, der sich relativ zum Nutzerverzeichnis befindet, in einen absoluten Pfad:

```
// Pfad, relativ zum Heimverzeichnis des Nutzers
NSString *path = @"~/Library/Application Support/MyApp";
// absoluter Pfad:
path = [path stringByExpandingTildeInPath];
// /Users/Amin/Library/Application Support/MyApp";
```

Dies ist deshalb wichtig, weil man zuweilen vom System eine Pfadangabe in relativer Notation bekommt, Methoden zur Speicherung aber den absoluten Pfad verlangen. Die »Umkehrmethode« ist -stringByAbbreviatingWithTildeInPath.

Mit -pathComponents und +pathWithComponents: lassen sich die einzelnen Pfadkomponenten eines Strings zerlegen bzw. zusammensetzen.

> **TIPP**
>
> Insgesamt zeigt sich ein Trend, dass Methoden, die einen Pfad als Parameter erhalten, Instanzen der Klasse NSURL erwarten. Aus einer Zeichenkette, die einen Pfad auf das Dateisystem enthält, kann an eine solche Instanz mittels der Methode -fileURLWithPath: (NSURL) erzeugen. Enthält der String eine URL im Sinne von RFC 2396, so existiert die Methode -URLwithString: (NSURL).

NSMutableString

Instanzen der Klasse NSMutableString lassen sich verändern, so dass viele der obigen Methoden ein Pendant haben, welches kein neues Objekt liefert, sondern auf dem bestehenden arbeitet:

```
// Immutable
NSString *text;
text = [NSString stringWithString:@"Amin Negm-Awad"];
NSRange range = NSMakeRange( 0, [text length];
text = [text stringByReplacingOccurrencesOfString:@"Negm-Awad"
                           withString:@"Toboll"
                           options:0
                           range:range];
```

```
// Mutable Variante
NSMutableString *text;
text = [NSMutableString stringWithString:@"Amin Negm-Awad"];
text = [text replaceOccurrencesOfString:@"Negm-Awad"
                             withString:@"Toboll"];
                                options:0
                                  range:NSMakeRange( 0 [text length]]
```

Es lässt sich übrigens keinesfalls sagen, dass die eine Variante ein besseres Laufzeitverhalten hat als die andere. Es ist generell schwierig, in dieser Frage zwischen der Mutable- und Immutable-Variante abzuwägen. Als Faustregel gilt jedoch, dass mit Zunahme der Änderungen die Mutable-Subklasse besser geeignet ist.

NSScanner

Eng mit der Klasse `NSString` hängt die Klasse `NSScanner` zusammen. Mit ihr lassen sich Strings scannen und dabei Elemente »herausziehen«. Die Anwendung stößt zunächst häufig auf Verständnisschwierigkeiten, einmal verstanden, ist die Funktionalität jedoch recht hübsch. Grundsätzlich muss man sich zunächst einen Scanner für einen String zulegen.

```
NSString *text = @"MyFormat 1.0:Hund;Katze;Maus;-9.811;17,02";
NSScanner *scanner = [NSScanner localizedScannerWithString:text];
```

`-localizedScannerWithString:` besorgt dabei einen Scanner, der die Schreibweise des aktuell angemeldeten Benutzers kennt, insbesondere, was die Verwendung von 1.000er-Trennern und Dezimalkommata angeht. Das will man häufig nicht, wenn es sich um einen Text aus einer standardisierten Datei handelt, da hier meist »englischsprachige« Notierungen Verwendung finden. In diesem Falle das localized weglassen (und natürlich Scanner kleinschreiben).

Dieser String kann dann mit dem Scanner durchlaufen werden. Hierzu dienen etwa Methoden wie `-scanUpToString:intoString:`, welche bis zu einem gewissen String lesen. Da der Rückgabewert der Anzeige des Erfolges dient, wird auch hier das Ergebnis über die Parameterliste übergeben:

```
NSString *scannedString = nil;
if( [scanner scanUpToString:@":" intoString:&scannedString] ) {
    // My Format 1.0
}
```

Die aktuelle Scan-Position im String kann durch die Methode `-scanLocation` bestimmt und mit `-setScanLocation:` festgelegt werden.

Date und Calendar

`NSDate` und `NSCalendar` bilden die Basisklassen für kalendarische Daten einschließlich der Uhrzeit. Die Zeitpunkte werden dabei als Double in Sekunden ab dem 1.1.2001, 0.00 Uhr gespeichert. Wichtig ist hierbei, dass die Verwendung der Subklasse `NSCalendarDate` von `NSDate` nicht mehr verwendet werden sollte, da die Frage nach einem bestimmten Zeitpunkt (`NSDate`) und die Frage nach der Art der Notierung des Zeitpunktes in einem Kalender (`NSCalendar`) voneinander unabhängig sind. Diese Subklasse ergab also keinen rechten Sinn.

Mit NSCalendar lasssen sich auch Datumsberechnungen durchführen. Den vom Nutzer eingestellten Kalender (bei uns etwa meist den Gregorianische Kalender) erhalten Sie mittels der Methode +currentCalendar (NSCalender). Darüber hinaus existiert die Hilfsklasse `NSDateComponents`. Instanzen können mittels der Methode –components:fromDate: (NSCalendar) erzeugt werden. Ebenso lassen sie sich dann wieder mit –dateFromComponents: (NSCalendar) in ein Datum übersetzen. Der Trick liegt hierbei darin, dass nicht alle Komponenten eines Zeitpunktes berücksichtigt werden müssen. Vielmehr kann man etwa Angaben über die Tageszeit weglassen oder nur über Sekunden. Dieses ganze System sorgt also dafür, dass Daten in verschiedenen Kalendern abgehandelt werden können.

Zur Umwandlung von Daten in leserliche Form können Instanzen der Klasse `NSDateFormatter` benutzt werden, die Sie ja nun auch schon ein bisschen kennen.

NSDate hat keine veränderliche Subklasse `NSMutableDate`.

Binäre Daten

`NSData` speichert binäre (uninterpretierte) Daten. Die Bedeutung liegt vor allem darin, dass sich viele Instanzen vieler Klassen in Data-Objekte umwandeln lassen. Die Data-Objekte können dann gespeichert werden. Umgekehrt können Dateien als Data-Objekt geladen und dann in die eigene Datenstruktur umgewandelt werden.

Dieses System der Umwandlung in ein oder von einem Data-Objekt hat den Vorteil, dass die Kodierung der eigenen Daten unabhängig vom Ort der Datensenke oder -quelle ist. Es spielt also keine Rolle, ob etwa diese Daten von einer Datei (…File…) oder einem Webserver (…URL…) stammen oder über das lokale Netz transferiert wurden. Die Kodierung ist meist Ihre Aufgabe, da nur Sie wissen können, welche Daten wie kodiert werden sollen. Der eigentliche Datentransfer kann in großen Teilen Cocoa überlassen werden. Ich werde hierauf im Kapitel 7 über die Modelschicht genauer eingehen.

Von `NSData` existiert eine Subklasse `NSMutableData`.

4.3.3 Collections

Collections sind Container, die eine Vielzahl von anderen Objekten aufnehmen können, wie etwa eine Adresskartei. Sie unterscheiden sich lediglich in der Art, wie auf die Elemente zugegriffen wird und ob ein Element doppelt in einer Collection enthalten sein darf.

So nummerieren Arrays etwa alle gespeicherten Elemente mit einem Index ab 0. Vorab eine kleine Übersicht:

Collection	Klasse	Zugriff auf bestimmtes Element	Doppelte Elemente
Array, Feld, Liste	NSArray	Index (NSUInteger)	erlaubt
Map, Dictionary	NSDictionary	Schlüssel, meist NSString	erlaubt (nicht: doppelte Schlüssel!)
Set, Menge	NSSet	Nicht möglich	nicht erlaubt
Ordered-Set	NSOrderedSet	Index (NSUInteger)	nicht erlaubt
Bag, Counted-Set	NSCountedSet	Nicht möglich	erlaubt

Die wichtigsten Collections von Cocoa.

Oder ausformuliert: Arrays und Ordered-Sets nummerieren ihre Elemente, sind also so etwas wie Tabellen, Dictionarys geben ihnen Namen, sind also so etwas wie die Beziehung zwischen Namen und Telefonbucheintrag, und Sets lassen sie unsortiert herumfliegen, sind also so etwas wie Damenhandtaschen.

Der Unterschied zwischen Arrays und Ordered-Sets liegt darin, dass Arrays jedes Element beliebig häufig aufnehmen, Ordered-Sets hingegen nur einmal. Counted-Sets indessen können Elemente wie Arrays mehrfach aufnehmen, kennen aber keine Ordnung. Oder anders herum: Arrays sind Counted-Ordered-Sets.

Es kann nicht ausgeschlossen werden, dass der Autor gewisse Sympathien einfließen ließ.

Elemente und Speicherverwaltung

Eine wichtige Eigenschaft von Cocoa-Collections ist die, dass sie nur Instanzen aufnehmen. Aus diesem Grunde sind die zuvor besprochenen Klassen NSValue und NSNumber besonders relevant: Mit ihnen kann man C-Typen in Objekte verpacken.

Die Objekte müssen jedoch nicht einen speziellen Typen haben. Sie werden als typlose id übergeben, nehmen also prinzipiell jede Instanz auf. Dabei ist es ohne Weiteres möglich, Objekte verschiedenster Klassen zu mischen. Man nennt dies eine »heterogene Collection«.

```
NSArray *anArray;

// Objekte unterschiedlicher Klassen
NSNumber *aNumber = [NSNumber numberWithInt:9811];
NSString *aString = [NSString stringWithString:@"Negm-Awad"];
Person   *aPerson = [Person personWithLastName:@"Negm" firstName:@"Amin"];

// Alle in einem Array
anArray = [NSArray arrayWithObjects:aNumber, aString, aPerson, nil];
```

Da sie Instanzen aller Klassen aufnehmen können, können sie auch wiederum Instanzen der eigenen Klasse oder einer anderen Collection aufnehmen. Da sich auch dies beliebig mischen lässt, lässt sich letztlich jede hierarchische Datenstruktur auf diese Weise darstellen, auch wenn sie heterogen ist. Hierauf komme ich in dem Abschnitt über Property-Lists zurück.

In aller Regel hat man jedoch Collections als Ansammlung von Instanzen ein und derselben Klasse.

Jede der genannten Collections übernimmt bei der Aufnahme des Objektes eine Eigentümerschaft, die beim Entfernen wieder aufgegeben wird. Dies bedeutet, dass in einer Collection enthaltene Elemente nicht aus dem Speicher entfernt werden, bis die Collection selbst gelöscht wurde.

Ein ebenfalls bei Anfängern beliebter Irrtum ist es, anzunehmen, eine Collection würde die Elemente kopieren. Dies ist nicht der Fall. Es werden reine Referenzen gespeichert. Dies bedeutet auch, dass, wenn ich die Collection kopiere, nicht die in ihr enthaltenen Objekte kopiert werden:

```
NSMutableString *text = [@"Amin" mutableCopy];

// text wird nicht kopiert
NSSet *set1 = [NSSet setWithObject:text];
...
```

Hiermit haben wir – zur Abwechslung mal – ein Set erstellt, welches lediglich ein Element enthält. Das Set enthält aber eben nicht das Element selbst, sondern nur einen Verweis darauf:

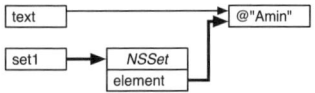

Collections speichern Referenzen, nicht Kopien.

Foundation

Wird der String geändert, so ändert dies daher auch den in der Collection »enthaltenen« String:

```
…
[text appendString:@" Negm"];
// Jetzt lautet das Element in set1 auch @"Amin Negm"
…
```

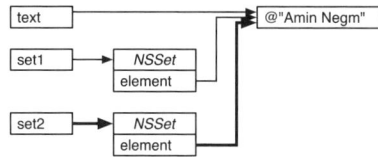

Es gibt nur eine String-Instanz: Diese wird für alle verändert.

Hieran ändert sich übrigens auch nichts, wenn man eine Collection kopiert, da auch hier nur Referenzen kopiert werden (Shallow-Copy), nicht aber die Elemente:

```
…
// Convenience Copy
// text wird nicht kopiert, sondern die ID
NSSet *set2 = [NSSet setWithSet:Set1];
…
```

führt zu:

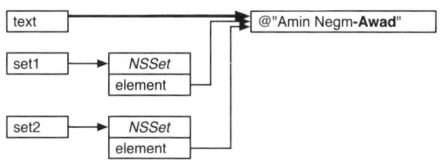

Auch bei einer Kopie der Collection werden von den Elementen keine Kopien angefertigt.

Womit sich nun eine Änderung der String-Instanz weiter auswirkt:

```
[text appendString:@"-Awad"];
```

Jede weitere Referenz dehnt die Auswirkungen aus.

AUFGEPASST

Bei einem Dictionary werden allerdings die Schlüssel kopiert!

Kapitel 4

Erzeugung

Collections bieten einen sehr ähnlichen Satz an Erzeugermethoden an. Diese stehen in der Regel in einer Variante mit einem entsprechendem -init zur Verfügung wie auch in einer Variante als Convenience-Allocator. New-Methoden sind selten anzutreffen. Neuerdings kennen auch Arrays und Dictionarys Literale, die ich an der entsprechenden Stelle erläutere. Im Folgenden bespreche ich nur die Variante des Convenience-Allocators in den Beispielen:

Leere Collection

Zunächst sind Methoden zu nennen, die einfach eine Instanz der Colleciton zurückgeben, die kein Element enthält. Dies gelingt mit einem einfachen +alloc-init wie mit Convenience-Allocators, die einfach auf den Namen der Klasse hören, ein Beispiel:

```
NSSet *friends = [NSSet set];
```

Auf eine veränderliche Subklasse angewendet (z. B. NSMutableSet) erzeugen diese Methoden entsprechende veränderliche Instanzen. Allerdings gibt es hier auch die Möglichkeit, eine Größenschätzung anzugeben:

```
NSSet *friends = [NSSet setWithCapacity:10];
```

Diese muss aber nicht eingehalten werden, sondern darf insbesondere überschritten werden.

Collection mit einem Elememt

Selten, aber doch zuweilen benötigt man eine Collection, die ein Element beinhaltet. Diese Methoden haben den Selector klasseWithObject:. Beispiel:

```
id object = …;
NSSet *friends = [NSSet setWithObject:object];
```

Bei einem Array und einer Ordered-Set, die ja beide ihre Elemente indizieren, erhält das Objekt den Index 0. Bei einem Dictionary ist freilich noch zusätzlich ein Schlüssel anzugeben. Die Methode lautet daher auf -dictionaryWithObject:forKey:.

Collection mit Elementen

Weitaus häufiger hat man den Fall, dass mehrere Objekte in einer erzeugten Collection-Instanz stehen sollen. Hierfür wird zunächst bei den Collections eine Methode mit offener Parameterliste angeboten. Dies bedeutet, dass eine beliebige Anzahl an Objekten übergeben werden kann und die Liste dann mit einem nil abgeschlossen wird. Diese Convenience-Allocators tragen den Selector klasseWithObjects:. Indizierte Collection nummerieren die Objekte entsprechend ihrer Reihenfolge in der Parameterliste. Beispiel:

```
id object1 = …;
id object2 = …;
NSArray *friends = [NSArray arrayWithObjects:object1, object2, nil];
```

Dictionarys tanzen wieder aus der Reihe. Sie bieten die Methode -dictionaryWithObjectsForKeys:, bei der in der Parameterliste Paare von Objekten und Schlüsseln stehen. Beispiel:

```
id object1 = …;
id object2 = …;
NSDictionary *friends = [NSDictionary dictionaryWithObjectsForKeys:
                                object1, @"Heinrich",
                                object2, @"Winfried",
                                nil];
```

Umwandlungen

Es existieren eine ganze Reihe von Umwandlungsmethoden, die die Elemente einer Collection in eine andere stopfen. Hier ist aber das Bild aufgrund der verschiedenen Anforderungen der Collections uneinheitlich. Ich verweise entsprechend auf die Dokumentation, werde aber die wichtigsten Fälle nachfolgend besprechen. Man sollte immer in beiden beteiligten Klassen suchen, da sowohl eine Methode in der Ausgangsklasse existieren kann, die eine Instanz der Zielklasse liefert oder ein Convenience-Allocator in der Zielklasse, der die Ausgangsklasse als Parameter nimmt.

Keine Collection, leere Collection und leeres Element

Gerne werden verschiedene Fälle gedanklich durcheinander geworfen, die man trennen muss. Man nennt dies das »Zero means Null«-Antipattern (Fehler).

Eine Collection ist zunächst einmal eine normale Instanz. Dementsprechend kann es sein, dass ein Zeiger darauf schlicht nur leer ist. Wir haben die Instanz also noch nicht erzeugt:

```
NSArray *myFriends = nil;
```

Wörtlich gelesen bedeutet dieses also: »myFriends ist nichts«. Diesen Fall nennt man Null. (In Objective-C würde man nil sagen, aber wir bleiben bei der allgemeinen Bezeichnung.)

Davon zu unterscheiden ist der Fall, dass bereits eine Collection erstellt wurde, diese aber noch keine Mitglieder enthält:

```
NSArray *myFriends = [NSArray array];
```

Hier besteht die Collection also, nur habe ich keine Freunde: »myFriends ist eine Liste, die leer ist«. Die Liste hat sozusagen den 0-Wert (Zero), aber es gibt eine Liste, die einen Wert hat.

Erst mit dieser leeren Liste können wir inhaltlich etwas anfangen, also insbesondere durch Hinzufügen neuer Elemente eine neue Collection erzeugen.

Ein ebenso beliebtes Missverständnis liegt vor, wenn »kein Element« mit einem leeren Element verwechselt wird. Kein zulässiges Element für Collections ist nämlich nil. Soll

Kapitel 4

ein »leerer« Platzhalter eingefügt werden, so muss das Dummy-Objekt NSNull verwendet werden. Häufig deutet die Notwendigkeit hierzu allerdings darauf hin, dass die falsche Collection verwendet wird.

> **BEISPIEL**
>
> Ohne nachzudenken, werden etwa gerne Arrays verwendet, weil es die schon immer gab. So sieht man es häufig, dass beliebige Listen, etwa die Schüler einer Klasse, in einem solchen Array gespeichert werden. Das ist Quatsch: Es gibt keine Reihenfolge der Schüler. Die Durchnummerierung suggeriert aber genau dies. Soll indessen eine »Rangfolge« aufgestellt werden, so sind Arrays genau das Richtige.

Abzählung

Sämtliche Collection-Klassen implementieren eine Methode -count, mit der man die Anzahl der gespeicherten Instanzen ermitteln kann, bei einem Array mit drei Elementen also 3. Bitte bedenken Sie im Hinblick auf Arrays und Ordered-Sets, dass das letzte Element den Index count-1 – im Beispiel also 2 – hat, da ab 0 gezählt wird.

Explizite Abzählung

Ebenfalls bei (fast) allen Collections einheitlich ist die Abzählung geregelt. Darunter versteht man, dass man in einer Schleife alle Elemente einer Collection nacheinander abarbeitet. Sie kommen vielleicht schon selbst auf den Gedanken, ein Array mit einer For-Schleife zu traversieren:

```
NSUInteger index;
id element;
for( index = 0; index < [array count]; index++ ) {
   element = [array objectAtIndex:index];
   // damit was tun ...
}
```

Das sieht man – leider – immer wieder. Es liegt wohl daran, dass es früher nur Arrays gab, die ausschließlich diese Art der Abzählung zuließen. Besser wird es freilich nicht dadurch, sondern mit einer Enumerator-Instanz. NSEnumerator ist nämlich eine Klasse, die extra objektorientierte Abzähler implementiert:

```
NSEnumerator *elementsEnum = [array objectEnumerator];
id element;
while( (element = [itemsEnum nextObject]) ) {
   // damit etwas tun ...
}
```

Das ist nicht ganz einfach zu verstehen: Ich hatte schon in Kapitel 3 darauf hingewiesen, dass wir eine Zuweisung in einer Bedingung sehen werden. Hier ist sie! -nextObject liefert das jeweils nächste Element in einer Collection. Ist keines mehr vorhanden, so wird nil geliefert. Dies weisen wir unserer lokalen Variablen object zu. Bei C hat aber jede Zuweisung ein Ergebnis, nämlich den Wert der Zuweisung. Dies bedeutet, dass while gleichzeitig überprüft, ob der Wert nil geliefert wurde. Und da nil eine Bedingung stets verneint (Sie kennen das aus dem Faust ...), bricht in einem solchen Falle die Schleife ab. Die Klammern sind erforderlich, weil bei der Einstellung –Wall der Compiler uns sonst warnt, ob wir nicht doch == statt = gemeint haben. (Auch dieses Jahr wieder ein gern genommener Flüchtigkeitsfehler, der einen zum Wahnsinn treiben kann.) Merken Sie sich diesen Aufbau einer Abzählung von Colletions.

Mit Objective-C 2 existiert noch eine verbesserte Möglichkeit, die Fast-Enumeration:

```
id element;
for(element in array ) {
    // mit jedem Element etwas tun ...
}
```

oder noch kürzer:

```
for( id element in array ) {
    //mit jedem Element etwas tun ...
}
```

Dabei können hinter dem in alle Collections stehen – und noch mehr. Zuweilen gibt es nämlich mehrere Möglichkeiten, eine Collection zu durchlaufen. Denken wir an unser Array: Vielleicht muss ich rückwärts, also vom letzten zum ersten Element vorgehen. Klassisch, also in Objective-C 1, lasse ich mir dafür einen entsprechenden Enumerator geben:

```
NSEnumerator *elementsEnum = [array reverseObjectEnumerator];
id element;
while( (element = [itemsEnum nextObject]) ) {
    // damit etwas tun ...
}
```

Da man bei der For-in-Schleife nicht angeben kann, welcher Enumerator verwendet werden soll, lasse ich mir entsprechend vorab einen erzeugen und führe die Schleife über diesen Enumertor anstelle der Collection aus:

```
NSEnumerator *elementsEnum = [array reverseObjectEnumerator];
for( id element in elementsEnum ) {
    // mit jedem Element etwas tun ...
}
```

> **TIPP**
>
> Jede Klasse kann in einem For-in fungieren, wenn sie die Methoden des Fast-Enumeration-Protokolles implementiert hat.

Schließlich ist noch zu erwähnen, dass man keinesfalls die Collection verändern darf, während sie abgezählt wird. Das ist für den Anfänger eine Fehlerquelle und gilt sowohl beim klassischen Ansatz mit einer While-Schleife als auch bei einer Fast-Enumeration. Im letzteren Fall wird allerdings explizit ein Fehler von der Laufzeitumgebung erzeugt, so dass sich diese Patzer leichter erkennen lassen. Von vornherein ausschließen kann man das, wenn man sich bei einer Fast-Enumeration, die verändern soll, vorab eine Kopie erzeugt:

```
for( id element in [array copy] ) {
    // Elemente entfernen, hinzufügen usw.
}
```

Bedenken Sie bitte hierbei, dass das copy wirkungslos ist, wenn das array bereits kopiert wurde. In dem ungefährlichen Fall, dass keine Änderung möglich ist, optimiert sich also das copy und kopiert nichts.

Implizite Abzählung

Da man häufig das immer selbe mit den abgezählten Elementen machen möchte, existiert mit Blocks die Möglichkeit, eine Operation auf jedes Element in der Collection durchzuführen. Hierzu dienen Methoden der Art –enumerateObjectsUsingBlock:. Der Block erhält dabei als Parameter das aktuelle Element, auf dem die Operation durchgeführt werden soll, ein Stop-Flag, welches er auf YES setzen kann und bei indizierten Collections den Index des aktuellen Elementes.

Erinnern Sie sich bitte daran, dass der Block sich seinen Erzeugungskontext merkt und daher verwenden kann:

```
NSMutableString *amin = [@"Amin" mutableCopy];
NSMutableString *anja = [@"Anja" mutableCopy];
NSMutableString *svea = [@"Svea" mutableCopy];
NSSet *family = [NSSet setWithObjects:amin,anja, svea, nil];

NSString *addition = @" Toboll";

[family enumerateObjectsUsingBlock:^(id element, BOOL *stop)
{
    [element appendString:addition];
}];
NSLog( @"%@", family );
```

Hier wird also ein Set mit drei Mutable-Strings erzeugt und in einer lokalen Variable addition ein String gespeichert. Dieser wird dann in der Enumeration jedem Element hinzugefügt.

TIPP

Es gibt zu den Enumerationsmethoden Pendants, die Optionen nehmen. Hierzu gehört auch die Option, die Operationen parallel ausführen zu lassen.

Sets

Die gedanklich einfachste Collection ist das Set. Es entspricht einer unsortierten Ansammlung von Elementen, die nur abgezählt werden können. Damit ist das Set vor allem für eines geeignet: die Mehrfachbeziehung zu anderen Entitäten. Denn entgegen einem allgemeinen Irrglauben gibt es in aller Regel keine Notwendigkeit, diese zu sortieren.

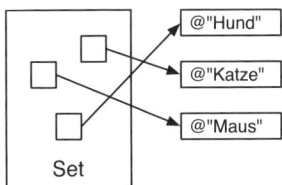

Ein Set sammelt einfach Instanzen ungeordnet.

AUFGEPASST

Dass möglicherweise die enthaltenen Entitäten etwa in einem Tableview nach einem Begriff sortiert angezeigt werden, hat nichts mit dem Set selbst zu tun und ist keine Frage des Models. Das lässt sich spätestens dann erkennen, wenn es mehrere Tableviews im Programm gibt, die unterschiedlich sortiert sein können. Letztlich ist es eine denkgesetzliche Frage: Ist die Sortierung einer 1:n-Beziehung wirklich aus der Sache heraus notwendig? Dann sollte zu einer sortierten Collection gegriffen werden, ansonsten eher nicht.

Wir werden das daher gleich mal praktisch anwenden; immerhin haben Sie ja noch ein Projekt offen. Öffnen Sie die Datei AppDelegate.h, welche die Wurzel der Daten darstellt. Dort erweitern Sie den Code wie folgt:

```
@interface AppDelegate : NSObject <NSApplicationDelegate,
                                   NSDecimalNumberBehaviors>
…
@property (copy) NSSet *conversions;
@end
```

In der Implementierung lassen wir uns die Accessoren erzeugen und die Initialisierung durchführen:

```
@implementation AppDelegate
...
- (id)init
{
   self = [super init];
   if( self ) {
      self.conversions = [NSSet set];
   }
   return self;
}
@end
```

Hier werden also später die einzelnen Umrechnungsfaktoren gespeichert.

Noch einmal kurz zur Initialisierung, sozusagen als Übung: Wir erzeugen in der Subklasse eine neue Instanzvariable, die nicht auf nil stehen soll. Also benötigen wir einen Initialisierer auf dieser Ebene. Daher muss in jedem Falle der Designated-Initializer der Basisklasse überschrieben werden.

Zum Erzeugen bedienen wir uns einfach eines Convenience-Allocators, wie Sie sehen.

Um an die einmal gespeicherten Instanzen heranzukommen, existiert nur die Möglichkeit der Abzählung. Das Set kennt ja keinen Schlüssel, um auf die Daten zuzugreifen. Allerdings existiert auch die Methode –anyObject, welche irgendein Element aus der Collection liefert. Bei der wiederholten Anwendung der Methode muss aber nicht jedes Mal ein neues Element geliefert werden!

Counted-Sets

NSCountedSet ist eine Subklasse von NSMutableSet, also stets veränderbar. Die Klasse unterscheidet sich insoweit von NSMutableSet, als dass ein Objekt mehrfach aufgenommen werden darf. Die praktische Anwendung ist gering.

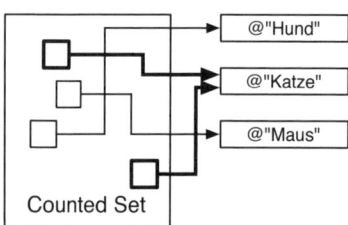

Eine Menge, die Elemente mehrfach enthalten kann: Counted-Set

Ordered-Sets

Ordered-Sets können wie Sets jedes Element nur einmal halten, sind jedoch wie Arrays indiziert. Sie wurden mit OS X 10.7 eingeführt.

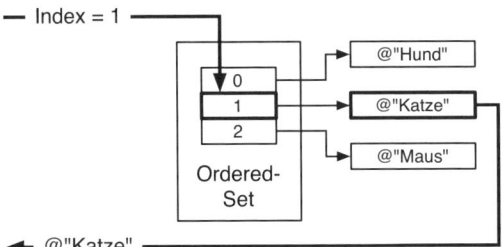

Halb Set, halb Array indizieren Ordered-Sets zwar ihre Mitglieder, erlauben sie aber nur einmal.

Mit Ordered-Sets lassen sich Beziehungen in einem Objektgraphen darstellen, die eine Sortierung aufweisen. In genau diesem Falle ist es aber eine häufig anzutreffende Randbedingung, dass bezogene Elemente nicht mehrfach vorhanden sind. Damit dürften Ordered-Sets die bisher dafür verwendeten Arrays für diese Aufgabe ablösen. Core Data implementiert etwa mit ihnen sortierte Beziehungen.

Für den Zugriff auf ein Ordered-Set gelten weitestgehend die nachfolgend erläuterten Regeln für Arrays.

Arrays

Objekte der Klassen `NSArray` und `NSMutableArray` nehmen (praktisch) beliebig viele Objekte auf und zählen diese durchgehend von 0 bis count-1. Sie bilden daher ein sogenanntes Feld (umgangssprachlich: Liste) ab und sind damit sortiert. Eine Instanz darf mehrfach in der Collection vorhanden sein, wie in der Abbildung etwa die String-Instanz @"Katze".

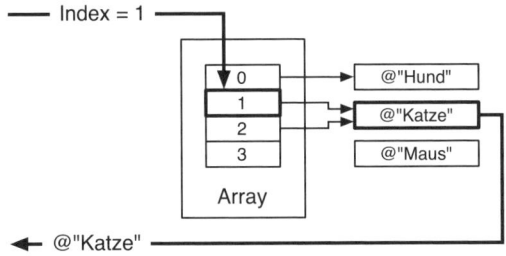

Ein Array nummeriert die Objekte.

Arrays bieten die üblichen Convenience-Allocators. Daneben gibt es die Möglichkeit, mit -allKeys (`NSDictionary`), -allValues (`NSDictionary`) und -allObjects (`NSSet`) ein Array aus anderen Collections zu erzeugen. Ebenso wie bei dem Set existiert die Erzeugung mittels Aufzählung der Elemente mit abgeschlossenem nil: -arrayWithObjects:.

Durch den mit Xcode 4.4 mitgelieferten Compiler ist es jetzt auch möglich, Arrays aus Literalen herzustellen. Hierbei werden die Elemente mit @[bzw.] eingeschlossen. Stellen wir das gegenüber:

```
NSArray *family = [NSArray arrayWithObjects:@"Anja", @"Amin", @"Svea", nil];
NSArray *family = @[@"Anja", @"Amin", @"Svea"];
```

Abgefragt werden Arrays zumeist mit -objectAtIndex:. Es gibt aber auch die Möglichkeit, aus einem Array einen Teilarray auszuschneiden. Hierzu dient die Methode -subarrayWithRange:. Für mutable Arrays existieren Methoden, die mit sogenannten Index-Sets zusammenarbeiten. Ein Index-Set ist so etwas wie ein simples und schnell zu bedienendes Array, welches nur Zahlen (NSUInteger) speichern kann. Dies hat eine besondere Bedeutung im Zusammenhang mit Key-Value-Observing und wird dort in Band 2 besprochen.

Zur Bearbeitung von Arrays werden wie bei Strings entweder neue Instanzen geliefert oder in der Subklasse NSMutableArray die Bearbeitung auf das Array selbst durchgeführt. Der Methodensatz umfasst vor allem solche zum Einfügen, Löschen und zum Austausch von Elementen.

Wird mit -replaceObjectAtIndex:withObject: ein Element gesetzt, so muss der Index bereits belegt sein. Soll das Objekt hinzugefügt werden, so verwendet man -addObject: oder -insertObject:atIndex:. Beim Löschen werden die nachfolgenden Elemente nach vorne geschoben. Auf diese Weise sind die Indexe stets geschlossen, kennen also keine Lücken. Beispiele:

```
NSArray *family = @[@"Anja", @"Amin", @"Svea"];
NSString *name = [family objectAtIndex:0];
// name = @"Anja";

NSMutableArray *mutableFamily = [family mutableCopy];
[mutableFamily replaceObjectAtIndex:2 withObject:@"Svea-Frieda"];
// array = @"Anja", @"Amin", @"Svea-Frieda"

[mutableFamily addObject:@"?"];
// array = @"Anja", @"Amin", @"Svea-Frieda", @"?"
```

Ebenfalls ab Xcode 4.4 existiert die Möglichkeit des sogenannten Object-Subsciptings. Dabei wird der Index einfach hier der ID-Variablen, die auf das Array zeigt, in eckigen Klammern gesetzt. Das funktioniert lesend wie schreibend (bei einem Mutable-Array). Der Code von oben mit Object-Subscription:

```
NSArray *family = @[@"Anja", @"Amin", @"Svea"];
NSString *name = family[0];
// name = @"Anja";

NSMutableArray *mutableFamily = [family mutableCopy];
mutableFamily[2]=@"Svea-Frieda";
// array = @"Anja", @"Amin", @"Svea-Frieda"

mutableFamily[3]=@"?";
// array = @"Anja", @"Amin", @"Svea-Frieda", @"?"
```

Beachten Sie bitte am Ende, dass durch die Verwendung eines Indexes, der genau eins über dem letzten verwendeten Index liegt, ein Objekt hinzugefügt wird. Nicht zulässig wäre es, stattdessen den Index 4 zu verwenden, da dann eine Lücke entstünde.

NSDictionary

Das Dictionary (Map) weist den aufgenommenen Instanzen einen Schlüssel (Key) zu, der ebenfalls eine Instanz ist. Meist, jedoch nicht zwingend, ist das Schlüssel-Objekt von der Klasse NSString. Der Schlüssel (nicht das verwiesene Objekt!) wird allerdings mittels -copy kopiert, so dass diese Methode für die Klasse des Schlüssels implementiert sein muss. Sowohl Schlüssel als auch Elemente können unterschiedlicher Klasse sein. Ein Dictionary kann also in zweierlei Hinsicht heterogen sein.

Dictionarys können ebenfalls ein Element beliebig häufig aufnehmen. Jeder Schlüssel darf allerdings nur einmal verwendet werden. Damit ähnelt das Dictionary etwa einer Telefonliste, bei der Telefonnummern als Schlüssel dienen und das Element eine Person ist, wobei eben gleiche Personen unter verschiedenen Telefonnummern erreichbar sind.

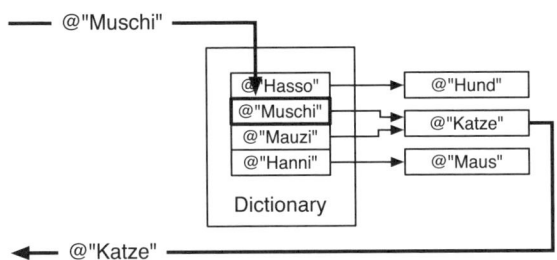

Dictionarys verbinden Schlüssel (Keys) mit Objekten.

Programmtechnisch ergibt sich eine große Nähe zu Entitäten, da ja auch diese Daten (Eigenschaften) über Schlüssel speichern. Damit lassen sie sich hervorragend dafür verwenden, eine noch nicht geschriebene Entität zu simulieren. Wenn man mal schnell eine Entität benötigt, bietet es sich daher an, entweder eine Klasse zu machen, die nur ein Dictionary als Instanzvariable hat, oder gleich ein Dictionary zu nehmen, das man entsprechend befüllt. Eine Dauerlösung sollte das indessen nicht sein.

Kapitel 4

Erstellt werden kann ein Dictionary über die üblichen Convenience-Allocator. Ein Unterschied ergibt sich für die Aufzählung, da ja nicht nur die Elemente, sondern auch die Schlüssel angegeben werden müssen:

```
NSString *aDog = @"Hund";
NSString *aCat = @"Katze";
NSString *aMice = @"Maus";
NSDictionary *pets = [NSDictionary dictionaryWithObjectsAndKeys:
                      aDog,  @"Hasso",
                      aCat,  @"Muschi",
                      aCat,  @"Mauzi",
                      aMice, @"Hannibal",
                      nil];
```

Auch hier haben Literale Einzug gehalten. Sie werden in Abgrenzung zu Array-Literalen in geschweifte Klammern gesetzt und erhalten eine mit Kommata getrennte Liste von Elementen, wobei jedes Element wiederum aus einem Schlüssel und einem Wert besteht, was wiederum mit einem Doppelpunkt getrennt wird. Im Beispiel wird das klar:

```
NSDictionary *pets = @{  @"Hasso"    : aDog,
                         @"Muschi"   : aCat,
                         @"Mauzi"    : aCat,
                         @"Hannibal" : aMice };
```

NSDictionary bietet nicht die Möglichkeit, durch Änderungen neue Instanzen zu erzeugen. Wenn daher eine Änderung erwünscht ist, muss von NSMutableDictionary eine Instanz erzeugt werden:

```
@property( readwrite, copy ) NSDictionary *settings;
…
// Dictionary abholen und veraenderbare Variante erzeugen
NSMutableDictionary *mutable = [self.settings mutableCopy];

// Veraendern
[mutable setObject:@"Amin" forKey:@"Vorname"];

// Setzen
self.settings = mutable;
```

Bitte beachten Sie hierbei, dass wegen des copy in der Eigenschaftsdefinition in der letzten Zeile wieder eine (unveränderbare) Kopie erzeugt wird.

Dictionarys kennen auch Object-Subscripting, wobei anstelle einer Zahl in den (immer noch) eckigen Klammern all das verwendet werden kann, was auch als Key für das Dictionary herhalten kann. Es muss sich also um ein Objekt handeln, welches zudem das Protokoll NSCopying implementiert.

4.3.4 Property Lists

Property-Lists (kurz: Plist, PList) sind eine häufig missverstandene Materie. Dies dürfte darin liegen, dass sie einem meist aus Anwendersicht als Datei über den Weg laufen. Diese Dateien stellen aber nur die persistente Form der Property-Lists dar und nicht die eigentlichen Property-Lists. Man bezeichnet diese Datei auch als »XML-Property-List«.

> **GRUNDLAGEN**
>
> »Persistieren« bedeutet wörtlich übersetzt »verharren«. Meist drückt man damit aus, dass eine Datenstruktur auf Festplatte gespeichert wird, die also die Beendigung des Programms und sogar das Ausschalten des Computers »überlebt«, eben verharrt. In dieser Beziehung sind persistente Daten also (in einer Datei) gespeicherte Daten. Die Dokumente unseres Converters aus Kapitel 2 persistierten demnach, wenn sie gespeichert wurden.

Tatsächlich definiert Apple ein Format für die Persistenz von Property-Lists. Dieses Format wird aber nicht als verlässlich bezeichnet, weshalb man die von Cocoa verwendeten Methoden zum Laden und Speichern von Property-Lists verwenden sollte. So gewährleistet man, dass auch bei künftigen Änderungen das Speichern und Laden funktioniert.

> **GRUNDLAGEN**
>
> Bei dem bevorzugten Format handelt es sich um eine XML-Datei. XML ist eine »Definitionssprache«, die es erlaubt, Formate festzulegen. Dabei ist die Definition (DTD, Document Type Definition, Dokumententyp-Definition) selbst zugänglich. Ich verwende etwa auf meiner Webseite Property-Lists zur Speicherung von Artikeln. Dies zeigt die weite Interoperabilität von Property-Lists.

Hier einige Stellen, an denen einem Property-Lists über den Weg laufen:

- Die info.plist beschreibt ein sogenanntes Bundle. Bundles sind Verzeichnisse, die dem Benutzer auf dem Desktop wie eine einzelne Datei erscheinen. Alle Applikationen etwa sind Bundles. Führen Sie mal einen [ctrl]-Klick auf ein Programm in Ihrem Programmverzeichnis aus und klicken Sie im Pop-up-Menü auf *Paketinhalt zeigen*. Es erscheint ein Ordner *content*, den Sie bitte öffnen. Darin findet sich eine *info.plist*. Sie beschreibt zum Beispiel, welches Icon für das Bundle angezeigt werden soll. Im Xcode-Kapitel werden wir uns das etwas genauer anschauen.

- Die Programmeinstellungen (*Programmmenü | Einstellungen*) werden in Property-Lists dargestellt. (Wird im Kapitel über Xcode besprochen.)

- iTunes exportiert die Musikdatenbank als Property-List, damit andere Programme darauf zugreifen können.

- …

Struktur

Nachdem nun klar sein sollte, dass Property-Lists nicht die Dateien auf der Festplatte sind, stellt sich natürlich die Frage, was sie dann sind. Das ist ganz einfach: Es handelt sich um eine Struktur von bestimmten Elementen. Dabei kennt die Definition von Property-Lists folgende Elementtypen und ihre Entsprechungen in Cocoa:

Elementtyp	Cocoa-Klasse	Beschreibung
String	NSString	Zeichenkette, Text
Integer	NSNumber mit Ganzzahl	Ganzzahl
Real	NSNumber mit Dezimalbruch	Dezimalbruch
Date	NSDate	Datum mit Uhrzeit und Zeitzone
Data	NSData	Unformatierte Daten
True	NSNumber mit YES	Boolscher Wert »wahr«
False	NSNumber mit NO	Boolscher Wert »falsch«
Array	NSArray	Collection mit Index
Dict	NSDictionary mit NSString-Instanzen als Key	Collection mit Schlüssel

Die Typen der Property-Lists.

Sie sehen aber schon, dass Property-Lists keineswegs für Cocoa gedacht sind. Sie sind ein allgemeines Format. Es existieren auch keine Wertedefinitionen. Welche Genauigkeit ein Real hat, welchen Wertebereich ein Integer, ist daher nicht für die Property-List an sich festgelegt. Sie müssen dies vielmehr der Definition für die konkreten Property-Lists entnehmen.

Da man mit Property-List eine Datenstruktur bezeichnet, nicht die entsprechende Datei, ist jede Instanz der Klasse `NSString` in Ihrem Programm eine Property-List. Ebenso jedes Array, jedes Dictionary usw. Collections dürfen dabei als Elemente nur Property-Lists enthalten, also Instanzen aus der obigen Tabelle. Bei Instanzen der Klasse `NSDictionary` ist zudem darauf zu achten, dass der Key nur ein `NSString`-Objekt sein darf. Beispiel:

```
NSString *lastname = @"Negm-Awad";
NSString *firstname = @"Amin";
NSDictionary *names = @{ @"Nachname" : lastname, @"Vorname" : firstname };
NSNumber *birth = [NSNumber numberWithInt:1969];
NSArray *person = [NSArray arrayWithObjects: names, birth, nil];
```

Wie gesagt: Jedes einzelne Objekt im obigen Listing ist eine Property-List. Auch die Collections sind Property-Lists, da sie nur Property-Lists enthalten.

Umwandlung von Entitäten in Property-Lists
Natürlich kann es sein, dass Sie eigene Objekte in eine Property-List legen wollen. Dazu müssen Sie diese in ein zulässiges Element konvertieren. Dabei kann man zwei Ansätzen folgen: Sie können Ihre Entitäten in Dictionary-Instanzen umwandeln:

```
// In Person.m:
- (NSDictionary*)dictionary {
   return [NSDictionary dictionaryWithObjectsAndKeys:
                        self.lastname,  @"lastnameKey",
                        self.firstname, @"firstnameKey",
                        nil];
}
…
// Irgendwo:
NSArray *persons = … // Ein Array von Personen
NSMutableArray *personsPlist = [NSMutableArray array];

// Alle Person-Instanzen umwandeln
for( Person *person in persons ) {
   [personsPlist addObject:[person dictionary]];
}
```

Eine andere Möglichkeit besteht darin, ein Data-Objekt zu erzeugen. Dies bespreche ich im Kapitel über Serialisierung.

Beide Möglichkeiten kranken aber an einem: Wenn nicht nur Attribute, sondern auch Beziehungen zu anderen Objekten gespeichert werden sollen, so müssen die bezogenen Objekte ebenfalls in der Property-List landen. Und dies ist spätestens dann problematisch, wenn es mehrere Beziehungen auf ein Objekt gibt, wie es etwa bei unserer Person in der Gruppe war, die auf zwei Wegen referenziert werden konnte: einmal als Gruppenleiter und einmal als Gruppenmitglied. Die Umwandlung sähe wie folgt aus, wobei ich mich auf ein paar Eigenschaften konzentriere:

```
Group *group = … // Von irgendwoher
NSDictionary *groupPlist;

// Alle Mitglieder umwandeln
NSMutableArray *members = [NSMutableArray array];
for( Person *person in group.members ) {
   // Dictionary fuer eine Person anfordern und speichern
   [members addObject:[person dictionary]];
}
```

Kapitel 4

```
// Leiter umwandeln
NSDictionary *leader = [group.leader dictionary];
groupPlist = [NSDictionary dictionaryWithObjectsAndKeys:
                           leader, @"leaderKey",
                           members, @"membersKey",
                           nil];
```

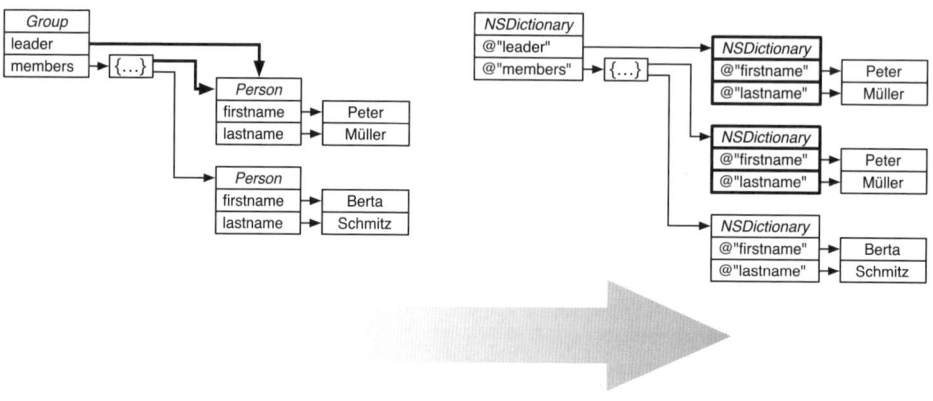

Bei der Umwandlung wird die Person verdoppelt.

In diesem Falle würde jetzt der Gruppenleiter zweimal in ein Dictionary umgewandelt: einmal als Gruppenmitglied in der Schleife und einmal über die Referenz als Leiter. Das entspricht aber nicht der Wahrheit und wirkt sich spätestens dann aus, wenn sich ein Attribut ändert. Glücklicherweise existieren für genau diese Fälle Umwandlungsklassen, die das Problem lösen. Wir werden sie bei dem Thema Serialisierung besprechen. Hier merken Sie sich bitte, dass die Umwandlung von einem Objektnetz (Graph) in eine Property-List nicht unproblematisch ist. Bei einfachen Attributsaufzählungen oder nur strikt hierarchischen Beziehungen droht dies allerdings nicht.

XML-Property-Lists

Um aus einer Datenstruktur eine XML-Property-List (also eine Datei) zu machen, gibt es zwei Vorgehensweisen: Bei einer Collection, also Instanzen von `NSArray` oder `NSDictionary`, gibt es Methoden, um derlei Dateien zu erzeugen: `-writeToFile:atomically:` und `-writeToURL:atomically:`. Umgekehrt existieren die Methoden `-dictionaryWithContentsOfFile:`, `-dictionaryWithContentsOfURL:`, `-arrayWithContentsOfFile:` und `-arrayWithContentsOfURL:`.

Wesentlich eleganter und flexibler gestaltet sich allerdings die Serialisierung mit der Klasse `NSPropertyListSerialization`:

```
NSString *errorDescription = nil;
NSData *data;
```

```
// Umwandeln in ein Data-Objekt: Serialisierung
data = [NSPropertyListSerialization dataFromPropertyList:groupPlist
                                   format:NSPropertyListXMLFormat_v1_0
                                   errorDescription:&errorDescription];
if( errorDescription ) {
  NSLog( @"%@", errorDescription );
} else {
  // Abspeichern: Archivierung
  //    relativer Pfad: Desktop des Nutzers
  NSString *path = @"~/Desktop/Tutorial.plist";

  // Umwandeln in absoluten Pfad:
  path = [path stringByExpandingTildeInPath];

  // Speichern
  [data writeToFile:path atomically:YES];
}
```

Der Parameter atomically: gibt dabei an, dass die Dateioperation zunächst in eine temporäre Datei vorgenommen und nach Erfolg diese Datei an den gewünschten Platz verschoben wird. Die Formatangabe in der Serialisierungsmethode bezeichnet das XML-Format.

Der umgekehrte Vorgang, also das Laden einer Property-List, erfolgt mit +propertyListFromData:mutabilityOption:format:errorDescription:, wobei zunächst die Daten in eine NSData-Instanz dearchiviert werden müssen, um sie dann zu deserialisieren.

Hier taucht übrigens wiederum der etwas merkwürdige doppelte Zeiger auf, weil die Error-Description über die Parameterleiste zurückgegeben wird. Wie gesagt: Merken Sie sich zunächst, wie das funktioniert.

Mit mutabilityOption kann angegeben werden, ob Instanzen der veränderlichen Subklassen erzeugt werden sollen.

4.4 Zusammenfassung

Sie haben jetzt die wichtigsten Grundlagen des Foundation-Frameworks kennengelernt. Bevor Sie es schätzen, muss sicherlich noch einiges an Erfahrung mitgenommen werden.

Die Objekterzeugung wird sicherlich bald in Ihr Blut übergehen. Dazu machen wir das einfach auf den folgenden Seiten zu häufig. Sie ist allerdings auch das wichtigste Thema dieses Abschnitts gewesen.

Von der Speicherveraltung habe ich das bisher gesagt. Mit automatischen Reference-Counting spielt sie in der täglichen Anwendung allerdings eine deutlich geringere Rolle. Sie sollten die Arten der Propertys nun auch aus dem Blickwinkel der Speicherverwaltung kennen und wissen, was ein Retain-Cycle ist und wie man ihn behebt. Auch hierfür gibt es noch Beispiele.

Die Standardklassen der Foundation wurden ebenfalls vorgestellt. Hier kommt es nicht darauf an, einzelne Klassen zu kennen, sondern die gebotene Vielfalt im Hinterkopf zu haben. Nur dann können Sie die richtige Klasse auswählen. Aber wir sind ja noch nicht auf der letzten Seite des Buches.

Nach diesen doch recht trockenen Kapiteln geht es jetzt wieder rein ins Vergnügen.

Die Viewschicht

Kapitel 5

Sie haben jetzt einen Einblick in alle wichtigen allgemeinen Elemente von Cocoa gewonnen. Hiermit beginnen wir eine Reise in speziellere Themengebiete, zunächst in die Viewschicht.

Kapitel 5

In diesem Kapitel geht es mir darum, dass Sie die verschiedenen Elemente der Viewschicht kennenlernen und ihre Beziehung zueinander verstehen. Sie sollen diese also sinnvoll anwenden können, insbesondere was die Einstellungen angeht. Außerdem möchte ich Ihnen einen Überblick über dieses Thema als Eintrittskarte in fortführende Dokumentation geben.

> **HILFE**
>
> Wir arbeiten am Projekt aus Kapitel 2 weiter. Laden Sie das Converter-11 von der Webseite herunter.

Damit wir nicht unser mühsam zusammengebautes Fenster zerstören, müssen Sie erst einmal ein weiteres Fenster in den Document.xib ziehen. Öffnen Sie daher diese Datei. Das finden Sie in der Object-Library unter dem Namen *Window* (notfalls suchen). In dem Identity-Inspector geben Sie bitte als Namen *Experimentierfenster* ein, damit es nicht zu Verwechselungen kommt. Auch hier verweise ich für Fälle der Verzweiflung auf die How-Tos auf der Webseite zum Buch – oder Sie lesen noch einmal den entsprechenden Abschnitt in Kapitel 2.

Achten Sie bitte noch im Attributes-Pane des Inspectors darauf, dass der Haken bei *Visible at Launch* gesetzt ist. Dies sorgt dafür, dass beim Laden des Nibs das Fenster auch angezeigt wird.

5.1 Grundlagen

Schauen wir uns zunächst das Gesamtsystem an. Die wesentlichen Elemente, die in der Viewschicht eine Rolle spielen, sind Fenster von der Klasse `NSWindow` und Views von der Klasse `NSView`.

5.1.1 Responder als Basisklasse

Die beiden Klassen `NSWindow` und `NSView` stammen nicht unmittelbar von `NSObject` ab, sondern erben von der Klasse `NSResponder`. `NSResponder` ist dafür verantwortlich, Nachrichten des Benutzers (letztlich also des Systems) auszuführen. Sie hatten ja bereits gesehen, dass etwa Buttons eine Nachricht klick erhalten. Nein, in Wirklichkeit existiert eine Methode mit diesem Namen nicht, sondern Methoden wie `-mouseDown:`, `-mouseUp:` usw. Diese Methodenaufrufe werden durch den Responder verarbeitet. Man nennt diese Systemnachrichten »Events«, den Gang habe ich kurz skizziert:

Die Viewschicht

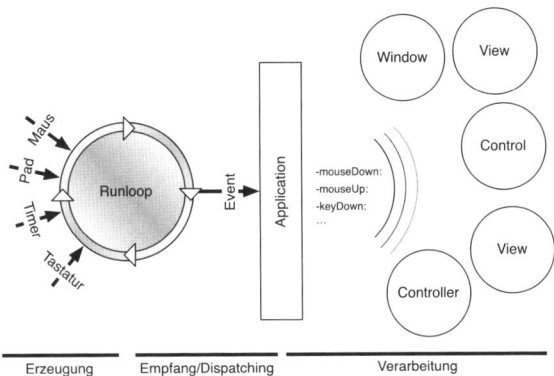

Die grobe Struktur des Event-Versandes. Am Ende steht ein Responder.

GRUNDLAGEN

Die Verteilung von derlei Nachrichten des Systems in der Applikation ist nicht einfach zu verstehen und erfordert bereits gute Kenntnisse von Cocoa, weil verschiedene Klassen beteiligt sind und zudem die Verteilung je nach Art des Events auf unterschiedliche Weise erfolgt. Glücklicherweise verhält es sich jedoch umgekehrt so, dass man sich allermeist nicht darum kümmern muss, weil bereits alles funktioniert, wie man es benötigt. Ich habe daher die Einzelheiten in den zweiten Band gestopft. Ein bisschen werden wir aber auch schon hier damit experimentieren.

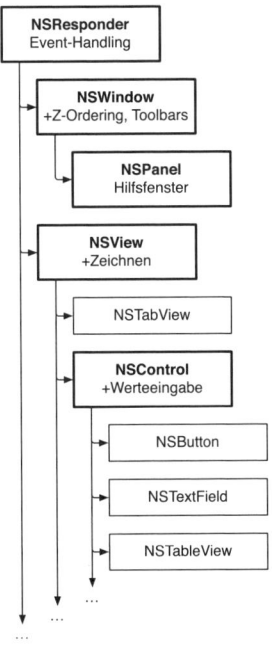

Es gibt übrigens weitere Responder. Denn auch Objekte, die nicht auf dem Bildschirm sichtbar sind, also keine Windows oder Views sind, können Nachrichten vom System empfangen. So kann es sinnvoll sein, eine Operation wie Undo nicht von einem View ausführen zu lassen, sondern auf einer höheren Ebene: Wenn Sie sich gerade bei der Eingabe in einem Textfeld befinden, erwarten Sie etwa bei einem Klick auf *Undo*, dass Ihre letzte Operation in diesem Feld zurückgenommen wird. Dies bezieht sich also nur auf das Textfeld als View. Haben Sie gerade in eine Tabelle einen neuen Eintrag eingefügt, würden Sie eher erwarten, dass dieser wieder entfernt wird. Dies betrifft die Controllerschicht. Und wenn im Menü einer Applikation *Quit* (*Beenden*) ausgewählt wird, bezieht sich das offenkundig auf die Applikation als Ganzes. Sie sehen also, dass die gleiche Nachricht von Instanzen unterschiedlicher Klassen gefangen werden kann. Diese Klassen sind fast immer Subklassen von NSResponder, wie auch unsere Klassen, aber eben nicht nur.

Ein Überblick der Viewklassen als Subklassen von NSResponder

Fenster

Ausgangspunkt für jede Bildschirmausgabe sind die Fenster. Fenster reservieren einen Bereich des Bildschirms für die Ein- und Ausgabe. Außerdem sind Fenster hintereinander angeordnet, so dass bestimmt werden kann, wie sie sich gegenseitig (teilweise) verdecken und welche ihrer Flächen sichtbar sind. Man nennt dies das Z-Ordering. Außerdem können sie Toolbars (Symbolleisten) verwalten und sind dafür verantwortlich, Events unter ihren Views zu verteilen.

Es existiert noch eine wichtige Subklasse von NSWindow, nämlich NSPanel, welches wiederum Subklassen hat. Ein Panel ist ein Hilfsfenster wie ein Inspector, das sich üblicherweise durch eine schmalere Titelleiste auszeichnet und zudem verschwindet, wenn die Anwendung in den Hintergrund gerät.

Keine Fenster stellen indessen sogenannte Drawer (NSDrawer) dar, die ebenfalls von NSResponder abgeleitet sind. Bei diesen handelt es sich um die etwas aus der Mode gekommenen Schubladen, die manche Fenster haben. Sie sind jedoch stets mit einem Fenster verbunden.

Views

Instanzen der Klasse NSView nehmen die tatsächliche Kommunikation (Ein-/Ausgabe) mit dem Nutzer vor. NSView addiert daher zur Klasse NSResponder vor allem Methoden, die mit dem Zeichnen und dem Empfang von Nutzerereignissen zusammenhängen. Außerdem verwaltet ein View sogenannte Subviews, ordnet also Views hierarchisch an. Views besitzen ebenfalls einen bestimmten Bildschirmbereich, der sich immer innerhalb eines Fensters befindet. Keine Sorge, wir gehen das gleich im Einzelnen durch.

> **POWER**
>
> Hier sieht man übrigens einen deutlichen Unterschied zum Framework Cocoa Touch auf dem iPhone: Dort gibt es keine überlappenden Fenster wie aus einem Desktop-Computer, weshalb das Fenster eine Subklasse von NSView ist. Wie Sie gleich sehen werden, verhält sich dies unter Cocoa völlig anders.

Die Aufgabenteilung zwischen Fenstern und Views

Zwei Bereiche des Fensters müssen auseinandergehalten werden: Der Bereich, der etwa die Titelleiste oder eine Toolbar enthält, gehört dem System. Der untere Bereich des Fensters gehört dagegen der Anwendung, also Ihnen als deren Programmierer.

Fenster, und das ist wichtig zu verstehen, zeichnen jedoch nicht selbst. Sie bedienen sich der Views, um Ausgaben zu erledigen. Dabei existiert für jedes Fenster zunächst ein geheimes Hintergrundview, welches sozusagen das Fenster abdeckt. Dies ist deshalb geheim, weil es keine offizielle Methode gibt, dieses View zu ermitteln.

Die Viewschicht

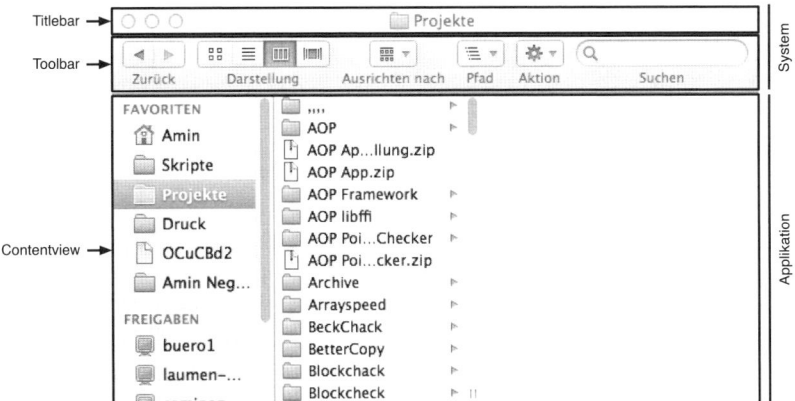

Teile und herrsche: die beiden Bereiche und ihre Funktion am Beispiel des Finders

Die Unterteilung der Bereiche wird durch sogenannte Subviews bewerkstelligt. Jedes View kann nämlich wiederum Unterviews haben. So befinden sich in dem Hintergrundview wiederum Views für Elemente des Systems (Titelleiste, Toolbar, Fensterknöpfe usw.) und – dieses View ist für uns wichtig – wiederum ein sogenanntes Contentview, das den Applikationsbereich markiert. Es ist für jedes Fenster mittels der Methode -contentView abrufbar. Dieses Contentview stellt sozusagen das oberste View in der Hierarchie dar, so weit es unsere Sicht der Dinge als Anwendungsprogrammierer angeht.

Die Views, die Sie als Elemente in das Fenster ziehen, sind dann wiederum Subviews des Contentviews. Ein Beispielfenster, bei dem ich allerdings nicht alle Beziehungen eingezeichnet habe:

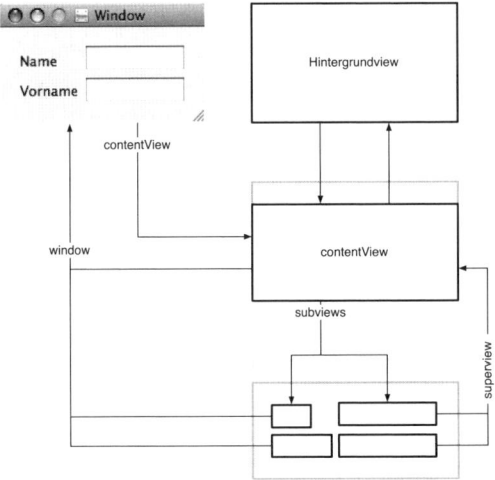

Unsere Elemente sind wiederum Subviews des Contentviews.

377

Hierbei ist zu beachten, dass ein View seine Subviews im Sinne der Speicherverwaltung hält (strong), der Superview-Zeiger dagegen zur Vermeidung eines Retain-Cycles einen schwachen Verweis darstellt.

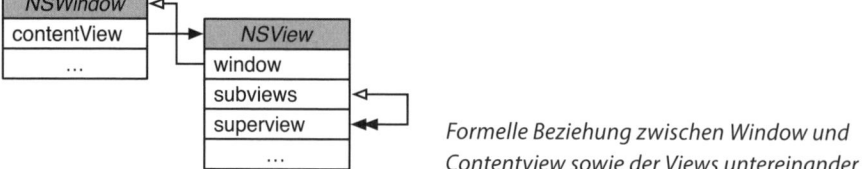

Formelle Beziehung zwischen Window und Contentview sowie der Views untereinander

Diese Struktur ab dem Contentview ist wie erwähnt für den Anwendungsprogrammierer dokumentiert und offen. Die wichtigsten Methoden zur Verwaltung dieser Struktur:

- -subviews liefert uns ein Array der Subviews eines Views. In obiger Zeichnung würden wir also die vier Textfelder erhalten, wenn wir diese Nachricht an das Contentview versenden.
- -superview gibt das jeweilige Superview zurück. Wenn wir also oben in dem Beispiel diese Methode auf ein Textfeld anwenden, so erhalten wir das Contentview.
- -window liefert für jedes View (nicht nur das Contentview) das Fenster.
- -addSubview fügt das als Parameter übergebene View dem Empfänger der Nachricht hinzu.
- -removeFromSuperview entfernt den Empfänger aus der Kette der Subviews.

AUFGEPASST

Wenn Sie manuelle Speicherverwaltung verwenden, existiert hier ein beliebter Fehler: Ein Subview wird regelmäßig nur von dessen Superview gehalten. Sobald Sie ihn also entfernen, wird er in der Regel gelöscht und ist nicht mehr ansprechbar. Um das zu ändern, müssen Sie bei MRC selbst eine Retain-Nachricht vor dem Entfernen aus der Viewhierarchie senden und eine Release-Nachrichten, wenn Sie das View nicht mehr benötigen. Bei automatischem Reference-Counting haben Sie in der Regel bereits einen Zeiger auf das Subview, das ja standardmäßig strong ist. Dieser hält dann das View, so dass man sich keine weiteren Gedanken machen muss.

Wir können uns im Interface Builder die Hierarchie der Views teilweise anschauen:

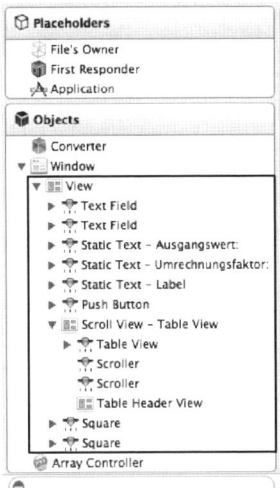

Die Hierarchie der Views im Interface Builder

Öffnen Sie hierzu das Hauptfenster *Document.xib*. Öffnen Sie dann die Disclosures wie in der Abbildung angezeigt. Sie können jetzt die Elemente sehen, die in dem Contentview liegen. Achten Sie darauf, dass das Tableview als *Scroll View – Table View* angezeigt wird. Welche Bewandtnis es damit hat, sehen Sie, wenn wir gleich die entsprechenden Klassen besprechen. Manchmal ist die Welt nämlich komplizierter, als sie uns der Interface Builder zeigt. Das können Sie bereits daran erkennen, dass das Hintergrundview gar nicht erst in der Aufstellung auftaucht. (Er ist ja auch geheim.)

Programmieren wir mal etwas herum. Erweitern wir unsere Controller-Klasse Converter um eine weitere Action. Zunächst Converter.h:

```
@interface Converter : NSObject
@property (weak) IBOutlet NSTextField *inputTextField;
@property (weak) IBOutlet NSTextField *factorTextField;
@property (weak) IBOutlet NSTextField *outputTextField;

- (IBAction)calculate:(id)sender;
- (IBAction)playWithViews:(id)sender;
@end
```

Diese Action-Methode muss dann freilich noch in der Implementierungsdatei Converter.m nach –calculate: eingefügt werden. Beginnen wir mit etwas Leichtem:

```
- (IBAction)playWithViews:(id)sender
{
    NSLog( @"Titel: %@", [sender title] );
}
@end
```

Fügen Sie nun eben im Interface Builder in das Document-Fenster – also dem bereits vor diesem Kapitel existierenden Fenster – einen weiteren Button ein, den Sie mit *Spielkind* beschriften. Durch [ctrl]-Ziehen verbinden Sie diesen mit der neuen Action-Methode unseres Converters. Kompilieren und starten. Nach einem Klick auf den neuen Button erscheint im Log-Fenster folgende Ausgabe:

>… Titel: Spielkind

Nun, die Sache ist einfach: Eine Action-Methode bekommt als Parameter mitgeliefert, wer die Action ausgelöst hat. Das ist in unserem Falle der Button. Auf diesen Button können wir die Methode -title anwenden, um die Beschriftung zu erhalten. That's it!

Wenn aber sender der Button ist, so können wir auch das Superview abfragen. Dieses müsste dann das Contentview sein. Probieren geht über Studieren:

```
- (IBAction)playWithViews:(id)sender
{
    NSRect frame;
    NSLog( @"Titel: %@", [sender title] );

    frame = [sender frame];
    NSLog( @"%@", NSStringFromRect( frame ) );

    NSView* contentView = [sender superview];
    frame = [contentView frame];
    NSLog( @"%@", NSStringFromRect( frame ) );
}
@end
```

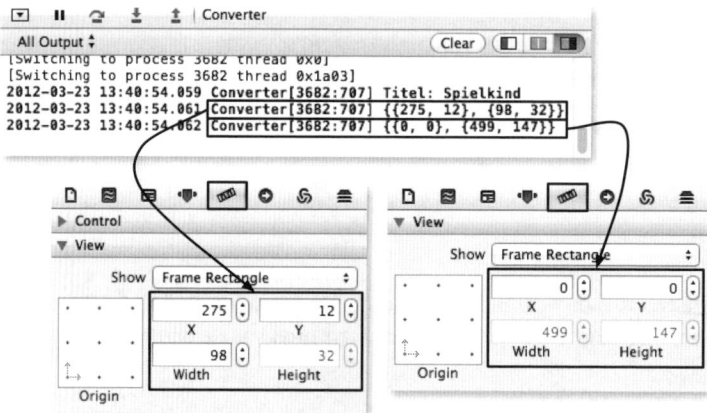

Die Werte im Log und im Interface Builder stimmen überein.

Nach dem Start und einem Klick auf den Button erhalten Sie im Log verschiedene Werte. Dies sind die Position und die Größe des Buttons und des ihn umgebenden Views. Diese Koordinaten beziehen sich auf das jeweilige Superview: Also, die Koordinaten des Buttons beziehen sich auf das Contentview, die Koordinaten des Contentviews beziehen sich auf das Hintergrundview. Sie können sich auch dies im Size-Inspector des Interface Builders anzeigen lassen und die Werte aus Ihrem Log vergleichen. Bei Ihnen weichen diese Werte selbstverständlich von den hier abgebildeten ab, sollten aber in sich übereinstimmen.

HILFE

Sie können das Projekt in diesem Zustand als Converter-12 von der Webseite herunterladen.

Sie können übrigens in der großen, linken Fläche die Ausrichtung des Koordinatensystems ändern. Dies gilt aber nur für die Anzeige der Werte im Interface Builder. Probieren Sie es aus und starten Sie das Programm erneut. Im Log haben sich die Koordinatenwerte nicht verändert.

POWER

Jedes View hat neben diesen Koordinaten, die seine Lage und Größe im Superview angeben, ein weiteres Rechteck (Bounds, Boundaries), welches das Koordinatensystem im Inneren beschreibt. Wir benötigen dies in diesem Band nicht, besprechen es aber im zweiten Band, wenn Sie eigene Views programmieren werden.

Damit Sie mir wirklich glauben, dass die Views im Interface Builder Subviews des Contentviews sind, verändern wir die Methode:

```
- (IBAction)playWithViews:(id)sender
{
    NSRect frame;

    NSView* contentView = [sender superview];
    for(NSView* subview in [contentView subviews]) {
        frame = [subview frame];
        NSLog(@"%@:", NSStringFromClass([subview class]));
        NSLog(@"%@", NSStringFromRect(frame ));
    }
}
@end
```

Hier wird also zunächst das Contentview geholt und dann mit einer For-in-Schleife durch alle Subviews dieser Ebene iteriert. Für jedes Subview werden der Name der Klasse und die Koordinatenangaben gedruckt. Vergleichen Sie die Ausgabe im Log bitte wieder mit den Werten im Interface Builder.

Kapitel 5

> **HILFE**
>
> Sie können das Projekt in diesem Zustand als Converter-13 von der Webseite herunterladen.

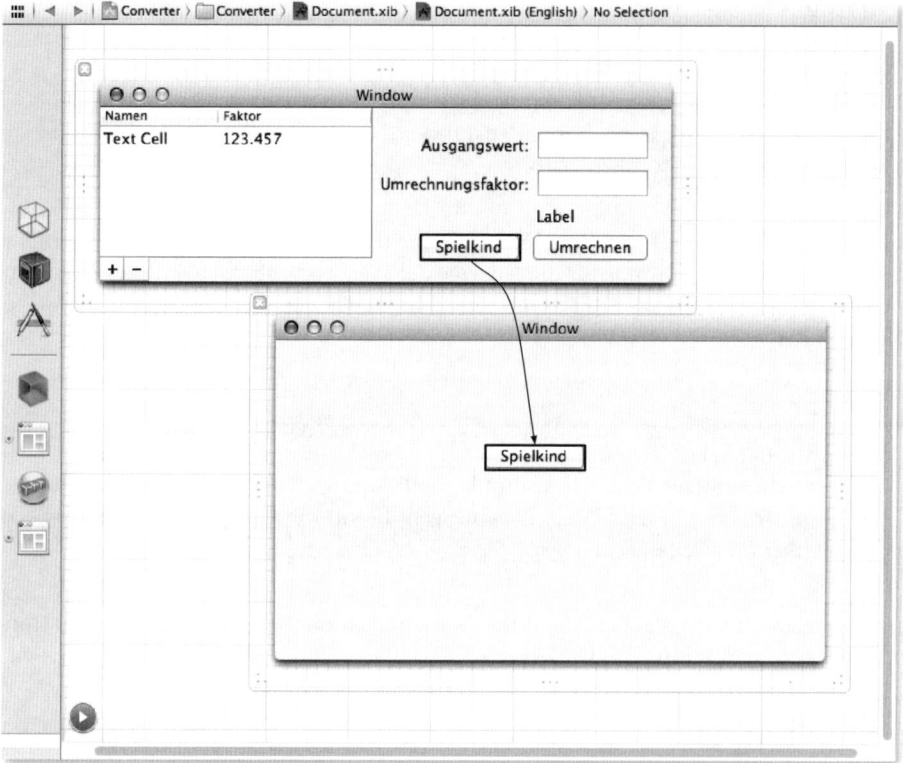

Werden zwei Fenster in der Objektleiste nacheinander angeklickt, erscheinen sie beide.

Zuletzt ziehen Sie bitte den Spielkind-Button in das neue Experimentier-Fenster. Dazu klicken Sie einfach in der Objektliste auf das Experimentierfenster, um es zusätzlich einzublenden. Ist Ihnen das zu unübersichtlich, bleibt die Möglichkeit, mit Copy-and-paste zu arbeiten. Sie können überprüfen, dass die Verbindung zur Action-Methode hierbei erhalten bleibt. Die Action-Methode -playWithView: leeren Sie bitte, ohne sie zu löschen.

5.1.2 Views und Cells

»Die Geschichte der weiblichen Menstruation ist eine Geschichte voller Missverständnisse«, lautete mal ein Werbeslogan. Ich kann das nicht wirklich beurteilen, weiß aber, dass die Geschichte von Views und Cells ganz sicherlich voller Missverständnisse steckt.

Die Viewschicht

Wie Sie bereits gesehen haben, sind Views Bereiche, die eine Lage haben und in die gezeichnet werden kann. Außerdem können sie aufgrund von Events tätig werden.

Dann stellt sich freilich die Frage, warum es überhaupt Cells gibt: In unserem Dokumentfenster wird in den Textfeldern Text dargestellt. Deshalb muss irgendwo in der Klasse NSTextField Code existieren, der Text zeichnet, Mausklicks entgegennimmt usw. Gut, das war jetzt noch keine intellektuelle Herausforderung. Aber jetzt schauen wir etwa auf ein Tableview: Auch dieser kann Text darstellen. Also muss jetzt auch ein Tableview Code haben, der Text darstellt, zum Editieren Tastendrücke annimmt usw. Das geht noch weiter: Ein Imageview stellt ein Bild dar. Auch in einem Tableview kann aber ein Bild enthalten sein. Xcode zeigt in dem Projektnavigator auch Bildchen an.

Damit man jetzt nicht den bereits in Textfields enthaltenen Code für Tableviews erneut programmieren muss, liegt es nahe, das Zeichnen (und die Entgegennahme von Events) vom View selbst zu isolieren und in eine eigene Klasse Cells zu packen. Die einzelnen Views bedienen sich dann der Cells. Viele Views wie ein Button oder ein Textfeld haben dann ihre Cell, während andere Views wie ein Tableview verschiedene Cells kombinieren. Dies spart Code und macht die Sache übersichtlicher.

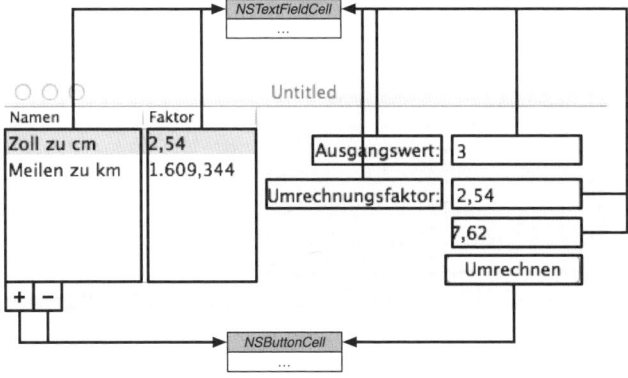

In verschiedenen Views, aber doch immer dasselbe: Cells modularisieren.

Meist werden Cells von Controls benutzt. Das System der Cells lässt sich jedoch auch allgemein bei Views anwenden. Dabei gilt regelmäßig, dass ein Control genau eine Cell hat. Zwingend ist das nicht.

Kommen wir damit zum zweiten wichtigen Punkt und damit zum eigentlichen Missverständnis: In einem Tableview verfällt man leicht auf den Gedanken, dass die einzelnen Felder in einer Spalte jeweils eine Cell darstellen, also etwa eine Textfieldcell für das Feld *Zoll zu cm*. Dies ist grundfalsch.

Cells haben nämlich keinen Zeichenbereich, für den sie zuständig sind. Dann wären es ja Views. Anders: Ein solches Tableview wie in der Abbildung hat in der Regel eine einzige

383

Textfieldcell für sämtliche Zeilen in einer Spalte. Wenn es die Mitteilung bekommt, sich neu zu zeichnen, dann wird damit die entsprechende Textfieldcell beauftragt und ihr mitgeteilt, wo sie zeichnen soll. Der Zeichenbereich ist also nicht eine Eigenschaft der Cell, sondern ein Parameter für die konkrete Malerei. Die richtige Parallelvorstellung von Cells in der Wirklichkeit ist also ein Stempel oder eine Zeichenschablone, die an die richtige Stelle geschoben werden. Der Code in NSTableView sieht dann symbolisch so aus:

```
// zeichne eine Textspalte
NSTextFieldCell *cell = self.textFieldCell;
NSRect frame = …
for(rowIndex = startIndex; rowIndex <= endIndex; rowIndex++) {
   // Wert setzen
   cell.stringValue = …

   // Rahmen berechnen
   frame.origin.y = rowIndex * self.rowHeight;

   // Zeichnen
   [cell drawWithFrame:frame inView:self]
}
```

Sie sehen also, dass lediglich vor der Schleife einmal eine Cell geholt wird. Es wird dann keine Eigenschaft frame der Zelle gesetzt, sondern vielmehr das Rechteck als Parameter übergeben.

Ebenso sind Cells nicht Bestandteil der Viewhierarchie. Sie haben ihr View nicht einmal als Eigenschaft. Auch dies ist nur ein Parameter bei einer konkreten Aktion. Dasselbe gilt übrigens für die Verarbeitung von Events: Zwar sind Cells keine Responder, so dass sie selbst keine Events empfangen können. Das ist auch für Mausklicks einsichtig: Cells haben keinen festen Bereich auf dem Bildschirm, können also gar nicht wissen, ob gerade sie angeklickt wurden. Vielmehr ist es auch hier so, dass sich das View der Cell nur zur eigentlichen Verarbeitung bedient, nachdem das View die Nutzeraktion empfangen hat.

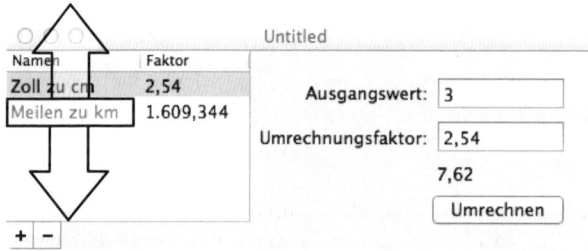

Wenn in der fünften Zeile ein Text gemalt werden muss, wird eine Textfieldcell an eben diese Stelle verschoben.

Viele Eigenschaften eines Views sind übrigens gar nicht dessen Eigenschaften, sondern die seiner Cell. Wir hatten etwa gesehen, dass man die Textfarbe einer NSTextField-Instanz setzen kann. In Wirklichkeit wird aber der Methodenaufruf nur an die mit der NSTextField-Instanz verbundenen Instanz der Klasse NSTextFieldCell weitergeleitet.

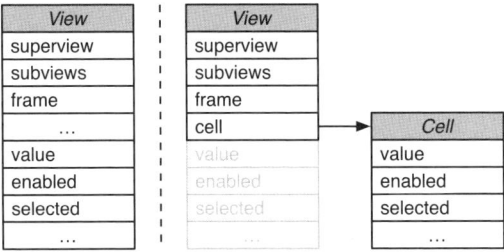

Nach außen verborgen: Cells implementieren einen Teil des Views.

> **POWER**
>
> Ich erzähle das alles hier, weil Sie bei manchen Views, wie dem Tableview, die Cells einstellen können. Natürlich wollte ich Ihnen auch einen Einblick in die Struktur geben. In Band 2 werden wir eigene Cells programmieren und benutzen. Code, der sich außerhalb eines Views befindet, kommuniziert in aller Regel nur mit dem View.

Eine bedeutende Subklasse von NSView ist NSControl. Controls – die nichts mit Controllern zu tun haben – sind diejenigen Views, welche vor allem Benutzereingaben, insbesondere Texteingaben, zu einem Wert verarbeiten. Ob allerdings eine Viewklasse unmittelbar von NSView oder über den Zwischenschritt NSControl abgeleitet wurde, hängt bei Apple offenkundig vor allem von Praktikabilitätserwägungen ab. Eine scharfe Trennlinie lässt sich nicht erkennen.

Manchmal kommt offenbar auch Apple etwas durcheinander: Die Klasse NSTabView (besprechen wir später) wird etwa in dem Dokument über Controls angesprochen. Sie ist aber unmittelbar von NSView abgeleitet. Auch die Fortschrittsanzeige (NSProgressIndicator) ist so ein Fall.

Sie können sich übrigens die Klassenhierarchie anzeigen lassen, indem Sie in Xcode zum Symbol-Navigator wechseln und dort unten die Option *Show only project-defined symbols* ausschalten. Öffnen Sie den obersten Eintrag *NSObject* und scrollen Sie in der Auswahlliste links bitte bis zu *NSResponder*. Ebenfalls öffnen. Sie sehen jetzt die Subklassen von NSResponder, also all jene Klassen, die Ereignisse vom Benutzer empfangen können. Öffnen Sie nun den Eintrag *NSView*, um zu den Klassen dieses Kapitels zu gelangen. Hierin können Sie dann noch *NSControl* erweitern.

Kapitel 5

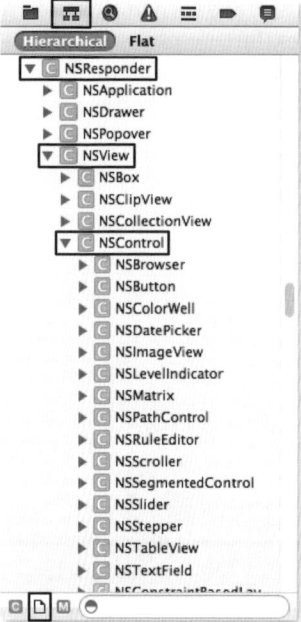

Die Klassenhierarchie der Responder im Class-Browser von Xcode

GRUNDLAGEN

Viele Eigenschaften von Objective-C führen dazu, dass man derlei verschachtelte Klassenhierarchien häufig nicht braucht. In aller Regel sind auch die Hierarchien in Cocoa sehr flach. NSResponder bildet da die Ausnahme. Im Kapitel über das Vorgehen bei der Programmierung einer eigenen Applikation gehe ich auf die verschiedenen Möglichkeiten ein, eine vorgefertigte Klasse zu erweitern. Selten muss man dazu ableiten.

5.1.3 Nib-Files

Nib-Files (Nibs) sind Ansammlungen von Objekten, die beim Laden des Nibs automatisch im Speicher angelegt werden. Sie müssen nicht nur aus der Viewebene stammen, sondern enthalten zuweilen auch Instanzen, deren Klasse der Controllerebene entspringen.

Es existieren mehrere Möglichkeiten, Nibs zu laden. Wir werden uns hier nur mit dem sogenannten Automatic-Support beschäftigen, also dem automatischen Laden. Darüber hinaus existieren noch andere Vorgehensweisen, die allerdings wesentlich unbedeutender sind und die zudem ein gewisses – sagen wir – veraltetes Verständnis von der manuellen Speicherverwaltung mit sich bringen.

> **GRUNDLAGEN**
>
> Wie Sie bemerkt haben, spreche ich immer von Nib-Files, während Sie in der Projektleiste Dateien mit der Endung xib finden. Es handelt sich gleichermaßen um die Source der Nib-Files. Sie werden also zu einem Nib-File kompiliert. Deshalb hat sich auch die Bezeichnung Nib-Files gehalten. In Kapitel 8 gehe ich hierauf näher ein.

Arten von Nibs

Wie Sie bereits gesehen hatten, muss ein Nib-File irgendeine Verbindung zu unserem Programm haben, um etwa Daten darzustellen. Dies wird mit dem File's Owner bewerkstelligt, der stets ein Verweis auf ein Objekt aus unserem Programm ist. Dabei kann man in aller Regel drei Arten von Nibs anhand ihres File's-Owners unterscheiden:

- MainMenu.xib enthält Elemente, die für die gesamte Anwendung gelten. Dies ist zunächst das Applikationsmenü. Es kann sich auch darin ein Fenster befinden, wenn die Anwendung nicht mit Dokumenten arbeitet. Der File's-Owner ist unsere Applikation selbst, dargestellt durch eine Instanz von `NSApplication`.
- Document.xib enthält die Elemente, die pro geöffnetem Dokument existieren, insbesondere als das Dokumentenfenster. Hier befinden sich aber auch häufig Helferobjekte und Controller, die nur lokal auf Objekte im Nib arbeiten. File's-Owner ist in diesem Falle die eigene Dokumentenklasse (defaultmäßig `Document`) als Ableitung von `NSDocument` oder `NSPersistentDocument` bei der Benutzung von Core Data.
- Es können weitere Nibs existieren, die einzelne Elemente enthalten, die dynamisch nachgeladen werden sollen, etwa weitere Fenster oder einzelne Views. In Kapitel 6 über die Controllerebene werden wir etwa verschiedene Ansichten aus Nib-Files nachladen.

Sowohl dem Document.xib als auch weiteren Nibs kann man zudem einen speziellen Nib-Controller spendieren. Damit ist es möglich – und auch ratsam –, einzelne nachladbare Elemente der Benutzerschnittstelle, etwa Inspector-Windows oder eingeblendete Views, erst später in den Hauptspeicher zu holen. Damit bleiben auch bei größeren Anwendungen die Nibs übersichtlich. Der File's-Owner ist hier meist eine Instanz der Klasse `NSWindowController` oder `NSViewController` oder einer Subklasse hiervon.

Alle genannten Klassen bieten Controllerfunktionalität. Sie werden daher im Kapitel über Controller näher besprochen. Diese Controller kümmern sich übrigens automatisch darum, dass die geladenen Objekte im Nib-File wieder aus dem Speicher entfernt werden, auch wenn Sie mit MRC arbeiten.

Initialisierung

Etwas interessiert hier allerdings schon, nämlich die Initialisierung von Instanzen im Nib. Dabei sind drei wesentliche Stufen zu beachten:

1. Zunächst werden die Instanzen erzeugt und einer der Initialisierer aufgerufen. Welcher dies ist, hängt von der Art des Objektes ab. In diesem ersten Band interessieren uns nur Controllerobjekte wie unser Converter. Er erhält eine einfache init-Nachricht. Der File's-Owner wird nicht erzeugt, sondern besteht bereits beim Laden des Nibs.
2. Nachdem sämtliche im Nib-File befindlichen Objekte entsprechend initialisiert sind, werden die Outlets für alle Objekte gesetzt.
3. In der dritten Stufe erhalten alle Objekte im Nib und der File's-Owner eine Nachricht namens awakeFromNib, wenn sie eine entsprechende Methode implementieren. Auf jeder Stufe ist die Reihenfolge der einzelnen Instanzen untereinander (also in der Graphik in horizontaler Richtung) ungewiss.

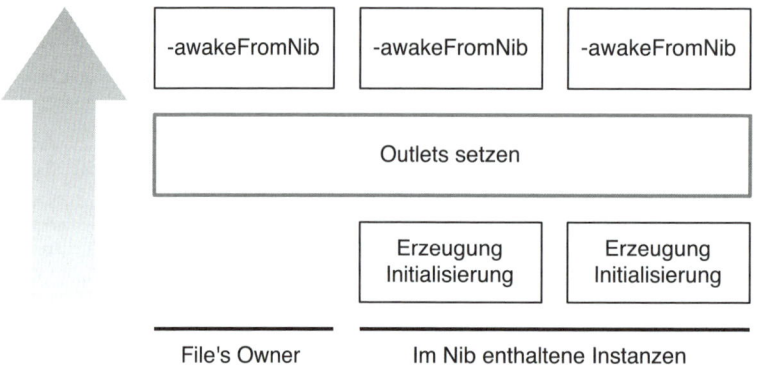

Zuerst werden die Objekte im Nib initialisiert, dann verbunden und schließlich wachgerüttelt.

Dies hat bestimmte Folgen für die Initialisierung von Instanzen eigener Klassen in einem Nib:

- In der -init...-Methode unserer eigenen Klasse kann sich eine Instanz selbst initialisieren, aber noch nicht ihre Outlets benutzen. Der Verstoß gegen diese Regel ist ein gern gemachter Anfängerfehler. Der fortgeschrittene Anfänger macht so belehrt gerne den umgekehrten Fehler und verschiebt zu viel auf das -awakeFromNib. Dies ist ebenfalls nicht richtig, da im -awakeFromNib die Initialisierung jeder einzelnen Instanz bereits vollständig erfolgt sein muss. Dies geschieht ja auf Stufe 1. Daher: Initialisieren Sie die Instanz selbst im -init soweit möglich vollständig, aber ohne Benutzung von Outlets.

- Im -awakeFromNib erledigen Sie dann all diejenigen Arbeiten, die zwischen den Objekten notwendig sind, die also Kenntnis der Outlets verlangen. Verlassen Sie sich darauf, dass jedes verbundene Objekt bereits eine Initialisierung erhalten hat, jedoch nicht darauf, dass das verwiesene Objekt bereits selbst das -awakeFromNib durchgeführt hat.

5.2 Menüs

Menüs – modelliert mit der Klasse NSMenu – tauchen an verschiedenen Stellen von Cocoa auf. So zeigt etwa ein Pop-up-Button ein Menü an. Wenn wir jedoch von Menüs sprechen, meinen wir meist das Applikationsmenü.

Und wie der Name schon sagt, ist es unter OS X so, dass eine Applikation ein Hauptmenü hat. Das liegt daher im Nib-File MainMenu.xib. Wenn Sie diesen einmal öffnen, sehen Sie mit einem Doppelklick auf *MainMenu* das Menü so, wie Sie es aus der späteren Applikation kennen. Na ja, nicht ganz, denn zur Laufzeit werden noch Einträge hinzugefügt.

Elemente

Sie können auch selbst aus der Object-Library des Interface Buildes Elemente einfügen. Geben Sie dazu in das Suchfeld *Menu* ein. Die wichtigsten Teilnehmer:

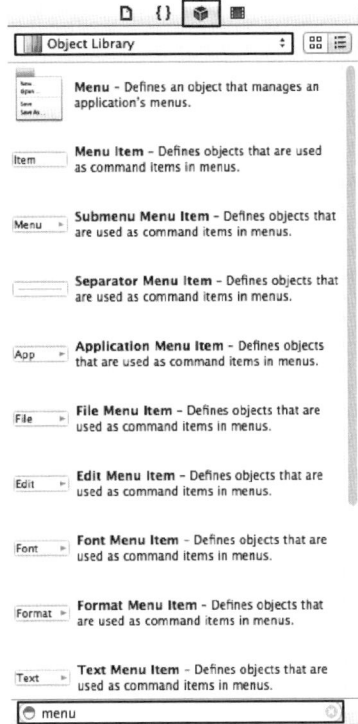

Die wichtigsten Elemente von Menüs sind im Interface Builder vorrätig.

- Menüeinträge (*Menu Item*) sind einzelne, in einem Menü vorkommende Einträge. Sie sind wie ein Button mit einer Action verbunden, wobei Target der Action häufig der First-Responder ist, die Aktionen also durch die Responder-Chain laufen, bis sie eine entsprechende Methode gefunden haben. Darauf kommen wir bei den Controllern zurück.

- Unterteilungslinien (*Seperator Menu Item*) ist ebenfalls ein Menüeintrag, der aber lediglich aus einer waagerechten Linie besteht.
- Untermenüs (*Submenu Menu Item*) sind Menüeinträge, die zusätzlich wiederum ein Menü haben. Diese Struktur schauen wir uns im nächsten Abschnitt genauer an.
- Menüs (*Menu*) sind Sammlungen von vorstehenden Menüeinträgen.
- Standardmenüs sind ebenfalls im Interface Builder vorrätig. Sie heißen *Application Menu Item*, *File Menu Item*, *Edit Menu Item* usw.
- Die Menu-Bar ist die am oberen Rand des Bildschirms auftauchende Menüzeile. Sie ist einzigartig pro Applikation und befindet sich bereits in MainMenu.xib.

Struktur

Daraus ergibt sich auch schon ein bisschen die Struktur von Menüs. Erst einmal sei erwähnt, dass Menüs nicht nur in der Menüzeile auftauchen, sondern natürlich auch in Pop-up-Buttons. Sie können auch dem Xib isoliert hinzugefügt werden. Die Menüzeile ist eher etwas Besonderes. Dennoch die Grundstruktur: Ein Menü hat Einträge. Diesen Einträgen kann wiederum ein Submenü zugewiesen sein, welches dann wieder Einträge hat usw. usf.

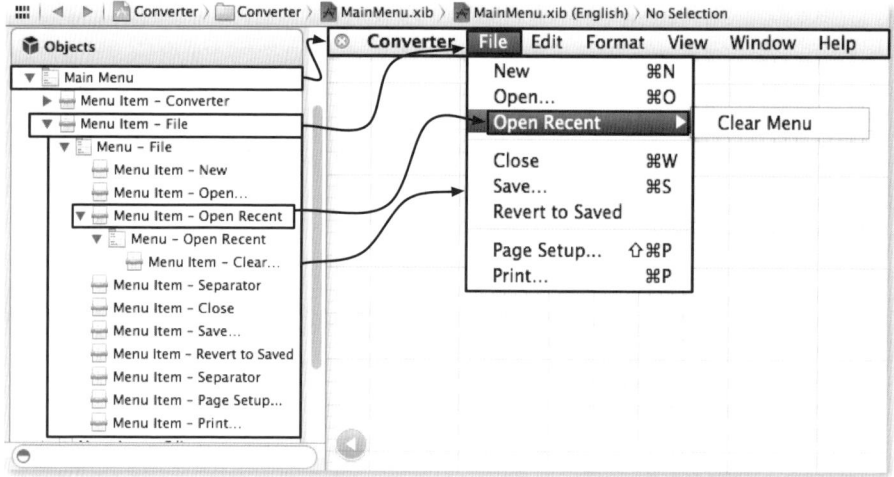

Die Menüstruktur am Beispiel eines Applikationsmenüs

Spielen Sie ruhig ein bisschen damit herum, indem Sie ein Menü in die Objektliste und diesem dann Elemente hinzufügen. Sie können Submenüs erzeugen, indem Sie entweder einen Submenüeintrag in das Menü legen oder einem bestehenden Eintrag ein neues Menü zuweisen. Es genügt, es einfach auf den Menüeintrag fallen lassen. Mit Doppelklicks können Sie Menüs öffnen und Einträge editieren. Löschen Sie am Ende aber wieder das Menü aus der Objektliste.

Bei der Arbeit mit Menüs gibt es nämlich ein ganz anderes Problem, als ein bisschen zu editieren: Man will ja, dass bei einem Klick auch etwas passiert. Und dies ist leider nicht ganz trivial. Der Grund dafür liegt darin, dass das Objekt, welches reagieren soll, sich meist nicht im MainMenu.xib befindet. Man kann also nicht einfach eine Verbindung zum Target ziehen. Wie Sie dann weiterkommen, erläutere ich im Abschnitt über Windowcontroller.

5.3 Fenster

Das Standardwindow kennen Sie ja bereits. Als versierter Anwender werden Sie aber wissen, dass es auch weitere Fenster gibt, die sich vor allem im Stil unterscheiden. Eine Übersicht finden Sie in der Object-Library. Wenn Sie nach *window* suchen, treffen Sie auch das Window-Menü. Geben Sie besser *nswindow* ein.

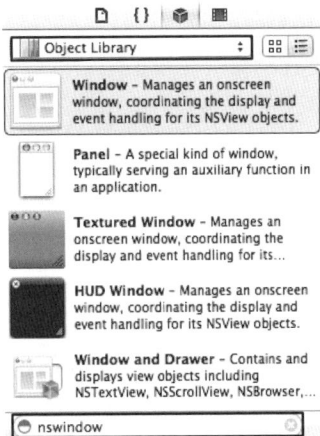

Die Standardfenster von OS X

Mir ist es wichtig, Sie von modernem Schnickschnack abzuhalten. Leider hält sich auch Apple nicht mehr immer an die Regeln, wobei vor allem die Apple-Anwendungen beginnend mit Tiger ein buntes Sammelsurium von Ideen offenkundig nicht ausgelasteter Gestalter waren, was dann in Lion in Lederfenstern gipfelte. In Mountain Lion hat sich nicht mehr so viel getan, was aber wohl darin liegt, dass die UI generell nicht sehr verändert wurde. Ich fände es gut, wenn Sie die Gepflogenheiten beherzigen würden. Ohne den ausführlichen Regeln der Human-Interface-Guidelines (HIG) vorgreifen zu wollen, hier ein paar Faustregeln:

- *Dokumentenfenster* sollten im normalen Look bleiben. Dies sind diejenigen Fenster, die einen hellgrauen Hintergrund und eine grau verlaufende Titelzeile haben und seitdem so aussehen.

- *Applikationsfenster*: Haben Sie eine nicht auf Dokumenten basierende Anwendung, die insbesondere ein Gerät simuliert, wie etwa iTunes, so können Sie auch den Textured-Look verwenden. Allerdings ist der jüngst eher wieder auf dem Rückzug.

- *Inspektoren* sind meist Panels und daher von der Subklasse `NSPanel`. Sie zeichnen sich in der Regel durch schmalere Titelzeilen aus und verschwinden automatisch, wenn die Anwendung deaktiviert wird. Ihre Besonderheit im Verhalten liegt darin, dass sie sich dynamisch auf ein oder mehrere ausgewählte Objekte in einem Hauptfenster beziehen.

- *Infofenster* beziehen sich in der Regel ebenfalls auf ein in einem anderen Fenster ausgewähltes Objekt, verhalten sich dann aber statisch. Ein typisches Beispiel hierfür sind die Dateiinformationen des Finders. Anders als bei Inspektoren können auch mehrere Infofenster gleichzeitig geöffnet sein.

BEISPIEL

Im aktuellen Finder kann man die Unterscheidung ganz gut erkennen. Wählen Sie in einem Verzeichnisfenster eine Datei aus und drücken Sie [Befehl]+[I]. Jetzt ändern Sie im Verzeichnisfenster die Selektion: Nichts passiert.

Nun unternehmen Sie noch einmal dasselbe, drücken aber stattdessen [Wahl]+[Befehl]+[I]. Sie bemerken bereits an der schmaleren Titelzeile, dass sich ein Inspector geöffnet hat. Wenn Sie jetzt die Selektion im Verzeichnisfenster ändern, synchronisiert sich der Inspector.

- *HUD-Fenster* (Head-up-Display) dienen in der Regel der kurzfristigen Einblendung von Aktionen oder Einstellungen zu einem Objekt. Sie haben einen schwarzen, jedoch leicht transparenten Hintergrund. Sie kennen sie aus dem Interface Builder, wenn Sie Actions der Outlets ziehen. Wie der Name aber schon sagt, dienen sie der Einblendung von Information, ohne den Blick des Benutzers vom eigentlichen Objekt abzulenken.

Wenn hier einerseits vom Aussehen und andererseits vom Verhalten die Rede ist, sollten Sie bedenken, dass das Verhalten wesentlich vom jeweiligen Controller bestimmt wird. Das ist also eine spätere Baustelle. Hier geht es darum, das richtige Aussehen für die verschiedenen Arten von Fenstern festzulegen. In keinem Falle sollten Sie versuchen, Aussehen und Verhalten auseinanderlaufen zu lassen. Ihr Nutzer würde Sie dafür erschießen.

5.3.1 Wichtige Eigenschaften

Diese Fenstertypen beruhen auf einigen Einstellungen, die Sie für ein Fenster machen können. In aller Regel sollte es ausreichen, sich in der Library bei den vorgefertigten Fenstern zu bedienen.

Dennoch haben natürlich auch Windows wichtige Eigenschaften, die man verallgemeinern kann. Um diese zu sehen, müssen Sie das Fenster in der Objektliste selektieren. Ein Klick im graphischen Editor selektiert nämlich das Contentview (Danach geht es dann weiter mit dem Doppelpunkt.):

Die Viewschicht

Attributes-Panel im Interface Builder

Die Eigenschaften, die den Typ betreffen, lassen sich freilich auch von Hand im Interface Builder setzen, wobei dieser allerdings wiederum die Möglichkeiten sinnvoll »filtert«.

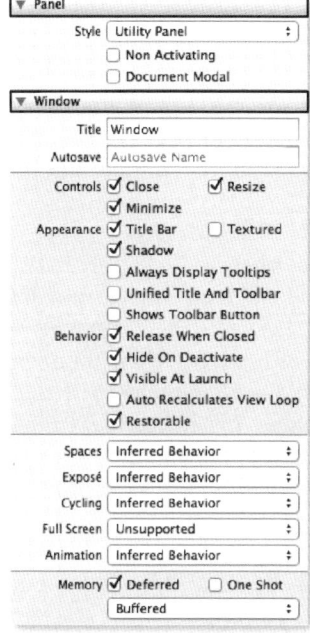

Die wichtigsten Attribute zur Einstellung der Fensterart

- Die Einstellungen *Style* (NSPanel) und *Textured* definieren vor allem den Windowtypen wie vorbezeichnet.
- Titelzeile: Die Eigenschaften in der Gruppe *Controls* (*Close*, *Resize* und *Minimize*) beziehen sich auf die Fensterknöpfe, die sich oben links in der Titlebar befinden. Die Titelzeile an sich lässt sich mit *Appearance | Title Bar* setzen. Die Option *Unified Title and Toolbar* hat weitestgehend ihre Bedeutung verloren, da nunmehr die Symbolleiste immer mit der Titelzeile verschmolzen wird. Lediglich Abstände verändern sich.
- *Hide on Deactive* bedeutet, dass das Fenster vom Schirm genommen wird, wenn die Applikation in den Hintergrund tritt.
- *Visible At Launch* sorgt dafür, dass mit dem Laden das Fenster automatisch geöffnet wird.
- *Release when closed* sorgt dafür, dass das Fenster aus dem Speicher entfernt wird, wenn es gelöscht wird. Die Speicherverwaltung von Fenstern wird uns noch im Kapitel über Controller beschäftigen.
- *Spaces*, *Expose*, *Animation* und *Cycling* legen fest, ob das Fenster an den verschiedenen Technologien von OS X teilnimmt. Sie sollten dies bei den Standardeinstellungen lassen. Hier bestimmt das System aufgrund des Aussehens des Fensters, ob der User das erwartet oder nicht.
- *Full Screen* erlaubt schließlich den Wechsel in den Full-Screen-Modus für Fenster, der mit Snow Leopard neu ist. Dieser Modus ist standardmäßig ausgeschaltet.

Die letzte Option probieren wir einmal aus. Setzen Sie für das Dokumentenfenster *Full Screen* auf *Primary Window* und starten Sie die Applikation. Rechts in der Titelzeile erscheint jetzt das Symbol für den Full-Screen-Modus. Klicken Sie darauf, passiert das Erwartete. Ebenfalls können Sie den Full-Screen-Modus wie unter Lion üblich wieder verlassen.

Size und Content-Size

Für Fenster ist ihre Größe eine deutlich wichtigere Eigenschaft als ihre Lage. Während bei letzterer dem Nutzer in aller Regel freie Hand gelassen werden kann, ist dies bei der Größe nicht der Fall, da das Layout des Fensters gewissen Anforderungen des Programmierers (Gestalters) genügen muss.

Durch die bereits besprochenen Viewebenen bedingt, gibt es dabei zwei relevante Rechtecke für ein Fenster: Der Windowframe, welcher die äußere Bemaßung angibt, und der Contentframe, welcher die Fläche des Nutzers beschreibt. Es existieren entsprechend Methoden, die sich auf den Windowframe bzw. den Contentframe beziehen, nämlich -contentRectForFrameRect: bzw. -frameRectForContentRect:. Darüber hinaus existieren als Klassenmethoden, also ohne dass man vorher eine Window-Instanz erstellt haben muss, gleichnamige Methoden, die allerdings eine Style-Mask bekommen, um den Platz für den Systembereich ermitteln zu können. Die Style-Mask ergibt sich aus den Einstellungen im Interface Builder.

Für den Programmierer ist in aller Regel der Contentframe entscheidend, da er ja nur hierin arbeitet. Ausnahmefälle sind etwa Fenster, die auf eine Nutzeraktion hin an einer bestimmten Stelle erscheinen sollen (Pop-ups usw.). Diese haben aber gerade häufig keine Title- und Toolbar, so dass sich kein wesentlicher Unterschied ergibt.

Um nur bestimmte Größen zuzulassen, dienen die Methoden -setContentMinSize:, -setContentMaxSize: und -setContentResizeIncrement: – Außerdem kann das Seitenverhältnis mit -setContentAspectRatio: vorgegeben werden. Darüber hinaus existieren Delegatemethoden, mit denen das Delegate an Veränderungen aktiv teilhaben kann.

Einen weiteren Einfluss hat das Autolayout von Views auf die Fenstergröße. Dies bezieht sich zwar auf die im Fenster enthaltenen Views. Jedoch werden Fenstergrößen abgelehnt, die den Anforderungen der Views nicht genügen. Das Autolayout wird sogleich bei den Views besprochen.

Window-Level, Z-Ordering

Ein weiteres wichtiges Kriterium ist der Window-Level. Sie wissen selbst, dass Inspektoren über den anderen Fenstern liegen. Wenn Sie das Dock dauerhaft eingeblendet lassen, bemerken Sie, dass dieses noch vor den Inspektoren liegt. Umgekehrt ist es beim Desktop: Der liegt hinter allen Fenstern.

Wenn Sie sich die Fensteranordnung in der Tiefe anschauen, müssen Sie sich dies so vorstellen, dass zum einen Schichten existieren, die aufgrund des Fenstertypen festgelegt werden: Hintergrund, Dokumentenfenster, Inspector, Dock usw. Innerhalb dieser Schichten können aber Fenster nach vorne und hinten rücken, wenn der User entsprechende Fenster durch Klicken aktiviert. Sie verlassen aber nicht ihre Schicht: Also rückt etwa ein Dokumentenfenster vor ein anderes. Es bleibt jedoch stets vor dem Desktop und immer hinter den Inspektoren.

Sie bedienen sich bitte nur an den vorgefertigten Fenstern mit ihren Level-Einstellungen. Es gibt üblicherweise keinen Grund, daran etwas zu ändern. Es geht mir hier um das reine Verständnis.

5.3.2 Delegate

Ich hatte bereits das Entwurfsmuster Delegation angesprochen. Damit bezeichnet man die Idee, eine Aufgabe nicht durch das eigentlich angesprochene Objekt selbst erledigen zu lassen, sondern einem anderen Objekt zu übertragen. Eigentlich war unsere Bastelei mit NSDecimalNumber im vierten Kapitel schon so etwas: Weil die Instanz gewisse Entscheidungen nicht selbst treffen kann, fragt sie bei uns nach.

Auch Windows unterstützen diese in Cocoa verbreitete Idee. Sie können ein Delegate haben, welches über bestimmte Dinge unterrichtet wird oder über das Verhalten des Fensters entscheiden kann. Ich will diese Möglichkeit hier erneut kurz vorstellen, da sie für Cocoa so wesentlich ist und man gar nicht genügend Beispiele liefern kann. Wir kommen im Kapitel über die Controllerschicht noch einmal darauf zurück.

Zunächst ziehen Sie in der Objektliste von *Document.xib* von unserem Experimentierfenster zu dem Converter-Objekt eine Verbindung bei gedrückter [ctrl]-Taste. Im aufspringenden HUD-Fenster wählen Sie *delegate* aus. Damit ist jetzt unser Converter das Delegate des Fensters.

Jetzt müssen die Delegatemethoden der Klasse NSWindow im Converter implementiert werden. Müssen sie? Nein!

Delegation ist in der Regel ein gut gemeintes Angebot, keine Pflicht. Die Klasse NSWindow bietet seinem Delegate an, Methoden zu implementieren, falls das Delegate informiert werden oder Einfluss nehmen möchte. Es muss aber nicht die Delegatemethode implementieren. Um das besser zu verstehen, klicken Sie im Menü von Xcode auf *Help | Documentation and API Reference*. Seit Xcode 4 befindet sich die Dokumentation zu einem Delegate einer Klasse nicht mehr in der Klassenbeschreibung. Sie müssen im Suchfeld oben links im Dokumentationsfenster daher *NSWindowDelegate* tippen. Notfalls kann man in der delegierenden Klasse (hier also NSWindow) einfach nach dem Setter für das Delegate suchen und findet dort die Bezeichnung des Protokolls als Link.

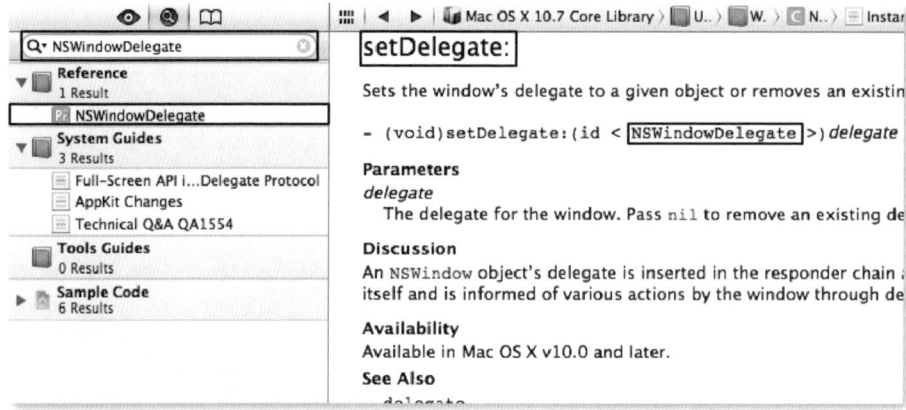

Die Delegatemethoden in der Dokumentation

Wenn Sie in der Trefferliste der Dokumentation auf den Protokolleintrag (*Pr*) *NSWindowDelegate* klicken, gelangen Sie zum entsprechenden Protokoll. Dort erscheinen dann die verschiedenen Delegatemethoden (übrigens sind die dort als *required* gekennzeichneten Methoden keinesfalls verpflichtend).

Wir werden nun im Converter eine Delegatemethode implementieren. Öffnen Sie dazu Converter.m und fügen Sie folgenden Code als letzte Methode ein:

```
- (NSSize)windowWillResize:(NSWindow *)window
              toSize:(NSSize)proposedFrameSize
{
    int height = (int)proposedFrameSize.height;
    height = height - (height % 50);
    proposedFrameSize.height = (CGFloat)height;
    return proposedFrameSize;
}
```

Wenn Sie das Programm starten, sehen Sie, dass sich das Experimentierfenster in der Höhe nur noch auf bestimmte Größen skalieren lässt, auf die es einrastet. Gehen wir das einmal durch:

Das Fenster weiß durch unsere Verbindung im Interface Builder, dass es ein Delegate hat. Deshalb schaut es vor jeder Vergrößerung nach, ob die Delegatemethode –windowWillResize:toSize: implementiert wurde. Ist dies der Fall – wie gesagt: Delegating ist in der Regel eine Möglichkeit, keine Pflicht –, so ruft die Instanz von NSWindow diese Methode auf. Daher landen wir in unserem Code. Dort mache ich etwas Einfaches: Ich hole mir die vorgesehene Größe ab und wandele die Höhe von einem Float in einen Integer um. Mit dem Modulo-Operator % runde ich die Höhe auf das Vielfache von 50 ab und setze sie wiederum in der Höhe. Dieses wird dann an das Fenster zurückgegeben.

Die Viewschicht

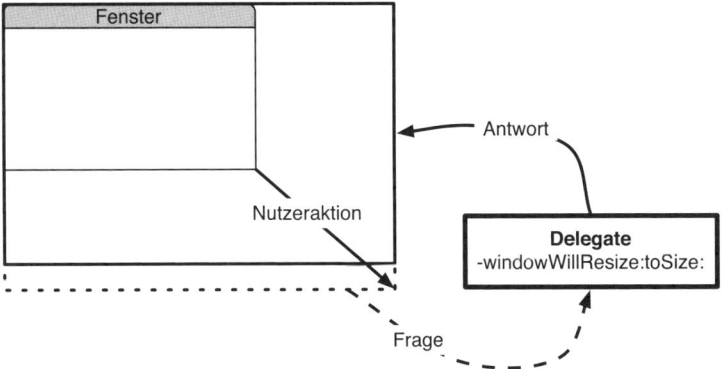

Das Delegate bekommt die Chance mitzureden.

TIPP

Sämtliche Delegatemethoden von Cocoa zu besprechen, würde bei Weitem das Buch sprengen. Wenn Sie aber das Verhalten einer Klasse von Cocoa ändern wollen, sollten Sie zunächst einmal nachschauen, ob eine Delegatemethode existiert, die die Lösung Ihres konkreten Problems bereitstellt. Delegation ist in aller Regel der Ableitung vorzuziehen, wenn es um Anpassungen von Verhalten geht.

HILFE

Sie können das Projekt in diesem Zustand als Converter-14 von der Webseite herunterladen.

Löschen Sie bitte die Methode wieder. Sie sollten auch im Interface Builder das Delegate wieder entfernen, indem Sie im Connections-Inspector bei in der Objektliste selektiertem Experimentierfenster auf das Kreuzchen links neben *Converter* klicken.

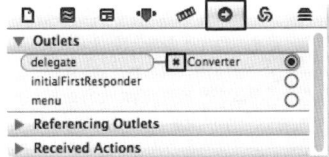

Selten benötigt, aber möglich: Ein Klick auf das Kreuzchen löscht das Outlet wieder.

Sie können sich auch mit einem Rechtsklick auf das Experimentierfenster selbst die Connections anzeigen lassen und dann im aufspringenden HUD das Delegate entfernen.

Kapitel 5

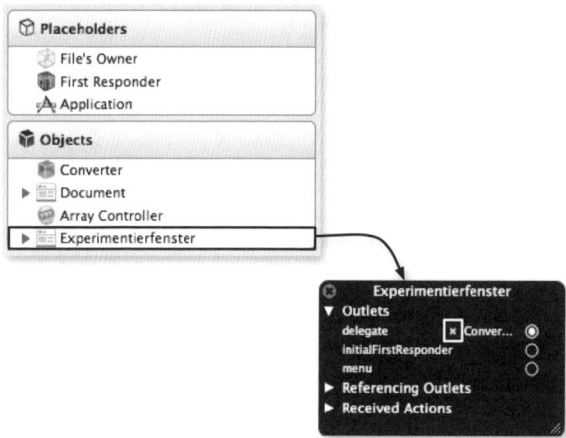

Die Connections sind auch mit einem Rechtsklick erreichbar.

5.3.3 Sheets

Sheets sind besondere Fenster, die Sie sicherlich als Ausklappfenster über einem Fenster kennen. Klassisches Beispiel sind die Dateidialoge zum Öffnen und Sichern von Dateien, die aus einem Dokumentenfenster klappen. Ein besonderer Fall von Sheets sind sogenannte Alerts (Alert-Sheets). Hierbei handelt es sich um Meldungen, die in einem gesonderten Fenster wichtige Hinweise und Warnungen aussprechen.

Sie mögen sich wundern, dass es sich hierbei wirklich um zwei ganz ähnliche Dinge handelt, weil sie ja doch auf dem Bildschirm ganz unterschiedlich aussehen. Die Gemeinsamkeit liegt in etwas anderem, der sogenannten Modalität. In beiden Fällen ist nämlich das Programm nur noch eingeschränkt benutzbar. Bei einem Ausklappfenster gilt dies für das Fenster, aus welchem das Sheet heraussprang. Bei einem Alert-Sheet gilt dies sogar für das gesamte Programm. Man sagt deshalb, dass ein Sheet fenster- oder anwendungsmodal ist.

GRUNDLAGEN

Sie erinnern sich an den Grundsatz aus dem ersten Kapitel »Don't mode me!« Diese Sheets sollen Sie gerade in einen Modus zwingen, weshalb sie auch modal heißen. Hintergrund ist, dass etwas passiert, was jegliche weitere Arbeit unterbinden soll.

Die Viewschicht

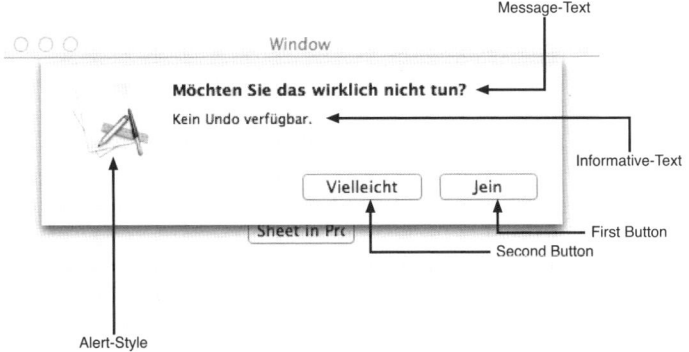

Ein fenstermodales Alert-Sheet

Synchrone Alerts

Die einfachste Methode sind dabei Alert-Sheets, die synchron abgearbeitet werden. Hierbei bedienen wir uns der Klasse NSAlert, die selbst für die Erzeugung des Fensters und die Abarbeitung der Benutzerinteraktion sorgt. Setzen Sie eine Hilfsmethode vor -playWithViews: und erweitern Sie dies wie folgt:

```
- (void)displayExitCode:(NSInteger)exitCode inButton:(NSButton*)button
{
    switch( exitCode ) {

        case NSAlertFirstButtonReturn:
            button.title = @"Der erste";
            break;

        case NSAlertSecondButtonReturn:
            button.title = @"Der zweite";
            break;

        default:
            break;
    }
}
- (IBAction)playWithViews:(id)sender
{
    // Eine Alert erzeugen
    NSAlert *alert = [[NSAlert alloc] init];

    // Buttons hinzufuegen
    [alert addButtonWithTitle:@"Jein"];
    [alert addButtonWithTitle:@"Vielleicht"];
```

399

```
// Text hinzufuegen
[alert setMessageText:@"Möchten Sie das wirklich nicht tun?"];
[alert setInformativeText:@"Kein Undo verfügbar."];

// Symbol setzen
[alert setAlertStyle:NSWarningAlertStyle];

// Alert ausführen:
NSInteger exitCode = [alert runModal];
[self displayExitCode:exitCode inButton:sender];
}
```

Zunächst erzeugen wir also eine Instanz von NSAlert nach der gewohnten Manier. Wir fügen ihr ein paar Knöpfe hinzu, wobei diese später von rechts nach links dargestellt werden. Schließlich können wir zwei Texte setzen, die später erscheinen. Auch lässt sich ein Style setzen, mit dem angegeben wird, ob es sich um eine Warnung oder eine kritische Warnung (NSCriticalWarningStyle) handelt.

Wichtig ist vom Ablauf her hierbei eines: Aus der Nachricht runModal wird erst dann wieder in unsere Methode zurückgekehrt, wenn der Nutzer einen Button geklickt hat. Wir warten also die gesamte Zeit in der Methode. Testen! Sie sehen die Buttonauswahl im Spielkind-Button, mit dem Sie das Alert starteten.

GRUNDLAGEN

Technisch ist das so nicht ganz richtig. Die Methode −runModal (NSAlert) startet eine neue Run-Loop. Wir haben hier also eine Run-Loop in einer Methode, die aus einer Run-Loop gestartet wurde. Dies bedingt einige Besonderheiten, die uns im ersten Band allerdings nicht interessieren. Im zweiten Band werden wir im Kapitel über nebenläufige Programmausführung sehen, dass man daraus Zucker schlecken kann.

HILFE

Sie können das Projekt in diesem Zustand als Converter-15 von der Website zum Buch herunterladen.

Asynchrone Alerts

Etwas komplizierter wird es, wenn wir unsere bisherige Run-Loop weiterverwenden wollen. Vereinfacht gesagt läuft dann unsere Methode, unser gesamtes Programm normal weiter, aber die Nutzereingaben werden auf das Alert fokussiert. Ändern Sie den Code in −playWithViews:

```
- (IBAction)playWithViews:(NSButton*)sender
{
…
    // Alert ausführen
    SEL callback = @selector(alertDidEnd:returnCode:contextInfo:);
    [alert beginSheetModalForWindow:[sender window]
                      modalDelegate:self
                     didEndSelector:callback
                        contextInfo:(__bridge void*)sender];
    [sender setTitle:@"Sheet in Progress"];
}
```

Etwas komplizierter ist hier die Zeile mit dem SEL. Hat der Benutzer eine Auswahl getroffen, wird automatisch eine Nachricht gesendet, die diese Auswahl bearbeitet. SEL ist sozusagen ein Nachrichtenidentifikator (Selektor). Wir sagen also, dass die Nachricht –alertDidEnd:returnCode:contextInfo: verschickt werden soll. In dem eigentlichen Aufruf übergeben wir die Nachricht und das Objekt, an das sie verschickt werden soll (self).

Ebenfalls erklärungsbedürftig ist der Parameter contextInfo:. Erst einmal das Ziel: Wir wollen der Methode, die bei Beendigung ausgeführt wird, den ursprünglichen Button, der das Sheet öffnete, mitteilen. Das ist sender. Da allerdings der Parameter mit void* typisiert ist, was in etwa »Zeiger auf irgendwas« bedeutet, gibt es ein Problem. Die automatische Speicherverwaltung verliert gleichermaßen ein Objekt, weil der einfache C-Zeiger void* nicht an der Speicherverwaltung teilnimmt. Irgendwas muss ja nicht zwingend auf ein Objekt zeigen. Mit __bridge teilen wir mit, dass sich ARC nicht darum kümmern soll.

Wir müssen auch noch eine entsprechende Beendigungsmethode programmieren. Diese fügen wir vor –playWithViews:

```
- (void)alertDidEnd:(NSAlert*)alert
          returnCode:(NSInteger)exitCode
         contextInfo:(void*)context
{
    NSButton *button = (__bridge NSButton*)context;
…
```

Hier handelt es sich um die Rückumwandlung des C-Zeigers auf ein Objekt. Da wir es ohne Beachtung durch automatisches Reference-Counting in einen C-Zeiger verwandelt hatten, müssen wir es jetzt ohne Beachtung von automatischem Reference-Counting wieder auf ein Objekt zurückwandeln. Das ist die Kehrseite der Medaille. Da man zuweilen derlei context-Parameter hat, merken Sie sich bitte diese Technik. Übrigens, dies sei angemerkt, setzt es voraus, dass das Objekt nicht zwischenzeitlich verschwindet.

(Es kümmert sich ja keiner darum.) Noch die Ausgabe des Resultats wie sie vorher in -playWithViews: stand:

```
…
    [self displayExitCode:exitCode inButton:button];
}
```

Wenn Sie das Programm starten und auf den *Spielkind*-Button klicken, wird aus dem Fenster ein entsprechendes Alert klappen und bedienbar sein. Das Fenster ermittele ich, indem ich bei dem Button abfrage, zu welchem Fenster es gehört. Dagegen ist der Button im eigentlichen Fenster nicht mehr klickbar. Die Alert ist eben modal. Beachten Sie aber bitte, dass der Button seinen Inhalt bereits ändert, während das Alert-Sheet angezeigt wird. Das heißt, dass die Methode

-beginSheetModalForWindow:modalDelegate:didEndSelector:contextInfo:

sofort zurückkehrt, also bereits unmittelbar nach Anzeige des Sheets und nicht erst, wenn der Nutzer auf einen Button klickt. Oder anders: Das Sheet fokussiert zwar die Nutzereingabe auf das Alert, blockiert aber nicht den Ablauf der erzeugenden Methode. Das ist also ein anderes Verhalten als das, was wir vorhin bei -runModal erkannten.

Bei einer Auswahl in dem Alert-Sheet wird zudem unsere neue Methode aufgerufen. Das Icon ist übrigens unser Applikationslogo.

> **HILFE**
>
> Das Projekt in diesem Zustand kann als Converter-16 von der Webseite heruntergeladen werden.

Synchrone, applikationsmodale Fenster

Wichtiger ist die Möglichkeit, selbstgebaute Sheets laufen zu lassen, da die Möglichkeiten von Alerts doch arg begrenzt sind. Wie ich Ihnen bereits sagte, sind Sheets nichts anderes als Fenster. Diese können daher Buttons für Aktionen enthalten, Textfelder für Eingaben usw. Wir wollen uns mal ein Sheet bauen, welches ein Textfeld und zwei Buttons enthält. Dazu müssen wir zunächst den Header von Converter anpassen:

```
@interface Converter : NSObject< NSWindowDelegate>
@property (weak) IBOutlet NSTextField *inputTextField;
@property (weak) IBOutlet NSTextField *factorTextField;
@property (weak) IBOutlet NSTextField *outputTextField;
@property (unsafe_unretained) IBOutlet NSWindow *sheet;
@property (weak) IBOutlet NSTextField*    dataTextField;

- (IBAction)calculate:(id)sender;
- (IBAction)playWithViews:(id)sender;
```

- (IBAction)performButtonClicked:(id)sender;
- (IBAction)cancelButtonClicked:(id)sender;
@end

> **AUFGEPASST**
>
> unsafe_unretained? Wass'n das? Die Speicherverwaltung von Nib-Files ist historisch kaputt. (Auf iOS übrigens nicht, weil es dort keine kaputte Historie gibt.) Jedenfalls führt dies zu zwei bemerkenswerten Umständen: 1. Fenster (und Sheets sind auch Fenster) werden mit einem Reference-Count von 1 aus dem Nib-File geliefert. Sie müssen daher wieder freigegeben werden. Dies geht übrigens gar nicht so einfach, weil ja bei automatischem Reference-Counting release keine zulässige Nachricht ist. Die mit Abstand beste Lösung ist es, dafür die im nächsten Kapitel besprochenen Window- und Viewcontroller zu verwenden. 2. Fenster verstehen kein Automatic Reference Counting. Deshalb kann die Property nicht auf weak stehen. (weak ist auch Bestandteil des ARC, weil ja die Instanzvariable automatisch auf nil gesetzt wird.) Dieses unsafe_unretained ist sozusagen das Tor aus der Speicherverwaltung, weil es in etwa die Bedeutung hat: »Bitte gar keine Speicherverwaltung, ich mache das.«

Wir fügen also ein Outlet auf das Sheet hinzu, um es starten zu können. Das zweite Outlet dient dazu, das Textfeld zu lesen. Die beiden neuen Action-Methoden werden wir mit den Buttons im Sheet verbinden.

Öffnen Sie wieder Document.xib und ziehen Sie sich aus der Library unten ein Panel (einfach so in das Suchfeld eingeben) in die Objektliste, welches Sie am besten gleich im Identity-Inspector unter *Identity | Label* mit *Sheet* benennen. Im Attributes-Inspector schalten Sie unbedingt unter *Window* die Option *Visible at Launch* und *Release When Closed* aus, damit das Fenster erst auf unser Kommando erscheint und nach dem Entfernen vom Schirm nicht aus dem Speicher entfernt wird.

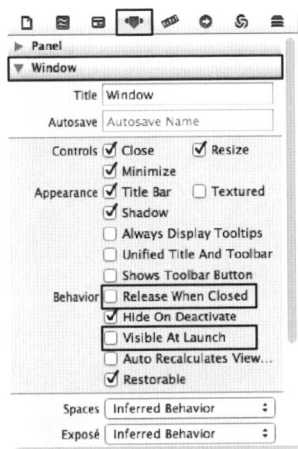

Ein Sheet erscheint erst auf unsere Anforderung.

Verbinden Sie das Sheet-Outlet des Converters mit diesem Sheet über die Objektliste. Legen Sie in das Sheet ein Label, ein Textfeld und Buttons wie hier abgebildet:

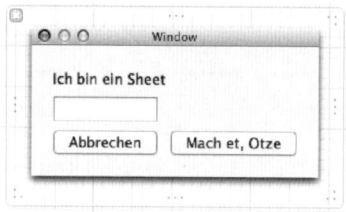

Dieses Fenster wird unser späteres Sheet.

Wie stets ziehen Sie eine Verbindung von den Buttons zu unseren neuen Actionmethoden. Umgekehrt verbinden Sie das dataTextField-Outlet des Converters mit dem Eingabefeld. Speichern.

Der Start des Sheets, -playWithView:, muss natürlich jetzt dafür sorgen, dass überhaupt das Sheet angezeigt wird. Hierzu verändern wir die Methode:

```
- (IBAction)playWithViews:(id)sender
{
    NSInteger exitCode;
    exitCode = [[NSApplication sharedApplication] runModalForWindow:self.sheet];
    [self displayExitCode:exitCode inButton:sender];
    [self.sheet close];
}
...
```

Bemerken Sie: Die auslösende Methode schließt das Sheet auch wieder. Darauf komme ich gleich zurück.

Natürlich müssen wir noch die Action-Methoden implementieren, was wir dahinter leer machen:

```
...
-(IBAction)cancelButtonClicked:(id)sender
{
}
-(IBAction)performButtonClicked:(id)sender
{
}
```

Wenn Sie das Programm starten, bemerken Sie zunächst, dass das Fenster ordnungsgemäß angezeigt wird. Das ist gut. Sie können auch die Modalität testen: Das Erzeugerfenster mit dem Spielkind-Button lässt sich nicht mehr bedienen. Auch gut. Allerdings gelangt man nicht mehr zurück. Ein Klick auf die Buttons macht einfach gar nichts. Und auch das Schließen des Fensters gibt die Kontrolle nicht zurück, weshalb man bei solchen Fenstern den *Close*-Button gleich ganz weglässt. Das machen Sie jetzt bitte im Property-Inspector für dieses Fenster.

Woran liegt das? Der Punkt ist der, dass wir mit runModalForWindow: die Applikation in einen modalen Zustand versetzen: Sie tut alles nur noch für das eine Fenster. Diesen mobilen Zustand müssen wir selbst verlassen. Das erledigen wir, wann wir das wollen, haben es jetzt also selbst in der Hand.

Erweitern wir dazu die Action-Methoden:

```
-(IBAction)cancelButtonClicked:(id)sender
{
    [NSApp stopModalWithCode:NSAlertSecondButtonReturn];
}
-(IBAction)performButtonClicked:(id)sender
{
    if ([[self.dataTextField stringValue] length] > 0) {
        [NSApp stopModalWithCode:NSAlertFirstButtonReturn];
    } else {
        NSBeep();
    }
}
```

TIPP

Bei NSApp handelt es sich um eine Kurzschreibweise für das vorherige [NSApplication sharedApplication]. Sie können es beliebig austauschen.

Wenn Sie jetzt das Programm starten, können Sie entsprechend das Sheet auch wieder schließen (und neu öffnen). Allerdings kann – gewollt – nicht die Operation ausgeführt werden, wenn kein Wert in das Textfield eingetragen wurde. So soll es sein.

Bemerken Sie aber einen anderen Umstand: In die auslösende Methode –playWithViews: gelangt man erst zurück, wenn das Sheet – wie auch immer – beendet wurde. Deshalb wird es auch dort geschlossen.

Man kann zudem dort den Wert abfragen, der sich im Textfeld befand. Ebenso erhalte ich den Exit-Code, den man allerdings hier nach Belieben setzen kann. Wir hätten uns also auch selbst welche definieren können. Insgesamt führt dies zu Folgendem:

```
- (void)displayExitCode:(NSInteger)exitCode inButton:(NSButton*)button
{
    switch( exitCode ) {
```

```
    case NSAlertFirstButtonReturn:
        button.title = [self.dataTextField stringValue];
        break;

    case NSAlertSecondButtonReturn:
        button.title = @"Abgebrochen";
        break;

    default:
        break;
    }
}
```

> **HILFE**
>
> Sie können das Projekt in diesem Zustand als Projekt Converter-17 von der Webseite herunterladen.

Asynchrone, fensterlokale Sheets

Kommen wir zum letzten, kompliziertesten, aber auch häufigsten Fall: Ein Sheet soll aus einem Fenster klappen und asynchron behandelt werden.

```
- (IBAction)playWithViews:(id)sender
{
    [NSApp     beginSheet:self.sheet
            modalForWindow:[sender window]
             modalDelegate:self
            didEndSelector:@selector(sheetDidEnd:returnCode:contextInfo:)
               contextInfo:(__bridge void*)sender];
}
```

Das sieht etwas anders aus, als Sie sich das vielleicht gedacht haben. Eigentlich wird wieder ein Sheet angezeigt und ein entsprechendes Callback definiert. Das ist so ähnlich wie bei dem asynchronen Alert. Wir versenden aber die Nachricht nicht an die Alert, sondern an das Applikationsobjekt. Und diese ist für Sheets verantwortlich. Das liegt darin begründet, dass unser Sheet ja modal sein soll, also Events für das andere Fenster sperrt. Da aber die Applikation für das Abholen von Events verantwortlich ist, muss diese von unserem Trachten wissen. Schauen Sie sich vielleicht noch einmal die Abbildung zur Runloop in dem Abschnitt »Responder« an.

> **GRUNDLAGEN**
>
> In Wahrheit geschah etwas Ähnliches bereits in dem Beispiel mit der Alert. Diese erledigt das nur für uns, so dass wir davon nichts merken.

Bemerken Sie aber hier, dass die Methode -playWithViews: nunmehr das Sheet nur öffnet und sofort verlassen wird. Die Anzeige des Ergebnisses und die Aufräumarbeiten müssen wir in eine Extra-Methode stopfen, die wir als didEndSelector angegeben haben.

Unsere Action-Methoden für die beiden Buttons *im* Sheet müssen etwas angepasst werden, weil die Nachrichten für das Schließen eines Sheets anders lauten als in den Fällen vorher. Ändern wir das:

```
-(IBAction)cancelButtonClicked:(id)sender
{
   [NSApp endSheet:self.sheet returnCode:NSAlertSecondButtonReturn];
}
-(IBAction)performButtonClicked:(id)sender
{
   if ([[self.dataTextField stringValue] length] > 0) {
      [NSApp endSheet:self.sheet returnCode:NSAlertFirstButtonReturn];
   } else {
      NSBeep();
   }
}
```

Beachten Sie aber, dass ebenso wie bei der Erzeugung des Sheets auch hier die entsprechende Nachricht an NSApp geschickt wird. Auch hier ist es so, dass wir uns eigene Konstanten als Code ausdenken können. Standardkonstanten existieren übrigens für Stop und Abort. Ich will Ihnen bloß die Editiererei sparen. Schauen Sie dazu in die Dokumentation zu der Methode.

Durch die Methode -endSheet:returnCode: wird letztlich unser Callback -sheetDidEnd:... aufgerufen. Also müssen wir auch das implementieren, am besten -playWithViews:. Dort landet dann sozusagen derjenige Code, der vorher in -playWithViews: hintern dem Öffnen des Sheets stand. Bisher kehrten wir ja an dieser Stelle nach dem Schließen des Sheets zurück. Jetzt erfolgt das in einer Extra-Methode:

```
- (void)sheetDidEnd:(NSWindow*)openSheet
        returnCode:(int)exitCode
        contextInfo:(void*)context
{
   [openSheet orderOut:self];
   NSButton *button = (__bridge NSButton*)context;
   [self displayExitCode:exitCode inButton:button];
}
```

Hier wird dann das Sheet endgültig mit -orderOut: (NSWindow) beendet und vom Schirm genommen.

Ein kompletter Zyklus sieht also so aus:

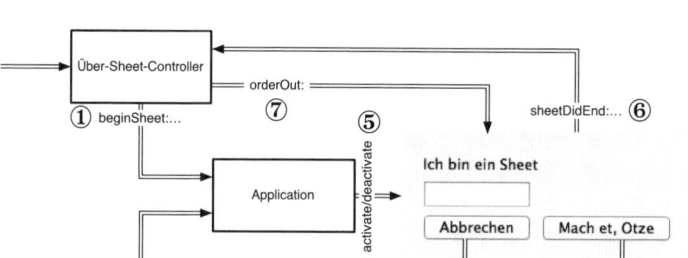

Unser Converter nimmt zwei Aufgaben wahr.

Das ist freilich kompliziert und bedarf der Erläuterung: Eigentlich bietet unser Converter zwei Gruppen von Funktionalität:

- Unser Converter ist dafür verantwortlich, dass das Sheet erscheint (-playWithViews:) und wieder verschwindet (-sheetDidEnd:...). Er übt also die Kontrolle *über* das Sheet aus.
- Zum anderen stellt er die Action-Methoden für die Buttons im Sheet zur Verfügung. Er übt also die Kontrolle *im* Sheet aus.

Diese beiden Rollen können aber durchaus getrennt sein: Stellen Sie sich vor, dass Sie eine komplizierte Funktionalität im Sheet haben, die einen ausgefuchsten Controller verlangt. Diesen packen Sie mit seinen Actionmethoden in eine eigene Klasse MyOutfoxedSheetController. Dann wollen Sie das Sheet in verschiedenen Fenstern, Projekten gar, verwenden. Hier haben Sie jedes Mal ein anderes Delegate. Gut lässt sich das eigentlich auch an den File-Dialogen erkennen: Die Funktionalität in den Sheets stammt von Apple, die Funktionalität, was dann mit dem Ergebnis geschehen soll, kann von Ihnen programmiert werden.

> **HILFE**
>
> Sie können das Projekt in diesem Zustand als Projekt Converter-18 von der Webseite herunterladen.

Löschen Sie im Nib wieder das Panel nebst den beiden Outlets sheet und dataTextField in Converter.h. -playWithView: leeren Sie bitte wieder. Die anderen verwendeten Methoden -displayExitCode:inButton:, -sheetDidEnd:exitCode:contextInfo, -cancelButtonClicked: und -performButtonClicked: können Sie auch entfernen. Wir benötigen diese nicht mehr.

5.3.4 Drawers

Etwas old-fashioned: Drawers

Bei Drawern handelt es sich um Schubladen, die man unter dem Fenster herausziehen kann.

Zunächst ist zu bemerken, dass Drawers eben nicht besondere Arten von Fenstern sind, sondern unmittelbar von NSResponder abgeleitet wurden. Sie ähneln aber insoweit Fenstern, als dass sie ein Contentview haben, das sie darstellen. Damit lassen sie sich in vielerlei Hinsicht wie Fenster behandeln. (Dies führt immer wieder zum Missverständnis, dass es sich tatsächlich um NSWindow-Subklassen handelt.) Implementierungsseitig existiert natürlich ein Fenster für den Drawer.

Ein wenig wollen wir das einmal probieren. In der Library des Interface Builders finden Sie keinen gesonderten Drawer mehr. Sie können aber im Suchfeld mit *Drawer* nach einem Eintrag *Window and Drawer* suchen. Ziehen Sie diesen in die Objektliste.

Sie sehen nunmehr drei neue Instanzen:

- Das Fenster *Window (Window)*, an welches der Drawer andockt. Dies wollen wir nicht mehr, da wir bereits ein Fenster haben, nämlich unser Experimentierfenster. Löschen Sie es daher und ziehen Sie eine Verbindung vom blauen Würfel *Drawer* zu unserem Experimentierfenster. Im HUD bitte das Outlet *parentWindow* anwählen.
- Der Drawer selbst, den wir soeben neu mit dem Window verbunden haben.
- Das *Drawer Content View*, das den Inhalt des Drawers zeichnet. Wählen Sie diesen aus und ziehen Sie ein Textfeld *Label* in dieses View. Beschriften Sie irgendwas. Was Ihnen gerade einfällt.

Selektieren Sie bitte den Drawer in der Objektliste und setzen Sie im Attributes-Inspector das Pop-up neben *Edge* auf *Bottom*. Hierbei handelt es sich um diejenige Seite, an der der Drawer später bevorzugt erscheinen soll.

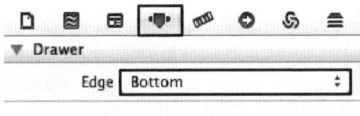

Man kann nicht unbedingt behaupten, dass der Drawer über umfangreiche Einstellungsmöglichkeiten verfügt.

Wechseln Sie auf den Size-Inspector und geben Sie dort in der Zeile *Offset* bei *Leading* ebenfalls *15* ein. Es handelt sich bei den beiden Einstellungen in dieser Zeile um den Abstand des Drawers vom Fensterrand.

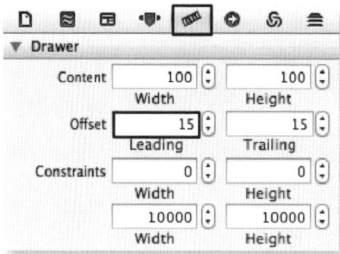

Der Leading space gibt bei einem vertikalen Drawer den Abstand nach links an.

Ziehen Sie jetzt vom Spielkind-Button im Experimentierfenster eine Action auf den Drawer (in der Objektliste) und wählen Sie im HUD den Eintrag *toggle:* aus. Dieser bedeutet, dass der Zustand des Drawers (geöffnet bzw. geschlossen) hin- und hergeschaltet werden soll.

Testen Sie das Beispiel.

Hiernach entfernen Sie bitte wieder den Drawer nebst seinem View und ziehen die Connection des *Spielkind*-Buttons wieder auf *Converter | playWithViews:*.

HILFE

Sie können das Projekt in diesem Zustand als Converter-19 von der Webseite herunterladen.

5.3.5 Toolbars

Toolbars dienen der einfachen Erreichbarkeit von Anwendungsfunktionalität. Dies wird zum einen dadurch umgesetzt, dass der User die angebotenen Operationen jederzeit sieht, zum anderen dadurch, dass visuell ein Bezug zum Fenster hergestellt wird, wie dies bei einem Applikationsmenü nicht der Fall ist.

Toolbar-Struktur

Und hier kommt gleich ein wichtiger Punkt: Eigentlich sind Toolbars unabhängig von Fenstern. Man kann eine beliebige Anzahl von Toolbars im System anmelden und dann für verschiedene Fenster verwenden. Das ist insoweit sinnvoll, als dass es mehrere gleichartige Fenster (Fenstertypen) geben kann, die sich die Toolbareinstellungen teilen. Dies ist beispielsweise bei einer dokumentenorientierten Anwendung der Fall, wenn mehrere Dokumente gleichzeitig geöffnet sind. Diese teilen sich einen Toolbartypen. Hat man indessen einen ganz anderen Fenstertypen, etwa ein Infopanel, so kann diesem eine andere Toolbar zugewiesen werden.

Die Viewschicht

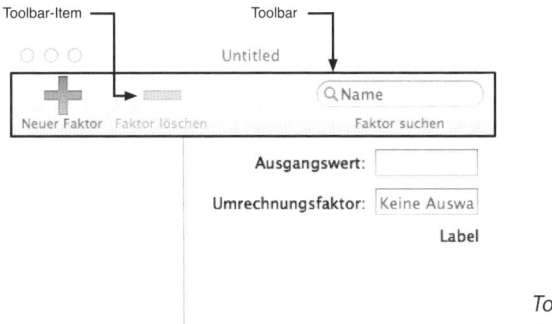

Toolbars werten eine Applikation deutlich auf.

GRUNDLAGEN

Praktisch betrachtet ergibt sich der Fenstertyp und damit die Toolbar daraus, dass eine Nib-Datei mit dem Fenster mehrfach geladen wird. Es sind zwar wildere Kombinationen denkbar, allerdings haben die keine praktische Bedeutung.

Ebenso wie mit den Toolbars in Bezug zu den Fenstern verhält es sich mit den einzelnen Elementen, den Toolbar-Items, in Bezug auf die Toolbar: Sie bekommen einen Identifier, werden in einem gemeinsamen Keller gehalten und können zwischen den Toolbars verteilt werden. So kann sich ein Toolbar-Item also etwa in der Toolbar für die Dokumentenfenster befinden und gleichzeitig im Hilfsfenster. Eine solche Kombination ist schon häufiger anzutreffen, aber immer noch die Ausnahme.

GRUNDLAGEN

Da alle Items und Toolbars gemeinsam gehalten werden, müssen Sie einen Identifier systemweit unterschiedlich wählen. Man bezeichnet dies als einen »unique universal Identifier« (UUID). Ein übliches Mittel hierfür ist unter OS X ist die Verwendung von Firmen- und Programmnamen in einem Reverse-Domain-Name-Format (rDNS). @"com.Software #9811.LawFirm #9811.ClientToolbarItemIdentifier" bezeichnet etwa einen Itemidentifier für Klienten in der Software LawFirm #9811 des Herstellers Software #9811.

Aber beachten Sie bitte, dass selbstverständlich die Zustände der einzelnen Elemente in der Toolbar unabhängig sind. Dies gilt insbesondere für Toolbar-Items, die sich umschalten lassen.

Insgesamt bestehen zwischen einer Toolbar und ihren Items fünf Beziehungen, von denen zwei im Interface Builder gesetzt werden können, eine im Interface Builder vorgesetzt und durch den Benutzer verändert werden kann, eine sich erst zur Laufzeit ergibt und eine nur durch den Code bestimmt werden kann:

Kapitel 5

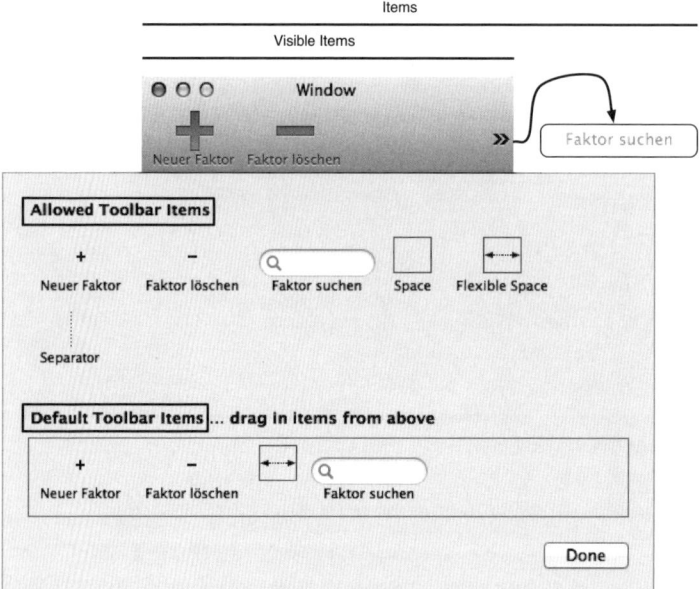

Es existieren fünf Beziehungen zwischen der Toolbar und ihren Items.

- Die *Allowed-Items* (Palette) sind diejenigen, die überhaupt in der jeweiligen Toolbar auftauchen dürfen. Diese werden im Konfigurationssheet oben angezeigt und lassen sich mit dem Interface Builder anlegen.

- Die *Default-Items* sind diejenigen, die der Programmierer als Vorgabe gedacht hat. Auch diese Gruppe lässt sich im Interface Builder konfigurieren.

- Die *Selectable-Items* stellen die Gruppe der Items dar, die man dauerhaft anwählen (selektieren) kann. Dies ist für Inspektoren und Voreinstellungsdialoge wichtig. Sie erscheinen vertieft. Öffnen Sie etwa die Voreinstellungen des Finders. Sie lassen sich derzeit nur im Code verwalten. Ein Beispiel folgt im Kapitel über Controller.

- Mit der Eigenschaft *Items* selbst bezeichnet die Toolbar die in ihr aktuell vorhandenen Items. Sie können vom Benutzer festgelegt werden, wenn dieser das Konfigurationssheet der Toolbar öffnet. Hat er das noch nicht gemacht, so entspricht die Gruppe den Default-Items.

- Schließlich werden zur Laufzeit die *Visible-Items* bestimmt, eine Untergruppe der Items. In ihnen fehlen diejenigen, die aufgrund von Platzmangel in das kleine Menü (Overflow-Menu) rechts an der Toolbar verbannt wurden.

Alle diese Gruppen werden im Code durch Arrays mit Stringinstanzen dargestellt, wobei die einzelnen Strings die Identifier der enthaltenen Items sind. Da diese Programmierung recht langweilig und mühselig ist, kann man seit Leopard die wichtigsten Eigenschaften im Interface Builder setzen.

Eigene Toolbar erstellen

Öffnen Sie Document.xib und selektieren Sie dort das Dokumentenfenster. In der Library suchen Sie bitte nach *Toolbar* und ziehen diese bitte zunächst in die Objektliste.

> **HILFE**
>
> Die Implementierung von Toolbars im Interface Builder ist seit jeher eher unbequem und wackelig. Vor größeren Operationen sollten Sie Ihre Datei sichern. Außerdem sollte die Toolbar nie leer sein. Auch erscheint das Fenster zuweilen kaputt, wenn sich eine Toolbar darin befindet. Daher baue ich diese zunächst in der Objektleiste zusammen, um sie dann dort dem Fenster hinzuzufügen. Es handelt sich bei dem Thema Interface Builder und Toolbar wirklich um das Schlechteste, was ich jemals von Apple gesehen habe. Sie sollten daher dieser Anleitung Schritt für Schritt folgen. Natürlich ist es wie so häufig bei abstürzender Software: Meine Crashs müssen sich nicht mit Ihren decken. Aber immerhin ist das bei mir einigermaßen sicher reproduzierbar.

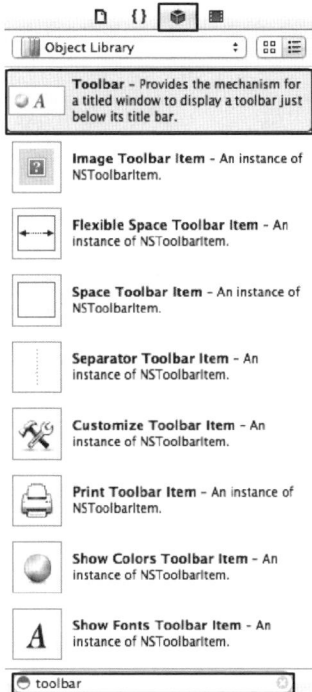

Die Toolbar-Elemente des Interface Builders

Sie sehen dann ein Konfigurationssheet, welches die Allowed-und Default-Items zeigt. Dies kennen Sie sicher als Sheet bei Anwendungen, wenn Sie *Symbolleiste anpassen* auswählen, nachdem Sie einen Klick mit gehaltener [ctrl]-Taste auf eine Symbolleiste gemacht haben. Hier hinein müssen also alle Items, die wir später in unserer Toolbar erlauben wollen. Bedenken Sie, dass Sie derzeit einen Toolbartypen erzeugen.

Zunächst sehen Sie dort bereits angelegt verschiedene Systemitems. Diese werden bereits von Cocoa angefertigt:

- *Farben* (*Colors*) öffnet den Systemfarbdialog. Diesen benötigen wir nicht, weshalb Sie bitte das Item im Sheet bei *Allowed Items* anklicken, so dass es selektiert ist, und dann löschen.

- Mit *Schriften* (*Fonts*) verhält es sich ähnlich. Auch dieses löschen Sie bitte, weil wir keine Verwendung dafür haben.

- Als Nächstes ist *Drucken* (*Print*) dran. Auch das bitte entfernen.

- Es existieren drei Arten der Seperatoren (*Seperator* bzw. *Space*). Es handelt sich nicht um anwählbare Items. Sie dienen vielmehr ausschließlich der Gruppierung. Wir lassen diese drin, um dem Anwender eben genau diese Möglichkeit zu bieten.

Wir werden zunächst zwei einfache Items hinzufügen, nämlich unsere Buttons zum Hinzufügen und Entfernen. Dazu können wir uns des einfachsten Typen eines Items bedienen, nämlich eines einfachen Bildes. Jetzt könnte man natürlich ein Image in das Configuration-Sheet ziehen, und das sollte auch funktionieren. Nun, gut, bei mir endet das zuverlässig in einem Crash von Xcode. Gut gemacht, Apple!

Also ziehen Sie bitte aus der Library ein *Image Toolbar Item* in das Konfigurationssheet, und zwar in die Gruppe *Allowed Items*. Nein, nein, Sie können das nicht gleich an die richtige Stelle ziehen, das wäre ja Drag-and-drop in allerfeinster Manier. Lassen Sie es einfach in die Gruppe fallen und verschieben es dann an die erste Stelle. Gut gemacht, Apple!

Wenn Sie nunmehr versuchen, ein Bild auf dieses Item zu ziehen, müssten Sie ja wieder durch das Konfigurationssheet – und würden einen Absturz erleben. Geht also nicht, weil Apple das gut gemacht hat. Geben Sie daher bitte bei selektiertem Toolbar-Item in dem Attributes-Inspector bei *Image Name* den Text *NSAddTemplate* an. Jetzt sollte ein Pluszeichen erscheinen. Darunter können Sie gleich die Bezeichnung für das Konfigurationssheet (*Palette Label*) und für die Toolbar selbst (*Label*) angeben. Ich habe *Neuer Faktor* eingetragen. Sie können auch etwas anderes wählen.

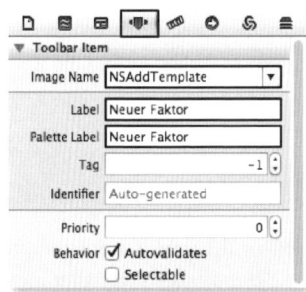

Bild und Bezeichnung sind die wichtigsten optischen Einstellungen eines Toolbar-Items.

Sie können nun bei selektiertem Toolbar-Item [cmd]+[D] tippen, um das so erzeugte Item zu duplizieren. Geben Sie dann im Attributes-Inspector als Bildnamen *NSRemoveTemlate* ein und als Bezeichnungen *Faktor löschen*.

Es gibt eine weitere wichtige Möglichkeit, Items anzulegen: In einem Toolbar-Item können sich nämlich nicht nur einfache Images, sondern auch andere Views einfügen. Hierzu wechseln Sie in die Library und suchen dann nach *Search Field*. Es handelt sich hierbei um ein Textfeld mit Lupe und abgerundeten Seiten. Ziehen Sie auch dieses in den Bereich *Allowed Toolbar Items* im Sheet. Auch hier vergeben Sie bitte die beiden Bezeichnungen, vielleicht *Faktor suchen*. Die Funktionalität werden wir erst später, nämlich im folgenden Kapitel über Controller, implementieren.

Nachdem Sie nun auf diese Weise die erlaubten Items festgelegt haben, können Sie diejenigen in der Standardeinstellung bestimmen, indem Sie (wie später der Nutzer im fertigen Programm) Elemente in den Bereich *Default Toolbar Items* ziehen. Auch hier müssen Sie zunächst hinzufügen und dann platzieren. Bestehende Elemente können Sie löschen, indem Sie diese einfach aus dem Bereich herausziehen. Ich schlage folgende Anordnung vor:

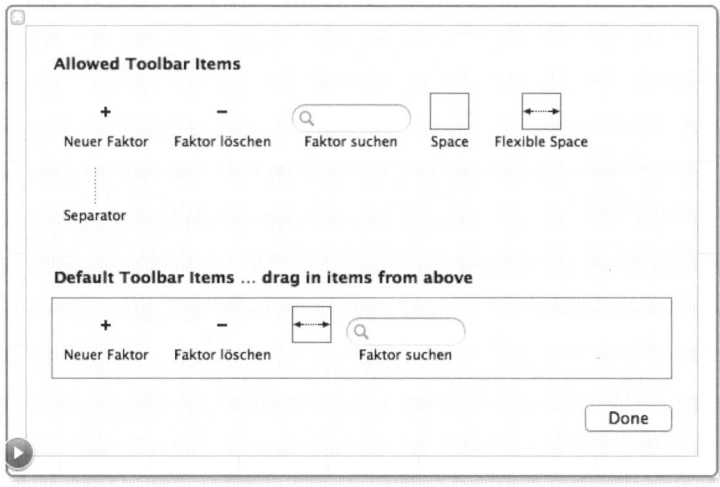

Das Ergebnis sollte schließlich so aussehen.

Die beiden Items zum Anlegen und Löschen von Umwandlungen wollen wir aber auch noch mit Leben erfüllen. Sie sollen ja die gleiche Funktionalität wie die beiden Buttons unter dem Tableview haben. Was wäre naheliegender, als daher genau das im Interface Builder zu machen, was wir auch bei den Buttons machten? Eben …! Ziehen Sie also bei gedrückter [ctrl]-Taste jeweils eine Verbindung von den Items im Konfigurationssheet zu den Actions *add:* und *remove:* des Arraycontrollers *Conversions Controller*.

Kapitel 5

Ziehen Sie jetzt die Toolbar in der Objektlist auf das ebenfalls dort befindliche *Document*-Fenster. Es sollte automatisch als Unterpunkt erscheinen. Das Fenster sollte im Editor eine Toolbar besitzen.

Sie können das Konfigurationssheet einfach mit einem Klick auf die Toolbar im Fenster öffnen oder indem Sie in der Objektliste ein Item anklicken.

Sie können die interne Funktionalität der Toolbar jetzt schon mit *Editor | Simulate Interface* testen.

Wenn Sie jetzt das Programm übersetzen und starten, können Sie es über die Toolbar anstelle der Buttons bedienen.

> **AUFGEPASST**
>
> Beachten Sie bitte auch einen kleinen Fortschritt: Wenn kein Element in der Faktorliste ausgewählt ist, wird das Item automatisch disabled, also nicht mehr anklickbar. Diese Funktionalität bietet unser Button noch nicht. Ich werde das Geheimnis im Kapitel über Controller aber noch lüften.

Entfernen Sie daher bitte die Buttons unterhalb des Tableviews und ziehen Sie das Tableview bis an den unteren Rand.

> **HILFE**
>
> Sie können das Projekt in diesem Zustand als Converter-20 von der Webseite herunterladen.

Bleibt die Frage, wie man das aus dem Code heraus macht. Zunächst gilt die hier aufgezeigte Struktur für Toolbars auch bei Sicht aus dem Code. Wenn Sie diese daher verstanden haben, werden Sie die Apple-Dokumentation leicht nachvollziehen können. Dennoch hier kurz ein Rundgang: Sie müssen für die Toolbar ein Delegate im Interface Builder anlegen und in diesem die Methoden erstellen, die zum einen Arrays von Item-Identifiern zurückgeben:

- `-toolbarAllowedItemIdentifiers:` liefert die möglichen Items, also jene, die im Konfigurationssheet vorhanden sind.
- `-toolbarDefaultItemIdentifiers:` gibt ein Array zurück, welches die Standard-Items enthält.
- `-toolbarSelectableItemIdentifiers:` beinhaltet die selektierbaren Items.

Dabei sollen diese Methoden nicht die Items liefern, sondern lediglich einen Identifier. Dies kann entweder ein System-Identifier sein oder ein eigener. Typischerweise sieht die Methode etwa so aus:

Die Viewschicht

```
- (NSArray)toolbarAllowedItemIdentifier:(NSToolbar*)toolbar
{
   if( [[toolbar identifier] isEqualToString:@"DocumentToolbar"] ) {
      return [NSArray arrayWithObjects:
             NSToolbarSpaceItemIdentifier, // Leerraum
             NSToolbarFlexibleSpaceItemIdentifier, // flexibel
             …,
             @"MyAddItemIdentifier",
             …,
             nil];
   }
   return nil;
}
```

Daher muss eine weitere Methode im Delegate existieren, die für einen Item-Identifier das Item erstellt:

```
- (NSToolbarItem*)toolbar:(NSToolbar*)toolbar
    itemForItemIdentifier:(NSString*)itemIdentifier
 willBeInsertedIntoToolbar:(BOOL)flag
{
   NSToolbarItem* toolbarItem
   = [[NSToolbarItem alloc] initWithItemIdentifier:itemIdentifier];
   if ([itemIdentifier isEqualToString:@"MyAddItemIdentifier"]) {
      // Aussehen
      [toolbarItem setLabel:@"Hinfzufuegen"];
      [toolbarItem setPaletteLabel:@"Hinzufuegen"];
      [toolbarItem setToolTip:@"Fuegt eine Umrechnung hinzu"];
      [toolbarItem setImage:[NSImage imageNamed:…]];

      // Target-Action
      [toolbarItem setTarget:conversionsController];
      [toolbarItem setAction:@selector(add:)];
   } else if( … ) { …
   } else {
      toolbarItem = nil;
   }
   return toolbarItem;
}
```

Die Apple-Dokumentation hierzu ist übrigens hervorragend und enthält sogar eine Checkliste mit zahlreichen Code-Beispielen dazu, was genau getan werden muss. (Wenn das immer so wäre, wäre ich ein armer Mann …)

417

5.4 Views und Controls

Views bzw. Controls haben neben ihren bereits besprochenen Koordinaten und ihrer Stellung in der Viewhierarchie weitere Eigenschaften. Ein paar davon will ich noch vorstellen:

5.4.1 Wichtige Eigenschaften

Identifier und Tag

Seit OS X 10.7 existiert ein Protokoll NSUserInterfaceItemIdentification, welches von NSWindow, NSView und NSCell implementiert wird. Hiermit kann ein String als Identifizierer eines UI-Elementes angegeben werden. Dieses lässt sich dann suchen. (Meist in einer Viewhierarchie. Die Fälle für Fenster und Cells sind rarer gesät.) Im Interface Builder lässt sich die Einstellung im Identity-Inspector im Textfeld *Identifier* vornehmen.

Nein, bei Tag ist nicht vom deutschen Wort »Tag« ist die Rede, sondern vom englischen *tag* (Markierung), das im Folgenden aber, so wie der deutsche Tag, großgeschrieben wird. NSView implementiert diese Eigenschaft mit der Methode -tag abstrakt und liefert -1 zurück. Die Subklasse NSControl erlaubt jedoch, mittels der Methode -setTag: oder im Attributes-Inspector des Interface Builders, jedem Control (und ein paar anderen Elementen wie Toolbar-Items) eine Ganzzahl (NSInteger) zuzuordnen. Der Witz liegt vor allem in der Methode -viewWithTag: (NSView), die als Rückgabewert das erste gefundene View liefert, bei dem das Tag den angegebenen Wert hat. Damit lässt sich also in komplizierten View-Hierarchien schnell ein bestimmtes View finden.

Ein Identifier ist freilich aussagekräftiger und kollidiert nicht, wenn man ihn richtig wählt (etwa: »com.ihrfirmenname.ihrprogrammname.eigenschaft«).

Focus-Ring-Typ

Mit »Fokus« bezeichnet man die Eigenschaft eines Views, gerade für Benutzereingaben zuständig zu sein. Sie kennen das aus zahlreichen Applikationen: Wenn ein Textfeld aktiv ist, erhält es einen hellblauen Rand. Dieser Rand ist der Focus-Ring. Man kann das Aussehen dieses Focus-Rings sowohl aus dem Programm heraus mit -setFocusRingType: setzen, als auch – und dies ist praktisch wichtiger – im Interface Builder Einstellungen dafür vornehmen. Häufigster Fall ist es, den Focus-Ring für ein Tableview auszuschalten. Ihnen ist vielleicht auch schon aufgefallen, dass sich in unseren Applikationen nach einem Klick auf das Tableview ein fürchterlich aussehender Focus-Ring zeigt. Dieser ist eigentlich auch überflüssig, da man in Tableviews auch ohne ihn ganz gut die Selektion erkennen kann. Sie können das Zeichnen vermeiden, indem Sie bei selektierten Tableviews im Attributes-Inspector unten den Focus-Ring in der Rubrik *View* von *Default* auf *None* umstellen. Machen Sie dies; es sieht gleich deutlich schöner aus.

> **TIPP**
>
> Das ist jetzt nicht mehr notwendig, da Cocoa keinen Focus-Ring mehr zeichnet, weil durch die Vergrößerung des Views bis an den unteren Rand des Fensters der größte Teil des Focus-Rings ohnehin nicht mehr sichtbar ist.

Farben

Einige Eigenschaften haben Farben als Parameter: Hintergrundfarbe, Umrandungsfarbe, Textfarbe usw. Farben werden in Cocoa durch Instanzen der Klasse `NSColor` abgebildet. Dabei gibt es sowohl verschiedene Convenience-Allocators für die einzelnen Farben (wie +whiteColor, +blueColor usw.) als auch entsprechende Methoden für die verschiedenen Farbsysteme (RGB, CMYK, HSV usw). Man kann Farben einen sogenannten Alphawert (alpha Value) mitgeben, der die Deckkraft einer Farbe bezeichnet. Hiermit sind also gegebenenfalls Transparenzeffekte möglich.

> **AUFGEPASST**
>
> Man kann mit einer völlig transparenten Farbe (alpha: 0 Prozent) übrigens Löcher in Fenster »schießen«. Damit beschäftigen wir uns im zweiten Band.

Häufig ist es angezeigt, sich nicht selbst Farben zu definieren, sondern Systemfarben zu verwenden. Diese gehen dann sogleich mit etwaigen Benutzereinstellungen für die Farben (Themes) einher. Auch hierzu kennt die Klasse `NSColor` entsprechende Klassenmethoden zur Erzeugung.

Wir können das einmal ausprobieren, indem wir die Action-Methode -calculate: ändern.

```
- (IBAction)calculate:(id)sender
{
    double input = [self.inputTextField doubleValue];
    double factor = [self.factorTextField doubleValue];

    double result = input * factor;
    NSColor* color;
    if( result > 100 ) {
        color = [NSColor redColor];
    } else {
        color = [NSColor controlTextColor];
    }
    [self.outputTextField setTextColor:color];
    [self.outputTextField setDoubleValue:result];
}
```

Kapitel 5

Sie sehen schon, dass bei einem Ergebnis größer als 100 eine rote Farbe erzeugt wird, die am Ende der Methode als Textfarbe gesetzt wird. Ist dies nicht der Fall, so wird allerdings nicht Schwarz erzeugt, sondern die Systemfarbe +controlTextColor verwendet. Dies ist eben besser, da sich bei einer Veränderung der Systemfarbe automatisch unser Programm daran anpasst.

> **TIPP**
>
> Sie können übrigens auch in allen Programmen im Systemfarbfenster den Pane *Farbpalette* und dann dort die Palette *Entwickler* auswählen, um eine Liste der Systemfarben nebst deren Erscheinung zu erhalten.

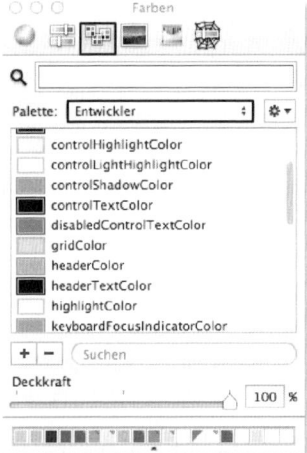

Praktisch zum Suchen: Auch das Fenster für Farben kennt die Systemfarben.

> **HILFE**
>
> Sie können das Projekt in diesem Zustand als Converter-21 von der Webseite herunterladen.

Control-Size

Instanzen der Klasse NSControl kennen zudem eine eigene Control-Size, die nichts mit den Koordinaten des Views zu tun hat. Vielmehr kann man Controls in den vordefinierten Größen *regular* (normale Größe), *small* (verkleinert) und *mini* (stark verkleinert) setzen lassen. Damit ändern sich nicht nur die Defaultgrößen selbst, sondern auch die verwendete Textgröße. Hiermit können Sie vor allem kleine Buttons und Texte erzeugen, die von geringerer Bedeutung sind. Im Interface Builder lässt sich diese Eigenschaft im Size-Inspector als oberster Eintrag *Control Size* einstellen.

Key-Loops

Zu jedem View kann gespeichert werden, welches das nächste View für Tastatureingaben sein soll, wenn der User die Tabulator-Taste drückt. Hierzu können Sie im Interface

Builder bei gehaltener [ctrl]-Taste eine Verbindung von einem View zum nächsten ziehen und im aufspringenden Fenster *nextKeyView* anwählen. Es existiert die umgekehrte Eigenschaft previousKeyView, die den Vorgänger bestimmt. Der Interface Builder setzt dies automatisch in der umgekehrten Richtung.

5.4.2 Autolayout

Lion führte für Entwickler ein neues System zur automatischen Größenanpassung bei Änderung der Fenstergröße ein. Bisher wurde das sogenannte Springs-and-Struts (Federn und Streben) verwendet, welches es nur zuließ, die Änderung eines Fensters in Abständen zur rechten und linken Seite sowie Breite (bzw. oberer und unterer Abstand sowie Höhe) einfließen zu lassen. Rudimentär haben Sie damit ja schon gearbeitet.

Dabei ließen sich aber gewisse Dinge nicht definieren. Vorab eine Liste der Problemfälle, die gelöst werden sollen:

- Es gibt komplexere Abhängkeiten bei der Größenanpassung, die sich mit Springs-and-Struts nicht oder nur sehr unbequem lösen lassen, so etwa die komplexere Verteilung von Größenänderungen auf mehrere Views. An diesem Beispiel gehen wir das gleich auch einmal durch.

- Die Einstellungen beziehen sich immer auf eine Richtung, also in X-Richtung oder Y-Richtung. Es kann aber erforderlich sein, dass eine Größenänderung in der einen eine Anpassung in der anderen Richtung erforderlich macht. Denken Sie nur an Views, deren Seitenverhältnis konstant bleiben muss.

- Das Layout bestimmt, wie sich einzelne Views verhalten, wenn sich andere, insbesondere das Contentview des Fensters, verändern. Dies ist aber eine allgemeine Regel. Der Interface Builder selbst respektiert sie nicht: Wenn Sie dort die Fenstergröße ändern, dann müssen alle in ihm enthaltenen Views wieder von Ihnen manuell platziert werden.

Machen wir das an einem Beispiel deutlich:

> **AUFGEPASST**
>
> Auch hinsichtlich des Autolayouts ist in Xcode nicht alles wirklich gelungen. Deshalb auch das neue Projekt. Ich gehe allerdings davon aus, dass die Möglichkeiten des Interface Builders bald erweitert werden, seit Xcode 4.4 ist schon einiges besser geworden. Ich will Ihnen daher die grundsätzliche Funktionsweise näherbringen.

Schließen Sie bitte das bisherige Projekt und legen Sie ein neues *Autolayout* an. Als Vorlage wählen Sie bitte *Cocoa Application*. In dem folgendem Dialog schalten Sie bitte – nachdem Sie den Namen eingetragen haben – *Create Document-Based Application*, *Use Core Data* und *Include Unit Tests* aus, *Use Automatic Reference Counting* hingegen ein. Wir kümmern uns nur um das User-Interface.

Kapitel 5

Wenn das Projekt angelegt ist, wählen Sie im Projektnavigator *MainMenu.xib*. Schalten Sie im File-Inspector (dies ist der Inspector ganz links in der Leiste) die Option *Use Auto Layout* in der Gruppe *Interface Builder Document* aus.

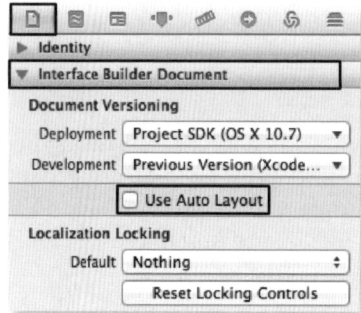

Ein Klick, und die Welt des Autosizing beginnt.

Selektieren Sie dann in der Objektliste das Fenster *Window*. Schieben Sie jetzt drei *Gradient Buttons* aus der Library nebeneinander in das Fenster, und zwar in der Höhe mittig. Verkleinern Sie das Fenster bitte in horizontaler Richtung, bis rechts die blaue Hilfslinie erscheint. Wir wollen erreichen, dass bei einer Größenänderung der Fenster die Buttons sich mitvergrößern, die Abstände jedoch konstant bleiben. Wie machen wir das? Überlegen wir einmal:

Alle Buttons müssen auf jeden Fall in der Breite flexibel sein. Ebenso klar dürfte sein, dass der Button am linken Rand einen festen Abstand zum linken Rand haben muss, der Button am rechten Rand entsprechend zum rechten Rand. Der mittlerweile müsste auf beiden Seiten bewegliche Ränder haben, da sich ja die neben ihm liegenden Buttons vergrößern und so der Abstand zum Fensterrand variabel ist. Geben Sie das so jeweils im Size-Inspector an.

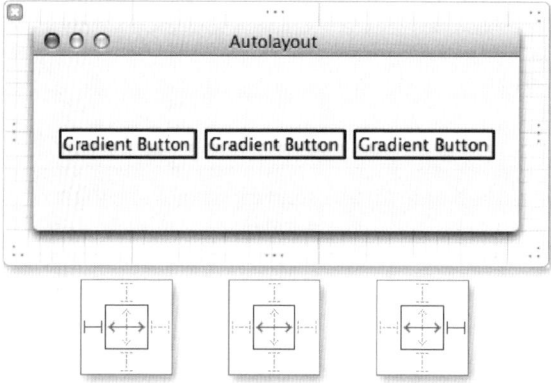

So könnte es gehen, geht es aber nicht: Mit den Anteilen kommt das Federsystem nicht zurecht.

422

Sie können jetzt unmittelbar mit dem Menüeintrag *Editor | Simulate Document* das Verhalten dieser Konfiguration testen – und werden enttäuscht: Verbreitern Sie das Fenster deutlich, so verbreitern sich auch die Zwischenräume der Buttons. Verkleinern Sie es deutlich, überlappen irgendwann die Buttons. Was wir wollen, geht mit Springs-and-Struts schlicht nicht.

> **HILFE**
>
> Sie können das Projekt in diesem Zustand als Projekt Autolayout-1 von der Webseite zum Buch herunterladen.

Das neue Autolayout verfolgt daher einen allgemeineren Ansatz: Es verknüpft eine Eigenschaft eines Views mit einer (möglicherweise anderen) Eigenschaft eines (möglicherweise anderen) Views.

Constraints

Dies geschieht über eine lineare Relation der Form:

```
view1.attr1 == Faktor × view2.attr2 + Offset
```

Selbstverständlich können View1 und View2 dieselben Views sein, wie auch attr1 und attr2 die gleichen Attribute sein können. Die zu verwendenden Attribute beziehen sich alle auf das Frame des Views: left, right, top, bottom, leading, trailing, width, height, centerX, centerY and baseline. Leading und trailing unterscheiden sich insoweit, als dass sie von der Schreibrichtung abhängen. Denken Sie etwa an den arabischen Sprachraum. baseline bezeichnet die Schreiblinie, so dass in verschiedenen Views enthaltene Schrift ausgerichtet werden kann.

Bemerken Sie bitte, dass ich mit voller Absicht ==, also einen Vergleichsoperator in die Formel geschrieben habe, Ebenso ist es möglich, >= und <= zu verwenden. Der Witz: Das Ganze liest sich dann nicht mehr als Anweisung, einen bestimmten Wert zu speichern, sondern als Bedingung, die erfüllt sein muss. Deshalb wird es auch »Layout-Constraint« genannt, also Beschränkung.

Anders als bisher können Constraints auch kreuz und quer durch die Viewhierarchie definiert werden. Das ist etwa dann nützlich, wenn sich verschiedene Views in einem Container befinden und außerhalb des Containers andere Views ausgerichtet werden sollen.

Machen wir das an unserem Beispiel deutlich. Schalten Sie dazu das Autolayout wieder ein.

Sie erhalten eine Warnung, dass nunmehr der Xib-File umgestellt wird. Bestätigen Sie das.

Sie sehen jetzt schon in der Objektliste unterhalb des Contentviews für das Fenster einen neuen Eintrag *Constraints*, den Sie bitte öffnen. Dort befinden sich violette Einträge, die automatisch vom Interface Builder als Minimalanforderung erzeugt wurden.

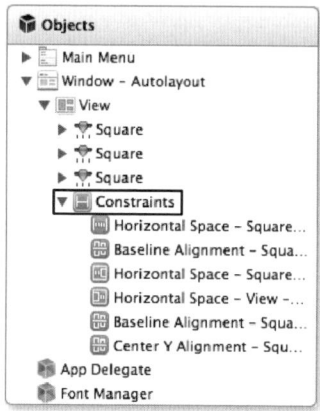

Automatisch vom Interface Builder erzeugte Constraints. Die Reihenfolge kann bei Ihnen anders lauten.

Schauen wir uns das einmal etwas genauer an. Wählen Sie einen Eintrag, dessen Name mit *Baseline Alignment* beginnt. Sofort werden zwei Buttons gelb unterlegt, und es erscheint eine Linie auf Höhe der Textzeile. Das bedeutet einfach, dass der Text der beiden Buttons auf einer Höhe stehen soll. Es gibt noch einen solchen Eintrag. Der betrifft dann ein anderes Buttonpaar. Und einen dritten, der dann das letzte Buttonpaar auf eine Höhe setzt? Nein, denn wenn ein Button mit einem anderen auf einer Höhe liegt und ein zweiter mit einem dieser Buttons auf einer Höhe liegt, so liegen alle auf einer Höhe. Ein drittes Constraint ist hierzu also nicht erforderlich.

Aber damit bestimmen wir ja nur die Lage der Buttons zueinander. Wie liegen die insgesamt im Fenster? Hierzu existiert wieder ein Constraint, welches die Höhe eines Buttons festlegt (*Center Y Alignment*). Da die anderen Buttons ja auf einer Höhe liegen müssen, sind diese damit auch in vertikaler Richtung mittig. Sie bemerken das System? Es werden Abhängigkeiten als Bedingungen formuliert, und zwar soviele, dass sich eine Lösung für die Anordnung der Elemente ergibt.

Wenden wir uns aber der horizontalen Richtung zu, um die es uns ja eigentlich ging. Sie werden drei Einträge sehen, die mit *Horizontal Space* beginnen. Sie legen Abstände fest. Klicken Sie diese einmal durch. Das steht noch nicht, so wie wir das wollen, denn es fehlt eine Angabe zum Abstand zwischen mittleren und rechten Button. Wählen Sie beide an, am besten, indem Sie ein Selektionsrechteck aufspannen. In der Menüleiste wählen Sie dann *Editor | Pin | Horizontal Spacing* an. *Pin* ist das Submenü für Autolayout, und mit *Horizontal Spacing* sagen wir, dass der Abstand festgelegt sein soll.

Sie werden jetzt in der Objektliste bemerken, dass unser Constraint *Horizontal Space (8)* – und einige andere – dort blau gelistet werden und dafür violette verschwunden sind. Im Attributes-Inspector sehen Sie auch Einstellungen dieses Constraints, wenn Sie das neue in der Objektliste selektieren. Dort steht dann unter *Horizontal Spacing Constraint*, dass der Abstand gleich (*Equal*) 8 sein soll. Mal symbolisch ausgedrückt bedeutet dies in etwa:

```
rechterButton.linkerRand - mittlererButton.rechtererRand == 8
```

Setzen Sie bitte im Attributes-Inspector das Häkchen vor *Standard*.

Jetzt haben wir die Abstände zwischen den Buttons festgesetzt. Bleiben die Abstände der äußeren Buttons zum Fenster, genauer: zum Superview der Buttons. Selektieren Sie bitte einen Button und erkennen dann an den blauen Abstandslinien, dass diese bereits gesetzt worden sind. Gehen Sie das ruhig mal für jeden Button durch.

Ungleichungssystem

Probieten wir unsere Arbeit mit *Editor | Simulate Document* aus. Sie werden enttäuscht sein. Zwar werden die Abstände zum Fensterrand und zwischen den Buttons eingehalten, aber die Buttons vergrößern sich nicht gleichmäßig. Vielmehr ist es so, dass sich nur ein Button vergrößert, der übrigens zufällig ausgewählt ist. Funktioniert doch nicht? Gehen wir der Sache auf den Grund:

Da zahlreiche Views und deren zahlreiche Eigenschaften unter Bedingung gestellt werden können, entsteht ein lineares Ungleichungssystem. Bei einer Größenänderung wird also nicht mehr gefragt, wie sie in Views gestopft werden muss. Vielmehr werden alle Constraints so errechnet, dass sie aufgehen.

Bei uns wird etwa das Fenster durch den Nutzer um 21 Pixel verbreitert. Jetzt sucht Cocoa nach einer Lösung, die Buttons so anzuordnen, dass alle Constraints weiterhin wahr bleiben. Nur gibt es da mehrere: Man könnte einfach den rechten Button um 21 Pixel verbreiten. Damit würden alle Abstände eingehalten. Oder man verbreitert den linken Button und schiebt die anderen nach rechts. Wieder werden alle Abstände eingehalten. Wir wollen aber, dass sich jeder Button um 7 Pixel erweitert und dann entsprechend zurechtgeschoben wird. (Es gibt übrigens noch viel mehr Lösungen, nämlich unendlich viele.)

Die Gesamtheit der einzelnen Bedingungen bilden ein Ungleichungssystem. Und ein solches Ungleichungssystem kann sich in drei Zuständen befinden:

- Es existiert genau eine Lösung für das System. Die entsprechenden Werte für die Attribute werden dann vom System gesetzt.
- Es existieren keine Lösungen für das System. In diesem Falle wird die Größenänderung des Fensters abgelehnt (überbestimmtes Ungleichungssystem).
- Es existiert mehr als eine Lösung. Das System sucht sich eine aus (unterbestimmtes Ungleichungssystem).

Wir haben es hier mit dem Fall 3 zu tun: Es gibt ganz viele Lösungen.

Um das genauer zu untersuchen, bietet Cocoa Unterstützung an. Deklarieren Sie bitte zunächst im Header vom Application-Delegate folgende Methode:

```
@interface AppDelegate : NSObject <NSApplicationDelegate>
@property (assign) IBOutlet NSWindow *window;

- (IBAction)showConstraints:(id)sender;
@end
```

Kapitel 5

In AppDelegate.m implementieren wir diese unmittelbar nach der Zeile mit @implementation.

```
- (IBAction)showConstraints:(id)sender
{
    NSArray *constraints = [sender constraintsAffectingLayoutForOrientation:
                            NSLayoutConstraintOrientationHorizontal];
    [[sender window] visualizeConstraints:constraints];
}
```

Hier holen wir uns von dem Sender – die Buttons müssen Sie noch mit der Actionmethode verbinden – diejenigen Constraints, die für die horizontale Ausrichtung verantwortlich sind. Dann sagen wir dem dazugehörigen Fenster, dass es das anzeigen soll. Starten Sie die Applikation und machen Sie das Fenster zunächst so schmal, wie es geht. Klicken Sie auf einen Button. Sie sehen Wundersames! Um das Fenster legt sich ein violetter Rahmen mit verschiedenen Informationen. Im Fenster sehen Sie ebenfalls die Constraints, die wir im Interface Builder angaben. Sie können diese anklicken und erhalten dann in der Log-Konsole eine Beschreibung.

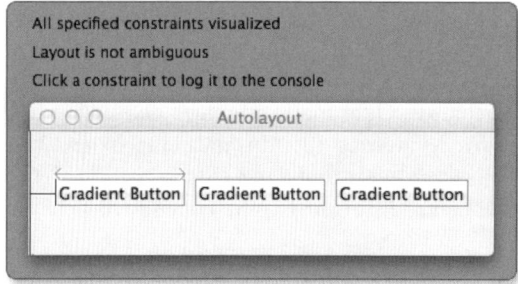

Die Constraints können angezeigt werden.

TIPP

Wenn Sie im Interface Builder einem View einen Identifier geben, dann wird dieser im Log verwendet. Das kann bei komplizierten Sachverhalten dienlich sein.

Jetzt vergrößern Sie das Fenster (das Fenster, nicht den violetten Zusatzbereich), so dass wir zu dem Problem gelangen. Zur Erinnerung: Die Vergrößerung kann unter Einhaltung der von uns angegebenen Regeln auf mehrere Arten erfolgen.

Dementsprechend erscheint nunmehr oberhalb des Fensters der Hinweis auf die Mehrdeutigkeit (*Exercise Ambiguity*). Klicken Sie darauf. Bei jedem Klick wird eine andere Art der Lösung angezeigt. Sie sehen also, worin die Mehrdeutigkeit liegt. Beenden.

Die Viewschicht

Ambigious: Cocoa kann nicht wissen, wie es die Buttons verbreitern soll.

Uns schmeckte aber nur eine bestimmte Lösung. Wir müssen daher so viele Bedingungen hinzufügen, dass wir bei Fall 1 der obigen Aufstellung landen, also nur noch eine richtige Lösung für das Ungleichungssystem existiert. Was wäre das denn? Richtig, wir sagen einfach, dass die Buttons dieselbe Breite haben müssen. Dann kann das System gar nicht anders, als die Vergrößerung gleichmäßig auf die drei Buttons zu verteilen.

Dazu gehen Sie wieder in den Interface Builder. Wählen Sie bitte alle drei Buttons an (Selektionsrechteck). Im Menü klicken Sie auf *Editor | Pin | Widths Equally*. Es werden jetzt zusätzlich zwei Constraints *Equal Widths* erzeugt. Das funktioniert so, wie wir es vorhin bei der vertikalen Platzierung gesehen haben: Ein Button ist so breit wie ein anderer Button. Und der dritte Button ist so breit wie einer der beiden ersten. Also sind alle gleich breit. Der Grund dafür ist, dass ein Constraint immer eine Eigenschaft eines Views mit einer Eigenschaft eines anderen Views verknüpft. Es gibt also keine »3-er-Constraints«. Selektieren Sie nacheinander die Buttons, um die jeweiligen Beziehungen zu sehen.

Starten und testen Sie bitte die Applikation. Es sollte jetzt wie gedacht funktionieren. Es wid auch nicht mehr die Mehrdeutigkeit moniert, wenn Sie den violetten Rand durch einen Klick auf einen Button aktivieren.

Sie können übrigens den Regeln Prioritäten vergeben, die die Einhaltung in eine Rangfolge stellen. Bekommt ein Constraint eine niedrigere Priorität als in der Konstante `NSLayoutConstraintRequired`, so wird das entsprechende Constraint nur dann eingehalten, wenn dies dem Layoutsystem möglich ist.

Nutzung aus dem Code

Zur Nutzung aus dem Code heraus dient die Klasse `NSLayoutConstraint`. Sie können diese instanzieren und einem View hinzufügen oder wieder Constraints löschen. Die Instanzierung eines Constraints kann über ASCII-Art (Visual-Format) erfolgen, etwa in der Form

```
|-[Button1]-[Button2(==Button1)]-[Button3(==Button1)]-|
```

Kapitel 5

> **HILFE**
>
> Sie können das Projekt in diesem Zustand als Projekt Autolayout-2 von der Webseite zum Buch herunterladen.

Schließen Sie das Projekt bitte wieder und öffnen Sie das vorhergehende Converter-Projekt.

5.4.3 Buttons

Die einfachen Action-Buttons müssen eigentlich nicht lange erklärt werden, zumal wir auch schon reichlich damit gearbeitet haben.

Bei dieser Vielfalt an Buttons sollten Sie aufpassen, nicht alles zu bunt zu machen. Achten Sie insbesondere darauf, welcher Button sich zu welchem Hintergrund eignet. Insgesamt empfiehlt es sich, einfach mal auf andere Applikationen zu schauen, wie dort Buttons verwendet werden. Es ist eher unwahrscheinlich, dass gerade Sie der Mensch sind, der ganz neue Gestaltungsideen entwickelt.

Allerdings lassen sich einige Buttonarten unterscheiden. Sie stammen übrigens alle von derselben Klasse NSButton ab, haben aber ein unterschiedliches Aussehen. Dies entspricht im Interface Builder der Einstellung *Style* im Attributes-Inspector. Nur in wenigen Fällen ist wirklich eine Unterklasse vorhanden. Die zweite wichtige Einstellung zur Unterscheidung von Buttons ist ihr Klickverhalten, welches im Attributes-Inspector der Einstellung *Type* entspricht.

Schließlich kann man mit der Einstellung *Key Equivalent* (Tastaturentsprechung) jedem Button ein Tastaturkürzel zuordnen. Dazu klicken Sie in das entsprechende Feld im Attributes-Pane, so dass ein Focus-Ring sichtbar wird und sodann die Tastenkombination auf der Tastatur. Sie können das in unserem Dokumentfenster mal für den Umrechnen-Button machen, indem Sie in diesem Feld die [Eingabetaste] drücken, und zwar die mit dem Symbol und nicht die im Nummernblock. (Hatten Sie sich das vielleicht schon einmal gewünscht?)

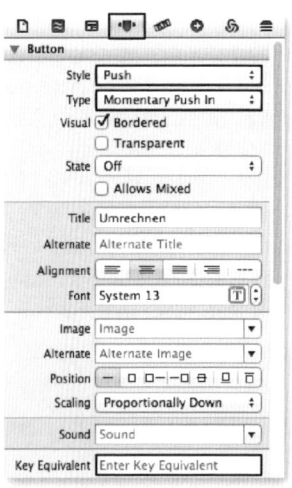

Die wichtigsten Eigenschaften von Buttons

Aktionsbuttons

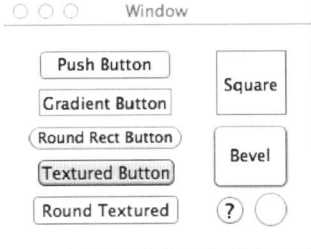

Ganz schön bunt hier: Über die Jahre haben sich einige Buttontypen angesammelt.

Die Aktionsbuttons besitzen den Mode *Momentary Push in* und dienen dazu, einfach eine Aktion auszulösen, so wie wir es bereits gemacht haben. Sie zeichnen sich nur während des Klickvorganges selektiert (und während die anschließende Methode läuft).

Der Bevel-Button soll ab OS X 10.7 nicht mehr verwendet werden.

Umschaltbuttons

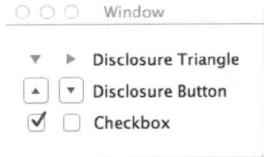

Ein und Aus, dies und das: Diese Buttons schalten etwas um. Optionsknöpfe bilden dabei eine Gruppe.

Einige Buttons sind eigentlich nicht dazu gedacht, aus Sicht des Nutzers eine Aktion auszuführen (was sie natürlich technisch tun), sondern stellen eine Einstellung, also einen Wert dar. Ich habe auch den Disclosure hier mit hereingenommen, da auch er einen Zustand anzeigt. Entsprechend hat er auch ein Value-Binding, welches seinen Zustand setzt. Diese Buttons haben den Typen *Push On Push Off*.

Ja, nein, jein

Es sei angemerkt, dass solche Umschaltbuttons drei Zustände annehmen können: `NSOffState` (deselektiert), `NSOnState` (selektiert) und `NSMixedState`. Der letzte Status dient dabei nicht der Signalisierung eines Zwischenzustandes, so wie gelb bei einer Ampel. Vielmehr bedeutet er, dass, wenn mehrere Objekte ausgewählt sind, bei manchen der Zustand gesetzt, bei manchen nicht gesetzt ist. Dementsprechend sollen bei der Anzeige innerhalb einer Mehrfachauswahl die beiden anderen Zustände nur verwendet werden, wenn sie auf sämtliche selektierten Objekte zutreffen.

In diese Gruppe gehören die Check-Box, der Disclosure und das Disclosure-Triangle, welches vor allem bei den später besprochenen Outlineviews eine größere Rolle spielt.

Mehrfachauswahl

Buttons zur Auswahl aus einer Liste

Bei den Buttons für eine Mehrfachauswahl (Radio-Group, Recessed-Button, Segmented-Control) verhält es sich etwas anders. Hier muss man berücksichtigen, dass ein einzelner Button an sich keine sinnvolle Information enthält, da nur einer von mehreren aktiviert werden kann. Radio-Buttons (runde Optionsknöpfe) befinden sich daher in einer sogenannten Matrix, die die Buttons verwaltet. Die wirkliche Einstellung ergibt sich dann aus dem selectedIndex- oder der selectedObject-Eigenschaft des Buttons.

Eine Matrix erscheint in der Objektliste mit einem Untereintrag mehr, als tatsächlich vorhanden ist. Der erste Eintrag ist eine Vorlage, die bei Hinzufügen von Elementen kopiert wird. Sie können dabei die Zahl der Zeilen wie Spalten angeben. Mehrere Optionsgruppen werden durch mehrere Matrizen ermöglicht.

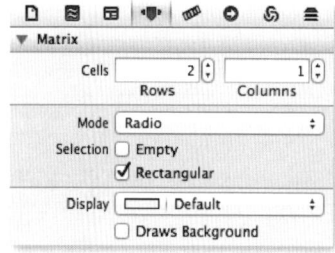

Eine Matrix sammelt Buttons zur Mehrfachauswahl.

Ganz ähnlich verhält es sich bei den Recessed-Buttons, wie Sie sie aus vielen Programmen für die Suche kennen. So verwendet sie etwa Mail für die Auswahl der Postfächer bei der Suche, der Finder für die Ordner. Und genau dafür (und nur dafür) dienen sie: Eine Suchauswahl einzugrenzen. Bei Platzmangel haben sie ein spezielles Pop-Up als Pendant, wie wir dort sehen werden. Beide Controls werden als Scope-Controls bezeichnet, da sie eben die Suche auf bestimmte Objektgruppen eingrenzen.

Sie können mehrere solcher Buttons anlegen und dann im Menü mit *Editor | embed in | Matrix* diese gruppieren. Schalten Sie im Attributes-Inspector der Matrix Radio als Mode ein, dann ist immer nur ein Element auswählbar. Eine solche Matrix hat nur eine Zeile mit mehreren Spalten. Sie befindet sich unterhalb der Titelzeile einschließlich der Toolbar.

Das Segmented-Control ist ein Sonderfall in dieser Gruppe, da es sich tatsächlich um einen einzelnen Control handelt, der nicht von NSButton abgeleitet ist. Der Hintergrund ist, dass in einer Toolbar auf diese Weise mehrere »Buttons« wie ein Element erscheinen, also nur ein Label erhalten und vom Nutzer nur gemeinsam platziert werden können. Xcode verwendet etwa so ein Segmented-Control für den Eintrag *Editor* in der Toolbar.

Wie Sie dort aber ebenfalls in der Toolbar bei dem Eintrag View erkennen können, ist es möglich ein Segmented-Control so einzustellen, dass auch mehrere Buttons angewählt sein können. Ob dies der Fall ist, bestimmt die Eigenschaft *Mode*, die auch im Interface Builder verfügbar ist.

Ein Segmented-Control kann auch als Aktionsbutton dienen. Es ist also nicht auf die Auswahl in einer Gruppe beschränkt. In diesem Falle wird der Modus auf Select None gestellt.

5.4.4 Imageviews

Ein Imageview mit einer Bezel-Border

> **AUFGEPASST**
>
> Eine Instanz der Klasse NSImageView heißt im Interface Builder *Image Well*. Dort ist mit Image View eine Instanz der Klasse IKImageView gemeint. Das Präfix IK steht für Image Kit, einem mit OS X mitgelieferten, aber nicht in Cocoa eingebundene Framework für Bildverarbeitung. Wir beschränken uns hier gemäß dem Buchtitel auf Cocoa.

Wenn Sie ein Imageview in ein Fenster ziehen, können Sie gleich ein Bild angeben. Dabei wird sowohl nach Systembildern wie nach Bildern aus Ihrem Projekt (Workspace) gesucht. Ebenfalls können Sie in der Library des Interface Builders auf die Media Library wechseln und von dort ein Bild auf das Imageview ziehen. Wir hatten das ja bereits im Rahmen der Toolbar gemacht.

> **TIPP**
>
> Wenn Sie unmittelbar ein Bild aus der Library in ein Fenster ziehen, erzeugt der Interface Builder automatisch ein rahmenloses Imageview, welches das Bild enthält.

5.4.5 Boxen

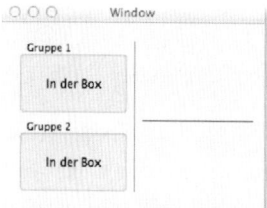

Eine Box dient zur Trennung von Elementen in Gruppen.

Das wohl einfachste echte View ist die Box (NSBox). Sie ermöglicht die Gruppierung von Subviews in einem Kasten mit Titel. Sie können mal eine Box in das neue Fenster ziehen und dann andere Elemente wie die Ihnen bereits bekannten Textfelder dort herein legen. Diese werden Subviews. Nehmen Sie dies einmal mit zwei Elementen vor. Sie können jetzt die umgebende Box auflösen, indem Sie im Menü *Editor* des Interface Builders auf *Unembed* klicken. Jetzt bleiben nur die von Ihnen in die Box gelegten Subviews übrig.

Umgekehrt können Sie auch selektierte Views in eine neue Box schmeißen. Achten Sie darauf, dass die Elemente noch selektiert sind, und wählen Sie dann im Menü *Editor* den Eintrag *Embed in | Box*.

Der Box kann im Attriutes-Inspector der *Box Type Custom* gegeben werden, so dass sie letztlich nicht mehr sichtbar ist. Sie dient dann als reines programmatisches Gruppierungselement. Dies kann die Viewhierarchie strukturieren und damit Arbeiten im Code erleichtern. So lassen sich etwa ganze Hierarchien mit einem Schlag ein- und ausblenden, verschieben usw. Dies nutzen wir im Abschnitt über View-Animation aus.

Die in der Graphik ebenfalls dargestellten Trennlinien (in der Library als *Horizontal Line* und *Vertical Line* gelistet) sind auch Instanzen der Klasse Box. Hier werden natürlich die oberhalb/unterhalb bzw. recht/links liegenden Elemente nicht Subviews. Die Viewhierarchie spiegelt also die Gruppierung nicht wieder. Sie sind allerdings optisch zurückhaltender, was mir gefällt.

5.4.6 Tabviews

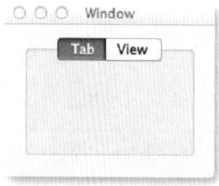

Mit Tabviews kann man mehrere Ansichten einfach umschalten.

So wie Instanzen der Klasse NSBox gruppieren auch Tabviews (NSTabView) Elemente des Benutzer-Interfaces in der Viewhierarchie. Allerdings kann man zwischen mehreren

Gruppen umschalten. In den Attributen kann man neben der Anzahl der Tabs auch deren Lage einstellen bis hin zum Ausblenden der Tabs. Spielen Sie einfach mal im Attributes-Inspector etwas herum.

Jetzt wollen wir aber auch etwas Sinnvolles machen. Schieben Sie den Spielkind-Button im Experimentierfenster nach unten. Ziehen Sie ein Tabview in das Fenster. In der Objektliste können Sie bereits die Struktur erkennen. Ein Tabview nennt seine Untereinträge *Tab View Item*. `NSTabViewItem` ist auch der Name der Klasse, die sie modelliert. Beachten Sie dabei, dass es sich nicht um Views handelt, sondern um Verwaltungseinheiten, die von `NSObject` unmittelbar abgeleitet sind. In diesen liegt dann wiederum ein View, der alle Views dieser Seite als Subviews enthält. (In Wahrheit ist die Viewstruktur komplizierter und vor allem für Sie verborgen. Sie erreichen das Wurzelview einer Seite am besten und dokumentiert über die Eigenschaft view eines Tabviewitems.)

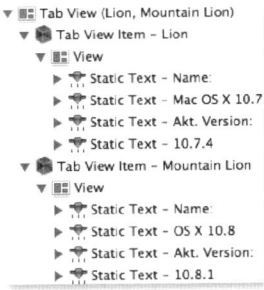
Die Tabviewitems bilden eine Verwaltungseinheit für die einzelnen Seiten.

Dort können Sie auch Items entfernen, indem Sie sie selektieren und die Löschtaste betätigen. Bitte machen Sie das mit einem Item. Eine andere Möglichkeit liegt darin, im Attributes-Inspector des Tabviews die Anzahl der Tabulatoren (*Tabs*) zu ändern.

Sie können die Titel der Tabviewitems auch nach einem Doppelklick editieren. Benennen Sie den verbliebenen mit *Lion* und ziehen Sie ein paar Labels in den Tab. Sie müssen sich dabei nicht an die Abbildung halten. Selektieren Sie nun in der Objektliste den Eintrag *Tab View Item* und duplizieren Sie ihn mit [cmd]+[D]. Sie werden erkennen, dass am Ende der Objektliste (nicht innerhalb des Tabviews!) ein neuer Eintrag entstanden ist, den Sie bitte in die Objektliste unterhalb des Tabviews ziehen. Ändern Sie den Titel des Tabs und die Einträge. Auch hier müssen Sie meinen Vorschlägen nicht folgen, sollten aber deutlich unterscheidbare Dinge wählen.

Wir haben jetzt also zwei Bereiche, die umschaltbar sind. Man kann sich das etwa so vorstellen:

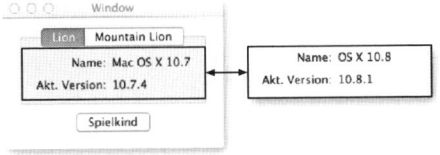
Der Programmierer erstellt nur die einzelnen Seiten. Die Verwaltung übernimmt das Tabview.

Kapitel 5

Sie können jetzt bereits das Tabview im Interface Builder testen, indem Sie im Menü *File* auf *Simulate Interface* klicken. Beenden Sie den Test wieder im Menü *Cocoa Simulator* mit *Quit Cocoa Simulator* (oder [Befehl]+[Q]).

Man kann Tabviews ebenfalls dazu verwenden, den Inhalt von Fenstern schnell umzuschalten. Sie kennen das etwa von Einstellungsfenstern (Preferences), bei denen man verschiedene Gruppierungen hat. Stellen Sie hierzu im Attributes-Inspector die Eigenschaft *Style* auf *Tabless*. Sie sehen jetzt, dass nur noch das enthaltene Subview erscheint. Stellen Sie zudem die Eigenschaft *Draws Background* aus. Kontrollieren Sie bitte, dass der Button *Spielkind* noch mit der Actionmethode -playWithViews: verbunden ist. Dem Converter geben wir im Header sein weiteres Outlet, damit er unser Tabview kennt:

```
@interface Converter : NSObject< NSWindowDelegate>
@property (weak) IBOutlet NSTextField *inputTextField;
@property (weak) IBOutlet NSTextField *factorTextField;
@property (weak) IBOutlet NSTextField *outputTextField;
@property (weak) IBOutlet NSTabView *osTabView;
```

Dieses verbinden Sie bitte gleich wieder in Document.xib. Achten Sie dabei darauf, dass Sie auch wirklich das Tabview erwischen und nicht ein Element dort drin. Sie können als Ziel auch das Objekt in der Objektliste verwenden. Dann ist es klarer.

In Converter.m passen Sie die Action-Methode an:

```
- (IBAction)playWithViews:(id)sender
{
    NSTabViewItem *selectedItem = [self.osTabView selectedTabViewItem];
    [self.osTabView selectNextTabViewItem:sender];
    if( [self.osTabView selectedTabViewItem] == selectedItem ) {
        [self.osTabView selectFirstTabViewItem:sender];
    }
}
```

Sie sehen hier ein paar klassische Methoden für Tabviews. Wichtig ist zu wissen, dass die Nachricht selectNextTabViewItem: – beim letzten Item einfach nichts tut, vor allem nicht wieder zum ersten Item zurückschaltet. Aus diesem Grunde vergleichen wir das selektierte Item vor und nach der Operation. Hat sich nichts geändert, setzen wir von Hand das erste Item.

Wenn Sie jetzt das Programm starten, können Sie mittels der Buttons das Tabview umschalten.

> **HILFE**
>
> Sie können das Programm in diesem Zustand als Converter-22 von der Webseite herunterladen.

Löschen Sie wieder das Tabview (mitsamt des enthaltenen Views) aus dem Fenster, entfernen Sie die Eigenschaft aus dem Header und leeren Sie wiederum die Methode -playWithViews:.

5.4.7 Splitviews

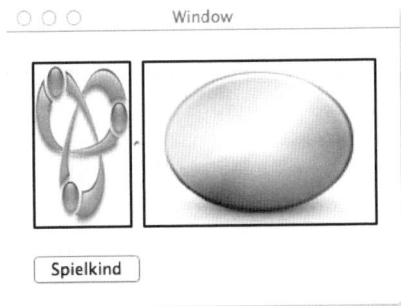

Die kleine Vertiefung verrät es: ein Splitview mit zwei Imageviews.

Auch das Splitview dient der Anordnung anderer Views. Bei einem Splitview sind allerdings alle (meist, jedoch nicht zwingend zwei) Bereiche gleichzeitig sichtbar und können in der Größe verändert werden. Testen wir das einmal aus:

Ziehen Sie zwei Images aus der Media-Library in unser Experimentierfenster, um zwei Instanzen eines Imageviews zu haben. Wählen Sie dabei ein Bild, welches eine Verzerrung gut erkennen lässt, etwa ein rundes Symbol. Bei beiden stellen Sie bitte im Attributes-Inspector unter Scaling die Option *Axes independently* ein, damit wir später das Verhalten eines Splitviews besser beobachten können. Selektieren Sie jetzt beide Bilder und klicken Sie im Menü *Editor* auf *Embed in | Split View*. Doppelklicken Sie auf den Divider des Splitviews. Das ist der Balken zwischen den Bildern, so dass das Splitview aufgehellt in einem Rechteck mit abgerundeten Ecken erscheint. Sie können diesen nun bewegen. Im Attributes-Inspector stellen Sie bitte den *Style* auf *Thick Divider*. Dies bedeutet, dass nur eine Vertiefung erscheint, wie es besser zum aktuellen Fensterstil passt. *Thin Divider* lässt ihn übrigens ganz verschwinden. Der Nutzer kann aber weiterhin die Aufteilung zwischen den Views verändern, wenn er mit der Maus in die Nähe der Mitte kommt. Sie kennen dies sehr platzsparende System sicherlich aus zahlreichen Applikationen.

Mit *Editor | Simulate Document* können Sie jetzt das Splitview testen. Ihnen wird dabei auffallen, dass das Splitview die Bilder entsprechend verzerrt. Es unterteilt sich in die beiden enthaltenen Subviews (und natürlich etwas Platz für die Vertiefung) und ändert daher bei einer Bewegung deren Frame. Da wir gesagt hatten, dass die Bilder mit dem Imageview ebenfalls verändert werden sollten, wirkt sich das durch die Ebenen aus. Beenden Sie den Simulator wieder.

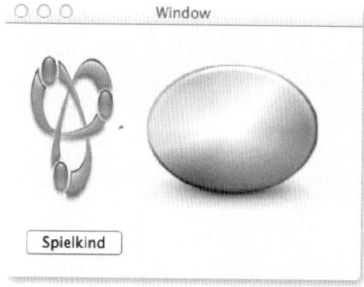

Ein Splitview passt die Größe seines Subviews an.

Ich habe Sie ein Splitview mit zwei Imageviews erzeugen lassen, um diesen Effekt zu demonstrieren. Wenn Sie jedoch in einige Anwendungen schauen, so sehen Sie, dass die Subviews eines Splitviews entweder wieder Gruppierungselemente wie eine Box oder ein Customview (NSView) enthalten oder ein View mit Scrollern, ein sogenanntes Scrollview, das wir gleich besprechen.

> **TIPP**
>
> Insgesamt wird die Viewhierarchie innerhalb von Splitviews gerne kompliziert, so dass sich einzelne Views im Dokumentenfenster nur schwierig selektieren lassen. Einfacher lassen sich einzelne Elemente in der Objektliste in der hierarchischen Darstellung auswählen.

Löschen Sie wiederum das Splitview.

5.4.8 Progressindicator

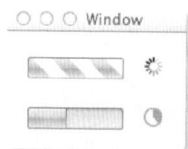

Die vier verschiedenen Progressindikatoren

Der Progressindicator dient dazu, den Fortschritt einer Operation anzuzeigen. Häufig wird er verwendet, um Speicheroperationen etwas unterhaltsamer zu gestalten. Dabei existieren zwei wichtige, im Interface Builder setzbare Eigenschaften, die kombiniert die vier Varianten in der Graphik ergeben:

- *Behaviour: Spinning (circular)* bzw. *bar*. Der Progressindicator wird als Kreis (*spinning*) oder als Balken (*bar*) gezeichnet.

- *Indeterminated.* Kennen wir den Gesamtumfang einer Operation (»insgesamt 5 Minuten« oder »insgesamt 1.048 Photos«), so nehmen wir die Option heraus, was bedeutet, dass der Benutzer den aktuellen Stand (»bereits 472 Photos bearbeitet«) als Füllstand eines Balkens (Bar) oder als Anteil an einem Kreis (Spinning) sieht. Weiß das Programm indessen nicht, wie groß der Gesamtumfang ist, so erscheint lediglich eine nicht quantifizierbare Animation. Den unbestimmten Progressindicator als Balken bezeichnet man übrigens auch als »Barber-Pole«, weil angeblich in Amerika solche Säulen vor Friseursalons anzutreffen sind.

Man kann am Progressindicator etwas zur Arbeitsweise von Runloops verdeutlichen. Diese Gelegenheit will ich wahrnehmen. Öffnen Sie zunächst Converter.h und passen Sie den Header an:

```
@interface Converter : NSObject< NSWindowDelegate>
@property (weak) IBOutlet NSTextField *inputTextField;
@property (weak) IBOutlet NSTextField *factorTextField;
@property (weak) IBOutlet NSTextField *outputTextField;
@property (weak) IBOutlet NSProgressIndicator *progressIndicator;
```

Wechseln Sie jetzt wieder zu Document.xib und ziehen Sie einen balkenförmigen Progressindicator in das Experimentierfenster. Sie finden ihn über eine Suche in der Library.

Verbinden Sie das neue Outlet *progressIndicator* der Converter-Instanz mit dem Progressindicator.

Passen wir in Converter.m wiederum die entsprechende Actionmethode an:

```
- (IBAction)playWithViews:(id)sender
{
    if( self.progressIndicator.doubleValue == 0.0 ) {
        [self.progressIndicator startAnimation:sender];
        [sender setTitle:@"Stopp"];
        self.progressIndicator.doubleValue = 100.0;
    } else {
        [self.progressIndicator stopAnimation:sender];
        [sender setTitle:@"Start"];
        self.progressIndicator.doubleValue = 0.0;
    }
}
```

Schauen wir uns das wieder einmal genauer an: Das if dient dazu festzustellen, ob die Animation bereits gestartet wurde. Ist dies nicht der Fall (If-Zweig), dann wird die Animation gestartet und der Titel des Buttons auf Stopp gesetzt, weil dies die Folge des nächsten Klicks wäre. Schließlich merkt sich die Instanz, dass sie die Animation gestartet hat.

Im Else-Zweig wird die Animation gestoppt, der Button wieder auf seine alte Beschriftung gesetzt und das Ganze vermerkt. Also testen. Sie können natürlich auch mal das Ganze als drehenden Progressindicator anzeigen lassen, indem Sie die Einstellung *Style* im Attributes-Inspector auf *Spinning* setzen.

Gut, das war der unbestimmte Progressindicator. Kommen wir zum bestimmten. Dazu nehmen Sie zunächst im Attributes-Inspector den Haken vor *Indeterminated* heraus.

Passen wir die Action-Methode an:

```
- (IBAction)playWithViews:(id)sender
    double progress = self.progressIndicator.doubleValue;
    if( progress == 0.0 ) {
        [self.progressIndicator startAnimation:sender];
        [sender setTitle:@"Schritt"];
        progress = 10.0;
    } else if( progress >= self.progressIndicator.maxValue ) {
        [self.progressIndicator stopAnimation:sender];
        [sender setTitle:@"Start"];
        progress = 0.0;
    } else {
        progress += 10.0;
        if( progress >= self.progressIndicator.maxValue ) {
            [sender setTitle:@"Stopp"];
        }
    }
    self.progressIndicator.doubleValue = progress;
}
```

Im Wesentlichen wird also die Animation jetzt erst gestoppt, wenn der Fortschritt bei 100 angekommen ist (Else-If-Zweig). Dazwischen (neuer Else-Zweig) wird er einfach erhöht und bei Erreichen von 100 der Buttontext geändert. (Weil ja dann gestoppt wurde.)

Wieder ausprobieren. Gegebenenfalls können Sie auch hier mal testweise den Progressindicator auf *Spinning* setzen.

Aber das war jetzt alles etwas tricky von mir: Der Witz eines solchen Progressindicators liegt ja nicht darin, dass der Benutzer ihn weiterstellt. Vielmehr soll ein Programm dies machen. Aber kein Problem – so denken wir uns –, einfach in einer Schleife erhöhen:

```
- (IBAction)playWithViews:(id)sender
{
    double progress;
    self.progressIndicator.usesThreadedAnimation = NO;
```

```
for (progress = 0.0; progress < 100.0; progress += 10.0) {
  self.progressIndicator.doubleValue = progress;
  sleep(1);
}
self.progressIndicator.doubleValue = self.progressIndicator.maxValue;
[self.progressIndicator stopAnimation:sender];
}
```

Zur Erläuterung muss ich wohl nur ausführen, dass das `sleep()` dazu dient, unsere Methode für eine Sekunde anzuhalten. Sie würde sonst derart schnell durchrauschen, dass wir nichts bemerken würden. So dauert der gesamte Vorgang 11 Sekunden.

So, alles fein, so denken wir immer noch und starten wohlgemut das Programm. Wenn wir auf den Button klicken, warten wir 11 Sekunden, es passiert nichts, und dann auf einmal sind gleich 100 Prozent erreicht. Fallen Ihnen jetzt auch die Liedzeilen »Wenn du denkst, du denkst, dann denkst du nur, dass du denkst ...« ein? Was soll denn das? Da passiert ja gar nichts zwischendurch.

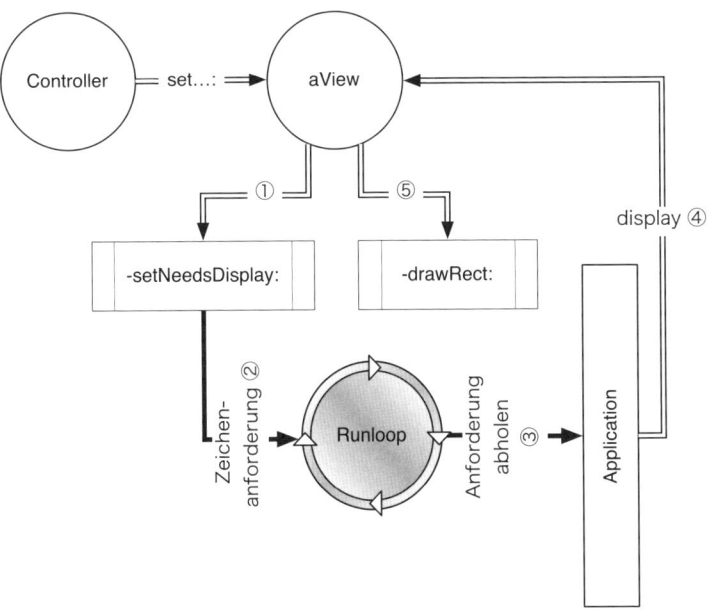

Schematisch: Üblicherweise verzögert sich das Neuzeichnen über die Runloop.

Der Grund ist einfach: Wenn wir bisher einen Wert in ein View setzten oder mittels Bindings automatisch synchronisieren ließen, so wusste das View, dass es sich neu zeichnen muss. Dies ist auch hier so. Allerdings zeichnet es sich dann nicht sofort neu. Vielmehr markiert es sich nur zum Neuzeichnen. Dazu existieren die Methoden `-setNeedsDisplay:` und `-setNeedsDisplayInRect:`, wobei die letzte Methode die Möglichkeit lässt, Teilbereiche zu bestimmen. Das kann bei komplizierten Views wichtig sein, bei denen jedes weniger gezeichnete Pixel Performancegewinn bedeutet.

Nur: Unser Programm kehrt erst dann wieder zur Runloop zurück, wenn die Methode fertig ist und die Controller an das System zurückgibt. Es wird also grob gesagt 11 Mal zum Neuzeichnen markiert und erst nach unserer Methode wird dieses auch erledigt, also neu gezeichnet. Dann steht das View aber bereits auf dem Maximalwert.

> **GRUNDLAGEN**
>
> Wieso macht man das so? Der Grund ist einfach: Genauso wie bei uns kommt es sehr häufig vor, dass ein View mehrfach die Anforderung zum Neuzeichnen bekommt. Dann kann man diese sammeln und daraus nur eine machen. Das macht das Programm schneller.

Wir müssten also innerhalb der Methode kurz in die Runloop zurückkehren, damit das Zeichnen durchlaufen werden kann. Andererseits soll aber diese Runloop dann nicht alles möglich machen können, sondern nach getaner Arbeit wieder in unsere Methode springen. So eine Fokussierung der Ereignisverarbeitung hatten wir bereits, nämlich bei den modalen Fenstern. Und so machen wir das hier auch:

```
- (IBAction)playWithViews:(id)sender
{
    NSModalSession session = [NSApp beginModalSessionForWindow:[sender window]];
    double progress;
    for (progress = 0.0; progress < 100.0; progress += 10.0) {
        self.progressIndicator.doubleValue = progress;
        [NSApp runModalSession:session];
        sleep(1);
    }
    self.progressIndicator.doubleValue = self.progressIndicator.maxValue;
    [self.progressIndicator stopAnimation:sender];
    [NSApp endModalSession:session];
}
```

Diese Modal-Session ist sozusagen eine Runloop en miniature in unserer Methode. Kennen Sie den Film »Men in Black«? Dort läuft in unserem Universum eine Katze herum, die an einem Halsband ein Universum trägt.

Dennoch werden Sie nach einem Test bemerken, dass es noch nicht ganz richtig rund läuft: Der Progressindicator ist nicht animiert. Das liegt daran, dass wir der Runloop ja nur eine kurze Chance geben zu zeichnen und dann wieder für 1 Sekunde in Tiefschlaf schicken. (In einer echten Anwendung würden wir freilich diese Sekunde damit verbringen, etwas Sinnvolles zu tun.)

Die Viewschicht

Bei einem Progressindicator, bei dem sich die Problemstellung naturgemäß ergibt, existiert daher – entgegen den sonstigen Gepflogenheiten der Viewschicht – die Möglichkeit, die Animation in ein nebenher laufendes »Programm«, einen sogenannten Thread, zu verlegen. Das müssen wir nur mitteilen:

```
- (IBAction)playWithViews:(id)sender
{
    self.progressIndicator.usesThreadedAnimation = YES;
```

> **GRUNDLAGEN**
>
> Threads können Sie sich wie »Multitasking« innerhalb des Programms vorstellen. Es werden dann zwei Methoden quasi gleichzeitig ausgeführt. Im zweiten Band beschäftigen wir uns eingehend mit Threads und anderen Techniken der sogenannten Nebenläufigkeit.

> **HILFE**
>
> Sie können das Projekt in diesem Zustand als Projekt Converter-23 von der Webseite herunterladen.

Es hätte für den Progressindicator auch ausgereicht, ihn auf *threaded* zu setzen, was sogar der Defaultwert ist. Nur funktioniert das lediglich bei einem Progressindicator. Haben wir nur ein Textfeld, welches etwa die aktuelle Teiloperation darstellt, funktioniert nur noch die Methode mit der Modal-Session. Sie ist also universeller.

Wenn Sie jetzt die Applikation ausführen, läuft das doch schon sehr viel besser. Entfernen Sie wieder die neue Eigenschaft progressIndicator im Header und den Progressindicator im Experimentierfenster. Denken Sie auch daran, -playWithViews: wieder zu leeren.

5.4.9 Textfelder

Mit dem Textfeld haben wir schon viel gearbeitet und Sie haben schon einiges gelernt. Etwas können wir allerdings noch in unserem Dokumentenfenster verfeinern:

Zunächst einmal löschen Sie den Umrechnen-Button in unserem Dokumentenfenster. Auch ein Textfeld ist ein Control. Daher kann es selbst Actionnachrichten versenden. Sie verbinden daher bitte die beiden oberen Textfelder mit dem Converter durch Ziehen vom Textfeld aus bei gedrückter [ctrl]-Taste. Im Converter wählen Sie dann bitte *calculate:*.

Standardmäßig schickt das Textfeld jetzt die Actionnachricht an den Converter, wenn *Enter* gedrückt oder es verlassen wird, etwa durch die [Tab]-Taste oder durch den Klick in ein anderes Feld. Dies ändern wir jetzt, indem wir im Attributes-Inspector für beide oberen Textfelder in der Zeile *Action* das Pop-up auf *Sent On Enter Only* setzen. Jetzt muss der Benutzer wieder *Enter* drücken. Bitte setzen Sie für alle drei ganz rechts befindlichen Textfelder zudem die Ausrichtung (Alignment) auf rechtsbündig, wenn dies noch nicht erfolgt ist. Dies erwartet der User bei Zahlen eher.

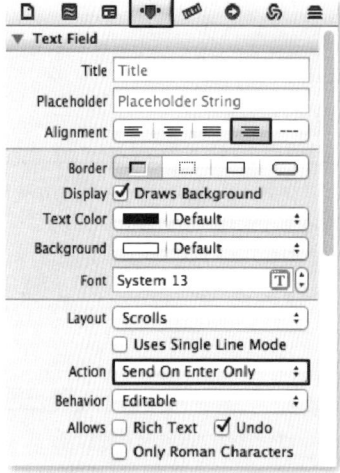

Rechtsbündig und ohne Button dürfte unsere Anwendung eher die User-Erwartung treffen.

HILFE

Sie können das Projekt in diesem Zustand als Converter-24 von der Webseite herunterladen.

5.4.10 Pop-up-Buttons

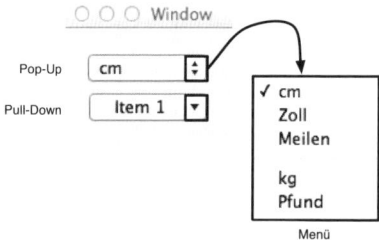

Ob Pop-up, ob Pull-down: Ein Button mit einem Menü

Pop-up-Buttons kennen Sie selbst aus verschiedenen Programmen zur Genüge. Sie lassen den Anwender aus einer vorgefertigten Liste einen Eintrag auswählen.

Bei der Arbeit mit Pop-up-Buttons existieren zwei Schwierigkeiten: Zum einen müssen Sie verstehen, dass sich tatsächlich ein Menü öffnet, wenn der Benutzer – oder Sie im Interface Builder – das Pop-up betätigen. Sie können daher im Interface Builder bei geöffnetem Pop-up nicht nur Einträge duplizieren ([Befehl]+[D]), sondern Menüelemente aus der Library in das Menü ziehen. Wichtig ist hier vor allem der horizontale Trennstrich. Grundsätzlich lassen sich auch Untermenüs über Pop-ups implementieren. Allerdings verlangt dies etwas Frickelei, weshalb ich davon abrate. Pop-ups dienen der Auswahl aus einer Liste, nicht aus einem Baum.

Pop-ups geben die Auswahl über verschiedene Methoden bekannt:

- -indexOfSelectedItem liefert den Index des ausgewählten Eintrags. Das scheint interessanter zu sein, hat aber den außerordentlichen Nachteil, dass sich bei einer Änderung der Anordnung auch der Index ändert. Fragen Sie das dann im Code ab, muss der Code geändert werden. Ich halte daher nicht viel von der Verwendung.

- -titleOfSelectedItem liefert die Bezeichnung. Wir werden uns später noch mit der Lokalisierung beschäftigen. Aber bedenken Sie, dass die Verwendung dieser Methode dazu führt, dass Sie in verschiedenen Sprachversionen Ihres Programms verschiedenen Text erhalten. Dies ist meist ebenfalls außerordentlich unpraktisch.

- -selectedItem liefert das vom Benutzer ausgewählte Menü-Item zurück. Dies ist scheinbar nicht von Interesse. In Wahrheit handelt es sich jedoch um die beste Methode zur Abfrage der Auswahl, da Sie im Interface Builder jedem Menü-Item einen Tag zuweisen können. Und da dieser unabhängig von Anordnung und Sprachversion ist, kann man sich auf ihn verlassen. Typischer Code sieht etwa so aus:

```
switch( [[sender selectedItem] tag] ) {
   case 0:
       // Funktion 0
       break;
   case 1:
       // Funktion 1
       break;
…
   default:
       // WTF?
       break;
}
```

Der zweite gewichtige Punkt ist, dass bei der Verwendung von Bindings in Bezug auf Pop-up-Buttons nicht nur die Selektion, sondern auch der Inhalt der Liste über Bindings bereitgestellt werden soll. Dies ist für den Anfänger keineswegs trivial. Wir beschäftigen uns damit später noch, wenn wir einen praktischen Anwendungsfall haben.

5.4.11 Scrollviews

Das Scrollview zeigt uns einen Ausschnitt aus einem anderen View.

Womit wir zum Scrollview kommen, dem wohl kompliziertesten der Views. Hier benötigen wir ihn allerdings nur in einem Spezialfall, nämlich bei einem Tableview. Diesen besprechen wir gleich genauer. Daher geht es mir vor allem darum, Ihnen die grundsätzliche Struktur zu vermitteln, um so eine Grundlage für eventuelle eigene Forschungen zu schaffen.

> **TIPP**
>
> Diese gruppierenden Views habe ich in den Beispielen stets über das Menü *Editor | Embed in* erzeugt. Sie finden diese auch in der Library. Es ist aber meist einfacher, das jeweilige Subview zunächst zu erstellen und dann über das Menü in eine Struktur zu legen.

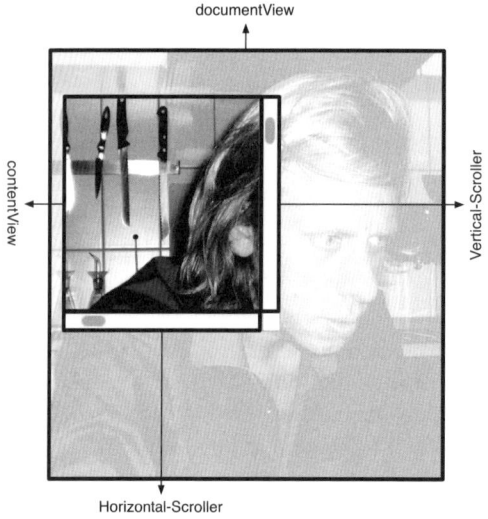

Ein Scrollview besteht aus bis zu zwei Scrollern und einem Clipview.

Die Fläche eines Scrollviews ist – neben optionalen Elementen wie Linealen – durch drei Bereiche gekennzeichnet:

- Das Contentview (von der Klasse NSClipView) ist sozusagen das Guckloch zum View, welches gescrollt wird (Documentview). Es markiert also den Inhaltsbereich.
- Die Scroller dienen dazu, mit einer Maus scrollen zu können, und zeigen den Ausschnitt an, der im Contentview sichtbar ist. Dabei symbolisiert der Scroller selbst das Documentview und der in ihm enthaltene Schlitten die Lage und Größe des Ausschnittes.

Seit Mac OS 10.7 kann es sein, dass das gesamte Scrollview von dem Contentview überdeckt wird. Die Scroller erscheinen nur dann, wenn man auf dem Touchpad scrollt. Man nennt sie »Overlay-Scroller«. Ob diese benutzt werden, hängt vom verwendeten Eingabegerät ab.

Scroller

Die Sccroller sind Instanzen der Klasse NSScroller. Sie werden in der Objektliste des Interface Builders als solche angezeigt. Beim Scrollview lassen sich Optionen dazu angeben. Zum einen kann bestimmt werden, ob ein Scroller in einer Richtung existieren soll (*Show Horizontal Scroller*, *Show Vertical Scroller*). Außerdem kann man optional wählen, dass ein Scroller automatisch verschwinden soll, wenn er nicht benötigt wird. Damit ist gemeint, dass, wenn das Documentview in einer Richtung komplett im Contentview liegt, der Scroller verschwindet. Das hat also nichts mit Overlay-Scrollern zu tun.

Contentview und Documentview

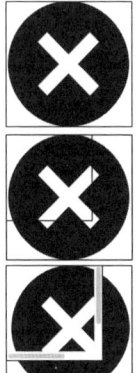

Das Scrollview legt sich über das Imageview.

Der Hauptbereich wird aber durch ein Contentview gebildet, das den eigentlich darzustellenden Documentview als Subview hat. Das Documentview wird also in einem Contentview verpackt. Dieses wiederum ist ein Subview vom Scrollview. In der Objektliste des Interface Builder taucht übrigens das Contentview nicht auf, da er nur interne Funktion hat. Es wird das Documentview als unmittelbares Subview des Scrollviews dargestellt.

Ziehen Sie wiederum ein Bild aus der Media-Library ins Experimentierfenster, so dass ein Imageview entsteht. Vergrößern Sie das Image deutlich. Im Attributes-Pane setzen Sie das Scaling auf *Proportionally Up or Down*. Bei immer noch selektiertem Imageview wählen

445

Sie im Menü *Editor | Embed in | Scroll View* an. Jetzt sehen Sie bereits das Scrollview. Das Documentview (dieses beinhaltet das eigentlich darzustellende View – siehe Abbildung – des Scrollviews) wird jetzt durch das Image gebildet. Nun verkleinern Sie das Scrollview. Sie sehen jetzt nur noch einen Ausschnitt des Imageviews.

Mit *Editor | Simulate Document* können Sie die Funktionalität testen.

Durch diese Struktur wird erreicht, dass die Darstellung des Dokumentes in dem Scrollview alleine der Klasse des Documentviews überlassen bleibt, während die Darstellung des Scrollviews selbst und seine Funktionalität durch Cocoa bereitgestellt wird. Außerdem hat selbstverständlich das Documentview seine eigene Größe, die von der Größe des Scrollviews unabhängig ist.

> **TIPP**
>
> Im Beispiel mit den Images im Splitview lag ja ein Problem darin, dass dieses seine Imageviews skalierte und dadurch verzerrte. Machen wir nicht unmittelbar das Imageview zum Subview des Splitviews, sondern legen ein Scrollview dazwischen, so wird nur dieses Scrollview skaliert. Dieses verändert aber sein Imageview (also Documentview) nicht, so dass die Originalgröße erhalten bleibt und wir nunmehr scrollen können.

5.4.12 Tableviews

Eines der wichtigsten Views ist von uns schon einige Male benutzt worden: das Tableview.

Struktur

Dabei handelt es sich in der äußeren Hülle um ein Scrollview. Dieses Scrollview besitzt oben ein Headerview, das nicht vertikal gescrollt wird, und darunter das eigentliche Tableview. Dieses Tableview selbst ist lediglich eine sich vergrößernde Tabelle ohne Scroller, also ein Documentview im Sinne des Scrollviews. Sie können sich das in der hierarchischen Ansicht des Interface Builders auch genauer ansehen. Neben den bekannten Scrollern tauchen da eben diese beiden Elemente auf.

▼ Scroll View – Table View
  ▼ Table View
    ▶ Table Column – Namen
    ▶ Table Column – Faktor
    Scroller
    Scroller
    Table Header View   *Ein Tableview ist eigentlich ein ganzes Konglomerat aus Views.*

> **AUFGEPASST**
>
> Unter iOS ist das `NSTableView` eine Subklasse von `NSScrollView`. Hier ist es eben ein Element.

Content-Mode

Das Tableview selbst (also sozusagen das scrollbare Dokumentenview des Scrollviews) besteht aus einzelnen Spalten. Diese Spalten sind keine Subviews. Vielmehr bedient sich das Tableview der Helferklasse NSTableColumn, welche unmittelbar von NSObject abgeleitet ist. Die Tablecolumns enthalten dabei die Angaben wie Breite, Resizingverhalten usw.

Außerdem wird hier gespeichert, wie die einzelnen Felder in der Spalte dargestellt werden sollen. Nunmehr unterstützen Tableviews zwei Arten der Darstellung: den klassischen Cell-Based-Mode und den neueren View-Based-Mode.

Cell-based Tableviews

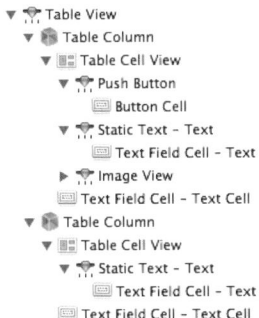

```
▼ Table View
    ▼ Table Column - Namen
        Text Field Cell - Text Cell
    ▼ Table Column - Faktor
        ▶ Text Field Cell - Text Cell
```

Bei Cell-based Tableviews verwaltet jede Spalte einen Cell-Typen.

Bei den Cell-based Tableviews verhält es sich so, dass zu jeder Spalte eine Data-Cell gespeichert ist, die die Darstellung angibt. Das ist für vieles ausreichend und der Standardmodus. Schwierig wird es, wenn es keine passende Cell gibt, etwa weil kompliziertere Elemente in einem Feld landen.

View-based Tableviews

```
▼ Table View
    ▼ Table Column
        ▼ Table Cell View
            ▼ Push Button
                Button Cell
            ▼ Static Text - Text
                Text Field Cell - Text
            ▶ Image View
            Text Field Cell - Text Cell
    ▼ Table Column
        ▼ Table Cell View
            ▼ Static Text - Text
                Text Field Cell - Text
            Text Field Cell - Text Cell
```

Seit OS X 10.7 existieren sogenannte View-based Tableviews. Dabei ist das Tableview so aufgebaut, dass jede Spalte nicht etwa eine Cell zur Darstellung von Daten verwaltet, sondern ein View. Der Vorteil liegt darin, dass ein View ja eine Hierarchie aufbauen kann, so dass in einer Spalte mehrere Views liegen können. Dies erlaubt es auf einfache Weise, in einer Spalte mehrere Views nebeneinander, übereinander oder wie auch immer zu platzieren.

Weil es neu ist, probieren wir es mal in unserem Converter aus. Stellen Sie im Attributes-Inspector für das Tableview (bitte darauf achten, dass nicht das Scrollview selektiert ist, sondern wirklich das Tableview!) ganz oben den *Content Mode* auf *View Based*. Damit haben wir jetzt den Modus umgeschaltet.

Sie selektieren jetzt bitte in der Objektliste den (neuen) Eintrag *Table Cell View* unterhalb von *Table Column – Namen* (oder wie Sie auch immer die linke Spalte genannt haben). Im Fenster ist jetzt das View für diese Spalte selektiert. Sie können es nach unten vergrößern. Verdreifachen Sie es etwa in der Höhe. Aus der Library ziehen Sie jetzt bitte einen Button unterhalb des Textes in dieses View.

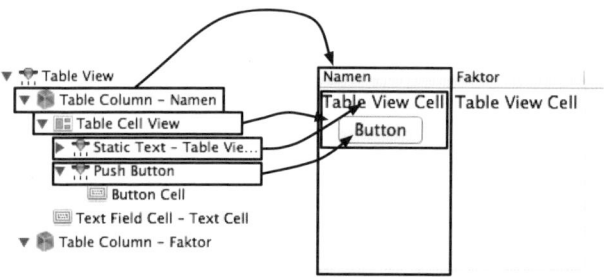

Die Elemente in der Objektliste und im Fenster

Sie können das jetzt schon starten. Allerdings werden Sie enttäuscht sein, da die Namen nicht erscheinen. Das ist auch klar: Bisher war ja die Tabellenspalte gebunden. Unser Textfeld hat aber kein Binding. Und es wird auch – endlich, Apple, hast du mein Rufen erhört! – anders gebunden, nämlich richtig. Das liegt daran, dass wir jetzt ja potenziell unterschiedliche Elemente in einem Feld binden müssen.

Zunächst müssen Sie das Tableview selbst binden, falls das noch nicht erfolgt ist: Dies geschieht, indem Sie es anwählen und dann im Bindings-Inspector das *Content*-Binding an Conversions (das ist der Arraycontroller aus Kapitel 2) mit dem Schlüssel (*Controller Key*) *arrangedObject* binden. Damit ist jetzt erst einmal grundsätzlich festgelegt, woher das Tableview seine Daten bezieht.

Jetzt muss nur noch bestimmt werden, wie das Textfeld in der linken Spalte von dort aus an seinen Text kommt. Das Tableview setzt automatisch einen sogenannten objectValue für jede Zeile, welche das Objekt selbst (also eine einzelne Umrechnung) enthält. Deshalb müssen Sie jetzt das Textfeld anwählen und dort im Binding *Value* ein Binding zu *Table Cell View* setzen. Als Model Key Path geben Sie dann einfach *objectValue.name* ein, also das Zeilenobjekt und davon den Namen. Außerdem müssen Sie für das Textfeld im Attributes-Inspector die Eigenschaft Behaviour auf Editable setzen, damit Sie weiterhin einen Namen eingeben können. Testen.

Die Viewschicht

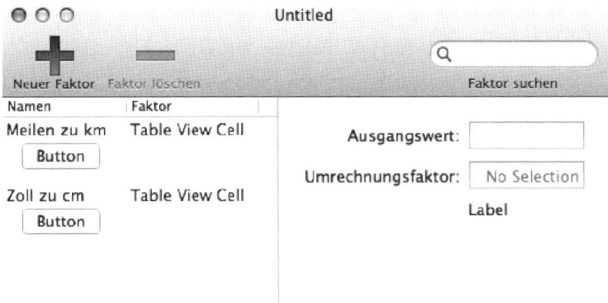

Für uns ohne Nutzen, aber häufig hilfreich: ein View-Based-Tableview

> **HILFE**
>
> Sie können das Projekt in diesem Zustand als Projekt Converter-25 von der Webseite herunterladen.

Natürlich müssten Sie das jetzt auch mit der zweiten Spalte machen, was ich Ihnen überlasse. Auf jeden Fall stellen Sie am Ende das Tableview wieder auf *Cell Based* um, außerdem im Attributes-Inspector für den Tableview die Row Height wieder auf 20.

> **TIPP**
>
> Sie können über das Delegate des Tableviews übrigens unabhängig vom Mode für jede Zeile einzelne Views bzw. Cells bestimmen. Das sollte aber nur selten notwendig sein.

Data-Source

Da ein Tableview nicht nur einen Wert darstellt, sondern zahlreiche, gibt es keine Möglichkeit, die Werte explizit über `setStringValue:` oder Ähnliches zu setzen. Vielmehr bedient sich das Tableview eines besonderen Delegates, einer sogenannten Data-Source, um seine Daten zu erhalten. Auch diese werden wir im Kapitel über die Controller besprechen.

Sourceview

Bleiben hier nur ein paar Eigenschaften zu besprechen, um Möglichkeiten aufzuzeigen. Das meiste erkennen Sie bereits unmittelbar aus dem Attributes-Inspector im Interface Builder. Etwas versteckt findet sich aber eine Möglichkeit, die wichtig ist, um seine Applikation an das Look & Feel von Apple anzupassen. Ich will Sie daher hier kurz vorstellen:

Sie kennen aus Mail, iTunes usw. sicherlich die links befindlichen Listen, mit denen man Postfächer, Geräte, Wiedergabelisten usw. auswählen kann. Man nennt das recht uneinheitlich eine »Sidebar«, eine »Sourcelist« oder ein »Sourceview«. Ich will hier die Möglichkeit demonstrieren, wie man so etwas programmiert:

Zunächst öffnen Sie wiederum unser Document.xib. Derartige Sidebars haben typischerweise keinen horizontalen Scroller. Sie selektieren also das Scrollview (nicht Tableview, der Scroller gehört ja zum Scrollview!) und entfernen im Attributes-Inspector das Häkchen vor *Show Horizontal Scroller* bei Behaviour.

Durch einen erneuten Klick in die Tabelle selektieren Sie das Tableview selbst. Wiederum im Attributes-Pane wählen Sie ganz oben in der Zeile *Highlight* den Stil *Source List* aus. Hierdurch wird zum einen die Selektion im Tableview mit einem Verlauf gezeichnet. Zum anderen wird der Hintergrund ganz leicht hellblau.

Eine solche Sourcelist hat zudem in aller Regel nur eine Spalte und keinen Header. Setzen Sie also bei *Columns* den Wert auf *1*. Schließlich nehmen Sie im Attributes-Inspector das Häkchen vor *Headers* heraus. Hierdurch erreichen wir, dass kein Tabellenkopf mehr angezeugt wird.

Schließlich wechseln Sie bei weiterhin selektiertem Tableview auf den Size-Inspector und selektieren dort unter *Size Style* den Eintrag *Sidebar System Default*. Das passt die Höhe der Zeile an.

Übersetzen und starten Sie das Programm.

Wenn Sie es ganz schick machen wollen, können Sie alle Elemente auf der rechten Seite in eine Box legen (*Editor | Embed In | Box*). Schalten Sie im Attributes-Inspector für die Box den Rahmen und den Titel aus, wie dies im Abschnitt über die Box beschrieben wurde. Sie müssen vielleicht etwas die Platzierung anpassen. Außerdem setzen Sie für das Autosizing der Box sämtliche Optionen. für die Textfelder rechts setzen Sie lediglich sämtliche waagerechte Optionen, für die Beschreibungstexte links nur einen festen oberen und linken Abstand. Bei selektiertem Scrollview auch den *Border Type* im Attributes-Pane ausschalten (Eintrag ganz links); dann fassen Sie die Box und das Scrollview wiederum in ein Splitview mit *Editor | Embed in | Split View* ein, der im Attributes-Pane bei Style einen *Thin Divider* verpasst bekommt. Das Splitview sollte das gesamte Fenster bedecken und sämtliche Autosizing-Optionen gesetzt haben. Über die weiteren Elemente machen Sie sich bitte selbst Gedanken. Denken Sie immer relativ zum Superview! Wenn es Ihnen nicht gelingt, können Sie ja das Projekt sogleich herunterladen und vergleichen. Das Ganze sieht schon ziemlich gut aus:

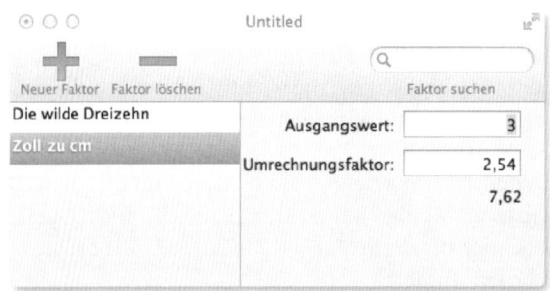

Zumindest der äußere Anstrich
wird langsam professionell.

> **HILFE**
>
> Sie können das Projekt in diesem Zustand als Converter-26 von der Webseite herunterladen.

Selection

Man kann ebenfalls zwei wichtige Eigenschaften betreffend der Selektionsmöglichkeiten im Attributes-Pane für das Tableview in der Zeile *Selection* einstellen:

- Mit *Multiple* erlauben Sie dem Tableview die Auswahl mehrerer Einträge gleichzeitig. Dies ist für unsere Anwendung natürlich nicht sinnvoll. Lassen Sie es daher ausgeschaltet.

- Mit *Empty* erlauben Sie dem Tableview, dass gar nichts ausgewählt ist. Das ist zwar für unsere Anwendung ebenfalls sinnfrei. Sie können daher das Häkchen herausnehmen. Es sei nämlich angemerkt: In aller Regel müssen Sie ohnehin mit leeren Selektierungen herumhantieren, da ein Tableview ohne Einträge eine leere Selektion hat, Einstellung hin oder her. Man kann ja keinen Eintrag herzaubern.

5.4.13 Outlineviews

Als Outlineviews bezeichnet man diejenigen Tableviews (es handelt sich tatsächlich bei `NSOutlineView` um eine Subklasse von `NSTableView`), welche Disclosures bieten, um hierarchische Datenstrukturen anzuzeigen. Ein typisches Beispiel ist der Project-Navigator in Xcode.

Was die Attribute angehen, wird vor allem die Einrückung hinzugefügt. Ansonsten sind sie den Tableviews sehr ähnlich.

Ein Unterschied ergibt sich noch beim Bezug der Daten, da diese jetzt ja eine Hierarchie bilden müssen. Das ist aber eigentlich kein Problem des Outlineviews, sondern des Tree-Controllers. Wir werden uns daher dort darum kümmern.

5.4.14 Weitere Views und Eigenschaften

Selbstverständlich existieren weitere Views in Cocoa, und die bereits vorgestellten haben darüber hinaus noch hier nicht besprochene Eigenschaften. Vermutlich haben Sie das bereits bei Ihrer Arbeit im Interface Builder bemerkt.

Ebenso selbstverständlich kann ich das hier nicht alles besprechen, da wir dann den Umfang des New Yorker Telefonbuches erreichen würden. Aber Sie sollten das Grundverständnis für die Arbeitsweise von Views und Controls jetzt haben und sich ohne Weiteres auf die eigenständige Suche nach Neuem begeben können. Spielen Sie mit den Attributen verschiedener Views ruhig im Interface Builder etwas herum. Überhaupt kann Übung beim Handling im Interface Builder nicht schaden. Das ist anfangs etwas mühselig, wenngleich sich das in den letzten Jahren verbessert hat.

5.5 Animation

Seit einiger Zeit gibt es allgemeine Unterstützung für Animationen in Cocoa.

Bei der Implementierung von Animationen konnte das dynamische Verhalten von Objective-C voll ausgenutzt werden. Hierdurch entstand eine geniale Idee, die an Eleganz kaum zu überbieten ist: Jedes Objekt, welches Animation anbieten möchte – derzeit implementiert für NSWindow und NSView –, liefert auf Wunsch ein Animationsobjekt zurück. Dieser Animator fungiert nun anstelle des eigentlichen Views (oder Fensters). Soll jetzt eine Eigenschaft eines Views gesetzt werden, zum Beispiel die Größe, so wird die Nachricht an den Animator gesendet. Dieser wiederum schickt daraufhin die Nachricht an das eigentliche View – oder wer auch immer den Animator geliefert hat. Dabei interpoliert er zwischen Start- und Zielwert.

Dabei lassen sich so ziemlich alle Eigenschaften eines Views oder Fensters auf diese Weise interpolieren. Wir sollten uns das mal ansehen: Zunächst machen wir etwas ganz Einfaches, wir verkleinern eine Box auf Knopfdruck. Dieses View soll bis zu der unteren Kante eines Labels zusammengezogen bzw. wieder vergrößert werden.

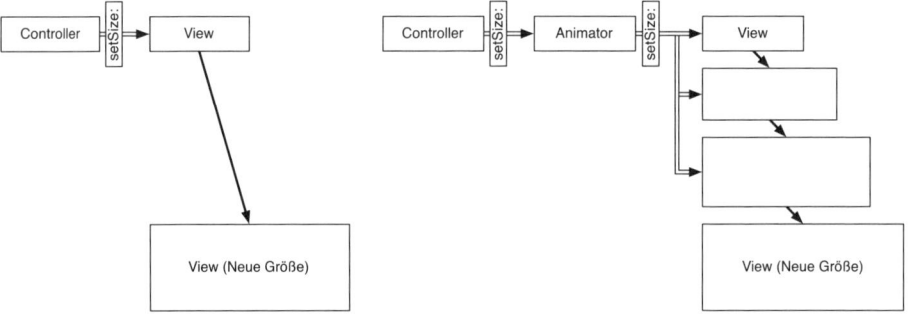

Ein Animator wiederholt einfach das Setzen der Eigenschaft mit interpolierten Werten.

Wechseln Sie nun wieder zu Document.xib im Interface Builder und ziehen Sie eine Box in das Experimentierfenster herein, die Sie auf eine Custom-Box ohne Titel und mit dem Border-Type Line stellen. Es sollte nur noch ein Rechteck zu sehen sein. Sie können auch eine Hintergrundfarbe vergeben, damit man sie besser erkennt. Entfernen Sie den Button *Spielkind*. Die Box vergrößern Sie bitte so, dass sie das gesamte Contentview des Fensters belegt. Beim Autosizing schalten Sie alle Optionen ein, damit das auch so bleibt.

Die Viewschicht

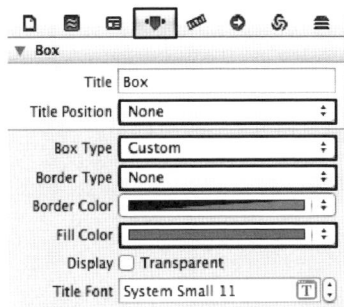

Die Einstellungen für unsere Box

Nunmehr platzieren Sie am oberen Rand ein Label und einen Disclosure. Dem Label geben Sie im Attributes-Inspector innerhalb der Gruppe *Control* bei *Tag* den Wert 1. Darunter können Sie Ihrer Phantasie freien Lauf lassen und verschiedene Views platzieren. Wichtig ist nur, dass Sie das Autosizing so einstellen, dass der Abstand nach oben fest ist. Ich habe ein Imageview hinzugefügt, um das Ganze etwas schöner aussehen zu lassen. Wählen Sie den Disclosure an und setzen Sie im Attributes-Inspector in der Zeile *State* den Wert *On* aus. Das Ganze sollte in etwa so aussehen:

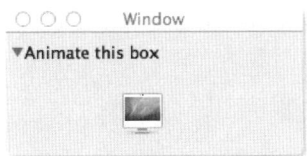

Eine einfache Box mit einem Label

Abschließend ziehen Sie bitte eine Linie vom Disclosure zum Converter, um ihn mit der Action-Methode −playWithViews: zu verbinden. (So langsam sollten Sie das aus dem Eff-Eff beherrschen.)

> **AUFGEPASST**
>
> Der richtige Weg für eine solch animierte Box wäre es, eine Subklasse zu erstellen. Darum geht es hier aber nicht, ich will lediglich die Animation zeigen. Im Band 2 werden wir so etwas programmieren.

Zunächst geben wir, zurück in Xcode, nur die Source ein, die die Größenänderung durchführt, ohne dass dies animiert wird:

```
- (IBAction)playWithViews:(id)sender
{
    NSView* box = [[sender superview] superview];
    …
```

Wir holen uns hier die Box ab. Von einem Element in der Box betrachtet ist diese das Supersuperview.

Kapitel 5

```
…
    // Ein paar Rechtecke
    CGFloat fullHeight = NSMaxY([[box superview] bounds]);
    CGFloat height;
    NSUInteger mask = [box autoresizingMask];
…
```

Ein bisschen Mathematik. Wichtig ist hier, dass mask die Autosizing-Optionen wie im Interface Builder enthält.

```
…
    // wir erfragen den neuen Zustand
    if( [sender state] == NSOffState ) {
        height = NSHeight( box.frame ) - NSMinY( [[box viewWithTag:1] frame]);
        mask |= NSViewMaxYMargin;
        mask &= ~NSViewHeightSizable; // Höhenanpassung ausschalten
    } else {
        height = NSMaxY([[box superview] bounds]);;
        mask &= ~NSViewMaxYMargin;
        mask |= NSViewHeightSizable;  // Höhenanpassung einschalten
    }
    box.autoresizingMask = mask;
…
```

Die Hantiererei mit der Maske klingt etwas kryptisch. Es handelt sich um Bits in einer Zahl. Die Optionen stellen also einzelne Bits dar. Steinzeit. Merken Sie sich aber an dem Beispiel für die Höhenanpassung, wie man in einem solchen Falle einzelne Optionen löscht und setzt.

```
…
    NSRect frame = box.frame;
    frame.origin.y = fullHeight - height;
    frame.size.height = height;

    // wir setzen die Höhe auf das unterste Label
    [box setFrame:frame];
}
```

Gut, noch etwas graphisches Rumgerechne. Darum geht es hier aber nicht. Wenn Sie jetzt das Programm starten und den Disclosure betätigen, reagiert die Box entsprechend. Bitte überprüfen Sie das!

Aber was hat das mit Animation zu tun? Richtig, gar nichts. Es ging mir erst einmal darum, die Funktionalität zu haben. Die Animation müssen wir jetzt noch hinzufügen. Und dies geschieht sagenhaft einfach und nur in der letzten Zeile:

```
- (IBAction)playWithViews:(id)sender
{
    …
    [[box animator] setFrame:frame];
}
…
```

War es das schon? Starten Sie die Anwendung und bemerken Sie selbst die Antwort: Ja! Unglaublich einfach, nicht wahr? Und weil die Animation nebenläufig erfolgt, können Sie auch gleich mehrere starten.

HILFE

Sie können das Projekt in diesem Zustand als Converter-27 von der Webseite herunterladen.

5.6 Zusammenfassung

Sie haben jetzt doch schon recht umfangreiche Kenntnisse in der Anwendung von Klassen der Viewschicht erlangt. Sie sollten damit die alltäglichen Aufgaben erledigen können. Allerdings sind, wie bereits erwähnt, die Möglichkeiten unendlich, weshalb ein bisschen Eigenforschung nicht schaden kann. Glücklicherweise kann man auf der Viewebene vieles schnell im Interface Builder ausprobieren. Da ist häufig schneller Erfolg sichtbar.

Ein wichtiger Punkt, nämlich die Data-Source eines Tableviews oder Outlineviews, ist dem nächsten Kapitel vorbehalten. Freuen Sie sich darauf!

Entfernen Sie jetzt bitte wieder das Experimentierfenster aus Document.xib und die Methode `-playWithViews:` aus dem Header und der Implementierung von Converter.

Zahlreiche Dokumente zu den einzelnen Klassen sind im jeweiligen Kopf der Klassendokumentation zu finden.

Kapitel 6

Die Controllerschicht

Steigen wir die Wendeltreppe des Programmiergrauens eine Stufe tiefer und begeben uns auf die Niederungen der Controllerschicht. Da Sie dann beide Partner der Beziehung »View zu Controller« kennenlernen, können auch einige offene Punkte aus dem letzten Kapitel geklärt werden. Auf der Controllerebene ist mehr Code angesagt, da eine Anwendung von ihren Controllern individuell geprägt wird. Aber mit etwas Übersicht bekommt man das in den Griff.

Da Controller eine sehr individuelle Angelegenheit sind, lassen sie sich im Vergleich zu Views schlechter kategorisieren. Dennoch gibt es typische Aufgabengebiete und vorgefertigte Controllerklassen. Es lässt sich also durchaus eine sinnvolle, wenn auch nicht immer scharfe Unterscheidung formulieren:

Zum einen haben wir Controller, die den Datenfluss besorgen. Hier sind zwei Gruppen zu nennen, die Sie zumindest schon dem Namen nach kennen:

- Bindings-Controller wie `NSArrayController`
- Data-Sources als eigene Klasse

Daneben gibt es Controller, die den Programmablauf (Kontrollfluss) implementieren:

- eigene Controller wie `Converter`
- Windowcontroller und Viewcontroller mit lokaler Funktionalität
- der Applikationscontroller als Delegate von `NSApplication`
- Notification-Observer als Empfänger asynchroner Überwacher

Zu der letzten Gruppe kann man auch `NSDocument` zählen. Deren Instanzen sind allerdings auch gleichzeitig Ausgangspunkt für unser Model. Umgekehrt werden Sie sehen, dass man die dort anzusiedelnde Funktionalität auch gut in Windowcontroller auslagern kann. Letztlich handelt es sich vielleicht um eine Zwischenschicht, die januskopfig in beide Richtungen schaut. Ich bespreche die Klasse jedenfalls im Abschnitt über Models.

Aber im letzten Absatz befand sich noch eine wichtige Information: Im Kapitel 2 habe ich aus Vereinfachungsgründen zusätzliche Funktionalität stets in der Converter-Klasse implementiert. Irgendwie müssen wir das mehr strukturieren. Und auch darauf gehe ich ein.

6.1 Bindings-Controller, KVC, KVV und KVO

Das klingt ja schon in der Überschrift fürchterlich techi. Und das, wo Sie gerade aus dem gestalterischen View-Kapitel hierher gelangt sind. Ein Wechselbad der Gefühle!

6.1.1 Grundlagen

Nein, so schlimm ist es gar nicht: Die vier Konzepte bezeichnet man als Key-Value-Technologien.

Key und Key-Path
Wie Sie bereits gelernt haben, besitzen Entitäten Eigenschaften, die einen Namen haben. Im Rahmen von Key-Value-Technologien werden die Namen Key (Schlüssel) genannt. Sie stellen sich dann ein bisschen wie Dictionarys dar.

Bezeichnet ein Schlüssel eine Eigenschaft, die wiederum auf eine Entität verweist, ist die Eigenschaft also eine Relationship, so kann man das freilich fortführen und auf die bezogene Entität wiederum einen Schlüssel anwenden usw. Dies nennt sich Key-Path (Schlüsselpfad). Hier im Überblick beachten wir aber aus Vereinfachungsgründen diesen Fall nicht.

Zudem werden auch Operatoren unterstützt, die mit @ beginnen. Diese erlauben eine Zusammenfassung bei einer To-many-Relationship. Die wichtigsten Operatoren sind:

- @count liefert die Anzahl der bezogenen Objekte. Haben wir also eine Gruppe, die 5 Mitglieder über eine To-many-Relationship referenziert, so erhalten wir als Ergebnis des Schlüsselpfades members.@count den Wert 5.

- @avg, @max, @min errechnen aus einer Eigenschaft der bezogenen Objekte den jeweiligen Durchschnitt, Maximal- bzw. Minimalwert. Daher muss diese Eigenschaft hinter dem Operator angegeben werden. Besitzt also die Entität der Mitglieder eine Eigenschaft salary, die das Gehalt angibt, so würden man mit members.@avg.salary das Durchschnittseinkommen der Mitglieder erhalten. @sum errechnet die Summe.

Wir werden das später auch anwenden.

> **TIPP**
>
> Für komplexere Operationen existieren weitere Operatoren. So lässt sich etwa bei einer Liste von Personen aus der To-many-Relationship eine Liste von Vornamen erzeugen (@unionOfObjects.firstName) oder eine Liste von unterschiedlichen Vornamen (@distinctUnionOfObjects.firstName) – doppelte werden also nur einmal aufgenommen. Schließlich geht das Ganze mit einer weiteren To-many-Relationship noch weiter: Aus einer Liste von Gruppen, die wiederum jeweils auf eine Liste von Mitgliedern verweist, lässt sich eine Vereinigungsmenge der Mitglieder bilden, wobei auch wiederum hier entschieden werden kann, ob doppelte Personen (die also zu mehr als einer Gruppe gehören) mehrfach aufgenommen werden sollen (@unionOfArrays.members) oder nicht (@distinctUnionOfArrays.members). (Letzteres geht natürlich nicht, wenn die To-many-Relationship durch eine Instanz von NSSet gebildet wird. Warum? Denken Sie bitte darüber selbst nach. Dort gibt es also nur @distinctUnionOfSets.) Diese Operatoren benötigt man jedoch nur selten, weshalb ich auf die Dokumentation verweise.

Key-Value-Coding

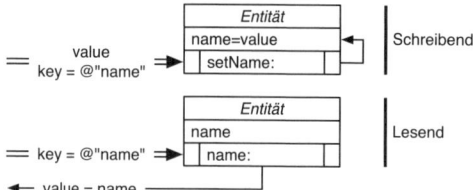

Key-Value-Coding erlaubt den schreibenden und lesenden Zugriff auf Eigenschaften einer Entität.

Key-Value-Coding (KVC) dient dazu, mittels Textschlüsseln Eigenschaften von Entitäten zu setzen oder zu lesen. Sie sind so etwas wie allgemeine Accessoren, die unabhängig von einer Klasse und deren Methoden verwendet werden können. Dabei kann aufgrund des Schlüssels (Key) ein Wert (Value) gelesen oder geschrieben werden.

Key-Value-Validation

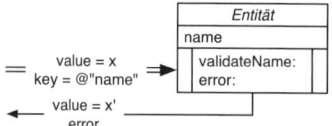

Darf ich? Key-ValueValidation liefert als Antwort »Ja«, »Nein« und »Jein: Zwar schon, aber etwas anders«.

Hiermit eng zusammen hängt Key-Value-Validation (KVV). Diese Technologie erlaubt die Überprüfung von Werten, die gespeichert werden sollen. Dabei kann der Empfänger den zu setzenden Wert akzeptieren, ablehnen oder anpassen.

Key-Value-Observation

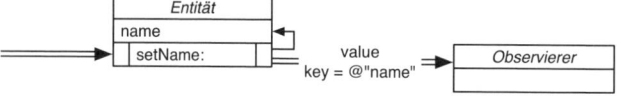

Key-Value-Observing unterrichtet einen Observer über Änderungen der observierten Eigenschaft einer Entität.

Key-Value-Observing (KVO) ermöglicht es, die Veränderung von Eigenschaften einer Entität zu überwachen. Wird eine Eigenschaft verändert, so erhält der Überwacher eine sogenannte Observierungsnachricht.

Dies gilt unabhängig davon, ob der Wert nicht mittels Key-Value-Coding oder einem Standardsetter geschrieben werden soll. Also im obigen Beispiel auch bei einem Schreibzugriff mittels:

```
[observierter setName:@"x"];
```

Die Controllerschicht

Erst im Band 2 werden wir dazu übergehen, explizit Key-Value-Observation einzusetzen. Hier beschränken wir uns auf die Anwendung durch Cocoa-Bindings.

Cocoa-Bindings (Key-Value-Bindings)

Cocoa-Bindings kombinieren diese Technologien, um einheitliche Schnittstellen für die Synchronisation der Daten anzubieten. Es ist dabei ein weit verbreiteter Irrglaube, dass Cocoa-Bindings etwas Neues wären. Nein, ganz überwiegend sind sie eine reine, allerdings geschickte Kombination von Key-Value-Observing und Key-Value-Coding.

Um uns klar zu machen, wer die drei beteiligten Objekte sind, denken wir an das Faktor-Textfeld aus dem zweiten Kapitel. Dort hatten wir im Interface Builder (bestimmendes Objekt) gesagt, dass ein View (gebundenes Objekt) an die Eigenschaft factor des Controllers (observiertes Objekt) gebunden sein soll.

> **GRUNDLAGEN**
>
> Natürlich ist der Interface Builder kein Objekt unseres ablaufenden Programms. In Wahrheit verbirgt sich in unserem Programm als Klasse von Cocoa der Nib-Loader, der die im Interface Builder vorgenommenen Einstellungen in unserer Anwendung umsetzt. Daher ist es möglich, jede Einstellung, die wir im Interface Builder vornehmen, auch in unserem Code auszuführen. Etwas anderes macht der Nib-Loader ja nun auch nicht. Um etwa ein Binding zur Laufzeit zu setzen, existiert die Methode -bind:toObject:withKeyPath:options:.

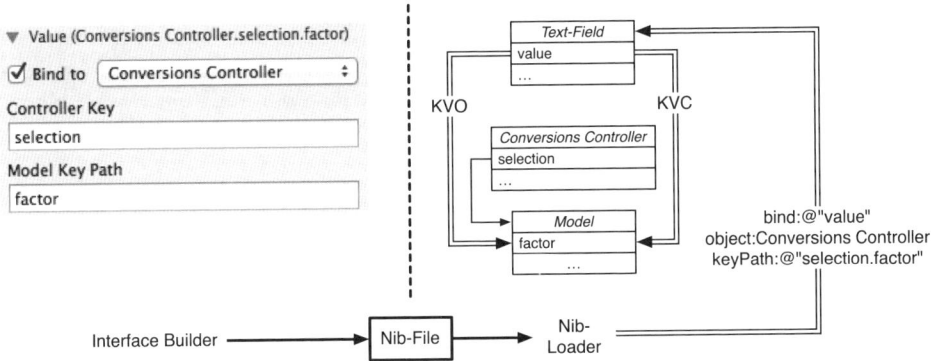

Der Nib-Loader setzt unsere Einstellungen zur Laufzeit um.

Es gibt also ein Objekt, welches die Bindungspartner festlegt und ein gebundenes Objekt (etwa View), welches eine Eigenschaft mit einem dritten Objekt (observiertes Objekt) synchronisiert. Daher verhält sich die Eigenschaft des gebundenen Objektes wie die Eigenschaften des observierten Objektes.

Kapitel 6

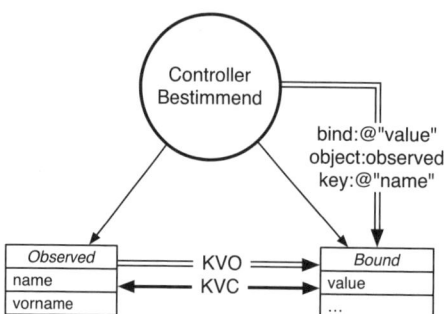

Dreierbande: Ein Controller bestimmt, welche Eigenschaft des gebundenen sich mit welcher Eigenschaft des Observierten synchropnisieren soll.

Ist daher das Binding erst einmal eingerichtet, so ist die Eigenschaft des Gebundenen nicht mehr als solche vorhanden. Sie spiegelt ja nur eine fremde Eigenschaft wider. Eine Änderung der gebundenen Eigenschaft ist daher unzulässig und führt zu unerwarteten Ergebnissen.

Die gebundene Eigenschaft verschwindet, da sie sich auf eine andere synchronisiert.

Diese Technologien dienen übrigens im Wesentlichen dazu, dass die Datensynchronisierung innerhalb des Programmes funktioniert. Sie dienen nicht dazu, irgendwelches Spezialverhalten zu implementieren. Es gibt daher nur wenige Ausnahmen, die auch noch immer weniger werden, welche dazu führen, dass man Bindings-Controller ableitet. Inzwischen sind die Möglichkeiten der existierenden Implementierung weit gesteckt. Hier beschränken wir uns also auf das Standardverhalten.

6.1.2 Key-Value-Coding

Sie haben bisher zwei Typen von Accessoren kennengelernt, und zwar den klassischen Stil mittels expliziter Nachrichten und die Dot-Notation von Objective-C 2. Ganz kurz noch einmal vorgestellt:

```
// Klassischer Accessoren
[person setFirstname:…];
… = [person firstname];

// Dot-Notation in Objective-C 2
person.firstname = …;
… = person.firstname;
```

Beide Varianten waren letztlich nur unterschiedliche Schreibweisen für dieselben Nachrichten. Sie teilten einen Nachteil: Die Eigenschaft firstname der Entität person ist bereits in unserem Sourcecode fest enthalten. Sie wird so von dem Compiler übersetzt und lässt sich danach nicht mehr ändern. Das geht aber nicht, wenn wir eine solche Eigenschaft im Interface Builder setzen. Denn der Nib-Loader läuft erst nach der Übersetzung mit dem Programm. Er muss also die Möglichkeit haben, diese Zeilen nachträglich zu ändern, wenn unser Programm bereits gestartet ist und die entsprechende NIB-Datei geladen wird.

Funktionsweise

Oder versetzen Sie sich in die Lage des Programmierers, der ein Textfeld entwickelt hat. Der will den Wert aktualisieren. Aber wie kommt er daran? Er weiß ja nichts von unserem Modell, nichts von den von uns gewählten Eigenschaften und deren Namen. Wie soll sein Sourcecode aussehen:

```
value = [entity??? property???];
```

Gut, beim Adressaten könnte man ihm noch helfen. Man könnte den etwa einmal nach dem Laden des Nib setzen, sei es selbst oder sei es über den Nib-Loader. Aber bei der Eigenschaft hilft das nicht. Selbst wenn ich den Namen mitteile, kann ja nicht mehr nachträglich der Code im Textfeld geändert werden. Es läuft also darauf hinaus, dass ein automatisches Abholen des aktuellen Wertes durch das Textfeld mit den bisher besprochenen Mitteln nicht möglich ist.

Die Lösung dieses Problems erlaubt letztlich Key-Value-Coding, weil sie es ermöglicht, dass erst zur Laufzeit der Name der Eigenschaft bestimmt wird und daraus Nachrichen erzeugt werden. Dies sieht dann so aus:

```
// Key-Value-Coding-Accessoren
// statt [person setFirstname:…]
[person setValue:… forKey:@"firstname"]; // [person setFirstname:…]
// statt … = [person firstname]
… = [person valueForKey:@"firstname"]; // [person firstname]
```

»Moment, jetzt steht aber doch die Eigenschaft auch im Sourcecode«, höre ich Sie da sagen. Ja, das stimmt schon. Aber nicht mehr als fester Bestandteil, sondern als Parameter, und Parameter lassen sich bekanntlich ändern:

```
NSString* key = @"firstname";
[person setValue:… forKey:key];
… = [person setValueForKey:key];
```

Kapitel 6

Immer noch im Sourcecode? Gut, noch eine Stufe weiter:

```
NSString* key = … // Aus einer Datei lesen
[person setValue:… forKey:key];
… = [person setValueForKey:key];
```

Wir lesen jetzt also die NSString-Instanz aus einer Datei, also zur Laufzeit, und benutzen diese dann als Key. Sie ahnen es schon: Die Datei könnte eine Nib-Datei sein … Damit können wir nach der Übersetzung den Schlüssel ändern. Vielleicht noch ein anderes Beispiel zum Verständnis: Wir wollen eine Eigenschaft ermitteln, wobei wir erst zur Laufzeit bestimmen können, welche das sein soll. Sei es nur, weil der Benutzer sich das selbst auswählen kann, zum Beispiel bei der Konfiguration einer Spalte in einem Ausdruck. Statisch sieht das so aus:

```
key = …; // Irgendwoher, vllt User-Interface.
if( [key isEqualToString:@"firstname"] ) {
   value = [person firstname];
} else if( [value isEqualToString:@"lastname"] ) {
   value = [person lastname];
}
```

Wir haben also ein if zur Unterscheidung und darin bereits feste Methoden, die der Compiler übersetzt und auflöst. Anders mit Key-Value-Coding:

```
key = …; // Irgendwoher, vllt User-Interface.
value = [person valueForKey:key];
```

GRUNDLAGEN

Es wird also eine Indirektion hinzugefügt, wie das auch bei den Pointern war: Im Code steht nicht, welche Eigenschaft genommen werden soll, sondern, an welcher Stelle steht, welche Eigenschaft genommen werden soll. Statt firstname und lastname eben eine Variable, die firstname oder lastname als Inhalt hat.

==Key-Value-Coding dient also vereinfacht gesagt dazu, erst zur Laufzeit zu bestimmen, welche Eigenschaft einer Entität benutzt werden soll.==

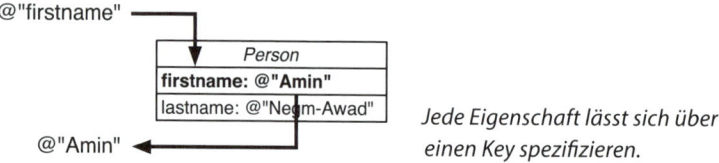

Jede Eigenschaft lässt sich über einen Key spezifizieren.

Das erinnert sehr stark an die Dictionarys mit den Methoden -setObject:forKey: und -objectForKey: aus dem Kapitel 4, was den äußeren Zugriff angeht. Das Besondere ist jedoch, dass eben die normalen Accessoren ihrer Klasse benutzt werden, so dass Sie diese überschreiben können. Auch bleibt ihre Klasse weiterhin ihre Klasse mit allen Möglichkeiten der Ableitung, Ansprache usw.

Einfache Accessoren (Getter und Setter)

Sie können also mit obigen Methoden auf verschiedene Eigenschaften zugreifen.

Nutzung

Dies funktioniert jedoch nicht nur, wenn die Eigenschaft ein Attribut ist, sondern auch bei Beziehungen zu einer Entität.

```
// Statt
// Person* person = [group leader];
Person* person = [group valueForKey:@"leader"];
```

Wenn die Eigenschaft eine Beziehung ist, erhalte ich eben die bezogene Instanz.

Auf das Ergebnis dieser Operation, also die Person, kann man wiederum Key-Value-Coding anwenden:

```
// Statt
// Person* person = [group leader];
Person* person = [group valueForKey:@"leader"];

// NSString* firstname = [person firstname];
NSString* firstname = [person valueForKey:@"firstname"];
```

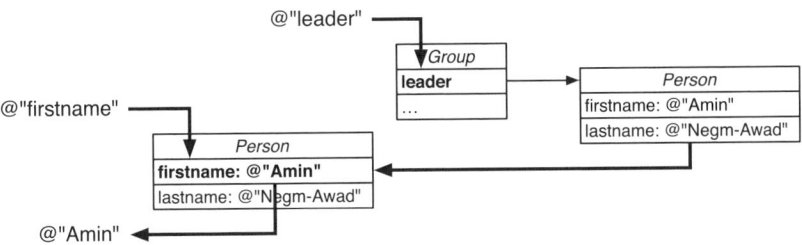

Auf das Ergebnis einer Key-Value-Methode kann ich wieder einen Key anwenden.

Weil dies aber recht häufig vorkommt, bietet Key-Value-Coding gleich die Möglichkeit, einen ganzen Schlüsselpfad anzugeben:

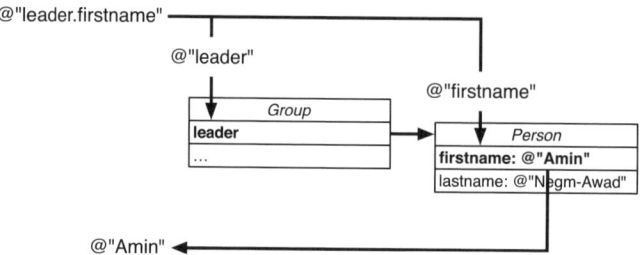

Mehrere Keys ergeben einen Key-Path.

```
// Statt
// NSString* firstname = [[group leader] firstname];
NSString* firstname = [group valueForKeyPath:@"leader.firstname"];
```

Dabei existieren vier Key-Value-Accessormethoden:

- -valueForKey: liefert den unter dem angegebenen Namen gespeicherten Wert zurück.
- -setValue:forKey: setzt den als Value-Parameter angegebenen Wert für die Eigenschaft mit dem als Key-Parameter angegebenen Namen.
- -valueForKeyPath: arbeitet wie -valueForKey:, es kann jedoch ein Schlüsselpfad angegeben werden.
- -setValue:forKeyPath: arbeitet wie -setValue:forKey:, wobei auch hier ein Schlüsselpfad angegeben werden kann.

Wenn ich also etwa den Vornamen eines Gruppenleiters setzen möchte, so lautet die entsprechende Anweisung:

```
[aGroup setValue:@"Hans" forKeyPath:@"leader.firstname"];
```

Implementierung

Dabei ersetzt Key-Value-Coding nicht unsere Accessoren, sondern benutzt diese. Es ist daher weiter erforderlich, diese zu programmieren oder (explizit oder implizit) zu synthetisieren. Man bezeichnet das als »KVC-Compliance« (KVC-Einhaltung). Der obige Code führt zu folgenden Anweisungen:

```
// [aGroup setValue:@"Hans" forKeyPath:@"leader.firstname"];
// wird:
id object = [aGroup leader];
[object setFirstname:@"Hans"];
```

> **AUFGEPASST**
>
> Wenn ich sage, dass die Accessoren weiterhin erforderlich sind, stimmt das nicht ganz: Wenn nämlich die Key-Value-Coding-Methoden keinen entsprechenden Accessor finden, versuchen sie, die Nachricht zu retten, indem sie unmittelbar auf die Instanzvariablen zugreifen, falls die Klasse dies mit der Methode +accessInstanceVariablesDirectly erlaubt. Von diesem Trick machen Sie bitte keinen Gebrauch. Key-Value-Coding wird übrigens auch noch einmal für Core Data besprochen.

Zusammenfassung:
- Anstelle eines Zugriffes mittels Accessornachrichten – explizit oder über Dot-Notation – können auch die KVC-Nachrichten verwendet werden.
- Dies setzt voraus, dass die Accessoren -*Eigenschaft* und (für schreibenden Zugriff) -set*Eigenschaft* für die entsprechenden Eigenschaften implementiert sind.
- Um einen Vorurteil vorzubeugen: Unerheblich ist, ob eine entsprechende Property deklariert wird oder ob die Methoden ausdrücklich im Header genannt sind. Dies interessiert ja nur den Compiler. Wir erzeugen die Nachrichten jetzt aber zur Laufzeit.

Ungeordnete To-many-Relationships (Sets)

Dieses Key-Value-Coding, wie ich es bisher vorgestellt habe, ersetzt nur einfache Nachrichten der Art *Eigenschaft* als Getter und set*Eigenschaft*: als Setter. Dies gilt für alle Arten von Eigenschaften, also für Attribute, Master-Detail-Beziehungen und To-many-Beziehungen. (Vielleicht lesen Sie noch einmal den entsprechenden Abschnitt in Kapitel 3, um sich die Beziehungstypen in Erinnerung zu rufen.)

Problemstellung

Bei To-many-Beziehungen – wie etwa die Beziehung einer Gruppe zu deren Mitgliedern in unserem Firmenbeispiel – haben Setter einen Nachteil betreffend des Laufzeitverhaltens. Denn hier wird die Eigenschaft durch eine Collection repräsentiert. Damit etwa ein Mitglied der Gruppe hinzugefügt wird, wäre folgender Code erforderlich:

```
Group* aGroup =  … //
// Bisherige Mitglieder holen
NSSet* members = [aGroup valueForKey:@"members"];

// Veränderliche Collection erzeugen
NSMutableSet* members2 = [NSMutableSet setWithSet:members];

// Neues Mitglied hinzufügen
[members2 addObject:[Person …]];

// und wieder speichern:
[aGroup setValue:members2 forKey:@"members"];
```

Gehen wir das einmal im Einzelnen durch: Zunächst haben wir eine Gruppe, die über ein Set drei Personen als Members hat.

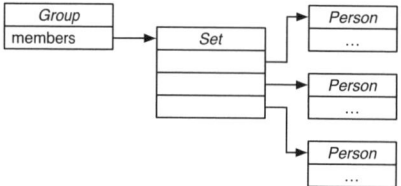

Die Ausgangssituation: Gruppe – Set – Personen

Dieses Set holen wir uns ab und erzeugen eine veränderliche Kopie mit -setWithSet:. Diese zeigt auf dieselben Personen wie das Ursprungsset, da bei der Kopie einer Collection die enthaltenen Mitglieder nicht mitkopiert werden.

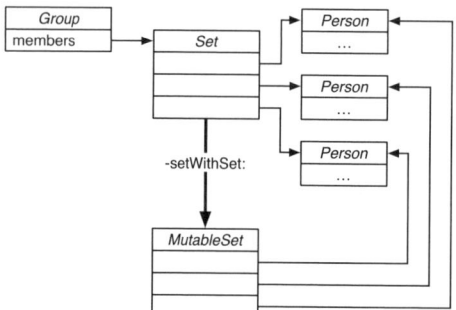

Wir erzeugen eine veränderliche Variante.

In das Mutable-Set fügen wir eine neue Person ein:

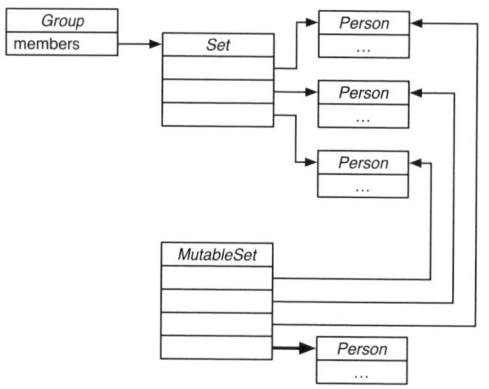

In das Mutable-Set können wir eine Person einfügen.

Letztlich wird durch die Nachricht setValue:forKey: am Ende des Codes das Setzen ausgeführt. Da es sich um eine Copy-Property handelte, wird hierbei wieder eine unveränderliche Kopie erzeugt.

Die Controllerschicht

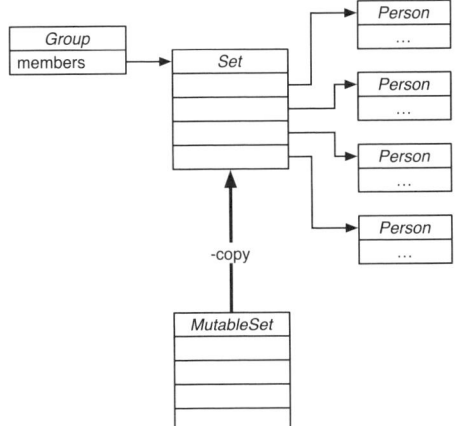

Schließlich wird die Veränderung zurückkopiert.

Sie merken schon, dass das ziemlich umständlich ist. Es ist aber zudem nicht so einfach ersichtlich, welche Instanz in der Collection hinzukam. Sie sehen das natürlich sofort, wenn Sie die erste mit der letzten Graphik vergleichen. Nur diesen Vergleich hat aber die Entität, da sie von den Zwischenschritten nichts mitbekommt. Dies führt dazu, dass andere Technologien von Cocoa, wie das Key-Value-Observing, dies erst erneut ermitteln müssen, indem sie lokale Kopien des ursprünglichen Sets mit dem neuen vergleichen. Noch einmal von hinten durch die Brust ins Auge – auch wenn es geht!

Nutzung

Aus diesem Grunde gibt es besondere Methoden, die dem Anwender von Key-Value-Coding das Leben erleichtern und gleichzeitig für eine genauere Änderung der Collection sorgen. Dies sind -mutableSetValueForKey: und -mutableSetValueForKeyPath: für eine Beziehung, die über eine Instanz der Klasse NSSet modelliert wurde:

```
Group* aGroup =   … //

// Bisherige Mitglieder holen
NSMutableSet* members = [aGroup mutableSetValueForKey:@"members"];

// Neues Mitglied hinzufuegen
[members addObject:[Person …]];
```

Der Trick liegt darin, dass wir ein ganz spezielles Set bekommen, welches sich um das weitere Key-Value-Coding kümmert.

Implementierung von Setter und Getter

Sollen weiterhin Setter und Getter vorhanden sein – dazu später noch –, so taucht das Problem auf, dass diese nicht synthetisiert erzeugt werden können. Klarer wird das alles an einem Beispiel. Wir haben wieder eine Gruppenklasse mit einer To-many-Relationship zu Personen, die wir members nennen. Sie kennen das aus dem Abschnitt über Automatic Reference Counting. Schauen wir uns das noch einmal an:

```
@interface Group : NSObject
@property (copy)    NSString  *name;
@property (strong)  Person    *leader;
@property (copy)    NSSet     *members;
@end
```

Die Accessoren und die Instanzvariable wurden bisher einfach aus der Property synthetisiert. Da ist einiges zu ändern:

- Die Instanzvariable muss jetzt intern den Typen `NSMutableSet*` haben, damit wir leicht einzelne Objekte einfügen und löschen können.

- Die Property darf aber nicht diesen Typen haben, sondern weiterhin `NSSet*`. Sonst könnte ein Nutzer der Klasse sich das Set abholen und auf gewöhnliche Weise, ohne, dass wir es merken, Änderungen vornehmen: Die Todsünde der objekt-orientierten Programmierung.

- `copy` führt als Option der Property dazu, dass der synthetisierte Setter `copy` sendet. Dies erzeugt aber von einer veränderlichen Instanz wie die von `NSMutableSet` eine unveränderliche Kopie, also eine Instanz von `NSSet`. Gespeichert wäre daher in der Instanzvariablen ein unveränderliches Set, in das wir wieder nicht bequem Objekte einfügen usw. könnten.

So wie bisher geht es also nicht mit der Property und vor allem der Synthetisierung. Zunächst einmal müssen wir die Instanzvariable selbst erzeugen, anstatt sie zu synthetisieren. Die Implementierung von `Group` ändert sich also:

```
@implementation Group {
    NSMutableSet *_members;
}
```

Außerdem müssen wir was mit den Accessoren tun. Möglich ist es, die Eigenschaft auf readonly zu setzen und nur den Getter synthetisieren zu lassen. Zum einen ist es zulässig – wenngleich nicht dokumentiert –, dass eine Synthetisierung von einem Typen (`NSSet`) mit einem Subtypen (`NSMutableSet`) verbunden wird. Zum anderen ändert der Getter ja nicht den Wert der Instanzvariable, so dass er auch nichts kaputt machen kann. Das sähe dann so aus:

```
// Property hat readonly-Attribute
@synthesize members = _members; // Explizit
```

> **GRUNDLAGEN**
>
> Der Getter würde eine Instanz von NSMutableSet zurückliefern, da er kein copy versendet. Der Nutzer der Klasse könnte den Rückgabewert explizit auf NSMutableSet* casten und dann wiederum ohne Mitteilung an die Instanz ändern. Hier würde also ein Programmierer explizit die Kapselung der Objektorientierung umgehen. Ich meine nicht, dass man ihn davor schützen muss, weil das kein Versehen, sondern kriminelle Energie ist: Selbst Schuld!

Will man einen Setter haben, besteht die Lösung darin, eigene Accessoren zu bauen. Diese sehen dann etwa so aus:

```
- (NSSet*)members { return _members; }
- (void)setMembers:(NSSet*)members { _members = [members mutableCopy]; }
```

Beachten Sie hier das `mutableCopy`, um intern eine veränderliche Instanz zu speichern. Man kann freilich auch ganz darauf verzichten, Standardaccessoren zu haben oder die ohne jegliches @property nur intern programmieren. So häufig müssen gar nicht To-many-Relationships als Ganzes gesetzt werden.

Implementierung von To-many-Accessoren

Aber auch hier ist noch nicht das Optimum erzielt. -mutableSetValueForKey: pp. könnten ja wieder nur die Getter und Setter benutzen. Damit wäre das Problem, dass die Collection erst umständlich kopiert und dann zurückgeschrieben werden muss, nur verlagert. Aber wir können den Methoden helfen, ihre Arbeit performant zu erledigen. Dazu müssen wir in der entsprechenden Entität zusätzlich spezielle Key-Value-Coding-Methoden implementieren. Für ein Set lauten diese:

- -countOf*Eigenschaft* liefert als Ergebnis die Anzahl der verwiesenen Objekte.
- -enumeratorOf*Eigenschaft* muss einen Enumerator für die Collection zurückgeben.
- -memberOf*Eigenschaft*: erhält als Parameter ein Objekt, welches mit den gespeicherten verglichen wird. Ist eine bereits gespeicherte Instanz inhaltlich gleich, so muss dieses zurückgegeben werden, ansonsten nil.
- -add*Eigenschaft*Object: soll das übergebene Objekt der Collection hinzufügen, die für die Eigenschaft *Eigenschaft* steht. In unserem Falle also etwa -addMembersObject:.
- -add*Eigenschaft*: fügt die Mitglieder eines übergebenen Sets der Eigenschaft hinzu.
- -remove*Eigenschaft*Object: entfernt entsprechend wieder ein Objekt. In unserer Klasse Group hieße also die Methode -remove*Members*Object:.
- -remove*Eigenschaft*: entfernt die Mitglieder eines übergebenen Sets.
- Falls implementiert, verwendet das spezielle Set auch eine Methode -intersect*Eigenschaft*:, wobei als Ergebnis diejenigen Elemente gespeichert werden müssen, die sowohl in der bisherigen Menge gespeichert waren als auch in der übergebenen (Schnittmenge).

Beachten Sie bitte, dass eine solche To-many-Relationship als Namen einen Plural trägt, etwa persons. Daher heißen die Methoden beispielsweise -addPersonsObject: und -addPersons:. Nehmen wir eine Beispielimplementierung vor. Xcode gibt uns die genauen Namen mittels Code-Completion vor, wenn wir nach einem Bindestrich mit dem Namen anfangen, also etwa *-cou* getippt wurde. Das vereinfacht die Arbeit ein bisschen:

```
-(NSUInteger)countOfMembers { return [_members count]; }
-(NSEnumerator *)enumeratorOfMembers { return [_members objectEnumerator]; }
-(Person*)memberOfMembers:(Person*)object { return [_members member:object]; }
-(void)addMembers:(NSSet*)objects { [_members unionSet:objects]; }
-(void)addMembersObject:(Person*)object { [_members addObject:object]; }
-(void)removeMembers:(NSSet*)objects { [_members minusSet:objects]; }
-(void)removeMembersObject:(Person*)object { [_members removeObject:object]; }
-(void)intersectMembers:(NSSet*)objects { [_members intersectSet:objects]; }
```

Es reicht aus, eine der beiden add…-Methoden und eine der beiden remove…-Methoden zu implementieren. Auch die intersect…-Methode ist optional. Sie sehen schon, dass das derart langweilig ist, dass ich die Methoden einzeilig programmiert habe. Jetzt hat unsere Klasse Group also passgenaue To-many-Accessoren, die für besseres Laufzeitverhalten sorgen. Wenn wir diese auch aus unserem eigenen Code heraus benutzen wollen, können wir die Methoden natürlich im Header bekannt machen. Aber es geht eben auch über -mutableSetValueForKey:.

Diese Methoden setzen allerdings voraus, dass die Instanzvariable bereits eine leere Instanz hat.

```
- (id)init
{
   self = [super init];
   if( self ) {
      _members = [NSMutableSet set];
   }
   return self;
}
```

Wenn man weiterhin einen Setter hat, kann man den freilich benutzen. Eine andere Variante ist es, in jeder Accessormethode für Sets nachzufragen, ob bereits ein Set vorhanden ist und dies gegebenenfalls nachzuholen (Lazy-Evaluation). Exemplarisch für eine Methode:

```
- (void)addMembers:(NSSet*)values
{ _if( members == nil ) {
      _members = [NSMutableSet set];
   }
   [_members unionSet:values];
}
```

Geordnete To-many-Relationships (Arrays, Ordered-Sets)
Dasselbe Problem stellt sich, wenn eine Beziehung nicht mit einem Mutable-Set, sondern mit einem Mutable-Array implementiert wurde.

Nutzung
Der Zugriff auf eine solche Eigenschaft wird dann mit -mutableArrayForKey: und -mutableArrayForKeyPath: erledigt. Es wird ein Mutable-Array zurückgegeben, welches die üblichen Methoden versteht und automatisch an die ursprüngliche Eigenschaft weiterleitet. Dasselbe wie bei Sets, nur eben Array-Methoden.

Für Ordered-Sets, die ja auch indiziert sind, gilt Entsprechendes mit -mutableOrderedSetValueForKey: bzw. -mutableOrderedSetValueForKeyPath: .

Implementierung von Setter und Getter
Es gilt nichts Abweichendes zu Sets.

Implementierung von To-many-Methoden
Da der Zugriff auf ein Array anders erfolgt als auf ein (ungeordnetes) Set, müssen wir entsprechend zur Optimierung andere Methoden implementieren. Nehmen wir wieder ein Beispiel:

```
@implementation Group {
    NSMutableArray* members;
}
```

Dafür ergibt sich:

```
- (NSUInteger)countOfMembers
   { return [_members count]; }
- (id)objectInMembersAtIndex:(NSUInteger)index
   { return [_members objectAtIndex:index]; }
- (void)getMembers:(__unsafe_unretained id*)objsPtr range:(NSRange)range
   { [_members getObjects:objsPtr range:range]; }
- (void)insertObject:(id)obj inMembersAtIndex:(NSUInteger)index
   { [_members insertObject:obj atIndex:index]; }
- (void)insertMembers:(NSArray*)objs AtIndexex:(NSIndexSet*)indexes
   { [_members insertObjects:objs atIndexes:indexes]; }
- (void)removeObjectFromMembersAtIndex:(NSUInteger)index
   { [_members removeObjectAtIndex:index]; }
- (void)removeMembersAtIndexes:(NSIndexSet*)indexes
   { [_members removeObjectsAtIndexes:indexes]; }
```

Kapitel 6

```
- (void)replaceObjectInMembersAtIndex:(NSUInteger)index withObject:(id)obj
  { [_members replaceObjectAtIndex:index withObject:obj]; }

- (void)replaceMembersAtIndexes:(NSIndexSet*)indexes withMembers:(NSArray*)objs
  { [_members replaceObjectsAtIndexes:indexes withObjects:objs]; }
```

Sie sehen also, dass dies gar nicht so schwierig ist, vielmehr in der Standardimplementierung nur Nachrichten an das zugrunde liegende Array weitergeleitet werden. Verpflichtend ist die Implementierung der Getter und von jeweils einer Methode aus den Gruppen -add…, -remove… und -replace…

Bei Ordered-Sets werden freilich als Parameter Instanzen von NSOrderedSet verwendet.

Wie gesagt: Dies alles ist nicht erforderlich. Sie können weiterhin wie bisher mit unveränderlichen Collections arbeiten und dann synthetisieren, oder zu Fuß nur die Standard-Accessoren implementieren. Es geht hier um Optimierung.

Zusammenfassung:

- Der Zugriff auf Eigenschaften kann mittels KVC-Nachrichten erfolgen: valueForKey:, setValue:forKey:, mutableSetValueForKey:, mutableArrayValueForKey: und mutableOrderedSetValueForKey: sowie deren Pendants mit KeyPath anstelle von Key.
- Bei Attributen müssen Setter und Getter implementiert werden.
- Diese reichen auch bei To-many-Relationships aus, haben aber einen bedeutenden Performancenachteil. Es sollten daher die entsprechenden Accessormethoden für To-many-Relationships implementiert werden.

> **HILFE**
>
> Wenn Sie den nächsten Abschnitt über Key-Value-Observing gelesen haben, verstehen Sie auch ein weiteres Tutorial, welches sich auf meiner Webseite befindet. Dieses geht auf die Probleme bei einem gedankenlosen Umgang mit mutablen Collections genauer ein.

Fehlermethoden

Bei -valueForKey: und -setValue:forKey: kann es natürlich passieren, dass der angegebene Schlüssel gar nicht bei der Instanz vorhanden ist, die diese Nachricht bekam. In diesem Falle wird versucht, die Nachricht zu retten, indem die Methoden -valueForUndefinedKey: bzw. -setValue:forUndefinedKey: in der Empfängerinstanz aufgerufen werden. Die Standardimplementierungen in NSObject erzeugen dann einfach einen Fehler. Wir können diese Methoden aber überschreiben. Das ist zuweilen praktisch, wenn wir ein Zwischen- oder Stellvertreterobjekt (Proxy) haben, welches selbst die Eigenschaft nicht implementiert, aber auf jemanden Rückgriff nehmen kann, der das tut. Eine Implementierung dieser Funktionalität sieht etwa so aus:

```
- (id)valueForUndefinedKey:(NSString*)key
{
   return [[self recourse] valueForKey:key];
}
- (void)setValue:(id)value forUndefinedKey:(NSString*)key
{
   [[self recourse] setValue:value forKey:key];
}
```

Eine weitere nützliche Methode stellt –setNilValueForKey: dar, die aufgerufen wird, wenn für einen Skalar wie einen Integer nil gesetzt werden soll. Wie bereits bei den Collections erläutert, existiert ein semantischer Unterschied zwischen Nichts (nil) und dem Wert 0.

6.1.3 Key-Value-Validation

Cocoa deklariert als informelles Protokoll (Kategorie von NSObject) ebenso die Methoden –validateValue:forKey:error: und –validateValue:forKeyPath:error:, die ihrerseits eine Methode –validateEigenschaft:error: für die Überprüfung in der jeweiligen Klasse aufrufen.

Die entsprechende Validierungsmethode bekommt einen Vorschlag über ihren ersten Parameter und liefert bis zu zwei Werte zurück. Dabei sind drei Fälle zu unterscheiden:

- Über den ersten Parameter erhält die Methode den Vorschlag, insbesondere also eine Benutzereingabe. Stellt diese Benutzereingabe einen zulässigen Wert dar, so wird einfach gar nichts unternommen und YES als Returnwert zurückgegeben.
- Ist der erste Parameter zwar nicht akzeptabel, lässt sich aber aus ihm ein akzeptabler Wert ableiten, so wird dieser erzeugt und über die Parameterliste (Vorsicht: Zeiger-Zeiger!) zurückgegeben. Auch in diesem Falle muss YES der Returnwert sein.
- Ist der erste Parameter nicht akzeptabel und lässt sich auch keiner erzeugen, so wird über den Error-Parameter (Vorsicht: Zeiger-Zeiger!) ein Error-Objekt zurückgeliefert. Der Returnwert muss hier auf NO lauten.

Stellen wir uns eine Eigenschaft lastname vor, die nur Namen akzeptiert, die aus höchstens vier Buchstaben bestehen. Eine entsprechende Validierungsmethode sähe so aus:

```
- (BOOL)validateLastname:(id*)value error:(NSError**)error
{
   // nil ist als Wert immer erlaubt.
   // Beachte aber den Zeiger-Zeiger!
   if( *value == nil ) {
      return YES; // alles okay
   }
```

```
    // Ein Wert mit bis zu 4 Buchstaben ist erlaubt:
    if( [(*value) length] <= 4 ) {
        return YES;
    }
    // Einen Wert mit mehr als 4 Buchstaben kann man anpassen:
    *value = [(*value) substringToIndex:4];
    return YES;
}
```

Soll indessen der Name mindestens vier Buchstaben enthalten, ist es natürlich nicht möglich, eine falsche Eingabe zu retten. Entsprechender Code:

```
- (BOOL)validateLastname:(id*)value error:(NSError**)error
{
    // nil ist als Wert nicht erlaubt.
    if( *value == nil ) {
        *error = [NSError errorWithDomain:@"reverse DNS"
                                     code:1
                                 userInfo:@"Name zu kurz"];
        return NO; // Fehler!
    }
    // Ein Wert mit weniger als 4 Buchstaben ist nicht erlaubt:
    if( [(*value) length] < 4 ) {
        *error = [NSError errorWithDomain:@"reverse DNS"
                                     code:1
                                 userInfo:@"Name zu kurz"];
        return NO; // Fehler!
    }
    return YES;
}
```

Die Domain müssen Sie freilich nach dem bereits beschriebenen System der Reverse-Domains umbenennen.

6.1.4 Key-Value-Observing

Key-Value-Observing sorgt dafür, dass die Änderung einer Eigenschaft zu einer Mitteilung an einen Observierer führt. Es ist damit die Grundlage von Bindings. Wir werden uns damit und mit Bindings hier nur strukturell beschäftigen, da Key-Value-Observing einiges Fortgeschrittenenwissen voraussetzt – ebenso wie die eigene Anwendung außerhalb von Bindings.

Sie haben das wörtlich zu nehmen: Key-Value-Observing überwacht eine Eigenschaft, nicht eine Instanzvariable! Dies bedeutet, dass eine spezielle Observierungsklasse mit überschriebenen Accessoren zur Laufzeit erzeugt wird und die observierte Instanz dieser Klasse zugewiesen wird. Wird an irgendeiner Stelle im Programm eine Nachricht an die eigentliche Entität geschickt, so wird diese Nachricht von dem überschriebenen Setter der Observierungsklasse abgefangen und eine Observierungsnachricht ausgelöst.

GRUNDLAGEN

Den ein oder anderen erinnert das vielleicht an AOP. Der Unterschied besteht darin, dass bei KVO die Einrichtung der Observierung dezidiert für bestimmte Instanzen erfolgt.

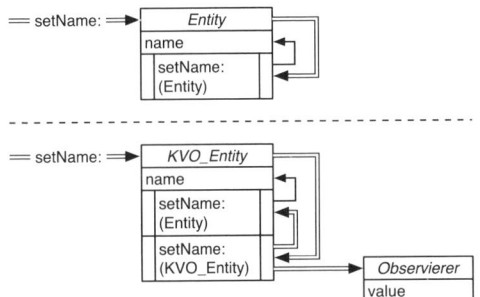

Durch eine Subklasse wird zusätzlicher Code eingeschleust.

Alle nicht überschriebenen Methoden werden freilich wieder in der Basisklasse ausgeführt. Für Zweifler: Sogar die Methode -class gibt die Basisklasse zurück, damit sich die KVO-Klasse verbirgt.

Damit das funktioniert, muss die Subklasse natürlich wissen, welche Nachrichten potenziell die Entität verändern. Und hier gilt eine Vereinbarung, dass nur die im Abschnitt Key-Value-Coding genannten Methoden dies tun. Dies ist auch der Hintergrund dafür, dass Sie stets eine der Standardaccessoren oder der erweiterten Methoden für To-many-Relationships verwenden müssen, um eine Eigenschaft zu verändern. Alles andere führt dazu, dass die Observierung nicht mehr funktioniert und das Programm fehlerhaft abläuft.

Also, bevor Sie tiefer in die Materie eingestiegen sind, können Sie es sich einfach machen:

- Bilden Sie alle Attribute nach außen mit Immutable-Containern ab, also zum Beispiel mit NSString anstelle von NSMutableString.
- Bilden Sie alle To-many-Relationships nach außen mit unveränderlichen Collections ab, also zum Beispiel mit NSSet anstelle von NSMutableSet.
- Verwenden Sie zur Veränderung von sämtlichen Eigenschaften stets nur die Standardaccessoren (ruhig auch in der Form der Dot-Notation) oder die KVC-Methoden. Diese Regel nennt man KVO-Compliance.

Kapitel 6

> **TIPP**
>
> Wenn Sie mal in einer ruhigen Minute die Dokumentation zu Key-Value-Coding und Key-Value-Observing durcharbeiten, werden Sie möglicherweise sehen, dass für Eigenschaften, die einen BOOL als Datentypen haben, auch andere Bezeichnungen für den Getter erlaubt sind. Ich würde Ihnen empfehlen, hiervon keinen Gebrauch zu machen, da dies nur eine weitere Ausnahme in Ihren Sourcecode einführt.

6.1.5 Bindings

Sie haben bereits Bindings verwendet. Dabei sind wir allerdings sehr simpel vorgegangen. Vermutlich bemerkten Sie schon, dass man im Inspector des Interface Builders viel mehr Einstellungen vornehmen konnte. Hierauf will ich eingehen.

Bindbare Eigenschaften

> **HILFE**
>
> Bitte laden Sie das Projekt Converter-28 von der Webseite herunter. Es handelt sich um ein wieder auf die Kernfunktionalität abgespecktes Converter-Projekt.

Jedes Objekt, insbesondere solche der View-Schicht, können verschiedene Eigenschaften zur Bindung anbieten. Öffnen Sie das heruntergeladene Projekt. Ziehen Sie jetzt einen Button in das Dokumentenfenster, und beschriften Sie ihn mit *Entfernen*.

Wie bereits in Kapitel 2 vorgenommen, setzen Sie seine Action auf den Arraycontroller *Conversions Controller* und wählen dort die Methode *remove:* aus. Wenn Sie jetzt das Programm starten und testen, sollten wiederum über die Toolbar hinzugefügte Einträge gelöscht werden können. Ja, ja, ich weiß, soweit waren wir schon. Aber es geht hier um etwas anderes:

Löschen Sie über die Toolbar oder den Button alle Einträge. Es ist jetzt natürlich keiner selektiert. Ich hatte Sie bereits darauf hingewiesen, dass sich das Entfernen-Item in der Toolbar automatisch grau darstellt und nicht mehr zu bedienen ist. Das ist auch richtig: Wenn kein Eintrag vorhanden ist, kann auch nichts gelöscht werden. Unser Button ist aber noch bedienbar. Glücklicherweise führt seine unsinnige Betätigung allerdings nicht zum Absturz des Programms, sondern lediglich dazu, dass einfach nichts passiert.

Es stellt sich also die Frage, wie wir dafür sorgen können, dass auch unser Button ausgegraut wird, wenn kein Eintrag in der Tabelle selektiert ist. Der Trick besteht wiederum in den Bindings.

Im Interface Builder selektieren Sie diesen Button und wechseln auf den Bindings-Inspector. Sie sehen dort eine ganze Reihe verknüpfbarer Eigenschaften.

Die Controllerschicht

Zahlreiche Eigenschaften eines Buttons können gebunden werden.

TIPP

Natürlich kann ich hier bei Weitem nicht sämtliche bindbaren Eigenschaften besprechen. Das ist wieder das Problem mit dem Telefonbuch von New York. Sie können aber eine Dokumentation zu den einzelnen Bindings abrufen, wenn diese auch sehr versteckt ist: Hierzu öffnen Sie die Dokumentation in Xcode und wechseln im Menü *Editor* mit *Explore Documentation* auf die hierarchische Ansicht der Dokumentation (oder klicken Sie in der Leiste oberhalb der Treffer auf das linke Symbol). Dort müssen Sie den Disclosure *OS X 10.8 Core Library | Cocoa Layer | AppKit | Cocoa Bindings Reference* folgen. Weil dies umständlich zu erreichen ist, setzen Sie bitte gleich mit *Editor | Add Bookmark* ein Lesezeichen darauf. Lesezeichen erreichen Sie über *Editor | Documentation Bookmarks* bei geöffneter Dokumentation (oder über das rechte Symbol in der Leiste). Wechseln Sie jetzt aber wieder im Menü *Editor* auf *Search Documentation*, weil man das doch am häufigsten braucht. (Das wäre dann das mittlere Symbol.)

Gut gesucht ist halb gewusst: der Ort der Bindings-Referenz.

Wir wollen ja erzielen, dass der Button nicht anzuklicken ist, wenn kein Eintrag im Tableview ausgewählt ist. Deshalb müssen wir die bindbare Eigenschaft *Enabled* des Buttons verwenden. Klicken Sie auf den entsprechenden Disclosure, um das Binding zu öffnen. Schauen Sie sich zum Verständnis vielleicht noch einmal die Graphik vom Anfang an: Wir haben jetzt die Eigenschaft *Enabled* der Instanz Button, die sich synchron verhalten soll.

Synchron zu was? Über unsere Selektierung weiß ja der Arraycontroller Bescheid, den wir *Conversions* genannt hatten. Und deshalb binden wir den an. Und der hat wiederum eine observierbare Eigenschaft canRemove. Wenn also der Conversions-Controller uns sagt, dass ein Eintrag bei ihm gelöscht werden kann, so können wir unseren Button auf *Enabled* setzen. Deshalb binden wir das genau so:

Die Bindung des Enabled-Status an die canRemove-Eigenschaft

Einen Model-Key-Path müssen wir nicht eingeben, da wir uns ja mit einer Eigenschaft des Arraycontrollers selbst synchronisieren wollen. Also, noch einmal in einem Satz: Der Button ist enabled, wenn der Arraycontroller einen Eintrag löschen kann. Oder anders: Die gebundene Eigenschaft enabled des Buttons verhält sich synchron zu der observierbaren Eigenschaft canRemove des Controllers.

Bitte starten Sie jetzt das Programm, um dies zu testen. Einfach Einträge einfügen und löschen, bis keiner mehr da ist.

> **HILFE**
>
> Sie können das Projekt in diesem Zustand als Projekt Converter-29 von der Webseite herunterladen.

Gut, dass war jetzt einfach ein Beispiel, um Ihnen ein anderes Binding als dieses ewige Value zu demonstrieren. Entfernen Sie den Button wieder.

GRUNDLAGEN

Das Gegenstück der bindbaren Eigenschaften, also das, woran gebunden wird, heißt demnach eine observierbare Eigenschaft. Eine Eigenschaft ist observierbar, wenn sie KVC-compliant ist. Wie Sie für KVC-Compliance sorgen, habe ich ja ausführlich erläutert. Umgekehrt eine bindbare Eigenschaft (also ein Binding) selbst anzubieten, ist alles andere als lustig und bleibt Band 2 vorbehalten. Wir benötigen dies in der Regel auch nicht, da die Standardviews von Cocoa ausreichend Bindings anbieten.

Bindings-Optionen

Ich will noch die wichtigsten Optionen eines Bindings besprechen, die man im alltäglichen Gebrauch benötigt:

Bindings-Placeholder

Zu jedem Binding können Sie verschiedene Parameter angeben. Auch dies haben Sie vermutlich bereits bemerkt. Wählen Sie das Textfeld für den Umrechnungsfaktor an, und öffnen Sie im Bindings-Pane des Inspectors das *Value*-Binding. Am Ende sehen Sie eine Liste von Platzhaltern (Placeholder). Geben Sie im Feld unterhalb von *No Selection Placeholder* den Wert 0 ein. Dieser wird angezeigt, wenn Sie keine Auswahl im Tableview getroffen haben und damit der Arraycontroller keine Selektion kennt. Wenn Sie das Programm starten und sich noch kein Eintrag im Tableview befindet (also auch keiner ausgewählt ist), sehen Sie das Ergebnis.

Ich denke, dass sich die weiteren Placeholder von selbst erklären. Sie sind auch in der Bindings-Referenz erläutert. Nur eines: Der Multi-Selection-Placeholder ist dienlich, wenn man die mehrfache Selektion in einem Tableview (und damit dem Controller) erlauben würde. Hiermit in Zusammenhang steht die gleich besprochene Einstellmöglichkeit *Always use Mutliple Values Marker*.

Conditionally Sets ...

Mit diesen Checkboxen können Sie bestimmen, ob die Eigenschaften `editable`, `hidden` usw. automatisch gesetzt werden sollen, wenn das Binding nicht zu einem gültigen Wert führt. Wenn Sie etwa für das mittlere Textfeld *Conditionally Sets Hidden* anklicken, verschwindet es automatisch, falls kein gültiger Wert ausgewählt ist.

Continuously Updated Values und Validates immediately

Auch Bindings übernehmen einen Wert erst, wenn die [Eingabe]-Taste gedrückt oder das Feld verlassen wird. Dies bedeutet, dass eine Änderung in dem Textfeld für den Umrechnungsfaktor erst dann in unserem Model gespeichert wird. Manchmal will man jedoch, dass bereits während der Eingabe nach jedem Tastendruck der entsprechende Wert im Model gesetzt wird. Dann aktivieren Sie diese Option.

Entsprechendes gilt für die Validierung des eingegebenen Wertes bei *Validates immediately*, wobei die Validierung bei ausgeschalteter Option bis zum Speichern ganz ausbleibt.

Value-Transformer

Vermutlich ist Ihnen bereits aufgefallen, dass man auch einen sogenannten Value-Transformer angeben kann. Hierbei handelt es sich um gesonderte Instanzen, die zur konstanten Umrechnung von Werten verwendet werden können. Dabei existiert immer eine Instanz, die einen Eingangswert aus der observierbaren Eigenschaft bekommt und daraus einen Ausgangswert für das Binding herstellt. Dies ist aber eine reine 1-zu-1-Umrechnung, so dass nicht mehrere observierbare Eigenschaften kombiniert werden können. Manche Value-Transformer können dabei auch die Rückrechnung vornehmen, also bei Eingabe der gebundenen Eigenschaft im User-Interface auch wieder die observierte Eigenschaft im Model setzen.

Getreu dem Motto dieses ersten Bandes »Lerne Cocoa richtig anwenden« will ich hier die wichtigsten vom System bereitgestellten Value-Transformer kurz benennen. Es sei aber angemerkt, dass man recht leicht eigene Transformer programmieren kann. Die Dokumentation zu der Klasse `NSValueTransformer` enthält vollständigen Beispielcode, der kein Hexenwerk ist.

NSNegateBoolean

Dieser Value-Transformer dient für boolsche Werte und verneint diese immer. Er kann für den Zustand (etwa die Enabled-Eigenschaft) von Buttons hilfreich sein, wenn die observierte Eigenschaft »genau verkehrt herum« ist. Außerdem lässt sich hiermit ein Status für die Benutzeroberfläche umdrehen.

Der Negate-Boolean-Value-Transformer beherrscht auch die umgekehrte Transformation.

NSIsNil, NSIsNotNil

Diese beiden Transformer erzeugen einen boolschen Wahrheitswert in Abhängigkeit davon, ob die observierte Eigenschaft `nil` ist. Auch hiermit lassen sich häufig Zustände im User-Interface darstellen. Allerdings existiert keine umgekehrte Transformation, so dass sie sich nicht zur Eingabe von Werten eignen.

NSUnarchiveFromData, NSKeyedUnarchiveFromData

Diese beiden Transformer erwarten als observierbare Eigenschaft eine Instanz der Klasse `NSData` und wandeln die enthaltenen Daten in das gewünschte Objekt um. Mit diesem Value-Transformer und dem dafür erforderlichen Protokoll `NSCoding` beschäftigen wir uns noch im Kapitel für die Model-Schicht. Der Transformer erlaubt auch die Rückumwandlung von der gebundenen zu der observierten Eigenschaft.

6.1.6 Der Arraycontroller

Ich möchte zwei Controller, die in der praktischen Anwendung sehr wichtig sind, noch besprechen. Ich beginne dabei hier mit dem Arraycontroller sozusagen prototypisch. Die anderen Controller funktionieren entsprechend.

In der Regel wollen wir ja ein View an den Controller und den Controller an das Model binden. Das hatten wir auch mit unseren Conversions so gemacht, die im Model gespeichert wurden und in einem View erschienen. Dazwischen liegen Bindings-Controller wie der Arraycontroller. Sie haben daher zwei Seiten:

- Zum Model hin lassen sie sich selbst binden. Hier sind die verknüpfbaren Eigenschaften contentSet und contentArray wichtig. Werden diese – so wie wir es bereits getan haben – an das Model gebunden, so laufen sie also synchron zum Model. Dies bedeutet im Wesentlichen, dass die Eigenschaft arrangedObjects des Controllers die Elemente enthält, die sich im contentSet bzw. contentArray befinden.

- Zu dem View hin sind Controller die observierten Objekte. Sie bieten wichtige Eigenschaften an, die man observieren kann, insbesondere arrangedObjects als Ansammlung aller Objekte und selection als das soeben ausgewählte Objekt.

- Da es sich um verschiedene Eigenschaften handelt, kann dazwischen der Controller noch Aufgaben wie Filterung und Sortierung vornehmen.

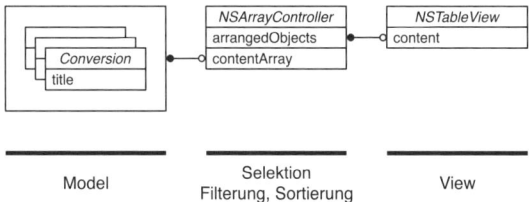

Model   Selektion, Filterung, Sortierung   View

Bindings-Controller sind schizophren. Dadurch können sie zusätzliche Aufgaben wahrnehmen.

Diese Janusköpfigkeit ist wohl zunächst schwierig zu verstehen. Man kann sagen, dass die Daten über die Content-Bindings in den Controller gelangen und über die Eigenschaft arrangedObjects wieder (gefiltert usw.) an das View herausgegeben werden. Beachten Sie dabei bitte auch, dass die sortierten Daten des arrangedObjects ausgangs des Controllers stets als Array geliefert werden, da ja eine Reihenfolge besteht. Dies gilt auch dann, wenn eingangs des Arraycontrollers die Eigenschaft contentSet – also eine unsortierte Menge – gebunden wurde.

Einstellungen im Attributes-Inspector

Bei einem Arraycontroller gibt es eigentlich wenig zu erläutern.

Mode, Class Name, Entity Name

Zu beachten ist, dass er wie jeder Controller sozusagen in zwei Modi laufen kann, die man unter *Mode* in der Rubrik *Object Controller* des Attributes-Inspector einstellt:

- *Class*: Zum einen kann er Instanzen von (gewöhnlichen) Modelklassen verwalten. Es ist dann erforderlich, die Klasse anzugeben. Hierbei geht es weniger um die Bereitstellung von Daten als um die Actionmethoden zum Einfügen und Löschen von Instanzen. Diese müssen ja wissen, welche Klasse die erzeugte Instanz haben soll.

- *Entity Name*: Will man indessen Core-Data-Entitäten verwalten, so läuft er im Modus Entity. Er erzeugt dann nicht Instanzen von Klassen, sondern Instanzen von Core-Data-Entitätstypen. Dies sind natürlich auch Instanzen von Klassen, nämlich meist von `NSManagedObject`. Aber eine Entität kennt ihre Klasse, so dass die Angabe der Entität reicht. Dazu kommen wir im Abschnitt über Core Data.

In der Zeile darunter (*Class Name* bzw. *Entity Name*) ist dann der jeweilige Bezeichner einzutragen.

Übrigens merkt sich der Interface Builder, welche Schlüssel bereits verwendet wurden. Das erleichtert die Eingabe von Bindungen an ihn, da bereits Vorschläge für den Model-Key gemacht werden.

Gibt man als Klasse zudem `NSMutableDictionary` an, so werden automatisch Instanzen mit eben diesen Keys erstellt. Dies führt dazu, dass man Entitäten, deren Klasse man noch nicht programmiert hat, schnell simulieren kann (Rapid-Prototyping).

Always Use Multi Values Marker

Die Einstellung *Always Use Multi Values Marker* bedarf allerdings der Erläuterung. Wie Sie bereits bei den Bindings-Optionen gesehen hatten, können Placeholder-Texte gesetzt werden, wenn besondere Selektierungen vorliegen. Dies hatten wir ja auch für die leere Selektierung verwendet. Es gibt einen weiteren besonderen Fall, nämlich die Mehrfachselektierung. Wir benötigen sie nicht, da unser Tableview die Mehrfachselektierung nicht zulässt. Wenn dies allerdings so wäre, so ergäbe sich eine Fallunterscheidung:

- Sie haben eine Mehrfachauswahl, und die dargestellte Eigenschaft ist bei allen ausgewählten Einträgen gleich. Ein Beispiel sind etwa mehrere Umrechnungen, die alle denselben Umrechnungsfaktor haben.

- Sie haben eine Mehrfachauswahl, und die dargestellte Eigenschaft ist nicht bei allen ausgewählten Einträgen gleich. Es sind also mehrere Umrechnungen ausgewählt, die einen unterschiedlichen Umrechnungsfaktor haben.

Im zweiten Falle ist klar, dass eine echte Mehrfachauswahl vorliegt. Für eine Eigenschaft wird dann ein Multiselektions-Marker erzeugt, da sich ja die Eigenschaft nicht mehr einfach darstellen lässt. Diesem können wir eben in den Bindingsoptions einen Placeholder zuweisen.

Im ersten Falle ist es jedoch so, dass sich die Eigenschaft eigentlich noch darstellen ließe, eben durch den immer gleichen Wert. Dies macht der Arraycontroller auch standardmäßig. Wenn Sie die Option *Always Use Multi Values Marker* einschalten, wird dies nicht getan, sondern eben auch in diesem Falle der Marker erzeugt.

Observierbare Eigenschaften
An Eigenschaften, die für eine Bindung dienen können, haben Sie bereits arrangedObjects, selection und canRemove kennengelernt. Es gibt weitere:

Selektierungen
Die aktuelle Selektierung wird durch folgende Eigenschaften zur Bindung angeboten, die Sie selbstverständlich auch durch entsprechende Methoden im Code abfragen können:

- *selection* beschreibt die aktuelle Selektierung.
- *selectedObjects* ist ein Array mit den aktuell ausgewählten Instanzen. Es handelt sich auch dann um ein Array, wenn lediglich eine Instanz ausgewählt wurde.
- *selectionIndex* bezeichnet den Index des gewählten Eintrages.
- *selectionIndexes* gibt die Indexe (ja, im technischen Bereich verwendet man diese Pluralbildung!) einer Mehrfachselektion wieder.

> **GRUNDLAGEN**
>
> Hierbei wird als Collection ein sogenanntes Index-Set verwendet. Dies ist eine Ansammlung von Ganzzahlen. Der Vorteil gegen über einem Set liegt darin, dass man zum einen gleich Zahlen vom Typen NSUInteger erhält und nicht Number-Instanzen. Außerdem werden diese platzsparend gespeichert.

Wenn Sie aus dem Code heraus diese Eigenschaften abfragen, kann es zu Überraschungen kommen. Die von dem Arraycontroller gelieferten Instanzen können nämlich eine andere Klasse haben. Es handelt sich um sogenannte Bindings-Proxys. Auf der Webseite gibt es einen Artikel dazu. Aber schon hier: Auf jeden Fall können Sie die KVC-Methoden –valueForKey: usw. auf dieses Objekt anwenden.

Arranged-Objects
Bezogen auf den Inhalt gibt es zwei wichtige Eigenschaften, die als Angelpunkt für Bindings dienen können:

arrangedObjects sollten Sie zwischenzeitlich zur Genüge kennen. Diese arranged Objects existieren auch, wenn, wie bei uns, der Arraycontroller an ein Set gebunden ist. Die Reihenfolge ist dann freilich zufällig. Eine Sortierung kann aber sowohl über Sort-Descriptors im Arraycontroller erfolgen als auch über den Tableview.

Sort-Descriptors
Mit der Eigenschaft sortDescriptors wird ein Array von Instanzen der Klasse NSSortDescriptor an den Controller übergeben. Sie werden zuweilen im –awakeFromNib über ein

Kapitel 6

Outlet auf den Arraycontroller gesetzt. Ich gebe aber zu bedenken: Wenn die Einträge wie bei uns keine natürliche Reihenfolge besitzen, gibt es wenig Gründe, diese bereits im Arraycontroller anstelle des Tableviews sortieren zu lassen. Wenn es indessen bereits eine natürliche Reihenfolge gibt, so haben wir den Controller an ein Array gebunden, das bereits eine Sortierung mitbringt. Gleich folgt ein Beispiel zur alphabetischen Sortierung der Umrechnungsfaktoren.

Fangen wir mit der Implementierung der Sorterreihenfolge an: Zunächst bauen wir uns ein Outlet auf den Arraycontroller in der Klasse Document. Öffnen Sie Document.h:

```
@interface Document : NSPersistentDocument
@property (strong, nonatomic) IBOutlet NSArrayController* conversionsController;
@end
```

In der Implementierung müssen wir dann freilich etwas damit anfangen. Als richtigen Ort für die Initialisierung könnte man an -awakeFromNib denken. Allerdings haben Dokumente eine spezielle Stelle, nämlich -windowControllerDidLoadNib:

```
- (void)windowControllerDidLoadNib:(NSWindowController*)ctr
{
    [super windowControllerDidLoadNib:ctr];
    NSSortDescriptor* descriptor = [[NSSortDescriptor alloc] initWithKey:@"name"
                                                               ascending:YES];
    NSArray* descriptors = [NSArray arrayWithObject:descriptor];
    [self.conversionsController setSortDescriptors:descriptors];
}
```

Das ist eigentlich selbsterklärend: Man beachte lediglich, dass mehrere Sort-Deskriptoren angegeben werden können, die dann in der entsprechenden Reihenfolge abgearbeitet werden.

Jetzt müssen Sie das Outlet in Document.xib noch setzen, indem Sie eine Verbindung vom *File's Owner* (das ist ja hier das Dokument) zum Arraycontroller *Conversions Controller* ziehen. Außerdem muss im Attributes-Inspector des Arraycontrollers die Eigenschaft *Auto Rearrange Content* gesetzt werden, damit dieser automatisch bei einer Änderung die Reihenfolge ändert. Sie können die neue Funktionalität testen: Die einzelnen Einträge sollten sich jetzt automatisch sortieren.

HILFE

Sie können das Projekt in diesem Zustand als Projekt Converter-30 von der Webseite herunterladen.

Filter-Predicate

filterPredicate erlaubt uns die Filterung der angezeigten Elemente. Dies kann man zu einer Live-Suche verwenden. Auch dies implementieren wir gleich.

Die Controllerschicht

GRUNDLAGEN

Prädikate sind Aussagen über Gegenstände, die je nach Gegenstand wahr oder falsch sein können, wie etwa »Der Umrechnungsfaktor ist kleiner als 1« oder »Die Bezeichnung beginnt mit 'Zo'«. Es werden also in guter alter Key-Value-Manier Eigenschaften (Umrechnungsfaktor, Bezeichnung) mithilfe von Operatoren (ist kleiner, beginnt mit) mit einem Wert (1, 'Zo') verglichen und geschaut, ob die Aussage zutrifft. Nimmt man aus einer bestehenden Menge nur diejenigen Elemente, für die die Aussage zutrifft, erhält man einen Filter.

Mit dem Filter-Predicate sorgen wir dafür, dass der Benutzer in unserem Programm suchen kann. Wie dies bei OS X üblich ist, machen wir das jedoch nicht durch einen Suchdialog, sondern durch eine Live-Suche. Das Suchfeld hatten wir ja bereits der Toolbar hinzugefügt.

Denken wir das mal durch: Der Arraycontroller bietet eine Eigenschaft filterPredicate, welche die Einträge filtert. Diese Eigenschaft lässt sich zur Bindung eines anderen Elementes verwenden, in diesem Falle zu der des Suchfeldes. Also müssen wir das Suchfeld in der Toolbar an diese Eigenschaft binden, damit es sich synchron zum Arraycontroller verhält. Gesagt, getan:

Öffnen Sie wiederum Document.xib und dort das Dokumentenfenster. Wir müssen das Suchfeld editieren, weshalb Sie es bitte in der Objektliste beim Fenster unter *Toolbar | Toolbar Item – Faktor suchen | Search Field* auswählen. (Das Öffnen der Toolbar im Fenster führt regelmäßig dazu, dass etwas völlig Kaputtes erscheint. Daher nehmen wir die Selektierung über die Objektliste vor. Eine Alternative wäre es, die Toolbar zunächst auf die oberste Ebene der Objektliste zu ziehen und nach getaner Arbeit wieder in das Fenster zu legen.)

Im Bindings-Inspektor müssen Sie jetzt das *Predicate*-Binding wie in der Abbildung setzen:

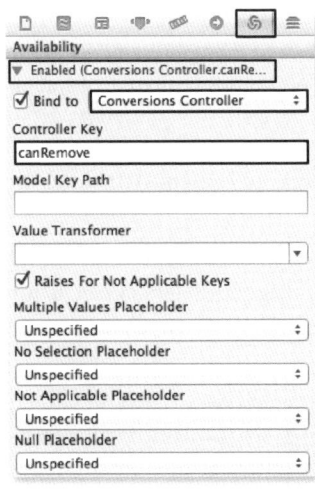

Der Wert in einem Searchfield kann als Filterprädikat verwendet werden.

Das bedarf natürlich ein wenig der Erläuterung:

- Der *Display Name* dient der Bezeichnung der Art der Suche. Dies ist dann wichtig, wenn es mehrere Möglichkeiten zur Suche gibt, etwa nach Namen und nach Faktoren. Wir wollen hier ausschließlich nach der Eigenschaft name unserer Conversion-Instanzen suchen.

- Das *Predicate Format* bestimmt die Suche. Mit dem abgebildeten String geben wir an, dass wir nur diejenigen Einträge anzeigen wollen, die in der Eigenschaft *name* den vom Benutzer eingegebenen Text (*value*) enthalten (*contains*). Das *[cd]* sorgt dafür, dass die Suche case-insensitiv erfolgt, also ohne Berücksichtigung der Groß- und Kleinschreibung und diakritischer Zeichen (Umlaute und dergleichen).

Sobald Sie ein solches Binding gesetzt haben, erscheint ein neues Binding *Predicate 2*. Sie können hier eine andere Suche mit einem anderen Namen und einem anderen Prädikat eingeben. Der Benutzer kann dann in einem Menü auswählen, wonach er suchen will. Sie kennen dies sicher aus anderen Applikationen. Wir haben dafür keine Verwendung.

Wie Prädikate im Einzelnen funktionieren, wird von mir bei Core Data besprochen. Hier geht es mir nur um die Hausmacherart und die Binding-Möglichkeit des Arraycontrollers.

> **HILFE**
>
> Sie können das Projekt in diesem Zustand als Projekt Converter-31 von der Webseite herunterladen.

6.1.7 Der Tree-Controller

Ein Tree-Controller ist sozusagen das Bindingsgegenstück zum Outlineview. So wie dieses Hierarchien anzeigen kann, verwaltet der Tree-Controller sie.

Prinzipiell funktioniert ein Tree-Controller nicht anders als ein Arraycontroller. Er bietet jedoch kein Filter-Predicate, was Sie sicherlich schon in Applikationen bemerkt haben. Das macht ihn mir ein wenig madig.

Dafür enthält er zusätzliche Einstellungen für die Hierarchie in seinem Attributes-Inspector. Hier die wichtigsten:

- children und die dazugehörigen Methoden -childrenKeyPath und -setChildrenKeyPath: bilden den Schlüsselpfad ab, der für die Einträge auf oberster Ebene die Kinderobjekte liefert. Die Model-Instanz muss entsprechend ein Array liefern, wenn diese Eigenschaft abgefragt wird.

- Die optionale Eigenschaft count (-countKeyPath, -setCountKeyPath:) kann gesetzt werden, um eine eigene Eigenschaft für die Berechnung der Anzahl der Einträge anzugeben. Bleibt das Feld leer, so holt sich der Tree-Controller die Kinderarrays mittels der Eigenschaft children und und sendet dahin die Nachricht count (NSArray). Das Setzen dieses Schlüsselpfades bietet sich also an, wenn die Beschaffung des Arrays langsam ist, die Ermittlung der Anzahl indessen schnell.

- Die ebenfalls optionale Eigenschaft leaf und die entsprechenden Accessor-Methoden geben einen Schlüsselpfad an, unter dem der Tree-Controller erfahren kann, ob das entsprechende Element überhaupt Kinder hat. Auch hier kann dies nützlich sein, wenn die Beschaffung der Kinder teuer (langsam) ist, diese aber ohnehin nicht angezeigt werden sollen. Auch ist zu bedenken, dass Eltern und Kinder nicht der gleichen Klasse angehören müssen. In diesem Falle ist es ein einfacher Trick, beiden Klassen eine Eigenschaft zu geben, die für die Eltern YES antwortet, um das Aufklappen des Outlineviews zu ermöglichen, und für die Kinder NO, um dies zu verhindern.

6.1.8 Der Dictionary-Controller

Seit Leopard existiert dieser neue Controller als Subklasse von NSArrayController, der seine Daten nicht aus einem Array oder einem Set beschafft, wie es der Arraycontroller macht. Vielmehr ist die Datenquelle ein Dictionary. Auf der Seite zu einem Tableview hin existiert dann wieder die Eigenschaft arrangedObjects. Dabei macht der Dictionary-Controller aus einem Dictionary mit N Key-Value-Einträgen ein Array mit N Einträgen, wobei jeder Eintrag eine Entität mit den Schlüsseln key und value ist. Die Klasse dieser Einträge im Array ist NSObject mit dem informellen Protokoll NSDictionaryControllerKeyValuePair.

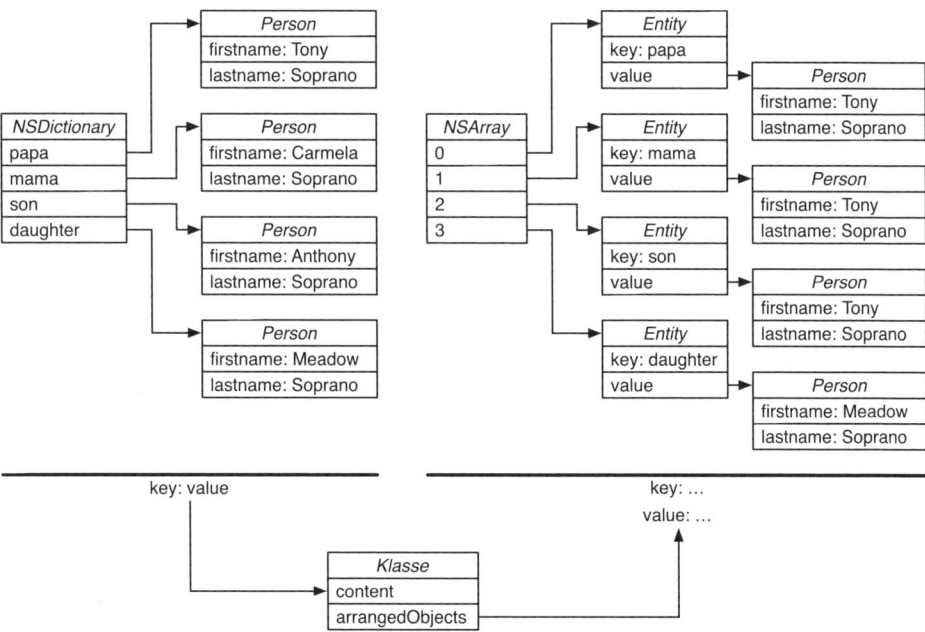

Dictionary-Einträge werden gleichermaßen um 90 Grad gedreht.

In der obigen Abbildung würde man also etwa die Person für den Key @"papa" mit folgendem Code erhalten:

```
Person *papa = [family valueForKey:@"papa"];
```

In den Arranged-Objects ist dies nur ein Eintrag, nehmen wir an der erste:

```
NSString *key = [[arrangedObjects objectAtIndex:0] valueForKey:@"key"];
Person *papa = [[arrangedObject objectAtIndex:0] valueForKey:@"value"];
```

Das sieht auf den ersten Blick kurios und kompliziert aus. Wozu braucht man so etwas? Zunächst einmal sehr selten, was auch erklärt, dass dieser Controller erst mit Mac OS X 10.5 geliefert wurde und damit der jüngste ist. Seine Besonderheit liegt in etwas anderem: Die anderen Bindings-Controller verwalten eine Mehrzahl von Entitäten, die allesamt über dieselben Schlüssel ansprechbar sind. Das ist etwa das Array von Personen. Hier wird nur ein Dictionary, also eine Entität, verwaltet, welches unbekannte Schlüssel beinhalten kann, sogar die Anzahl der Einträge kann unbekannt sein. Daher lassen sich nicht einzelne Tabellenspalten (wie viele?) an einzelne Schlüssel (welche?) binden. Vielmehr werden der Schlüssel und der dazugehörige Wert gebunden. Das funktioniert bei bei ganz unterschiedlichen Dictionarys.

Damit wären wir auch bei der Anwendung: Wenn Sie ein Dictionary erhalten, bei dem Sie nicht wissen, welche Schlüssel enthalten sind, hilft ein Dictionary-Controller. Nehmen Sie etwa an, dass Sie über eine Internetverbindung Daten erhalten, die mal eine Person in einem Dictionary mit den Schlüsseln @"id", @"firstname" und @"lastname" enthalten und mal eine Kontobeschreibung, die die Schlüssel @"id", @"personId" und @"credit" enthält. (Lesen Sie an dieser Stelle mal nach, was etwa ein REST-Service ist.) Sie könnten das nicht binden, weil für die Person drei Spalten mit den entsprechenden Schlüsseln gebunden werden müssten und bei einer Kontobeschreibung die Bindung auf andere Schlüssel lauten würde.

Stattdessen wird bei einem Dictionary-Controller ein Tableview mit zwei Spalten verwendet, welches an die Schlüssel key bzw. value gebunden wird. Hiermit lässt sich dann ein Dictionary mit unbekannten Schlüsseln darstellen.

Die Controllerschicht

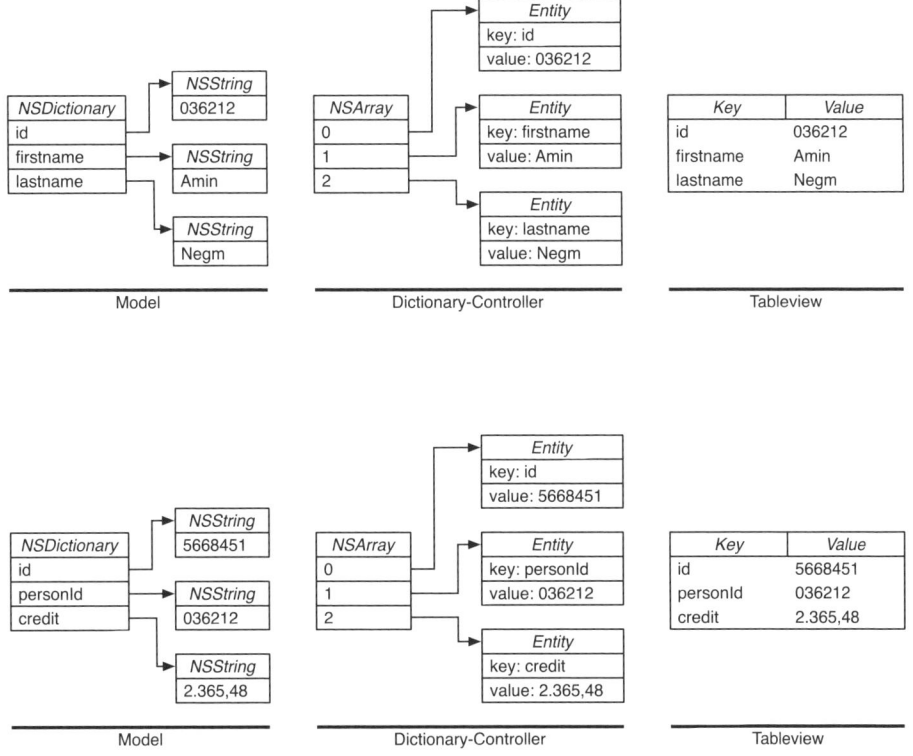

Unterschiedliche Schlüssel in einem Tableview als Liste mit ihren Werten.

Beachten Sie bitte hierbei, dass die Schlüssel in einem Dictionary keine Sortierung aufweisen. Die Reihenfolge in dem Tableview ist daher zufällig. Man kann freilich auch hier eine Sortierung mittels Sort-Descriptoren angeben.

6.1.9 Der Defaults-Controller und Voreinstellungen

Eine besondere Form des Bindings-Controllers ist der Defaults-Controller. Er dient dazu, die Voreinstellungen (Defaults, Preferences) einer Anwendung zu verwalten. Dabei stellt er aber nur die halbe Wahrheit dar: Zusätzlich müssen wir nämlich noch im Code für die richtige Hintergrundmusik sorgen. Um das nicht zu zerfleddern, bespreche ich alles an dieser einen Stelle.

Defaultssystem

Defaults sind letztlich Property-Lists. In ihnen werden also mit dem Standardcontainer Informationen hinterlegt. Dabei besteht auf oberster Ebene ein Dictionary mit den verschiedenen Einstellungsgruppen. Natürlich kann man dann etwa auch Arrays speichern, was wir auch machen werden.

Kapitel 6

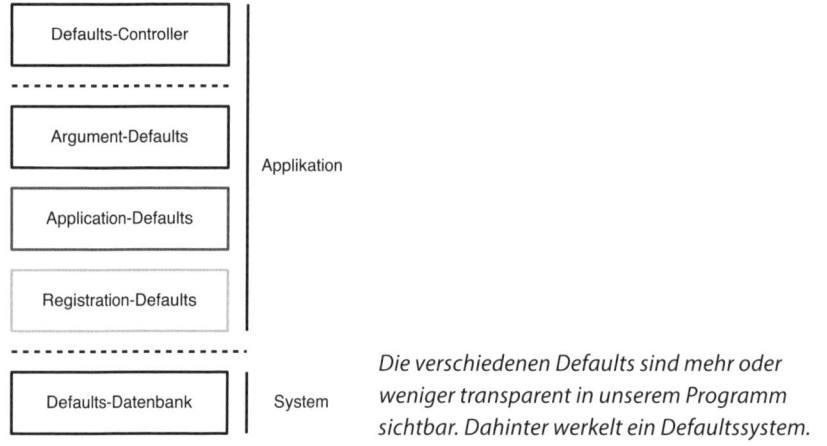

Die verschiedenen Defaults sind mehr oder weniger transparent in unserem Programm sichtbar. Dahinter werkelt ein Defaultssystem.

Grundsätzlich werden die Defaults vom System behandelt. Dabei kann es je nach Landeseinstellungen, Netzwerkumgebung usw. zu verschiedenen Defaultssätzen kommen. Dies ist aber Systemangelegenheit und für uns transparent.

> **GRUNDLAGEN**
>
> Mit transparent bezeichnet man eine Eigenschaft, Fähigkeit usw., die für den Programmierer nicht sichtbar ist. So liegt es hier: Der Programmierer bekommt seine Defaults. Dahinter versteckt sich ein kompliziertes System von OS X, welches den Programmierer jedoch nicht zu interessieren braucht, da es für ihn unsichtbar, eben transparent ist.

Nur fast gänzlich transparent sind drei sogenannte Default-Domains, die gestapelt sind. Grundsätzlich können zu einer Applikation vier Sätze von Defaults relevant sein:

- *Registration-Domain* enthält üblicherweise feste Werkseinstellungen. Diese gelten also, wenn der Anwender keine Änderungen vorgenommen hat.
- Eine *Application-Domain* enthält Änderungen des Benutzers für die Anwendung. Diese gehen der Registration-Domain vor.
- Zudem können bei Programmstart Parameter übergeben werden, die nur für den einzelnen Programmlauf Defaults noch mal überschreiben: *Argument-Domain*.
- Der *Defaults-Controller* ist nicht für unsere Arbeit im Programm wichtig, sondern für die bindingskompatible Anbindung von Views, insbesondere im Einstellungsfenster.

> **POWER**
>
> Darüber hinaus existiert seit OS X 10.7 die Möglichkeit, Schlüssel-Werte-Paare in der iCloud zu speichern und so auf verschiedenen Geräten eines Nutzers zur Verfügung zu stellen. Hierfür existiert die Klasse `NSUbiquitousKeyValueStore`. Programmierung mit der iCloud ist der 2. Auflage des zweiten Bandes vorbehalten.

Wenn wir also in unserem Programm einzelne Einstellungen abfragen, fallen wir nacheinander durch die Domänen, bis ein Treffer gefunden wird. Wir erfahren aber grundsätzlich nicht, aus welcher Domain der Treffer stammt. Hierbei ist es zudem noch wichtig, dass das Defaultssystem nicht ständig geänderte Einstellungen auf die Platte zurück schreibt. Vielmehr geschieht dies unregelmäßig, im Bedarfsfalle spätestens bei Beendigung der Anwendung. Sie sollten also in diesem Kapitel die Anwendung stets ordnungsgemäß über das Applikationsmenü *CocoaConverter* mit *Quit New Application* beenden!

> **GRUNDLAGEN**
>
> Darüber hinaus gibt es Defaults, die sich nicht auf unsere Anwendung beziehen, sondern global wirken oder etwa die Landeseinstellungen betreffen. Diese können gesondert abgefragt werden, etwa mit der bereits bekannten Klasse `NSLocale`. Wir konzentrieren uns hier auf die oben genannten Domains.

Registrationdefaults und Application-Delegate

Umgekehrt erfahren wir von der Existenz der verschiedenen Domains, wenn wir die Registration-Defaults setzen. Es ist nämlich erforderlich, dass wir für jede Einstellung in unserem Programm zunächst einen Standardwert angeben. Dies muss vor deren Benutzung erfolgen. Wir machen das auch gleich mit der Methode `-registerDefaults:` (`NSUserDefaults`).

Eine weitere Stufe stellen die sogenannten Initial-Values dar, die man mit der Methode `-setInitialValues:` (`NSUserDefaultsController`) setzen kann. Hierbei handelt es sich um die Standardeinstellungen für diejenigen Defaults, die der Benutzer verändern kann. Es ist nämlich ebenfalls sinnvoll, sich selbst Defaults anzulegen, die der Benutzer nicht ändern darf. Denken Sie etwa an den Fall, dass Sie mit einem bestimmen Webserver kommunizieren wollen und die URL speichern müssen. Einfach in den Defaults ablegen. Dem Benutzer geben wir aber kein User-Interface zur Änderung. Also: Diese Defaults müssen in den Registration gespeichert sein, tauchen in den Initial-Values jedoch nicht auf. Für eine Abfrage der Defaults aus unserem Programm heraus spielen sie indessen keine Rolle.

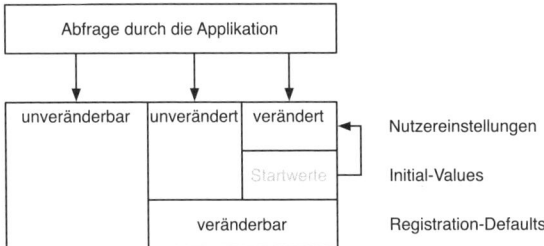

Alle Defaults benötigen eine Registrierung. Zu den editierbaren können wir Standards vorgeben.

Kapitel 6

Die Angabe der Initial-Values ist nicht zwingend erforderlich. Wenn man sie angibt, so kann man mit der Methode -revertToInitialValues (NSUserDefaultsController) schnell zu diesen zurückkehren. Sie kennen das aus Einstellungsfenstern, in denen ein Button *Zurücksetzen* oder ähnlich existiert.

Ein möglicher Standardort für die Registrierung ist das Application-Delegate, mit dem wir uns später noch gesondert beschäftigen werden. Werden Defaults nur in Teilen der Anwendung benutzt, so bietet es sich an, einen entsprechenden Controller oder sogar die nutzende Klasse als Standort für die Registrierung auszuwählen. Das System ändert sich dadurch nicht. An dieser Stelle erzeugen Sie sich bitte einfach eine entsprechende Subklasse von *NSObject<NSApplicationDelegate>*, die Sie *AppDelegate* nennen, in Xcode über *File | New | File…* Als Vorlage wählen Sie bitte *Objective-C class*.

> **AUFGEPASST**
>
> Gab es die Klasse und eine dazugehörige Instanz nicht schon? Ja, das war aber ein anderes Projekt, nämlich eines ohne Dokumente. Dort befindet sich bereits ein Application-Delegate in der Projektvorlage. Jetzt haben wir es aber mit einem Projekt zu tun, welches Dokumente unterstützt. Da müssen wir das selbst erzeugen.

Wir machen darin gar nichts Berühmtes, sondern implementieren nur eine einzige Methode:

```
…
@implementation AppDelegate
+ (void)initialize
{
   if( self != [AppDelegate class] ) {
      return;
   }

   NSDictionary *registerDefaults
   = [NSDictionary dictionaryWithObjectsAndKeys:@"Amin", @"author", nil];

   NSUserDefaults *defaults = [NSUserDefaults standardUserDefaults];
   [defaults registerDefaults:registerDefaults];
}
@end
```

> **GRUNDLAGEN**
>
> Die Klassenmethode +intialize ist bereits in Kapitel 4 besprochen worden. Schauen Sie dort notfalls noch einmal nach.

Um die Defaults zu registrieren, erstellt die Methode also ein Dictionary, welches für den Schlüssel author einen String Amin speichert. Jeder Defaultwert wird also unter

Die Controllerschicht

einem Schlüssel gespeichert. Es handelt sich ja um eine Property-List. Dabei muss diese Liste nicht vollständig sein. So können etwa zusätzlich dokumentenbezogene Defaults in +initialize (Document) gesetzt werden. Wichtig ist aber, dass die Registrierungsdefaults vor ihrer Benutzung gesetzt sind.

> **TIPP**
>
> Natürlich kann man daran denken, die Registerdefaults einfach als Property-Lists zu speichern und entsprechend zu laden. Und ja, das ist zuweilen auch sinnvoll, jedenfalls modulweise. Wir müssen dazu aber Property-Lists dem Projekt hinzufügen. Im Kapitel über Xcode werden Sie das genauer lernen. Ich will hier aber nicht von Höckchen auf Stöckchen springen.

Öffnen Sie jetzt *MainMenu.xib* (nicht: *Document.xib*). Zunächst müssen wir unser Application-Delegate im Nib instantieren. Hierzu ziehen Sie aus der Library nach einer Suche mit *Object* den blauen Würfel aus der Library in die Objektliste. Im Identity-Inspector muss dann noch unter *Custom Class | Class* die Klasse *AppDelegate* eingetragen werden. Weil man es so selten macht, hier noch einmal ein Screenshot:

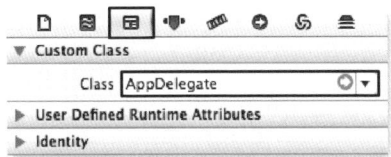

Dieser Custom-Controller bedient unser Application-Object.

Jetzt müssen wir freilich noch mitteilen, dass diese Instanz unser Application-Delegate sein soll. Dazu setzen wir ein Outlet vom File's Owner, der in MainMenu.xib die Application ist, zu unserem Delegate. (Sie wissen schon, mit gedrückter [ctrl]-Taste eine Verbindung ziehen. So langsam sollte ich das nicht mehr erwähnen müssen.)

Rekapitulieren wir noch einmal kurz, was geschieht:

- Wir haben uns eine neue Klasse `AppDelegate` geschaffen.
- Diese wird im MainMenu.xib instantiert.
- Daher wird zunächst die Methode +initialize der Klasse aufgerufen.
- Diese registriert einen Defaultwert.
- Die Verbindung von Application (File's Owner) zum Delegate ist hier eigentlich noch nicht erforderlich, weil alle vorgenannten Schritte auch ohne dies funktionieren. Aber wenn wir uns schon ein Delegate machen, sollten wir es auch setzen.

Ziehen Sie jetzt ein neues Fenster in die Objektliste, und geben Sie diesem in dem Attributes-Inspector unter dem Eintrag *Title* den Namen *Preferences*. Außerdem sorgen Sie dafür, dass im Attributes-Pane des Inspectors für dieses Fenster kein Haken vor *Visible At Launch* und *Release When Closed* gesetzt ist. Das Ausschalten der ersten Option sorgt dafür, dass dieses Fenster nicht automatisch geöffnet wird, die zweite, dass es mehrmals

495

nacheinander geöffnet werden kann. Dies entspricht ja auch dem erwarteten Verhalten eines Preferences-Fensters.

> **AUFGEPASST**
>
> Im Abschnitt über Windowcontroller lernen Sie allerdings eine elegantere Art kennen, die modularer ist und den Speicher schont.

Ziehen Sie ein Label und ein editierbares Textfeld in das Fenster. Das Label benennen Sie mit *Ersteller:*.

Gut, wir sind im Kapitel über Bindings. Und jetzt kommen wir zu dieser Hälfte. Wechseln Sie für das Textfeld in den Bindings-Inspector.

Setzen Sie jetzt das Value-Binding auf den bereits vorgewählten Eintrag *Shared User Defaults Controller*, und binden Sie die Eigenschaft *values* mit dem *Controller Key values* und dem *Model Key Path author*. Auch hier noch einmal das Ergebnis:

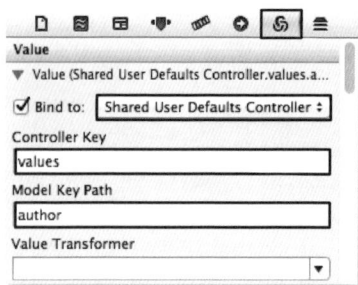

Wir binden das Textfeld an einen ganz besonderen Controller für User-Defaults.

Sie werden bemerken, dass in der Objektliste automatisch ein neues Objekt *Shared User Defaults Controller* aufgetaucht ist. Wie Sie an dem shared erkennen können, wird dieses geteilt; geteilt im Sinne von geteiltem Leid, nicht im Sinne von dividiert. Es handelt sich um einen Singleton, den es nur einmal gibt.

> **GRUNDLAGEN**
>
> Auch in dem vorher abgebildeten Code lag ein solcher Singleton vor, den wir uns mit -standardUserDefaults besorgten. Die Einstellungen werden also standardmäßig über einen einmaligen zentralen Defaultstack verwaltet, wie Sie ihn in der Graphik eingangs des Abschnittes sehen konnten.

Auch hierbei handelt es sich daher nicht um eine Instanz im Nib im eigentlichen Sinne, sondern um einen Verweis auf einen Singleton, auch wenn das aus technischen Gründen anders einsortiert ist. Tatsächlich gibt es diesen allerdings nur einmal für alle Nibs und zwei gleichgültig, ob ein Nib mehrfach geladen wird oder aber er in verschiedenen Nibs auftaucht.

GRUNDLAGEN

Der Hintergrund ist in etwa, dass Singletons auf die übliche Art und Weise instantiert werden können, sie jedoch dann immer eine Referenz auf ein und dieselbe Instanz liefern. Mehrere Nibs benutzen dann also jede ihre eigene Instanz, die eben bloß für alle dieselbe ist. Ja, ja, ich weiß, recht wirr. Und man kann sich auch über den Sinn und Unsinn von Singletons streiten.

Da sich das Fenster nicht automatisch öffnet, müssen wir es explizit dazu bringen. Dazu öffnen Sie – wenn nicht bereits geöffnet – in der Objektliste mit einem Klick die Menüleiste. Klicken Sie dort auf *Converter*, so dass sich das Menü öffnet. Nun ziehen Sie wiederum eine Action-Verbindung von dem Menüeintrag *Preferences* zu dem Fenster *Preferences* in der Objektliste. Loslassen und im aufspringenden HUD die Methode -makeKeyAndOrderFront: anwählen. Diese sorgt dafür, dass ein noch nicht geöffnetes Fenster geöffnet, das Fenster nach vorne geholt wird und das Fenster den Fokus für Tastatureingaben erhält. Umgangssprachlich: Das Fenster wird im Vordergrund geöffnet.

Starten Sie die Applikation. Wenn Sie jetzt die Voreinstellungen unseres Programmes über das Menü öffnen, sehen Sie den voreingestellten String im Fenster. Beenden Sie das Programm mit *Quit*. (Nicht in Xcode mittels des *Stop*-Items in der Toolbar abschießen!)

Wir haben also gesehen, dass der registrierte Defaultwert unter seinem Schlüssel author im Preferencesfenster dargestellt werden kann. Um weitere Forschungen zu betreiben, starten Sie bitte das Programm *Terminal*, welches sich auf der Festplatte im Ordner *Programme/Dienstprogramme* befindet – oder Sie ganz einfach mit Spotlight suchen. Hierbei handelt es sich um ein kleines Programm, mit dem Sie Kommandozeilenprogramme starten können. Das machen wir jetzt auch. Geben Sie

```
$defaults read com.cocoading.Converter[Enter]
```

ohne das $ ein

HILFE

Die Ausgabe links von der Schreibmarke nennt man Prompt. Sie zeigt an, dass man einen Befehl eingeben kann. Allerdings kann diese konfiguriert werden, weshalb ich nicht genau weiß, was bei Ihnen an dieser Stelle steht. Standard ist *Rechnername:Verzeichnis Nutzername*. Üblicherweise kürzt man das mit einem $ ab, wie ich es hier getan habe. Deshalb sollen Sie das auch nicht eingeben.

Das Kommandozeilenprogramm defaults erlaubt es uns, die Einstellungen von Programmen anzuzeigen und zu verändern. In diesem Falle geben wir mit dem Befehl *read* an, dass die Einstellungen gelesen werden sollen. Als Parameter bekommt es zudem den Namen unserer Applikationsdomain com.*yourcompany*.CocoaConverter. Wie wir diesen ändern, erfahren Sie wiederum im Kapitel über Xcode.

> **HILFE**
>
> Sie haben möglicherweise die Applikation anders benannt. Um das überprüfen zu können, selektieren Sie bitte in der Projektleiste den Projekteintrag ganz oben und wählen dann rechts daneben in der Liste den Eintrag unterhalb von *Targets* aus. Rechts wählen Sie bitte Summary aus. In der zweiten Zeile finden Sie den Eintrag *Bundle Identifier*. Dieser ist maßgeblich und muss von Ihnen im Terminal hinter dem *read* angegeben werden.

Es erscheint eine Einstellung, die allerdings gerade unser author nicht enthält:

```
{
    NSNavLastRootDirectory = "~/Desktop";
}
```

Hier wurden bereits von Cocoa selbst eine Einstellungen hinterlegt, nämlich zum letzten gewählten Speicherort. (Cocoa-Applikationen erinnern sich ja daran.)

> **AUFGEPASST**
>
> Es kann auch sein, dass nur eine Fehlermeldung ... *does not exist* erscheint. Das liegt dann daran, dass Sie noch nie ein Dokument gespeichert haben und daher bisher überhaupt kein Eintrag für unsere Applikation in der Defaults-Datenbank erstellt wurde. Das ist gleichgültig, da uns der existierende Eintrag von Cocoa ohnehin nicht interessiert. Gehen Sie wie beschrieben weiter vor.

Dass unser Schlüssel author nicht angezeigt wird, liegt daran, dass wir bisher nur Registration-Defaults haben. Diese befinden sich aber kodiert in unserem Programm, so dass sie nicht gespeichert werden müssen. Deshalb kennt defaults diese nicht.

Wir müssen also mal einen Wert in den Defaults ändern. Dazu starten Sie wiederum unsere Applikation (das Terminal lassen Sie bitte offen) und geben in den Einstellungen anstelle von *Amin* einfach *Negm-Awad* ein. Wieder das Programm ordnungsgemäß mit *Quit* beenden. Wenn Sie jetzt den Befehl eingeben, wird die neue Einstellung erkannt:

```
$defaults read com.cocoading.Converter
{
    NSNavLastRootDirectory = "~/Documents";
    author = "Negm-Awad";
}
```

Wunderbar! Jetzt starten Sie wieder unsere Applikation und können erkennen, dass sich dieser Wert tatsächlich auch dort wieder findet. Noch einmal beenden.

Jetzt löschen wir im Terminal einmal die gespeicherten Defaults:

```
$defaults delete com.cocoading.Converter
$defaults read com.cocoading.Convert
… Domain com.cocoading.Converter does not exist
```

Aha, sie sind also verschwunden. Wieder das Programm starten. Siehe da: Auch im Preferencesfenster taucht wieder der alte Wert *Amin* auf.

Erkenntnisse:

- Wir können in unserer Applikation Defaultwerte registrieren. Diese werden dann zur Laufzeit aus der Applikation erzeugt.

- Wenn der Benutzer Änderungen vornimmt, so werden diese in der Defaultsdatenbank gespeichert. Dies lässt sich mit dem Kommandozeilenprogramm defaults anzeigen und bearbeiten.

- Wenn sich dort ein abweichender Wert befindet, so wird dieser verwendet. Ist dies nicht der Fall, so gilt der Wert aus den Registrationdefaults.

HILFE

Sie können das Projekt in diesem Zustand als Projekt Converter-32 von der Webseite herunterladen.

6.1.10 Komplexe Bindings

Es gibt Bindings, die einen am Anfang herausfordern. Und dabei kann man in der Regel zwei Fälle unterscheiden: Die Hintereinanderschaltung von Bindings-Controllern und die Auswahl aus einer Liste als Wert eines anderen Objektes.

Bindingsketten

Denken wir uns eine einfache Datenstruktur aus, die Bindingsketten erfordert. Ach nein, brauchen wir uns gar nicht auszudenken, hatten wir nämlich schon: unser Firmenbeispiel aus dem Abschnitt zur Speicherverwaltung.

Kurz rekapitulieren: Wir hatten eine Firma, die verschiedene Gruppen kannte. Zu jeder Gruppe gehörten wieder mehrere Mitglieder. Schauen Sie sich vielleicht noch einmal die entsprechenden Graphiken an, und zwar sowohl als ERM als auch als lebende Instanzen.

Ach, bauen wir uns doch einmal schnell ein Core-Data-Projekt damit. Schließen Sie zunächst das offene Projekt in Xcode. Erzeugen Sie dann in Xcode mit *File | New | Project...* ein neues Projekt. Wählen Sie *Cocoa Application* aus. Nach einem Klick auf *Next* geben Sie als *Product Name* einfach *Company* ein und schalten bitte den Support für Core Data und Dokumente ein. Auch Automatic Reference Counting bleibt bitte eingeschaltet. Als *Document Extension* geben Sie bitte wenig überraschend *company* ein. *Next* und speichern.

Nach der Erzeugung öffnen Sie bitte durch Auswahl von *Company* | *Company* | *Document.xcdatamodel* im Project-Navigator das Modell und legen hierzu zwei Entitäten *Group* und *Person* an. Geben Sie wie unten abgebildet den Entitäten Attribute und legen außerdem bei jeder Entität eine Relationship zu der jeweils anderen an, ebenfalls wie unten abgebildet. Die Beziehung members von der Gruppe zur Person muss eine To-Many-Relationship sein. Denken Sie bitte daran, dass die Beziehung *members* von der Entität *Group* eine To-many-Beziehung ist und als Inverse die Eigenschaft *group* der Entität *Person* hat. Das Ergebnis sollte in etwa so aussehen:

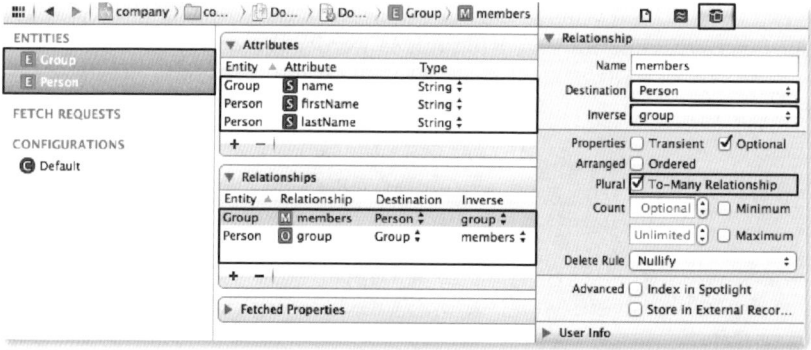

Selektiert man zwei Einträge in der Entitätenliste, erhält man eine kombinierte Ansicht.

HILFE

Zur Erinnerung: In der linken Liste erscheinen oben die Entitäten. Sie können der Liste mit einem Klick auf + *Add Entity* Elemente hinzufügen. Rechts erscheinen bei ausgewählter Entität oben die Attribute und darunter die Beziehungen. Hier können Sie jeweils mit dem unter der Liste befindlichen + einen Eintrag hinzufügen. Haben Sie zwei Entitäten ausgewählt, erzeugt Xcode automatisch je Entität einen neuen Eintrag.

Sie sollten auch in jeder Entität mindestens ein Attribut mit einem Defaultwert besetzen, da sich sonst neue Einträge im User-Interface nur schwer erkennen lassen.

Bauen wir uns wieder ein simpelstes User-Interface dazu: Document.xib öffnen. Benennen Sie bitte das Fenster mit *Company* (sowohl als *Window* | *Title* im Attributes-Inspector wie auch als *Identity* | *Label* im Identity-Inspector). Im Fenster erzeugen Sie links ein einspaltiges Tableview mit zwei Buttons für Hinzufügen und Löschen. Rechts bringen Sie zunächst nur ein Textfeld unter, gegebenenfalls mit Label. Ich habe beim Tableview gleich wieder für die Sourcelist-Einstellungen (bei *Highlight* im Attributes-Inspector) gesorgt und das Autolayout aller Elemente konfiguriert. Wichtig ist dies freilich nicht für die Funktionalität, die wir hier besprechen wollen. Aber: Übung macht den Meister! Außerdem können Sie wieder für das Tableview ganz unten im Attributes-Navigator den Fokusring ausschalten.

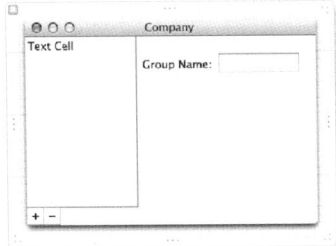

Das Grundfenster für die Gruppen des Unternehmens

Sie ahnen es schon: Ziehen Sie einen Arraycontroller in die Objektliste und benennen Sie ihn im Identity-Inspector mit *Groups Controller*. In seinem Attriutes-Inspector schalten wir ihn in den Mode *Entity* und geben als Bezeichnung der Entität *Group* ein. Außerdem setzen Sie das Häkchen vor *Prepares Content*.

Im Dokumente-Fenster verbinden Sie jeweils die beiden Buttons mit den Actionmethoden add: bzw. remove: des neuen Arraycontrollers.

Das Binding des Arraycontrollers schauen wir uns jetzt aber mal etwas genauer an: Wir binden lediglich den *managed Object Context*, indem Sie im Bindings-Inspectors dieses Binding öffnen und als Ziel den *File's Owner* eintragen sowie *managedObjectContext* als *Model Key Path*. Wie ich Ihnen schon in Kapitel 2 sagte, ist dies sozusagen eine große Halde von Core Data, in der eben Instanzen abgelegt werden. Wir binden aber keines der Content-Bindings! Daher weiß der Arraycontroller nicht, woher er die Instanzen beziehen soll und nimmt einfach alle, die sich zu seiner Entität im Kontext befinden. Dies ist auch richtig, da wir tatsächlich alle Gruppen sehen wollen. Ermöglicht wird das übrigens durch die Einstellung *Prepares Content*.

Selektieren Sie jetzt die Tabellenspalte (wirklich die Spalte, am besten in der Objektliste!) und binden Sie deren *Value* wie folgt:

```
Bind To: Groups Controller
Controller Key: arrangedObjects
Model Key Path: name
```

Den *Value* des Textfeldes binden Sie an die Selektion des Arraycontrollers:

```
Bind To: Groups Controller
Controller Key: selection
Model Key Path: name
```

Das Programm starten, um die bisherigen Arbeiten zu testen: Einfügen, löschen, ändern! Funktioniert alles? Gut!

Kapitel 6

> **HILFE**
>
> Ich möchte eigentlich, dass Sie sich mal selbst da durch beißen. Wenn Sie nicht weiterkommen, schauen Sie ruhig noch einmal in Kapitel 2 nach. Kommen Sie gar nicht zurecht, können Sie sich das Projekt in diesem Zustand als Company-01 von der Webseite herunterladen. Aber wirklich: Versuchen Sie sich zunächst selbst!

Ziehen Sie jetzt ein zweites Fenster in die Objektliste von Document.xib, und benennen Sie es *Persons*. Achten Sie im Attributes-Pane darauf, dass das Häkchen vor *Visible At Launch* aktiviert ist. Bauen Sie bitte ein Tableview mit zwei Spalten nebst Buttons herein. Bei Personen haben wir ja zwei Eigenschaften: firstName und lastName. Das Tableview habe ich hier nicht als Sourcelist konfiguriert.

Natürlich muss dafür auch ein Arraycontroller ins Hauptfenster, den Sie bitte *Persons Controller* nennen. Den stellen Sie ebenso ein wie den Groups-Controller, wobei Sie natürlich als Entität *Person* wählen. Denken Sie an das *Prepares Content* und das Binding für den *managed Object Context*, wobei Sie bitte darauf achten, dass bei *Binds To:* wirklich *File's Owner* eingestellt ist. (Der Default steht hier auf *Groups Controller*.)

Nun noch die Spalten des Tableviews an den neuen *Person Controller* binden und die Buttons mit den Actionmethoden des Controllers. Wieder starten und testen.

Dennoch: Das ist nicht das, was Sie erwartet haben. Sie können nämlich jetzt Abteilungen anlegen, Sie können auch Personen anlegen, Sie können das aber nicht in Beziehung zueinander setzen.

Dies ist auch klar, wenn man sich das Ganze mal aufzeichnet:

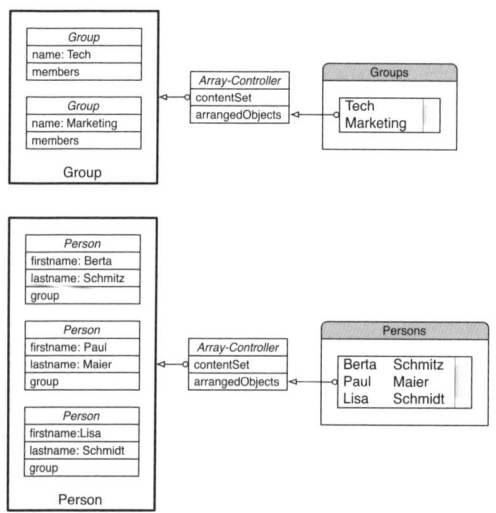

Ein Abbild der modernen westlichen Gesellschaft: jeder für sich und daher beziehungslos.

Okay, als Erstes benötigen wir dazu irgendwie ein User-Interface. Ziehen Sie bitte ein weiteres Tableview nebst Buttons in das Company-Fenster, und zwar unterhalb des Gruppennamens. Bauen Sie dieses (graphisch) genau auf wie die Personenliste im Persons-Fenster. Wegen des doch recht komplexen Aufbaus und um Missverständnisse zu vermeiden, hier noch einmal ein Screenshot:

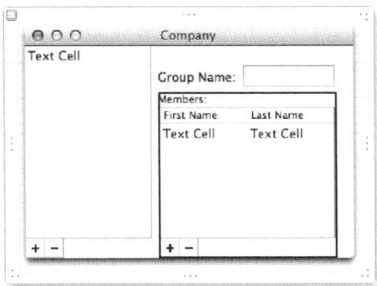

Die Personen, die Mitglieder einer Gruppe sind

Jetzt können Sie natürlich das Tableview wieder so wie im Personsfenster binden. Das Resultat wäre aber dann ja dasselbe: Es würden alle Personen erscheinen. Daran ändert sich ja nichts, bloß weil wir das Fenster gewechselt haben.

Überlegen wir mal: Wir benötigen genau diejenigen Personen, die zu der jeweiligen Gruppe gehören. Dies ist die Eigenschaft members einer bestimmten Gruppe, nämlich der links im Sourceview selektierten. Eine bestimmte Gruppe erhalten wir über die observierbare Selection-Eigenschaft des Arraycontrollers für die Gruppe. Das hat beim Gruppennamen ja auch funktioniert.

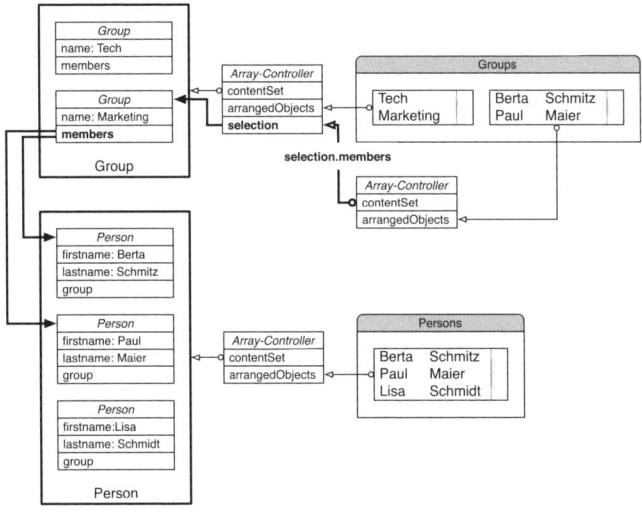

Achten Sie auf die fetten Linien und Texte: Wir holen uns als Content nur diejenigen Personen, die sich in der Eigenschaft members der selektierten Gruppe befinden.

503

Jetzt ziehen Sie demnach bitte einen weiteren Arraycontroller in die Objektliste und bezeichnen diesen als *Members Controller*. Auch hier setzen Sie den Modus *Entity* und als Entität *Person*. Das ist so richtig, da dieser Controller weiterhin Personen verwalten soll, allerdings bestimmte Personen, nämlich die Mitglieder einer bestimmten Gruppe. Das Häkchen *Prepares Content* lassen Sie diesmal weg! Denn wir werden den Content binden. Damit bezieht er seinen Inhalt aus diesem Binding und hat selbst nichts vorzubereiten. Daher binden Sie bei diesem den *managed Object Context* des Members-Controllers in gewohnter Manier und zusätzlich eben das Binding *Content Set*:

```
Bind To: Groups Controller
Controller Key: selection
Model Key Path: members
```

Das Tableview im Company-Fenster für die Gruppenmitglieder bitte dann an diesen Controller anstelle des Persons-Controllers binden. Die Model-Keys `firstName` und `lastName` verwenden Sie jedoch bitte weiterhin. Außerdem verbinden Sie die Buttons darunter mit den entsprechenden Actionmethoden des neuen Members-Controllers.

Übersetzen, starten und testen! Legen Sie zwei Gruppen an und fügen Sie im Groups-Fenster diesen jeweils Personen hinzu, denen Sie zur besseren Unterscheidbarkeit irgendwelche Namen geben. Bei einem Wechsel in das Personenfenster bemerken Sie den Bezug. Sie sehen ebenfalls im Persons-Fenster, wie die in der Gruppe angelegten Personen dort auch erscheinen. Dieses zeigt eben weiterhin sämtliche Personen an, unabhängig von der Gruppe.

Aber, sehen Sie das kleine Problem? Wenn Sie wieder eine Person aus der Gruppe löschen, dann verschwindet sie zwar dort einwandfrei, bleibt aber im Persons-Fenster erhalten. Das hat einen einfachen Grund: Der gebundene Members-Controller kann ja zwei Möglichkeiten wahrnehmen:

- Die Person wird aus der Gruppe entfernt. Die Instanz bleibt dabei aber im Kontext erhalten.
- Die Person wird auch aus dem Kontext gelöscht.

Dabei kann man nicht davon sprechen, dass das eine richtig sei, das andere falsch. Vielmehr verhält es sich so, dass es auf die Anwendung ankommt. In unserem Beispiel liegt es nahe, die Personen insgesamt zu löschen. Aber wären die Gruppen so etwas wie Wiedergabelisten in iTunes, so wäre das sicher falsch: Bloß weil ich ein Lied aus der Wiedergabeliste lösche, soll es nicht insgesamt entfernt werden. Sie sehen also: Tatfrage!

Daher kann man das einstellen. Schauen Sie sich noch einmal bei selektiertem Members-Controller im Bindings-Inspector die Einstellungen für das Content-Set an: Dort gibt es die Option *Deletes Objetcs On Remove*. Wenn Sie diese anwählen, dann wird tatsächlich die Person nicht nur aus der Gruppe entfernt, sondern auch aus dem Kontext gelöscht. Probieren Sie es aus! (Und stellen Sie es danach wieder aus.)

Hier kurz wieder die Handwerksregeln:

- Ein Arraycontroller verwaltet eine Vielzahl von Instanzen.
- Wollen wir *sämtliche* Instanzen einer Entität verwalten lassen, so setzen wir die Option *Prepares Content* und lediglich das Binding *Managed Object Context*.
- Wollen wir indessen ganz bestimmte Instanzen verwalten lassen, die sich aus einer Beziehung in einem anderen Objekt ergeben, so setzen wir ein Content-Binding auf diese Beziehung. (Wird das Managed-Object-Context-Binding nicht gesetzt, so stiehlt es der Arraycontroller aus dem selektierten Objekt, was in der Regel gewollt ist.)
- Auf jeder Ebene einer To-many-Beziehung benötigen wir einen weiteren Arraycontroller. Würden wir unsere Mitglieder also wieder auf Einsatzorte verweisen, würden wir diese Eigenschaft wieder mittels eines Arraycontrollers verwalten, wobei das Content-Binding eben auf die gerade ausgewählte Person mit dem Model-Key-Path *Einsatzorte* lauten würde.

Verdeutlichen Sie sich vielleicht noch einmal die Unterschiede in der Konfiguration des Persons-Controllers einerseits und des Members-Controller andererseits.

HILFE

Sie können das Projekt ist in diesem Zustand als Company-02 von der Webseite herunterladen.

Selektions-Bindings

Das Ganze sieht ja schon schön aus. Es gibt aber noch ein Binding, welches den Anfänger zur verzweifelten Weißglut bringen kann: das Auswahlbinding.

Die Problemstellung ist einfach: Ich habe eine Auswahlmenge und ein Zielobjekt. Und ich will jetzt eine Beziehung vom Zielobjekt auf ein (selektiertes) Objekt aus der Auswahlmenge zuweisen. Klingt nach einem Pop-up, nicht wahr? Wenn man dies allerdings binden will, ist Schluss mit einfach. Das liegt daran, dass wir zwei Richtungen für die Bindings haben: Die Quelle (Source), die uns die Liste der Einträge liefert, und das Ziel (Senke, Destination), in dem der ausgewählte Eintrag gesetzt werden soll. Zeichnen wir uns das zunächst einmal auf:

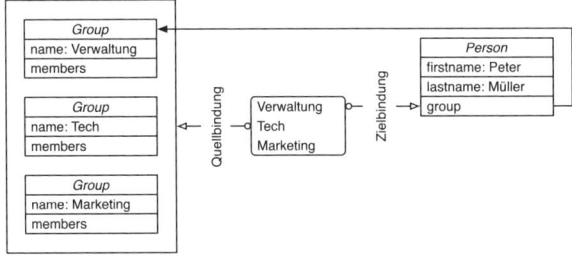

Partnerwahl: Die Quelle ist ein Set, die Senke ein einzelnes Objekt.

Kapitel 6

Quellbindung

Gut, versuchen wir ein Pop-up zu bauen, welches im Personenfenster die Auswahl einer Abteilung für die angezeigte Person erlaubt: In Document.xib öffnen Sie das Persons-Fenster. Schaffen Sie etwas Platz, und ziehen Sie aus der Library einen Pop-Up-Button (Suche mit: *pop*), und platzieren Sie diesen unterhalb der Tabelle, vielleicht noch daneben ein Label mit dem Text *Group*. Jetzt müssen wir dem Pop-up also eine Quelle geben. Dazu wechseln Sie in das Bindings-Pane des Inspectors und setzen dort das *Content*-Binding.

```
Bind To: Groups Controller
Controller Key: arrangedObjects
Model Key Path:
```

Wir binden also die Quelle an die *arranged Objects* des Gruppencontrollers. Das ist ja auch einsichtig. Allerdings lassen wir das Feld *Model Key Path* bewusst leer, da wir wirklich eine Auswahl der einzelnen Gruppeninstanzen haben wollen. Anders formuliert: Wir wollen einer Person nicht den Namen einer Gruppe zuweisen, sondern wirklich die Gruppe als Instanz. Da kein *Model-Key-Path* eingegeben wird, müssen Sie das Häkchen vor *Bind To:* explizit setzen.

Starten Sie jetzt das Programm und legen Sie zunächst drei Abteilungen an, wie aus der Abbildung ersichtlich. Wechseln Sie in das Personenfenster, klicken Sie auf das Pop-up. Erschrecken Sie bitte nicht. Ich weiß selbst, dass das seltsam aussieht. Wo liegt hierfür der Grund?

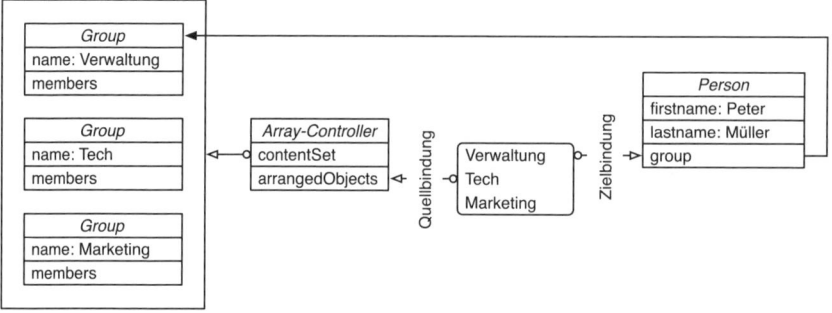

Binden wir nur die zu setzenden Instanzen, werden auch diese als Gesamts angezeigt.

Wir haben ja den Content an die Group-Instanzen (Abteilungen) gebunden. Dies bedeutet, dass in der Tat der Inhalt des Pop-ups nicht durch die Namen der Gruppen gebildet wird, sondern durch die Gruppeninstanzen selbst. Wir könnten jetzt unser Content-Binding so ändern, dass es auch einen Model-Key-Path auf name bekäme. Bloß würde dann eben zu der Person nicht die Abteilung gespeichert, sondern deren Name. Das passt schon nicht zu unserem Model, weil dies unter der Eigenschaft group eine Beziehung zu einer Group-Instanz erwartet und nicht den Gruppennamen als String.

Die Controllerschicht

> **BEISPIEL**
>
> Dies kann manchmal durchaus gewollt sein! So könnte man bei unserer Converter-Anwendung daran denken, dass wir eine Entität Einheit haben, die zum Beispiel als Attribut ein Kürzel wie @"cm" speichert. Hier wäre es möglicherweise richtig, einfach den gespeicherten String zur Auswahl anzubieten. Aber bedenken Sie: Wenn wir später den String ändern, würde sich das nicht mehr auf das verweisende Objekt auswirken, da keine Beziehung besteht, sondern eine Kopie eines Attributes abgelegt wird. Will man das? Erneut Tatfrage! Hier sei lediglich die Möglichkeit erwähnt.

Langer Rede kurzer Sinn: Weil das Pop-up keinen blassen Schimmer davon hat, was angezeigt werden soll, und lediglich die verwiesenen Objekte kennt, behilft es sich etwas: Es schickt an jede der Group-Instanzen die Nachricht description, die ja eine Beschreibung als String zurückliefert. Diesen verwendet der Pop-up dann. Das Resultat ist dieser komische Text.

Einen Ausweg aus diesem Dilemma bietet das Content-Value-Binding. Dieses erlaubt uns, ein angezeigtes Attribut zu bestimmen, ohne dass die abgespeicherten Werte von der Instanz auf das Attribut wechseln. Beenden Sie daher das Programm, und zurück im Interface Builder wählen Sie das Pop-up an und setzen zusätzlich das Content-Value-Binding wie folgt:

```
Bind To: Groups Controller
Controller Key: arrangedObjects
Model Key Path: name
```

Für dieses Binding fügen wir also einen Model-Key hinzu, um die angezeigte Eigenschaft zu bestimmen. Wenn Sie jetzt erneut das Programm starten, bemerken Sie, dass nach der Eingabe von Abteilungen das Pop-up nachvollziehbar aussieht.

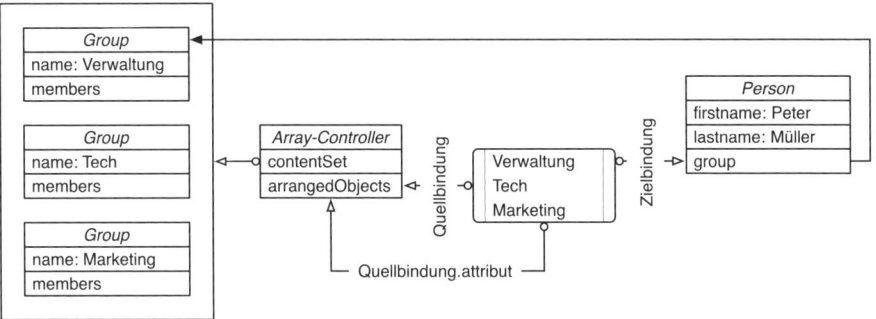

Die angezeigten Texte erhalten ein eigenes Binding.

GRUNDLAGEN

Es ist ein bisschen so wie beim Tableview, bei dem Sie eine Spalte binden: Diese zeigt dann die entsprechenden Werte an. Das Tableview selbst erhält eine Quellbindung ohne den Model-Key-Path, die Sie bloß nicht sehen. Ich hatte schon dort beschrieben, dass das überflüssig ist und eine einheitliche Bindung + einen Attributnamen deutlich einfacher wäre. Bei viewbased Tableviews hat das dann Apple auch irgendwann mal eingesehen.

Zielbindung

Gut, das war aber nur die Quelle. Bleibt das Ziel. Wir wollen, dass das ausgewählte Objekt in der Beziehung *group* der gerade angewählten Person gespeichert wird. Dazu setzen wir beim Pop-up das *Selected Object*-Binding auf eben die Eigenschaft group der angezeigten Person:

```
Bind To: Persons Controller
Controller Key: selection
Model Key Path: group
```

Starten Sie das Programm. Legen Sie wieder Gruppen und sodann im Persons-Fenster eine Person an. Zunächst wundern Sie sich vielleicht, dass *No Value* erscheint. Dies ist aber zutreffend, da in der Tat kein Abteilungswert für diese Person existiert. Wo sollte der auch herkommen?

Sie können aber jetzt in dem Pop-up-Menü eine Gruppe auswählen, wenn Sie diese und eine Person eingegeben haben. Diese wird dann zu der Person gesetzt. Beachten Sie bitte auch, dass im Company-Fenster entsprechend die Listen der Personen aktualisiert werden! Bindings aktualisieren ja alles. Noch etwas: Nachdem Sie eine Gruppe ausgewählt haben, verschwindet der Eintrag *No Value*. Damit es weiterhin möglich ist, eine Person keiner Gruppe zuzuordnen, können Sie im Binding *Content Value* das Häkchen vor *Inserts Null Placeholder* setzen und unten unter *Null Placeholder* einen Text eingeben. Dann ist es ebenfalls möglich, den Verweis zu löschen.

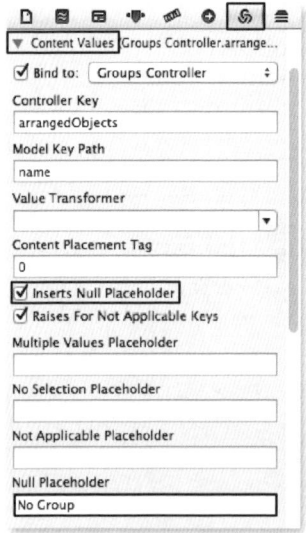

Soll nicht nur die Auswahlliste, sondern auch eine Nicht-Auswahl erscheinen, so müssen zwei Optionen gesetzt werden.

HILFE

Sie können das Projekt in diesem Zustand als company-03 von der Webseite herunterladen.

Es geht sogar noch mehr. Setzen Sie die Eigenschaft Content Placement Tag auf einen Wert unterschiedlich von 0, so ersetzen die Gruppen aus dem Quellbinding nicht das Pop-Up-Menü des Interface Builders, sondern erweitern es. Sie können dann also ganz eigene Einträge mit der Gruppenliste kombinieren. Wir haben jedoch hierfür keine Verwendung.

Aber noch sind wir nicht ganz fertig. Denn häufig genug soll das Auswahl-Binding nicht in einem gesonderten Pop-up stehen, sondern in einer Spalte des Tableviews. Und hier gibt es einen beliebten Fehler.

Öffnen Sie noch einmal das Persons-Fenster, und fügen Sie dem Tableview unter Zuhilfenahme des Attributes-Inspectors eine dritte Spalte hinzu (*Columns*), die Sie mit *Group* bezeichnen. Auf den Text in der ersten Zeile dieser Spalte ziehen Sie aus der Library eine *Pop Up Button Cell* (Suche mit: *pop*). Jetzt wählen Sie bitte die zugehörige Spalte aus – nicht die Cell! Achten Sie auf den Titel der Navigationsleiste über dem Fenster! – Und setzen Sie das Content-Binding und das Content-Value-Binding wie beim Pop-up-Button. Beim Selected-Object-Binding müssen wir allerdings anders vorgehen: Da wir uns in einer Tabelle befinden, können wir nicht selection als Controller-Key nehmen. Denn dies würde ja nur ein Objekt liefern. Das Tableview will aber ein Array, weil es ja Zeilen hat. Daher muss hier arrangedObjects ausgewählt werden:

```
Bind To: Persons Controller
Controller Key: arrangedObjects
Model Key Path: group
```

Falls diese Tabellenspalte noch ein Binding *Value* haben sollte, entfernen Sie dort bitte das Häkchen vor *Bind To:*. Denn für eine Spalte mit Pop-ups ist dies nicht mehr sinnvoll und führt daher zu einem Fehler.

AUFGEPASST

Es ist wichtig, dass Sie die Bindings der Tabellenspalte setzen, da die Cell ja vom Tableview für alle Zeilen verwendet wird. Setzen Sie die Bindings der Cell, so führt dies bei der Anzeige der Auswahl und bei der Aktualisierung zu Problemen.

Erneut mit starten und testen. Geben Sie einige Abteilungen und Personen ein, ändern Sie die Bezeichnungen und die Zuordnung.

Ja, Pop-ups in Tableviews sind ein ekliges Thema. Deshalb habe ich mich nicht davor gedrückt und es hier aufgenommen. Zum Trainieren empfehle ich Ihnen, dass Sie sich zunächst das Ganze einmal aufzeichnen. Dann sollten Sie sich ein einfaches Pop-up für die aktuelle Selektion bauen. Wenn das funktioniert, richten Sie eine Spalte im Tableview ein. Im Prinzip gehen Sie also wie bei meinen Erläuterungen vor. So kann man nach und nach testen, ob man alles richtig gemacht hat.

Natürlich können Sie jetzt wieder den Pop-Up-Button samt Label entfernen.

> **HILFE**
>
> Sie können das Projekt in diesem Zustand als company-04 von der Webseite herunterladen.

6.2 Windowcontroller und Viewcontroller

Eine wichtige Aufgabe übernehmen Windowcontroller. Sie stellen ein Bindeglied zwischen einem Fenster und dem (standardmäßigen) *File's Owner* – meist einem Dokument – dar. Sie sind optional, weshalb wir bisher ohne sie auskamen. Ich kann aber nur dringend anraten, für jedes Fenster (genauer: für jede Art von Fenster) einen Windowcontroller anzubieten. Gleiches gilt für Views, wenn diese umfangreiche Funktionalität aufweisen oder separat geladen werden sollen. (Ja, so etwas machen wir hier noch.)

6.2.1 Aufgabe und Stellung

Ich weise mal auf die »Missstände« unserer bisherigen Arbeit hin: Wenn wir uns die verschiedenen Beziehungen im Nib der Applikation anschauen, entsteht ein ziemliches Geflecht.

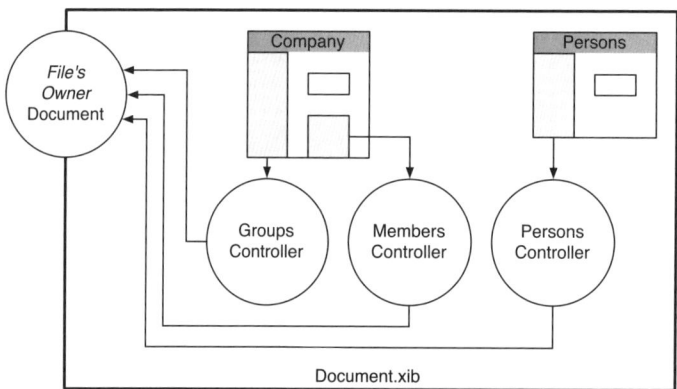

In Nibs entstehen schnell unübersichtliche Strukturen.

Aufteilung der Fensterverwaltung

Wir haben schon zwei Fenster in einem Nib gehabt, obwohl diese völlig unabhängig voneinander waren. Dies ist schon unübersichtlich – und nebenbei auch Speicherverschwendung, wenn nur eines benötigt wird. Hier wäre es schöner, zwei verschiedene Nibs zu haben, die jeweils ein Fenster beinhalten. Also muss jemand her, der Nibs verwaltet. Dies ist die erste und bereits eingebaute Aufgabe von Windowcontrollern.

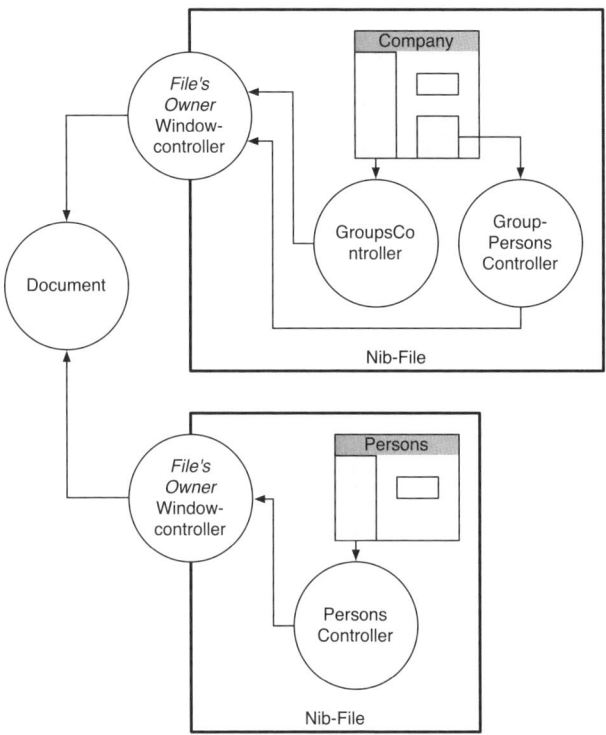

Aufgeteilt wird es schon übersichtlicher.

Aber denken Sie auch an unsere Converter-Anwendung zurück: Bei genauer Betrachtung bemerken Sie vielleicht, dass unsere Converter-Klasse Aufgaben wahrgenommen hat, die mit Konvertierung nichts zu tun hat. Denken Sie etwa an das -playWithViews: oder die Toolbarsteuerung. Dies ist aber nicht gut. Denn ein reiner Converter, wie wir ihn davor hatten, übernimmt genau eine Aufgabe: Konvertieren. Lassen wir alles andere mit Bezug auf das Fenster weg, so können wir diese Klasse in jedem Fenster jeder Applikation immer wieder verwenden, ja sogar ganz außerhalb von Fenstern. Diese Reinheit erhöht also die Wahrscheinlichkeit der Wiederverwendung. Und das spart Arbeit, macht die zu wartenden Klassen klein und damit übersichtlich.

Wohin nun mit der Funktionalität, die wir einfach in den Converter gestopft hatten und die das Fenster betrifft? Richtig geraten, sie gehört in den Windowcontroller. Hierzu müssen wir diesen gleich ableiten, was häufig vorkommt. Aber schauen wir uns die neue Struktur der Converter-Applikation jetzt noch einmal zur Übersicht an:

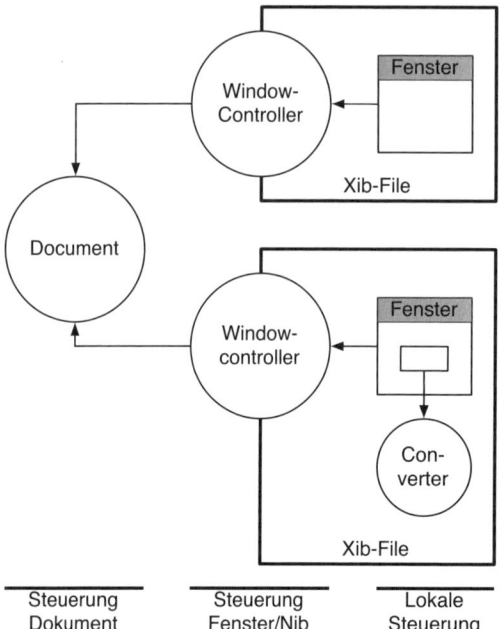

Der Windowcontroller kümmert sich um alles Fensterspezifische.

Hieraus ergibt sich dann auch die Aufteilung:

- In die Dokumentenklasse gehört alles, was das gesamte Dokument betrifft. Hinsichtlich der Actions sind dies vor allem die Methoden, die sich im Menü *Ablage* (*File*) befinden. Die Eigenschaften sind zumeist Dokumenteneigenschaften, also letztlich (oberste) Teile des Models.
- Der Windowcontroller enthält Actionmethoden, die das Fenster betreffen. Er ist auch Delegate für das Fenster und die Toolbar und verfügt meist über wenige Eigenschaften. Diese werden auch in der Regel nicht gespeichert, sondern dienen nur der (internen) Verwaltung.
- Isolierte Funktionalitäten, wie sie unsere Converter-Klasse bietet, packen wir eben in eine isolierte Klasse, von der wir gegebenenfalls im Nib oder im Code eine Instanz erstellen.
- Da wir schon einmal dabei sind: Es gibt noch einen Ort, der für Dinge steht, die sich auf die Anwendung an sich beziehen. Hierzu verwendet man das Application-Delegate, welches Sie ja auch schon kennengelernt haben. Bei dokumentenbasierten Anwendungen ist das allerdings häufig gar nicht notwendig, da hier die User-Defaults gute Arbeit leisten.

6.2.2 Fenstertyp

Es gibt ein noch nicht angesprochenes Kriterium zum Unterscheiden von Fenstern und ihrem Verhältnis nach außen. Ich nenne das mal Fenstertypen. Und dies hängt auch mit Windowcontrollern zusammen:

Dokumentenfenster
Dokumentenfenster sind solche, die den Inhalt eines Dokuments zeigen. Sie teilen die Lebensdauer des Dokumentes: Werden sie geschlossen, so ist auch das Dokument weg. Umgekehrt gilt: Wird über *Ablage | Schließen* das Dokument geschlossen, so ist auch das Fenster weg. Dies erscheint Ihnen vermutlich so natürlich, dass Sie noch nie darüber nachgedacht haben.

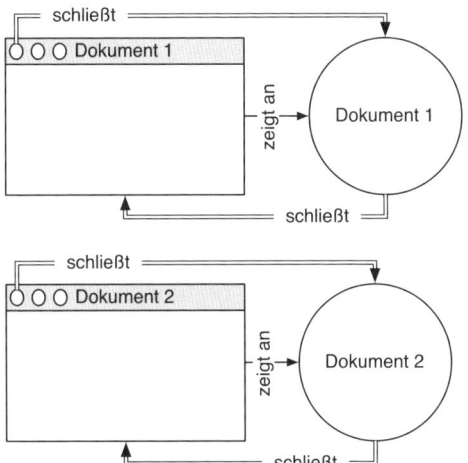

Dokumentenfenster und Dokument sind wie Eheleute: Keiner kann ohne den anderen.

Man hat übrigens in aller Regel ein Dokumentenfenster pro Dokument. Was wir also in der letzten Anwendung mit Groups- und Persons-Fenstern gemacht haben, ist mindestens schräg: Hat der Anwender nämlich zwei Dokumente geöffnet, so fehlt ihm die Zuordnung. Ein Missstand, den es zu beheben gilt.

Infofenster
Infofenster beziehen sich meist auf ein Element des Dokumentes und zeigen weitere Informationen dazu an. Denken Sie hier an die Infofenster des Finders. Hier werden Detailinformationen zu einer Datei angezeigt. Bei uns wäre das etwa denkbar, wenn zu einer Person Details angezeigt werden sollen.

Werden sie geschlossen, so verändert sich am Dokument nichts. Wird indessen das Dokument geschlossen – auch über das Dokumentenfenster –, so schließt sich das Infofenster häufig mit.

Insgesamt stirbt diese Gattung aus, da sie Nachteile hat: Wegen des mangelnden Bezugs zu einem bestimmten Dokument sind sie unübersichtlich. Außerdem müllen sie schnell den Bildschirm zu, da zu jedem neuen Gegenstand in einem Dokument ein neues Infofenster erforderlich ist. Interessant sind sie eigentlich nur noch, wenn man zwei Dinge in einem Dokument vergleichen möchte – selten.

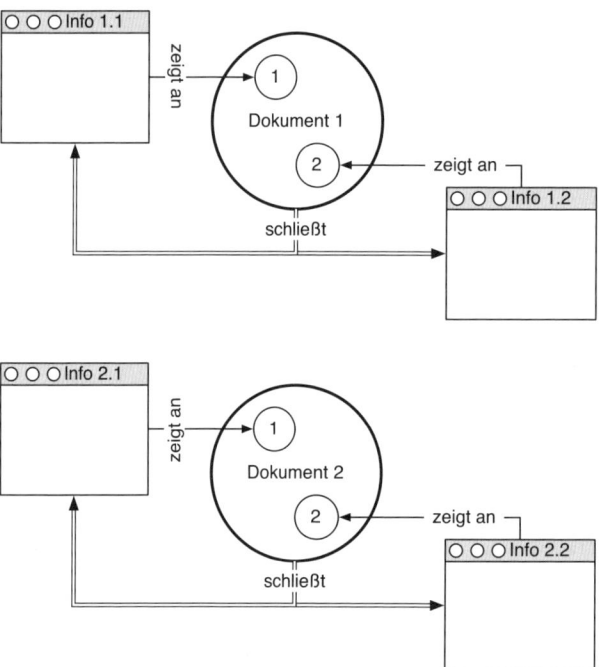

Ein Infofenster benötigt ein Dokument. Umgekehrt gilt das nicht.

Inspektoren

Inspektoren ersetzen zunehmend Infofenster. Sie zeigen synchronisiert Details eines Gegenstandes in einem beliebigen Dokument. Wird das Dokument oder der Gegenstand innerhalb des Dokumentes gewechselt, so aktualisieren sie sich eben auf den neuen Gegenstand. Sie sind daher in ihrer Lebenszeit in beiden Richtungen unabhängig. Weder schließen sie ein Dokument, noch werden sie durch ein Dokument geschlossen. Sie existieren auch immer nur einmal für alle Dokumente und alle darin enthaltenen Gegenstände und blenden sich häufig automatisch aus, wenn die Applikation in den Hintergrund tritt. Sie sind daher deutlich platzsparender als Infofenster, und es ist auch immer klar, worauf sich die angezeigte Information bezieht (nämlich auf den selektierten Gegenstand des aktiven Dokumentes).

Die Controllerschicht

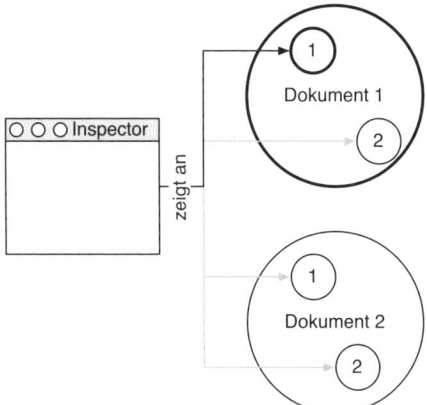

Inspektoren leben unabhängig von Dokumenten.

Applikationsfenster
Applikationsfenster sind solche, die unabhängig von Dokumenten einmal pro Applikation vorhanden sind. Typisch sind hier das Voreinstellungsfenster und das Fenster mit dem Copyright.

6.2.3 Dokumentenwindowcontroller

Es gilt natürlich etwas praktische Erfahrung zu sammeln. Ich werde hier zeigen, wie man eigene Windowcontroller erstellt und diese in das Dokument und den Nib einbindet, welche Probleme dabei auftreten und was es als Zückerli am Ende dazu gibt.

Der eigene Windowcontroller
Machen wir uns zunächst einen Windowcontroller für das Companyfenster, welches die Gruppen enthielt. Dazu legen Sie in Xcode eine neue Klasse mit *File | New | File...* an. Als Vorlage wählen Sie wenig überraschend *Objective-Class*. Als Namen tippen Sie lediglich *Document* ein und wählen als Basisklasse *NSWindowController*. (Diese befindet sich sogar im Pull-Down-Menü, weil es hier häufig zu Ableitungen kommt.) Automatisch wird er Name zu DocumentWindowController erweitert.

In der erstellten Datei befindet sich zum einen der Designated-Initializer -initWithWindow: und die Methode -windowDidLoad, welche sich aufgrund des Kommentares selbst erläutern sollte. Wenn allerdings wie bei uns der Windowcontroller mit einem Nib befeuert wird, sollte der Initialisierer -initWithWindowNibName: verwendet werden.

515

Wir benötigen hier keine Funktionalität; es geht ja mehr ums Prinzip. Dennoch ändern Sie bitte den Code etwas:

```
@implementation DocumentWindowController
- (IBAction)doSomething:(id)sender
{
   NSLog( @"Done." );
}
- (void)awakeFromNib
{
   NSLog( @"awoke from nib" );
}
- (id)initWithWindowNibName:(NSString*)nibName
{
    self = [super initWithWindowNibName:nibName];
    if (self) {
       NSLog (@"inited");
    }

    return self;
}
- (void)windowWillLoad
{
   [super windowDidLoad];
   NSLog (@"window will load");
}
- (void)windowDidLoad
{
   [super windowDidLoad];
   NSLog (@"window did load");
}
@end
```

-awakeFromNib, -windowWillLoad und -windowDidLoad sind von NSWindowController ererbt. Wir überschreiben diese Methode lediglich zum Test. Die Actionmethode -doSomething: muss demgegenüber noch in DocumentWindowController.h bekannt gemacht werden:

```
...
@interface DocumentWindowController : NSWindowController
- (IBAction)doSomething:(id)sender;
@end
```

Nun müssen wir noch dem Dokument beibringen, beim Öffnen diesen Windowcontroller zu verwenden. Dazu öffnen Sie bitte Document.m. Diese Datei wurde ja gleich beim Anlegen des Projekts erzeugt. Aber gleichgültig, ob Sie eine Applikation mit Core-Data-Support ausgewählt haben oder nicht, so gibt es doch stets eine Methode -windowNibName:. Diese muss den Namen des Dokumenten-Nibs zurückgeben. Das macht sie auch ausgezeichnet mit Document.xib. Da wir den Namen des Nibs nicht ändern wollen, belassen wir das auch so.

Wir fügen allerdings darunter eine neue Methode ein:

```
- (void)makeWindowControllers
{
   NSString* nibName = [self windowNibName];
   DocumentWindowController* controller
   = [[DocumentWindowController alloc] initWithWindowNibName:nibName];
   [self addWindowController:controller];
}
```

Sie macht etwas Einfaches: Zunächst wird mit der vorher beschriebenen Methode der Name der Nib-Datei geholt. Dann wird eine Instanz unseres neuen Controllers erzeugt und als Windowcontroller dem Dokument hinzugefügt.

Da diese neue Klasse in Document.m benutzt wird, muss außerdem am Anfang dieser Datei ein Import hinzugefügt werden:

```
#import "Document.h"
#import "DocumentWindowController.h"
```

Document-Bindings

Starten Sie jetzt einmal testweise das Programm. Sie werden enttäuscht sein: Kein Fenster öffnet sich, dafür sehen Sie in der Konsole Fehlertexte:

```
…
>… [<DocumentWindowController 0x1001970c0> valueForUndefinedKey:]: this class is
not key value coding-compliant for the key managedObjectContext.
```

Was ist hier passiert? Wir hatten ja zwei Bindungen auf unseren *File's Owner*, nämlich die Managed-Object-Context-Bindings der beiden freien Arraycontroller. Bisher war das Dokument unser *File's Owner*, und als dieser hatte er auch eine entsprechende Eigenschaft, an die wir gebunden haben. Nunmehr ist aber unser Windowcontroller *File's Owner*. Dieser hat keine entsprechende Eigenschaft.

Die Situation stellt sich also im Vergleich zur Lösung ohne Windowcontroller wie folgt dar:

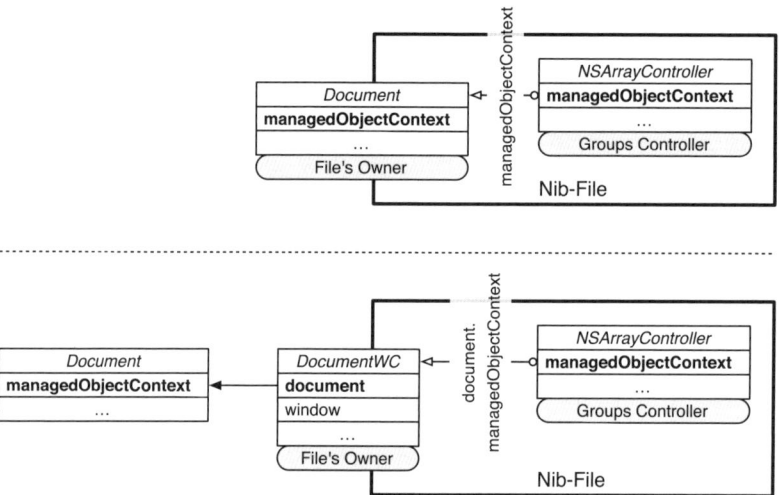

Bisher war Document File's Owner. Das änderte sich.

Die Controller versuchen jetzt also, die Eigenschaft managedObjectContext des Controllers zu lesen – was mangels Existenz nicht funktioniert. Um das zu reparieren, existieren zwei Methoden:

- In dem Abschnitt über Key-Value-Coding hatte ich Fehlermethoden genannt. In der Tat könnten wir hier -valueForUndefinedKey: überschreiben und einfach den entsprechenden Wert aus dem Dokument liefern.

- Zwar verfügt unser Controller nicht über die Eigenschaften des Dokumentes – sprich: managedObjectContext –, dafür aber über eine Eigenschaft document, mit der man zum Dokument gelangt. Wir müssen daher nur den Key-Path für die beiden Controller verlängern: Aus dem Schlüsselpfad *eigenschaft* wird nun der Schlüsselpfad *document.eigenschaft*.

Die zweite Methode wenden wir hier mal an. Öffnen Sie Document.xib. Im Identity-Inspector geben wir zunächst unter *Class* bekannt, dass unser *File's Owner* nun eine andere Klasse, nämlich DocumentWindowController hat. Jetzt selektieren Sie wiederum in der Objektliste den Eintrag *Groups Controller*. Im Bindings-Pane ändern Sie das Binding *Managed Object Context*:

```
Bind To: File's Owner
Controller Key:
Model Key Path: document.managedObjectContext
```

Dasselbe machen Sie bitte mit dem Persons-Controller und dem Members-Controller.

Die Controllerschicht

> **TIPP**
>
> Sie mögen sich vielleicht gefragt haben, warum ich gerade hier den Windowcontroller vorstelle. Immerhin benötigen wir keine Fensterfunktionalität für das Dokumentenfenster. Aber früher oder später erweitert sich eine Applikation eben doch so, dass man auf einen Windowcontroller zurückgreifen will. Und dann viel Spaß beim Anpassen der Bindings! Daher mein Rat: Unabhängig von Ihrer anfänglichen Meinung sollten Sie jedem Fenster einen Windowcontroller spendieren. Und wenn Sie nur die Basisklasse `NSWindowController` verwenden. Das spart spätere Änderungen, die nur mühselig sind.

Outlets

Und auf noch etwas will ich Sie aufmerksam machen:

Natürlich existieren jetzt vom *File's Owner* die Outlets und Actions des Windowcontrollers und nicht die des Documents. Tatsächlich haben wir die nie benötigt.

Ein Windowcontroller bringt jedoch ein wichtiges Outlet mit, welches `window` heißt. Da ein Windowcontroller dafür gedacht ist, ein Fenster zu verwalten, sollte er es auch kennen. Umgekehrt schickt uns ein Fenster gerne Nachrichten, wenn wir sein Delegate sind. Schauen Sie mal in die Dokumentation von `NSWindow`: Dort gibt es viele hilfreiche Delegate-Methoden, die wir implementieren können, wenn wir unterrichtet werden wollen. Aus diesem Grunde ist es stets eine gute Idee, diese Outlets zu verbinden. Ziehen Sie daher vom *File's Owner* eine Verbindung zum Company-Fenster, um das *window*-Outlet zu setzen; und umgekehrt von dort eine auf den *File's Owner* für das *delegate*-Outlet. Sie merken es schon: Ein Windowcontroller ist dazu gemacht, *ein* Fenster zu verwalten. Wir müssen also über kurz oder lang das Personsfenster loswerden und werden das auch.

> **HILFE**
>
> Sie können das Projekt in diesem Zustand als company-05 von der Webseite herunterladen.

Das Programm sollte jetzt wieder laufen. Achten Sie in der Konsole darauf, in welcher Reihenfolge die verschiedenen Initialisierungsmethoden aufgerufen werden.

Actions und First Responder

Aber wir haben ja gerade eine Action hinzugefügt, nämlich `-doSomething:`. Natürlich können Sie jetzt einen Button im Fenster unterbringen und diesen mit der Actionmethode im *File's Owner*, also unserem Windowcontroller verbinden. Damit kann ich Sie wirklich nicht mehr hinter dem Ofen hervorlocken.

Aber Sie lernen jetzt einen ganz wichtigen »Trick« kennen: Ich hatte Ihnen bereits berichtet, dass bei einer Systemnachricht die verschiedensten Objekte in unserem Programm

Kapitel 6

unterrichtet werden können. Und ich hatte Ihnen gesagt, dass die Hintergründe kompliziert sind, man sich aber in aller Regel nicht darum kümmern muss. Hier will ich den Faden aus der Besprechung der Menüs aufnehmen. Sie erinnern sich? Letztes Kapitel?

Unser Applikationsmenü befindet sich ja in MainMenu.xib. Und es dürfte wenig überraschend sein, dass man Menüeinträgen ähnlich wie Buttons eine Actionmethode zuweisen kann, die ausgeführt wird, wenn der Menüeintrag angeklickt wird. Das beherrschen Sie bereits auch. Aber ich hatte ja bereits gesagt, dass es da ein kleines Problem gibt ...

Öffnen Sie MainMenu.xib (nicht: Document.xib) und dort in der Objektliste das Menü *MainMenu*. Mit einem Klick auf *Edit* können Sie das Menü ausklappen lassen. Ziehen Sie nun aus der Library einen Trennstrich (*Seperator Menu Item*) und einen Menüeintrag (*Menu Item*) in das Menü an unterster Stelle. Diesen doppelklicken Sie und tragen als Text *Do Something* ein.

So, jetzt müssen wir nur noch diesen Menüeintrag mit unserer Actionmethode verbinden. Nur mit welcher? Ich hatte das Problem schon angesprochen: Wie der Name des Menüeintrages bereits verrät, soll die Actionmethode -doSomethings: von unserem Windowcontroller ausgeführt werden. Dieser ist nur nicht vorhanden, da in MainMenu.xib die Applikation der *File's Owner* ist, nicht unser Windowcontroller. Verzweifelte Versuche, von dem Menüeintrag eine Verbindung zum *File's Owner* in Document.xib (Assistent-Editor) zu ziehen, scheitern. Es gibt keinen Weg aus MainMenu.xib zu Document.xib: »No way out«. Wie sollen auch beim Laden eines Nibs Objekte eines anderen angesprochen werden können? Aus die Maus, und mit Maus meine ich hier das elektronisches Zeigegerät!

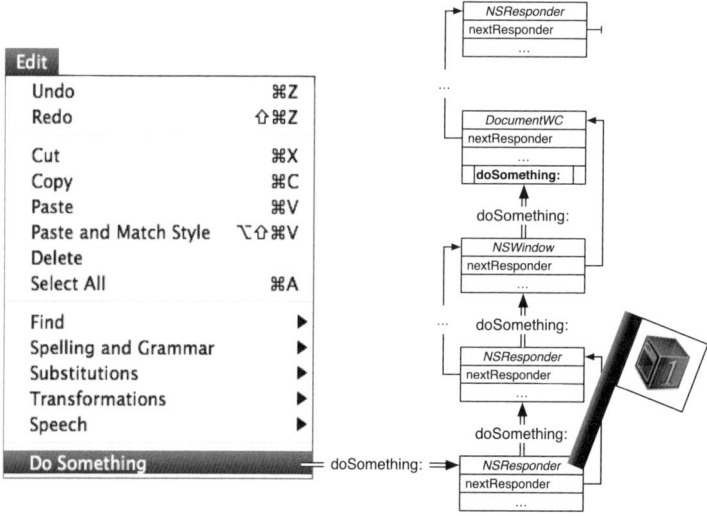

Die vereinfachte Responder-Chain für Dummies: Wer suchet, der findet, der tut was.

520

Die Controllerschicht

Aber es gibt eine Backstage-Tür mit der Aufschrift »First Responder«, sozusagen der Eingang für Groupies. Der First-Responder war ja derjenige, der eine Nachricht empfängt, wenn er gerade zuständig ist, etwa ein Textfeld, welches den Fokus hat. Dieses erhält dann die Nachricht, dass eine Taste gedrückt wurde, arbeitet das ab, und gut ist. Nur sind First-Responder höfliche Menschen. Wenn sie eine Nachricht erhalten, mit der sie nichts anfangen können, so leiten sie diese an den Next-Responder weiter. (Hmmm, vielleicht ist faul das richtige Adjektiv und nicht höflich?) Sogar noch mehr: Wenn eine solche Nachricht im System verteilt wird, wird nachgeschaut, wer damit etwas anfangen kann. Und so kann die Nachricht nacheinander durch verschiedene Objekte geleitet werden. Man nennt dies die Responder-Chain. Ohne genauer auf die Einzelheiten einzugehen, wer wann kommt, befindet sich auch unser Windowcontroller als Subklasse von NSResponder in dieser Responder-Chain. Und deshalb wird versucht, auch diesem die Nachricht doSomething: zuzustellen – mit Erfolg, denn wir haben dies ja programmiert.

Im Überblick:

- Als Ziel für unsere Action wählen wir *First Responder*. Zur Laufzeit wird entschieden, welches Objekt das ist.
- Da dieses Objekt, welches es auch immer sein mag, die Methode -doSomething: nicht implementiert, reicht es diese Nachricht an den nächsten Responder weiter.
- Irgendwann kommt die Nachricht bei unserem Windowcontroller vorbeigeflogen. Da wir diese Nachricht implementieren, wird unsere Methode ausgeführt.
- Wir tun, was wir tun müssen, und reichen die Nachricht nicht an den nächsten Responder weiter.

Um das klar zu machen: Unser Windowcontroller erhält nur dann die Nachricht, wenn sein Fenster gerade aktiv ist. Ansonsten befindet er sich nicht in der Responder-Chain. Ein anderer Windowcontroller für ein anderes Fenster kann daher ebenfalls diese Nachricht implementieren und würde in diesem Falle die Nachricht fangen: Immer das aktive Fenster.

Begeben wir uns an die Umsetzung: Zunächst müssen wir dem First-Responder in Main-Menu.xib beibringen, dass es diese Nachricht überhaupt gibt. Üblicherweise haben wir das gemacht, indem wir eine entsprechende Klasse zugewiesen haben. Das geht hier nur nicht: Der Responder kann ja ganz viele unterschiedliche Klassen haben.

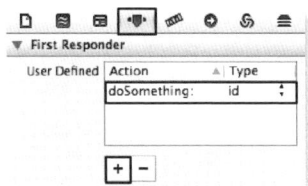

Eigene Methoden für die Responder-Chain

Daher wählen Sie bitte in der Objektliste von MainMenu.xib den *First Responder* aus und wechseln zum Attributes-Inspector. Dort klicken Sie zunächst auf den [+]-Button, um eine eigene Methode anzulegen. Diese benennen Sie dann mit doSomething:. Der Parametertyp ist mit id bereits gut besetzt.

Jetzt ziehen Sie von dem neuen Menüeintrag eine Verbindung zum *First Responder* und wählen im HUD den Eintrag doSomething: aus. Ja, ja, ja, ja, Sie müssen möglicherweise ganz schön scrollen. Aber ich wollte die Methode nicht -aaaaRohrreinigung: nennen.

Das war es schon. Speichern, übersetzen, starten! Wenn Sie jetzt auf den Menüeintrag klicken, können Sie im Log erkennen, dass unsere Methode ausgeführt wurde. Aber jetzt wechseln Sie mal spaßeshalber zum Persons-Fenster und schauen Sie ins Menü. Der Menüeintrag ist ausgegraut! Klar, da dieses Fenster keine Verbindung zu unserem Windowcontroller hat, landet er auch nicht in der Responder-Chain. Daher findet sich keine Methode -doSomething:. Dies wird automatisch bemerkt und der Menüeintrag ausgegraut. Dies wäre auch der Fall, wenn wir ein Fenster mit einem anderen Windowcontroller hätten, welches die Methode nicht implementiert. Oder – und das können Sie auch schnell testen – sich etwa gar kein Fenster auf dem Schirm befindet.

6.2.4 Infowindowcontroller

Begeben wir uns gleich zum nächsten Typus von Festern, dem Infofenster. Die Besonderheit liegt hier darin, dass der Benutzer in einem anderen Fenster für das Öffnen sorgt, bei uns im Dokumentenfenster. Dennoch hat das Infofenster in der Regel einen Bezug zum Dokument. Daher muss der Windowcontroller des Infofensters irgendwie erfahren, welche Person er anzeigen soll.

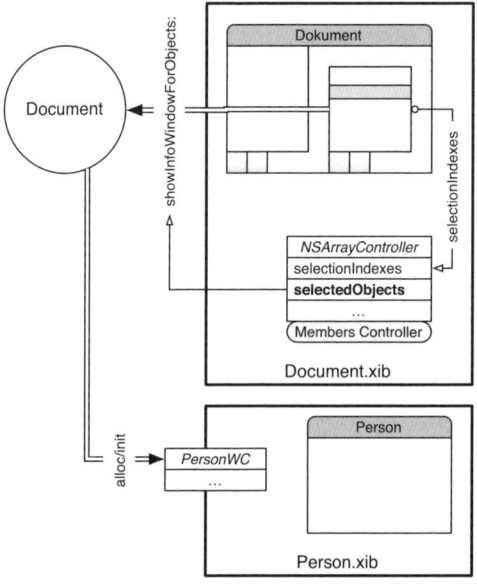

Aus dem einen Nib wird über den Umweg Dokument ein neues Nib geladen.

Die Controllerschicht

Eine vergleichsweise einfache Möglichkeit läge darin, dem Document-Windowcontroller eine Nachricht zu senden, der er die selektierten Personen (Outlet auf Arraycontroller für Members) hinzufügt und das Ganze so verpackt wieder an unser Dokument verschickt, welches sich um das Öffnen der Fenster bemüht. Aber ich will Ihnen ein kleines Schmankerl der Bindings zeigen, welches leider häufig zu kurz kommt. Man kann nämlich mittels Bindings auch Nachrichten verschicken, also den Kontrollfluss steuern. Dies muss man nur selten. Und dann kann man sogleich eigene Parameter mitgeben.

Dazu selektieren Sie bitte in Document.xib das Tableview. Im Bindings-Inspector hierfür bemerken Sie vielleicht oben ein Binding mit dem Namen *Double Click Target*. Hier kann ein Schlüsselpfad zu einem Objekt angegeben werden, welches eine Nachricht erhalten soll, falls in dem Tableview ein Doppelklick ausgeführt wird. Tragen Sie bitte als Zielobjekt *File's Owner* ein und als *Model Key Path* dann *document*. Damit ist klargestellt, dass die Nachricht an das Dokument des Windowcontrollers gehen soll. Schließlich muss noch unten der Selector bestimmt werden, wobei wir uns für showInfoWindowForObjects: entscheiden.

Die Einstellung für den Nachrichtenempfänger.

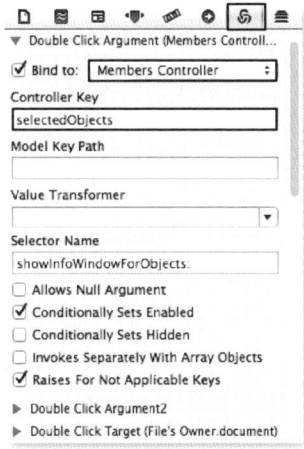

Zudem müssen wir aber einen Parameter mitliefern, da das Dokument ja wissen muss, welcher Eintrag geklickt wurde. Da auch bei einem Doppelklick das Element in der Tabelle selektiert wird, nehmen wir einfach die Eigenschaft selectedObjects des Members-Controller. Die Bindung des Parameters erfolgt über das Binding *Double Click Argument*.

Als Argument werden die selektierten Objekte übergeben.

523

Bemerken Sie bitte, dass damit automatisch ein neues Binding für ein weiteres Argument aufgeht. Man kann also auch mehrere Argumente übergeben.

Wählen Sie dann Document.h, und fügen Sie im Header die Deklaration für die neue Methode hinzu:

```
@interface Document : NSPersistentDocument
- (void)showInfoWindowForObjects:(NSArray*)objects;
@end
```

In der Implementierung machen wir uns zunächst nur eine Mitteilung. Fügen Sie nach -makeWindowControllers folgende Methode ein:

```
- (void)showInfoWindowForObjects:(NSArray*)objects
{
    NSLog( @"Objekte: %@", objects );
}
```

Ein Problem bleibt allerdings noch: Wenn Sie auf den Text in dem Tableview klicken, verschluckt das Tableview die Nutzeraktion und öffnet den Eintrag zum Editieren. Man muss also daneben klicken. Eine einfache Möglichkeit, dies zu unterbinden, besteht darin, in dem Attributes-Inspector der Tabellenspalte *Editable* auszuschalten. Machen Sie das bitte. Testen. Sie erhalten als Ausgabe:

```
>… Objekte: (
    "<NSManagedObject: 0x1001c0620> (entity: Person; id: 0x100197a20
    <x-coredata://5BE689B3-1083-41D0-9C3F-AB52B88B80BE/Person/p13> ; data: {\n
    firstName = \"N.\";\n    group = \"0x100197ec0 <x-coredata://5BE689B3-1083-
    41D0-9C3F-AB52B88B80BE/Group/p2>\";\n    lastName = \"N.\";\n})"
)
```

GRUNDLAGEN

NSManagedObject ist die Basisklasse für Instanzen unter Core Data. Die Bedeutung wird im Kapitel über die Modelschicht noch besprochen.

Sie können in DocumentWC die Logs entfernen. Ich habe zudem -awakeFromNib, -windowWillLoad und -windowDidLoad entfernt, da wir keine Verwendung mehr dafür haben.

HILFE

Sie können das Projekt in diesem Zustand als company-06 von der Webseite herunterladen.

Die Controllerschicht

Gut, jetzt haben wir den Weg aus dem Fenster zum Dokument geschafft. Das ist aber nur die halbe Miete. Wir müssen jetzt freilich noch einen Nib mit Fenster und zugehörigem Windowcontroller erzeugen. Fangen wir mit Letzterem an: Leiten Sie wieder mit *File | New | File...* eine neue Klasse her, wobei Sie als Vorlage *Objective-C Class* und als Basisklasse NSWindowController wählen. Diese nennen Sie bitte PersonInfoWindowController, wobei Sie wiederum nur Person als Klassenname eingeben müssen.

Wie Sie gegebenenfalls dort Actions einbauen, wissen Sie nun langsam wirklich selbst ... Allerdings benötigen wir eine Eigenschaft, die das angezeigte Objekt speichert.

```
@interface PersonInfoWindowController : NSWindowController
@property (strong) NSManagedObject *person;
@end
```

In Document.m müssen wir jetzt die Methode zum Öffnen des Fensters entsprechend abändern. Außerdem muss der Header von PersonInfoWindowController importiert werden, damit die Klasse in Document.m bekannt ist:

```
#import "Document.h"
#import "DocumentWindowController.h"
#import "PersonInfoWindowController.h"

@implementation Document
…
- (void)showInfoWindowForPerson:(NSManagedObject*)person
{
    PersonInfoWindowController *infoWC
    = [[PersonInfoWindowController alloc] initWithWindowNibName:@"PersonInfo"];
    [self.document addWindowController:infoWC];
    [[infoWC window] makeKeyAndOrderFront:self];
}
```

Außerdem bauen Sie bitte ganz am Ende eine Dealloc-Methode:

```
- (void)dealloc
{
    NSLog( @"Dokument wird geschlossen" );
}
```

Sie sehen aber schon im ersten Codezitat, dass wir einen neuen Nib-File benötigen, welcher PersonInfo heißt. Diesen legen Sie bitte mit *File | New | File...* im Menü an. Im Sheet wählen Sie bitte links in der Gruppe *OS X* den Eintrag *User Interface* und dann rechts als Vorlage *Window* aus. Hierbei handelt es sich um die Vorlage für einen Nib-File, die bereits ein Fenster enthält.

525

> **TIPP**
>
> Bei der Anlage einer Windowcontroller-Subklasse kann man jetzt auch unter der Angabe der Basisklasse automatisch einen Xib erzeugen lassen.

Nachdem Sie dies erledigt haben, klicken Sie auf *Next* und geben auf der nächsten Seite in gewohnter Manier einen Dateinamen an, wobei Sie *PersonInfo.xib* wählen. Es sollte jetzt im Project-Navigator einen Eintrag PersonInfo.xib geben, den Sie bitte anwählen.

Nach einiger Zeit sollte im Interface-Builder die neue Nib-Datei erscheinen. Benennen Sie dort enthaltene Fenster von *Window* nach *Person* um (*Titel* im Attributes-Inspector und *Label* im *Identity-Inspector*). Als Nächstes melden wir auch hier unseren neuen Windowcontroller an. Dazu selektieren Sie den *File's Owner* und wählen den Identity-Inspector. Dort wiederum in dem Feld *Class* unsere neue Klasse `PersonInfoWindowController` eintragen.

Ziehen Sie nun ein Outlet vom *File's Owner* zu dem Fenster *Person* und klicken im Pop-Up auf *window*, damit unser Controller sein Fenster kennt. Umgekehrt machen Sie bitte den *File's-Owner* zum Delegate des Fensters. Dies ist wichtig, damit der Windowcontroller gelöscht wird, wenn der Benutzer das Fenster schließt. Wie soeben bei der Gruppe muss auch hier ein Double-Click-Binding für das Members-Tableview gesetzt werden. Sie können das aus dem Tableview für Gruppen übernehmen, wobei sie beim Argument-Binding freilich den Members-Controller verwenden.

Starten und testen Sie das Programm. Ein Doppelklick auf den Hintergrund eines Eintrages in dem Members-Tableview sollte jeweils ein neues – noch leeres – Fenster öffnen. Es wird ja der Nib jedes Mal geladen, wenn ein Doppelklick erfolgt. Damit haben wir eine wichtige Funktion von Xibs veranschaulicht: Das mehrfache Laden eines Nibs auf Bedarf.

Zur Erinnerung: Wenn Sie auf den Text eines Eintrages klicken, dann entscheidet sich das Tableview dafür, diesen zum Editieren zu öffnen. Sie können das verhindern, indem Sie bei den Spalten die Option *Editable* im Attributes-Inspector ausschalten. Eine weitere Variante ist es, eine gesonderte Spalte hierfür einzufügen.

> **HILFE**
>
> Sie können das Projekt in diesem Zustand als company-07 von der Webseite herunterladen.

Machen wir den nächsten Schritt und übergeben der erzeugten Instanz den selektierten Eintrag. Dabei fällt Ihnen sicherlich auf, dass wir ja eine Mehrheit an Instanzen an unsere Methode geliefert bekommen. Dann sollten wir gegebenenfalls auch mehrere Fenster öffnen. Erweitern wir also die Methode `-showInfoWindowForObjects:` etwas:

Die Controllerschicht

```
- (void)showInfoWindowForObjects:(NSArray*)objects
{
   PersonInfoWindowController *infoWC;
   for (NSManagedObject *object in objects) {
      if( [object.entity.name isEqualToString:@"Person"] ) {
         infoWC = [[PersonInfoWindowController alloc]
               initWithWindowNibName:@"PersonInfo"];
         infoWC.person = object;
         [self addWindowController:infoWC];
         [[infoWC window] makeKeyAndOrderFront:self];
      }
   }
}
```

In dem Nib, dem PersonInfo.xib, müssen wir jetzt freilich entsprechende Textfelder einbauen und Bindings auf die Eigenschaft setzen. Ziehen Sie dazu zwei Textfelder mit jeweils einem Label in das PersonInfo-Fenster. Das Value-Binding der beiden Textfelder setzen Sie bitte wie folgt:

```
Bind To: File's Owner
Controller Key:
Model Key Path: person.firstname
```

bzw.

```
Bind To: File's OWner
Controller Key:
Model Key Path: person.lastname
```

Wir sagen also, dass die Texfelder ihre Werte von der Eigenschaft `person` des Windowcontrollers beziehen sollen, wobei auf das Ergebnis – eine Person-Instanz – zusätzlich der Schlüssel `firstname` bzw. `lastname` angewendet wird. Sollte so langsam klar sein.

Rekapitulieren wir, wie weit wir sind:

- Das Tableview für die Members holt sich bei einem Doppelklick die ausgewählten Objekte ab und sendet eine Nachricht an die Document-Instanz.
- In der Document-Instanz werden daraus Instanzen von PersonInfoWindowController gebaut.
- Die PersonInfoWindowController-Instanz verwaltet eine Person-Instanz und lässt in ihrem Nib auf die Eigenschaften zugreifen.

Das Grundkonzept:

- Jedes Fenster hat seinen Nib und seinen Windowcontroller. Dort wird lokale Funktionalität implementiert.
- Muss zwischen den Windowcontrollern kommuniziert werden, führt der Weg über das Dokument (oder über das Application-Delegate, falls wir kein Dokument haben).

Kapitel 6

Übersetzen und starten Sie die Applikation. Legen Sie eine Gruppe mit zwei Personen an. Wählen Sie die eine oder andere aus und lassen Sie sich durch einen Doppelklick auf das Tableview ein entsprechendes Persons-Fenster anzeigen. Sie können auch mehrere Info-Fenster für eine Person öffnen. Wenn Sie im Tableview für Members sogar eine Mehrfachauswahl zulassen (im Attributes-Inspector hinter *Selection* den Eintrag *Multiple* aktiviere), dann lassen sich sogar mehrere Fenster auf einmal öffnen.

Beachten Sie vor allem, dass wenn in einem Fenster eine Änderung vorgenommen wird, sich alle Fenster aktualisieren: Bindings! Sie müssen sich also keine Sorgen machen, dass die Modularisierung zusätzlichen Synchronisationsaufwand erzeugt.

GRUNDLAGEN

Vergleichen Sie dieses Verhalten mal mit einer typischen Windowsanwendung: Dort würde das Infofenster für eine Person einen OK-Button haben. Der Grund ist, dass es eine Mitteilung über die Synchronisierung geben muss. In Objective-C ist das nicht notwendig, weil die Sprache ausreichend Dynamik bietet, Binding-Controller zu implementieren. Das vereinfacht die Programmierung ganz erheblich und sorgt für unmodale Anwendungen.

HILFE

Sie können das Projekt in diesem Zustand als company-08 von der Webseite herunterladen.

Allerdings ist es eigentlich nicht richtig, dass der Benutzer zu einer Person mehrere Fenster öffnen kann. Der Grund dafür ist ja, dass unser Document jedes Mal eine neue Instanz erzeugt. Können wir das ändern?

Der Gedanke ist einfach: Bevor eine neue Instanz erzeugt wird, fragen wir einfach ab, ob es bereits einen PersonInfoWindowController für eben diese gibt. Falls ja, holen wir den nur nach vorne, anstatt einen neuen zu erzeugen. Da dies doch einiges an Änderungen bedeutet, sollten Sie die Methode komplett neu eintippen:

```
- (void)showInfoWindowForObjects:(NSArray*)objects
{
    PersonInfoWC *infoWC;
    for (NSManagedObject *object in objects) {
        NSManagedObjectID* objectID = [object objectID];

        if( [object.entity.name isEqualToString:@"Person"] ) {
            // Alle bestehenden Windowcontroller überpruefen
            NSWindowController *wc;
            for (wc in [self windowControllers]) {
```

```
            // Ist es ueberhaupt ein Person-Info-WC?
            if( ![wc isKindOfClass:[PersonInfoWindowController class]] ) {
                continue;
            }
            PersonInfoWindowController *infoWC
            = (PersonInfoWindowController*)wc;

            // Hat er dieselbe Person-ID?
            if( [[infoWC.person objectID] isEqualTo:objectID] ) {
                break;
            }
        }

        // Keinen gefunden, also erzeugen
        if (wc == nil) {
            infoWC = [[PersonInfoWC alloc] initWithWindowNibName:@"PersonInfo"];
            infoWC.person = object;
            [self addWindowController:infoWC];
        } else {
            infoWC = (PersonInfoWindowController*)wc;
        }
        [[infoWC window] makeKeyAndOrderFront:self];
    }
  }
}
```

Eigentlich sollte sich der Code von alleine erklären. Aber ein paar Hinweise will ich schon geben:

- `-windowControllers` (NSDocument) liefert alle unserem Dokument hinzugefügten Windowcontroller, also auch unseren DocumentWindowController.

- Aus diesem Grunde muss zunächst in der Schleife abgefragt werden, ob der gerade aktuell gelesene Windowcontroller eine Instanz der Klasse `PersonInfo WindowController` ist. Denn nur diese interessieren uns, andernfalls kann der nächste Schleifendurchgang beginnen. Dies geschieht in der Zeile

  `if( ![wc isKindOfClass:[PersonInfoWindowController class]] ) {`

- Ist dies der Fall, können wir dem Compiler mitteilen, dass er diese Instanz als eine Instanz von `PersonInfoWindowController` betrachten kann. Dies geschieht durch

  `infoWC = (PersonInfoWindowController*)wc;`

- Da wir es mit Core Data zu tun haben, ergibt sich ein Problem: Wir müssen vergleichen, ob wir bereits ein Fenster für *dieselbe* Instanz geöffnet haben. Core Data darf jedoch Instanzen auslagern und wieder neu laden. Ohne vorzugreifen: Die Identität einer Instanz ergibt sich aus ihrer objectID.

> **GRUNDLAGEN**
>
> Die ID eines Core-Data-Objektes kann sich ändern, nämlich dann, wenn es zum ersten Male gespeichert wird. Daher reicht es nicht aus, sich die ID zu merken.

Wir haben allerdings noch ein Problem: Was soll passieren, wenn eine Person gelöscht wird und noch ein Infofenster für sie offen ist? Es gibt hier verschiedene Lösungen: Zum einen kann das Löschen von Instanzen über eigene Actionmethoden erfolgen, die dann einfach das Fenster mit der Instanz suchen, schließen und erst danach den Arraycontroller mit der Löschung beauftragen. Sie werden aber gleich noch sehen, dass es sogenannte Notifications gibt. Und wenn ein Managed-Object gelöscht wird, so wird eine entsprechende Nachricht ausgelöst. Diese kann man abfangen und dann ebenfalls das Fenster entfernen. Ich komme später darauf zurück. Akzeptieren Sie hier bitte das bisherige Verhalten.

> **GRUNDLAGEN**
>
> Hier kommt übrigens eine Eigenart von Core Data zum Vorschein: Die gelöschte Instanz wird noch im Speicher gehalten, obwohl sie ja eigentlich nicht mehr zum Dokument gehört. Erst mit dem Abspeichern des Dokumentes wird sie tatsächlich entfernt. Jede Änderung in einem Infofenster führt dann zu einem Fehler, wie Sie in der Konsole beobachten können. Wie gesagt: Wir kümmern uns noch darum.

Ein weiteres Problem bleibt: Wenn Sie mehrere Infofenster geöffnet haben, können Sie das Dokumentenfenster schließen, und dennoch bleibt das Dokument geöffnet. Versuchen Sie es einfach mal: Programm starten, eine Gruppe mit einem Mitarbeiter hinzufügen und sich dessen Infofenster anzeigen lassen. Dann schließen Sie das Dokumentenfenster. Es ist schon erstaunlich, dass das Infofenster bestehen bleibt. Aber erst wenn Sie dieses schließen, erfolgt die Nachfrage zum Speichern. Klicken Sie auf *Don't Save*, so erscheint danach im Log die Nachricht aus dem -dealloc (Document):

>... Dokument wird geschlossen

Der Hintergrund ist, dass sich ein Dokument automatisch schließt, wenn es keinen Windowcontroller mehr hat. Solange also noch einer für unser Infofenster vorhanden ist, lebt das Dokument weiter. Es kann ja nun wirklich nicht wissen, welche Rolle den verbleibenden Windowcontrollern zukommen soll.

Aber wir können einem Windowcontroller mitteilen, ob er das Dokument schließen soll, und zwar auch dann, wenn noch weitere existieren. Letztlich ist das die Eigenschaft als Dokumentenfenster:

```
- (void)makeWindowControllers
{
  NSString* nibName = [self windowNibName];
  DocumentWindowController* controller
  = [[DocumentWindowController alloc] initWithWindowNibName:nibName];
  [self addWindowController:controller];
  controller.shouldCloseDocument = YES;
}
```

Wir sagen also dem zunächst erzeugten Windowcontroller für das Dokumentenfenster, dass er das Dokument schließen darf. Das Dokument schließt daraufhin alle anderen Windowcontroller, also auch diejenigen für unser Infofenster. Wenn Sie dies austesten, werden Sie sehen, dass sich die Applikation so verhält, wie man es von OS-X-Anwendungen erwartet.

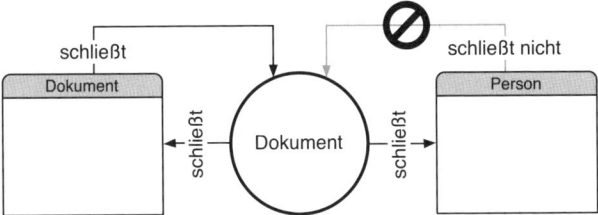

Nur dem Dokumentenfenster geben wir die Macht über das Dokument.

HILFE

Sie können das Projekt in diesem Zustand als company-09 von der Webseite herunterladen.

Sie können jetzt auch das -dealloc (Document) wieder löschen, da es ja nur zu Demonstrationszwecken diente.

6.2.5 Inspector-Windowcontroller

Bei einem Inspector und seinem Windowcontroller stellt sich die Problematik anders dar:

- Ein Inspector existiert nur einmal pro Applikation. Es handelt sich also nicht um einen Windowcontroller des Dokumentes, sondern der Anwendung.
- Ein Inspector arbeitet mit verschiedenen Fenstern und darin verschiedenen Gegenständen. Er muss sich daher auf das jeweils aktuelle Fenster und dessen selektierten Gegenstand synchronisieren.

Zunächst benötigen wir freilich wieder eine Actionmethode, die den Windowcontroller für das neue Fenster anlegt. Da der Inspector applikationsglobal ist, muss diese

Kapitel 6

entsprechend in einer Instanz enthalten sein, die nur einmal in unserer Anwendung existiert. Da bietet sich das Applikationsdelegate an.

Erstellen

Da wir noch keines haben, müssen wir uns erst einmal eine entsprechende Klasse anlegen und davon eine Instanz in MainMenu.nib herstellen. Erzeugen Sie also in Xcode mit *File | New | File...* eine neue Klasse, wobei Sie als Vorlage *Objective-C class* und nach *Next* als Basisklasse *NSObject<NSApplicationDelegate>* wählen. Als Namen vergeben Sie bitte *AppDelegate*. In der neuen Klasse legen wir eine Actionmethode an, die wir zunächst bis auf ein Log leer lassen. Im Header AppDelegate.h:

```
@interface AppDelegate : NSObject<NSApplicationDelegate>
- (IBAction)showInspector:(id)sender;
@end
```

Entsprechend in der Implementierung AppDelegate.m:

```
@implementation AppDelegate
- (IBAction)showInspector:(id)sender
{
    NSLog( @"Inspector" );
}
@end
```

Machen wir dies erreichbar: Öffnen Sie MainMenu.xib und ziehen Sie aus der Library ein *Object* in das Hauptfenster. Im Identity-Inspectors setzen Sie als Klasse bitte *AppDelegate*. Ziehen Sie vom *File's Owner* – das ist im MainMenu.xib die Applikation – eine Verbindung zum *AppDelegate* und verbinden Sie im HUD das Outlet *delegate*. Hiermit haben wir also unser Application-Delegate erzeugt und mit der Anwendung verbunden.

Wir benötigen aber noch einen Menüeintrag zum Aufruf der neuen Methode: Wählen Sie bitte in der Objektliste *MainMenu* an und dort das *Window*-Menü. Ziehen Sie aus der Library ein *Menu Item* und einen Trennstrich in das *Window*-Menü. Das Menü-Item beschriften Sie mit *Inspector*. Sie können auch, wenn Sie wollen, im Attributes-Inspector ein Tastaturkürzel eingeben. Das Ergebnis:

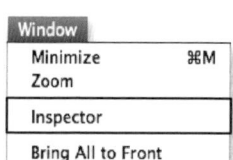
Ein neuer Menüintrag für den Inspector

Wählen Sie in der Objektliste den *First Responder* aus, und schalten Sie auf den Attributes-Inspector um. Dort fügen Sie eine weitere Actionmethode *showInspector:* ein. Verbinden Sie jetzt den neuen Menüeintrag mit dieser Methode des First-Responders.

GRUNDLAGEN

Man hätte jetzt freilich die Verbindung vom Menüeintrag unmittelbar zum Application-Delegate ziehen können. Es befindet sich ja ebenfalls in MainMenu.xib. Aber so geben wir der Action die Möglichkeit, durch die Responder-Chain zu laufen, so dass auch andere sie abgreifen können. Implementieren Sie etwa eine Methode -showInspector: in Document, so wird diese vorher gefunden, und es könnte ein spezialisierter Inspector für dieses Dokument angezeigt werden.

Wenn Sie das Programm übersetzen und starten, sollte bei einem Klick auf den Menüeintrag der ensptechende Text in der Console erscheinen. Damit haben wir die wichtigsten Orte zur Abarbeitung von Menübefehlen zusammen:

- Das Application-Delegate arbeitet applikationsglobale Funktionen ab,
- das Dokument entsprechend dokumentenbezogene und
- der Windowcontroller fensterbezogene.

Damit sollten Sie eigentlich alle praxisrelevanten Fälle erschlagen können – auch ganz ohne die Responder-Chain im Einzelnen verstanden zu haben.

Jetzt muss natürlich im Application-Delegate der Windowcontroller erzeugt werden. Bevor wir damit loslegen, erzeugen wir uns eine entsprechende Klasse InspectorWC: *File | New | File… | Objective-C class* und wählen als Basisklasse wieder *NSWindowController*. Kennen Sie ja nun schon. Allerdings machen wir diesmal von der neuen Möglichkeit Gebrauch, den passenden Xib-File zu erzeugen, indem Sie das Häkchen vor *With XIB for user interface* setzen. Sie können die Sourcen gleich wieder schließen, da wir hier keine Änderungen vornehmen.

In AppDelegate.m machen wir zunächst den neuen Windowcontroller bekannt und erzeugen eine Instanz von ihm.

```
#import "InspectorWindowController.h"
@implementation AppDelegate
- (IBAction)showInspector:(id)sender
{
    InspectorWC* controller
    = [[InspectorWC alloc]
    initWithWindowNibName:@"InspectorWindowController"];
    [[controller window] makeKeyAndOrderFront:self];
    sleep(1);
}
```

Das sleep() dient nur dazu, am Ende der Methode etwa (1 Sekunde) zu warten.

Kapitel 6

Bevor wir uns weiter mit der Xib-Datei befassen, machen wir ein Experiment. Starten Sie die Applikation, öffnen Sie über das Menü den Inspektor, und warten Sie einen Moment. Huch, der Inspector verschwindet ja automatisch wieder!? Hier können Sie der Speicherverwaltung beim Arbeiten zusehen: Wir erzeugen den Windowcontroller und haben eine lokale Referenz darauf. Wenn allerdings unsere Methode beendet ist, wird die lokale Referenz gelöscht. Übrig bleibt keine Referenz, so dass der Windowcontroller gelöscht wird und sogleich sein Fenster vom Schirm nimmt.

Dies ist eine in verschiedenen Kleidern anzutreffende Problematik. Und die Lösung lautet immer gleich: über eine Instanzvariable eine Referenz setzen. Bauen wir dies mit einer Eigenschaft ein:

```
#import <Cocoa/Cocoa.h>
@class InspectorWindowController;

@interface AppDelegate : NSObject
@property( strong ) InspectorWindowController* inspectorWC;

- (IBAction)showInspector:(id)sender;
@end
```

AppDelegate.m passen wir daran an, wobei das sleep() entfernt wird. Auch sorgen wir gleich dafür, dass ein bestehender Inspector nicht jedes Mal neu erzeugt wird:

```
@implementation AppDelegate
@synthesize inspectorWC = _inspectorWC;

- (IBAction)showInspector:(id)sender
{
   if (self.inspectorWC == nil) {
      InspectorWindowController* controller
      [[InspectorWC alloc]
      initWithWindowNibName:@"InspectorWindowController"];
      [[controller window] setExcludedFromWindowsMenu:YES];
      self.inspectorWC = controller;
   }
   [[self.inspectorWC window] makeKeyAndOrderFront:self];
}
```

Die Methode -setExcludedFromWindowsMenu: sorgt dafür, dass das Fenster nicht automatisch in die Liste der geöffneten Fenster im Menü aufgenommen wird. Wir haben ja bereits vor dem Öffnen dafür einen Eintrag, der ausreicht.

Damit das Ganze funktioniert, müssen wir aber noch Änderungen in Inspector WindowController.Xib vornehmen. Löschen Sie das bereits enthaltene Fenster, und ziehen Sie aus der Library ein *Panel* in die Objektliste, welches Sie im Identity-Inspector (unter

Label) und im Attributes-Inspector (unter *Title*) mit *Inspector* benennen. Der Austausch des Fensters ist erforderlich, damit unser Fenster verschwindet, wenn die Applikation deaktiviert wird. Dies ist das übliche Verhalten für Inspektoren. Ebenfalls noch muss im Attributes-Inspector die Option *Release When Closed* unbedingt ausgeschaltet sein, da wir das Fenster ja mehrfach öffnen wollen.

Außerdem ziehen Sie eine Verbindung vom *File's Owner* zum Fenster und setzen das *window*-Outlet im aufspringenden HUD. Umgekehrt setzen Sie das Delegate-Outlet des Panels. Gut, starten! Wenn Sie dies jetzt starten, sehen Sie das gewünschte Verhalten: Es wird nur ein Fenster erzeugt, und bei einem weiteren Versuch wird dies nach vorne geholt. Es kann geschlossen und erneut geöffnet werden, es erscheint nicht doppelt im Window-Menü, und wenn die Applikation in den Hintergrund tritt, verschwindet es automatisch vom Schirm, um bei Aktivierung wieder ebenso automatisch zu erscheinen. Perfekt!

Synchronisation

Das sieht eigentlich von der Benutzeroberfläche schon gut aus. Aber es wird natürlich noch nichts angezeigt. Und jetzt kommen wir zu einem Problem: Wir müssten, was auch immer wir anzeigen wollen, zum gerade aktiven Dokument synchronisieren. Und – weil wir so langsam den Cocoa-Crack-Bereich erreichen wollen – zudem die Selektion im Dokument synchronisieren. Eins nach dem anderen:

Dokument

Den ersten Schritt erreichen wir über einen Trick. Jede Applikation hat ein Main-Window. In einer Applikation mit Dokumenten ist dies das aktive Dokumentenfenster. Da wir einen Windowcontroller für den Nib hatten, hat entsprechend dieses Main-Window einen zugehörigen Windowcontroller. Dieser Windowcontroller hatte wieder ein Dokument. Letztlich haben wir also zum Dokument einen Schlüsselpfad, nur eben etwas länger:

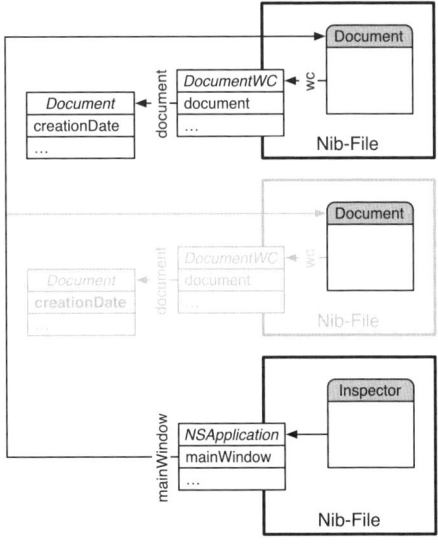

Ein etwas längerer Weg führt zum aktiven Dokument.

Damit wir aber auch eine Dokumenteneigenschaft zum Anzeigen haben, geben wir dem Dokument eine solche. In Document.h:

```
@interface Document : NSPersistentDocument
@property (copy) NSDate *creationDate;

- (IBAction)showInfoWindowForPerson:(NSManagedObject*)person;
@end
```

Und entsprechend in Document.m::

```
- (id)init
{
    self = [super init];
    if (self != nil) {
        self.creationDate = [NSDate date];
    }
    return self;
}
@end
```

> **AUFGEPASST**
>
> Sie bemerken schon: Das Datum wird bei jeder Initialisierung gesetzt, also auch dann, wenn ein Dokument neu geladen wird. Aber es geht jetzt nicht darum, wie man einzelne Daten abspeichert.

Speichern und schließen. Wechseln Sie nun in Inspector WindowController.xib, ziehen Sie ein Label in das Inspector-Fenster, und machen Sie das Label schön breit. Auf dieses werfen Sie aus der Library einen *Date Formatter* und konfigurieren ihn im Attributes-Pane des Interface-Builder-Inspectors so, dass er nur die Zeit anzeigt:

```
Date Style: No Date Style
Time Style: Medium
```

Selektieren Sie wieder das Label (nicht: Formatter), und wechseln Sie zum Bindings-Pane. Dort setzen Sie das Binding für den Value wie folgt:

```
Bind To: Application
Controller Key:
Model Key Path: mainWindow.windowController.document.creationDate
```

Sie sehen also, dass wir letztlich den Schlüsselpfad auf die vorangegangene Zeichnung setzen. Speichern und mit zwei nacheinander geöffneten Dokumenten testen. (Es sollte schon eine Sekunde dazwischen liegen.) Wenn Sie den Inspector öffnen, sollte bei der abwechselnden Wahl des Dokumentenfensters jeweils ein anderes Datum erscheinen.

Sie bemerken vielleicht, dass die Anzeige nur erfolgt, wenn das Gruppenfenster *Company* aktiv ist. Haben wir indessen die Personenliste (Personenfenster) im Vordergrund, so funktioniert das Ganze nicht. Das liegt daran, dass wir nur einen Windowcontroller haben, der genau ein Fenster verwaltet – sonst hieße er ja auch Window*s*controller und wäre von Microsoft. Dies war unser Company-Fenster. Würden wir das Person-Fenster in einen eigenen Nib stopfen, der einen eigenen Windowcontroller hat, wäre dies kein Problem mehr. Aber das ist untunlich: Ich hatte ja bereits gesagt, dass dieses Fenster bereits aus gestalterischen Gründen verschwinden wird. Der Benutzer kann es ja bei mehreren geöffneten Dokumenten nur schwer zuordnen. Bleiben wir daher beim Company-Fenster.

»Und wieso wird der Inspector nicht Main-Window?«, höre ich Sie fragen. Ganz einfach: Inspektoren sind Panels und werden daher nie Main-Window. Wenn Sie also versuchen, durch einen Klick den Inspector zum Main-Window zu machen, so geschieht dies einfach nicht. Das letzte Dokumentenfenster bleibt Main-Window. Sie können mal testweise im Attributes-Inspector des Inspector-Panels den *Style* auf *Regular Panel* stellen und im Identity-Inspector als Klasse `NSWindow` anstelle von `NSPanel` eintragen. Jetzt funktioniert der Inspector nicht mehr, wenn er selbst aktiviert ist. Wieder zurückändern.

Übrigens stellt sich die Frage ja auch im Verhältnis zu den Infofenstern. Und darauf kommen wir noch zurück. Sie funktionieren jetzt aber ebenso wie die Dokumentenfenster, da sie über dieselbe Infrastruktur verfügen.

HILFE

Sie können das Projekt in diesem Zustand als company-10 von der Webseite herunterladen.

Selektion

Nachdem wir also nun wissen, wie wir das Dokument synchronisieren, gehen wir an die Synchronisation innerhalb des Dokumentes. Auch hierzu müssen wir uns den richtigen Pfad vorstellen. Bevor wir damit aber loslegen, bedienen wir uns eines kleinen Tricks:

Das Problem liegt ja darin, dass die aktuelle Selektion im Arraycontroller der Groups (Groups-Controller) gespeichert ist. Da aber jedes Dokument seinen eigenen Nib lädt, hat auch jedes Dokument seinen eigenen Arraycontroller. Man muss also nicht zum Dokument wandern, sondern beim Windowcontroller Richtung Groups-Controller abbiegen.

Kapitel 6

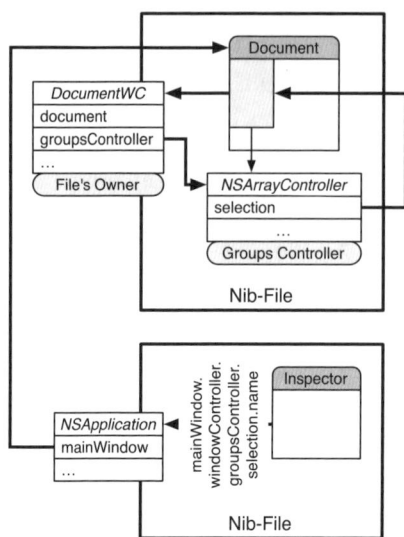

Hinter dem Windowcontroller rechts abbiegen

Zunächst benötigen wir daher eine Eigenschaft im Windowcontroller, die einen Pfad zum Groups-Controller in das Nib trampelt. Legen wir diese an:

```
@interface DocumentWC : NSWindowController
@property (strong) IBOutlet NSArrayController *groupsController;
- (IBAction)doSomething:(id)sender;
@end
```

In Document.xib müssen Sie dann eine Verbindung vom *File's Owner* zum *Groups Controller* ziehen, um das Outlet zu setzen.

Damit sind wir auf dieser Seite fertig. Gehen wir zum InspectorWindowController.xib. Sie würden mutmaßlich nach und nach immer mehr Eigenschaften der selektierten Gruppe anzeigen. Es wäre dann mühsam, jedes Mal den ellenlangen Pfad zu setzen. Deshalb ist es eine gute Idee, einen Zwischencontroller in den das Inspector.xib zu ziehen, der den Löwenanteil des Weges einmalig vornimmt. Dazu ziehen Sie bitte aus der Library einen *Object Controller* (nicht: *Object*!) in die Objektliste. Dieser verwaltet ein einziges Objekt, nämlich in unserem Falle die gerade selektierte Gruppe. Nennen Sie bitte diesen Controller im Identity-Inspector Group Controller. In dessen Attributes-Pane setzen Sie wie gewohnt den *Mode* auf *Entity* und den *Entity Name* auf *Group*. Im Bindings-Inspector setzen Sie das Binding *Content Object*:

```
Bind To: Application
Controller Key:
Model Key Path: mainWindow.windowController.groupsController.selection.self
```

GRUNDLAGEN

Das self am Ende dient (nur) dazu, einen vom Wincowcontroller verwendeten Proxy aufzulösen. Andernfalls erfährt der Objectcontroller nichts davon, dass eine Selektionsänderung stattgefunden hat, weil der Proxy nicht geändert wird, sondern nur das Objekt, für das er steht.

Damit haben wir jetzt einen Gutteil des Schlüsselpfades bis zum selektierten Objekt, also der Gruppe, zurückgelegt. Es bleibt dann nur noch der Restpfad zur interessierenden Eigenschaft übrig. Der Group-Controller steht sozusagen für das selektierte Objekt, ist daran gebunden.

Wir haben jetzt also diesen Zustand:

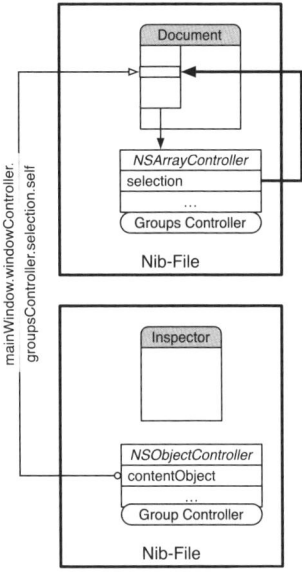

Der Objectcontroller ist ein Kürzel für weitere Bindungen.

Ziehen Sie bitte jetzt ein weiteres Label und ein Textfeld in das Fenster. Dem Label geben Sie bitte den Text Group Name, beim Textfeld setzen Sie dessen *Value*-Binding nur noch schön knackig kurz wie folgt:

```
Bind To: Group Controller
Controller Key: selection
Model Key Path: .name
```

(Ich habe das bestehende Label mit der Initialisierungszeit mal in der Datei belassen, damit Sie einfach ein weiteres Beispiel haben, wenn Sie das Projekt von der Webseite laden. So kann man ja immer mal nachschlagen.)

Sie können das jetzt testen. Öffnen Sie verschiedene Dokumente mit veschiedenen Gruppen. Wechseln sie zwischen Dokumenten und Gruppen hin und her. Der Inspector sollte sich entsprechend aktualisieren. Es ist auch möglich, im Inspector Änderungen vorzunehmen: alles synchron. Die Macht der Bindings …

Wenn Sie allerdings ein Person-Infofenster öffnen, gibt es einen Programmfehler, wie Sie in der Konsole sehen können. Das ist ja auch nachvollziehbar: Dessen Windowcontroller hat keine groupsController-Eigenschaft. Und es ist ja auch irgendwie komisch, dass sich ein Inspector auf ein Infofenster bezieht. Die Lösung kennen Sie schon: Geben Sie dem Infofenster in PersonInfo.xib einfach im Identity-Inspector als Basiklasse `NSPanel`. Dann wird es nicht Main-Window, was einfach richtig ist.

> **HILFE**
>
> Sie können das Projekt in diesem Zustand als company-11 von der Webseite herunterladen.

Zusammenfassen

Zuletzt will ich Ihnen noch ein Beispiel für ein Bindings-Aggregat geben.

Ziehen Sie jetzt ein weiteres Label in das Fenster, die Sie unterhalb der bestehenden Elemente anordnen und auf die gesamte Breite (abzüglich der angezeigten Ränder) vergrößern. Dafür setzen Sie das Binding *Display Value*:

```
Bind To: Selected Group Controller
Controller Key: selection
Model Key Path: members.@count
```

Sie erinnern sich sicherlich noch an die Operatoren, die ich Ihnen genannt hatte. Hier wenden wir einen an, um uns die Anzahl der Mitglieder anzeigen zu lassen.

Übersetzen, starten, testen! Es erscheint jetzt die Anzahl der Mitglieder.

> **HILFE**
>
> Sie können das Projekt in diesem Zustand als company-12 von der Webseite herunterladen.

6.2.6 Viewcontroller

Mit Leopard sind Viewcontroller als Instanzen der Klasse `NSViewController` verfügbar. Sie erledigen im Prinzip dieselbe Arbeit, die auch ein Windowcontroller macht. Der Unterschied liegt darin, dass ein Nib-File nur mit einem View verwaltet wird.

Die Rolle der document-Eigenschaft übernimmt bei einem Viewcontroller die Eigenschaft representedObject. Auf der anderen Seite, also innerhalb des Nibs steht ein Outlet view statt window. Daneben kann eine weitere Eigenschaft title verwendet werden, die keine interne Bedeutung hat, sondern lediglich als für den Anwender der Klasse nützlich erachtet wurde.

Um einen Viewcontroller samt Nib herzustellen, verwenden Sie die Methode -initWithNibName:bundle:. Bundles werden im Kapitel über Xcode genauer erläutert.

Derzeit haben wir keine Verwendung für einen Viewcontroller. Das wird sich aber gleich ändern, wenn wir unser bisheriges Programm etwas moderner gestalten. Das geschieht in dem Abschnitt »Data-Sources | Views tauschen«.

6.3 Notifications

Notifications sind asynchrone Nachrichten, die innerhalb eines Programms oder sogar zwischen den Programmen ausgetauscht werden. Sie dienen dazu, Zustandsänderungen an unbekannte Emfpänger mitzuteilen.

Grundsätzlich erfolgt die Observierung in der Art, dass ein Observierer angemeldet wird, der auf bestimmte Notifications von bestimmten Objekten hören soll. Sowohl die Notification, die gefangen werden soll, als auch das Senderobjekt können dabei auf nil gesetzt werden, so dass man etwa alle Notifications eines Objektes oder sogar alle Notifications aller Objekte fangen kann. Letzteres machen wir uns gleich zu Forschungszwecken zu eigen. Es handelt sich bei beiden Parametern also um Filter:

Notification	Sender	Empfangen werden
Angegeben	Angegeben	Die angegebene Notification des angegebenen Senders
nil	Angegeben	Alle Notifications des angegebenen Senders
Angegeben	nil	Die angegebene Notification aller Sender
nil	nil	Alle Notifications aller Sender

Man kann zwischen drei Arten von Notifications unterscheiden:

- Programmlokale Notifications werden nur innerhalb des laufenden Programmes weitergereicht, also zwischen verschiedenen Programmteilen.
- Distributed-Notifications werden zwischen verschiedenen Programmen übermittelt.
- Workspace-Notifications sind Nachrichten, die vom System an Programme übermittelt werden.

Der Unterschied liegt dabei für Sie weniger in der Notification selbst als vielmehr in dem verwendeten Notification-Center. Diese sorgen für die unterschiedliche Verteilung.

Kapitel 6

Dementsprechend existieren die drei Center +defaultCenter (NSNotificationCenter), +defaultCenter (NSDistributedNotificationCenter) und -notificationCenter (NSWorkspace).

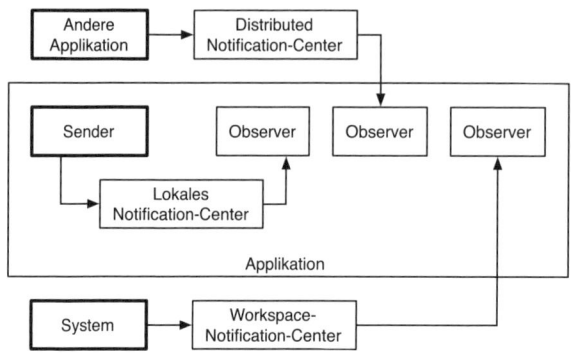

Lokal, rechnerweit oder vom System: Notifications unterrichten über wichtige Vorfälle.

6.3.1 Lokale Notifications

Notifications innerhalb eines Programms haben an Bedeutung verloren. Dies liegt daran, dass grundsätzlich die Regel gilt, dass jedes Objekt, welches eine Notification versendet, ein Delegate haben sollte und dass für jede ausgelöste Notification eine Delegatemethode implementiert werden sollte.

Dennoch ist es manchmal so, dass Ereignisse – meist Zustandsänderungen – in einem Programm erfolgen, die eine Vielzahl von anderen Objekten interessieren könnten. Hier hilft es häufig nicht, ein Delegate zu haben, weil es ja nur ein Delegate zu jedem Objekt gibt. Stellen Sie sich etwa vor, dass Sie eine Anwendung schreiben, die mit einem Webserver kommuniziert. Die Kommunikation wird von einer Instanz verwaltet.

Hier kann es natürlich passieren, dass die Verbindung ausfällt. In diesem Falle ist es zwar richtig und tunlich, der Kommunikationsinstanz ein Delegate zu geben. Aber die Information nur des Delegates wird häufig nicht ausreichen. Vielmehr existieren vielleicht zahlreiche Instanzen in Ihrem Programm, die darüber informiert sein müssen, dass die Verbindung nicht mehr existiert.

Als praktischen Anwendungsfall lösen wir ein Problem. Wenn eine Person im Personenfenster gelöscht wurde, konnte ja noch ein Infofenster für diese geöffnet sein, was spätestens nach dem Abspeichern des Dokuments zu einem Fehler führte. Das war gar nicht so einfach zu lösen, weil ja derjenige, der die Person-Instanz löschte, eine Liste von Infofenstern haben müsste, bei der er nachschauen kann, ob eines gerade gerade die gelöschte Person anzeigt. Außerdem müsste er wissen, wie er das bei einem Person-Infofenster herausfindet. Ein ziemliches Wollknäuel.

Einfacher ist es da, wenn der Löschende – in unserem Falle der Document-Windowcontroller – einfach eine Notification schickt, dass eine bestimmte Person gelöscht wird. Jedes geöffnete Infofenster hört einfach auf die Notification für seine Person-Instanz.

> **GRUNDLAGEN**
>
> Eleganter wäre es, wenn die Person-Instanz selbst eine entsprechende Notification schicken würde. Das geht auch technisch ohne Weiteres. Allerdings verlangt dies die Ableitung des Managed-Objects für Personen. Nicht, dass das schwierig wäre, aber es gehört ins nächste Kapitel. Daher gehen wir hier einen anderen Weg – auch um das Problem zu zeigen.

Notification definieren

Zunächst will ich Sie auf eine Besonderheit aufmerksam machen: Wir haben an einigen Stellen Strings als Marker für verschiedene Dinge benutzt. So haben wir etwa im Kapitel 4 Strings als Keys eines Dictionarys verwendet. Dies ist auch bei Notifications der Fall. Diese Strings als Klarnamen einzugeben, ist in Ordnung, wenn die Verwendung der Marker lokal begrenzt bleibt.

Hier müssen wir jedoch diesen String über mehrere Module hinweg benutzen: In `DocumentWindowController` dient er uns als Name der Notification, wenn wir sie senden. In `PersonInfoWindowController` dient er dazu, die zu fangende Notification zu spezifizieren. Wir haben jetzt das Problem, dass bei einer Änderung des Namens mehrere Stellen im Programm betroffen sind. Das ist nicht gut, weil der Verlust des Überblickes droht.

Man kann jedoch eine allgemeine Variable versprechen, die auch für andere sichtbar ist. Da sie für andere sichtbar sein soll, muss das Versprechen (also eine Deklaration) im Header enthalten sein. Dies erledigen wir in DocumentWindowController.h:

```
#import <Cocoa/Cocoa.h>

extern NSString * const personDeletionNotification;
```

Zwei Teile werden Sie mittlerweile ohne Weiteres verstehen:

```
extern NSString * const personDeletionNotification;
```

Hier wird also eine Variable bezeichnet, die einen String enthält (genauer: auf eine String-Instanz zeigt). Da sich die Zeile außerhalb irgendeines Blockes – einer Methode, einer Funktion, einer Klassendeklaration, eines If-Blockes usw. – befindet, ist sie überall – man sagt global – gültig.

Das `extern` am Anfang sorgt dafür, dass diese Variable an dieser Stelle nicht angelegt wird, sondern lediglich ein Versprechen ist, diese Variable anzulegen. Sie können es lesen als

»ich verspreche, dass diese Variable irgendwo anders angelegt wird«. Dies ist erforderlich: Unser Header wird ja an verschiedenen Stellen importiert. Würde jedes Mal eine Variable tatsächlich angelegt, hätten wir diese mehrfach. Wir wollen aber gerade, dass sie zentral verwaltet wird.

Also bisher haben wir damit: „Ich verspreche, irgendwo eine Variable zu definieren, die die ID einer String-Instanz enthält."

Bleibt noch das `const`. Hiermit wird festgelegt, dass die ID nicht verändert werden darf. Würde man also irgendwo etwas wie

```
personDeletionNotification = anotherString;
```

oder auch nur

```
personDeletionNotification = @"Hallo";
```

schreiben, so würde der Compiler dies nicht zulassen:

```
error: assignment of read-only variable 'personDeletionNotification'
```

Das hat einen einfachen Grund: Da wir eine globale Variable haben, kann da prinzipiell jeder dran herumfummeln. Man stelle sich nur vor, wenn nach Anmeldung der Notification der Text geändert würde und daher Notifications mit ganz anderen Namen geschickt würden. Sie würden nicht mehr gefangen. Aus diesem Grunde verbieten wir die Änderung. Wir haben also gar keine Variable im eigentlichen Sinne, sondern eine Konstante.

> **GRUNDLAGEN**
>
> Globale Variablen sind höchst gefährlich, weil im Prinzip jeder unbemerkt ihren Wert ändern kann. Das kann man nicht kontrollieren. Deshalb empfiehlt es sich, diesen Marker als Konstante anzulegen. Andererseits muss ich zugeben, dass es schon krimineller Energie bedarf, an fremden Variablen herumzufummeln. Bis 1975 war auch der Ehebruch strafbar.

Also bedeutet dieser Satz jetzt endgültig: »Ich verspreche, dass es eine ID für eine String-Instanz geben wird, die jedoch nicht geändert werden darf.«

In einem zweiten Schritt müssen wir jetzt den Inhalt dieser Konstante einmalig festlegen. Wie jedes Versprechen lösen wir auch dieses in der Implementierung ein:

```
NSString* const personDeletionNotification
= @"com.cocoading.company.documentWC.notifications.personDeletion";

@interface DocumentWindowController ()
```

Da wir darauf achten müssen, dass derselbe Text nicht zweimal verwendet wird, empfiehlt sich wieder das rDNS-System, wobei ich hier immer noch die Klasse hinzufüge: »com.firma.anwendung.klasse....«.

Notification auslösen

Deutlicher wird das Ganze, wenn wir diese Konstante einmal anwenden. Denn wir müssen natürlich noch die Notification auslösen. Dies soll geschehen, wenn eine Person gelöscht wird. Da dies bisher automatisch durch einen Arraycontroller geschieht, müssen wir uns zunächst eine Methode schreiben, die das auf eigenen Code umleitet. Dieser muss wiederum den Arraycontroller kennen. Setzen wir das um:

```
@interface DocumentWindowController : NSWindowController
@property (strong) IBOutlet NSArrayController *groupsController;
@property (strong) IBOutlet NSArrayController *personsController;

- (IBAction)removePerson:(id)sender;
```

In der Implementierung dann:

```
@implementation DocumentWindowController

- (IBAction)removePerson:(id)sender
{
    NSNotificationCenter* center = [NSNotificationCenter defaultCenter];
    // Notification
    NSArray *selectedObjects = [self.personsController selectedObjects];
    for (NSManagedObject *person in selectedObjects) {
        [center postNotificationName:personDeletionNotification object:person];
    }
    // Remove
    [self.personsController removeObjects:selectedObjects];
}
```

Wichtig ist hier zu sehen, dass der Absender der Notification, der ja auch zum Filtern beim Fangen dient, nicht der wahre Absender, also unser Windowcontroller ist, sondern derjenige, der als Paramter object angegeben wurde. Für den Empfänger sieht das also filtermäßig so aus, als ob die Notification von der Person-Instanz käme. (Man darf das eben nicht so sehen, dass das angegebene Objekt wirklich der Auslöser ist.)

Verbinden Sie jetzt den Löschbutton im Person-Fenster mit dieser neuen Methode (anstelle von –remove des *Persons Controller*).

Notification fangen

Auf der anderen Seite wollen wir die Notification fangen. Nichts ist einfacher als das, denken Sie? Man kann ja einfach jeden Person-Windowcontroller Notifications für seine Person überwachen lassen? Und dann schickt der eben die Nachricht an das Dokument, dass der Windowcontroller entfernt werden soll? Schreiben wir das mal hin:

```
@implementation PersonInfoWindowController
- (void)personDeleted:(NSNotification*)notification
{
    [self.document removeWindowController:self];
}
```

Jein, das geht. Aber es gibt da eine Gefahr: Wenn der Windowcontroller an das Dokument die Nachricht zur Löschung schickt, existiert es im nächsten Moment ja gar nicht mehr. (Es müsste eine weitere Referenz geben, und die ist nicht ersichtlich, jedenfalls nicht garantiert. self selbst ist keine strong-Variable, so dass es nicht als Referenz zählt.) Mit anderen Worten: Sobald wir irgendwas tun, was die Referenz des Dokumentes von dem Windowcontroller wegnimmt, war es das möglicherweise für die Instanz, deren Methode gerade läuft. Sie zieht sich den Boden selbst unter den eigenen Füßen weg. (Sozusagen ein umgekehrter Münchhausen, die Geschichte mit dem Sumpf und den eigenen Haaren und so.)

Bei manueller Speicherverwaltung kann man das vermeiden, indem man eingangs der Methode an self einfach ein retain und ein autorelease sendet:

```
[[self retain] autorelease];
```

Damit lebt die Instanz noch etwas. Bei automatischer Speicherverwaltung geht das nicht, weil diese Nachrichten ungültig sind. Eine Lösung liegt darin, über Tricks (zum Googeln: Mit CoreFoundation) doch noch diese Nachrichten zu senden. Finde ich persönlich außerordentlich hässlich. Eine andere Lösung liegt darin, eine weitere Referenz zu besorgen, nämlich indem ich self in einer Hilfsvariable speichere, die (defaultmäßig) strong ist. Nur muss man diese dann auch statt self benutzen, damit sie der Compiler nicht wegoptimiert. Das etwas seltsam anmutende Ergebnis:

```
- (void)personDeleted:(NSNotification*)notification
{
    id _self = self;
    [self.document removeWindowController:_self];
    // Ab hier wird self nur noch von _self gehalten!
    _self = nil;
}
```

Sie sehen schon, dass wir diesen Trick gar nicht bräuchten, weil wir nach dem removeWindowController: gar nichts mehr mit dem Objekt machen. Ich würde dennoch empfehlen, diesen »Marker« in den Sourcecode einzubauen, um nach außen zu zeigen, dass es ein Problem gibt.

6.3.2 Als Observer anmelden

Natürlich müssen wir die Instanz von PersonInfoWindowController noch für die Notification anmelden. Es soll ja immer die angezeigte Person überwacht werden. Das bedeutet aber, dass wir den Setter überschreiben müssen, damit bei Setzen bzw. Austausch der Person die alte Anmeldung löschen und eine neue Setzen.

Austausch der Person? Wer will denn so etwas? Das war nie geplant, wir haben ja ein Infofenster, keinen Inspector. Ein Infofenster zeigt aber bis zum bitteren Ende den immer gleichen Gegenstand an. Eben, wir machen es uns einfacher und aus der person-Eigenschaft eine readonly-Property, deren Startwert einem neuen Initialisierer übergeben wird. Die können wir weiter synthetisieren:

Im Header:

```
@property (strong, readonly) NSManagedObject *person;
- (id)initWithWindowNibName:(NSString*)nibName forPerson:(NSManagedObject*)person;
```

Dafür in der Implementierung:

```
#import "PersonInfoWindowController.h"
#import "DocumentWindowController.h"

@interface PersonInfoWindowController()
@property (strong, readwrite) NSManagedObject *person;
@end

…
- (id)initWithWindowNibName:(NSString*)nibName forPerson:(NSManagedObject *)person
{
    self = [super initWithWindowNibName:nibName];
    if (self) {
        self.person = person;
    }
    return self;
}
```

Bleibt die Frage nach der eigentlichen Anmeldung und Abmeldung. Man könnte das in -init… bzw. -dealloc machen. Allerdings ist vor allem das -dealloc eine Methode zur Speicherverwaltung. In ihr sollte der funktionale, nicht mit der eigentlichen Aufgabe Speicherverwaltung zusammenhängende Code also so gering wie möglich gehalten werden.

Kapitel 6

Sichen wir uns daher andere Plätzchen: Für die Anmeldung ist das recht einfach mit -windowDidLoad gefunden:

```
- (void)windowDidLoad
{
   [super windowDidLoad];
   NSNotificationCenter *center = [NSNotificationCenter defaultCenter];
   [center addObserver:self selector:@selector (personDeleted:)
                  name:personDeletionNotification object:self.person];
}
```

Anders sieht das schon aus, wenn wir uns abmelden wollen. Der Windowcontroller bietet dafür keine eigene Methode. Aber er ist ja regelmäßig – und vor allem hier – Delegate des Fensters. Deshalb geben wir das zunächst bekannt:

@interface PersonInfoWindowController : NSWindowController <NSWindowDelegate>

Und implementieren dann die passende Delegatemethode:

```
- (void)windowWillClose:(NSNotification*)notification
{
   NSNotificationCenter *center = [NSNotificationCenter defaultCenter];
   [center removeObserver:self];
}
```

Den bisherigen Initialisierer löschen Sie bitte.

AUFGEPASST

War da nicht etwas mit Designated-Initializer? Das Problem liegt hier darin, dass wir lieber diesen Secondary-Initializer in Document verwenden, weil das einfacher ist. Der Designated-Initializer wird auch zutreffend über super von diesem aufgerufen. Dabei geht bloß der Parameter person verloren. Eine umgekehrte Weiterleitung scheitert daran, dass -initWithWindow: nicht mehr den Namen der Nib-Datei kennt. So ist das eben, wenn der Designated-Initializer nicht der mächtigste ist… Wir belassen also den bisherigen Designated-Initializer als das, was er ist. Sollte ihn jemand unmittelbar benutzen, kann er die Eigenschaft person nicht setzen, was ihn zum Nachdenken zwingt. Besteht Bedürfnis nach der Benutzung des Designated-Initializers – weil das Fenster nicht aus einem Nib stammt, sondern im Code erzeugt wird – so kann man sich immer noch einen passenden Secondary-Initializer schreiben.

Bei der Abmeldung sei gesagt, dass -removeObserver: einfach die Benachrichtigung für sämtliche Notifications sämtlicher Sender entfernt. Natürlich existieren entsprechende Methoden, das zielgnauer zu machen, wenn man möchte.

Die Controllerschicht

> **GRUNDLAGEN**
>
> Eine andere Möglichkeit läge darin, denjenigen, der den Windowcontroller lädt und entfernt, die An- und Abmeldung für die Notifications zu überlassen (hier: Document). Ich finde es nicht schlecht, wenn man das in diesem Falle kompakt in der Klasse hält, weil es wirklich ein Belang der Klasse ist.

Zuletzt passen wir Document.m auf den neuen Initialisierer an:

```
- (void)showInfoWindowForObjects:(NSArray*)objects
{
    PersonInfoWindowController *infoWC;
    for (NSManagedObject *object in objects) {
…
        if( [object.entity.name isEqualToString:@"Person"] ) {
…
            // Keinen gefunden, also erzeugen
            if (wc == nil) {
                infoWC = [[PersonInfoWindowController alloc]
                    initWithWindowNibName:@"PersonInfo"
                                                forPerson:object];
                [self addWindowController:infoWC];
            }
…
        }
    }
}
```

Probieren Sie es aus. Sobald in dem Personenfenster eine Person gelöscht wird, sollte das vorher geöffnete zugehörige Infofenster verschwinden.

> **HILFE**
>
> Sie können das Projekt in diesem Zustand als Projekt company-13 von der Webseite herunterladen.

Notifications und Delegating

Das ist ja auch richtig: Jede Instanz unseres Dokumentes meldet sich für die Notification an und erhält damit auch die Benachrichtigung. Wir können also auf diese Weise wie versprochen eine ganze Reihe von Objekten informieren – im Unterschied zum Delegating. Das ist weder ein Vorteil noch ein Nachteil. Es ist einfach ein Unterschied, der das Anwendungsgebiet bestimmt.

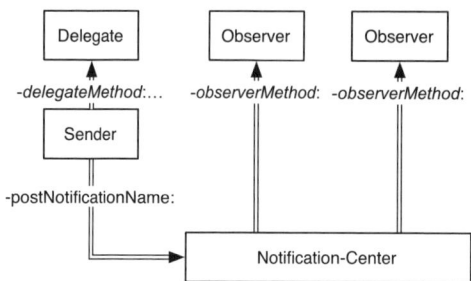

Notifications und Delegates

Delegating hat demgegenüber den Vorteil, dass das Delegate antworten kann. Damit können Should-Methoden implementiert werden, die als Rückgabewert mitteilen, ob die Operation wirklich ausgeführt werden kann. Sie können also anders als Notification-Observer Kontrolle ausüben. Delegates bekommen bei einem Ereignis nämlich bis zu drei Nachrichten:

- *-delegierer*:should*EtwasInteressantesTun*: wird ausgeführt, bevor eine Aktion stattfindet. Über den Rückgabewert kann das Delegate bestimmen, ob diese Aktion wirklich ausgeführt werden darf. Dies wäre bei uns -documentWindowController: shouldRemovePerson:.

- *-delegierer*:will*EtwasInteressantesTun*: wird ausgeführt, bevor eine Aktion stattfindet. Das Delegate kann aber die Aktion nicht verhindern. Dies wäre bei uns -documentWindowController:willRemovePerson:.

- *-delegierer*:did*EtwasInteressantesTun*: wird ausgeführt, nachdem eine Aktion stattfand. Dies wäre bei uns -documentWindowController:didRemovePerson:.

6.3.3 Distributed-Notifications

Wie bereits erwähnt, existieren Notifications, die zwischen den Programmen transportiert werden. Für viele Problemstellungen ist es interessant zu wissen, was ein anderes Programm gerade macht. Wir probieren das einmal in AppDelegate.m aus:

```
- (void)talkWithMe:(NSNotification*)notification
{
   NSLog( @"Notification %@", notification );
}

- (void)applicationDidFinishLaunching:(NSNotification*)notific
{
   // Guck mal, wer da spricht
   NSDistributedNotificationCenter* center;
   center = [NSDistributedNotificationCenter defaultCenter];
   [center addObserver:self selector:@selector( talkWithMe: )
             name:nil object:nil];
}
```

```
- (void)applicationWillTerminate:(NSNotification*)notification
{
   NSDistributedNotificationCenter* center;
   center = [NSDistributedNotificationCenter defaultCenter];
   [center removeObserver:self];
}
@end
```

Eigentlich keine große Änderung gegenüber der lokalen Notification. Wir benutzen lediglich das Distributed-Notificationcenter. Allerdings lassen wir zunächst auch den Namen offen, da wir ja noch gar nicht wissen, wer welche Notifications verschickt. Aus diesem Grunde lassen wir uns auch einfach die Notification als Ganzes auf der Console loggen. Neugier!

Starten Sie das Programm, und spielen Sie mit Ihrem System herum. Einfach mal in iTunes einen Song abspielen, auf ein paar Webseiten herumsurfen usw. Sie werden erstaunt sein, was alles an Notifications bei Ihnen ankommt!

Lied startet in iTunes:

```
>… Notification NSConcreteNotification 0x114240 {name = com.apple.iTunes.
playerInfo; object = com.apple.iTunes.player; userInfo = {
    Artist = "Red Hot Chili Peppers";
    Location = "file://localhost/Users/Amin/Music/iTunes/iTunes%20Music/Red%20
    Hot%20Chili%20Peppers/Unbekanntes%20Album/01%20Breaking%20The%20Girl.mp3";
    Name = "Breaking The Girl";
    "Player State" = Playing;
    "Store URL" = "itms://itunes.com/link?n=Breaking%20The%20Girl&an=Red%20
    Hot%20Chili%20Peppers";
    "Total Time" = 295967;
    "Track Number" = 1;
}}
```

Allerdings ist es zuweilen erforderlich, dass Sie in das Console-Fenster wechseln, damit dieses aktualisiert wird.

> **HILFE**
>
> Sie können das Projekt in diesem Zustand als company-15 von der Webseite herunterladen.

Sie sollten jetzt zumindest die Überwachung der Distributed-Notifications herausnehmen, da dies auf Dauer doch etwas nervt.

6.4 Data-Sources

Data-Sources liefern ebenso wie die bisher von uns genutzten Bindings Daten für Views, die eine Mehrzahl von Werten anzeigen. Hier kann man ja nicht einfach einen Wert setzen. Sie funktionieren nicht wie Bindings automatisch, sondern verlangen von uns die Implementierung von Datenliefermethoden. Das ist mehr Aufwand, sorgt aber für mehr Flexibilität. Bis zum Ende des Kapitels will ich etwa das zweite Fenster, das Personenfenster, loswerden. Dazu müssen aber in die Sidebar die Personen integriert werden. Bei Bindings müssten wir dazu eine Collection von Personen und Gruppen haben, was einigermaßen fernliegend ist und sich im Übrigen auch alles andere als einfach implementieren ließe.

Delegates haben wir schon an vielen Stellen benutzt. Das System sollte klar sein: Jemanden zum Delegate machen und in diesem die interessanten Methoden implementieren.

Data-Sources sind eigentlich ein Unterfall dieser Delegates, wobei sie – insoweit abweichend – für das Funktionieren des Delegierers notwendig sind. Sie dienen der Datenbeschaffung, wenn die Verwendung von Bindings unpraktisch oder untunlich ist. Das Grundsystem funktioniert dabei so, dass das View bestimmte Daten, die es gerade benötigt, bei seiner Data-Source abfragt. Dieser kleine Satz impliziert aber jede Menge Schwierigkeiten:

- Da wir keine Bindings mehr haben, haben wir keine Überwachung mehr. Damit bemerken wir nicht mehr, wenn über den +-Button und den Arraycontroller Gruppen hinzugefügt werden.

- Ebenso wenig bemerken wir es, wenn sich der Gruppenname im rechten Teil des Fensters ändert.

- Die Selektion wird ebenfalls nicht mehr automatisch synchronisiert, was für unseren Inspector wichtig ist.

6.4.1 Bindings einreißen und Data-Source vorbereiten

Zunächst heißt es, alte Mauern einzureißen. Damit die Arbeit jedoch nicht überhand nimmt, lasse ich auch etwas stehen. Wir wollen es ja nicht übertreiben.

Öffnen Sie bitte DocumentWindowController.h. Zunächst muss das Einfügen und Löschen von Gruppen über den Document-WindowController laufen, damit er dies mitbekommt. Dazu legen wir zwei Actions an. Zudem wird es gleich nötig sein, dass wir die Sidebar kennen, weshalb wir ein Outlet anlegen:

```
@interface DocumentWindowController : NSWindowController
@property (strong) IBOutlet NSArrayController *groupsController;
```

Die Controllerschicht

```
@property (strong) IBOutlet NSArrayController *personsController;
@property (weak)   IBOutlet NSOutlineView     *sidebarView;

- (IBAction)addGroup:(id)sender;
- (IBAction)removeGroup:(id)sender;
- (IBAction)removePerson:(id)sender;
@end
```

> **AUFGEPASST**
>
> Ich habe hier –doSomething: entfernt, auch in der Implementierung, und den entsprechenden Menüpunkt in MainMenu.xib. Das dient nur der Übersichtlichkeit. Lassen Sie sich davon also nicht verwirren. Sie können es ebenso halten.

Natürlich müssen wir jetzt die Implementierung in DocumentWindowController.m entsprechend anpassen:

```
@implementation DocumentWC
…
#pragma mark -
#pragma mark Actions
- (IBAction)addGroup:(id)sender
{
    [self.groupsController add:sender];
}
- (IBAction)removeGroup:(id)sender
{
    [self.groupsController remove:sender];
}
#pragma mark -

#pragma mark Creation
- (id)initWithWindowNibName:(NSString*)nibName
```

Eigentlich ist das nichts Spannendes: Wir erhalten die Action und leiten sie dann an den Groups-Controller weiter. Wozu eigentlich der Zirkus? Kommt noch …

Öffnen Sie Document.xib, und ziehen Sie die Verbindung von den Buttons zum Hinzufügen und Löschen der Gruppen auf unseren Document-WindowController, also den *File's Owner*. In dem aufpoppenden HUD wählen Sie entsprechend *addGroup:* bzw. *removeGroup:*. Das neue Outlet *sidebarView* lassen Sie noch unbesetzt.

Übersetzen und testen Sie vielleicht schon an dieser Stelle die Funktionalität. Es wird gleich komplizierter, und Fehler werden dann schwieriger zu finden sein.

6.4.2 Die Urgründe

Kommen wir zum nächsten Schritt, der Implementierung der Data-Source. In Document.xib entfernen Sie das Value-Binding für die Tablecolumn, welche die Gruppen anzeigt. Wählen Sie dazu das Tableview an, und nehmen Sie das Häkchen vor *Bind To:* im Bindings-Inspector heraus. (Sie können das übrigens auch im Connections-Inspector löschen.) Damit synchronisiert sich jetzt die Tabelle nicht mehr automatisch mit dem Arraycontroller. Vielmehr müssen wir später die Tabelle von der Data-Source manuell befüllen. Das wollen wir ja auch.

Apropos Tabelle ... Löschen Sie das Tableview (in der Objektliste: *Scroll View*), und setzen Sie stattdessen ein Outlineview ein. Dazu wählen Sie allerdings in der Library *Sourcelist* aus. Schieben Sie das in das Fenster. Sie müssen das Element dann deutlich verkleinern. In der Objektliste wählen Sie dann wirklich das Outlineview (anstelle des bisherigen Scrollviews) an und geben im Attributes-Inspector unter *Table View | Content Mode* die Auswahl *Cell Based* an.

Ziehen Sie eine Verbindung vom *File's Owner* zum Outlineview und wählen Sie sidebarView aus. Zudem ziehen Sie umgekehrt zwei Verbindungen vom Outlineview (dem früheren Tableview) auf den *File's Owner*: Im HUD wählen Sie einmal *dataSource* und einmal *delegate* aus.

> **TIPP**
>
> Bei verschachtelten Views ist es häufig notwendig, jedenfalls einfacher, die Verbindung in der Objektliste zu ziehen.

Wir haben damit also bestimmt, dass DocumentWindowController sowohl Datenlieferant als auch Delegate des Outlineviews ist. Natürlich müssen wir dann auch das Data-Source-Protokoll des Outlineviews implementieren. Dies machen wir also. Ob des Umfanges bespreche ich das jetzt Methode für Methode, die Sie aber bitte so untereinander in DocumentWC.m hinter den Actionmethoden einfügen.

```
#pragma mark -

#pragma mark Data Source
- (NSInteger)          outlineView:(NSOutlineView*)outlineView
            numberOfChildrenOfItem:(id)item
{
    if( !item ) {
        return [[self.groupsController arrangedObjects] count];
    }
    return 0;
}
...
```

Die Controllerschicht

Diese Methode wird vom Outlineview aufgerufen, wenn es erfahren will, wie viele Einträge vorhanden sind. Dies gilt natürlich zunächst für die oberste Ebene. Generell zeigt ein Outlineview an, dass es eine Abfrage auf oberster Ebene stellt, indem der Parameter item den Wert nil hat. Dies fragen wir hier ab und geben entsprechend die Anzahl der Gruppen zurück. Später werden wir auch Verschachtelungen implementieren. Da aber unsere Gruppen keine Kindelemente haben, können wir zunächst 0 zurückgeben.

Um die Elemente eines Knotens (oder der Wurzel) zu erfahren, benutzt das Outlineview die Data-Source-Methode -outlineView:child:ofItem:. Wir überlassen dabei die Arbeit weiterhin dem Arraycontroller.

```
...
- (id)outlineView:(NSOutlineView*)outlineView
          child:(NSInteger)index ofItem:(id)item
{
   if( !item ) {
      return [[self.groupsController arrangedObjects]
              objectAtIndex:index];
   }
   return nil;
}
...
```

Auch hier gilt, dass item den Wert nil hat, wenn die oberste Ebene abgefragt wird. Und auch hier machen wir es uns einfach und befragen dann einfach den Arraycontroller danach.

Die nächste Data-Source-Methode, die wir implementieren:

```
...
- (BOOL)    outlineView:(NSOutlineView*)outlineView
        isItemExpandable:(id)item
{
   return NO;
}
...
```

Hiermit versucht das Outlineview zu erfahren, ob ein Eintrag geöffnet werden kann, also einen Disclosure hat. Zunächst verbieten wir das mit dieser Implementierung für alle Einträge.

Weiter im Protokoll:

```
…
- (id)              outlineView:(NSOutlineView*)outlineView
     objectValueForTableColumn:(NSTableColumn*)tableColumn byItem:(id)item
{
   return [item valueForKey:@"name"];
}
…
```

Eigentlich dürfte sich die Methode von selbst erklären. Da es um den Wert eines konkreten Eintrages geht, kann hier item nicht nil sein, sondern ist stets eines der Items, die wir mit -outlineView:child:ofItem: zurückgegeben haben. Mit dem Parameter tableColumn können wir bei mehrspaltigen Outlineviews unterscheiden, welche Spalte gerade abgefragt wird. (Sie können dafür einen Identifier im Identity-Inspector vergeben.)

Umgekehrt existiert zum Setzen der angezeigten Eigenschaft:

```
…
- (void)   outlineView:(NSOutlineView*)outlineView
       setObjectValue:(id)value forTableColumn:(NSTableColumn*)tableColumn
            byItem:(id)item
{
   [item setValue:value forKey:@"name"];
}
#pragma mark -

#pragma mark Creation
…
```

Diese letzte Methode muss nicht implementiert werden. Sie dient dazu, einen vom Benutzer eingegebenen Wert zu speichern. Was wir auch devot programmieren, damit der Benutzer in dem Outlineview editieren kann.

Hiernach können Sie das Projekt übersetzen und starten. Wenn Sie jedoch versuchen, eine Gruppe anzulegen, geschieht etwas Seltsames. Ausweislich der rechten Seite des Fensters wird eine Gruppe erzeugt. Sie können sogar Mitglieder hinzufügen. Nur erscheint nichts in unserem Outlineview. Wieso ist das so?

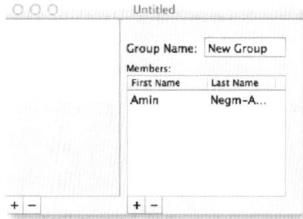

»Si tacuisses …« Unser Outlineview scheint durch
Schweigen den Philosophen zu mimen.

Die Sache ist recht einfach: Bisher hat sich unser Tableview über den Arraycontroller mit Bindings synchronisiert. Dieses Binding fehlt jetzt. Also gibt es auch keine Synchronisation. Vielmehr müssen wir dem Outlineview explizit sagen, dass neue Informationen vorliegen. Dies erledigen wir in den Actionmethoden, nachdem wir ein Element eingefügt haben:

```
- (IBAction)addGroup:(id)sender
{
    [groupsController add:sender];
    [self.sidebarView reloadData];
}
- (IBAction)removeGroup:(id)sender
{
    [groupsController remove:sender];
    [self.sidebarView reloadData];
}
```

Wenn Sie jetzt das Programm starten und mit einem neuen, leeren Dokument testen, werden Sie auch bis zum ersten Hinzufügen nichts bemerken. Fügen Sie allerdings eine weitere Gruppe hinzu, so erscheint die erste!? Ja, das ist seltsam. Der Grund ist einfach, jedoch eine häufige Stolperfalle: Das -add: (NSArrayController) fügt das Element nicht sofort ein. Vielmehr wartet es einen Durchgang der Runloop. Damit kommt unser -reloadData (NSOutlineView) zu früh und bekommt von dem neuen Eintrag nichts mit. Dies führt häufig zur Verwunderung und war schon Anlass zu einer großen Anzahl an Threads in Entwicklerforen. Daher führe ich Sie hier auch durch das Wechselbad der Gefühle. Um die Verzögerung zu vermeiden, müssen wir eine andere Methode des Arraycontrollers verwenden:

```
…
- (IBAction)addGroup:(id)sender
{
    NSManagedObjectContext *context = [[self document] managedObjectContext];
    NSEntityDescription *entity = [NSEntityDescription entityForName:@"Group"
                                                 inManagedObjectContext:context];
    NSManagedObject *group = [[NSManagedObject alloc] initWithEntity:entity
                                        insertIntoManagedObjectContext:context];
    [self.groupsController addObject:group];
    [self.sidebarView reloadData];
}
```

Da wir erst im nächsten Kapitel über Core Data im Detail sprechen, will ich hier nur den Gang skizzieren: In den ersten Zeilen erzeugen wir ein Managed-Object, also eine Instanz unserer Gruppe. Da bei Core Data jedoch Managed-Objects zu einer Entität gehören und sich in einem Kontext befinden, müssen wir dies bei der Objekterzeugung mit angeben. Das so erzeugte Objekt teilen wir dann dem Arraycontroller mit.

Eine andere Möglichkeit besteht darin, das -reloadData zu einem späteren Zeitpunkt auszuführen. Dies machen wir, damit bei Start der Applikation die bereits bestehenden Gruppen angezeigt werden:

```
#pragma mark Creation
- (void)awakeFromNib
{
    NSOutlineView *sidebar = self.sidebarView;
    [sidebar performSelector:@selector(reloadData) withObject:nil afterDelay:0];
}
```

Sie sehen hier den Trick: -performSelector:withObject:afterDelay sendet die Nachricht ebenfalls über die Runloop und damit, nachdem sich der Arraycontroller geladen hat.

AUFGEPASST

Es sei klar angemerkt, dass sich diese komplizierte Situation deshalb einstellt, weil wir zwar für die Gruppen Data-Sources benutzen, aber gleichzeitig noch den Arraycontroller, der ja zu Bindings gehört. In der Regel entscheidet man sich aber dazwischen. Nur manchmal ist es eben dienlich, das zu kombinieren. Der Grund hier ist ganz einfach, dass ich nicht noch mehr Core Data in dieses Kapitel stopfen will. Wir werden das aber noch beseitigen. Es handelt sich um ein Zwischenstadium. Nur zur Klarstellung: Die Kombination von Data-Sources für die Gruppen und Arraycontroller für die Members und Personen ist selbstverständlich unproblematisch und ein häufig anzutreffender Umstand.

Erneut testen und starten und – aaaaah! Ist es nicht schön, wenn der Schmerz nachlässt? Na, ja, so ganz noch nicht, da bei einer Löschung irgendeine Gruppe gelöscht wird, jedoch nicht die zuletzt angewählte. Woran das liegt, erfahren Sie im nächsten Abschnitt. Aber zunächst:

Wir können jetzt zum Abschluss die drei Systeme des Datenflusses gegenüberstellen:

- Setter aus Kapitel 2 setzen unmittelbar die Werte in den Views.
- Data-Sources werden von Views befragt. Der Zeitpunkt der Abfrage kann mit einer Reload-Methode ausgelöst werden.
- Bindings kümmern sich um alles von alleine.

HILFE

Sie können das Projekt in diesem Zustand als Projekt company-16 von der Webseite herunterladen.

6.4.3 Manuelle Synchronisation der Auswahl

Aber dennoch funktioniert da einiges immer noch nicht: Wenn Sie auf einen Eintrag in der Sidebar klicken und den Namen ändern, synchronisiert sich das auf der rechten Seite nur manchmal, nämlich, wenn Sie eine soeben eingefügte Gruppe ändern. Umgekehrt funktioniert das ebenfalls eher zufällig nicht. Ändern Sie den Namen der Gruppe, passiert in der Sidebar zunächst nichts. Mit ein bisschen Herumgespiele am Fenster (vergrößern, Eintrag erneut selektieren) kommt man dann zuweilen zum Erfolg. Auch hier liegt das Problem darin, dass wir an der Sidebar keine Bindings haben, so dass keine automatische Synchronisation erfolgt.

Bauen wir die ein? Nicht jetzt. Schauen Sie sich mal viele Programme an, ob man da die Sidebareinträge an verschiedenen Stellen des Programms ändern kann. Das geht nicht, etwa in der Objektliste des Interface Builders: Früher war dies gar nicht möglich und jetzt synchronisiert sich nichts. Immerhin kann es der Projektnavigator von Xcode schon, was allerdings auch bis zur Version 4.0 brauchte. Also könnten wir es uns einfach machen und das Textfeld auf der rechten Seite herausnehmen. Machen Sie das aber noch nicht, schon damit wir besser testen können.

> **POWER**
>
> Dasselbe Problem taucht freilich im Inspector auf. Sie könnten auch dort das Textfeld entfernen. Es gibt noch Möglichkeiten, außerhalb von Bindings für Synchronisierungen zu sorgen. Das will ich hier zwar nicht besprechen, da es zu weit vom Thema wegführt, komme aber später darauf noch einmal zurück und biete eine andere Lösung an.

Wir sind also immer noch nicht fertig. Wenn Sie etwas herumspielen und insbesondere auch Gruppen selektieren und löschen, werden Sie bemerken, dass die falschen Gruppen selektiert sind. Irgendwie ist die Auswahl zwischen Sidebar und Detailinformation auf der rechten Seite noch nicht synchron.

Irgendwie? Na, auch das ist klar: Die Selektion im Outlineview ist ja völlig unabhängig von der Selektion des Arraycontrollers. Bisher war es so, dass durch das Content-Binding automatisch das Selection-Binding mitgesetzt wurde. Jetzt haben wir aber eine Data-Source – und damit weder Content-Binding noch Selection-Binding. Also muss das manuell gemacht werden.

Wir machen jedoch (fast immer) das Outlineview zum Boss. Sein Delegate – das ist der Windowcontroller – erfährt, wenn sich die Selektion ändert. Darauf hören wir und setzen entsprechend eine eigene Eigenschaft `selectedGroup`, damit sich der Inspector und der rechte Teil des Fensters darauf synchronisieren können!

```
@interface DocumentWindowController : NSWindowController
@property (strong) IBOutlet NSArrayController *groupsController;
```

```
@property (strong) IBOutlet NSArrayController *personsController;
@property (weak)   IBOutlet NSOutlineView     *sidebarView;

@property (strong) NSManagedObject *selectedGroup;
```

Entsprechend in DocumentWindowController.m nach dem Data-Source-Block:

...

```
#pragma mark -
#pragma mark Delegate
- (BOOL)outlineView:(NSOutlineView*)outlineView shouldSelectItem:(id)item
{
    self.selectedGroup = item;
    return YES;
}
#pragma mark -
#pragma mark Creation
```

Beachten Sie bitte hier, dass diese Methode nicht aufgerufen wird, wenn die Selektion mithilfe der [cmd]-Taste abgewählt wird. Aus diesem Grunde bitte ich Sie, in Document.xib für das Outlineview die Option *Selection | Empty* auszuschalten. Wer ganz sicher gehen möchte, kann noch die Methode –outlineViewSelectionIsChangingin: implementieren.

Jetzt kann aber die rechte Seite unseres Fensters nicht mehr an der Selektion des Arraycontrollers hängen. Vielmehr müssen wir den Inhalt des Textfeldes und des Mitglieder-Tableviews an den Windowcontroller binden. Dazu stellen Sie für das Textfeld und den Arraycontroller *Members Controller* hinter *Bind To:* anstelle von *Groups Controller* nunmehr *File's Owner* ein. Im *Model Key Path* setzen Sie dann ein *selectedGroup* an den Anfang des Key-Path'. (Vorher den Key-Path in die Ablage kopieren, da er gelöscht wird, wenn man das Objekt der Bindung ändert. Oder einfach merken. So lang ist er ja nun nicht.) Dasselbe müssten wir für den Inspector machen, wenn Sie diesen weiter nutzen wollen. So richtig Funktionalität hat er ja angesichts der Personenanzeige nicht. Der Model-Key-Path für den *Group Controller* lautet dort:

```
mainWindow.windowController.selectedGroup
```

Bitte testen Sie dies jetzt und ändern Sie in der Sidebar den Namen einer Gruppe. Dies sollte sich rechts im Fenster synchronisieren und auch im Inspector – allerdings nicht umgekehrt! Dies liegt daran, dass die dort noch arbeitenden Bindings ja nicht unseren Windowcontroller über die Änderung informieren. Haben Sie schon bemerkt, dass man Sidebar-Einträge in vielen Applikationen nur modal verändern kann …?

GRUNDLAGEN

Wir werden im zweiten Band sehen, dass es mit eigener Observierung möglich ist, hierüber informiert zu werden. Hier will ich es so belassen, wie Sie es aus vielen Anwendungen kennen. Vielleicht sollten Sie das Textfeld auf der rechten Seite und im Inspector entfernen oder wenigstens im Attributes-Pane das Häkchen vor *Enabled* wegnehmen, um später nicht verwirrt zu werden. Alternativ können Sie natürlich auch eine Action an das Textfeld hängen und selbst die Aktualisierung vornehmen. Das ist bloß Aufwand, den ich Ihnen hier nicht zumuten will. (Freiwillige vor?)

Bleibt nur noch, dass eingefügte Element zum Editieren zu selektieren und nach dem Löschen die Selektierung zu entfernen::

```
...
- (IBAction)addGroup:(id)sender
{
...
    [groupsController addObject:group];
    [sidebarView reloadData];

    NSInteger row = [self.sidebarView rowForItem:group];
    [self.sidebarView editColumn:0 row:row withEvent:nil select:YES];
    self.selectedGroup = group;
}
- (IBAction)removeGroup:(id)sender
{
    [groupsController removeObject:self.selectedGroup];
    [sidebarView reloadData];

    NSInteger row = [self.sidebarView selectedRow];
    if (row != -1) {
        [self.sidebarView deselectRow:row];
        self.selectedGroup = nil;
    }
}
```

Außerdem lässt sich der Löschbutton noch anklicken, wenn nichts selektiert ist. Auch das funktionierte ja bisher automatisch über den Arraycontroller. Setzen Sie das Enabled-Binding des Buttons einfach auf

```
Bind To: File's owner
Controller Key:
Model Key Path: selectedGroup
```

Kapitel 6

und wählen Sie unten bei *Value Transformer* den Eintrag *NSIsNotNil* aus. Damit ist der Button also dann klickbar, wenn die Eigenschaft `seledtedGroup` nicht nil ist.

Wiederum testen Sie das bitte.

> **HILFE**
>
> Sie können das Projekt in diesem Zustand als company-17 von der Webseite herunterladen.

Es war jetzt aber eigentlich wenig zielführend, nach langatmiger Source etwas zu haben, was vorher für »kost nix« ohnehin da war. Aber Sie dürfen nicht übersehen, dass wir jetzt die Kontrolle über das Outlineview haben. Und das nutzen wir jetzt für schöne Dinge aus. Wir vereinigen das Personenfenster mit dem Dokumentenfenster. Es war ja bisher vom Standpunkt des Nutzers her ohnehin etwas verwirrend, zwei Fenster für ein Dokument zu haben.

6.4.4 Personen zum Outlineview hinzufügen

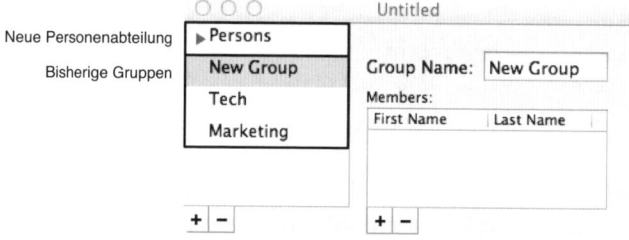

Zu den Gruppen gesellt sich jetzt ein Eintrag für die Personen.

Die erste Herausforderung besteht darin, einen Eintrag *Personen* als obersten anzuzeigen. Dabei bedienen wir uns eines Tricks: Bei der Abfrage der Elemente fangen wir einfach den Eintrag mit dem Index 0 ab und »faken« einen. Hierzu erzeugen wir uns wiederum eine Stringkonstante, die für den Eintrag steht, die wir aber nicht publik machen. (Geht ja auch niemanden etwas an.)

```
NSString* const personDeletionNotification
= @"com.cocoading.company.documentWC.notifications.personDeletion";
```

```
NSString* const personsPlaceholderItem
= @"com.cocoading.company.documentWC.PersonsPlaceholder";
```

Zunächst erhöht der neue Eintrag die Gesamtzahl unserer Einträge. Neben den Gruppen befindet sich ja jetzt unser Personeneintrag im Outlineview. Also müssen wir eine 1 addieren:

```
- (NSInteger)            outlineView:(NSOutlineView*)outlineView
          numberOfChildrenOfItem:(id)item
{
   if( !item ) {
      return [[groupsController arrangedObjects] count] + 1;
   }
   return 0;
}
```

Als Nächstes geben wir diesen Eintrag zurück, wenn die Zeile mit dem Index 0 angefordert wird, und außerdem rechnen wir ansonsten den Offset des Indexes um 1 zurück.

```
- (id)outlineView:(NSOutlineView*)outlineView
           child:(NSInteger)index
          ofItem:(id)item
{
   if( !item ) {
      if( index == 0 ) {
         return personsPlaceholderItem;
      } else {
         return [[self.groupsController arrangedObjects] objectAtIndex:index-1];
      }
   }
   return nil;
}
```

Dann müssen wir den Wert dieses Eintrages anders bestimmen:

```
- (id)            outlineView:(NSOutlineView*)outlineView
      objectValueForTableColumn:(NSTableColumn *)tableColumn
                        byItem:(id)item
{
   if( item == personsPlaceholderItem ) {
      return @"Persons";
   }
   return [item valueForKey:@"name"];
}
```

Kapitel 6

In der Selektierungsmethode muss angepasst werden. Zur Übersicht im Ganzen:

```
- (BOOL)outlineView:(NSOutlineView*)outlineView shouldSelectItem:(id)item
{
    if (item==personsPlaceholderItem) {
        return NO;
    }
    NSString* entityName = [[item entity] name];
    if ([entityName isEqualToString:@"Group"]) {
        self.selectedGroup = item;
    } else {
        self.selectedGroup = nil;
    }
    return YES;
}
```

Wird also versucht, die Personenabteilung zu selektieren, so wird dies abgelehnt. Ist dies nicht der Fall (default), dann wird die Selektion geholt und nachgefragt, ob es sich um eine Gruppe handelt – was bisher noch zwingend ist. Die Gruppe wird dann als selektierte gesetzt.

Das funktioniert jetzt auch schon ganz schön. Wir führen allerdings eine weitere Delegatemethode am Ende ein, die das Ganze etwas schicker aussehen lässt. Sie sorgt dafür, dass der Eintrag für die Personenabteilung als gesonderte Gruppe erscheint:

```
- (BOOL)outlineView:(NSOutlineView*)outlineView
        isGroupItem:(id)item
{
    if( item == personsPlaceholderItem ) {
        return YES;
    }
    return NO;
}
#pragma mark -
```

Starten und testen! Sie werden bemerken, dass nunmehr der Eintrag *Personen* nicht selektier- und editierbar ist. Erkennen Sie auch die Darstellung des Eintrages *Persons*? Es handelt sich eben um ein Groupitem. Vergleichen Sie das mal mit iTunes ...

> **GRUNDLAGEN**
>
> Sie können das Projekt in diesem Zustand als company-18 von der Webseite herunterladen.

6.4.5 Gruppen und ihre Elemente

Bleibt noch die Frage, wie wir die Personen jetzt in diesen Personeneintrag gezogen bekommen. Eigentlich machen wir wiederum exakt dasselbe wie bei den Gruppen, eben nur eine Ebene tiefer. Allerdings gibt es ein paar besondere Klippen. Gehen wir das erneut en bloc durch.

```
#pragma mark Data Source
- (NSInteger)         outlineView:(NSOutlineView*)outlineView
           numberOfChildrenOfItem:(id)item
{
   if( !item ) {
      return [[self.groupsController arrangedObjects] count] + 1;
   }

   if( item == personsPlaceholderItem ) {
      return [[self.personsController arrangedObjects] count];
   }

   return 0;
}
- (id)outlineView:(NSOutlineView*)outlineView
            child:(NSInteger)index
           ofItem:(id)item
{
   if( !item ) {
…
   }

   if( item == personsPlaceholderItem ) {
      return [[self.personsController arrangedObjects] objectAtIndex:index];
   }

   return nil;
}
```

Wie bereits angekündigt, machen wir exakt das, was wir eine Ebene höher mit den Gruppen gemacht haben. Beachten Sie aber bitte, dass nichts addiert werden muss, da wir innerhalb dieser Untergruppe keinen »gefakten« Eintrag haben.

```
- (BOOL)    outlineView:(NSOutlineView*)outlineView
       isItemExpandable:(id)item
```

```
{
    if( item == personsPlaceholderItem ) {
        return YES;
    } else {
        return NO;
    }
}
```

Nunmehr erlauben wir, dass die Personenabteilung geöffnet werden darf.

```
- (id)             outlineView:(NSOutlineView*)outlineView
    objectValueForTableColumn:(NSTableColumn *)tableColumn
                       byItem:(id)item
{
    if( item == personsPlaceholderItem ) {
        return @"Personen";
    }
    if( [[[item entity] name] isEqualToString:@"Person"] ) {
        return [NSString stringWithFormat:@"%@, %@",
                         [item valueForKey:@"lastName"],
                         [item valueForKey:@"firstName"]];
    }
    return [item valueForKey:@"name"];
}
```

Hier ist etwas fundamental Neues: Das Outlineview fragt ja nacheinander die Einträge ab. Es wird daher auch diejenigen für die einzelnen Personen ermitteln wollen. Personen haben aber ganz andere Attribute als die Gruppen. Daher wird zunächst ermittelt, ob das aktuelle Item zu der Entität Person gehört, und dann wird eine Kombination aus Nach- und Vornamen zurückgegeben. Ansonsten handelt es sich um eine Instanz der Group-Entität, was zum bisherigen Code führt. Ja, es kommt ja noch ein Core-Data-Kapitel ...

Diese Abfrage nutzen wir auch in weiteren Methoden zur Unterscheidung zwischen Personen und Gruppen. Es gibt noch zwei Baustellen: Einen so zusammengesetzten Personeneintrag kann man nicht editieren. Außerdem haben wir ein Selektionsproblem. Wird eine Person angewählt, kann diese ja nicht als selektierte Gruppe gespeichert werden. Es ist ja keine Gruppe. Wir kümmern uns zunächst nur um das erste Problem. In der Delegatemethode:

```
- (BOOL)           outlineView:(NSOutlineView*)outlineView
        shouldEditTableColumn:(NSTableColumn*)tableColumn
                         item:(id)item
```

```
{
    if( item == personsPlaceholderItem ) {
        return NO;
    }
    if( [[[item entity] name] isEqualToString:@"Person"] ) {
        return NO;
    }
    return YES;
}
@pragma mark -
```

Das sollte sich dann selbst erklären, enthält es doch nur noch bekannte Elemente.

Starten und Testen: Legen Sie eine neue Gruppe und dann in dieser einen Mitarbeiter an. Öffnen Sie den Disclosure für die Personen. Die Person erscheint dort jetzt. Wenn Sie allerdings einen weiteren Mitarbeiter der Gruppe hinzufügen, aktualisiert sich die Personenliste nicht automatisch: Wieder keine Bindings.

Ich sehe ein, dass die Personenabteilung nicht gerade schön aussieht. Ich wollte Ihnen aber nicht nur demonstrieren, wie man eine Ebene einzieht (geschehen bei den Personen), sondern auch, wie man einer Liste Einträge selbst hinzufügt (geschehen auf oberster Ebene bei den Gruppen). Diese schräge Anordnung ist nicht gerade die Särke einer Sourcelist, die innerhalb ihrer Gruppen nicht einrückt. Außerdem sollten Sie Bekanntschaft mit der Sourcelist machen. Bei soviel geballtem Fachwissen muss die Gestaltung mal zurücktreten.

Um das Ganze etwas schöner aussehen zu lassen, können Sie einfach für das Outlineview im Attributes-Inspector die Einstellung *Table View | Highlight* auf *Regular* stellen und die Hintergrundfarbe (*Background*) auf weiß stellen. Bitte machen.

> **HILFE**
>
> Sie können das Projekt in diesem Zustand als company-19 von der Webseite herunterladen.

6.4.6 Ansichten tauschen

Wir haben also noch das Problem, dass bei Auswahl einer Person rechts etwas erscheinen muss, was die Eingabe einer Person zulässt. Darum kümmern wir uns jetzt, indem wir die Oberfläche etwas umgestalten. Ich hatte Ihnen ja auch versprochen, dieses komische Personenzweitfenster loszuwerden. Damit beginnen wir jetzt, und im nächsten Abschnitt wechseln wir dann geschmeidig gleitend dazu, die Zuordnung per Drag-and-drop zu implementieren.

Kapitel 6

Ich hatte Ihnen ja schon davon erzählt, dass man Views zur Laufzeit austauschen kann. Und genau das werden wir mal machen. Und dabei löse ich auch gleich das Versprechen ein, Viewcontroller zu benutzen. Die Struktur der Lösung mit einem Windowcontroller und mehreren nachgeladenen Nibs sieht grob so aus:

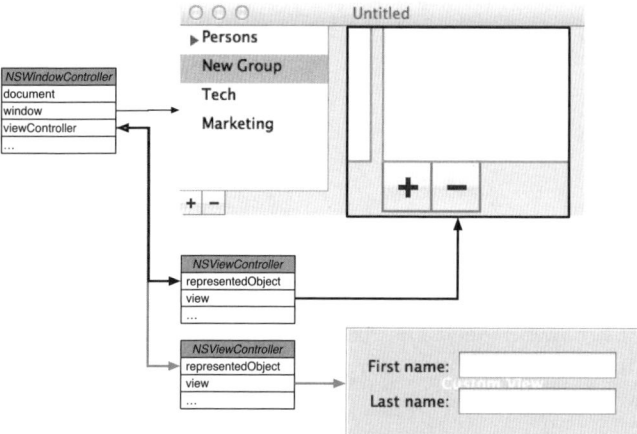

Wir tauschen zur Laufzeit die Views im Fenster aus und bedienen uns dabei der Viewcontroller.

Treffen wir zunächst einige Vorbereitungen in unserer Source. Im Header unseres Windowcontrollers legen wir Outlets und eine Instanzvariable an und definieren neue Actions. Die Outlets dienen dazu, später verschiedene Elemente des User-Interfaces zu adressieren. Die Actions ermöglichen es uns, auch Personen einzufügen. Denn ebenso wie bei den Gruppen müssen wir auch jetzt über den Windowcontroller gehen, damit dieser das Einfügen miterlebt.

```
@interface DocumentWindowController : NSWindowController <NSWindowDelegate>
@property (strong) IBOutlet NSArrayController *groupsController;
@property (strong) IBOutlet NSArrayController *personsController;
@property (weak)   IBOutlet NSOutlineView     *sidebarView;

@property (strong) NSViewController *viewController;
@property (weak)   IBOutlet NSView *displayedView;

@property (strong) NSManagedObject *selectedGroup;
@property (strong) NSManagedObject *selectedPerson;

- (IBAction)remove:(id)sender;
- (IBAction)addGroup:(id)sender;
- (IBAction)removeGroup:(id)sender;
- (IBAction)addPerson:(id)sender;
- (IBAction)removePerson:(id)sender;
@end
```

Die Eigenschaft displayedView dient dazu, bei Austausch der Views das zuletzt eingefügte View noch zu kennen. Natürlich müssen wir jetzt in die Implementierung wechseln und dort entsprechend Code bauen:

```
@implementation DocumentWindowController
#pragma mark Panes
- (void)selectPane:(NSString*)nibName
{
    // Lade den Viewcontroller
    NSViewController *newController
    = [[NSViewController alloc] initWithNibName:nibName bundle:nil];
    [newController setRepresentedObject:self];
    NSView *newView = [newController view];

    // Übernehme den Frame
    NSView *oldView = self.displayedView;
    NSRect frame = [oldView frame];
    [newView setFrame:frame];

    // Austauschen
    NSView * superview = [oldView superview];
    [oldView removeFromSuperview];
    [superview addSubview:newView];
    NSLayoutConstraint *constraint;
    constraint = [NSLayoutConstraint constraintWithItem:newView
                attribute:NSLayoutAttributeTop
                relatedBy:NSLayoutRelationEqual
                toItem:superview
                attribute:NSLayoutAttributeTop
                multiplier:1 constant:0];
    [superview addConstraint:constraint];

    constraint = [NSLayoutConstraint constraintWithItem:newView
                attribute:NSLayoutAttributeBottom
                relatedBy:NSLayoutRelationEqual
                toItem:superview attribute:NSLayoutAttributeBottom
                multiplier:1 constant:0];
    [superview addConstraint:constraint];

    constraint = [NSLayoutConstraint constraintWithItem:newView
                attribute:NSLayoutAttributeRight
                relatedBy:NSLayoutRelationEqual
                toItem:superview
                attribute:NSLayoutAttributeRight
                multiplier:1 constant:0];
    [superview addConstraint:constraint];
```

```
    constraint = [NSLayoutConstraint constraintWithItem:newView
                        attribute:NSLayoutAttributeLeft
                        relatedBy:NSLayoutRelationEqual
                        toItem:self.sidebarView
                        attribute:NSLayoutAttributeRight
                        multiplier:1 constant:0];
    [superview addConstraint:constraint];
    // Merke neuen View und Viewcontroller
    self.viewController = newController;
    self.displayedView = newView;
}
#pragma mark -

#pragma mark Actions
```

Beachten Sie, wie ich den Viewcontroller lade: Eigentlich unterscheidet sich das gar nicht so sehr vom Laden eines Windowcontrollers im Dokument. Der übergebene Parameter `bundle` wird etwas näher in Kapitel 8 erläutert. Hier reicht aus zu wissen, dass mit `nil` erreicht wird, dass der Nib-File in unserer Applikation gesucht wird. Anschließend tragen wir uns selbst als angezeigtes Objekt ein. Die Eigenschaft Represented-Object eines Viewcontrollers entspricht also etwa dem document eines Windowcontrollers. Man könnte hier auch daran denken, gleich die angewählte Gruppe oder Person zu nehmen. Dann müsste dies aber jedes Mal aktualisiert werden, wenn die Auswahl wechselt. Außerdem sollte unser Controller schon eine eigene Eigenschaft haben, verwaltet er die Selektion doch. Zuletzt ist es immer einfacher, auf das übergeordnete Objekt zu verweisen: Vom Controller komme ich leicht an das selektierte Objekt. »Das Gegenteil fällt da schon schwieriger.« (*Kurt Tucholsky*)

Danach kommt nichts wirklich Berauschendes: Die neue Anzeige erhält exakt die Größe der entfernten. Beide Views werden ausgetauscht. Außerdem wird das Autolayout so gesetzt, dass der neue View nach oben, unten und rechts an den Contentview (sein Superview) stößt und nach links an den Tableview. Schließlich wird der neue Viewcontroller und sein View gemerkt. Die gesonderte Eigenschaft `displayedView` ist erforderlich, damit das Ganze beim Programmstart funktioniert, wenn noch kein Viewcontroller geladen und gesetzt ist.

Den Bereich mit der Data-Source können Sie überspringen. Erst bei den Actions geht es weiter: Hier müssen wir etwas erweitern:

```
- (IBAction)addGroup:(id)sender
{
…
    self.selectedGroup = group;
    self.selectedPerson = nil;
    [self selectPane:@"GroupPane"];
}
…
```

Diese beiden Zeilen bewirken Folgendes: Zum einen hatten Sie schon bemerkt, dass eine neue Eigenschaft für die selektierte Person angelegt wurde. Wird eine Gruppe hinzugefügt, so soll automatisch diese selektiert werden. Daher muss eine etwaige Personenauswahl auf nil gesetzt werden. Außerdem soll sich die rechte Seite ja umschalten. Dies geschieht mit der soeben eingefügten Methode -selectPane:.

Nach -removeGroup: fügen wir die uns aus dem Header bekannten Actionmethoden -addPerson: ein:

```
- (IBAction)addPerson:(id)sender
{
    NSManagedObjectContext *context = [self.document managedObjectContext];
    NSEntityDescription *entity = [NSEntityDescription entityForName:@"Person"
                                    inManagedObjectContext:context];
    NSManagedObject *person = [[NSManagedObject alloc] initWithEntity:entity
                                    insertIntoManagedObjectContext:context];
    [self.personsController addObject:person];
    [self.sidebarView reloadData];
    [self.sidebarView expandItem:personsPlaceholderItem];

    NSInteger row = [self.sidebarView rowForItem:person];
    NSIndexSet *rows = [NSIndexSet indexSetWithIndex:row];
    [self.sidebarView selectRowIndexes:rows byExtendingSelection:NO];
    self.selectedGroup = nil;
    self.selectedPerson = person;
    [self selectPane:@"PersonPane"];
}
...
```

Das erinnert freilich sehr stark dem Einfügen einer Gruppe. Bitte beachten Sie aber die Methode -expandItem: der Klasse NSOutlineView, mit der sich ein Disclosure vom Programm aus öffnen lässt. Diesmal wird aber nicht in der Sidebar editiert (was ja auch gar nicht ginge), sondern der Eintrag selektiert. Als nächstes ersetzen wir -removePerson: komplett. Den Inspector brauchen wir nicht mehr, und er wird auch gleich von uns aus dem Projekt gelöscht:

```
...
- (IBAction)removePerson:(id)sender
{
    [self.personsController remove:sender];
    self.selectedPerson = nil;
    [self.sidebarView reloadData];
}
...
```

Kapitel 6

Im User-Interface wird es später gesonderte Buttons für das Hinzufügen von Personen und Gruppen geben. Dies ist auch erforderlich, da ja sonst unbekannt ist, was eingefügt werden soll. Zum Löschen werden wir allerdings nur einen Button anbieten. Denn hier können wir selbst aus der aktuellen Auswahl ermitteln. Also benötigen wir zum Abschluss noch eine Methode, die genau dies tut:

```
...
- (IBAction)remove:(id)sender
{
    id item = [self.sidebarView itemAtRow:[self.sidebarView selectedRow]];
    [self.window endEditingFor:item];
    if( [[[item entity] name] isEqualToString:@"Person"] ) {
        [self removePerson:sender];
    }
    if( [[[item entity] name] isEqualToString:@"Group"] ) {
        [self removeGroup:sender];
    }
    [self selectPane:@"EmptyPane"];
    [self.sidebarView     selectRowIndexes:[NSIndexSet indexSet]
                  byExtendingSelection:NO];
}
```

Zunächst sei darauf hingewiesen, dass wir die mögliche Editierung eines (Gruppen-)Eintrages beenden. Schließlich zeigen wir das (leere) EmtpyPane an. Es gibt ja keine Selektion mehr.

Damit sich auch Personen löschen lassen, muss das Enabled-Binding des Buttons wieder entfernt und der Button mit der neuen Actionmethode verbunden werden.

Wir müssen außerdem bei einer Änderung der Auswahl je nachdem die Anzeige für Gruppen oder Personen einblenden. Außerdem müssen wir nunmehr die Selektion der Personen auch implementieren:

```
- (BOOL)outlineView:(NSOutlineView*)outlineView shouldSelectItem:(id)item
{
    if (item==personsPlaceholderItem) {
        return NO;
    }
    NSString* entityName = [[item entity] name];
    if ([entityName isEqualToString:@"Group"]) {
        self.selectedGroup = item;
        self.selectedPerson = nil;
        [self selectPane:@"GroupPane"];
    } else if ([entityName isEqualToString:@"Person"])   {
```

```
      self.selectedPerson = item;
      self.selectedGroup = nil;
      [self selectPane:@"PersonPane"];
   } else {
      self.selectedPerson = nil;
      self.selectedGroup = nil;
      [self selectPane:@"EmptyPane"];
   }
   return YES;
}
```

Schließlich müssen wir das -awakeFromNib: noch anpassen. Dies liegt an einer Verzögerung beim Laden:

```
- (void)awakeFromNib
{
   [self selectPane:@"EmptyPane"];
   NSOutlineView *sidebar = self.sidebarView;
   [sidebar performSelector:@selector(reloadData) withObject:nil afterDelay:0];
}
```

In der ersten Zeile wird einfach beim Start zunächst eine leere Anzeige in das Fenster gebracht. Die zweite Nachricht dient dazu, die Methode -reloadData später aufzurufen. Der Trick liegt darin, dass dieser Aufruf über die Event-Loop erfolgt, kennen Sie ja schon. Zu diesem Zeitpunkt ist aber bereits das Dokument geladen. Im zweiten Band schauen wir uns ja die Event-Loops genauer an. Merken Sie sich bloß diesen Trick.

Jetzt bauen wir die verschiedenen Ansichten ein. Sie haben ja schon bemerkt, dass drei Nib-Dateien existieren sollen, die die verschiedenen Ansichten »Gruppe«, »Person« und »leer« anzeigen und dann dynamisch geladen werden.

Group Pane

Dann müssen wir freilich diese Nibs anlegen. Beginnen wir mit dem für die Gruppe, damit wir das aus dem Haupt-Nib Document.xib entfernen können: Wählen Sie bitte in Xcode im Menü *File | New | File...* und im aufspringenden Fenster links *OS X | User Interface*, um rechts auf *View* zu klicken. Auf *Next* klicken und im Speichern-Dialog *GroupPane* eingeben. *Create*.

Sie haben in diesem Nib lediglich ein leeres *Custom-View*. Dies ist sozusagen die Hülle. Zunächst teilen wir über den Identity-Inspector mit, dass der *File's Owner* die Klasse *NSViewController* hat. Verbinden Sie dann im Hauptfenster *GroupPane.xib* das Outlet *view* des *File's Owner* mit dem *Custom-View*. Im Attributes-Inspector des Custom-Views entfernen Sie bitte die Option *Translate Masks into Constraints*. Jetzt haben wir also den Nib erzeugt und die Grundarbeiten getätigt.

Als Nächstes ziehen Sie bitte aus der Library einen *Object Controller* in die Objektliste und benennen ihn im Identity-Inspector mit *Selected Group Controller*. Dies ist wieder unser Anker als Ausgangspunkt. Wie müssen wir diesen binden, um an die selektierte Gruppe zu kommen? Der Weg ist einfach: Unser File's-Owner ist ein Viewcontroller. Dieser hat eine Eigenschaft Represented-Object. Das ist dann der Windowcontroller. Und der hat wiederum eine Eigenschaft selectedGroup. Also setzen wir auch das Content-Object-Binding entsprechend:

```
Bind To: File's Owner
Controller Key:
Model Key Path: representedObject.selectedGroup
```

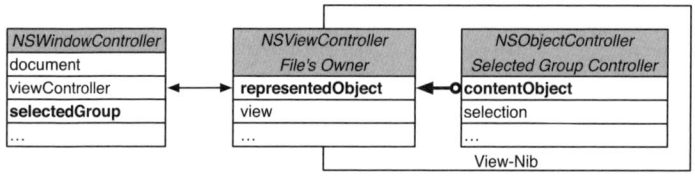

Drei Schritte für den Anker: Der Viewcontroller gehört dem Windowcontroller, dieser verwaltet die Selektion.

Da wir in diesem View auch wieder die Mitglieder anzeigen wollen, wählen Sie bitte wieder in Document.xib den *Members Controller* in der Objektliste an und schneiden Sie ihn mit [cmd]+X aus. Wechseln Sie wieder nach GroupPane.xib, und wählen Sie dort in der Objektliste einen Eintrag an, um diese zu aktivieren. Mit [cmd]+C können Sie jetzt den Members-Controller einfügen. Setzen Sie dessen Content-Set-Binding auf:

```
Bind To: Selected Group Controller
Controller Key: selection
Model Key Path: members
```

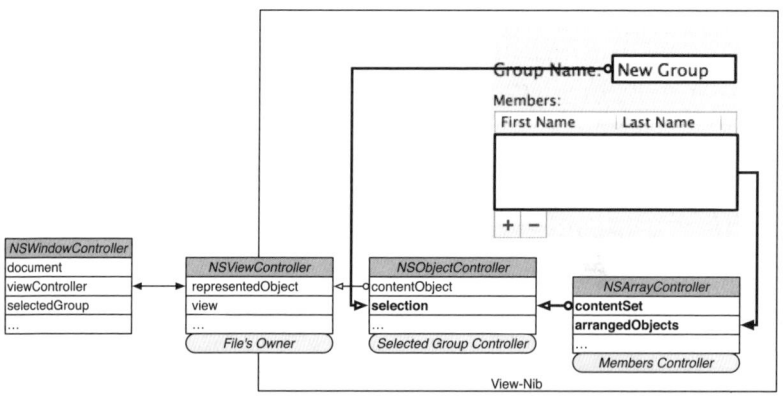

Nur ein Weg heraus: Der Objectcontroller ist der Anker für alles.

Da der Nutzer über diesen Controller auch neue Mitglieder einfügt, ist es zudem erforderlich, dem Controller den Managed-Object-Context mitzuteilen. Dazu setzen wir das entsprechende Binding auf:

```
Bind To: File's Owner
Controller Key:
Model Key Path: representedObject.document.managedObjectContext
```

Bedenken Sie erneut, dass der File's-Owner der Viewcontroller ist. Dieser hat wiederum eine Eigenschaft Represented-Object, der auf den Windowcontroller verweist. Das hatten wir ja oben im Code gesetzt. Vom Windowcontroller aus gelangen wir mit `document` an das Dokument, welches uns den Kontext anbietet.

Nun selektieren Sie bitte das View in der Objektliste und passen es in der Größe in etwa der rechten Seite im bisherigen Dokumentenfenster an, lieber etwas Platz zuviel lassen.

Selektieren Sie nun im Dokumentenfenster (also wieder zu Document.xib wechseln) auf der rechten Seite sämtliche Elemente (Textfeld für Gruppennamen samt Label, Tableview für die Mitglieder samt Label, Buttons unterhalb des Tableviews), und kopieren Sie diese wieder mit [cmd]+C aus. Wieder zurück in GroupPane.xib klicken Sie rechts auf das *Custom View* und fügen das Ganze mit [cmd]+V ein. Platzieren Sie diese am Rand (bitte den Minimalabstand belassen), und verkleinern Sie das Fenster Custom-View entsprechend.

Setzen Sie nun das Value-Binding des Textfeldes auf den neuen *Selected Group Controller*:

```
Bind To: Selected Group Controller
Controller Key: selection
Model Key Path: name
```

Sie müssen leider auch die Tabellenspalten des Tableviews neu binden, wobei Sie einfach die Einstellungen aus dem bisherigen Dokumentenfenster übernehmen. Die beiden Buttons zum Hinzufügen und Löschen von Mitgliedern verbinden Sie nun mit unserem neuen *Members Controller* in *GroupPane.xib*, ebenfalls wie das bisher der Fall war.

Speichern. Was haben wir bisher erreicht: Wir haben die gruppenbezogenen Elemente des User-Interfaces in einen eigenen Nib gesteckt, der ein View verwaltet. Als Anker nahmen wir wiederum einen Objectcontroller, den wir an die aktuelle Selektierung im Dokumentenfenster banden. Dann haben wir die User-Interface-Elemente und den Arraycontroller für die Mitglieder wiederum gebunden. Kurz gesagt: Wir haben das entsprechende User-Interface für Gruppen verpflanzt. Christian Barnard wäre stolz auf uns.

Document

Sie können jetzt sämtliche kopierten Elemente in *Document.xib* löschen. Ebenfalls löschen Sie bitte das zweite Fenster Person. Schalten Sie außerdem für den *Groups Controller* wie für den *Persons Controller* das Attribut *Avoids Empty Selection* aus.

Widmen wir uns aber noch kurz Document.xib. Im Code hatten wir ja ein jeweils neues View immer an die Stelle des bereits bestehenden Views gesetzt. Schauen Sie ruhig noch einmal in die Methode -selectPane:. Dann muss es aber ein erstes View geben. Genau dieses ziehen wir jetzt auf die rechte Seite des Dokumentenfensters, und zwar in Form einer Box ohne Titel. Es ist also nur ein Stellvertreter für die später zu ladenden Views. Platzieren Sie es demnach so, dass der von Ihnen gerade erstellte Custom-View im Groups-Pane.xib dort seine endgültige Parkposition erreichen kann (und Sie die Sicherheitsgurte lösen dürfen). Bedenken Sie bitte dabei, dass der Rand ja bereits in den einzelnen Panes steckt, so dass der Placeholder an seine Umgebung anstoßen muss. Dann verbinden Sie das Outlet *displayedView* des File's Owner mit dieser Box. Wir haben jetzt also diese Box als erstes sichtbares View angelegt. Im -awakeFromNib wird es ja sogleich ausgetauscht.

Empty Pane

Legen Sie nun einen weiteren neuen Nib für ein View an, das Sie diesmal *EmptyPane* nennen. Auch dieses öffnen. Als Erstes wieder – weil man es so leicht vergisst – den *File's Owner* anwählen und im Identity-Pane als Klasse *NSViewController* eintragen. Dann sein View-Outlet wieder mit dem Custom-View verbinden. Schließlich wieder die Option *Translate Mask into Constraints* ausschalten.

Passen Sie wiederum Größe des Custom-Views an. Da hier nichts Besonderes angezeigt werden soll, ziehen Sie einfach ein Label in die Mitte des Custom-Views, welches Sie auf *No Selection* (oder was immer Sie wollen) setzen.

Sie können an dieser Stelle bereits ein wenig testen und Gruppen anlegen, diese anwählen. Das Autolayout wird Sie mutmaßlich eine Weile beschäftigen. Daher:

> **HILFE**
>
> Sie können das Projekt in diesem Zustand als Projekt Company-20 von der Webseite herunterladen.

Hier ein paar Tipps, um das selbst hinzubekommen: Bedenken Sie, dass die neuen Views mit Constraints zu ihrer Umgebung eingefügt werden. Diese sollte daher von Ihnen gut nachvollzogen werden können. Hierbei hilft es, wenn Sie die fixen Elemente selbst setzen, wobei Sie jeweils Abstände zum Superview verwenden. Achten Sie dabei darauf, als Vergleichsoperator wirklich *Equal* verwendet nicht und nicht ein Ungleichoperator. Ebenfalls sollten negative Werte für die Ränder zunächst vermieden werden, da diese schlecht dargestellt werden. Testen Sie das alles in Document.xib aus. Ich habe übrigens die Constraints in dem Projekt mit Namen versehen, weil sich das leichter nachvollziehen lässt.

Person Pane

Eine Ansicht fehlt allerdings noch: die für Personen. Zunächst legen Sie hierfür wiederum einen Xib an (*File | New | File… | OS X | User Interface | View*), den Sie dann wenig einfallsreich *PersonPane* nennen. Vergessen Sie nicht, wieder die Option für die automatische Übersetzung von Masken in *Constraints* zu deaktivieren. Wieder ein bisschen in der

Größe anpassen, außerdem die Klasse des *File's Owner* setzen und das View-Outlet verbinden. Notfalls schauen Sie bitte noch einmal oben bei den bisherigen Panes nach.

Wiederum ziehen wir einen Object-Controller in das Fenster und benennen ihn mit *Selected Person Controller*, um einen Anker zu haben. Diesen entsprechend binden:

```
Bind To: File's Owner
Controller Key:
Model Key path: representedObject.selectedPerson
```

Legen Sie in das Custom-View zwei Label-Textfeld-Paare für den Vornamen bzw. Nachnamen. Die Eigenschaft value der Textfelder binden Sie bitte an den Selected-Persons-Controller. Beispiel für den Vornamen:

```
Bind To: Selected Person Controller
Controller Key: selection
Model Key Path: firstName
```

Sie können natürlich auch wieder am Autolayout herumwerkeln. Übersetzen und starten Sie die Applikation. Legen Sie zwei Gruppen an und fügen Sie einer von ihnen zwei Personen hinzu. Wenn Sie jetzt die Gruppe *Persons* öffnen, sollten die Personen erscheinen. (Bedenken Sie aber, dass wir insoweit noch keine Synchronisation programmiert haben. Wenn Sie jedoch die Personengruppe schließen und erneut öffnen, sollte sie aktualisiert werden.) Wichtig ist hier: Wenn Sie eine Person anwählen, sollte rechts entsprechend das View mit den Angaben zur Person landen. Analog gilt dies für die Gruppe. Löschen Sie eine Gruppe, sollte entsprechend der EmptyPane erscheinen.

> **HILFE**
>
> Sie können das Projekt in diesem Zustand als Company-21 von der Webseite herunterladen.

Personen anlegen

Wir sind aber noch nicht fertig! Denn es muss freilich eine Möglichkeit geben, Personen hinzuzufügen, ohne sie gleich als Gruppenmitglieder zu bestimmen. Dies ist auch eine Vorarbeit für das spätere Drag-and-drop. Wir machen uns das nicht einfach, sondern benutzen dafür ein kleines Pull-down-Menü. Dazu ziehen Sie nicht etwa ein Menü, sondern einen Pop-up-Button in das *Company*-Fenster von Document.xib, und zwar unterhalb des Outlineviews. Im Attributes- Inspector stellen Sie zunächst in der oberen Gruppe *Pop Up Button* den *Type* auf *Pull Down*. Außerdem setzen Sie die Eigenschaft *Arrow* auf *No Arrow*. Dann scrollen Sie bis zur Gruppe *Button* herunter und setzen dort den *Style* auf *Gradient*. Außerdem sollten Sie in der *Button*-Gruppe auch unter *Position* das dritte Feld von rechts anklicken, damit das Symbol zentriert ist. Spielen Sie da ruhig einmal herum.

Im Size-Pane setzen Sie die Größe und das Resizing wie beim bisherigen Entfernen-Button. Löschen Sie jetzt letzteren, und schieben Sie den Pop-up-Button an die Stelle des bisherigen Buttons.

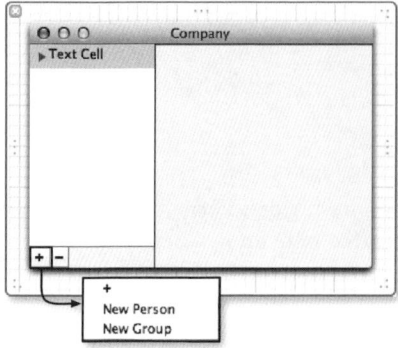

Der Nutzer kann jetzt entscheiden, ob er Personen oder Gruppen hinzufügen will.

Durch einen Doppelklick auf den Button öffnen Sie diesen. Sie finden bereits drei Einträge vor. Den ersten bezeichnen Sie wieder mit dem Pluszeichen, wie es auch beim bisherigen Button zum Hinzufügen der Fall war. Den zweiten Eintrag benennen Sie bitte mit *New Person* und ziehen sogleich seine Action auf den *File's Owner*. Hier muss dann konsequent *addPerson:* im HUD angewählt werden. Dies wiederholen Sie mit dem dritten Eintrag, wobei Sie freilich *New Group* bzw. *addGroup:* verwenden.

Entfernen Sie bitte jetzt auch den Button zum Hinzufügen von Personen in GroupsPane.xib. Personen können jetzt ja unten links im Fenster hinzugefügt werden. Um diese dann einer Gruppe zuzuordnen, werden wir gleich Drag-and-drop verwenden. Also gibt es keinen Grund mehr für diesen Button. Öffnen Sie daher GroupPane.xib und entfernen Sie diesen Button.

Schließlich müssen wir den Button zum Entfernen noch mit unserer neuen Actionmethode –remove: des File's Owners verbinden, damit je nach Selektierung Personen bzw. Gruppen geändert werden können.

Speichern, starten, testen! Sie können jetzt über den neuen Hinzufügen-Button Personen und Gruppen hinzufügen.

> **HILFE**
>
> Sie können das Projekt in diesem Zustand als Company-22 von der Webseite herunterladen.

6.4.7 Manuelle Synchronisation der Attribute

Ein – uns bereits bekanntes – Problem taucht allerdings wieder auf: Wenn man rechts in der Detailansicht den Namen einer Person ändert, synchronisiert sich die Personenliste links nicht. Dasselbe Problem haben wir bereits bei den Gruppen und dort als Lösung erarbeitet, dass man nur in der Sidebar Änderungen zulässt. Aber das funktioniert hier schon deshalb nicht, weil bei Personen ein aus Vor- und Nachnamen zusammengesetztes Attribut in der Sidebar angezeigt wird. Wir können also die Eingaben nur auf der rechten Seite vornehmen.

Nein, diesmal müssen wir uns der Sache heroisch stellen. Es gibt verschiedene Möglichkeiten, die Synchronisation wieder zu erzeugen. Die einfachste wollen wir hier besprechen.

> **BEISPIEL**
>
> Eine Möglichkeit wäre es auch, die Textfelder an Eigenschaften im *File's Owner* zu binden. Wird der Setter dann in DocumentWindowController aufgerufen, aktualisiert er zum einen das Outlineview und reicht zum anderen die Änderung an das selektierte Item weiter. Für Bindungen an den Controller hatten wir uns aber schon Code angeschaut. Daher beschreiten wir einen anderen Weg.

Auch ein Textfeld kann also Actions auslösen. Diese wird ausgelöst, wenn die Editierung abgeschlossen ist. Sei es, weil der Benutzer in dem Feld [Enter] drückt, sei es, weil er das Feld verlässt. Und hierfür bieten wir einfach eine Actionmethode an, die dann die Aktualisierung durchführt. Zunächst das Versprechen im Header:

```
@interface DocumentWindowController : NSWindowController

…

- (IBAction)remove:(id)sender;
- (IBAction)updatePerson:(id)sender;
```

Dann die Implementierung der Methode nach -remove:

```
- (IBAction)updatePerson:(id)sender
{
   NSManagedObject *person = self.selectedPerson;
   if( [[[person entity] name] isEqualToString:@"Person"] ) {
      [self.sidebarView reloadItem:person];
   }
}
```

Neu ist hier nur, dass nicht die gesamte Sidebar mit `reload` aktualisiert wird, sondern lediglich das geänderte Item mit `reloadItem:`.

Wechseln Sie nun wieder zu PersonPane.xib in den Interface Builder, um die Textfelder zur Namenseingabe mit dieser Methode zu verbinden. Jetzt haben wir ein Problem: Der File's-Owner ist ein Viewcontroller. Dieser kennt die neue Methode nicht. Also können wir von den Textfeldern keine Verbindung zur Methode ziehen. Wir müssten ja die Verbindung zum File's-Owner von Document.xib ziehen. Das ist ja unser DocumentWindowController. Verbindungen zwischen Xibs sind aber nicht zulässig.

Es gibt zwei Wege aus dem Dilemma:

- Wir leiten jetzt auch den Viewcontroller ab und fügen dort ebenfalls eine Actionmethode ein. Diese schickt dann die Nachricht einfach weiter an den Windowcontroller DocumentWindowController. Sie kennt ihn ja über die Eigenschaft `representedObject`.

- Da unser Windowcontroller in der Responder-Chain ist, schicken wir die Nachricht einfach an den First-Responder.

Die zweite Variante wollen wir durchführen, weil sie kürzer, eleganter und Cocoa-mäßiger ist. Klicken Sie also in PersonPane.xib auf den *First Responder*, um diesen zu selektieren. Legen Sie dann im Attributes-Inspector eine neue Methode *updatePerson:* an. Verbinden Sie schließlich die Textfelder mit dieser Actionmethode.

Jetzt sollte auch die Synchronisierung funktionieren. Spielen Sie ruhig ein bisschen herum, setzen Sie Breakpoints im Code, um den Kontrollfluss nachzuvollziehen.

> **HILFE**
>
> Sie können das Projekt in diesem Zustand als Projekt Company-23 von der Webseite herunterladen.

Sie können freilich ebenso eine Synchronisation für die Gruppennamen einbauen. Übrigens gibt es noch mehr zu synchronisieren. Man denke hier etwa an das Undo, welches eine eingefügte Person automatisch wieder verschwinden lässt – ohne dass es das Outlineview bemerkt. Wir können hier von Höckchen auf Stöckchen kommen … Ich erspare uns das, da es sich hierbei nicht um eine Monographie zum Thema Data-Sources handelt. Dies gilt umso mehr, als man sich mit Bindings dieser Probleme entledigt.

Auf den Undo-Manager an sich gehe ich freilich noch ein.

6.4.8 Key-Loop

Es bleibt noch eine Ungereimtheit. Wir können keine Key-Loop – das ist die Verbindung von Views mittels der Tabulatortaste – machen, weil wir wieder veschiedene Xibs haben. Allerdings bietet ein Fenster die Möglichkeit, diese Key-Loop selbst zu erstellen. Selektieren Sie dazu in Document.xib das Fenster, und setzen Sie im Attributes-Inspector die Option *AutoRecalculates View Loop*. Wenn wir es spezieller machen wollen, können wir auch für jeden Xib Verbindungen zwischen den Views ziehen und *nextKeyView* als Outlet setzen. Dann müssen wir aber beim Laden eines View-Xibs die Verbindung von links nach rechts selbst setzen. Testen.

Ich habe zudem noch den Inspector und das PersonInfo-Fenster aus dem Projekt entfernt. Bruuche mer nit, fott domet, wie der Kölsche sagt. Entfernen Sie zunächst die Sourcen und Xibs. Dann werden Sie die Meldung bekommen, dass zwei Imports fehlerhaft sind. Auch weg damit. Als nächstes im AppDelegate die Eigenschaft löschen, sowohl im Header wie die Synthetisierung. In DocumentWindowController muss dann noch die Methode -showInfoForObjects: entfernt werden (Header und Implementierung).

> **HILFE**
>
> Sie können das Projekt in diesem Zustand als Projekt Company-24 von der Webseite herunterladen.

6.5 Drag-and-drop-Controller, Pasteboards

Allerdings existiert jetzt in der Applikation keine Möglichkeit mehr, Personen den Gruppen zuzuordnen. Ich hatte bereits erwähnt, dass wir dies mit Drag-and-drop erledigen wollen.

Es gibt eigene Protokolle für die Drag-and-drop-Funktionalität. Deren Implementierung ist wichtig, wenn man eigene Views ableitet, was wir hier nicht tun müssen und ich daher Band 2 vorbehalten habe. Bei bestehenden Views, für die Drag-and-drop nahe liegend ist, sind diese bereits vorbereitet oder sogar vollständig implementiert. Für Tableviews und Outlineviews existiert bereits eine Teilimplementierung, die wir noch über die Data-Source auffüllen müssen. Hiermit wollen wir uns beschäftigen.

> **AUFGEPASST**
>
> Das Dragging ist Teil der Data-Source, nicht des Delegates. Das führt zu der lustigen Begebenheit, dass wir eine Data-Source haben müssen, wenn wir Dragging implementieren – auch dann, wenn wir die Daten über Bindings besorgen. Die eigentliche Aufgabe der Data-Source ist dann allerdings stillgelegt. Sie finden dazu einen Eintrag in meinem Blog.

Bei einer Drag-Operation sind drei Partner beteiligt:
- die Source ist das View (oder Window), welches die Daten liefert, von der also gezogen wurde.
- die Destination ist das View (oder Window), auf die gezogen wurde.
- die Zwischenablage , über welches die Daten transferiert werden.

Kapitel 6

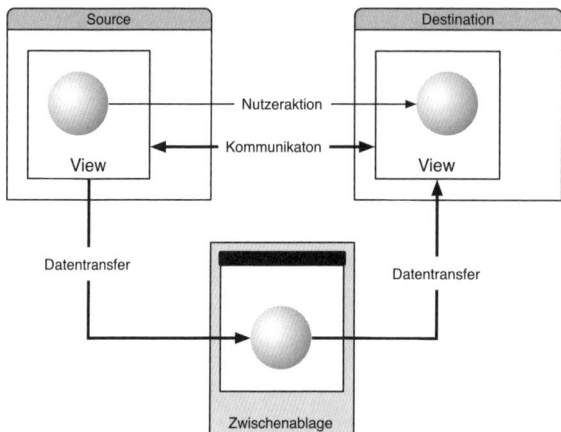

Bei einer Drag-and-drop-Operation könnnen die Daten über die Zwischenablage ausgetauscht werden.

Der letzte Punkt mag Sie vielleicht überraschen, da man bei dem Begriff Zwischenablage ja eher an Copy-and-paste denkt. Aber bei genauer Betrachtung ist ja auch das Drag (Copy/Delete)-and-drop (Paste) eine Copy-and-paste-Operation. Und daher wird diese Funktionalität tatsächlich über eine Zwischenablage implementiert, nämlich über das Drag-Pasteboard.

GRUNDLAGEN

Es gibt noch weitere Pasteboards: So kann man etwa mit [Ctrl]-[E] einen markierten Text in das Find-Pasteboard kopieren. Öffnen Sie danach das Findpanel: Sie finden dort den markierten Text. Auch wenn eine Applikation mehrere Suchmöglichkeiten hat, bemerkt man häufig, dass in einem Findpanel eingegebener Text in einem anderen auftaucht. Ferner gibt es noch Pasteboards für Schrift- bzw. Texteinstellungen.

Dieses Pasteboard tauscht die Daten aus. Dabei können verschiedene Formate gewählt werden. Mit Mac OS X 10.6 ist das Pasteboard modernisiert worden. Es gibt jetzt das spezielle Protokoll NSPasteboardWriting (und NSPasteboardReading), welches bei Implementierung in der Datenklasse vieles vereinfacht. Wir haben es sogar besonders einfach, da wir eine Objekt-ID (nicht die aus der Speicherverwaltung, sondern eine aus Core Data) nutzen können.

Dragging

Ein Outlineview verlangt von uns die Implementierung einer Methode, um das Dragging zu ermöglichen. Dabei behandelt das Outlineview das Dragging selbst und will von uns nur die Daten haben. Diese Methode schreiben wir uns vor den Delegatemethoden in DocumentWindowController herunter:

```
#pragma mark Dragging
- (BOOL)outlineView:(NSOutlineView*)outlineView
        writeItems:(NSArray*)items toPasteboard:(NSPasteboard *)pasteboard
{
    // Hole die Daten
    NSMutableArray *pbItems = [NSMutableArray arrayWithCapacity:[items count]];
...
```

Ich implementiere das Ganze gleich für die prinzipiell bestehende Möglichkeit, mehrere Einträge zu ziehen, auch wenn wir es hier nicht brauchen. Das gibt mir nämlich die Möglichkeit, gleich darauf hinzuweisen, dass man nunmehr sowohl beliebig viele Einträge für einen Typen in das Pasteboard schreiben kann als auch beliebig viele unterschiedliche Typen für einen Eintrag als auch jede Kombination hieraus. Wir brauchen das nur nicht.

```
...
    for( id item in items ) {
        // Haben wir ein Managed-Object?
        if( ![item isKindOfClass:[NSManagedObject class]] ) {
            return NO;
        }
        NSManagedObject *person = item;
        if( ![[[person entity] name] isEqualToString:@"Person"] ) {
            continue;
        }
...
```

Hier sollen dann aber doch nur Personen im Pasteboard landen. Sehen Sie die Unterschiede? Handelt es sich um etwas, was gar nicht erst ein Managed-Object ist, so brechen wir jedes Dragging ab, wobei NO bedeutet, dass kein Dragging durchgeführt werden soll. Das wäre hier dann doch zu komisch, weil irgendwas gerade ganz falsch läuft. Das ist etwa der Fall, wenn versucht wird, den Persons-Placeholder zu draggen.

```
...
        NSManagedObjectID *personID = [person objectID];
        NSURL *objectURI = [personID URIRepresentation];
        [pbItems addObject:objectURI];
    }
...
```

Die beiden ersten Zeilen gehören – wie erwähnt – ins Core-Data-Kapitel.

```
    ...
    if( [pbItems count] == 0 ) {
        return NO;
    }
    return [pasteboard writeObjects:pbItems];
}
```

Zuletzt schreiben wir die Daten in das Pasteboard. Da wir nur Objekte haben, die das NSPasteboardWriting-Protokoll implementieren, können wir diese einfach so hereinschmeißen. Die Objekte lassen sich dann selbst abfragen, was für einen Typen sie haben wollen. Wir kommen darauf noch zurück.

Sie können das Programm bereits jetzt starten und testen, ob ein Dragging eingeleitet wird, wenn Sie eine Person »ziehen«, andernfalls nicht.

> **HILFE**
>
> Sie können das Projekt in diesem Zustand als Projekt Company-25 von der Webseite herunterladen.

Dropping

Der Konterpart ist das Dropping. Zunächst müssen wir dem Outlineview mitteilen, welche der gezogenen Typen er akzeptiert. In unserem Falle ist das nur eine URL:

```
- (void)awakeFromNib
{
    ...
    [sidebar performSelector:@selector(reloadData) withObject:nil afterDelay:0];
    NSArray* types = [NSArray arrayWithObject:@"public.url"];
    [self.sidebarView registerForDraggedTypes:types];
}
```

> **GRUNDLAGEN**
>
> Lustigerweise ist seit Mac OS X 10.6 URL kein Standardtyp mehr für Pasteboards. Das ist hier aber gut. So kann ich Ihnen nämlich gleich erklären, dass der Typ mit sogenannten UTIs (Uniform-Type-Identifier) übergeben wird. Bei Apple finden sie eine Liste der öffentlichen UTIs (System-Declared Uniform Type Identifiers), die meist mit public beginnen. Wie Sie der aber entnehmen können, ist es jedem erlaubt, eigene UTIs zu definieren. Diese funktionieren hierarchisch wie rDNS, also etwa com.cocoading.company.objectID.person. Dies ist schon deshalb praktisch, weil dann etwa die UIT com.cocoading.company.objectID ausreicht, um auch Gruppenobjekt zu spezifizieren. Zudem besteht die Möglichkeit, UTIs zu anderen UTIs kompatibel zu erklären. Auf diese Weise werden auch andere Typisierungssysteme integriert.

Dann müssen zwei Delegatemethoden implementiert werden, die das Dropping unmittelbar betreffen: Die eine wird benutzt, um die Zulässigkeit des Drops zu überprüfen. Dadurch kann das Outlineview eine Rückmeldung an den Benutzer geben, ob an der entsprechenden Stelle ein Dropping zulässig ist. Die andere dient dazu, den Drop dann endgültig durchzuführen, wenn der Benutzer die Maustaste loslässt. Wir implementieren diese nach der Drag-Methode:

```
- (NSDragOperation)outlineView:(NSOutlineView *)outlineView
               validateDrop:(id<NSDraggingInfo>)info
               proposedItem:(id)destinationItem
         proposedChildIndex:(NSInteger)index
{
    // ist das Ziel ein Managed-Object?
    if( ![destinationItem isKindOfClass:[NSManagedObject class]] ) {
        return NSDragOperationNone;
    }
    NSManagedObject *destinationObject = destinationItem;
...
```

Zunächst schauen wir nach, ob das Ziel ein Managed-Objekt ist und typisieren das entsprechend.

```
...
    // Ist das Ziel eine Gruppe?
    if( ![[[destinationObject entity] name] isEqualToString:@"Group"] ) {
        return NSDragOperationNone;
    }
...
```

Hier sei auf etwas nicht Offensichtliches hingewiesen: Es kann sein, dass der Zieleintrag nil ist, wir aber dennoch einen Child-Index bekommen. Das ist dann der Fall, wenn der Nutzer zwischen die Zeilen zieht. In einem solchen Fall haben wir hier nil und die Abfrage auf die Entität scheitert.

```
...
    // Hole das Pasteboard
    NSPasteboard* pboard = [info draggingPasteboard];

    // Hole die Daten
    NSArray *classes = [NSArray arrayWithObject:[NSURL class]];
    NSArray *pbItems = [pboard readObjectsForClasses:classes options:nil];
...
```

Auch etwas ungewöhnlich: Wir geben eine Liste von Klassen an, deren Objekt instanziert werden sollen, wenn das Objekt von der Klasse den entsprechenden Pasteboard-Typen versteht. Dabei wird in der Reihenfolge des Arrays vorgegangen. Wir übergeben hier nur NSURL als Klasse, so dass eine entsprechende Instanz davon erzeugt wird, wenn sich im Pasteboard etwas befindet, was NSURL versteht.

```
...
    // Wandele diese in Managed-Objects um
    NSManagedObjectContext *context = [self.document managedObjectContext];
    NSPersistentStoreCoordinator *coordinator
    = context.persistentStoreCoordinator;
    NSManagedObjectID *objectID;
    for( NSURL *objectURI in pbItems ) {
        objectID = [coordinator managedObjectIDForURIRepresentation:objectURI];
        if( objectID == nil ) {
            return NSDragOperationNone;
        }
        if( ![[[objectID entity] name] isEqualToString:@"Person"] ) {
            return NSDragOperationNone;
        }
    }
    return NSDragOperationCopy;
}
...
```

Wieder viel Core Data (Kapitel 7). Letztlich wird nachgeschaut, ob es sich um eine Instanz von NSManagedObject in der Entität Person handelt. Ist dies für alle Objekte der Fall, so wird Copy als Drag-and-drop-Operation zurückgegeben, ansonsten der Drop verweigert.

```
- (BOOL)outlineView:(NSOutlineView *)outlineView
        acceptDrop:(id<NSDraggingInfo>)info
              item:(id)destinationItem
        childIndex:(NSInteger)index
{
...
```

In dieser Methode muss dann eingefügt werden. Wir sparen uns hier die Überprüfungen, da bei fehlschlagen ja bereits die Validierungsmethode den Drop ablehnt.

```
...
    // Hole das Pasteboard
    NSPasteboard* pboard = [info draggingPasteboard];

    // Hole die Daten
    NSArray *classes = [NSArray arrayWithObject:[NSURL class]];
    NSArray *pbItems = [pboard readObjectsForClasses:classes options:nil];
```

Die Controllerschicht

```
    // Wandele diese in Managed-Objects um
    NSManagedObjectContext *context = [self.document managedObjectContext];
    NSPersistentStoreCoordinator *coordinator
    = context.persistentStoreCoordinator;
    NSManagedObjectID *objectID;
    NSManagedObject *person;
    for( NSURL *objectURI in pbItems ) {
        objectID = [coordinator managedObjectIDForURIRepresentation:objectURI];
        person = [context objectWithID:objectID];
        [person setValue:destinationItem forKey:@"Group"];
    }
    return YES;
}
```

Das kennen Sie im Wesentlichen ja schon von oben. Der Unterschied liegt nur darin, dass in der Schleife nicht Abfragen ausgeführt werden, sondern die Eigenschaft group der Person gesetzt wird. Wieder viel Erläuterungsbedarf für Kapitel 7.

Bitte starten und testen Sie das Programm. Legen Sie Personen und Gruppen an. Wählen Sie eine Gruppe aus und ziehen Sie dann eine Person auf diese Gruppe in der Sidebar. Sie können jetzt rechts in der Mitgliederliste erkennen, dass diese hinzugefügt wurde. Aber jetzt kommt noch etwas: Belassen Sie die Selektion auf der Gruppe, ziehen Sie aber dieselbe Person in die andere Gruppe. Sie verschwindet aus der ersten!

Der Effekt ist zu erklären: Wir hatten die Beziehung zwischen Gruppe und Person als 1-zu-n-Beziehung aufgebaut. Dies bedeutet, dass sich zwar mehrere Personen in einer Gruppe befinden können, nicht jedoch eine Person in mehreren Gruppen enthalten sein kann. Durch die Neuzuweisung in die andere Gruppe lässt Core Data diese automatisch aus der ersten Gruppe verschwinden. Wir werden uns damit noch im Rahmen von Core Data beschäftigen.

HILFE

Sie können das Projekt in diesem Zustand als Projekt Company-26 von der Webseite herunterladen.

Ja, diese Data-Sources sind nicht einfach zu handhaben. Überlegen Sie sich mal, was als Code hinzugekommen ist! Da sind Bindings doch einfacher. Aber wir haben auch schöne Funktionalität untergebracht.

6.6 Zusammenfassung

Das war ein ganz schönes Stück Arbeit, aber ja auch lehrreich. Controller sind der Bereich, der die eigene Anwendung ausmacht. Hier ist Coden angesagt. Es ist schon schön, wenn Sie die einzelnen Arten der Controller, wie sie in der Einleitung vorgestellt wurden, unterscheiden können. Dann ist es Ihnen möglich, hier nachzuschlagen, wie man etwas implementiert. Programmieren lernt sich am Anfang schon sehr stark übers Nachmachen.

Sie können hier übrigens noch experimentieren: Wie wäre es, wenn Sie auch das Dragging auf die Mitgliederliste einer Gruppe zulassen? Oder aber Sie schauen sich mal an, was man im Pasteboard sieht, wenn aus AddressBook eine Person auf das Outlineview gezogen wird. Wäre ja eine sinnvolle Erweiterung ...

Die Modelschicht

Kapitel 7

In diesem Kapitel beschäftigen wir uns mit der letzten Schicht des Model-Viewcontroller-Musters.

Kapitel 7

Sie haben ja bereits fleißig mit Modellen gearbeitet. Dabei benutzten wir Core Data ebenso, wie wir eigene Modelklassen entwickelten. Damit sind Sie eigentlich schon ziemlich fit, was die praktische Arbeit mit Models angeht.

Zunächst geht es mir in diesem Kapitel darum, die Modellierung genauer zu erklären. Wir hatten ja bisher recht einfache Modelle mit maximal zwei Entitäten. Aber auch hier kann man viel falsch machen. Mir geht es darum, dass Sie ein Gefühl dafür entwickeln, wie man sich ein gutes Model baut und was es gut macht.

Ferner müssen wir uns um das Speichern und Laden von Daten (Persistenz) kümmern. Core Data erledigt das weitestgehend für uns. Wenn wir jedoch ohne Core Data arbeiten, müssen wir selbst Hand anlegen.

Ähnlich wie mit dem Speichern verhält es sich mit dem Undo-Management. Bei der Verwendung von Core Data ist das eine erledigte Arbeit. Haben wir unsere eigenen Modelle, müssen wir uns darüber Gedanken machen. Aber auch, wenn Sie beabsichtigen, mit Core Data zu arbeiten, sollten Sie beide Punkte hier durcharbeiten. Es ist mindestens wichtig für eine Anpassung des Standardverhaltens. Sie werden auch sehen, dass Ideen der Persistenz in anderen Bereichen eine Rolle spielen.

7.1 Grundlagen

Fangen wir also mal wieder mit ein paar Grundlagen an.

7.1.1 Inhalt

Zuweilen stellt sich die Frage, was überhaupt Bestandteil des Models ist. In unseren Applikationen drängte sie sich wenig auf. Aber es gibt auch andere Fälle. Ausgangspunkt unserer Überlegungen ist das MVC-Muster. Die grobe Aufteilung hatten wir ja schon angesprochen:

- Die Views stellen die Daten dar.
- Der Controller kümmert sich um den Kontroll- und Datenfluss im Programm.
- Das Model speichert die Daten als Informationen.

Meist ist die Angelegenheit ziemlich einfach zu entscheiden: Ins Model gehört die Datenbasis des Programms und die unmittelbar damit zusammenhängende Funktionalität. Aber zuweilen wird die Fragestellung schwieriger.

Informationen
Stellen Sie sich eine Anwendung vor, die einen industriellen Prozess kontrolliert. Hierbei wird auch die Temperatur eines Kessels überwacht. Dies ist eine Information, die in dem Programm verarbeitet wird. Man kann diese Information daher im Model speichern, etwa in einer Tabelle als Verlauf.

Nun kann diese Temperatur auch einen kritischen Wert annehmen, sagen wir bei 70 °C. Damit uns der Benutzer ausreichend Aufmerksamkeit schenkt, fangen wir an, die Temperaturanzeige ab 60 °C rot darzustellen. Wir haben keinen Zweifel: Das ist keine neue Information, sondern die abweichende Darstellung in der View-Schicht. Wir werden also gar keine Farbinformation in unserem Model vorfinden, sondern nur die eigentliche Information zur Temperatur.

AUFGEPASST

Die Information, dass gerade *ab 60 °C* die Anzeige farblich umspringen soll, kann indessen wieder eine Information sein, die im Model zur Entität Kessel gespeichert wird. Vielleicht ist es aber auch eine Benutzereinstellung.

Aber man kann daraus nicht schließen, dass Farbinformationen nur dargestellt werden und deshalb nie ein Bestandteil des Models wären. Aber das ist nicht richtig: Denken Sie nur an eine Notizzettelapplikation, bei der ich verschiedenen Zetteln Farben geben kann, um Gruppen zu bilden. Rot = beruflich, gelb = privat usw. Diese Information beschreibt wirklich unseren Notizzettel. Sie ist daher im Model gespeichert. Oder ein farbiger Text, eine farbige Zeichnung.

Es gibt Indizien, mit denen man sich einigermaßen gut klarmachen kann, was ins Model gehört:

- Informationen, die in der Datei gespeichert werden, gehören eher ins Model.
- Informationen, die an verschiedenen Stellen des Programms abgerufen werden, gehören eher ins Model.
- Werden Informationen tatsächlich oder zumindest gedacht mit ganz unterschiedlichen User-Interfaces dargestellt, gehören sie eher ins Model.

Bedenken Sie, dass ein Model in der Regel aus einem Dokument besteht, welches viele Controller hat und viele Views. Die Zentralität der Information ist also ein gutes Indiz.

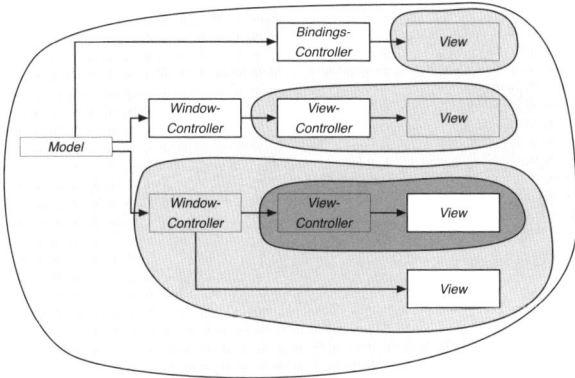

Lokalität als Entcheidungskriterium für die MVC-Zuordnung

Nicht ins Model gehören dagegen reine Darstellungsmittel einer anderen Information, wie im vorangegangenen Temperaturbeispiel die Farbe. Gespeichert wird die Temperatur. Beim Laden des Dokumentes muss sich die Anzeige synchronisieren. Unsere Konvertierungstabelle indessen ist unabhängig von der Benutzerschnittstelle. Prinzipiell spricht nichts dagegen, sie in verschiedenen Fenstern zu verwenden, sie mit verschiedenen Controllern zu bearbeiten, sie über das Internet zugänglich zu machen usw.: Model!

Fähigkeiten

Was die Fähigkeiten von Klassen angeht, so ist vor allem eine Abgrenzung zum Controller erforderlich. Grundsätzlich ist das Model fähigkeitsarm. Es existieren Methoden zum Datenzugriff, ja. Das macht dann aber auch schon den Löwenanteil einer Modelklasse aus.

Aber bleiben wir bei unserem Notizzettelbeispiel: Sicherlich wird im Model gespeichert sein, an welcher Stelle die Notizzettel liegen. Der User soll sie ja platzieren können, und das muss auch gespeichert werden. Eine echte Eigenschaft des Models. Nun gibt es aber eine Funktion *anordnen*. Hiermit soll der Haufen mal wieder etwas schöner aussehen.

Diese Funktion lässt sich sicherlich auch im Controller implementieren, handelt es sich ja um eine Spezialität des Programms. Aber ist das wirklich sinnvoll? Die Methode wird nichts anderes machen, als Eigenschaften – nämlich die Lage – des Models zu verändern. Man kann sie daher ebenso gut im Model programmieren. Dies hat dann den Vorteil, dass man sie lediglich einmalig entwickeln muss und sie sich im gesamten Programm gleich verhält.

Auch unsere Methode -calculate: in den Converter-Beispielen ließe sich im Model implementieren.

Sie sehen schon: Bei beiden Fragen ist es so, dass sie sich manchmal nicht mit einem »Ja« oder »Nein« beantworten lassen, sondern eher mit einem »Besser« oder »Schlechter«. Jeder Ort hat seine Vor- und Nachteile. Beim Programmieren löst sich jedoch die Frage häufig von ganz allein.

> **GRUNDLAGEN**
>
> Es bleibt jedoch eine Frage, über die nachgedacht werden muss. Gerade Anfänger neigen dazu, einfach alles in das Application-Delegate zu stopfen, wenn die Daten irgendwo benötigt werden. Man kommt halt so leicht ran. Das ist deshalb ein schlechtes Design, weil eine ganz entfernte Klasse dadurch eine Abhängigkeit zum Application-Delegate erhält und nicht wieder verwendbar ist. Besser ist es, der entsprechenden Klasse eine Eigenschaft zu geben, die bei der Instanzerzeugung besetzt wird.

7.1.2 Modellierung

Eine theoretisch gut beschriebene Angelegenheit ist die eigentliche Erstellung eines Models, die sogenannte Modellierung. Wenn Sie im Internet nach »Normalisierung« googeln, werden Sie eine Unzahl von Seiten finden, die das theoretisch anspruchsvoll bearbeiten. Hier will ich dem Konzept des Buches folgend versuchen, das Ganze anschaulich zu erklären:

Wenn Sie Ihr eigenes Programm planen, werden Sie schnell eine Liste mit den Daten erstellen, die Sie benötigen. Sie werden häufig auch von ganz alleine diesen Daten Entitäten zuordnen, die Sie in Beziehung setzen. Denken wir nur an unsere Gruppen und Personen als Mitglieder dieser Gruppen. Manchmal verhaspelt man sich jedoch bei dieser Modellierung. Um das zu vermeiden, normalisiert man sein Model.

Problemstellung

Diese Normalisierung dient dazu, redundante Informationen zu vermeiden. Mit »Redundanz« bezeichnet man den Zustand, dass eine Information in dem Model mehrfach gespeichert ist. Das ist aus zwei Gründen nachteilig:

- »Mehrfach gespeichert« bedeutet, dass mehrfacher Speicherplatz benötigt wird. Spätestens dann, wenn der physisch im Computer eingebaute Speicher nicht mehr ausreicht, muss das Betriebssystem Daten auf die Festplatte kopieren. Das macht den Computer langsam. Allerdings kann eine wiederholte Speicherung auch zu einem schnelleren Zugriff führen, etwa wenn man zur raschen Suche einzelne Eigenschaften einer Entität gesondert ablegt.

- Ist eine Information mehrfach gespeichert, so bedeutet das aber auch eine erhebliche Gefahr: Handelt es sich nämlich um dieselbe Information, so ist es grundsätzlich denkbar, dass sie versehentlich unterschiedlich gespeichert ist. Das Programm geht aber etwa bei einer Suche davon aus, dass diese unterschiedlichen Speicherungen gleich sind. Diese sogenannte Inkonsistenz führt schnell zu einem unkontrollierten Verhalten der Anwendung bis hin zum Absturz.

Den zweiten Punkt will ich an einem Ihnen bereits bekannten Beispiel erläutern: Wir hatten ja Gruppen, die Personen als Mitglieder hatten. Umgekehrt gehörte eine Person zu einer Gruppe. Diese Information »Gruppenzugehörigkeit einer Person« ist in unserem Model also doppelt gespeichert. Zum einen nämlich verweist die Gruppe auf ihre Mitglieder, zum anderen das Mitglied auf die Gruppe. Dies bedeutet, dass ich die Information, ob eine Person Mitglied einer Gruppe ist, sowohl dadurch ermitteln kann, dass ich die group-Eigenschaft einer Person befrage oder aber dadurch, dass ich in der members-Eigenschaft einer Gruppe die Person suche.

Kapitel 7

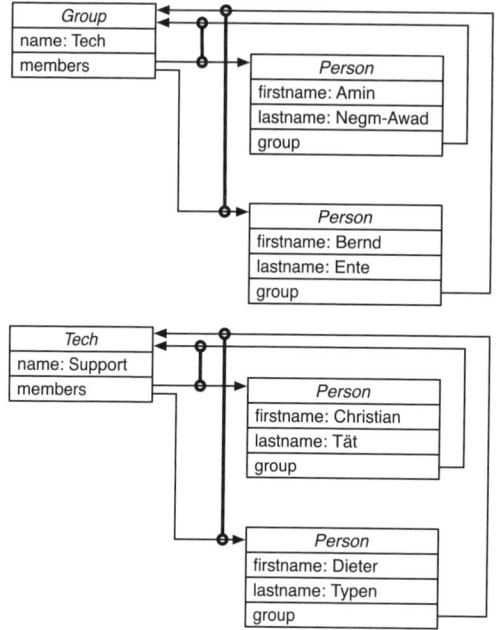

Aufgedröselt: die Verweise zwischen Gruppen und Benutzer

Diese doppelte Speicherung nehmen wir hin, da sie nur sehr wenig Speicherplatz kostet – es wird ja nur eine ID gespeichert. Gleichzeitig aber birgt sie die Gefahr, dass die wechselseitigen Verweise aus dem Ruder laufen, man sagt »inkonsistent« werden.

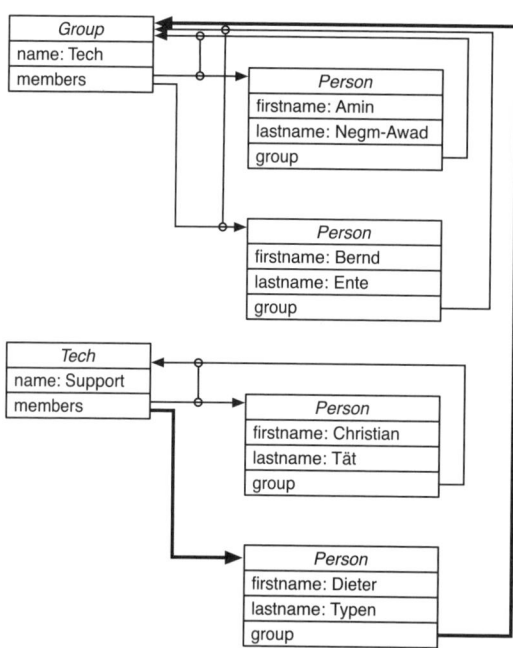

Inkonsistente Rückbeziehungen führen zur Verwirrung.

Schauen Sie sich die letzte Abbildung genau an: Die Gruppe »Support« verweist unter anderem auf das Mitglied »Dieter Typen«. Diese Person jedoch verweist auf die Gruppe »Tech«. Das entspricht nicht mehr unserer Erwartung. Und das ist das Schlimme: Bei einem solchen Fehler verhält sich eine Anwendung zunächst ganz normal. Erst viel später im Programmlauf, möglicherweise erst nach weiteren Benutzeraktionen, ergeben sich dann merkwürdige Dinge. Es wird übel, den Fehler zu finden. Streichen Sie schon einmal Ihren Jahresurlaub.

GRUNDLAGEN

Core Data sorgt automatisch für die Konsistenz von Hin- und Rückbeziehungen, wenn wir diese als inverse Relationship angeben. Verwenden Sie eigene Modellklassen, sollte so ein Verhalten über die Accessoren gewährleistet werden. Hierbei baut man sich gerne eine Endlosschleife, weil der Setter jedes Objektes die Eigenschaft des anderen setzt. Lösung: Bauen Sie für jede Eigenschaft zwei Accessorenpaare und nutzen Sie wechselseitig nur die untere Ebene, die selbst wieder keine Konsistenz herstellt. (Weil diese ja gerade schon hergestellt wird.)

Das gilt übrigens nicht nur für Beziehungen. Stellen Sie sich vor, dass Sie in dem Programm mit Konten zusätzlich der jeweilige Saldo aus Buchungen ermitteln. Speichern Sie das Ergebnis noch einmal beim Konto ab, so kann es passieren, dass eine Buchung hinzugefügt wird, ohne dass sich der Saldo aktualisiert. Auch hier müssen die Accessoren dafür Sorge tragen, dass immer eine Aktualisierung erfolgt. Oder man bietet für das Saldo gleich nur einen Getter an, der das aktuell berechnet.

Also: Redundanz verschwendet Platz und ist gefährlich. Manchmal macht man das bewusst, um das Programm schneller zu machen, weil etwa ansonsten gesucht werden müsste. Hier muss man peinlich genau darauf achten, alles synchron zu halten. Am besten man implementiert bereits auf unterster Ebene der Accessoren einen Check und gegebenenfalls eine Korrektur.

Modellierungsregeln

Wie gesagt, hier sollen handwerkliche Regeln anschaulich verdeutlicht werden. Ihnen mag das vielleicht profan vorkommen. Aber bitte bedenken Sie, dass wir bisher auch stets ein vergleichbar einfaches Model hatten. Wenn Sie eigene Anwendungen schreiben, haben Sie häufig eine Vielzahl von Entitäten mit einer Vielzahl von Eigenschaften. Da verliert man leicht den Überblick, wenn man sich nicht an Regeln hält.

Damit erleichtert man sich übrigens ganz häufig auch einfach die Wartung des Programms.

Group
name
person1
person2
person3
person4

Schlechter geht's nimmer!

Stellen wir uns ein miserables Model vor, welches wir nach und nach verbessern: Irgendwer kam auf den schlauen Gedanken, in dem Programm nur eine Entität Group anzulegen. Die hat einen String für den Gruppennamen und vier weitere für Mitglieder. Dort werden jeweils Vor- und Nachnamen sowie Anschrift in einem String verkettet gespeichert.

Grundüberlegung

Eigentlich liegt diesen Regeln eine Überregel zugrunde: »Modelliere so, wie etwas ist!« Vermischen Sie also nicht Dinge, die unterschiedlich sind, in einer Entität. Vermischen Sie nicht Attribute, die sich teilen lassen, in einem Attribut. Überlegen Sie bei der Einführung von Beziehungen, was wirklich wovon abhängt.

Jedes Ding hat seinen Platz

Wir haben in der Graphik viermal dieselbe Informationseinheit, nämlich die Person mit Namen und Anschrift. Wenn sich solche Informationseinheiten zeigen, bei denen also Attribute zu einem Ganzen kombiniert werden, liegt es nahe, dass diese Attribute in Wahrheit eine eigene Entität bilden. Sie ahnen es schon: Es muss eine zweite Entität her.

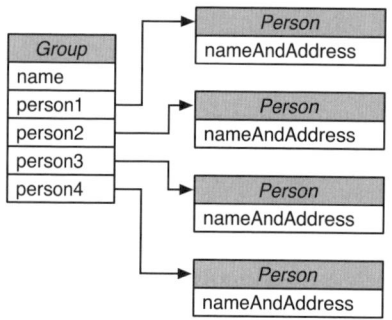

Eine Person ist ein eigenes Ding.

Wiederhole dich nicht!

Aber diese Zusammenfassung ist es immer noch nicht. Denn wir stottern hier. Mal abgesehen von der unpraktischen Begrenzung auf vier Personen muss man später auch auf jede Person einzeln zugreifen. Technologien wie Prädikate, die wir noch kennen lernen, werden dann mächtig holprig. Daher machen wir aus den vier einzelnen Verweisen eine To-many-Relationship:

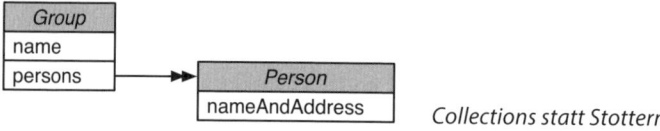

Collections statt Stottern

GRUNDLAGEN

Hier muss zum ersten Mal aufgepasst werden. Es kann sein, dass sich eine Wiederholung aus der Natur der Sache ergibt: Denken Sie an ein Fußballspiel, welches eine Heimmannschaft und eine Gastmannschaft hat. Da wiederholt sich eine Beziehung tatsächlich. Man kann das freilich auch als geordnete Beziehung sehen, wobei die Heimmannschaft qua Definition als erstes erscheint. (Tatsächlich gilt diese Regel, weshalb es bei einer WM in Indien mit einer Partie Norwegen gegen Chile eine Heimmannschaft gibt.) Ein ganz guter Test ist hierbei, ob sich die Wiederholung als prinzipiell beliebig verlängerbare Liste darstellt oder als feste Anordnung. In unserem Gruppenbeispiel ist es sicherlich eine Liste, also To-many-Relationship. In dem Fußballspiel sind es eher feste Positionen, so dass ich zu zwei Beziehungen tendieren würde. Aber aufgepasst: Bloß weil man zu Personen in der Regel Festnetznummer und Mobiltelefonnummer speichert, handelt es sich hier sicherlich nicht um feste Positionen.

Modelliere atomar!

Informationen sollten gesondert abgelegt werden. In dem obigen Beispiel gibt es die Informationen Vorname, Nachname, Straße, Hausnummer, Postleitzahl und Stadt (und vielleicht noch einiges mehr). Also sollten auch entsprechende Attribute vorhanden sein.

Stellen Sie sich nur vor, dass Sie zuweilen das Format »Vorname Nachname« benötigen – etwa für ein Adressfeld –, zuweilen aber das Format »Nachname, Vorname« – etwa für ein Firmenadressbuch. Schönes Gefrickel gibt das, aus einem Attribut die gesonderte Information herauszuholen! Und seit eigentlich keine Bindestriche mehr in kombinierten Nachnamen geschrieben werden, kann es sogar unmöglich sein, später noch festzustellen, was Vor- und was Nachname ist: Mehrere Informationen zu kombinieren ist vergleichsweise einfach. Sie zu trennen indessen schwierig.

BEISPIEL

Ein schönes Beispiel findet sich in Apples Adressbuchanwendung. Hier sind Straße und Hausnummer in einem Feld gespeichert. Ziemlich unpraktisch, wenn man ein Programm zur Postleitzahlensuche schreibt. Denn eine Postleitzahl kann sich innerhalb einer Straße ändern. Und nun ist es nicht nur so, dass auch Hausnummern Buchstaben haben können (17A usw.), sondern in Mannheim etwa Straßennamen solch klingenden Namen wie C5. Viel Spaß bei der Pfriemelei.

Atomisieren wir also unseren String:

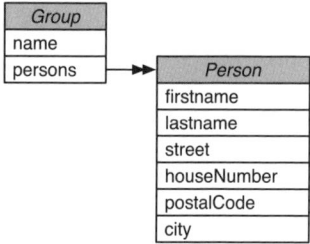

Kleingehackt: Die einzelnen Attribute

Trenne, was nicht zusammengehört!

Ein weiteres Problem sieht man häufig nicht. Es geht darum, dass Attributgruppen zusammengehörig aussehen, es aber nicht sind. Das mag daran liegen, dass es erst dann anschaulich wird, wenn man sich konkrete Instanzen vorstellt und diese untereinander notiert. Nehmen wir an, dass zu jeder Person Adressen gespeichert werden. Und wir hätten tatsächlich mich mit zwei Anschriften. Dann müssten für mich zwei Instanzen bestehen. Unsere Gruppe Tech würde, um sämtliche Informationen zu enthalten, wie folgt aussehen:

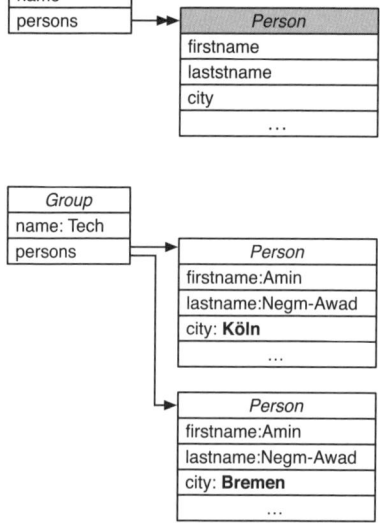

Gemischtwarenladen: Ich bin nicht zwei Negms.

Mutmaßlich werden Sie selbst schon erkennen, dass da etwas falsch läuft: Bloß weil ich zwei Wohnorte habe, existiere ich ja nicht zweimal. Vielmehr handelt es sich bei der Stadt, in der ich wohne um eine neue Entität. Richtig modelliert:

Die Modelschicht

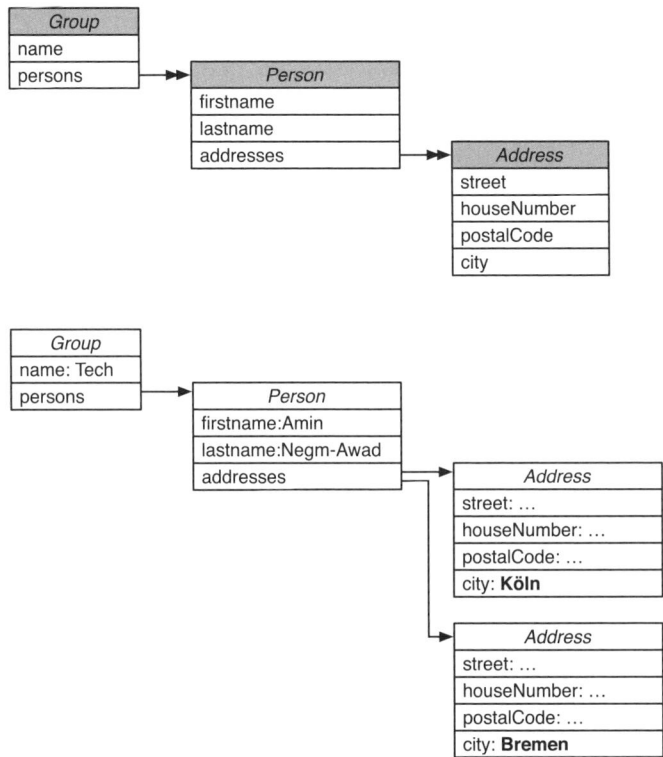

»Und jetzt zu etwas ganz anderem«

Überlege dir die wirklichen Abhängigkeiten!

Es gibt aber auch die umgekehrte Situation. Stellen Sie sich im obigen Beispiel vor, dass die Stadt so etwas wie die Filiale ist, in der das jeweilige Mitglied sitzt. Sie können es sich sogar einfach machen und nur eine Stadt annehmen. Die verschiedenen Städte liegen dann natürlich wiederum in einer Regionaldirektion. Somit hat jede Person eine Stadt und eine Regionaldirektion. Man könnte also darauf kommen, diesen Teil wie folgt zu modellieren:

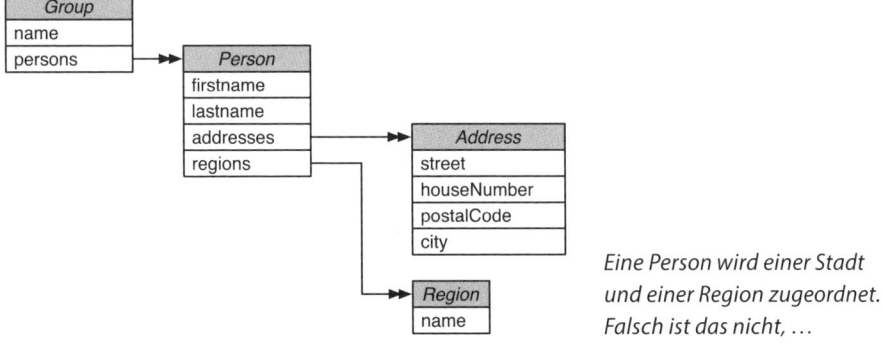

Eine Person wird einer Stadt und einer Region zugeordnet. Falsch ist das nicht, …

Dies hat einige Probleme: Zum einen gibt es keinen Zusammenhang zwischen Adresse und Region. Außerdem kann das Ganze inkonsistent werden, wenn sich eine Stadt ändert. Ändert sich eine Region ist dies sogar gewiss der Fall.

Zur Wahrung der Konsistenz ist es daher angeraten, die Region nicht aus der Person zu bestimmen, sondern aus der Stadt. Wir verketten also die beiden Beziehungen.

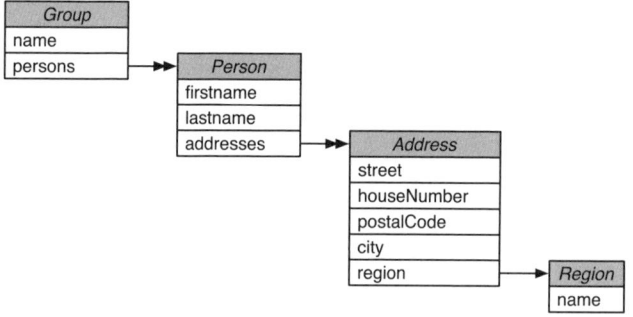

... aber es geht auch besser: Die Region hängt von der Adresse ab, die Adresse von der Person ...

Aber hier wäre es etwa immer noch möglich, als Stadt Köln einzugeben und als Region »Südliches Nord-Bayern« auszuwählen, was ganz und gar sinnlos ist. Aber es wäre natürlich auch möglich, eine Hausnummer einzugeben, die es in der Straße nicht gibt. Hier kann man sich aber schon überlegen, dass sich jede Postleitzahl einer Region zuordnen lässt. (Wenn dies denn bei den Regionen so ist.) Das ergibt dann:

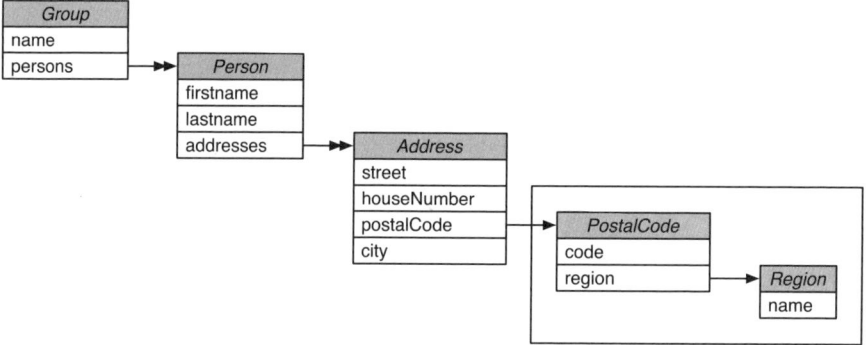

Postleitzahlen und Regionen ändern sich eher selten.

Überlegen Sie aber auch, was das für die Nutzung der Software bedeutet: Da sich Postleitzahlen und Regionen eher im Schneckentempo ändern, muss dies in der Regel gar nicht mehr eingegeben werden: Man tippt nur noch die Postleitzahl ein. Die Eingabe des Postleitzahlenverzeichnisses und der Regionen würde mutmaßlich im Einstellungsmenü verschwinden.

Früh übt sich, …
Solche Änderungen des Models sind recht teuer, weil zahlreiche Bindings und Key-Value-Pfade angepasst werden müssen. Daher sollte die Modellierung früh im Entwicklungsprozess stehen. Aber die Wahrheit ist, dass nie etwas so wird, wie man es sich gedacht hat und wenn dem mal so ist, bleibt es nicht lange so. Um die Anpassungsarbeit zu vermindern empfiehlt sich einerseits die Verwendung von Objectcontrollern oder der Einsatz von Eigenschaften, die in Wahrheit etwas bei anderen Instanzen setzen. So wäre man etwa vor der letzten Änderung von der Adresse mit dem Schlüsselpfad region.name zum Regionsnamen gelangt, jetzt mit dem Schlüsselpfad postalCode.region.name. Niemand hindert Sie aber daran, der Klasse Address eine Eigenschaft region zu geben, die einfach von der aktuellen Instanz von PostalCode die Region liest bzw. setzt. Das funktioniert freilich nur dann, wenn keine To-many-Beziehung eingeführt wurde. Eine solche verlangt aber ohnehin in der Regel eine größere Änderung auch des User-Interfaces (Tableviews anstelle von Textfields).

Das Problem liegt dabei darin, dass mehrere Schlüsselpfade zu einer Information führen können, was Key-Value-Observing stört, welches Grundlage für Bindings sind. Auch aus diesem Grunde existiert die Möglichkeit, mit einer Methode +keyPathsForValuesAffecting*Key* über Querverbindungen Auskunft zu geben. Eine Dokumentation dazu finden Sie bei der Methode +keyPathsForValuesAffectingValuesForKey:. Hier können wir dann etwa sagen, dass eine Änderung der Region beim PostalCode zu einer Änderung der Region bei der Adresse führt:

```
@implementation Address
+ (NSSet*)keyPathsForValuesAffectingRegion
{
    return [NSSet setWithObject:@"postalCode.region"];
}
```

7.2 Dokumente eigener Klassen

Wir haben ja schon einige Anwendungen geschrieben, die mit Dokumenten umgingen. Die Basisklasse für Dokumente ist NSDocument. Bereits bei Anlage des Projektes wird hiervon eine Subklasse erzeugt, die im Template Document heißt. In dieser Subklasse werden typischerweise die Wurzeln unseres Models modelliert.

Daneben kümmert sich das Dokument vor allem darum, dass einerseits Dokumente geladen und gespeichert werden und andererseits darum, dass Undoing funktioniert.

Da Core Data bereits umfassend entsprechende Features implementiert, ist hier deutlich weniger Arbeit erforderlich. Für die Grundlagen halte ich aber die Lektüre des nachfolgenden Abschnitts auch dann für günstig, wenn Sie den Einsatz von Core Data planen.

Zunächst müssen wir uns ein Projekt besorgen, welches ohne Core Data auskommt. Bitte legen Sie das aus der Vorlage *Application | Cocoa Application* an, wobei Sie als Namen *Document* verwenden und bei den Optionen zwar den Support für Dokumente einschalten (*Create Document-Based Application*), den für Core Data jedoch aus. Bei *Document Extension* geben Sie bitte *persons* ein. Das wird unsere Dateiendung.

7.2.1 Modellimplementierung

Nachdem Sie das Projekt erzeugt haben, existiert bereits automatisch eine Klasse Document, die eine Subklasse von NSDocument ist. Hier liegt dann unser Anker, wobei wir gleich ein Set für verschiedene zu speichernde Personen einbauen:

```
@class Person;

@interface Document : NSDocument
@property (copy) NSArray *persons;
@end
```

Den Methodensatz für die mit einem Array veränderlich modellierte Personenliste sparen wir uns, da wir ohnehin mit dem Arraycontroller arbeiten werden:

```
@implementation Document{
    NSMutableArray *_persons;
}
- (NSArray*)persons { return _persons; }
- (void)setPersons:(NSArray*)values { _persons = [values mutableCopy]; }
- (id)init
{
    self = [super init];
    if (self) {
        self.persons = [NSArray array];
    }
    return self;
}
```

> **TIPP**
>
> Es kann dienlich sein, eine Zwischenklasse Model zu bauen, die man dann in verschiedenen Projekten unabhängig von einer bestimmten Dokumentenklasse verwenden kann. Ich würde dazu auch tendieren, erspare es Ihnen hier aber aus Tippgründen. Für unser Thema hat dies keinerlei Relevanz.

Natürlich brauchen wir jetzt noch schnell die Klasse für die einzelnen Personen: Als Vorlage wählen Sie bitte `Objective-C class` und als Basisklasse `NSObject`. Das ist bei Modellklassen fast immer der Fall:

```
@interface Person : NSObject
@property (copy) NSString *firstName;
@property (copy) NSString *lastName;
@end
```

Die Implementierung:

```
@implementation Person
- (id)init
{
   self = [super init];
   if (self) {
      self.firstName = @"";
      self.lastName = @"N.N.";
   }
   return self;
}
@end
```

Ich hoffe, dass Sie mir angesichts des langweiligen Codes noch nicht weggeknackt sind. Es ist also an sich keine intellektuelle Herausforderung, Modelle mit eigenen Klassen anzulegen. Es ist nur unendlich langweilig.

7.2.2 Anbindung

Als nächstes werden wir ein kleines User-Interface basteln. Und das stellt sich natürlich die Frage, wie ich an die Daten gelange. Zunächst bauen wir uns einen Windowcontroller, wobei wir zunächst keine eigene Subklasse benötigen. Wir machen das nur, weil ich Ihnen gesagt hatte, dass das zu einer besseren Erweiterbarkeit der Applikation führt. Und dann soll das Beispiel auch so aussehen. In Document.m:

```
- (NSString *)windowNibName
{
   return @"Document";
}

- (void)makeWindowControllers
{
   NSWindowController *windowController
   = [[NSWindowController alloc] initWithWindowNibName:self.windowNibName];
   [self addWindowController: windowController];
}
```

Wechseln wir in den Interface Builder. Die Basisklasse des File's-Owner ist jetzt der Windowcontroller. Ein weiterer Vorteil: Das User-Interface, also die Viewschicht, interessiert sich nicht dafür, ob unser Model Core Data nutzt. Bitte setzen Sie im Identity-Inspector entsprechend die Basisklasse.

Da wir eine Vielzahl von Objekten zu verwalten haben, benötigen wir – auch hier keine Abweichung – einen Arraycontroller. In die Objektliste ziehen und *Persons Controller* nennen. Jetzt geht es allerdings mit den Abweichungen los:

Da der Controller ja mit dem Model kommuniziert, benötigt er Informationen darüber. Bisher hatten wir den Arraycontroller im Attributes-Inspector in den Mode Entity versetzt, um ihn mit Core Data sprechen zu lassen. Das passt nicht mehr, weshalb wir ihn in der Mode Class belassen. Dementsprechend wird darunter die Klasse eingetragen, was Sie also bitte mit *Person* machen.

Die Option *Prepares Content* benötigen wir jetzt nicht, da wir das *Content Array* des Arraycontrollers direkt an das Model binden können. (Zur Erinnerung: Bei Core Data banden wir für Top-Level-Controller lediglich den Kontext.) Das machen Sie bitte im Bindings-Inspector, wobei Sie als Ziel den *File's Owner* auswählen und als Modellschlüsselpfad *document.persons* angeben. Dies ist ja auch logisch: Wir haben einen Windowcontroller, der eine document-Eigenschaft besitzt, welche auf unser Dokument verweist. Dort liegen dann die einzelnen Einträge in einer Eigenschaft persons.

Bauen Sie jetzt in das Fenster ein Tableview ein, dessen Spalten Sie in gewohnter Manier an den Persons-Controller binden. Außerdem benötigen wir natürlich zwei Buttons, mit denen wir Einträge hinzufügen bzw. entfernen können.

Die Applikation kann jetzt getestet werden.

> **HILFE**
>
> Sie können das Projekt in diesem Zustand als »Document-01« von der Webseite herunterladen.

7.2.3 Laden und Speichern

Mit dem Laden und speichern klappt es dann aber doch nicht so gut. Der Versuch endet mit ziemlich viel Fehlermeldung in der Debuggerkonsole:

```
>… dataOfType:error: is unimplemented
```

Das müssen wir selbst implementieren, da wir ja eigene Modelklassen verwendet haben. Gehen wir systematisch vor:

Bei der Übertragung des Dokumentes von einer Datenquelle oder in eine Datensenke wird regelmäßig in drei Schritten vorgegangen:

- Es muss ein Speicher bzw. Ladeort vom Benutzer ausgewählt oder sonst wie bestimmt werden, meist eine Datei mit einem Pfad. (Möglich sind aber auch Datenquellen und -senken in einem Netzwerk.)
- Die Daten, also unser Dokument, muss für die Speicherung serialisiert werden. Dies bedeutet, dass wir die unter Umständen komplizierte Struktur des Modells in einen Informationswurm verwandeln, also hintereinander anordnen.
- Die Daten müssen dann an dem ausgewählten Ort geschrieben werden.

Beim umgekehrten Ladevorgang sind freilich die Schritte 2 und 3 vertauscht: Es wird von einer Datenquelle ein Informationswurm geladen, der dann in einen Modellgraphen verwandelt werden muss.

Methodensatz

Dabei gibt uns das System verschiedene Ankerpunkte vor, um Methoden zum Speichern und Laden zu implementieren:

- Am häufigsten wird es reichen, -dataOfType:error: (sichern) und -readFromData:ofType:error: (öffnen) zu überschreiben. Dann muss durch die Anwendung lediglich die Serialisierung vorgenommen werden. Um den Rest kümmert sich das System.
- Benötigt man bei einer Lade- oder Speicheroperation den Pfad zum Dokument, muss man die Methoden -writeToURL:ofType:error: bzw. -readFromURL:ofType:error: implementieren.
- Will man das Model in einem Bundle ablegen, also ein Verzeichnis mit mehreren Dateien haben, welches dem Benutzer als eine Datei erscheint, so muss die Methode -fileWrapperOfType:error: (sichern) bzw. -readfromFileWrapper:ofType:error: in der Dokumentenklasse überschrieben werden. Der File-Wrapper ist dabei das Bundle, also ein Verzeichnis.

Wir werden im Folgenden die am häufigsten verwendete Methoden implementieren. Zu den anderen Varianten bitte ich Sie, nicht nur die Code-Beispiele in der Dokumentation anzuschauen, sondern auch die Hinweise in dem bereits vom Template erzeugten Sourcecode.

Serialisierung mit Codern

Eigentlich klingt das mit dem Serialisieren einfach. Wir könnten ja einfach alle Instanzen einer Entität durchgehen, in einer Property-List verwandeln und speichern. Das Problem liegt jedoch in den Beziehungen. In unserem Programm werden diese ja durch die IDs der Objekte abgebildet. Dabei handelt es sich jedoch um Speicherstellennummern. Diese können nicht wieder verwendet werden. Der Grund ist einfach: Sie hängen von dem aktuellen Zustand das Programms ab. Wenn schon Dokumente geladen sind, können bei einem späteren Laden des gespeicherten Dokumentes die Speicherstellennummern ungültig sein. Außerdem hatten wir im Kapitel über Container gesehen, dass dieses

Kapitel 7

dumme Speichern dazu führen kann, dass sich Elemente verdoppeln. So funktioniert das Ganze also nicht.

Glücklicherweise existieren in Cocoa Klassen, die diese Probleme lösen. Die Basisklasse ist dabei NSCoder. Für uns sind davon vier Subklassen interessant:

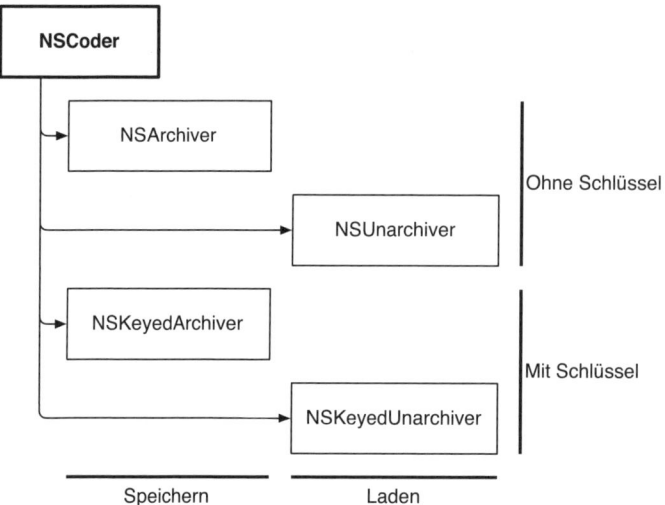

Für die Serialisierung werden vier Subklassen von NSCoder angeboten, die sich in zwei Paare einteilen lassen.

- Die Klassen NSArchiver und NSUnarchiver dienen zum Abspeichern bzw. Laden von Instanzen, ohne dass die einzelnen Eigenschaften bezeichnet werden.
- Die Klassen NSKeyedArchiver und NSKeyedUnarchiver haben dieselbe Aufgabe, geben aber jeder Eigenschaft einen Namen, der wieder einmal Key heißt.

Es gibt zwei Gründe, Schlüssel für Eigenschaften zu verwenden: Zum einen kann beim Lesen einer Instanz die Reihenfolge der Eigenschaften selbst bestimmt werden. Sie kann also anders lauten als beim Abspeichern. Das ist häufig praktisch. Zum anderen können neue Eigenschaften unter einem neuen Schlüssel gespeichert werden, so dass alte Programmversionen einfach nur die alten Eigenschaften lesen, neue Programmversionen alle. Ich rate daher dringend an, Klassen NSKeyedArchiver und NSKeyedUnarchiver zu unterstützen bzw. zu verwenden.

Beim Laden oder Speichern gehen wir so vor, dass wir die zu ladenden Daten von einer Instanz der Klasse NSData in unser Model umwandeln und beim Speichern die Daten von unserem Model in eine Instanz von NSData serialisieren. Das ist die Deserialisierung bzw. Serialisierung. Diese Instanz wird dann von Cocoa abgespeichert bzw. geladen. Das eigentliche Speichern nennt man Archivierung oder Persistierung, das Laden dann – richtig geraten – Dearchivierung. Hinein ins Vergnügen:

Die Modelschicht

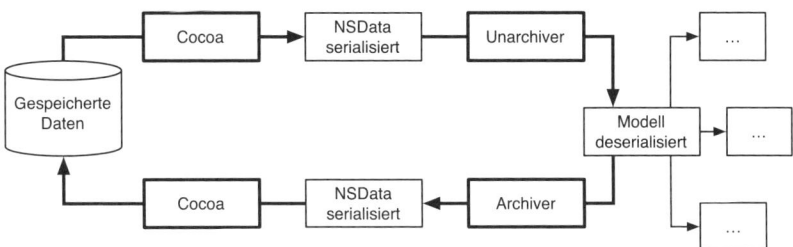

Hin- und zurück: NSCoder-Instanzen verpacken das Model.

Serialisieren

Wie bereits angekündigt beschäftigen wir uns mit der Regelmethode, die nur die Umwandlung in eine Instanz der Klasse `NSData` vornehmen muss. Erst einmal ein kleiner Test:

```
- (NSData *)dataOfType:(NSString*)typeName error:(NSError**)outError
{
    NSData* data = nil;

    if ([typeName isEqualToString:@"DocumentType"])
    {
        data = [@"Hallo" dataUsingEncoding:NSUTF8StringEncoding];
    } else if (outError != NULL) {
        *outError = [NSError errorWithDomain:@"ApplicationErrrDomain"
                                        code:1
                                    userInfo:NULL];
    }
    return data;
}
```

Die Methode überprüft also zunächst, ob es sich um das erwartete Dateiformat handelt. Wie dieser gesetzt wird, erfahren Sie im nächsten Kapitel. Vorgesetzt ist einfach DocumentType.

Ist dies der Fall, wird testweise mal der String Hallo als UTF8-String in eine Data-Instanz umgewandelt. Dies geben wir zurück. Cocoa selbst speichert es dann unter der vom Benutzer angegebenen Adresse.

Starten Sie das Programm und speichern Sie das Ganze, am besten auf dem Schreibtisch. Sie können sich bereits jetzt im Sichern-Dialog unsere neue Endung *persons* anzeigen lassen, wenn Sie auf die detaillierte Anzeige wechseln. Hiernach suchen Sie die Datei bitte im Finder. Lassen Sie sich mit [Befehl]+[I] eine Info anzeigen.

Als Nächstes machen Sie bitte einen [ctrl]-Klick auf die Datei und wählen *Öffnen mit | Anderem Programm...* In dem folgenden Dialog wählen Sie *TextEdit* aus. Sie sehen, dass unser »Hallo« in der Datei steht.

Gut, wir waren also prinzipiell in der Lage, Daten abzulegen. Jetzt wollen wir aber wirklich das Modell speichern. Dazu erweitern wir zunächst die Methode um einen Coder:

```
- (NSData *)dataOfType:(NSString*)typeName error:(NSError**)outError
{
    NSMutableData* data = nil;
    if ([typeName isEqualToString:@"DocumentType"])
    {
        data = [NSMutableData data];
        NSKeyedArchiver *coder
          = [[NSKeyedArchiver alloc] initForWritingWithMutableData:data];
        coder.outputFormat = NSPropertyListXMLFormat_v1_0;
        [coder encodeObject:@"Hallo" forKey:@"Content"];
        [coder finishEncoding];
    } else if ( outError != NULL ) {
        *outError = [NSError errorWithDomain:@"ApplicationErrorDomain"
                                        code:1
                                    userInfo:NULL];
    }
    return data;
}
```

Zunächst erzeugen wir also ein veränderliches Datenobjekt, also eine Instanz der Klasse NSMutableData. Für dieses legen wir einen Keyed-Archiver an. Als Nächstes müssen wir diesem sagen, in welchem Format die Daten gespeichert werden sollen. Hierbei existieren zwei Formate, die Sie bereits aus dem Abschnitt über Property-Lists kennen.

> **AUFGEPASST**
>
> Damit wir das gleich besser lesen können, wählen wir das XML-Format. Dieses Format verbraucht allerdings recht viel Speicher, so dass in der Auslieferungsversion Ihres Programms auch sehr gut Binary als Format verwendet werden kann.

Dann machen wir es uns erneut einfach und speichern nur einen String unter dem Schlüssel Content. Dazu dient die Methode -encodeObject:forKey:. Selbstverständlich können Sie auch andere Datentypen speichern, wobei die Methoden entsprechend -encodeInteger:forKey: für eine Variable vom Typen NSInteger, -encodeFloat:forKey: für einen Float usw. lauten. Verwenden Sie NSArchiver anstelle von NSKeyedArchiver, ist das forKey: jeweils wegzulassen.

Die Modelschicht

Schließlich müssen wir dem Coder mit -finishEncoding mitteilen, dass wir fertig sind.

Testen Sie das wieder, und speichern Sie bitte ein leeres Dokument. Sie sehen dann aber auch, dass eine Property-List erzeugt wurde. Allerdings ist offenkundig ihr Aufbau schon etwas komplizierter. Darauf komme ich gleich zurück.

Wir unternehmen jetzt den nächsten Schritt und speichern das Dokumentenobjekt. Da gibt es aber nicht viel, lediglich unser Set mit den Conversions.

```
- (NSData *)dataOfType:(NSString*)typeName error:(NSError**)outError
{
   NSMutableData* data = nil;

   if( [typeName isEqualToString:@"DocumentType"] )
   {
      data = [NSMutableData data];
      NSKeyedArchiver *coder
      = [[NSKeyedArchiver alloc] initForWritingWithMutableData:data];
      coder.outputFormat = NSPropertyListXMLFormat_v1_0;
      [coder encodeObject:self.persons forKey:@"Content"];
      [coder finishEncoding];

   } else if ( outError != NULL ) {
…
   }
   return data;
}
```

Wir speichern also das Array. Nur reicht das sicher nicht. Daher werden auch die darin enthaltenen Daten gespeichert, also die Instanzen von Person. Bloß woher weiß der Coder, wie er das tun soll? Bei Strings und Sets, was wir bisher hatten, kann man sich das ja noch vorstellen, weil es sich um Cocoa-Klassen handelt. Aber Person ist von uns programmiert.

Der Trick liegt darin, dass wir in unserer Klasse das sogenannte Coding-Protokoll (hier noch zur Hälfte) implementieren. Dieses wird vom Coder benutzt:

Gut, jetzt muss der Archiver aber noch wissen, wie er die einzelnen Conversion-Instanzen speichern kann. Dazu öffnen wir Person.m und fügen eine Methode ein:

```
@implementation Person
- (void)encodeWithCoder:(NSCoder*)coder
{
   [coder encodeObject:self.firstName forKey:@"firstName"];
   [coder encodeObject:self.lastName  forKey:@"lastName"];
}
```

Diese Methode wird automatisch vom Archiver aufgerufen, wenn er ein Objekt mit encodeObject:forKey: bzw. encodeObject: speichern soll.

> **GRUNDLAGEN**
>
> Wenn Sie zusätzlich Unkeyed-Coding anbieten wollen, können Sie den Coder mit -allowsKeyedCoding befragen, ob er Keyed-Coding unterstützt und im Falle der Verneinung Codermethoden ohne den Zusatz forKey: nutzen. Das dürfte allerdings nur noch dann erforderlich sein, wenn Sie Klassen aus prähistorischen Zeiten verwenden, bei denen das bereits mit Mac OS X 10.2 eingeführte Keyed-Coding nicht implementiert ist.

Aber wie kommt der Archiver überhaupt dazu, diese Instanzen zu speichern? Das ist nicht einfach zu verstehen: Der Archiver weiß von uns, dass er ein Array speichern soll. Daher notiert er das und sendet sogleich die Nachricht encodeWithCoder: an dieses.

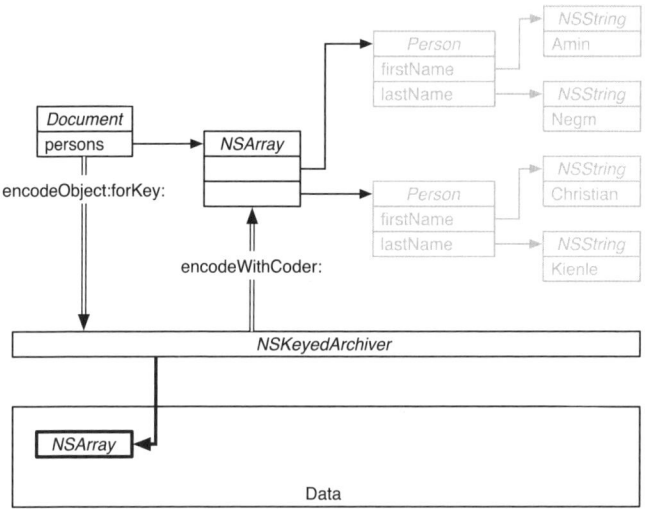

Archiver und Model spielen Ping-Pong.

In seinem -encodeWithCoder: macht das Array seinerseits nichts anderes als wie im obigen Code: Es sendet an den Archiver -encodeObject:forKey: und zwar für jedes enthaltene Objekt, also jede enthaltene Instanz der Klasse Person. Damit weiß der Archiver jetzt wieder, dass er Instanzen der Klasse Person speichern soll. Und schickt daher an jede Instanz entsprechend -encodeWithCoder:.

Die Modelschicht

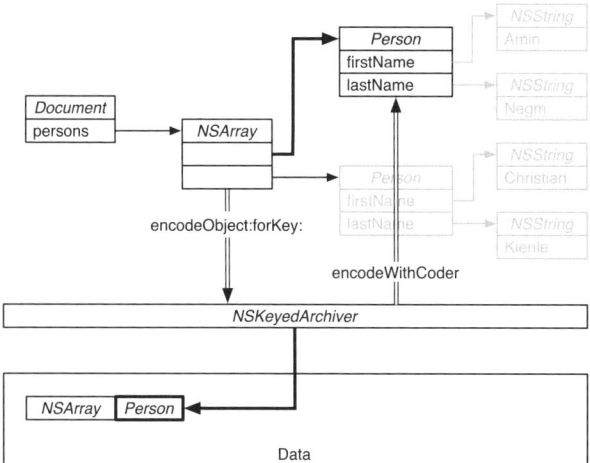

Für jede Instanz in dem Set wird wiederum eine -encode:forKey-Nachricht gesendet.

Darauf reagiert die einzelne Instanz im Array, das hatten wir ja wieder programmiert, wiederum damit, dass für jedes Attribut eine `-encodeObject:forKey:`-Nachricht an den Coder gesendet wird, die wiederum zu einem `-encodeWithCoder:` für die Attribute führt.

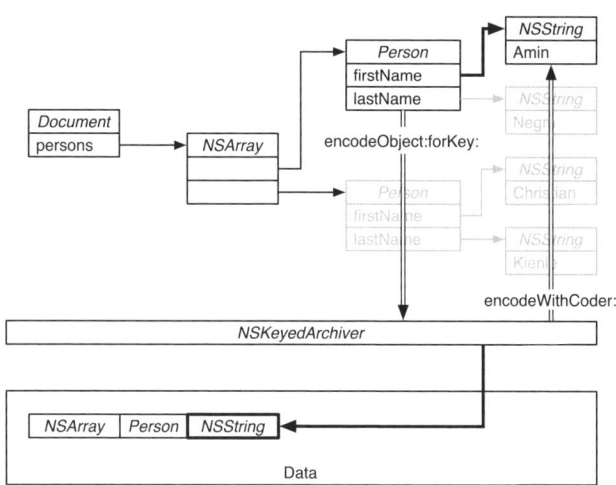

Tischtennis-Rundlauf: Jeder spielt nacheinander mit dem Archiver.

Wie hört das auf? Auch das String speichert jetzt seinen Inhalt. Aber es hat ja keine Relationship mehr, sondern besteht irgendwo in den Untiefen von Cocoa aus einem in Bytes gespeicherten Wert. Einen solchen schreibt es dann auch hinaus, mutmaßlich mit `encodeBytes:length:`

Kapitel 7

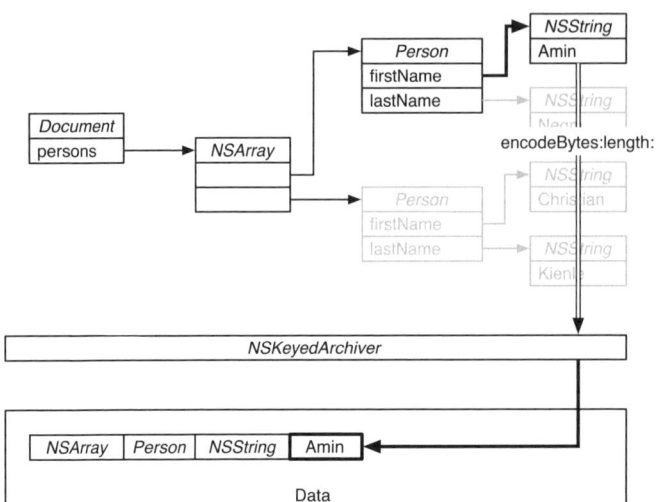

Am Ende gehen dann die Werte heraus.

Da für die beteiligten Cocoa-Klassen `NSArray` und `NSString` bereits das Coding-Protokoll implementiert war, mussten wir nur für unsere Klasse `-initWithCoder:` programmieren.

Aber wieso gibt es ein so kompliziertes gemischtes Doppel? Wäre es nicht einfacher, wenn wir etwa in unserem `-encodeWithCoder:` einfach die entsprechende Methode von `NSString` aufrufen würden? Der Grund liegt in der Lösung der eingangs besprochenen Probleme:

- Da der Archiver die einzelnen Objekte »sieht«, kann er die ihm übergebene ID (Speicherstellennummer) in eine Pesistenz-ID umwandeln. Er nummeriert einfach die Objekte durch. Die Verweise zwischen den Objekten werden dann durch diese Persistenz-IDs ersetzt. (Und beim Laden wird rückaufgelöst.)

- Hätten wir mehrfache Referenzierungen im Graphen, so erkennt das der Archiver automatisch und speichert dieses Objekt nicht neu. Beim Laden wird durch den Setter die Lage automatisch wieder hergestellt, aber eben unabhängig von der Anzahl der Referenzierungen nur einmal. Dies löst das Problem der doppelten Instanzen.

Starten Sie das Programm wieder, und geben Sie zwei Personen ein. Ich habe mich und meinen Kollegen Kienle aus dem zweiten Band genommen. Speichern.

> **AUFGEPASST**
>
> Da bei Ihnen die Speicherung anders aussehen kann, habe ich die Datei als Codertest auf der Seite zum Buch hochgeladen. Bitte laden Sie sich diese herunter und öffnen Sie diese im TextEdit. Ich habe dort auch von Hand die Nummerierungen eingefügt, wie Sie diese unten sehen. Diese werden also nicht vom Coder erzeugt.

Schauen wir uns einmal die Datei an. Ziehen Sie die gespeicherte Datei in denProject-Navigator von Xcode. Wenn Sie diese dann auswählen, sehen Sie die Property-List – das Format hatten wir ja gewählt – zunächst als Textdatei. Das ist unübersichtlich. Sie können aber im Kontextmenü *Open As | Propery List* anwählen.

Wir haben es also mit einer Property-List zu tun, die auf oberster Ebene ein Dictionary enthält. Uns interessieren dabei zwei Einträge in dem Dictionary, nämlich *$objects*, zu dem ein Array gespeichert ist, und *$top*, welcher wiederum ein Dictionary enthält.

Das Top-Objekt stellt denjenigen dar, der die Speicherei angefangen hat, also unser Dokument. Es enthält nur einen Wert, nämlich für den Key *Content*. Das ist ja auch richtig, denn diesen Key hatten wir in Document.m benutzt. Bisher wissen wir also: Es gibt ein Top-Objekt (unser Dokument), welches eine Eigenschaft Content gespeichert hat. In diesem Key müsste sich aber doch unser Set befinden? Stattdessen steht da nur die Nummer namens *CF$UID*! Dies ist unsere Persistenz-ID. Diese Zeile bedeutet also, dass wir in unserem Dokument unter dem Schlüssel Content das Objekt Nummer 1 gespeichert haben.

Gut, dann öffnen wir mal hoch in das *$objects*-Array. Sie erkennen gleich ein paar Strings. Da diese keine Referenz mehr enthalten, werden sie gleich auf dieser Ebene angezeigt.

Schauen Sie aber auf das Objekt Nummer 1. Das müsste ja das zweite Objekt (*Item 1*) in dem $objects-Array sein, da ab 0 gezählt wird. Sie sehen, dass es sich um ein Dictionary handelt, welches zum einen einen Eintrag *$class* hat – dem wir uns noch kurz zuwenden werden – und zum anderen wieder ein Array mit dem Schlüssel *NS.objects*. Schauen wir uns einfach mal das erste Element an (*Item 0*). Dies enthält wiederum einen Verweis auf Objekt 2. Das müsste jetzt also unsere Personen-Instanz sein, nämlich diejenige, die als erstes gespeichert wurde.

So ist es auch. Schauen wir uns nämlich in *$objects* den Eintrag *Item 2* an, so sehen wir schon unseren Key *firstName*. Dahinter verbirgt sich dann die ID für den String, welchen wir als *Item 3* zu *Christian* auflösen können.

Kommen wir kurz zu *$class*: Wenn Sie dies einmal für die Person-Instanz (Item 2) öffnen, sehen Sie, dass dort zum einen unter *$classname* der Klassenname abgelegt worden ist. Der Schlüssel $classes.

> **GRUNDLAGEN**
>
> Die Abspeicherung der Klasseninformation ist dafür wichtig, dass bei der Deserialisierung auch wieder entsprechende Instanzen erzeugt werden können.

> **HILFE**
>
> Sie können das Projekt in diesem Zustand als Document-02 von der Webseite herunterladen.

Deserialisierung

Wer »A« sagt, muss auch »B« sagen. Wer speichert, muss auch laden. Also begeben wir uns an die Deserialisierung. Da Sie jetzt eigentlich schon alles über das Prinzip wissen, gestaltet sich die Angelegenheit knapp und kurz:

Zunächst müssen wir in Document.m das Laden wieder anstoßen. Dazu füllen wir die Methode -readFromData:ofType:error: aus. Sie ist sozusagen das Spiegelbild zu -dataOfType:error:.

```
- (BOOL)readFromData:(NSData *)data ofType:(NSString *)typeName error:(NSError **)outError
{
   if( [typeName isEqualToString:@"DocumentType"] ) {
      NSKeyedUnarchiver* coder
      = [[NSKeyedUnarchiver alloc] initForReadingWithData:data];
      self.persons = [coder decodeObjectForKey:@"Content"];
      [coder finishDecoding];

   } else if ( outError != NULL ) {
      *outError = [NSError errorWithDomain:@"ApplicationErrorDomain"
                                      code:1
                                   userInfo:NULL];
      return NO;
   }
   return YES;
}
@end
```

Und zu -encodeWithCoder: spiegelbildlich müssen wir in Person.m eine Methode -initWithCoder: implementieren:

```
- (id)initWithCoder:(NSCoder*)coder
{
   self = [super init];

   if (self) {
      self.firstName = [coder decodeObjectForKey:@"firstName"];
      self.lastName = [coder decodeObjectForKey:@"lastName"];
   }

   return self;
}

- (id)init
```

Das ist ein bisschen erstaunlich: Neben die Standardinitialisierungskette aus Kapitel 4 tritt eine zweite, die für die Deserialisierung zuständig ist. Denn -initWithCoder: verweist nicht auf denen eigenen Designated-Initializer, sondern nutzt den der Superklasse. Sollte diese – was bei NSObject nicht der Fall ist – selbst -initWithCoder: implementieren, so muss entsprechend dieser Initialisierer als Designated-Initializer für das Coding und nicht (einer) der Standard-Designated-Initializer der Superklasse genutzt werden. Denken Sie daran, dass es grundsätzlich mehrere Designated-Initializer pro Klasse geben kann, auch wenn dies selten der Fall ist.

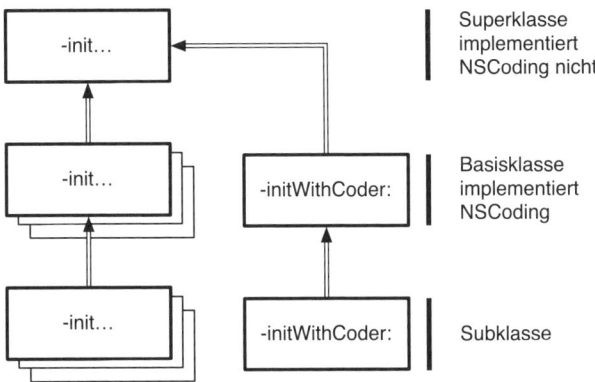

Beim Decoding wird der Designated-Initializer (fett) für das Coding aufgerufen, wenn ein solcher angeboten wird.

Selbstverständlich existieren wiederum entsprechende Methoden wie -decodeIntegerForKey:, -decodeFloatForKey: usw. für andere Typen. Bei einem einfachen Archiver gibt es diese Methoden dann ohne forKey:.

Sie können die Anwendung jetzt testen und insbesondere die vorhin gespeicherte Datei probeweise laden.

HILFE

Sie können das Projekt in diesem Zustand als Dokument-03 von der Webseite herunterladen.

Handwerksregeln

Gut, das war zwischenzeitlich recht anspruchsvoll. Aber bedenken Sie als Quintessenz, was Sie letztlich zur Archivierung an Sourcecode benötigen: Ein paar läppische Zeilen …

- Schreiben Sie in Ihrer Dokumentenklasse für die Serialisierung eine Methode -dataOfType:error:, welche ein Data-Objekt liefert, und eine Methode -readFromData:ofType:error:, welche ein übergebenes Data-Objekt deserialisert.

- Für die Serialisierung bzw. Deserialisierung verwenden Sie einen Archiver als Subklasse von NSCoder. Hiermit starten Sie die Serialisierung bzw. Deserialisierung.
- Für jede Model-Klasse in Ihrem Programm schreiben Sie die Methoden -encode-WithCoder: bzw. -initWithCoder:, die wiederum die Methoden -encode…:forKey: und -decode…:forKey: verwenden.

7.2.4 Undo

Eine wichtige Standardfunktion für Anwendungen ist das Undo-Management (Change-Management).

Undo-Manager

Das Prinzip: Es gibt einen sogenannten Undo-Manager pro Model, der das Undo und Redo verwaltet. Bei Applikationen mit Dokumenten ist dieser deshalb pro Dokument vorhanden, bei Anwendungen ohne Dokumente pro Applikation.

Zusätzlich kann es aber weitere Undo-Manager geben, die rein lokale Funktionalität haben. So legen etwa Textviews einen eigenen Undo-Manager an. Das Undo wird daher innerhalb dieses Textviews gehandhabt und bezieht sich nur auf dieses. Dies funktioniert, weil die Undo-Funktion ja vom Menü aus aufgerufen wird und daher die Responder-Chain durchläuft.

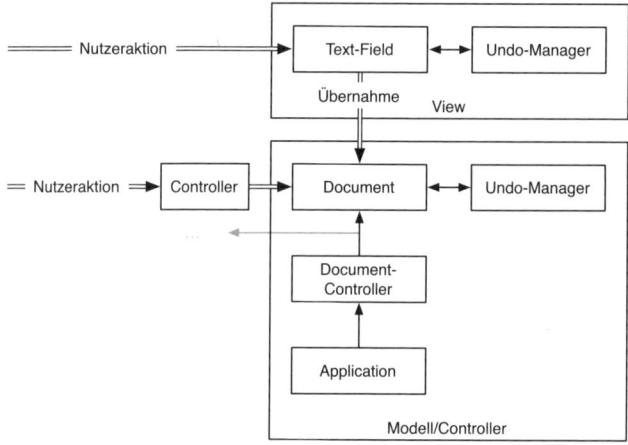

Welcher Undo-Manager verwendet wird, hängt von der Ebene der Änderung ab.

Sie können das übrigens schon jetzt testen: Starten Sie die Applikation und fügen Sie eine Person ein. *Edit | Undo* bleibt im Menü ausgegraut. Das ist ja auch klar, wir machen noch nicht das Undoing implementiert. Jetzt ändern Sie bitte den Text eines Eintrages. Beim ersten Tastendruck bekommen wir die Möglichkeit zum Undo (*Undo Typing*): Das Textfeld (genauer: die Zelle im Tableview) bringt ihren eigenen Undo-Manager mit.

Die Modelschicht

Undo-Stack

Die vom Benutzer gemachten Änderungen werden vom Undo-Manager über einen sogenannten Undo-Stack – bzw. Redo-Stack für die Menüfunktion *Edit | Redo* – verwaltet. Im Prinzip verhält es sich dabei so, dass bei jeder Operation eine Methode für ein Undo registriert wird. Klickt der Benutzer im Menü *Redo* auf *Widerrufen*, so wird diese Undo-Methode ausgeführt. Es ist auch möglich, mehrere Methoden mit -beginUndoGrouping und -endUndoGrouping (beide `NSUndoManager`) zu Gruppen zusammenzufassen, die nur einen Eintrag bilden.

Wir haben also zu jeder Funktion des Programms eine Umkehrfunktion. Diese Umkehrfunktion ist meist aber selbst auch eine Funktion des Programms und hat daher ihrerseits eine Umkehrfunktion.

BEISPIEL

Unser Programm hat die Funktion »Person einfügen«. Die Umkehrfunktion ist offenkundig »Person löschen«. Hiervon ist aber wiederum die »Person einfügen« die Umkehrung.

Am besten lässt sich das an einer virtuellen Sitzung demonstrieren: Nehmen wir unser Programm und fügen eine Person hinzu. Die entsprechende Methode nimmt die Änderung am Model durch und speichert im Undo-Manager zugleich die gegenteilige Funktion »Person löschen«.

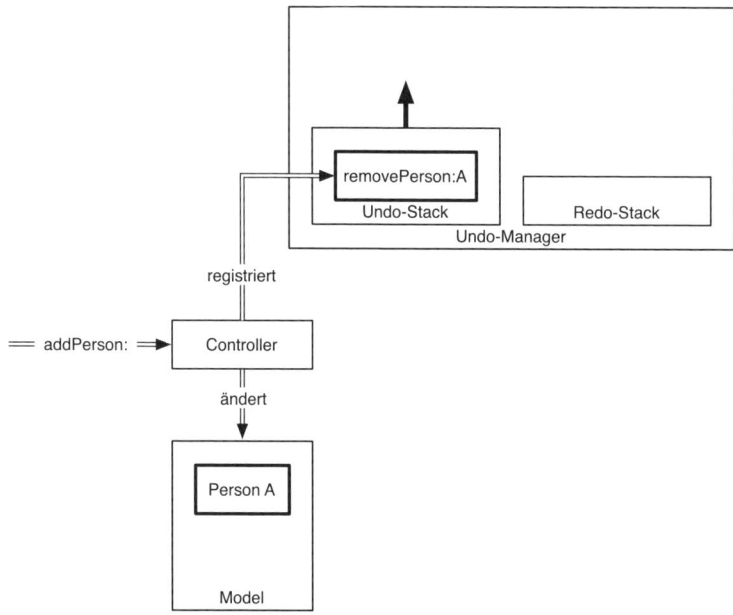

Die erste Operation im Undo-Stack

Wir fügen eine weitere Person B hinzu. Wieder wird das Model entsprechend geändert und die Umkehrfunktion gespeichert.

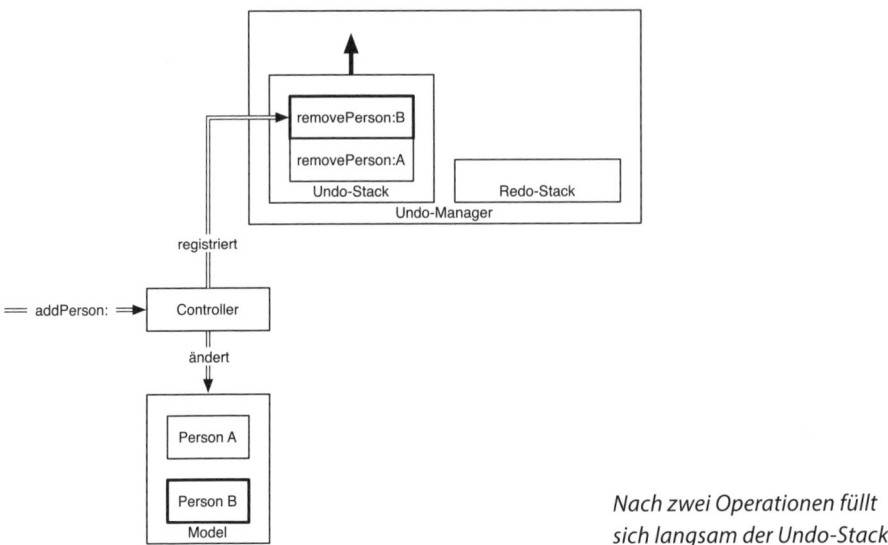

Nach zwei Operationen füllt sich langsam der Undo-Stack.

Jetzt löscht der Benutzer wieder die Person A. Nicht über die *Undo*-Funktion im Menü, sondern wirklich über den Löschbutton. Dies wird ebenfalls ganz normal registriert. An der Umkehrfunktion ist es jetzt freilich, die Person A einzufügen. Also: Jede Funktion des Programms hat eine Umkehrfunktion, welche in der Regel wiederum eine Funktion des Programms ist.

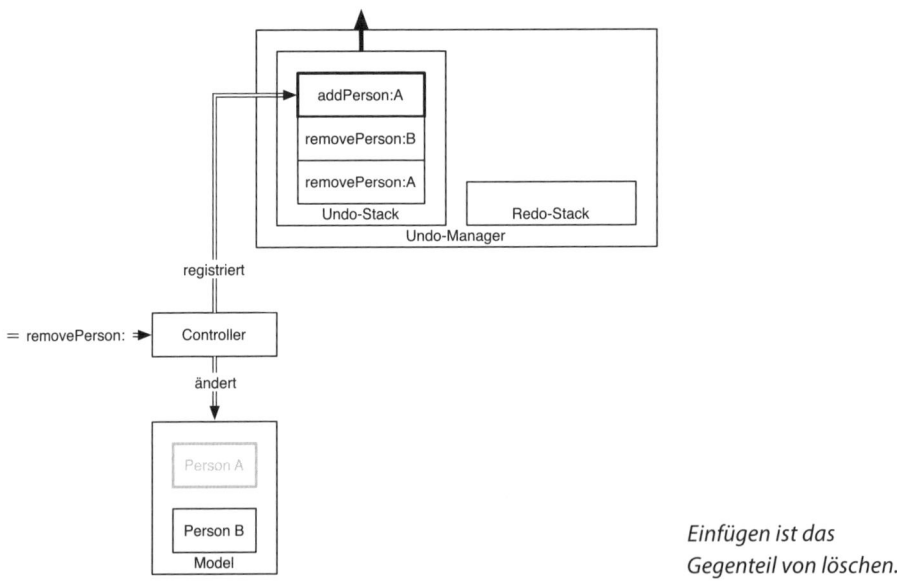

Einfügen ist das Gegenteil von löschen.

Jetzt stellen wir uns vor, dass der Benutzer eilig ein Undo durchführt, weil er gar nicht A löschen wollte. Ein Versehen! Die letzte Operation, das Löschen von A, muss rückgängig gemacht werden. Der Undo-Manager entnimmt jetzt den obersten Eintrag von dem Undo-Stapel – addPerson:A – und führt mit dieser Methode die Operation durch. Damit ist die Person A wieder dem Model hinzugefügt, die Löschoperation ist also rückgängig gemacht. Et voilá!

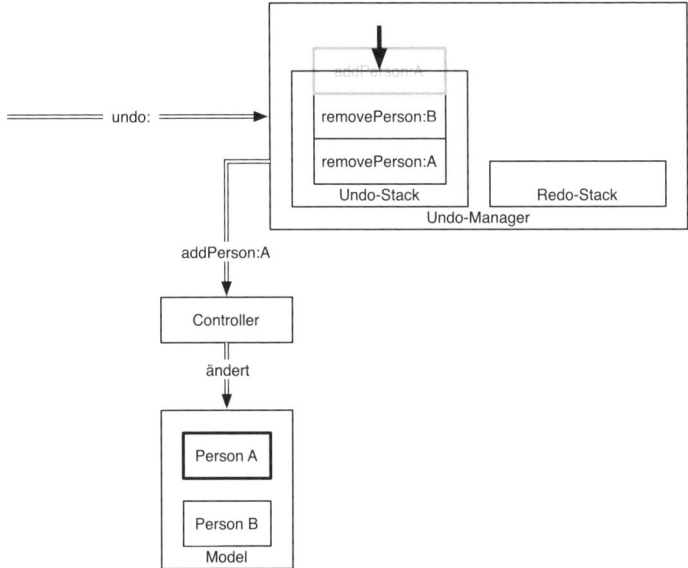

Bei einem Undo wird die letzte Operation auf dem Undo-Stack ausgeführt und der Eintrag entfernt.

Gleichzeitig muss aber diese Undo-Operation von dem Undo-Stack entfernt werden, damit bei einem – gedachten – erneuten Undo die nächste Operation rückgängig gemacht wird. Dies macht der Undo-Manager automatisch:

Aber der aufmerksame Leser bemerkt hier ein Problem: Diese soeben vom Undo-Manager ausgeführte Methode addPerson:A würde ja ihrerseits wieder ihr Gegenteil registrieren! So würde also sogleich wieder ein removePerson:A auf dem Undo-Stack landen. Das Ergebnis sähe so aus:

Kapitel 7

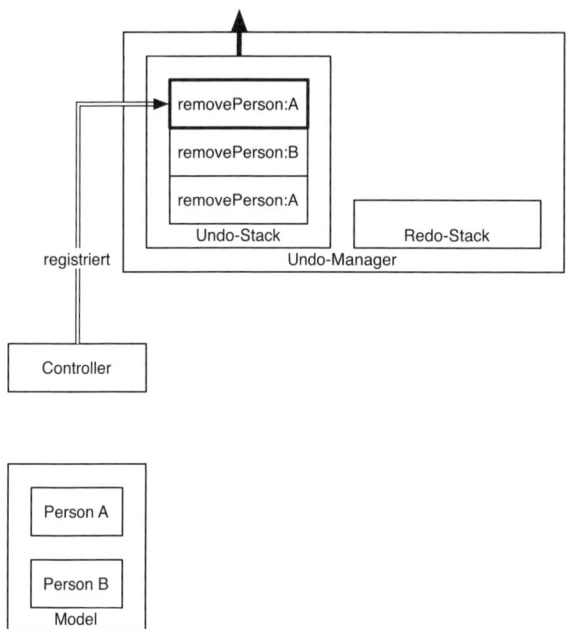

Fehler: Eine Undo-Operation darf keine Undo-Operation registrieren!

Dies ist offenkundig falsch, denn wir kämen im Undo-Stack gar nicht mehr zurück zu removePerson:B: Ein erneutes Undo des Nutzers würde vielmehr A wieder entfernen und eine Einfügeoperation für A auf den Undo-Stack legen. Der Stapel würde also nicht schrumpfen, sondern ein Einfüge-Lösch-Pingpong spielen.

Aber wir müssen in der Methode -addPerson: darauf keine Rücksicht nehmen: Der Undo-Manager hat ja die letzte Operation angestoßen. Er weiß, dass er sich gerade im Undoing befindet. Registriert daher die von ihm ausgeführte Methode, hier -addPerson:, ihre Umkehrfunktion, hier -removePerson:, so zieht der Undo-Manager eine lange Nase und wirft A nicht auf den Undo-Stack. Dieser vermindert sich also tatsächlich, wie in der vorletzten Abbildung gezeigt.

Aber der Undo-Manager ist auch nicht faul: Vielmehr wirft er jetzt die registrierte Methode von sich aus auf den Redo-Stack. Die wirkliche Lage nach einem durchgeführten Undo sieht also so aus:

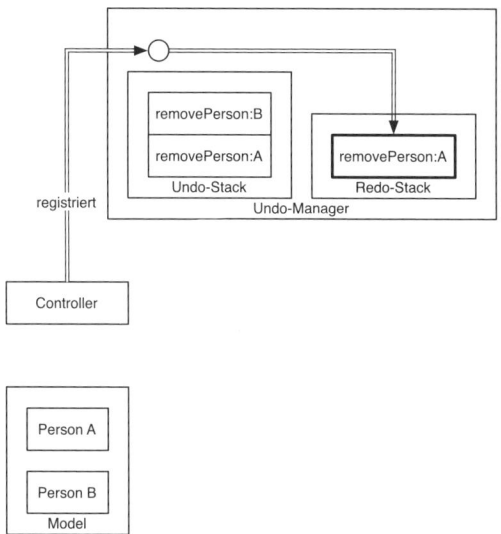

Die Undo-Registrierung während einer Undo-Operation landet auf dem Redo-Stack.

Dies ist auch richtig, wenn wir alles noch einmal Revue passieren lassen: Der Benutzer hatte A entfernt. Er drückte auf Undo, was A wieder zum Vorschau brachte. Jetzt ist er mit dem Undo aber nicht zufrieden und wählt *Wiederholen* (Redo). Damit muss A wieder gelöscht werden. Genau dies befindet sich auf dem Redo-Stack!

Ja, das ist nicht ganz einfach zu verstehen, weil es mächtig verschachtelt ist und dann auch noch mit Seitenausgang. Aber fassen wir mal zusammen, was unsere Tätigkeit ist: Wir müssen einfach bei einer Operation ihr Gegenteil im Undo-Manager registrieren. Dieser kümmert sich dann schon darum, dass dies auf dem richtigen Stapel landet und führt gegebenenfalls die Operationen durch. Wir haben es also nicht mit einem bestimmten Stack zu tun, sondern mit dem Manager. Die Stackverwaltung unternimmt dieser. Wir bauen das gleich ein:

Undo implementieren

Machen wir uns also daran und implementieren Undo. Es sei bereits hier erwähnt, dass man ein eigenes Undo für alle sich gegenseitig beeinflussenden Bereiche einer Anwendung implementieren muss, da sonst Inkonsistenzen drohen. Stellen Sie sich vor, dass Ihr Undo-Stack durcheinandergerät und Attribute von Objekten geändert werden, die schon längst nicht mehr existieren. Das hört sich nicht gut an. Ich werde das hier aber wiederum nur exemplarisch machen und überlasse Ihnen die Restarbeit zu Übungszwecken – wenn Sie üben wollen.

Ich hatte bereits erwähnt, dass es eine gute Idee ist, für jedes Dokument einen Undo-Manager zu besitzen. Die Standardimplementierung von NSDocument erzeugt automatisch einen solchen. Wir müssen uns darum also nicht kümmern.

Worum wir uns aber – anders als bei der Verwendung von Core Data – kümmern müssen, ist die Bedienung des Undo-Managers. Als Erstes leiten wir dazu einen NSWindow-Controller ab, den Sie bitte DocumentWindowController nennen. Einen Xib brauchen wir dafür nicht, haben wir ja schon. Diese Option lassen Sie also bitte ausgeschaltet. Den Windowcontroller erweitern Sie dann bitte:

```
@interface DocumentWindowController : NSWindowController
@property (strong) IBOutlet NSArrayController *personsController;
- (IBAction)addPersonAction:(id)sender;
- (IBAction)removePersonsAction:(id)sender;
@end
```

Dementsprechend implementieren wir die Methoden.

```
#import "DocumentWindowController.h"

#import "Document.h"
#import "Person.h"

@interface DocumentWindowController ()
@end

@implementation DocumentWindowController
- (IBAction)addPersonAction:(id)sender
{
   Person *person = [[Person alloc] init];
   [self.personsController addObject:person];
}
- (IBAction)removePersonsAction:(id)sender
{
   NSArray *persons = [self.personsController selectedObjects];
   [self.personsController removeObjects:persons];
}
```

Wir machen hier nichts Neues: Wird ein Objekt eingefügt, so erzeugen wir uns eines und fügen es über den Arraycontroller dem Dokument hinzu. Beim Löschen leiten wir einfach die Anfrage an den Arraycontroller weiter.

Bitte wechseln Sie zu Document.xib und setzen Sie dort die Klasse für den File's-Owner auf `DocumentWindowController`. Außerdem verbinden Sie die Actions und das Outlet.

Wir müssen jetzt natürlich eine Instanz dieses Windowcontrollers in Document.m erzeugen:

```
#import "Document.h"

#import "DocumentWindowController.h"
…
```

```
- (void)makeWindowControllers
{
  DocumentWindowController *windowController
  = [[DocumentWindowController alloc] initWithWindowNibName:@"Document"];
  [self addWindowController:windowController];
}
```

Hiernach sollten Sie das Programm starten und testen, ob sich Personen einfügen und wieder entfernen lassen.

Gut, bauen wir das eigentliche Undo-Management ein. Hierbei existieren zwei Methoden. Bei der einen geben wir explizit die Undo-Methode an, bei der anderen wird dies aufgezeichnet. Ich präsentiere Ihnen beide:

```
- (IBAction)addPersonAction:(id)sender
{
  // Undoing
  NSUndoManager* undoManager = [self.document undoManager];
  SEL selector = @selector( removePersonsAction: );
  [undoManager registerUndoWithTarget:self selector:selector object:sender];

  Person *person = [[Person alloc] init];
  [self.personsController addObject:person];
}
- (IBAction)removePersonsAction:(id)sender
{
  // Undoing
  NSUndoManager* undoManager = [self.document undoManager];
  id undoProxy = [undoManager prepareWithInvocationTarget:self];
  [undoProxy addPersonAction:sender];

  NSArray *persons = [self.personsController selectedObjects];
  [self.personsController removeObjects:persons];
}
```

In beiden Fällen besorgen wir uns zunächst den Undo-Manager des Dokuments. Aber jetzt geht es unterschiedlich weiter. Im oberen Falle geben wir explizit ein Objekt und einen Selector an, der das Undo ausführen soll. Wir sagen also, dass die Undo-Operation die Actionmethode -removePersonsAction: ist. Wie Sie erkennen können, ist es dabei zusätzlich möglich, einen Parameter anzugeben, den wir aber in der Umkehrfunktion -removePersonsAction: ohnehin unausgewertet lassen.

Im zweiten Falle (der Implementierung in -removePersonsAction:) muss umgekehrt -addPersonAction: ausgeführt werden. Hier wenden wir allerdings einen Trick an, wie man ihn in nur wenig Programmiersprachen formulieren kann: Der Undo-Manager gibt uns ein Stellvertreterobjekt (Proxy) an, dem wir die Nachricht schicken, die bei einem Undo ausgeführt werden soll. Natürlich versteht er diese Nachricht gar nicht. Das ist aber gleichgültig. Er führt sie auch nicht aus, sondern zeichnet sie auf. Wird Undo vom Benutzer angeklickt, so spielt er einfach diese Nachricht wieder ab: Anrufbeantworter!

Jetzt starten Sie bitte das Programm und fügen in einem neuen Dokument eine Person ein. Benennen Sie diese mit *Amin*. Dann fügen Sie erneut eine Person ein, die Sie mit *Christian* benennen. Wählen Sie jetzt aber in dem Tableview wieder den ersten Eintrag *Amin* aus.

Öffnen Sie das Menü *Bearbeiten*. Sie können schon erkennen, dass der Menüpunkt *Undo* jetzt nicht mehr ausgegraut ist. Klar, unser Dokument hat einen Undo-Manager und dieser hat auch Operationen gespeichert, die rückgängig gemacht werden können. Das ist schon einmal schön. Wenn Sie jetzt aber auf *Undo* klicken, wird nicht etwa der letzte Eintrag *Christian* wieder gelöscht, sondern die Person mit dem Namen *Amin*. Bei einem Redo wird zudem eine Person mit dem Standardnamen eingefügt, jedoch nicht unsere alte Person Amin. Wieso?

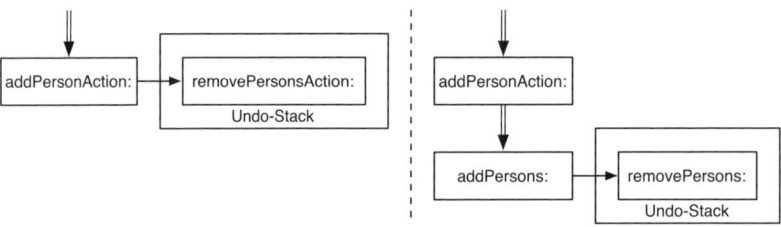

Durch eine Zwischenschicht spezialisieren wir das Undoing.

Der Grund ist ganz einfach: Wir haben die jeweils komplementären Actionmethoden als Undo-Methoden angegeben. Dies funktioniert aber nicht: Die Remove-Action löscht schließlich das gerade *aktuell ausgewählte* Element, nicht das zuletzt eingefügte. Wir benötigen also Methoden, die zielgerecht eine bestimmte Umrechnung einfügen bzw. löschen. Um dies zu bewerkstelligen, bauen wir eine Zwischenschicht ein:

```
- (void)addPersons:(NSArray*)persons
{
    NSUndoManager* undoManager = [self.document undoManager];
    id undoProxy = [undoManager prepareWithInvocationTarget:self];
    [undoProxy removePersons:persons];

    [self.personsController addObjects:persons];
}
```

Die Modelschicht

```
- (void)removePersons:(NSArray*)persons
{
   NSUndoManager* undoManager = [self.document undoManager];
   id undoProxy = [undoManager prepareWithInvocationTarget:self];
   [undoProxy addPersons:persons];

   [self.personsController removeObjects:persons];
}
- (IBAction)addPersonAction:(id)sender
{
   Person *person = [[Person alloc] init];
   [self addPersons:[NSArray arrayWithObject:person]];
}
- (IBAction)removePersonsAction:(id)sender
{
   NSArray *persons = [self.personsController selectedObjects];
   [self removePersons:persons];
}
```

Allerdings ist diese Source nur mit dem allerneuesten Compiler übersetzbar. Der Grund liegt darin, dass in -addPersons: die Nachricht removeItems: versendet wird. Die entsprechende Methode wird jedoch erst nachfolgend definiert, ist dem Compiler also zu diesem Zeitpunkt noch unbekannt. Würden wir die beiden Methoden in der Reihenfolge austauschen, träte das Problem umgekehrt auf. Wie man es auch macht: Jeder benötigt den anderen und müsste daher nach diesem stehen. Ein Teufelskreis!

Bisher war das kein Problem, da im Header die wechselseitigen Methoden ohnehin bekannt gemacht wurden. Dies ist nicht mehr der Fall. Natürlich wäre es jetzt eine einfache Lösung, eben auch diese Methoden in den Header aufzunehmen. Ich will aber lieber die Gelegenheit wahrnehmen, einen bereits von mir angesprochenen Einsatzzweck für Kategorien zu demonstrieren. Am Anfang von Document.m fügen Sie bitte folgenden Code ein:

```
@interface DocumentWindowController ()
- (void)addPersons:(NSArray*)persons;
- (void)removePersons:(NSArray*)persons;
@end
```

Wir stopfen die Methoden also einfach in eine Class-Continuation, die sogar bereits im Template einer NSWindowController-Subklasse enthalten ist. Dadurch kann sich der Compiler darauf verlassen, dass später diese Methoden der Klasse Document hinzugefügt werden.

Wenn Sie jetzt das Programm starten, sollten Undo und Redo wie erwartet funktionieren. Aber eben nur funktionieren. Und gut ist schließlich nicht gut genug. Schön wird es, wenn wir auch noch einen erklärenden Text hinzufügen. Dies lässt sich leicht mit der Methode -setActionName: (NSUndoManager) am Ende der Undo-Operation bewerkstelligen:

```
- (void)addPersons:(NSArray*)persons
{
    NSUndoManager* undoManager = [self.document undoManager];
    id undoProxy = [undoManager prepareWithInvocationTarget:self];
    [undoProxy removePersons:persons];
    NSString *name;
    if ([persons count] == 1) {
        name = @"Insert Person";
    } else {
        name = [NSString stringWithFormat:@"Insert %ld Persons", [persons count]];
    }
    [undoManager setActionName:name];

    [personsController addObjects:persons];
}

- (void)removePersons:(NSArray*)persons
{
    NSUndoManager* undoManager = [self.document undoManager];
    id undoProxy = [undoManager prepareWithInvocationTarget:self];
    [undoProxy addPersons:persons];
    NSString *name;
    if ([persons count] == 1) {
        name = [NSString stringWithFormat:@"Delete Person"];
    } else {
        name = [NSString stringWithFormat:@"Delete %ld Persons", [persons count]];
    }
    [undoManager setActionName:name];

    [personsController removeObjects:persons];
}
```

> **HILFE**
>
> Sie können das Projekt in diesem Zustand als Document-04 von der Webseite herunterladen.

Undo deaktivieren

Es ist möglich, mit `-disableUndoRegistration` und `enableUndoRegistration` das Undoing aus- bzw. einzuschalten. Das mag auf den ersten Blick verwundern, da man es sich ja einfach sparen kann. Gerade aber bei der Objektkonstruktion möchte man eventuell nicht einzelne Aktionen registrieren.

Mit `-removeAllActions` kann der Undo- wie Redo-Stapel gelöscht werden.

Handwerksregeln

Sie sehen also, dass Undo-Management durchaus auch Kopfschmerzen bereiten kann. Man muss halt das System verstanden haben. Glücklicherweise bietet Core Data automatisches Undo.

Man kann in etwa die Vorgehensweise beim Undo-Management wie folgt zusammenfassen:

- Zu jedem Dokument besitzen wir einen Undo-Manager, der automatisch erzeugt wird. Darüber hinaus kann es lokale Undo-Manager geben.
- Zu jeder Aktion registrieren wir eine Gegenaktion. Hieraus resultieren zwei Stapel, um deren Verwaltung wir uns nicht kümmern müssen.

Schließen Sie das Projekt.

7.3 Core Data

Sie haben schon bemerkt, dass Cocoa zwar viel automatische Funktionalität für Dokumente bietet, aber man doch noch zulangen muss. Die Hauptgebiete waren hierbei zum einen die Persistenz (laden und speichern) der Dokumente und das Undo-Management. Und weil das immer wieder vorkommende Aufgaben sind, hat Apple mit Tiger (Mac OS X 10.4) begonnen, Core Data einzuführen. Core Data nimmt uns diese Aufgaben ab.

> **HILFE**
>
> Für den folgenden Abschnitt verwenden Sie bitte wieder eine Kopie des letzten Projektes aus Kapitel 6 oder laden sich dieses gleich als Company-30 von der Webseite herunter.

7.3.1 Grundlagen

Aufgabe von Core Data

Sie haben ja bereits mit Core Data gearbeitet und sicherlich im Laufe des Buches bemerkt, dass vieles damit einfacher ist. Und tatsächlich übernimmt Core Data für uns vor allem folgende Aufgaben:

- Laden und Speichern von Dokumenten
- Undo-Management
- einfache Modellerstellung
- Bereitstellung von Meta-Informationen

Der Trick von Core Data liegt darin, dass unser Model eine eigentlich immer gleiche Ansammlung von Entitäten mit Attributen und Beziehungen ist. Man kann das also formalisieren. So etwas gibt es grundsätzlich auch in anderen Programmiersprachen und Frameworks. Die beliebteste Methode ist die, eine Datenbank zu nehmen und an das Programm anzubinden. Ebenso gibt es Systeme, die uns sozusagen den Sourcetext generieren. Beides hat erhebliche Nachteile. Grundsätzlich wird die Beschreibung unseres Objektgraphen zur Übersetzungszeit hergestellt. Zur Laufzeit ist alles statisch. Außerdem befindet sich die Beschreibung gleichermaßen außerhalb unseres Programms und damit außerhalb unserer Kontrolle. Oder eben durch fremde Hand in unsere Quelle getippt, was die Sache nur noch schlimmer macht. Kontrolle haben wir jedenfalls nicht.

Da wir aber schon an einigen Stellen bemerkt haben, dass Objective-C und Cocoa dynamisch funktionieren und uns jederzeit die Kontrolle überlassen, gehen sie natürlich nicht diesen Weg. Vielmehr wird in einer externen Datei eine Beschreibung angelegt, die zur Laufzeit zur Verfügung steht. Sie können das mit Nibs und Bindings vergleichen. Auch diese werden erst zur Laufzeit interpretiert. Auch hier wird dies von vielen anderen Systemen bei der Übersetzung des Programms festgelegt, nicht bei Cocoa.

Damit dürfte wieder einmal Cocoa mit Core Data technologisch das meiste andere auf dem Markt um Längen schlagen. Sie wussten mutmaßlich schon, warum Sie sich einen Mac gekauft haben. Fügen Sie Core Data der Liste hinzu.

Was ist Core Data?

Aber Core Data ist auch nicht alles. Es ist zu allererst keine Datenbank, wobei ich hiermit Datenbank synonym für »relationales Datenbanksystem« verwende. Apple drückt das einfach aus: »It is not a relational database or a relational database management system (RDBMS).« Viele Begriffe der objektorientierten Programmierung und der Datenbankprogrammierung überschneiden sich, decken sich sogar. Gerade bei der Modellierung des Objekt-Graphen werden Ideen aus der Datenbanktechnologie verwendet. Aber das dürfen wir nicht verwechseln, weil die Konzeption eine andere ist.

Die Modelschicht

> **GRUNDLAGEN**
>
> In jüngster Zeit werden in der Datenbanktechnologie Gedanken modern, die bereits ein Graphenmodeller wie Core Data mitbringt. Insbesondere sei hierbei die Möglichkeit genannt, Datensätze im Speicher zu halten und Nachrichten an diese senden zu können.

Verweise in Core Data und Datenbanken

Datenbanken gehen von Datenbeständen aus, die mehr oder weniger »einfach da« sind. An diesen schicken wir Anfragen und erhalten daraufhin geordnete Antworten. Sie kennen das vermutlich von Webshops, bei denen Sie nach Artikeln suchen können. Der interne Aufbau von Datenbanken ähnelt dabei dem eines Objektgraphen nicht unerheblich, insbesondere sind die Beziehungstypen vergleichbar. Allerdings ist eine Datenbank wesentlich geordneter: Alle Instanzen einer Entität werden in einer Tabelle zusammengefasst. Das Ganze sieht etwa so aus wie ein Tableview. Aber: Das gilt wirklich für alle Instanzen.

Denken wir an unsere Gruppen und deren Personen als Mitglieder. Wir hatten einzelne Beziehungen von der Gruppe zu den Mitgliedern, die wir etwa mit -members oder einer ähnlichen Methode abfragen konnten. Die Mitglieder einer Gruppe sind also der Gruppe zugeordnet. In einer Datenbank ist hingegen diese Zuordnung nur mittelbar vorhanden. Vielmehr wird zunächst nach den Entitäten sortiert. Das kann man mit der Personenliste in der Sidebar vergleichen: Alle Personen zusammen und die Gruppenzugehörigkeit sieht man nicht unmittelbar.

Groups
name
Tech
Marketing

Persons	
firstName	lastName
Amin	Negm
Peter	Müller
Berta	Schmitz
Dieter	Meier

Nach Entitäten zusammengefasst: Datenbank

Bei einer Datenbank werden also alle Personen fest in einer Tabelle zusammengeschnürt. Die einzelnen Zeilen bilden dabei unsere Instanzen und werden auch tatsächlich »Zeile«, »Row« oder »Datensatz« genannt. Die Spalten bilden die Eigenschaften.

Verweise erfolgen dann bei Datenbanken anders herum: Jede Zeile in dieser Tabelle erhält (im einfachsten Falle) eine Nummer, die man »Primärschlüssel« (Primary-Key) nennt. Mit diesem kann dann eine Zeile eindeutig identifiziert werden. (Diese Nummer muss nicht zwingend von 1 starten und dann lückenlos hochzählen.) Verweist ein Eintrag auf einen anderen Eintrag, so wird die Nummer des anderen Eintrags als sogenannter Fremdschlüssel (Foreign-Key) gespeichert. Deshalb hat in der Datenbank die Tabelle *groups* keine Spalte *members*. Eine Gruppe hat also keine Mitglieder, sondern es wird umgekehrt zu jeder Person gespeichert, zu welcher Gruppe sie gehört. Achten Sie auf die Pfeilrichtungen: Sie sind »verkehrt herum«!

Kapitel 7

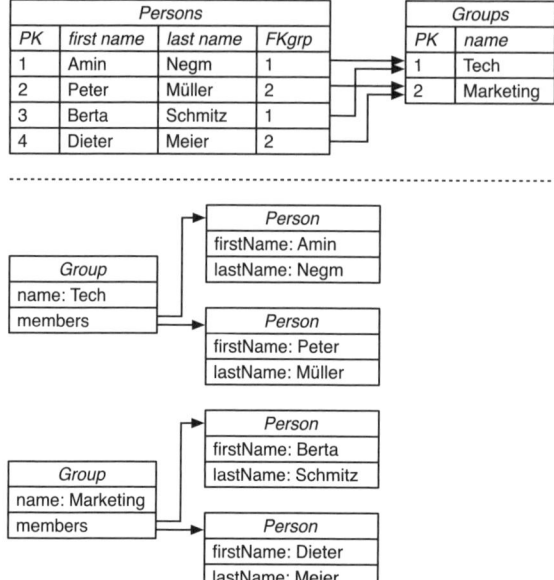

Verweise in Datenbanken und Objektgraphen

Dies bedeutet, dass man eine Gruppeninstanz – also eine Zeile in der Gruppentabelle – gar nicht danach befragen kann, welche Personen ihre Mitglieder bilden. Vielmehr muss man sich den Primärschlüssel einer Gruppe merken und dann die Personentabelle komplett dahingehend durchsuchen, welche Zeilen diesen Wert als Fremdschlüssel für die Gruppe haben.

GRUNDLAGEN

Der Grund dafür liegt darin, dass Datenbanken im Prinzip von festen Größen für einen Datensatz ausgehen. Mehrfachbeziehungen können also nicht modelliert werden, da der beziehende Datensatz ja je nach Anzahl an Beziehungszielen unterschiedlich groß wäre. Aus diesem Grunde existieren auch nicht unmittelbar n:m-Beziehungen bei Datenbanken. Man bricht diese auf. Wir werden das später auch machen – allerdings aus einem ganz anderen Grunde.

Dies soll aber auch nicht darüber hinwegtäuschen, dass man durchaus auch alle Objekte einer Entität holen kann, wie wir es ja in unserem Company-Beispiel auch machen. Einen solchen Zugriff, der unmittelbar alle Instanzen betrifft, nennt man »Fetch-Request«. Wir schauen uns das auch noch an.

Die Modelschicht

Dokumente und Datenpools

Ein weiterer Unterschied liegt darin, dass eine objektorientierte Anwendung ein Model kennt, welches geladen (geöffnet) wird. Klar, man kann Core Data auch bei Applikationen verwenden, die keine Dokumente besitzen. Aber prinzipiell geschieht das Gleiche: Eine Datei wird geöffnet. Damit gehört diese Datei mit diesem Objektgraphen der öffnenden Applikation.

> **GRUNDLAGEN**
>
> Wenn wir eine Anwendung ohne Dokumente haben, dann wird die Datei automatisch in einem vom System bereitgestellten Verzeichnis, in dem für die Applikation ein Unterverzeichnis erzeugt wird, abgelegt. Sie können sich das in der Methode -applicationFilesDirectory eines App-Delegates für Core-Data-Nutzung ohne Dokumente anschauen.

Für Datenbanken ist das eher ein abwegiger Gedanke: Meist hat man einen Datenbank-Server (auf dem gleichen oder auf einem anderen Computer), und jede Anwendung meldet sich dort lediglich an. Die Datenbank gehört dem Server. Daher ist die fehlende Netzwerkfähigkeit in dem Konzept von Core Data kein Zufall, sondern ein Zeichen dieses Konzeptes. Theoretisch ließe sich dies von Apple noch implementieren. Es ist aber eben nicht der Ansatz.

> **TIPP**
>
> Ich arbeite übrigens mit meinem Co-Autor aus dem zweiten Band, Christian Kienle, an einer Software, die genau dieses Problem lösen soll, da sich Apple standhaft nicht rührt.

Gemeinsamkeiten

Jetzt kommen wir zu den Gemeinsamkeiten: Wenn Sie sich eine Schere und einen Kleber nehmen würden, könnten Sie einen Objektgraphen in die Datenbank umwandeln. Letztlich müssten Sie nur verschieben und nummerieren. Das kann Core Data selbst! Man kann nämlich den Objektgraphen im Format der Datenbank MySQL abspeichern lassen. Man kann also nicht sagen, dass in einer Datenbank mehr oder weniger Information gespeichert ist als in einem Objektgraphen. Sie ist nur anders angeordnet.

Aufbau

Core Data besteht aus zahlreichen Klassen, deren Instanzen in verschiedenster Weise miteinander interagieren. Sie haben auch schon einiges gesehen, ohne dass ich das näher erläuterte. Ich will hier mal die wichtigsten Komponenten und ihre Aufgaben vorstellen.

Kapitel 7

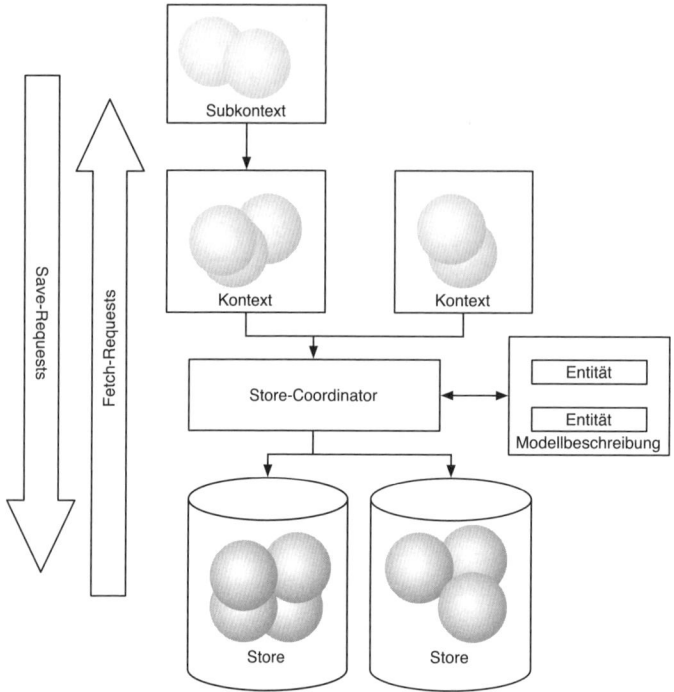

Die Möglichkeiten sind umfassend, jedoch selten benötigt.

Persistent-Store

Sie sehen in der Graphik, dass auf unterster Ebene eine Datei durch einen Persistent-Store verwaltet wird. Seit OS X 10.7 hat die Klasse NSPersistentStore die Subklassen NSAtomicStore und NSIncrementalStore, so dass es möglich ist, eigene Storetypen zu programmieren, wobei beim Atomic-Store der komplette Graph in den Hauptspeicher geladen wird, beim Incremental-Store nur Teile hiervon. Die Bezeichnung Datei ist übrigens nicht ganz richtig, weil ein Store auch im Hauptspeicher liegen kann, dann also nicht ohne Weiteres persistiert.

Bisher existieren folgende Stores:

- *XML (Atomic)*: Die Daten werden als XML-Datei geschrieben. Der Vorteil dieses Formats liegt darin, dass man die gespeicherten Daten mit einem Text-Editor anschauen kann, was zu Debuggingzwecken nützlich ist. Der Nachteil liegt im langsamen Laden und Speichern. Außerdem wird stets der komplette Objektgraph vom Massenspeicher gelesen, was speicheraufwendig ist.

- *Binary (Atomic)*: Die Daten werden für den Menschen nicht-lesbar geschrieben. Dadurch schrumpft die Dateigröße ganz erheblich. Aber auch hier ist es so, dass beim Laden der gesamte Objektgraph in den Hauptspeicher geholt wird.

Die Modelschicht

- *SQL (Incremental)*: Die Dateien werden in eine SQLite-Datenbank geschrieben. Das Laden funktioniert hier stückchenweise, so dass also nur gerade benötigte Teile in den Hauptspeicher geholt und bei Bedarf zurück geschrieben werden. Für die Release-Version ist dies in der Regel das bevorzugte Format.
- *In-Memory*: Die Daten werden nicht auf den Massenspeicher abgelegt.

Wie Sie schon in den bisherigen Applikationen sehen konnten, bleibt es standardmäßig dem Benutzer überlassen, in welchem Format er die Daten ablegen möchte. Der File-Save-Dialog bietet ein entsprechendes Pop-up. Wie bereits angedeutet, kann man aber in den Einstellungen des Targets vorhandene Dokumententypen entfernen und so bestimmte Dateiformate erzwingen. Hierzu kommen wir im Kapitel 8.

Store-Coordinator und Managed-Object-Model

Mehrere Stores können gleichzeitig geöffnet sein, was jedoch in aller Regel nicht notwendig ist. Der Store-Coordinator verschmelzt diese dann zu einem virtuellen einheitlichen Store. Das Ganze ist allerdings durch zwei Umstände stark begrenzt:

- Instanzen, die in verschiedenen Stores – Dateien – liegen, können nicht aufeinander verweisen.
- Alle Stores müssen dieselbe Struktur haben. Man kann sich allerdings hier – wenn Sie selbst ein wenig forschen wollen – mit sogenannten Configurations etwas behelfen. Meist ist das aber nicht notwendig.

Dem Store-Coordinator wird eine Beschreibung des Models zugeordnet, welche durch eine Instanz der Klasse NSManagedObjectModel abgebildet wird. Dies ist die Beschreibung, die wir im Modeller eingeben. Hieraus resultiert übrigens auch die oben als Zweites genannte Einschränkung: Da nur eine Modellbeschreibung pro Store-Coordinator existiert, müssen alle Stores dieser entsprechen, also dieselbe Struktur aufweisen. Die Beschreibung enthält wiederum die Beschreibungen der einzelnen Entitäten. Diese bespreche ich wegen der Bedeutung sogleich in einem gesonderten Abschnitt.

Kontexte

Oberhalb des Store-Coordinators existieren endlich unsere Kontexte als Instanzen der Klasse NSManagedObjectContext, mit denen wir unmittelbar in unserer Applikation interagieren. Auch das hatten wir schon einmal kurz gemacht. Im Kontext befinden sich die einzelnen Instanzen, die Managed-Objects. Dabei ist aber zu beachten, dass Core Data jedenfalls dann, wenn wir einen SQL-Store verwenden, Instanzen automatisch auf Platte auslagert bzw. bei Bedarf nachlädt. Für uns als Programmierer ist dies aber nicht sichtbar.

Persistent-Document

Diese Struktur ist recht kompliziert – und komplizierter als meist notwendig. Um die Handhabung zu vereinfachen, existiert die Klasse NSPersistentDocument, welche eine Subklasse von NSDocument ist. Nutzen wir Core Data, so sind unsere Dokumente wiederum Subklassen von NSPersistentDocument.

Kapitel 7

Dies Core-Data-Dokument baut sich einen vereinfachten Stapel, der letztlich mit einem Kontext arbeitet und einen Store hat.

Damit wird der uns vor allem interessierende Kontext zu einer Eigenschaft des Dokumentes. Und genau so hatten wir ja auch in den bisherigen Core-Data-Anwendungen unsere Arraycontroller gebunden.

Wichtig ist, dass es nur einen Kontext pro Dokument gibt und nur einen Store.

7.3.2 Modelbeschreibung

Ein Core-Data-Dokument enthält nicht nur die eigentlichen Daten, sondern gleich auch eine Beschreibung des Modelles. Jedes Objekt gehört dabei zu einer Entität. Jede Entität hat eine Klasse. Daraus folgt, dass eine Instanz unter zwei Blickwinkeln abstrahiert werden kann: Zum einen erhält sie Eigenschaften aufgrund ihrer Entitätszugehörigkeit (Entitätseigenschaften), zum anderen aufgrund ihrer Klassenzugehörigkeit (Klasseneigenschaften).

> **TIPP**
>
> Von Christian Kienle existiert das Programm Core Data Editor, mit dem sich sogar fremde Core Data-Dokumente betrachten und editieren lassen. Dieses Programm kann über den App Store bezogen werden.

Entitäten und Klassen sehen sich also sehr ähnlich. Und sicherlich haben Sie bereits bemerkt, dass wir im Modeller eine Klasse angeben können. Wir haben davon einfach bisher keinen Gebrauch gemacht und die Klasse einfach auf NSManagedObject belassen. Also besitzt eine Instanz im laufenden Programm (selbstverständlich) auch eine Klasse.

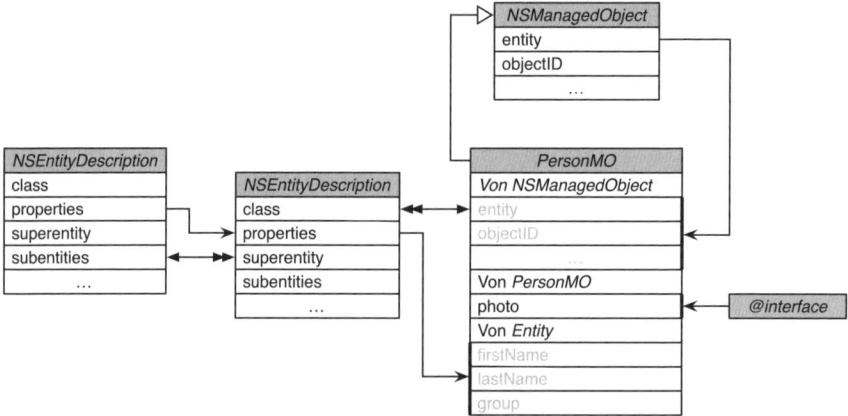

Eigenschaften können von der Klasse oder der Entität stammen.

Es stellt sich also die Frage, wie das miteinander konkurriert und wann man welche Technologie einsetzt. Als Übersicht:

- Entitäten können nur die Core-Data-Attribute abbilden, also diejenigen Typen, die Sie im Modeller einstellen können. Sollen Attribute anderer Typen gespeichert werden, so bedarf es einer Subklasse von NSManagedObject oder anderer Lösungen, die wir gleich besprechen. Also: Eigenschaften können von der Entität oder der Klasse herrühren.
- Entitätsbeschreibungen enthalten keine Methoden. Diese lassen sich nur über eine Subklasse hinzufügen. Also: Methoden können nur von der Klasse herrühren.
- Jede Entität verweist auf genau eine Klasse. Eine Klasse kann aber für mehrere Entitäten verwendet werden. Genau genommen hatten wir das schon mit der Klasse NSManagedObject gemacht, die ja sowohl bei der Entität Group als auch bei der Entität Person eingetragen war, also zweimal verwendet wurde.

Ich werde zunächst die über die Entität vorhandene Beschreibung des Models erläutern. Danach erzeugen wir uns auch eine Subklasse, die wir im weiteren Verlauf dieses Buches mit Funktionalität ausstatten.

GRUNDLAGEN

Wenn wir auf eine Eigenschaft einer Instanz mittels KVC zugreifen, bemerkt der Nutzer gar nicht, ob es sich um eine im Model-Editor angelegte Eigenschaft der Entität oder um eine in der Source einer Subklasse von NSManagedObject angelegte Eigenschaft der Klasse oder Superklasse handelt. Umgekehrt kann man Accessoren auch für Entitätseigenschaften bauen. Letztlich ist die Herkunft also für den Anwender verborgen.

Entitätsbeschreibung

Unser Graph bestand aus Instanzen, die Attribute und Beziehungen enthielten. Diese Eigenschaften hatten die Instanzen bisher in allen Fällen aufgrund ihrer Zugehörigkeit zu einer Entität – Group oder Person. Core Data speichert für jede Entität eine sogenannte Entity-Description, also eine Beschreibung dieser Entität. In der Beschreibung steht etwa: »Eine Person hat die Attribute Vorname und Nachname und eine Master-Detail-Beziehung zu einer Gruppe.«

Man gelangt an die Beschreibung mittels der Methode +entityForName: inManagedObjectContext: (NSEntityDescription). Tatsächlich benötigen wir diese Methode weniger zur Analyse der Beschreibung. Vielmehr werden wir noch Fälle kennenlernen, in denen Methoden von Core Data die Entität als Parameter erwarten. Sie hatten damit auch schon in Kapitel 6 Bekanntschaft gemacht, als wir Managed-Objects im Code erzeugten. Dort hatte ich Sie nach hier verwiesen.

Entitäten können abstrakt sein und abgeleitet werden. Auf diese Weise lassen sich allgemeine und spezielle Eigenschaften festlegen.

Kapitel 7

Die Entitätsbeschreibung enthält wiederum Beschreibungen für die Attribute, die Beziehungen und die sogenannten Fetched-Propertys. Jede dieser Beschreibungen besitzt ihre eigene Klasse, die von `NSPropertyDescription` abgeleitet ist. Schauen wir uns das an.

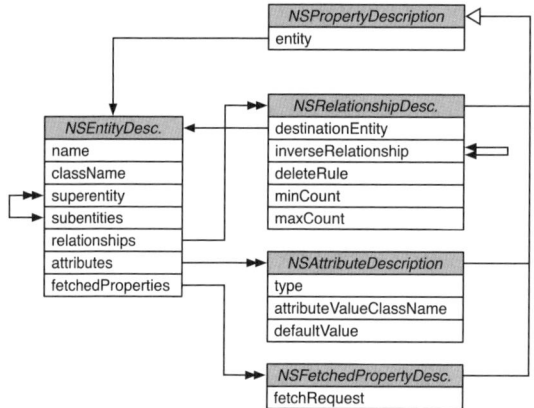

Die wichtigsten Attribute und Beziehungen der Model-Beschreibung

Eigenschaftsbeschreibungen

Die Modelbeschreibung enthält als Verweis von der Entitätsbeschreibung Informationen für jede Eigenschaft. Wie in der Graphik ersichtlich existieren dabei Informationen, die vom Eigenschaftstyp (Attribut, Relation oder Fetched-Property) unabhängig sind wie spezielle

Allgemein (Property-Description)

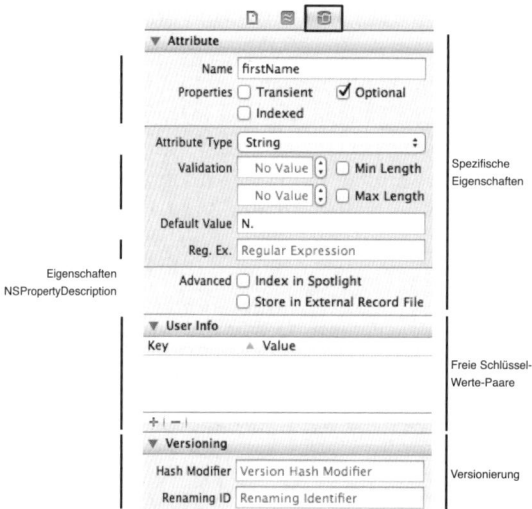

Die abstrakte Klasse NSPropertyDescription liefert einen Grundstock an Eigenschaften.

636

Die Modelschicht

Basisklasse für die Eigenschaftsbeschreibung ist `NSPropertyDescription`. Allerdings sind sie im Modeller nicht einzeln aufgeführt, sondern bei den jeweiligen Untertypen (Attribut, Beziehung) integriert, soweit sie für den ausgewählten Typen Sinn ergeben. Bildschirmphotos gibt es daher erst später.

Die (abstrakte) Beschreibung aller Eigenschaften enthält neben dem Namen der Eigenschaft vor allem dreii wichtige Einträge, die Sie auch im Modeller bereits gesehen haben:

- *Optional* legt fest, ob die entsprechende Eigenschaft nil sein darf, also bei einem Attribut keine Daten enthält oder bei einer Beziehung kein verwiesenes Objekt. Dies wird beim Abspeichern des Models überprüft.
- *Transient* bestimmt, ob diese Eigenschaft gespeichert – und dann natürlich wieder geladen – werden soll. Ist dies eingeschaltet, so erfolgt keine Speicherung. (Transistenz ist sozusagen das Gegenteil von Persistenz.)
- *Indexed* bestimmt bei Attributen, dass nach diesen häufig gesucht wird. Die Bezeichnung rührt daher, dass, wenn die Daten im SQLite-Format gespeichert werden, ein sogenannter Index angelegt wird, der das schnellere Auffinden ermöglicht. Die Eingabe ist auch für die Entität selbst im Data-Model-Inspector möglich.

Des Weiteren enthalten Instanzen von `NSPropertyDescription` Informationen, die die Validierung der gespeicherten Werte ermöglichen. Aus dem Code heraus kann man dazu Prädikate (eine Art Bedingungen, mit denen wir uns noch beschäftigen werden) setzen. Im Modeller ist dies spezialisiert für die einzelnen Attributtypen mit einem User-Interface versehen, etwa bei einem String-Attribut mit der Angabe einer zulässigen Länge, bei To-many-Relationships die Angabe einer zulässigen Anzahl von Verweisen usw. Das wird dann also ebenfalls bei den verschiedenen Eigenschaftstypen von mir angesprochen (wenn es nicht ohnehin selbsterläuternd ist).

Im Bereich *User-Info* können zudem Schlüssel-Werte-Paare frei vergeben werden.

Schließlich sorgt die Basisklasse noch dafür, dass eine Versionierung bei Änderungen des Modells möglich ist. Dazu sieht die Benutzerschnittstelle des Modelleditors sogar einen eigenen Bereich vor. Dies wird im zweiten Band besprochen.

Attributbeschreibung

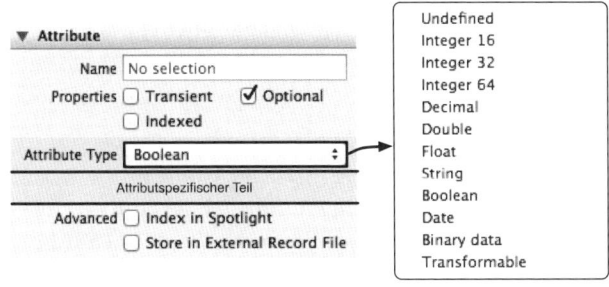

Die Einstellungen für alle Attribute ...

Kapitel 7

Das User-Interface für Attribute unterteilt sich in einen (helleren) allgemeinen Teil für alle Attribute und einen (dunkleren) Teil, der vom Attributtypen abhängt.

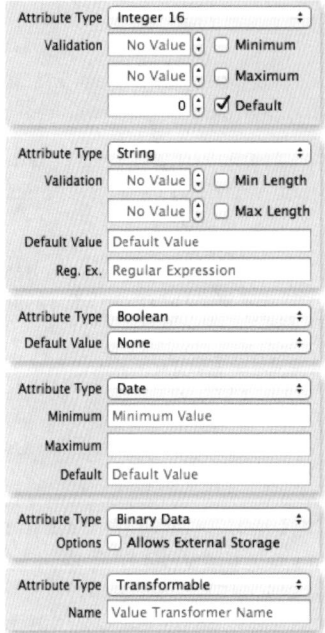

... *und für bestimmte Attributtypen.*

Die Attributbeschreibung enthält zunächst den Typen des Attributs. Ich gehe davon aus, dass sich die meisten der angebotenen Attributtypen von selbst erklären. Allerdings sind auch solche anzutreffen, die der Erläuterung bedürfen:

- *Undefined* bezeichnet eine Instanz einer beliebigen und damit auch für Core Data unbekannten Klasse. Das Attribut nimmt am automatischen Undo-Management teil, jedoch nicht am Speichern. Das Attribut muss also transistent (nicht-persistent) sein.

- *Binary Data* bezeichnet eine NSData-Instanz. Im attributspezifischen Teil kann angegeben werden, ob die Daten in eine externe Dateien ausgelagert werden dürfen. Bei gesetzter Option macht allerdings Core Data erst bei sehr großen Datenmengen hiervon Gebrauch.

- *Transformable* bedeutet ebenfalls, dass das Attribut als NSData-Instanz gespeichert wird, jedoch automatisch ein Value-Transformer verwendet wird, der zwischen NSData und der gewünschten Klasse umwandelt. Der verwendete Value-Transformer kann dann im attributspezifischen Teil eingestellt werden. Wir werden dies noch nutzen.

Darüber hinaus kann ein Standardwert eingegeben werden (*Default Value*) und zulässige Wertebereiche (*Min Value*, *Max Value*), die sich bei Strings auf die Länge beziehen (*Min Length*, *Max Length*). Dies wird jedoch in den spezifischen Bereichen verschieden für die

Nutzereingabe aufbereitet. Inhaltlich geht es jedoch stets um dieselbe Sache. Codeseitig werden daraus die bereits bei den Propertys angesprochenen Prädikate für die Validierung.

Relationships

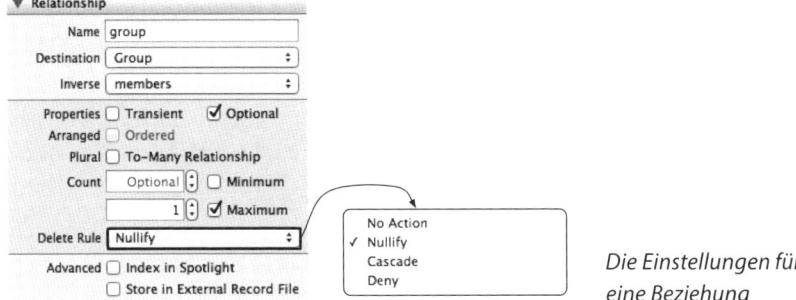

Die Einstellungen für eine Beziehung

Die Relationship-Descriptions (beschreiben die Beziehungen) werden Sie vermutlich sofort einordnen können (sonst lesen Sie bitte noch einmal den Abschnitt über Objektarten im ersten Kapitel nach).

Wenn eine Instanz – gleich auf welche Weise – gelöscht wird, so stellt sich die Frage, was mit den Instanzen geschehen soll, auf die sie verweist. Was passiert also mit den bezogenen Personen, wenn eine Gruppe gelöscht wird? Klar ist zunächst, dass damit alle Verweise der gelöschten Instanz aufgegeben werden. Allerdings verhält es sich nicht so, dass eine Instanz aus einem Core-Data-Modell entfernt wird, wenn auf sie nicht mehr verwiesen wird. Die Person wird also auch dann nicht automatisch gelöscht, wenn die Gruppe verschwindet und damit der Verweis aufgegeben wird.

Sie können vielmehr für jede Beziehung im Modeller eine Löschregel einstellen, wie mit einem verwiesenen Objekt umgegangen werden soll, wenn das verweisende gelöscht wird. Ich erläutere das an dem Beispiel der Gruppen und Personen:

- *No Action*: Es geschieht gar nichts mit der verwiesenen Person-Instanz, insbesondere wird der Rückverweis unangetastet gelassen. Man muss sich dann klar darüber sein, dass jetzt ein Verweis der Person auf eine Gruppe vorliegt, die nicht mehr im Model vorhanden ist. Das Model ist inkonsistent, weshalb diese Einstellung nur dann sinnvoll ist, wenn man programmatisch selbst die Sache in die Hand nimmt und die Konsistenz wieder herstellt: absolute Ausnahme!

- *Nullify*: Die Personinstanz bleibt erhalten und ihr Rückverweis wird auf Null gesetzt. Dies entspricht der Entfernung von Gruppe, wobei dann die Person erhalten bleibt. Von der Bedeutung her ist dies die richtige Deletion-Rule, wenn wir einen reinen Bezug zu einer anderen Instanz haben. Dies modelliert also eine schwache Beziehung. In unserer Applikation ist das mutmaßlich das Gewollte, da ja Personen unabhängig von Gruppen existieren.

- *Cascade*: Das Löschen der verweisenden Instanz führt zum Löschen der verwiesenen Instanz. Löschen wir also eine Gruppe, so wird jede Person, die in ihr enthalten ist, ebenfalls gelöscht. Bedenken Sie, dass es für den Rückverweis wiederum eine Deletion-Rule gibt, dass also das Löschen der Person wieder Auswirkungen auf weitere Instanzen haben kann. Auf diese Weise kann sich eine Löschwelle aufbauen, die nacheinander Löschungen kaskadiert. Dies ist die richtige Deletion-Rule, wenn eine Instanz eine andere besitzt. In früheren Versionen unserer Applikation, in der Personen in einer Gruppe »lebten«, wäre das richtig gewesen.

- *Deny*: Das Löschen der verweisenden Instanz wird verweigert, wenn noch ein Verweis vorhanden ist. Es wäre also nicht möglich, eine Gruppe zu löschen, wenn sich noch Mitglieder in ihr befinden.

Um das klarzustellen: Es geht hier nur um die Frage, was mit den bezogenen Personen passiert, wenn eine Gruppe gelöscht wird. Es geht indessen nicht darum, was mit Personen passiert, die aus einer weiter bestehenden Gruppe entfernt werden. Dies ist keine Frage, die Core Data beantwortet, da es kein Reference-Counting kennt. Vielmehr bietet hierzu der Arraycontroller Möglichkeiten an. Aber klar ist auch, dass diese Fragen häufig gleich beantwortet werden müssen, da ihr immer zugrunde liegt, ob das verwiesene Objekt einen Bestandteil des verweisenden Objektes bildet oder es sich um einen reinen Bezug handelt.

Sie können das an einem Beispiel mal kurz ausprobieren: Wählen Sie im Modeller die Entität *Group* aus und sodann die Relationship *members*, die ja auch Personen verweist. Geben Sie im Inspector als *Delete Rule* die Option *Cascade* an. Starten Sie jetzt die Anwendung und fügen Sie einer Gruppe eine Person hinzu. Löschen Sie wieder die Gruppe: Schließen und öffnen Sie die Personenliste, damit diese aktualisiert wird. Die Person ist weg.

> **HILFE**
>
> Sie können das Projekt in diesem Zustand als Propjekt company-31 von der Webseite herunterladen.

Wir ersparen uns jetzt die Aktualisierung der Personenliste, weil dies ohnehin in unserer Applikation nicht sinnvoll ist. Setzen Sie vielmehr bitte die Delete-Rule wieder auf *Nullify*.

Zu beachten ist jedoch noch, dass Core Data automatisch für die Konsistenz von Hin- und Rückbeziehung sorgt, wenn die inverse Beziehung gesetzt wird. Dies gilt auch für n:m-Beziehungen, die überhaupt noch der Untersuchung bedürfen:

Wie Sie bereits gelernt haben, liegt eine n:m-Beziehung vor, wenn beide Beziehungen Mehrfachbeziehungen (To-many-Relationship) sind. Klar wird das an einem Beispiel: Wir haben wieder unsere beliebte Firma. Hier gab es ja Gruppen und diese hatten Mitglieder. Bisher hatten wir das als 1:n-Beziehung modelliert: Eine Gruppe kann viele Mitglieder haben, aber jedes Mitglied gehört genau zu einer Gruppe. Ich bin aber nun ein vielseitig begabter Mensch, weshalb die Firmenleitung überlegt, mich sowohl in die Gruppe Tech

Die Modelschicht

als auch in die Gruppe Marketing zu stecken. Die Rückbeziehung von Person zur Gruppe muss jetzt auch eine 1:n-Beziehung sein. So wie bei der Gruppenehe.

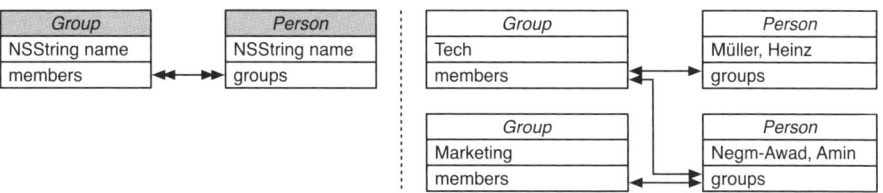

2+2=3: Zwei Gruppen mit zwei Mitgliedern ergeben drei Beziehungen.

AUFGEPASST

Nur zur Kontrolle und Erinnerung: Wenn Sie eine Person einer Gruppe hinzufügen und dann einer anderen Gruppe, verschwindet sie bisher aus der ersten wieder. Sie hat ja nur eine Rückbeziehung zu einer Gruppe. Da Core Data automatisch die Konsistenz der Beziehungen herstellt, wird damit auch die Beziehung von der ersten Gruppe zur Person entfernt. Dieses Verhalten ändern wir jetzt also.

Bauen wir das doch einmal ein. Zunächst wechseln Sie bitte zum Modeller und ändern sodann die Rückbeziehung *group* der Entität *Person* auf die Entität *Group*: Zunächst muss der Name jetzt *groups* anstelle von *group* lauten, da wir ja eine Mehrfachbeziehung haben. Zudem klicken Sie jetzt das Häkchen vor *To-many-Relationship* an, um wirklich eine Mehrfachbeziehung auch in dieser Richtung zu haben.

Das ist aber nicht alles, da wir jetzt auch das Einfügen einer Person in eine Gruppe anpassen müssen. Dies geschah ja in DocumentWindowController.m durch Drag-and-Drop:

```
- (BOOL)outlineView:(NSOutlineView*)outlineView
        acceptDrop:(id<NSDraggingInfo>)info
              item:(id)item
        childIndex:(NSInteger)index
{
…
    for( NSURL *objectURI in pbItems ) {
        objectID = [coordinator managedObjectIDForURIRepresentation:objectURI];
        person = [context objectWithID:objectID];
        NSMutableSet *groups = [person mutableSetValueForKey:@"groups"];
        [groups addObject:destinationItem];
    };

    return YES;
}
```

`item` war unser Drop-Ziel, also die Gruppe. Wir machen hier also nichts anderes, als uns die Eigenschaft `groups` der Person zu holen und die neue Gruppe einzufügen. Auch hier: Core Data kümmert sich automatisch um die umgekehrte Beziehung, fügt jetzt also diese Person auch den Mitgliedern der Gruppe hinzu.

Wenn Sie jetzt das Programm übersetzen und starten, fügen Sie bitte eine Person und zwei Gruppen ein. Sie können jetzt erkennen, dass Sie die Person beiden Gruppen hinzufügen können, ohne dass sie in der anderen verschwindet.

> **HILFE**
>
> Sie können das Projekt in diesem Zustand als company-32 von der Webseite herunterladen.

Fetched-Propertys

Ich habe noch etwas Neues: Die Fetched-Propertys (abgefragte Eigenschaften). Bei diesen handelt es sich ebenso wie bei Beziehungen (Relationships) um Verbindungen zu anderen Entitäten. Stellen Sie sich einfach eine Bibliotheksapplikation vor, die natürlich für verschiedene Bibliotheken die einzelnen Bücher enthält. Die Bücher werden über eine Relationship der Bibliothek hinzugefügt. Das kennen Sie.

Anders verhält es sich, wenn Sie Liste von Büchern eines bestimmten Autors herstellen: Dieser Liste werden Bücher über eine Bedingung hinzugefügt, in dem Beispiel etwa

```
(autor.firstName = "Amin") AND (autor.lastName = "Negm-Awad")
```

Sie kennen das auch aus iTunes: Dort gibt es zunächst die Musikbibliothek. Dort befinden sich sämtliche Lieder. Das entspräche unserer Personenliste. Dann gibt es die Wiedergabelisten. Dieser werden einzeln Titel hinzugefügt. Das entspräche den Gruppen, denen einzeln Personen hinzugefügt werden. Schließlich kennen Sie auch intelligente Wiedergabelisten. Dort befinden sich Musiktitel, die einem bestimmten Kriterium (Prädikat) entsprechen. Diese Art der Beziehung sind dann eben Fetched-Propertys.

Dies führt in der praktischen Anwendung zu einigen Unterschieden:

- Beziehungen haben in aller Regel eine Rückbeziehung. Bei Fetched-Properties ist dies nicht der Fall.

- Wird das Ausgangsobjekt einer Fetch-Property gelöscht, werden niemals die bezogenen Objekte gelöscht. Es wäre absurd, wenn das Entfernen einer intelligenten Wiedergabeliste zur Löschung von Musiktiteln führte.

- Fetched-Properties werden durch Abfragen – Fetch-Requests – definiert, die typischerweise ein Filter-Prädikat (das Auswahlkriterium) und einen Sort-Descriptor (eine Sortierreihenfolge) enthalten.

Die Modelschicht

- Das Ergebnis wird nicht automatisch aktualisiert, wie das bei Bindings auf einer Relationship wäre.

> **BEISPIEL**
>
> Eine »intelligente Gruppe« in unserer Beispielapplikation wäre ein Kandidat für Fetched-Propertys. Bei einem Wechsel der Selektion in der Sidebar müsste dann die Fetched-Property aktualisiert werden.

Klassen und Entitäten

Wie bereits ausgeführt, ist man bei Core Data nicht auf die vorgefertigte Basisklasse NSManagedObject festgelegt, sondern kann eigene Subklassen in den Graphen integrieren. Die Fähigkeit birgt ein riesiges Potenzial, da sich letztlich das gesamte Verhalten für unsere Zwecke anpassen lässt. Wir fangen damit mal an, auch wenn wir es hier noch nicht benötigen:

Öffnen Sie den Modeller. Im oberen Bereich geben Sie in der linken Liste der Entitäten in der Spalte *Class* anstelle von *NSManagedObject* als Klasse *Person* ein. Dies bedeutet jetzt also, dass in dieser Entität nicht Instanzen der Klasse NSManagedObject, sondern solche von Person landen.

Natürlich müssen wir uns diese Klasse erzeugen. In Xcode 4 geht dies unmittelbar aus dem Modeller heraus. Wählen Sie dazu im Modeller die Entität, in unserem Falle *Person*, an, und klicken dann im Menü auf *Editor | Create NSManagedObject Subclass ...* Da sich die weiteren Angaben (Vorlage: Objective-C class, Basisklasse: NSManagedObject, Klassenname: Entitätsname) aus der Sache selbst ergeben, muss durch Sie jetzt nur noch der Zielort bestimmt werden, der aber schon richtig steht. Daher einfach auf *Create* klicken. Sie sehen dann im Project-Navigator die neue Klasse Person mit ihren Dateien Person.h und Person.m.

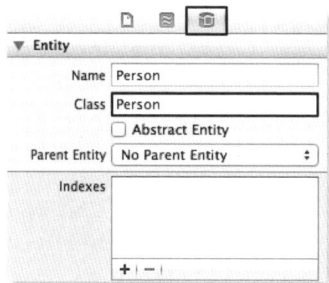

Das erste Mal eine eigene Klasse für eine Entität

Natürlich muss jetzt bei einem -addPerson: im Controller auch wirklich eine Instanz dieser Subklasse erzeugt werden. Öffnen Sie wieder DocumentWindowController.m und scrollen Sie bis zur Actionmethode:

```
#import "DocumentWC.h"
#import "Person.h"
…
- (IBAction)addPerson:(id)sender
{
    NSManagedObjectContext *context = [self.document managedObjectContext];
    NSEntityDescription *entity = [NSEntityDescription entityForName:@"Person"
                                   inManagedObjectContext:context];
    Person *person = [[Person alloc] initWithEntity:entity
                      insertIntoManagedObjectContext:context];
…
}
```

Eine Alternative dazu besteht in der Möglichkeit, die Entitätsbeschreibung mit -managedObjectClassName nach der zugeordneten Klasse zu fragen und daraus ein Klassenobjekt zu erzeugen. Exemplarisch:

```
Class personClass = NSClassFromString([entity managedObjectClassName]);
Person *person = [[personClass alloc] initWithEntity:entity
                  insertIntoManagedObjectContext:context];
```

7.3.3 Instanzverwaltung

Neben diesen Beschreibungen des Objektgraphen muss natürlich Core Data auch die gespeicherten, einzelnen Daten besorgen, also die einzelne Instanz der Klasse Person usw.

Diese Aufgabe von Core Data – mit der wir viel häufiger in Kontakt kommen – hängt zentral mit dem Managed-Context zusammen. Er sorgt für die Erzeugung der einzelnen Instanzen und stellt die Verbindungen zwischen den Instanzen her.

Objekt-ID

Core Data hält zu jeder Instanz, gleich welcher Entität und Klasse, eine eindeutige Objekt-ID. Sie kennen das auch bereits aus dem Beispiel zu Drag-and-Drop. Diese lässt sich zu einem Managed-Object mittels der Methode -objectID abfragen und ändert sich erst (und dann einmalig), wenn das Objekt abgespeichert wird. Vor der Speicherung nennt man die Objekt-ID »temporär«, danach »permanent«. Die Objekt-ID ist als Instanz der Klasse NSManagedObjectID modelliert. Sie erlaubt die Umwandlung in einen Universal Ressource Identifier (URI), der wiederum durch eine Instanz der Klasse NSURL (Universal Ressource Locator) dargestellt wird.

> **GRUNDLAGEN**
>
> URL? Ist das nicht das mit dem Internet? Nein, denn mit einem URL bezeichnet man schlicht und einfach eine Information, die etwas eindeutig verortet. Das benutzt man auch im Internet, um eine Seite zu finden, ist aber nicht hierauf beschränkt. Man kann eben auch Managed-Objects in einem Dokument damit bestimmen.

Wir werden diese Objekt-ID ganz am Ende des Kapitels verwenden, um eine Reihenfolge in Listen zu modellieren. Aber ein bisschen haben Sie damit ja auch schon gearbeitet.

Instanzerzeugung

Ebenfalls ist es möglich, einzelne Instanzen aus dem Code heraus erzeugen zu lassen. Was der Arraycontroller kann, können auch Sie. Sie haben dies ja auch schon gemacht, nämlich im Kapitel 6, als wir das Drag-and-Drop implementierten, sowie gerade mit unserer neuen Subklasse. Mit dem jetzigen Wissen können Sie mit der Objekterzeugung viel mehr anfangen. Schauen wir uns das kurz noch einmal an:

```
- (IBAction)addPerson:(id)sender
{
    NSManagedObjectContext *context = [self.document managedObjectContext];
    NSEntityDescription *entity = [NSEntityDescription entityForName:@"Person"
                 inManagedObjectContext:context];
    Person *person = [[Person alloc] initWithEntity:entity
         insertIntoManagedObjectContext:context];
    [self.personsController addObject:person];
```

Die Vorgehensweise ist also letztlich ein Wandern am Core-Data-Stack, der von dem Persistent-Document ausgeht. Im Einzelnen holen wir den Kontext des Dokuments. Dies funktioniert, weil standardmäßig ein Kontext pro Dokument existiert. Innerhalb dieses Kontextes suchen wir als Nächstes nach der Entität für eine Person. Mit diesen Angaben können wir schließlich das Objekt erzeugen und den Designated-Initializer eines Managed-Objects, -initWithEntity:insertIntoManagedObjectContext:, ausführen. Ein Managed-Object ist nur benutzbar, wenn es sich in einem Kontext befindet. Es ist aber zulässig, es zwischen Kontexten zu verschieben. Ist es in der Zwischenzeit kontextlos, so kann es nicht benutzt werden. (Es kann jedoch noch benutzt werden, um einen Kontext zu setzen. Musste ich das jetzt gesondert erwähnen?)

Natürlich lässt sich das entsprechend anpassen, wenn dieses Codefragment häufiger verwendet wird. Man könnte eine entsprechende Methode in der eigenen Subklasse von NSPersistentDocument anbieten oder NSManagedObject ableiten und einen neuen Designated-Initializer anbieten, der lediglich ein Dokument als Parameter erwartet und dann entsprechend dem obigen Code eine Instanz im Kontext erzeugt.

Wird eine neue Instanz erzeugt, so erhält sie eine awakeFromInsert-Nachricht. Dies kann man etwa dazu verwenden, Initialisierungsarbeiten bezogen auf den Kontext vorzunehmen. Fügen Sie in Person.m folgenden Code ein:

```
- (void)awakeFromInsert
{
    [super awakeFromInsert];
}
@end
```

Sie sehen hier übrigens die dynamisch erzeugten Accessoren aus Kapitel 4. Setzen Sie einen Breakpoint auf diese Methode.

Wenn Sie jetzt eine Person hinzufügen, so hält das Programm an. Dies gilt aber nicht, wenn ein Dokument geladen wird: Hier wird die Instanz ja nicht (erneut) dem Modell eingefügt, sondern befand sich bereits in ihm. Ausprobieren!

Wird eine Instanz lediglich dem Store entnommen, so wird vielmehr ihre Methode –awakeFromFetch ausgeführt. Auch hier bitte mit einem Breakpoint ausprobieren:

```
- (void)awakeFromFetch
{
    [super awakeFromInsert];
}
@end
```

Achtung: Wenn Sie das Dokument laden und der Disclosure vor Persons geschlossen ist, hält die Anwendung möglicherweise noch nicht. Core Data lädt die Instanzen ja erst bei Bedarf in den Hauptspeicher. Sie müssen dann also den Disclosure öffnen.

Für den umgekehrten Fall existieren die Methoden –willSave und –didSave, welche anders als die awake-Methoden nicht einen Anruf an super enthalten müssen.

> **HILFE**
>
> Sie können das Projekt im aktuellen Zustand als company-33 von der Webseite herunterladen.

Bitte entfernen Sie wieder die Breakpoints.

Speicherverwaltung

Grundsätzlich gelten dieselben Regeln für Core Data wie auch ansonsten: Wenn Sie sich dauerhaft einen Zeiger auf ein Managed-Object besorgen, so müssen Sie – bei manueller Speicherverwaltung – ein `retain` senden, bei Freigabe ein `release`. Core Data selbst sorgt nicht dafür, dass Instanzen im Speicher bleiben, wenn ein SQL-Store verwendet wird. Es steht vielmehr frei, die Instanz aus dem Hauptspeicher zu entfernen und stattdessen auf Platte zu speichern. Man kann allerdings mit `-setRetainsRegisteredObjects: (NSManagedObjectContext)` ein `-retain` auf alle in einem Kontext befindlichen Objekte erzwingen. Wird ein Objekt aus dem Model gelöscht, ist der Zeiger auf das Objekt wertlos, sobald das Model wieder gespeichert wird.

Instanzvernichtung

Scharf zu trennen von der Lebensdauer im Hauptspeicher ist die Lebensdauer im Model. Da ja Instanzen aus dem Hauptspeicher entfernt werden können, ohne dass sie aus dem Model verschwinden, muss sich das schon aus diesem Grunde verschieden verhalten. Aber noch mehr: Für die Lebensdauer im Model gilt, wie bereits erwähnt, kein Reference-Counting! Dies bedeutet, dass eine Instanz, welche nicht mehr verwiesen wird, dennoch im Model erhalten bleibt.

Bleibt also die Frage, wie man Instanzen wieder aus dem Model entfernt, wenn sie nicht mehr verwiesen werden (und sie dann auch entfernt werden sollen, bei unseren Personen ist das etwa nicht der Fall):

Löschen und Arraycontroller

Wie wir bereits gesehen hatten, kann man einen Arraycontroller im Conent-Set-Binding so einstellen, dass er entfernte Instanzen löschen soll. Dies ist nicht immer tunlich. Schauen wir uns unsere Applikation an:

- Die Arraycontroller, die die Personen und die Gruppen auf höchster Ebene verwalten, sollen in der Regel die Instanz auch löschen. Wenn wir also im Outlineview gerade die Gruppe Persons geöffnet haben, so soll das Löschen einer Person diese auch aus dem Model entfernen. Gleiches gilt für das Entfernen einer Gruppe aus dem Outlineview. Da wir hier Arraycontroller auf höchster Ebene haben (kein Content-Set-Binding), werden die Instanzen automatisch gelöscht.

- Wird indessen ein Mitglied in einer Gruppe entfernt, so wollen wir in der Regel nicht, dass die Person auch im Model gelöscht wird. Hier hängt der Arraycontroller mit seinem Inhalt an den Einstellungen des Content-Set-Bindings. Üblicherweise will man beim Entfernen einer Instanz lediglich aus der gebundenen Beziehung nicht, dass die entfernte Instanz gelöscht wird. Die Option bleibt dann deaktiviert.

Der Arraycontroller kann angewiesen werden, die entfernten Instanzen automatisch aus dem Model zu löschen.

Sie können sich die Unterscheidung wiederum auch gut bei iTunes vergegenwärtigen: Wird ein Lied aus der Bibliothek gelöscht, so soll es aus dem Model entfernt werden. Der Arraycontroller für die Bibliothek löscht also die von ihm verwalteten Instanzen. Gleiches gilt, wenn eine Wiedergabeliste gelöscht wird: Sie wird aus dem Model entfernt. Beides wird auf oberster Ebene angezeigt.

Wird indessen ein Lied aus einer Wiedergabeliste entfernt, so soll es grundsätzlich im Model erhalten bleiben. Der Arraycontroller für die Lieder in den Wiedergabelisten löscht also nichts im Model. Hier ist es so, dass der Arraycontroller für Lieder abhängig ist von dem Arraycontroller für die Wiedergabelisten.

Hatten wir das nicht schon gerade besprochen? Nein, denn vorhin ging es darum, was mit den bezognen Objekten passiert, wenn ein verweisendes Objekt gelöscht wird. Jetzt geht es darum, was mit den bezogenen Objekten passiert, wenn der Verweis aufgehoben wird.

GRUNDLAGEN

Wieder eine Ausprägung der Besitzt-Regel: Eine Gruppe besitzt keine Mitglieder, sondern verweist auf sie, wie eine Leseliste. Das Streichen eines Titels auf einer Leseliste führt nicht dazu, dass das Buch zerstört wird. Streichen Sie indessen einen Titel aus einer Bibliothek, so wird das Buch aus der Bibliothek entfernt.

Sie können das unterschiedliche Verhalten dann mal ausprobieren. Öffnen Sie die Xib-Datei für die Gruppen (*GroupsPane*). Dort haben wir mit dem Members Controller einen Arraycontroller, der von einem anderen Controller abhängt. Setzen Sie bei diesem im Binding *Content Set* die Option *Deletes Objects on Remove*.

Tatsächlich sehen Sie dann im laufenden Programm nicht das automatische Verschwinden der Person. Das ist jedoch wieder nur ein Synchronisationsfehler, der darauf beruht, dass wir die Sidebar ja selbst befüllen und das Neuladen nicht anstoßen. Dass die Person tatsächlich gelöscht worden ist, können Sie aber erkennen, wenn Sie den Disclosure für die Personen in der Sidebar einmal schließen und wieder öffnen, so dass eine Neusynchronisation erfolgt. Schalten Sie die Option aber wieder im Xib aus.

> **GRUNDLAGEN**
>
> Woran liegt der Synchronisationsfehler? Das Löschen der Instanz im Kontext erfolgt automatisch. Wir bemerken hiervon nichts. Wie auch? Diesen Fall können wir reparieren, indem wir den Button zunächst mit einer Methode unseres Controllers verbinden, der den Arraycontroller mit der Löschung beauftragt und dann an das View ein `-reloadData` schickt. Aber wir benötigen das in unserer Applikation nicht, da wie dargestellt das Löschverhalten nicht der Intention des Benutzers entsprechen wird. Der wird sich nämlich bedanken, wenn er eine Person aus einer Gruppe entfernt, um sie in eine andere zu stopfen – und sie dann verschwindet und neu eingegeben werden muss.

Löschen im Code

Um selbst Instanzen aus dem Model zu entfernen, existiert die Methode `-deleteObject:` (`NSManagedObjectContext`). Sie können freilich in der Regel diese Aufgabe einem Arraycontroller übertragen, wie wir es taten.

Abweichungen zwischen Store und Kontext

Da die Lebensdauer von Instanzen im Hauptspeicher von der im Store abweichen kann, existieren Methoden zur Abfrage:

Mit den Methoden `-isInserted`, `-isDeleted`, `-isUpdated` und `-isInFault` (alle `NSManagedObject`) lässt sich der Lebenszustand eines Objektes im Vergleich zu seinem Store ermitteln. Der Kontext führt zudem Buch, so dass man sich mit den Methoden `-insertedObjects`, `-deletedObjects` und `-updatedObjects` (alle `NSManagedObjectContext`) gleich eine ganze Sammlung besorgen kann.

Mit `-registeredObjects` erhält man sämtliche Objekte.

7.3.4 Anpassung

Wie ich bereits ausführte, ist Core Data ein Bestandteil unseres Programms. Damit ist gemeint, dass das, was uns Core Data erzeugt, für uns verwaltet usw., »echte« Objekte unseres Programms sind. Sie können daher abgeleitet werden, was wir ja auch schon taten.

Dementsprechend ist es grundsätzlich möglich, alles mit einem Managed-Object zu machen, was wir auch mit einem »normalen« Objekt machen könnten. Die mit Abstand wichtigsten Fälle der Anpassung will ich hier besprechen:

Accessoren

Es gibt für eigene Accessoren einer Core-Data-Eigenschaft vor allem zwei Gründe:

- Man will aus dem Programm heraus bequem mit den üblichen Accessoren auf die Eigenschaften des Objektes zugreifen, anstelle die KVC-Methoden zu benutzen. Das kann auch erforderlich sein, wenn ein Projekt nachträglich auf Core Data umgestellt wird, so dass in den Benutzerklassen des Models einfach noch die entsprechenden Accessoren stehen, etwa wenn eine Instanz Person zu einem Managed-Object wurde: `[person setFirstname:@"Amin"];`
- In den Accessoren soll etwas erledigt werden.
- Als Spezialfall des vorangegangenen Punktes: Es sollen Attributtypen unterstützt werden, die Core Data nicht kennt. Hiermit beschäftige ich mich in einem eigenen Unterabschnitt sogleich.

Wie können wir also eigene Accessoren implementieren? Es gibt verschiedene Wege:

Dynamische Accessoren

Dynamische Accessoren werden von Apple dringend angeraten, wenn es nur darum geht, aus Bequemlichkeit eigene Accessoren anzubieten. Xcode 4 generiert uns automatisch entsprechenden Code. Schauen wir uns das in Person.h an:

```
@interface Person : NSManagedObject
@property (nonatomic, copy) NSString * firstName;
@property (nonatomic, copy) NSString * lastName;
@property (nonatomic, copy) NSSet *groups;
@end

@interface Person (CoreDataGeneratedAccessors)
- (void)addGroupsObject:(NSManagedObject *)value;
- (void)removeGroupsObject:(NSManagedObject *)value;
- (void)addGroups:(NSSet *)values;
- (void)removeGroups:(NSSet *)values;
@end
```

Zunächst sehen Sie also ganz übliche Propertys, wobei Sie bitte das `retain` wie oben ersichtlich ersetzen, da wir ja mit Automatic Reference Counting arbeiten und ein hohes Maß an Kapselung haben wollen.

> **AUFGEPASST**
>
> copy ist für Master-Detail-Relationships nicht möglich, da Managed-Objects das Copying-Protokoll nicht beherrschen. (Core Data weiß ja nicht einmal, was tief und flach im konkreten Kontext bedeutet.) Hier ist strong – oder bei manueller Speicherverwaltung – retain zu verwenden. Bei den anderen Eigenschaften kann man ebenfalls so operieren, wenn man möchte.

Darüber hinaus legt uns Xcode sogar gleich erweiterte KVC-Methoden für To-many-Relationships an. Bitte achten Sie auch auf die Typisierung: Der Getter für die Beziehung ist auf NSSet typisiert, damit man nicht das Set abholen und außerhalb des Klassencodes verändern kann.

Natürlich müssen die Accessoren noch implementiert werden. Dies erfolgt über Entitätseigenschaften nicht mittels @synthesize, da dies ja eine Instanzvariable erzeugen würde. Diese brauchen wir aber nicht, da wir auf Entitätseigenschaften, nicht auf Klasseneigenschaften zugreifen. Also: Es gibt keine entsprechende Instanzvariable (ivar) für eine Entitätseigenschaft.

Vielmehr simulieren Managed-Objects die nicht vorhandenen Accessoren. Wir müssen sie also gar nicht synthetisieren.

Allerdings wird der Compiler die Accessoren implizit synthetisieren, da er weder ein (explizites) @synthesize noch Accessoren für die Eigenschaften findet. Dies führt ja neuerdings dazu, dass einfach @synthesize angenommen wird, was wir gerade nicht wollen. Wir müssen also dem Compiler sagen, dass die Accessoren schon da sind, er sie nur nicht sieht und auch nicht sebst erzeugen soll: »Es kümmert sich schon jemand um die Erzeugung.« Und diese Möglichkeit nennt sich @dynamic:. Wenn Sie in den generierten Code schauen, sehen Sie, dass auch diese bereits von Xcode erledigt worden ist:

```
@dynamic firstName;
@dynamic lastName;
@dynamic groups;
```

> **AUFGEPASST**
>
> Wo aber sind die KVC-Methoden geblieben? Und wieso standen die in einer Kategorie? Hier bedient sich Apples einen Tricks: Befinden sich Methodendeklarationen in einer Kategorie, so kann der Compiler deren Implementierung nicht nachprüfen. Sie dürfen nämlich sowohl in der Klasse als auch in einer Kategorie definiert werden. Aus diesem Grunde beschwert sich der Compiler auch nicht. Dies ist hier ja gerade gewollt, da Core Data die Methoden erst zur Laufzeit, also nach der Compilierung, erzeugt.

Jetzt können wir also mittels normaler Accessoren anstelle von Key-Value Coding auf die Attribute zugreifen, etwa in DocumentWindowController.m:

```
- (IBAction)addPerson:(id)sender
{
   ...
   Person * person = [[Person alloc] initWithEntity:entity
           insertIntoManagedObjectContext:context]
   person.firstName = @"Amin";
   [personsController addObject:person];
```

Fügen Sie diese Zeile jedoch nur testweise ein und nehmen Sie sie nach dem Test wieder heraus. Dann erscheint wieder der Defaultwert, den wir im Modeller eingegeben hatten.

Ausformulierte Accessoren

Diese Möglichkeit der dynamischen Generierung hilft allerdings nicht immer. Möchte ich etwas in den Accessoren erledigen, so müssen wir freilich selbst den Code formulieren können. Das ist an sich kein Problem, allerdings ist der Aufbau der Accessoren etwas anders, da ja Core Data die Daten speichert – und immer noch nicht in einer Instanzvariablen.

Machen wir ein kleines Spielchen und setzen uns eine Paraphe für jede Person zusammen. Hierbei handelt es sich um ein Namenskürzel, welches man verwendet, wenn man seine Identität angeben, jedoch nicht unterschreiben will. Sie kennen das vielleicht von Ihrem Lehrer, der unter die Korrektur seine Paraphe setzt. Jedes Mal, wenn der Nachname des Objektes gesetzt wird, nehmen wir die ersten vier Buchstaben des Namens, um ihn selbst als Eigenschaft des Schlüssels *shortName* zu setzen. Wir hängen uns dazu in die Accessoren der registrierten Eigenschaft *lastname* und setzen in deren Setter die registrierte Eigenschaft *shortName*.

Öffnen Sie nunmehr Person.m, und fügen Sie die Accessoren hinzu:

```
@implementation Person
@dynamic firstName;
@dynamic lastName;
@dynamic groups;

- (NSString*)lastName
{
   [self willAccessValueForKey:@"lastName"];
   id value = [self primitiveValueForKey:@"lastName"];
   [self didAccessValueForKey:@"lastName"];
   return value;
}
```

```
- (void)setLastName:(NSString*)value
{
    [self willChangeValueForKey:@"lastName"];
    [self setPrimitiveValue: value forKey: @"lastname"];
    [self didChangeValueForKey:@"lastName"];
}
```

> **GRUNDLAGEN**
>
> Wie Sie erkennen können, habe ich das Attribut *lastName* von dem @dynamic nicht entfernt. Es kann dort bleiben, da unsere ausprogrammierten Accessoren den dynamischen von Core Data vorgehen. Zur Klarheit sollte man es allerdings löschen.

In den Accessoren sind ein paar Dinge erläuterungsbedürftig:

Die erste und dritte Zeile der Methodenrümpfe sind sogenannte KVO-Nachrichten. In diesem Band will ich mich auf die Beschreibung ihrer Funktion beschränken: Wie bereits erläutert, beobachtet das Key-Value-Observing die Methodenaufrufe und teilt Änderungen automatisch mit. Bindings können sich etwa daraufhin synchronisieren. Dies nennt man »automatisches Key-Value-Observing«.

Bei Core Data ist dies ausgeschaltet. Deshalb müssen die Accessoren selbst eine Änderung von Eigenschaften mitteilen. Und genau dies machen diese beiden Methoden, wie man an ihrem Namen schon erkennen kann. Merken Sie sich einfach dieses System und die Notwendigkeit, dass bei Managed-Objects derlei KVO-Nachrichten verschickt werden müssen. Man nennt dies »manuelles Key-Value-Observing«.

Zwischen den KVO-Nachrichten befinden sich aber ebenfalls bemerkenswerte Methoden. Core Data verwendet KVC, um die Zugriffe auf Objekt-Eigenschaften zu implementieren. KVC seinerseits sucht nach Accessor-Methoden und ruft diese gegebenenfalls auf. Es wird dabei fündig, da wir ja gerade diese Accessoren implementieren. Das hatten wir schon im Kapitel 6.

Aber nun muss der Wert ja auch gespeichert werden. Dies geschieht nicht in einer Instanzvariable, da es sich ja um ein Entitätsattribut handelt. Unser üblicher Setter ist also sinnwidrig. Man könnte jetzt auf den Gedanken kommen, wieder Key-Value-Coding zu benutzen:

```
- (NSString*)lastName
{
    [self willAccessValueForKey:@"lastName"];
    id value = [self valueForKey:@"lastName"];
    [self didAccessValueForKey:@"lastName"];
    return value;
}
```

Kapitel 7

Bloß würde die KVC-Methode -valueForKey: ja nun nach unserem Getter suchen, ihn finden und erneut aufrufen. In unserem Getter würden wir wieder die KVC-Methode verwenden. Die wiederum ... usw. usf. Also: In einem Accessor einer Eigenschaft darf man nicht die KVC-Methoden mit dem Schlüssel für eben diese Eigenschaft benutzen. Das hat auch nichts mit Core Data zu tun, sondern ist eine generelle Regel, die wir bisher einfach nicht brauchten, weil wir gleich auf Instanzvariablen zugegriffen haben.

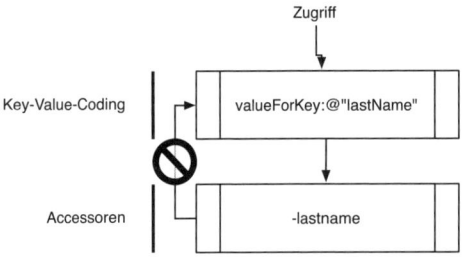

Key-Value-Drehwurm: Accessoren dürfen keine KVC-Methoden mit ihrem eigenen Schlüssel verwenden.

Schön, jetzt wissen wir, warum wir nicht KVC-Methoden benutzen dürfen. Bleibt die Frage, was diese Primitive-Methoden sollen. Sie sind sozusagen ein Zugriffssystem, welches unterhalb unserer Accessoren angeordnet sind, ein Extra-KVC nur für den Zugriff auf Entitätsattribute. Das Managed-Object fügt also eine weitere Ebene ein:

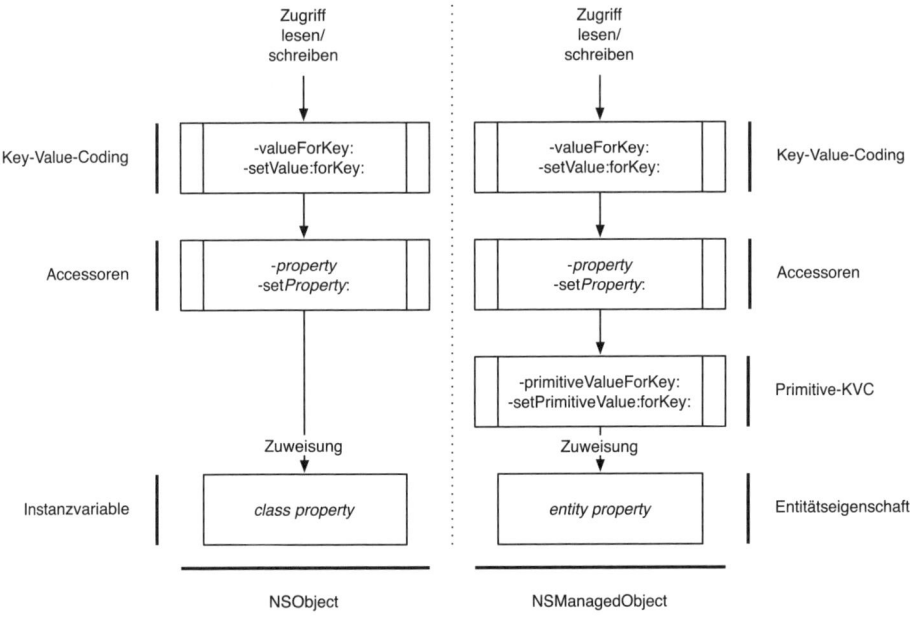

KVC vs. pKVC: noch eine Zwischendecke

Übersetzen und testen Sie das Projekt. Die Applikation müsste sich wie bisher verhalten. Das ist natürlich noch kein Erfolg. Wir könnten jetzt ein weiteres Attribut im Modeller hinzufügen, welches die Paraphe enthält. Das ist aber zum einen nicht sonderlich herausfordernd, zum anderen überflüssig: Als Entitätsattribut würde die Paraphe gespeichert werden, was nicht erforderlich ist, da sie ja aus dem Nachnamen berechnet werden kann. Schicker wäre es, wenn wir ein Klassenattribut verwenden könnten. Und genau damit beschäftigen wir uns im nächsten Unterabschnitt ...

TIPP

Eine andere und einfachere Möglichkeit, die Persistenz eines Attributes zu verhindern, besteht darin, im Modeller die Option *Transient* auszuwählen. Ich wähle hier zu Lehrzwecken nicht diesen Weg. Wir werden Klasseneigenschaften später aus ganz anderem Grunde benötigen, worauf ich Sie aber sanft vorbereiten will.

HILFE

Sie können das Projekt in diesem Zustand als Projekt company-34 von der Webseite herunterladen.

Klasseneigenschaften

Sie hatten ja bereits gelernt, dass eine Eigenschaft ihre Existenz aus der Entität in Core Data beziehen kann oder aufgrund einer Instanzvariable, die wir in der Klasse angelegt hatten. Und Sie hatten im letzten Unterabschnitt gelernt, wie man mit Entitätsattributen umgeht.

Hier wollen wir uns nun mit den Eigenschaften beschäftigen, die eine Instanz aufgrund ihrer Klassenzugehörigkeit erhält. Dies ist eigentlich recht einfach, da Managed-Objects – ich wiederhole mich da gerne – ganz normale Objekte sind. Also machen wir es im Header wie bei ganz normalen Objekten:

```
@interface Person : NSManagedObject
@property( copy ) NSString* paraphe;
```

In der Implementierung synthetisieren wir dann die entsprechende Methode:

```
@implementation Person
@synthesize paraphe;
```

Kapitel 7

> **GRUNDLAGEN**
>
> Obwohl die synthetisierten Methoden keine KVO-Nachrichten enthalten, konnte ich nie ein Synchronisierungsproblem feststellen. Die Dokumentation äußert sich leider nicht explizit hierüber. Sollte ein Synchronisierungsproblem von einem Leser mal beobachtet werden, würde ich sehr gerne das Projekt zur Forschung erhalten. Die Frage, ob man auch bei Klasseneigenschaften die KVO-Nachrichten erzeugen muss, kann ich daher bislang nur mit einem »Nein« beantworten. Wir werden aber gleich ohnehin sehen, dass die praktische Anwendung für Klasseneigenschaften in der Spiegelung einer Entitätseigenschaft liegt. Und hier sind wegen der Letzteren ohnehin KVO-Nachrichten erforderlich, so dass sich die Frage in der Praxis nicht mehr wirklich stellt. (Übrigens stand dieser Kasten schon vor 3 Jahren in dem Buch, und bisher habe ich keine negative Rückmeldung erhalten.)

Natürlich müssen wir die Paraphe noch setzen, wenn der Nachname sich ändert:

```
- (void)setLastname:(NSString*)value
{
    [self willChangeValueForKey: @"lastname"];
    [self setPrimitiveValue: value forKey: @"lastname"];
    [self didChangeValueForKey: @"lastname"];

    if( [value length] > 4 ) {
       self.paraphe = [value substringToIndex:4];
    } else {
       [self setParaphe:value];
    }
}
```

Wechseln Sie nun zu PersonPane.xib und öffnen Sie dort das View *Custom View*. Fügen Sie ein Textfeld für die Paraphe ein, und binden Sie dieses wie die anderen Textfelder, wobei Sie freilich *paraphe* als *Model Key Path* verwenden. Im Attributes-Pane des Inspectors schalten Sie *Behaviour* auf *None*. Die Paraphe soll ja nur angezeigt werden. Übersetzen, starten, testen ...

Sie werden nach dem Einfügen einer Person bemerken, dass sich das Paraphenfeld nicht automatisch setzt, sondern erst, wenn Sie positiv einen Nachnamen ändern. Der Defaultwert aus dem Modeller wird nicht über unseren Setter ausgeführt. Wir könnten jedoch im -awakeFromInsert den von Core Data vorgesetzten Defaultwert abfragen und wiederum die ersten vier Zeichen in die Paraphe setzen:

```objc
- (void)awakeFromInsert
{
    [super awakeFromInsert];

    id value = self.lastName;
    if( [value length] > 4 ) {
        value = [value substringToIndex:4];
    }
    self.paraphe = value;
}
- (void)awakeFromFetch
{
    [super awakeFromFetch];

    id value = self.lastName;
    if( [value length] > 4 ) {
        value = [value substringToIndex:4];
    }
    self.paraphe = value;
}
```

Jetzt sollte die Paraphe immer richtig stehen. Mir ist wichtig, dass Sie diese Stolperfalle kennen. Sie gilt übrigens auch für Undo/Redo, wobei hier die Methode –awakeFromSnapshotEvent: die richtige Anlaufstelle ist. Machen wir es komplett:

```objc
- (void)awakeFromSnapshotEvents:(NSSnapshotEventType)flags
{
    [super awakeFromSnapshotEvents:flags];

    id value = self.lastName;
    if( [value length] > 4 ) {
        value = [value substringToIndex:4];
    }
    self.paraphe = value;
}
@end
```

> **HILFE**
>
> Sie können das Projekt in diesem Zustand als company-35 von der Webseite herunterladen.

> **GRUNDLAGEN**
>
> In dem hier angeführten Beispiel ließe sich übrigens paraphe auch als Computed-Property programmieren. Ich wollte aber ein Beispiel für Klasseneigenschaften haben.

Kapitel 7

Eigene Attributtypen

Einer der häufigsten Motivationen, eine eigene Subklasse zu erstellen, sind eigene Attributtypen. Core Data bietet ja nur die im Modeller aufgelisteten.

Insgesamt lassen sich mehrere Lösungsmöglichkeiten für dieses Problem finden. Wir ackern dies mal am Beispiel eines `NSImage`-Attributes durch. Denn Images sind kein zulässiger Attributtyp von Core Data.

Zunächst öffnen Sie bitte wiederum PersonPane.xib und wählen dort in der Objektliste *Custom View* an. Wir geben jeder Person ein Bildchen. Dazu ziehen aus der Library ein *Image Well* (nicht: *IKImageView*) hinein. Sie können freilich das View auch vergrößern, sollten das dann aber auch in Document.xib machen. Es geht hier aber nicht um Gestaltung des User-Interfaces, sondern um Funktionalität.

Konvertierung in der View-Schicht

Natürlich muss dieses Bild im Model gespeichert und mit der Viewschicht verbunden werden. Deshalb setzen wir analog zu den beiden Textfeldern ein Binding. Und hier eröffnet sich gleich die erste Möglichkeit, die Konvertierung: Das View ist in der Lage, mit einem Standardattributtypen umzugehen und selbst daraus eine Anzeige zu erstellen. Dies gilt zum Beispiel für das Imageview.

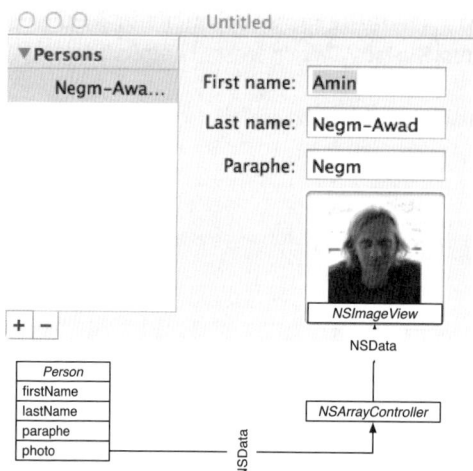

Erst auf der Viewebene wird aus Daten ein Bild.

Wir setzen daher das *Data*-Binding des Views und verbinden es dabei mit einem noch zu implementierenden Attribut *photo*.

```
Bind To: Selected Persons Controller
Controller Key: selection
Model Key Path: photo
```

Außerdem müssen Sie für das Imageview im Attributes-Pane des Inspectors die Option *Editable* einschalten. Speichern, schließen.

Im Core-Data-Modeller müssen wir zur Entität Person noch das Attribut *photo* mit dem Datentypen Binary Data hinzufügen.

> **GRUNDLAGEN**
>
> Sie werden es zuweilen vielleicht schon im Log bemerkt haben: Core Data reagiert empfindlich auf Veränderungen des Models. Alte Dokumente lassen sich nicht öffnen. Während der Entwicklungszeit ist das eher nervig, wenn gleichzeitig automatisch der Zustand der Anwendung beim Beenden gespeichert wird. Man kann hier in Document die Methode -autosavesInPlace NO zurückliefern lassen, um das zu mildern. Außerdem finden Sie in dem Ordner *Library/Autosave Information* die Dokumente und können sie von Hand löschen. Näheres finden Sie in einem Artikel auf der Webseite zum Buch.

Starten und testen Sie das Programm. Sie merken schon beim Übersetzen, dass es eine Warnung gibt: Data-Bindings sind für Imagewells deprecated. Und das Ganze hier funktioniert ohnehin nur, wenn die Viewklasse ein entsprechendes Binding anbietet. Aber ich will diese Möglichkeit auch aus Verständnisgründen nicht weglassen.

Sie müssten jetzt Bilder in der Applikation, etwa aus iPhoto, auf das Imagewell ziehen können. Sie können das auch abspeichern und wieder laden, denn es handelt sich ja um ein Entitätsattribut.

> **HILFE**
>
> Sie können das Projekt in diesem Zustand als Company-36 von der Webseite herunterladen.

Value-Transformer im View-Binding

Eine daher mit Leopard eingeführte Methode liegt darin, die Daten mittels eines Value-Transformers in den gewünschten Typen umzuwandeln. Gespeichert werden also wieder binäre Daten, und bei dem Zugriff hierauf wird gleichermaßen im Vorbeigehen daraus der gewünschte Datentyp hergestellt.

Kapitel 7

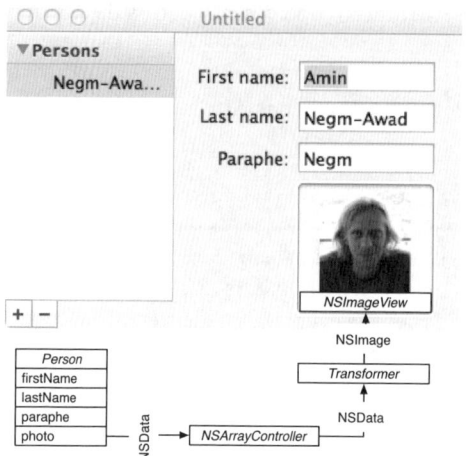

Schein und Sein: Nach außen erscheint das Attribut wie eines von der Klasse NSImage.

Um das zu erreichen, müssen wir zunächst das Data-Binding des Imageviews in PersonPane.xib mithilfe des Bindings-Inspectors wieder beseitigen und an seine Stelle das *Value*-Binding mit gleichen Schlüsseln setzen. Denn dieses erwartet wirklich eine Instanz der Klasse `NSImage`. Bitte erledigen Sie das. Jetzt muss aber aus den Daten ein Bild gemacht werden. Dazu setzen Sie bitte bei *Value Transformer* einen `NSKeyedUnarchiveFromData`.

Value-Transformer im Model

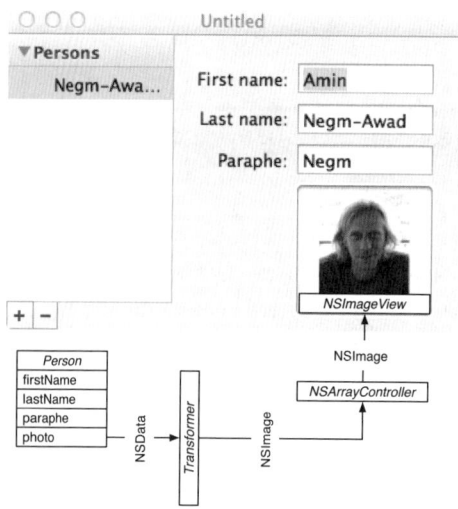

Bei beiden bisherigen Lösungen würden Sie bei einem Zugriff auf das Model binäre Daten erhalten. Die Transformation erfolgt ja erst auf View-Ebene oder unmittelbar auf dem Weg dorthin. Die letzte, modernste und eleganteste Art der Umwandlung wird im Model vorgenommen.

Zunächst entfernen Sie bitte im Binding wieder den Transformer.

Im Modeller ändern Sie hiernach bitte den Attributtypen für die Eigenschaft *photo* von *Binary Data* auf *Transformable*. Als *Value Transformer* tragen Sie nichts ein, was automatisch zur Verwendung einer Instanz von `NSKeyedUnarchiveFromDataTransformer` führt. Wie bereits im letzen Kapitel ausgeführt, wandelt dieser Transformer eine Instanz mittels des Protokolls `NSCoding` in eine NSData-Instanz um bzw. zurück. Damit sind sämtliche Klassen, die das genannte Protokoll beherrschen, abgedeckt! Selbst wenn ein Objekt dies nicht anbietet, so kann es über eine Kategorie ergänzt werden. Damit dürfte sich das Problem der eigenen Attributtypen weitestgehend erledigt haben. Übersetzen, starten und testen ...

> **HILFE**
>
> Sie können das Projekt in diesem Zustand als Company-37 von der Webseite herunterladen.

Instanzvariable mit eigenen Accessoren

Eine weitere Lösung haben Sie eigentlich bereits kennengelernt: Sie erzeugen sich eine typgerechte eigene Instanzvariable und dafür eigene Accessoren. Diese wandeln »on the fly« oder bei jedem Zugriff zwischen einem Standardtypen (Data, String, Integer) und Ihrem Typen hin und her.

Da wir eigene Accessoren bereits durchgenommen haben, will ich hier lediglich auf die entscheidenden Punkte eingehen:

- Beachten Sie bei der Implementierung die oben dargestellten *Regeln für eigene Accessoren*!
- Es gibt grundsätzlich *zwei Strategien* für den Zeitpunkt der Umwandlung: aktuell und verzögert.
- Bei der *aktuellen Umwandlung* wandelt der Setter den übergebenen neuen Wert unmittelbar in ein Entitätsattribut um und speichert ihn ab. Der Getter liest umgekehrt das Entitätsattribut und wandelt es in eine Instanz der gewünschten eigenen Klasse zurück. Wir benötigen hier also keine eigene Instanzvariable, sondern haben letztlich eine berechnete Eigenschaft. Dies verbraucht wenig Speicher, hat aber den Nachteil der ständigen Umwandlung.
- Bei der *verzögerten Umwandlung* arbeiten die Accessoren auf einer Instanzvariable der eignen Klasse. In den Methoden `-awakeFromFetch` und `-willSave` wird dann die Umwandlung in das Entitätsattribut vorgenommen, wenn die Instanz aus dem Store im Hauptspeicher landet bzw. umgekehrt auf dem Massenspeicher abgelegt wird. Hier muss also die Eigenschaft durch eine Instanzvariable dargestellt werden, was zusätzlichen Speicherverbrauch bedeutet. Dafür ist dieses System schneller, weil es nicht bei jedem Zugriff umwandelt.

Sie sollten jedoch mittlerweile dringend die Transformerlösung einsetzen!

7.3.5 Fetch-Requests

Wie Sie bereits gelernt hatten, unterscheidet sich Core Data ganz erheblich von einer Datenbank. Der Knackpunkt lag darin, dass Verweise von einer Entität auf eine andere gespeichert wurden und daher nicht mittels einer Suche über einen rückverweisenden Index aufgelöst werden mussten. Also: Um sämtliche Personen einer Gruppe zu finden, müssen nicht sämtliche Instanzen der Entität Person durchsucht werden, um deren Group-Eigenschaft mit einer Group-ID zu vergleichen. Denn jede Gruppe »weiß« bereits über ihre Beziehung *members*, welche Personen zu ihr gehören.

Dennoch kann es Situationen geben, in denen wir eine allgemeine Suche über eine Entität starten wollen. In solchen Fällen kann man ganz in Datenbankmanier eine Abfrage aller Instanzen einer Entität bewerkstelligen. Man nennt dies einen Fetch-Request. Wir werden das einmal machen.

> **GRUNDLAGEN**
>
> Damit hier keine Missverständnisse aufkommen: Fetch-Requests sind nicht mit SELECT-Anweisungen von SQL vergleichbar. Insbesondere existiert kein JOIN im eigentlichen Sinne: Core Data ist keine Datenbank.

Es ist mal wieder an der Zeit, etwas mit Menüs zu machen. Öffnen Sie MainMenu.xib und wählen Sie dort im Hauptfenster den Verweis *First Responder* an. Wechseln Sie auf den Property-Inspector. Fügen Sie den *Actions* eine neue Aktion *dumpPersons:* hinzu.

Öffnen Sie nun die Menüleiste *MainMenu*. Klicken Sie auf *View*, damit sich das entsprechende Menü öffnet. Ziehen Sie aus der Library ein *Menu Item* in das Menü, welches Sie mit *Dump Persons* benennen. Ziehen Sie eine Verbindung vom Menüeintrag zum *First Responder* und klicken Sie im HUD auf *dumpPersons:*.

> **AUFGEPASST**
>
> Da sich unser Windowcontroller DocumentWindowController (mittelbar) in der Responder-Chain befindet, können wir die Actionmethode dort implementieren.

Schließen Sie MainMenu.xib wieder, und öffnen Sie stattdessen DocumentWindowController.m. Fügen Sie am Ende der Actionmethoden eine neue ein:

```
- (IBAction)dumpPersons:(id)sender {
  NSManagedObjectContext* context;
  NSEntityDescription* entity;
  NSFetchRequest* fetch;
  NSError* error = nil;
  NSArray* result;
```

```
    context = [[self document] managedObjectContext];
    entity = [NSEntityDescription entityForName:@"Person"
                        inManagedObjectContext:context];
    fetch = [[NSFetchRequest alloc] init];
    [fetch setEntity:entity];

    result = [context executeFetchRequest:fetch error:&error];

    if( !result ) {
        [[NSApplication sharedApplication] presentError:error];
    } else {
        NSLog( @"Personen\n%@", result );
    }
}
```

Zunächst können Sie die Minimalzutaten eines Fetches erkennen:

- Kontext (`NSManagedObjectContext`),
- Entität (`NSEntityDescription`),
- Fetch-Request (`NSFetchRequest`) selbst,
- Ergebnis-Array (`NSArray`) und
- Fehlercode (`NSError`).

Die Entität ist eine Eigenschaft des Fetch-Requests und wird daher gesetzt. Dann wird der Fetch-Request im Kontext ausgeführt. Das Objekt der Klasse `NSFetchRequest` beschreibt also nur den Fetch. Die Funktionalität wird vom Kontext bereitgestellt. Ist der Fetch fehlgeschlagen, so wird als Ergebnis `nil` geliefert. Ist der Fetch erfolgreich, findet jedoch keine Instanzen, so wird ein leeres Array zurückgeliefert. Finden sich Instanzen, so werden diese im Array zurückgeliefert.

POWER

Es wurden nach und nach neue Methoden eingeführt, mit denen die genaue Art des Ergebnisses festgelegt werden kann. Im zweiten Band werden Sie den Nutzen besser verstehen. Für die Ermittlung von Instanzen sind die Defaulteinstellungen ausreichend. Wichtig ist in diesen Zusammenhang allerdings, dass die Ausgabe im Log Ihnen zuweilen unvollständig erscheint. So wird vielleicht ein Treffer etwa nicht mit seinen Eigenschaften angezeigt. Dies hat sein Bewenden damit, dass Core Data faul ist und die Abfrage häufig auf den Store auslagern kann. Dann werden die Treffer nicht sofort geladen. Um hier zum Testen vollständige Ergebnisse zu sehen, sollten Sie deshalb den Personen-Disclosure im Dokumentenfenster öffnen. Das forciert ein Laden der Instanzen.

Starten Sie das Programm und geben Sie bitte drei Personen ein: *Amin Negm-Awad*, *Sami Negm-Awad* und *Dieter Müller*. Wählen Sie dann im Menü *Dump Persons* und beachten Sie die drei Instanzen im Log. Speichern Sie dieses Dokument zur späteren Verwendung.

Kapitel 7

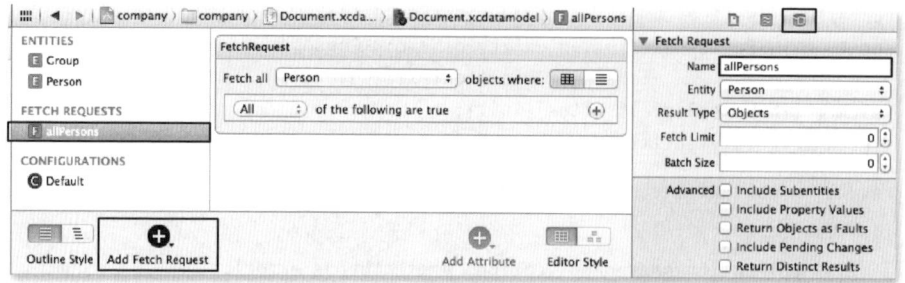

Um Fetch-Requests im Model-Designer zu definieren, sollte man die Ansicht umschalten.

Alternativ kann ein Fetch auch gleich im Model-Designer angelegt werden. Öffnen Sie das Model im Model-Designer.

Wählen Sie zunächst in der Liste der *Entities* den Eintrag *Person* aus. Mit einem Langklick auf den *Button Add Entity* öffnen Sie ein Pop-Up, in dem Sie *Add Fetch Request* auswählen. (Dieser schaltet sich dann auf *Add Fetch Request* um.) Benennen Sie den Fetch-Request mit *allPersons* und lassen Sie in der Mitte das Prädikat unangetastet.

Ein so eingegebener Fetch-Request kann dann im Code abgeholt werden. Ändern Sie den Code in *DocumentWindowController.m*.

```
...
- (IBAction)dumpPersons:(id)sender {
  NSManagedObjectContext* context;
  NSManagedObjectModel* model;
  NSFetchRequest* fetch;
  NSError* error = nil;
  NSArray* result;

  context = [[self document] managedObjectContext];
  model = [[self document] managedObjectModel];
  fetch = [model fetchRequestTemplateForName:@"allPersons"];

  result = [context executeFetchRequest:fetch error:&error];

  if( !result ) {
     NSLog( @"Fehler: %@", [error localizedDescription] );
  } else {
     NSLog( @"Personen\n%@", result );
  }
}
```

Bitte testen Sie den neuen Code unter Zuhilfenahme der vorhin erzeugten Datei.

> **HILFE**
>
> Sie können das Projekt in diesem Zustand als Company-38 von der Webseite herunterladen.

7.3.6 Prädikate

Ein Prädikat ist eine Verbindung zwischen einer Instanz und einer Eigenschaft, der logische Wahrheitswerte zugeordnet werden können. Man kann sie sich allerdings auch einfacher als eine Bedingung vorstellen, mit der man Ansammlungen von Instanzen (Collections) in der Weise filtern kann, dass in der Ergebnismenge nur dasjenige Element enthalten ist, auf das die Bedingung zutrifft: ein Filter. Wir haben auch bereits bei einem Projekt Prädikate kennengelernt, nämlich als Filterprädikat für einen Arraycontroller, welches wir an ein Suchfeld banden. Prädikate lassen sich jedoch auch für Fetch-Request in Core Data einsetzen und sogar für die Filterung von Arrays im Code. Ich nutze hier also Core Data eigentlich nur als Aufhänger für vielfältige Anwendungsmöglichkeiten.

Fügen wir unserem Fetch-Request ein Prädikat hinzu:

```
- (IBAction)dumpPersons:(id)sender {
   NSManagedObjectContext* context;
   NSManagedObjectModel* model;
   NSPredicate* predicate;
   NSFetchRequest* fetch;
   NSError* error = nil;
   NSArray* result;

   context = [[self document] managedObjectContext];
   model = [[self document] managedObjectModel];
   predicate = [NSPredicate predicateWithFormat:@"lastName = 'Negm-Awad'"];

   fetch = [[model fetchRequestTemplateForName:@"allPersons"] copy];
   [fetch setPredicate:predicate];

   result = [context executeFetchRequest:fetch error:&error];

   // Ergebnis abfragen
   if( !result ) {
      NSLog( @"Fehler: %@", [error localizedDescription] );
   } else {
      NSLog( @"Personen\n%@", result );
   }
}
```

Das Copy ist notwendig, da wir das Template aus dem Model verändern wollen.

Wir haben hier also ein einfaches Prädikat, welches lediglich die Aussage macht, dass der Nachname auf »Negm-Awad« lautet. Wenn Sie nun das abgespeicherte Dokument laden und den Fetch ausführen, sehen Sie lediglich mich und einen meiner Brüder im Log.

Damit haben Sie auch schon den Aufbau eines Prädikates: »Eigenschaft – Operator – Wert« Allerdings kann vor der Eigenschaft noch ein Aggregat gesetzt werden. Im Einzelnen:

Eigenschaft (Key)

Die Eigenschaft ist in der Regel der Schlüssel eines Attributes, wie eben oben lastName. Neben der Spezifikation im Klartext können Sie die entsprechende Eigenschaft auch in den Formatstring einfügen lassen. Es ist jedoch wichtig, dass Sie dann als Platzhalter im Formatstring nicht %@, sondern %K verwenden. Ansonsten würde der Name der Eigenschaft in Anführungszeichen gesetzt, also zum Wert anstelle eines Schlüssels werden.

Es kann sich jedoch auch um eine Master-Detail-Beziehung handeln. Dann kann abgefragt werden, ob diese **nil** ist oder ob ein Schlüsselpfad eingegeben werden soll, etwa @"group.name = 'Tech'". Dieser Ausdruck, auf Personen angewendet, würde alle Instanzen finden, deren Master-Detail-Beziehung group auf eine Abteilung verweisen, die den Namen »Tech« trägt. Günstig ist es in der Regel, gleich die Gruppe selbst einzutragen, was vom Code aus möglich ist. (Machen wir gleich.) Es ist aber zu beachten, dass dies nicht notwendig dasselbe Ergebnis zeitigen muss. Das wird klar, wenn man sich vor Augen führt, dass zwei Gruppen »Tech« heißen können.

Wert

Der Wert lässt sich wie hier häufig durch Klartext bestimmen.

- Für logische Werte dürfen die Konstanten YES und NO verwendet werden.
- Ebenso ist es möglich, mit NIL (oder auch NULL) zu vergleichen.
- Zahlen werden in »amerikanischer« Schreibweise angegeben, wobei Tausendertrenner nicht verwendet werden, jedoch Exponentialschreibweise (17.02e69).
- Texte stehen in einfachen (') oder doppelten Hochkommata (").
- Kalendarische Daten werden über einen speziellen CAST-Operator eingefügt. Bitte beachten Sie hierzu die Anmerkung nach der Liste und verwenden Sie eine NSDate-Instanz, die Sie mittels %@ einfügen.
- Es können Mengen angegeben werden, wobei die Elemente in geschweiften Klammern stehen: { "Sa", "So" }. Mengen mit zwei Elementen können auch als Bereichsangabe verwendet werden. Hierzu folgt ein Beispiel.
- Schließlich kann, wie oben dargestellt, ein Objekt angegeben werden. Dies muss dann im Code mittels %@ eingefügt werden. Beachten Sie bitte auch hier die nachfolgende Anmerkung:

Um sich von derartigen Syntaxpfriemeleien fernzuhalten, empfiehlt es sich, das Prädikat zusammensetzen zu lassen. Wir können unseren bisherigen Code so entlasten:

```
- (IBAction)dumpPersons:(id)sender {
…
   context = [[self document] managedObjectContext];
   model = [[self document] managedObjectModel];
   predicate
   = [NSPredicate predicateWithFormat:@"lastName = %@", @"Negm-Awad"];
…
}
```

Dies funktioniert auch bei Mengenangaben, wobei dann ein Array verwendet wird.

Operator

Als Operatoren kommen freilich zunächst die aus einem if bekannten Vergleiche in Betracht, wobei etwas mehr Formulierungsfreiheit als bei C gilt:

Für Größenvergleiche stehen =, == (Gleichheit), != (Ungleichheit), > (Eigenschaft ist größer), >=, => (Eigenschaft ist größer oder gleich), < (Eigenschaft ist kleiner), <=, =< (Eigenschaft ist kleiner oder gleich) zur Verfügung.

Eine Bereichsüberprüfung ist mittels BETWEEN möglich, wobei eine Menge mit zwei Werten folgen muss. Der Vergleich wird ausschließlich der Grenzen vorgenommen. Beispiel zum Testen:

```
- (IBAction)dumpPersons:(id)sender {
…
   context = [[self document] managedObjectContext];
   model = [[self document] managedObjectModel];
   NSArray* bounds;
   bounds = [NSArray arrayWithObjects:@"Na", @"Nx", nil];
   predicate
   = [NSPredicate predicateWithFormat:@"lastName BETWEEN %@", bounds];
   NSLog( @"Praedikat: %@", predicate );
…
}
```

Für Textvergleiche existieren ferner spezielle Operatoren: BEGINSWITH, CONTAINS und ENDSWITH sollten sich selbst erklären. Mit LIKE können Sie die Wildcards ? (steht für genau ein wahlfreies Zeichen) und * (steht für beliebig viele – auch 0 – wahlfreie Zeichen) verwenden. Durch ein angehängtes [cd] wird erreicht, dass die Suche nicht zwischen Groß-/Kleinschreibung (c) und verschiedenen diakritischen Zeichen (d) unterscheidet. Sehr mächtig ist der Operator MATCHES, der einen Vergleich mit regulären Ausdrücken zulässt. Beispiel zum Testen:

```
   context = [[self document] managedObjectContext];
   model = [[self document] managedObjectModel];
```

Kapitel 7

```
        predicate = [NSPredicate predicateWithFormat:@"lastName LIKE %@",  @"Negm*"];
        NSLog( @"Praedikat: %@", predicate );
…
}
```

Die oben erwähnten Mengen können Sie mit IN abfragen:

```
        context = [[self document] managedObjectContext];
        model = [[self document] managedObjectModel];
        NSArray* firstNames = @[@"Amin", @"Dieter"];
        predicate
           = [NSPredicate predicateWithFormat:@"firstName IN %@", firstNames];
…
}
```

Mehrere dieser Prädikate können mittels AND, OR und NOT logisch verknüpft werden.

To-many-Beziehungen und Aggregate

Wenn es sich bei der Eigenschaft um eine 1:n-Beziehung handelt, können hierauf Aggregatsfunktionen ausgeführt werden. ANY und SOME sind erfüllt, wenn die angehängte Eigenschaft mindestens ein Mal in der Gruppe der verwiesenen Objekte anzutreffen ist. Entsprechendes gilt für NONE (keines) und ALL.

Ändern Sie den Code für den Fetch in DocumentWindowController.m:

```
        context = [[self document] managedObjectContext];
        model = [[self document] managedObjectModel];
        predicate = [NSPredicate predicateWithFormat:@"ANY groups.name = 'Tech'"];
```

Legen Sie in dem bestehenden Dokument zwei Gruppen *Tech* und *Support* an. Mich ziehen Sie bitte in beide Gruppen, meinen Bruder nur nach *Tech*, Herrn Müller nur nach *Support*. Speichern. Dann klicken Sie wiederum auf *View | Dump Persons*. Sie finden jetzt alle Personen – und nur Personen, das ist nicht gleichzeitig ein Join –, die mindestens einer Gruppe angehören, welche Tech heißt.

Da auch unmittelbar auf die Gruppeninstanz verglichen werden kann, ist dies häufig sinnvoller (und performanter). Machen wir mal einen Filter auf die gerade angewählte Gruppe:

```
…
        // Fetch vorbereiten
        context = [[self document] managedObjectContext];
        model = [[self document] managedObjectModel];
        predicate
           = [NSPredicate predicateWithFormat:@"ANY groups = %@", self.selectedGroup];
…
```

Starten Sie wieder die Anwendung und laden Sie erneut das Dokument. Wählen Sie eine Gruppe aus. Testen. Dann die nächste Gruppe. Testen. Es werden jetzt die jeweiligen Mitglieder in der gerade ausgewählten Gruppe gefunden.

> **AUFGEPASST**
>
> Was passiert eigentlich, wenn keine Gruppe ausgewählt ist? Dann wird mit nil verglichen. Dieser Vergleich scheitert jedoch auch bei Personen, die wirklich keiner Gruppe angehören. Denn die Eigenschaft groups einer Person ist ja seit dem Einbau der n:m-Beziehung ein Set. Wenn keine Gruppe zu der Person gespeichert ist, so ist die Eigenschaft ein leeres Set, nicht nil! Diese Person wird also nicht gefunden. Die richtige Abfrage müsste also darauf lauten, dass die Anzahl der Gruppen zu dieser Person 0 beträgt. Man müsste die Bedingung also auf die Größe des Sets formulieren. Geht das? Ja, das geht, und jetzt zeige ich Ihnen auch, wie:

Ebenfalls ist es möglich, bei einer To-many-Beziehung mit SIZE die Kardinalität (Größe, Anzahl der Mitglieder in der To-many-Beziehung) abzufragen. Lassen wir uns alle Personen anzeigen, die genau zu einer Gruppe gehören, deren *groups*-Beziehung also ein Mitglied hat.

```
...
// Fetch vorbereiten
   context = [[self document] managedObjectContext];
   model = [[self document] managedObjectModel];
   predicate = [NSPredicate predicateWithFormat:@"groups[SIZE] = 1"];
...
```

Der vorstehende Code findet also meinen Bruder und Herrn Müller. Statt des SIZE können Sie auch FIRST und LAST verwenden oder einen Index in die eckigen Klammern schreiben. Bedenken Sie aber, dass Sie es bei Core Data mit Sets zu tun haben, die keine Ordnung kennen.

Aggregate dürfen nicht kombiniert werden.

Prädikaterzeugung

Neben dieser Prädikaterzeugung im Code können Sie auch im Model zu einem Fetch-Request gleich ein Prädikat eingeben. Das wird Ihnen vermutlich vorhin schon aufgefallen sein.

Bei der Erzeugung eines Prädikates – gleichgültig, ob im Core-Data-Modeller oder im Code – ist es zudem möglich, anstelle von Werten und Schlüsseln Variablen einzusetzen, etwa @"firstname = $FIRSTNAME". Es handelt sich dann um ein Template. Die Auflösung eines Templates kann mit der Methode -predicateWithSubstitutionVariables: (NSPredicate) erfolgen. Ist das Template im Modeller angelegt worden, so kann das Abholen des Fetch-Requests und das Ersetzen der Variablen mit der Methode

`-fetchRequestFromTemplateWithName:substitutionVariables:` (`NSManagedObjectModel`) in einem Rutsch erfolgen.

Schließlich können Sie der Dokumentation entnehmen, dass sich um Prädikate eine ganze Reihe von Klassen befinden. Sie können damit sozusagen die Einzelteile eines Prädikates selbst zusammensetzen. Für den Gebrauch in der üblichen Anwendungsprogrammierung ist das allerdings in der Regel nicht notwendig.

Ergänzend sei noch erwähnt, dass die Klasse `NSRuleEditor` existiert, welche ein User-Interface für die Eingabe von Prädikaten bietet.

7.3.7 Sortierung

Zuweilen will man die Instanzen sortiert haben. Bei Core Data stellt sich das Problem, da Beziehungen mit Instanzen der Klasse `NSSet` abgebildet werden. Diese kennen aber keine Sortierung.

Neuerdings ist es allerdings möglich, stattdessen mit der neu eingeführten Klasse `NSOrderedSet` die Beziehungen zu sortieren. Dazu müssen Sie bei einer Beziehung im Modeller das Attribut *Ordered* bei *Arranged* einschalten. Allerdings ist das häufig nicht der Wahrheit letzter Schluss: Die Ordnung hat einen Grund. Und diesen Grund will man dann wieder modellieren. Sie sehen das sogleich:

Möglichkeiten der Sortierung

Es gibt verschiedene Stellen der Sortierung. Eine Sortierung ist ja nur dann notwendig, wenn ich eine Vielzahl von Elementen darstelle. Dies geschieht vor allem in einem Tableview. Dieser bietet aber bereits selbst in seiner Titelzeile dem Benutzer die Möglichkeit an, die Einträge zu sortieren. Derlei Ansichtssortierungen brauchen wir daher in der Regel nicht näher zu beachten. Sie sind bereits implementiert.

Auf der Ebene des Araycontrollers ist es ebenfalls möglich, Sortierungen anzugeben. Dies kann recht einfach mit sogenannten Sort-Deskriptoren geschehen, die wir gleich besprechen.

Ins Model gehören Sortierungen nur in Ausnahmefällen. Dies kann etwa der Fall sein, wenn wir eine Aufgabenliste haben, bei der ein Punkt auf den nächsten aufbaut. Hier – und nur in solchen Fällen – ist die Reihenfolge wirklich eine Frage des Models.

Sort-Deskriptoren

Ebenso wie Prädikate vielfältig einsetzbar sind, gilt dies auch für sogenannte Sort-Deskriptoren, Instanzen der Klasse `NSSortDescriptor`. So können Sie etwa Araycontrollern einen Sort-Deskriptor geben oder Arrays damit sortieren.

Ein Sort-Deskriptor ist ziemlich genau das, was es heißt: Die Beschreibung einer Sortierung. Dabei erhält er drei Eigenschaften:

- einen Schlüssel (Key) als den Namen der Eigenschaft, nach der sortiert werden soll
- die Angabe, ob aufsteigend oder absteigend sortiert werden soll
- optional eine Vergleichsmethode, die von jeder zu sortierender Instanz implementiert wird und die mindestens in der Lage ist, mit Instanzen derselben Klasse zu vergleichen

Die Beschreibung der Klasse NSSortDescriptor ist übersichtlich und dürfte keine Probleme aufwerfen. Hier nur ein Beispiel:

```
- (IBAction)dumpPersons:(id)sender {
    NSManagedObjectContext* context;
    NSManagedObjectModel* model;
    NSPredicate* predicate;
    NSSortDescriptor* sort;
    NSFetchRequest* fetch;
    NSError* error = nil;
    NSArray* result;

    context = [[self document] managedObjectContext];
    model = [[self document] managedObjectModel];
    predicate = [NSPredicate predicateWithFormat:@"lastName = 'Negm-Awad'"];
    sort = [[NSSortDescriptor alloc] initWithKey:@"firstName" ascending:YES];

    fetch = [model fetchRequestTemplateForName:@"allPersons"];
    [fetch setPredicate:predicate];
    [fetch setSortDescriptors:[NSArray arrayWithObject:sort]];
    result = [context executeFetchRequest:fetch error:&error];
...
```

Reihenfolgeeigenschaft im Model

Wenn bereits im Model eine Reihenfolge festgelegt werden soll, so muss eine Eigenschaft angelegt werden, auf die später sortiert werden kann. Häufig ist das trivial, etwa, wenn es darum geht, die Reihenfolge der Eingabe auszuzeichnen: Erstellen Sie sich ein Attribut insertionDate, welches Sie im -awakeFromInsert einfach mit der aktuellen Uhrzeit setzen. Das Ganze kann etwa so aussehen:

```
- (void)awakeFromInsert
{
    [super awakeFromInsert];
    [self setValue:[NSDate date] forKey:@"insertionDate"];
}
```

Reihenfolgeattribut mit Core Data modellieren

Wie bereits erwähnt, existiert nunmehr auch in Core Data die Möglichkeit, eine Reihenfolge anzugeben. Ich werde im nachfolgendem Text dennoch eine vollständige eigene Implementierung darstellen, da dies der größere Fall ist, von dem Sie leicht zurückkommen. Und häufig bleibt eben die eigene Modellierung notwendig. Übrigens funktioniert Apples Implementierung der iCloud nicht mit Ordered-Sets.

Reihenfolgeattribut selbst modellieren

Anders sieht es jedoch aus, wenn eine Reihenfolge durch den Benutzer festgelegt wird. Ein Beispiel dafür sind Wiedergabelisten in iTunes. Allerdings sieht man hier auch gleich ein Problem, wenn man genau hinschaut: Die Sortierung ist keine Eigenschaft eines Titels. Das kann auch gar nicht sein, weil ja ein Titel in verschiedenen Wiedergabelisten stehen kann – und jedes Mal an einem anderen Platz.

Erst in einer Wiedergabeliste erhält ein Lied eine Nummer zur Sortierung.

Übertragen wir das mal auf unsere Gruppenmitglieder: Das scheint gar nicht einfach zu modellieren zu sein. Wir müssen für jede Beziehung von einer Gruppe zu einer Person einen Sortierindex festlegen. Eine Beziehung hat aber keine Eigenschaften. Der Trick besteht darin, die Beziehung zu personalisieren, das heißt, aus ihr eine Entität zu machen. Wie geht das?

Öffnen Sie bitte unser Core-Data-Model und fügen Sie eine neue Entität ein, die Sie *GroupPerson* nennen.

> **HILFE**
>
> Vorsicht, Falle! Der Button zum Hinzufügen steht noch auf Fetch-Request. Sie benötigen also einen Langklick.

Diese Entität legen wir später für jede einzelne Beziehung einer Gruppe zu einer Person an. Sie erhält drei Eigenschaften:

- *order* als *Integer 32* gibt später die Sortierung an, ist also unser eigentliches Ziel.
- *group* ist eine Beziehung, die auf eine Gruppe verweist. Die inverse Beziehung von der Person auf GroupPerson ist jedoch eine To-many-Beziehung, da ja eine Person in vielen Gruppen sein kann, also viele Beziehungen zu Gruppen hat. Setzen Sie also die inverse Beziehung *persons* in Group auf GroupPerson.
- *person* ist eine Beziehung, die auf eine Person verweist. Auch hier muss die inverse Beziehung diesmal in Person auf GroupPerson mit *person* gesetzt werden

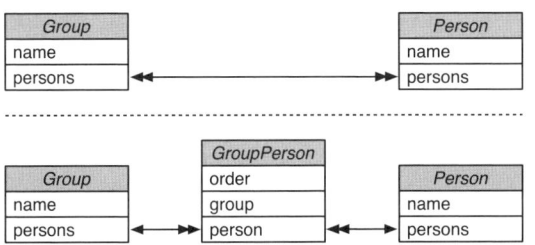

Trippelschritt: Eine neue Entität schafft Prioritäten in unserer Beziehung.

Man kann sich das vielleicht klarer machen, wenn man die Zugehörigkeit einer Person zu einer Gruppe als Mitgliedschaft ansieht, für die ein Mitgliedsausweis (GroupPerson) erstellt wird. Es existieren dann im Beispiel vier Ausweise: Ich habe im Beispiel des letztens Dokumentes zwei Ausweise (einmal »Tech«, einmal »Support«) und mein Bruder und Herr Müller je einen Ausweis.

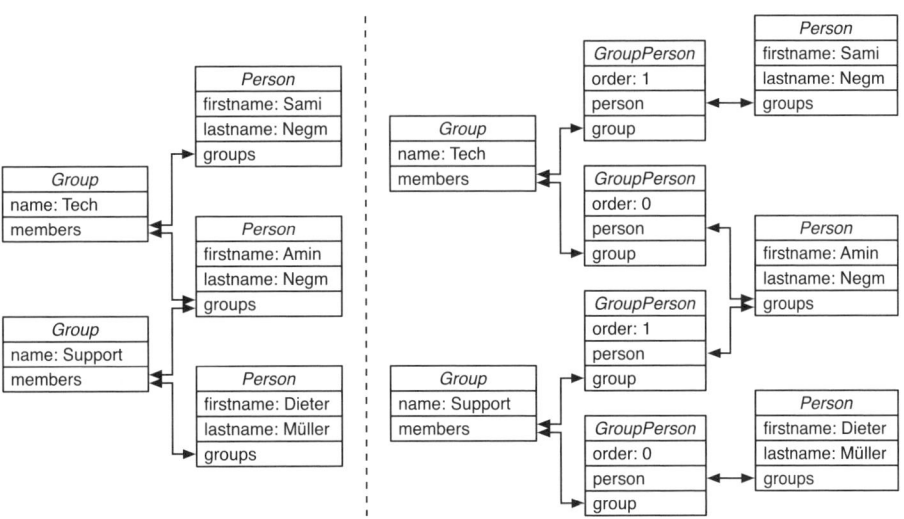

2 Gruppen + 3 Personen = 4 Mitgliedsausweise

Kapitel 7

Einfügen

Gut, natürlich existieren jetzt in unserem Code geschätzt 435873456 Stellen, an denen von einem anderen Beziehungsgefüge ausgegangen wird. Darum wollen wir uns hier nicht kümmern, sondern uns auf die Herstellung der neuen Beziehungen und dann auf deren Sortierung konzentrieren.

> **TIPP**
>
> Wie im Vorwort erwähnt: Es kann natürlich eine gute Übung sein, die Anwendung ansonsten anzupassen. Aber es ist mühselig und hier Seitenverschwendung, was gleich zur Feststellung führt, dass man sein Model von Anfang an sorgfältig planen sollte.

Das bedeutet natürlich zuallererst, dass wir die Methode ändern müssen, die eine neue Person per Drag-and-Drop einer Gruppe hinzufügt. Das war in DocumentWindowController.m:

```
- (BOOL)outlineView:(NSOutlineView*)outlineView
      acceptDrop:(id<NSDraggingInfo>)info
            item:(id)item
      childIndex:(NSInteger)index
{
...
for( NSURL *objectURI in pbItems ) {
    objectID = [coordinator managedObjectIDForURIRepresentation:objectURI];
    person = [context objectWithID:objectID];

    // Mitgliedsobjekt erzeugen
    NSEntityDescription* entity;
    NSManagedObject* membership;

    entity = [NSEntityDescription entityForName:@"GroupPerson"
                       inManagedObjectContext:context];
    membership = [[NSManagedObject alloc] initWithEntity:entity
                        insertIntoManagedObjectContext:context];
    // und setzen
    [membership setValue:person forKey:@"person"];
    [membership setValue:destinationItem forKey:@"group"];
}
    return YES;
}
```

Sie erkennen vermutlich schon den Unterschied: Anstatt einfach eine Beziehung zu setzen, erzeugen wir uns ein Beziehungsobjekt. Die Reihenfolgeeigenschaft order selbst lassen wir noch außen vor. Das Ganze soll erst einmal wieder so wie vorher funktionieren.

Die Modelschicht

Das tut es nämlich noch nicht. Sie können es ja mal probieren. Das Problem liegt darin, dass das Tableview, das für eine Gruppe die Mitglieder anzeigte, an der members-Eigenschaft hing und dort eine Aufzählung von Personen erwartete. Er bekommt jetzt aber eine Liste von Mitgliedschaften, die lediglich auf eine Person verweisen. Daher muss im Nib eine Anpassung erfolgen:

Öffnen Sie GroupPane.xib. Bei beiden Spalten des Tableviews muss im Binding vor dem eigentlich *Model Key Path* noch ein *person* eingefügt werden. Aus *lastName* wird also *person.lastName* und aus *firstName* ein *person.firstName*. Dies spiegelt das Zwischenobjekt wieder, das wir ja gerade erzeugt hatten. Bitte ändern Sie in den Attributen des *Members Controller* auch die Entität von *Person* auf *GroupPerson*.

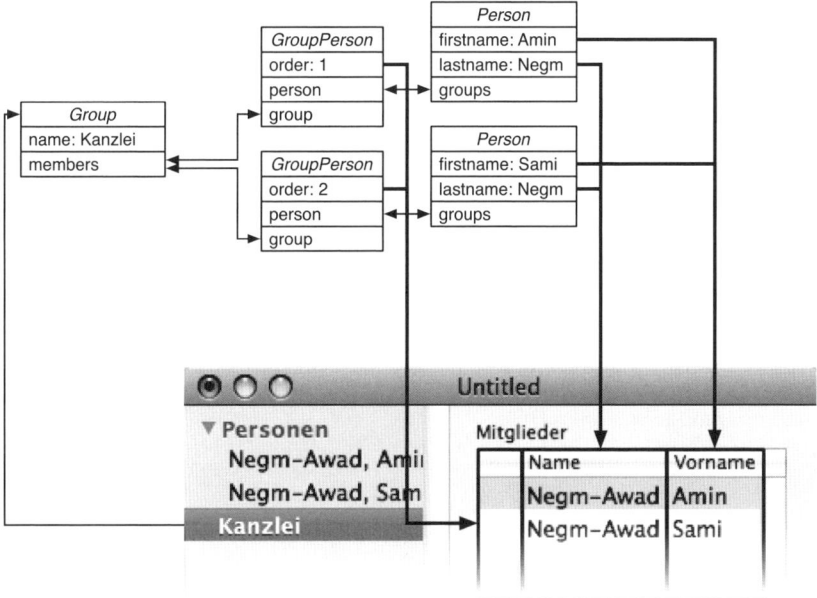

Die Reihenfolge ergibt sich aus der Mitgliedschaft, die persönlichen Daten aus der Person.

Und weil Sie schon dabei sind, erzeugen Sie bitte im Tableview für die einzelnen Mitglieder der Gruppe eine neue Spalte für unseren Index. Dazu wählen Sie das Tableview an (nicht: das Scrollview oder die Tablecolumn!) und erhöhen die Anzahl der Spalten im Attributes-Pane um 1. Diese neue Spalte ziehen Sie ganz nach vorne, so dass sie die erste Spalte wird. Außerdem setzen Sie deren *Value*-Binding auf ... ja, worauf eigentlich? Jetzt haben wir ja wirklich die Eigenschaft order unserer neuen Entität. Dementsprechend binden wir auch hieran. Das Binding lautet also:

```
Bind To: Members Controller
Controller Key: arrangedObjects
Model Key Path: order
```

Sie sehen also, dass der Schlüsselpfad ein Element kürzer ist. Dies ist auch klar: Wir greifen dieses Attribut bereits bei der GroupPerson-Entität ab, also eine Stufe vorher. Für diese erste Spalte löschen Sie bitte auch im Attributes-Pane das Häkchen vor *Editable*. Der User soll hier nichts eingeben können.

Übersetzen und überprüfen Sie das Projekt bis an diese Stelle, indem Sie drei Personen anlegen und diese zwei ebenfalls angelegten Gruppen zuordnen. Einfach wie beim letzten Dokument.

Bleibt natürlich noch die Aufgabe, zunächst einen Index einzufügen. Dieser sollte tunlichst fortlaufend sein. Also müssen wir beim Einfügen einer Person in die Gruppe abfragen, was der bisher höchste Index ist, diesen um eins erhöhen und dann als Index für die neue Person verwenden. Das ist recht einfach:

```
- (BOOL)outlineView:(NSOutlineView*)outlineView
       acceptDrop:(id<NSDraggingInfo>)info
             item:(id)item
       childIndex:(NSInteger)index
{
    …
    //    Hoechsten Index suchen
    int maxIndex = 0;
    NSArray* memberships = [destinationItem valueForKey:@"members"];
    for( NSManagedObject* membership in memberships ) {
       int index = [[membership valueForKey:@"order"] intValue];
       if( index > maxIndex ) {
          maxIndex = index;
       }
    }
    for( NSURL *objectURI in pbItems ) {
       …
       // und setzen
       [membership setValue:person forKey:@"person"];
       [membership setValue:destinationItem forKey:@"group"];
       [membership setValue:@(++maxIndex) forKey:@"order"];
    }
      return YES;
}
…
```

Wir gehen also einfach die bisherigen Mitgliedschaften durch und betrachten dabei die einzelnen Indexe. Die Eigenschaft order verhält sich also lokal zur Gruppe, soll heißen, es werden nur die Mitgliedschaften in dieser Gruppe betrachtet. Ein Index kann also in verschiedenen Gruppen doppelt belegt sein. Das ist auch richtig, wenn Sie noch einmal an das iTunes-Beispiel denken.

Die Modelschicht

> **AUFGEPASST**
>
> Man hätte ja auch an eine Abfrage mittels eines Fetch-Requests denken können. Dies hat jedoch zwei Nachteile: Zum einen würde dann der Index über alle Instanzen in allen Gruppen durchgeführt, was inhaltlich nicht richtig ist. Hier wird wieder der Unterschied zu einer Datenbank deutlich: Dort würde man in der Tat sämtliche Mitgliedschaften laden, um in einer WHERE-Klausel eine Filterung auf die aktuell in Rede stehende Gruppe zu erzielen. Die Gruppen verweisen ja nicht auf die Mitgliedschaften (oder letztlich die Personen). Übrigens: Es ist möglich, dass in der Indizierung Lücken entstehen, nämlich wenn Personen wieder aus einer Gruppe entfernt werden. Wenn Sie wollen, dann können Sie sich bei der Löschoperation eine Neuindizierung programmieren, also die Nummern unter Beibehaltung der Reihenfolge neu vergeben.

An dieser Stelle könnten wir uns übrigens auch darum kümmern, dass Personen nicht doppelt einer Gruppe hinzugefügt werden. Sie könnten in der Schleife gleichzeitig abfragen, ob `membership.person` bereits auf die einzufügende Instanz verweist. Noch schöner wäre es freilich, die gesamte For-In-Schleife in die Validierungsmethode zu kopieren und dort bereits `NO` zurückzuliefern, wenn sich die Person bereits in der Gruppe befindet. Aber halten wir uns nicht mit Dingen auf, die Sie selbst erledigen können.

Bitte übersetzen und testen Sie erneut die Applikation. Speichern Sie das Ergebnis diesmal wieder.

Reihenfolgeeigenschaft per Drag-and-Drop und die Objekt-ID

Implementieren wir die Sortierung mittels Drag-and-Drop innerhalb der Mitgliederliste. Im Prinzip funktioniert das ebenso wie das bereits implementierte Drag-and-Drop für das Outlineview. Es ist sogar einfacher, da wir ja keine Hierarchien berücksichtigen müssen.

Bevor wir aber loslegen, überlegen wir uns, wie wir vorgehen müssen. Unser Document.xib weiß ja nichts mehr von den einzelnen Views. Wir können daher schon kein Outlet erstellen. Und die hier zu implementierende Funktionalität ist ja eigentlich auch auf das View beschränkt. Daher ist es eine gute Idee, sich einen Viewcontroller zu erstellen, der diese Aufgabe übernimmt. Dieser bildet dann mit seinem Nib eine funktionale Einheit, die unabhängig wiederverwertet werden kann. Und unser DocumentWindowController wird nicht noch größer.

Frisch Gesellen! seid zur Hand: Zunächst erzeugen wir uns eine neue Klasse *GroupPaneViewController* mit *File | New | File…*, wobei wir als Vorlage *Objective-C class* verwenden. Als Superklasse wählen Sie bitte `NSViewController`. Speichern. Fügen Sie gleich ein neues Outlet auf das Tableview ein:

```
@interface GroupPaneViewController : NSViewController
@property (weak) IBOutlet NSTableView *membersView;
@end
```

Bei einem Wechsel auf das Group-Pane müssen wir dann freilich unsere Subklasse erzeugen. Öffnen Sie dazu DocumentWindowController.m und führen Sie folgende Änderungen durch:

```
#import "Person.h"
#import "GroupPaneViewController.h"
…
- (void)selectPane:(NSString*)nibName
{
    // Lade den Viewcontroller
    // GroupPaneVC
    Class vcClass;
    if ([nibName isEqualToString:@"GroupPane"]) {
        vcClass = [GroupPaneViewController class];
    // Alle anderen
    } else {
        vcClass = [NSViewController class];
    }
    NSViewController *newController
    = [[vcClass alloc] initWithNibName:nibName bundle:nil];
…
```

Hiermit wird nun also unsere Subklasse eines Viewcontrollers geladen. Testen Sie im Programm, ob der Group-Pane ordentlich angezeigt wird. Wenn dies der Fall ist, öffnen Sie GroupPaneViewController.m:

Bei einem Tableview muss zunächst mitgeteilt werden, welche Datentypen verwendet werden dürfen.

Diesen melden wir am Anfang der Datei und im -awakeFromNib:

```
@implementation GroupPaneViewController
- (void)awakeFromNib
{
    [self.membersView registerForDraggedTypes:@[@"public.url"]];
}
```

Im Interface-Builder setzen wir das Outlet. GroupPane.xib öffnen. Wählen Sie den *File's Owner* an und geben Sie ihm im Identity-Pane des Inspectors die *Class* mit dem Namen *GroupPaneViewController*. Dann vom *File's Owner* auf das Tableview die Verbindung *membersView* ziehen. Umgekehrt muss der *File's Owner* zur Data-Source und Delegate des Tableviews werden. Bitte auch diese Verbindung ziehen. Das waren die Vorarbeiten.

Die Modelschicht

Objekt-ID und Objekt-URL
Wir fangen zunächst ganz klein an:

```
@implementation GroupPaneViewController

- (BOOL)            tableView:(NSTableView *)tableView
                writeRowsWithIndexes:(NSIndexSet *)rowIndexes
                    toPasteboard:(NSPasteboard *)pasteboard
{
    // items ermitteln
    NSDictionary* binding;
    binding = [tableView infoForBinding:@"content"];

    NSArrayController* arrayController;
    arrayController = [binding objectForKey:NSObservedObjectKey];
    NSArray* items = [arrayController arrangedObjects];
    items = [items objectsAtIndexes:rowIndexes];
    ...
```

Zunächst mag die Ermittlung der gezogenen Items überraschen. Wir fragen mit der Methode –infoForBinding: beim Tableview ab, welche Parameter das Content-Binding hat. Dies wird uns als Dictionary zurückgegeben. In diesem Dictionary befindet sich ein Key für das Objekt, an das gebunden ist, also unser Arraycontroller. Mit diesem Trick erspart man sich ein weiteres Outlet. Von dem Arraycontroller werden dann die Mitgliedschaften abgeholt und anhand der Zeilenindexe gefiltert. Danach enthalten also items die gezogenen Mitgliedschaften.

```
    ...
    NSMutableArray *pbItems = [NSMutableArray arrayWithCapacity:[items count]];
    for( id item in items ) {
        NSManagedObjectID *personID = [person objectID];
        NSURL *objectURI = [personID URIRepresentation];
        [pbItems addObject:objectURI];
    }
    if( [pbItems count] == 0 ) {
        return NO;
    }
    return [pasteboard writeObjects:pbItems];
}
```

Kapitel 7

> **AUFGEPASST**
>
> Unser Arraycontroller verwaltet jetzt ja Instanzen der Klasse GroupPerson, der Tableview zeigt diese an. Diese Instanzen erhalten wir daher auch, nicht die dahinter stehenden Personen. Denken Sie daran! Daher ist der Pasteboardtype eigentlich etwas mutig gesetzt.

Jetzt müssen wir eigentlich nur noch die Objekt-IDs der Items ermitteln und in dass Pasteboard stopfen. Allerdings beherrscht die Klasse NSManagedObjectID nicht das Coding-Protokoll. Deshalb wandeln wir die Objekt-ID in eine Objekt-URL um. Die Objekt-URLs werden dann mittels eines Coders in eine Data-Instanz serialisiert. Schließlich schreiben wir das Ganze in das Pasteboard.

> **GRUNDLAGEN**
>
> Na, müssen Sie vielleicht noch einmal in den Abschnitt über Serialisierung schauen? Ich hatte Ihnen ja schon dort gesagt, dass man Serialisierung für verschiedene Zwecke gebrauchen kann.

Da wir eine Schleife haben, können Sie im Interface Builder übrigens Mehrfachselektierungen für den Tableview zulassen. Dies ist im Attributes-Pane einstellbar (*Selection | Multiple*).

Übersetzen und starten Sie die Anwendung. Testen Sie, ob sich bereits Einträge draggen lassen.

Objekt-URL und Pasteboard

Fügen wir eine primitive Validierungsmethode hinzu, am besten nach der Drag-Methode von oben:

```
- (NSDragOperation)tableView:(NSTableView*)tableView
             validateDrop:(id<NSDraggingInfo>)info
              proposedRow:(NSInteger)row
    proposedDropOperation:(NSTableViewDropOperation)operation
{
  NSLog( @"%@", NSStringFromSelector(_cmd));
  if( operation != NSTableViewDropAbove ) {
    return NSDragOperationNone;
  }

  NSPasteboard* pboard = [info draggingPasteboard];
  NSArray *classes = [NSArray arrayWithObject:[NSURL class]];
  NSArray *pbItems = [pboard readObjectsForClasses:classes options:nil];
```

```
NSManagedObjectContext *context;
NSPersistentStoreCoordinator *coordinator;
context = [[self.representedObject document] managedObjectContext];
coordinator = context.persistentStoreCoordinator;

NSManagedObjectID *objectID;
for( NSURL *objectURI in pbItems ) {
   objectID = [coordinator managedObjectIDForURIRepresentation:objectURI];
   if( objectID == nil ) {
      return NSDragOperationNone;
   }
   
   if( ![[[objectID entity] name] isEqualToString:@"GroupPerson"] ) {
      return NSDragOperationNone;
   }
}
if( [pbItems count] == 0 ) {
   return NO;
}
return NSDragOperationMove;
}
```

Wir können uns das hier so einfach machen, weil wir nur innerhalb des Tableviews Drag-and-drop anbieten. Die Abfrage dient dazu, dass nur Verschiebungen zwischen zwei Einträgen möglich sind. Wenn der Nutzer auf einen anderen Eintrag ziehen will, wird die Methode mit NSTableViewDragOn aufgerufen, was wir mit der Verweigerung einer Drag-Operation quittieren. Diese Verweigerung ist eine von mehreren Antwortmöglichkeiten. Hier die wichtigsten:

- NSDragOperationNone: Der Drop wird verweigert.
- NSDragOperationCopy: Der Drop führt zu einer Kopie an der Zielstelle.
- NSDragOperationLink: Der Drop führt zu einer Referenz an der Zielstelle.
- NSDragOperationMove: Der Drop führt dazu, dass das Objekt an die Zielstelle verschoben wird.
- NSDragOperationDelete: Der Drop löscht das Ursprungsobjekt (Papierkorb!).

Nun müssen wir nur noch beim Drop die Einträge durchnummerieren. Das ist aber gar nicht so einfach, wie es klingt. Nähern wir uns der Sache vorsichtig an und lesen erst einmal das Pasteboard:

```
- (BOOL)tableView:(NSTableView*)tableView
      acceptDrop:(id<NSDraggingInfo>)info
             row:(NSInteger)row
   dropOperation:(NSTableViewDropOperation)operation
{
```

```
   // Hole das Pasteboard
   NSPasteboard* pboard = [info draggingPasteboard];

   // Hole die Daten
   NSArray *classes = [NSArray arrayWithObject:[NSURL class]];
   NSArray *pbItems = [pboard readObjectsForClasses:classes options:nil];

   // Wandele diese in Managed-Objects um
   NSManagedObjectContext *context;
   NSPersistentStoreCoordinator *coordinator;
   context = [[self.representedObject document] managedObjectContext];
   coordinator = context.persistentStoreCoordinator;

   NSManagedObjectID *objectID;
   NSManagedObject *membership;

   for( NSURL *objectURI in pbItems ) {
      objectID = [coordinator managedObjectIDForURIRepresentation:objectURI];
      membership = [context objectWithID:objectID];
      [items addObject:membership];
   }
   NSLog( @"memberships: %@", items);

   return YES;
}
```

Wenn Sie jetzt einen Drag-and-Drop-Zyklus durchführen, sollten im Log die entsprechenden URIs landen. Sie sollten das eigentlich schon kennen.

Da wir auf den Mitgliedern arbeiten wollen, holen wir uns diese als Nächstes:

```
- (BOOL)tableView:(NSTableView*)tableView
       acceptDrop:(id<NSDraggingInfo>)info
              row:(NSInteger)row
    dropOperation:(NSTableViewDropOperation)operation
{
   // Hole das Pasteboard
   NSPasteboard* pboard = [info draggingPasteboard];

   // Hole die Daten
   NSArray *classes = [NSArray arrayWithObject:[NSURL class]];
   NSArray *pbItems = [pboard readObjectsForClasses:classes options:nil];

   NSManagedObjectContext *context;
   NSPersistentStoreCoordinator *coordinator;
   context = [[self.representedObject document] managedObjectContext];
   coordinator = context.persistentStoreCoordinator;
   NSManagedObjectID *objectID;
```

Die Modelschicht

```
  NSManagedObject *membership;
  NSMutableArray *items = [NSMutableArray arrayWithCapacity:[pbItems count]];
  for( NSURL *objectURI in pbItems ) {
   objectID = [coordinator managedObjectIDForURIRepresentation:objectURI];
   membership = [context objectWithID:objectID];
   [items addObject:membership];
 }
  // alle Mitgliedschaften holen
  NSDictionary* binding;
  binding = [tableView infoForBinding:@"content"];
  NSArrayController* arrayController;
  arrayController = [binding objectForKey:NSObservedObjectKey];
  id allItems = [arrayController arrangedObjects];
…
```

Wir haben jetzt also ein zweites Array, welches alle Mitglieder (genauer: Mitgliedschaften) enthält. Aber wir müssen aufpassen: Da in dem Tableview ja irgendeine unbestimmte Ordnung geherrscht haben kann, befinden sich diese Mitgliedschaften nicht notwendigerweise in der richtigen Reihenfolge (iTunes verweigert übrigens in diesem Falle das Dragand-Drop…). Wir sortieren uns also zunächst das Array, um eine sichere Basis zu haben:

```
…
  // Nach dem Index sortieren.
  NSSortDescriptor* sort;
  sort = [[NSSortDescriptor alloc] initWithKey:@"order" ascending:YES];
  NSArray* sorts = [NSArray arrayWithObject:sort];
  allItems = [allItems sortedArrayUsingDescriptors:sorts];
…
```

Ach, wie schön, da haben Sie ja gleich eine Anwendung für den Sort-Descriptor bei einem Array. Erst jetzt kommt die eigentliche Arbeit: Wir gehen das Array der verschobenen Items durch, entfernen dies im Array aller Items und fügen es an der neuen Stelle wieder ein. Wenn jedoch das verschobene Item vor dem Einfügepunkt liegt, so vermindert sich der Index. Im Code sieht das so aus:

```
…
  // Veraenderliche Variante erzeugen
  allItems = [NSMutableArray arrayWithArray:allItems];

  // Jeden gezogene Eintrag aus dem Array entfernen und an die
  // Stelle des Zieles einfuegen
  NSEnumerator* itemsEnum = [items reverseObjectEnumerator];
  NSManagedObject *item;
  for( item in itemsEnum ) {
```

```
    // Entferne alten Eintrag
    NSInteger oldIndex = [allItems indexOfObject:item];
    if( oldIndex != NSNotFound ) {
      [allItems removeObjectAtIndex:oldIndex];

      // Korrigiere Ziel, wenn vor dem Ziel entfernt wurde
      if( oldIndex < row ) {
        row--;
      }
    }
    // Fuege an neuer Stelle ein
    [allItems insertObject:item atIndex:row];
  }
...
```

Jetzt sollte allItems die neue Reihenfolge widerspiegeln. (Die Hoffnung stirbt bekanntlich zuletzt.) Unser Ziel war es aber, dass die Eigenschaft *order* der Mitgliedschaften geändert wird. Bisher haben wir aber lediglich ein sortiertes Array mit den alten Werten für order. Deshalb müssen wir noch diese neue Ordnung in die Instanzen zurück schreiben und schließlich die Anzeige aktualisieren:

```
...
  // Die Indizierung dieses Arrays als order verwenden:
  for( row = 0; row < [allItems count]; row++ ) {
    item = [allItems objectAtIndex:row];
    [item setValue:[NSNumber numberWithInteger:row+1] forKey:@"order"];
  }
  [arrayController rearrangeObjects];

  return YES;
}
```

AUFGEPASST

Wie man das Array umschaufelt, ist freilich nicht eine Frage von Cocoa, sondern eine allgemeine algorithmische. Bedenken Sie, dass diese Verschiebeoperationen sehr komplex sein können, wenn die Ausgangsselektion Unterbrechungen aufweist und dann noch »in sich selbst« gezogen wird usw. usf. Mir geht es hier vor allem darum, dass Sie den Umgang mit den beteiligten Eigenschaften und die Bedienung von Core Data lernen. Der Algorithmus ist da sekundär.

Das war jetzt wirklich nicht einfach. Sie sollten sich aber merken, wie man Managed-Objects ins Pasteboard bekommt, also das gesamte Jedöns mit Objekt-IDs und Objekt-URIs und so weiter. Außerdem möchte ich, dass Sie verstanden haben, wie sich Reihenfolgen in Core Data durch eigene Entitäten modellieren lassen.

Das Drag-and-Drop war eigentlich nur Zubrot, um das es mir hier nicht primär ging.

> **HILFE**
> Sie können das Projekt in diesem Zustand als Company-39 von der Webseite herunterladen.

7.4 Applikationsmodelle

Zuweilen haben wir Anwendungen, die keine Dokumente benutzen. iTunes ist ja etwa so ein Fall, weil es auf einer einheitlichen Musikdatenbank beruht. Es stellt sich die Frage, wie man die vorher besprochenen Technologien dann implementiert.

7.4.1 Zugriff

In jeder unserer Anwendungen hatten wir Daten in Entitäten gespeichert. Manchmal musste man auf einzelne Instanzen zugreifen, etwa auf Personen, die zu einer Gruppe gehören. Das war einfach, weil wir in diesen Fällen eine Group-Instanz hatten, die über eine members-Eigenschaft verfügte.

Zuweilen haben wir aber auch anders auf das Model zugegriffen: Die Gruppen etwa – oder auch die Liste sämtlicher Personen – befanden sich nicht in Abhängigkeit einer höheren Hierarchieebene. Sie konnten das daran erkennen, dass die entsprechenden Arraycontroller kein Content-Set-Binding hatten. Wir haben darüber ja auch schon im Rahmen der Instanzvernichtung gesprochen.

An diese Entitäten, die ich »Wurzelentitäten« nennen möchte, kommen wir also nicht über ein anderes Objekt unseres eigentlichen Models. Wie haben wir das bisher gehandhabt?

In unserem Converter-Beispiel ohne Core-Data-Unterstützung war die Wurzelentität einfach eine Eigenschaft unserer Klasse Document. In den Core Data-Beispielen, etwa Company, konnten wir das Dokument nach dem Managed-Object-Context befragen. Über dieses gelangten wir etwa im Fetch-Beispiel an einzelne Entitäten wie die Personen. Beides, also sowohl die von uns modellierten Eigenschaften als auch der Kontext, hingen also am Dokument – welches wir jetzt ja nicht mehr haben.

7.4.2 Ohne Core-Data-Support

In Anwendungen, die ohne Dokumente arbeiten, tritt an die Stelle des Dokuments das Application-Delegate. Würde also unsere Converter-Applikation ohne Dokumente arbeiten, so wäre die Liste der einzelnen Konvertierungen nicht Eigenschaften des Dokumentes, sondern des Application-Delegates:

```
@interface AppDelegate : NSObject <NSApplicationDelegate>
@property( copy ) NSArray* conversions;
@end
```

Nach der Erzeugung des Projektes müssen Sie sich also sogleich eine Klasse `AppDelegate` als Ableitung von `NSObject` anlegen. In MainMenu.xib erstellen Sie dann eine Instanz davon und verbinden das delegate-Outlet des File's-Owners – das ist das Applikationsobjekt – mit dem Delegate.

Im Code

Dies bedeutet, dass wir im Code etwa durch folgende Nachrichten an unser Model gelangen:

```
NSAppliaction* application = [NSApplication sharedApplication];
NSArray* conversions = [[application delegate] conversions];
```

Da `NSApplication` einen Singleton erzeugt, können wir das von jeder Stelle des Programms aus machen.

Um die Sache einfacher zu gestalten, kann man in der Klasse für das Application-Delegate auch gleich eine Kategorie definieren. Im Header des Delegates, den Sie dann in anderen Dateien importieren, müssen Sie freilich ein entsprechendes Interface schreiben. Ich setze es meist hinter dem Interface für die eigentliche Klasse.

```
@interface AppDelegate : NSObject <NSApplicationDelegate>
...
@end

@interface NSApplication( DirectAccessAddition )
+ (NSArray*)conversions;
@end
```

Entsprechend muss eine Implementierung her. Ich nehme dies meist nach der eigentlichen Klassendefinition vor, also im Falle einer gedachten Applikation Company mit der Delegateklasse `AppDelegate`:

```
@implementation NSApplication( DirectAccessAddition )
+ (NSArray*)conversions
{
   id appDelegate = [[self sharedApplication] delegate];
   return [delegate conversions];
}
```

Die obige Zeile zum Zugriff auf die Konvertierungsliste reduziert sich dann auf:

```
NSArray* persons = [NSApplication conversions];
```

Im Nib

Etwas einfacher ist es im Nib: In MainMenu.xib befindet sich bereits das Application-Delegate, so dass Sie gleich dorthin Verbindungen ziehen können. Sind Sie in einem anderen Nib-File, so existiert der Verweis *Shared Application*. Dieser hat wiederum eine Eigenschaft delegate, mit der Sie zum Delegate gelangen.

Haben Sie nach obigem System Actionmethoden über eine Kategorie in die Applikationsklasse exportiert, können Sie auch hierauf zugreifen.

7.4.3 Mit Core-Data-Support

Wenn Sie mal ein Core-Data-Projekt ohne Dokumentenunterstützung erstellen, sehen Sie, dass gleich ein Applikationsdelegate erzeugt wird. Dieses sorgt für den Aufbau des Stapels und bietet Methoden etwa zur Ermittlung des Kontexts. Tatsächlich wird auch ein Core-Data-Dokument erzeugt, welches jedoch in einem bestimmten Applikationsordner gespeichert wird.

Sie richten Ihre Frage nach dem Kontext also nicht mehr an das Persistent-Document, sondern an das Applikationsdelegate. Dies sieht dann so aus:

```
id appDelegate = [[NSApplication sharedApplication] delegate];
context = [delegate managedObjectContext];
```

Eine Instanz des Application-Delegates ist auch schon im Nib-File MainMenu.xib instantiert worden, so dass Sie darauf zugreifen können

7.4.4 Undo-Management

Da der Undo-Manager von dem Dokument gehalten wird, müssen Sie sich bei Anwendungen ohne Dokumente und Core-Data-Support im Application-Delegate selbst eine Instanz erzeugen und über eine Eigenschaft verfügbar machen.

Bei Anwendungen mit Core-Data-Support wird automatisch ein Undo-Manager erzeugt. Sie holen ihn statt bei dem Dokument einfach beim Managed-Object-Context ab, wenn Sie sich in das Undo-Management von Core Data einmischen wollen. In der Regel läuft das aber alles automatisch.

7.4.5 Laden und Speichern

Da es keine Dokumente gibt, gibt es freilich auch keinen Dokumentencontroller, der das Öffnen von Dokumenten übernehmen könnte. Die Menüeinträge *Öffnen …, Sichern* usw. sind also eigentlich nicht mehr sinnvoll und können häufig von Ihnen aus dem Menü entfernt werden. Schauen Sie sich das auch einmal in iTunes an. Sollten Sie, aus welchen Gründen auch immer, weiterhin diese Menüeinträge haben wollen, so können Sie natürlich Actionmethoden in Ihrem Delegate programmieren und die Menüeinträge mit diesen verbinden.

Meist will man aber, dass die Daten im Applikationsmodell gleich bei Programmstart geladen und bei Programmende automatisch gespeichert werden. Um dies zu bewerkstelligen, können Sie die Delegatemethoden -applicationDidFinishLaunching: und -applicationShouldTerminate: in dem Application-Delegate implementieren.

Selbstverständlich müssen Sie sich dann um den Ort des Speicherns selbst kümmern. Es ist Standard, derlei Daten im sogenannten Application-Support-Folder abzulegen. Bei einem Core-Data-Projekt wird entsprechender Code erzeugt, den man als Vorlage nutzen kann:

```
- (NSURL *)applicationFilesDirectory
{
   NSFileManager *fileManager = [NSFileManager defaultManager];
   NSURL *appSupportURL
   = [[fileManager URLsForDirectory:NSApplicationSupportDirectory
                         inDomains:NSUserDomainMask] lastObject];
    return [appSupportURL URLByAppendingPathComponent:@"com.cocoading.kkk"];
}
…
- (NSPersistentStoreCoordinator *)persistentStoreCoordinator
…
   NSFileManager *fileManager = [NSFileManager defaultManager];
   NSURL *applicationFilesDirectory = [self applicationFilesDirectory];
   NSError *error = nil;

   NSDictionary *properties
   = [applicationFilesDirectory resourceValuesForKeys:@[NSURLIsDirectoryKey]
                                              error:&error];

   if (!properties) {
      BOOL ok = NO;
      if ([error code] == NSFileReadNoSuchFileError) {
       ok = [fileManager createDirectoryAtPath:[applicationFilesDirectory path]
                  withIntermediateDirectories:YES
                                   attributes:nil
                                        error:&error];
      }
```

```
        if (!ok) {
            [[NSApplication sharedApplication] presentError:error];
            return nil;
        }
    } else {
        if (![properties[NSURLIsDirectoryKey] boolValue]) {
            // Customize and localize this error.
            NSString *failureDescription = [NSString stringWithFormat:@"…(%@).",
                                            [applicationFilesDirectory path]];

            [[NSApplication sharedApplication] presentError:error];
            return nil;
        }
    }
    NSURL *url = [applicationFilesDirectory URLByAppendingPathComponent:@"…"];
```

Bei Core-Data-Anwendungen ohne Dokumente wird dies automatisch erledigt.

7.5 Versions und Autosave

Seit OS X 10.7 existiert die Möglichkeit, dass automatisch Versionen eines Dokumentes gespeichert werden können. Diese sind über den Versionsbrowser aufrufbar.

Die zentrale Methode für Sie ist dabei -autosavesInPlace, welche mitteilt, ob automatisch gespeichert werden soll. Standardmäßig wird bei einem Dokument YES zurückgegeben, also Autosaving eingeschaltet. Die Problematik, dies bereits im Entwicklungszyklus zu machen, hatte ich bereits angesprochen und sollte von Ihnen bereits selbst bemerkt worden sein.

7.6 Zusammenfassung

Sie haben nunmehr die Konzepte der Modellierung unter Cocoa gelernt. Dabei haben Sie mit Undoing ebenso Bekanntschaft gemacht wie mit Persistenz.

Mit Core Data haben Sie eine sehr mächtige Technologie in der Hand. Sie verwaltet nicht nur den Objektgraphen. Auch müssen Accessoren in der Regel nicht mehr geschrieben werden, die Serialisierung muss nicht mehr langweilig implementiert werden. Ein Undo-Manager wird auch gleich mitgebracht.

Dennoch ist Core Data von Ihnen voll kontrollierbar. Sie können Code in die so geschaffenen Objekte einschleusen, als ob es ganz normale Objekte wären.

Als Zubrot bekamen Sie mit Prädikaten auch noch eine kleine, feine Klasse, die sich vielseitig einsetzen lässt, auch wenn kein Core Data benutzt wird. Auch die Probleme der Reihenfolge dürften sich erklärt haben.

Sicherlich gibt es viele weitere Aspekte der Modellierung, die hier nicht alle erläutert werden konnten: Sie können mehrere Kontexte gleichzeitig benutzen, Sie können dass Persistenzverhalten anpassen, Sie können Beziehungen filtern usw. Ich habe Ihnen die grundsätzliche Arbeitsweise von Core Data erläutert und gezeigt, wie man darin herumoperiert. Sie sind jetzt gerüstet, sich das restliche Wissen zu erarbeiten.

Abschließend weise ich auf das demnächst von Christian Kienle, meinem Co-Autor für Band 2, ebenfalls bei SmartBooks erscheinende Buch zu Core Data hin.

Kapitel 8
Xcode & Co

Nachdem Sie die wichtigsten Bestandteile von Objective-C und Cocoa kennengelernt haben, wollen wir mal einen Blick auf Xcode werfen. Zwar sind die Standardeinstellungen meist sinnvoll und ausreichend. Doch die vertiefte Kenntnis des Handwerkszeugs vereinfacht die tägliche Arbeit. Hierbei nehme ich auch gleich die Gelegenheit wahr, ein paar Worte dazu zu verlieren, wie Sie aus Ihrem Wissen eine Applikation machen.

8.1 Workspace, Projekt und Target

Sie haben im Laufe des Buches ständig mit Xcode und der dahinter liegenden Maschinerie gearbeitet. Aber Xcode bietet unendlich viel mehr, als Sie bisher erlebt haben. Eigentlich kann man alleine mit dieser Thematik ein ganz eigenes Buch füllen. Hier will ich mit Ihnen ein paar Grundbegriffe durchgehen und außerdem diejenigen Möglichkeiten erkunden, die entsprechend Ihrem jetzigen Wissensstand sinnvoll eingesetzt werden können.

So ziemlich alles, was Sie tun, erledigen Sie in einem Projekt. Hier befinden sich Ihre Sourcedateien, womit auch Bilder, Xibs usw. gemeint sind. Auch Ihre Einstellungen beziehen sich hierauf.

8.1.1 Übersicht

Mit Xcode 4 hat sich die Gliederung Ihrer Arbeit allerdings verändert. Bisher stellten die Projekte die oberste Verwaltungseinheit aller Ihrer Sources – womit auch Bilder, Xibs usw. gemeint sind – dar. Wir hatten dies auch bisher so angewendet.

Neuerdings beherrscht Xcode aber als Ebene darüber noch Workspaces (Arbeitsbereiche) und Schemes. Außerdem ist die Beziehung zwischen Projekten und Targets komplexer geworden. Insgesamt ergeben sich daher folgende Grundeinrichtungen:

- Workspaces – Bündel von Projekten
- Projekte – alle für ein Produkt (etwa eine Anwendung) maßgebliche Dateien und Einstellungen
- Targets – Produkte mit ihren Einstellungen
- Schemes – Arbeitsabläufe, um aus dem Projekt das Produkt herzustellen
- Configurations – Sätze von Einstellungen, die komplett ausgetauscht werden können.

Tatsächlich ist dies so komplex, damit man in bestimmten Situationen granuliert Einstellungen vornehmen kann. Üblicherweise sind jedoch für Sie nur Projekte und Targets maßgeblich, wobei ein Projekt auch nur genau ein Target hat. Ich will das daher hier nur insoweit besprechen, als Sie dadurch einen Überblick bekommen und bei wichtigen Einstellungen wissen, wo Sie diese finden. Sonst sucht man sich nämlich gerne einen Wolf.

8.1.2 Workspaces

Workspaces arbeiten wie Kladden, in denen Projekte zusammengefasst werden können. Allerdings besitzt der Workspace nicht ein Projekt, sondern er verweist darauf. Damit lassen sich grundsätzlich die Projekte auch nach Aufnahme in einen Workspace unabhängig bearbeiten. Jedes Projekt kann zudem in verschiedenen Workspaces enthalten sein.

Workspace erzeugen

Es dürfte häufig so sein, dass man sich zunächst ein Projekt erzeugt und dann daraus weitere Projekte erzeugt werden, die in Verbindung stehen. Um dies zu veranschaulichen, erzeugen wir uns mit *File | New | Workspace...* einen leeren Workspace. Die Frage nach dem Namen beantworten Sie einfach mit *TestWorkspace*.

Sie sehen bereits in der Titelzeile des Fensters, dass dort von einem xcworkspace die Rede ist. Der Project-Navigator zeigt jedoch nichts an. Das ist ja auch klar, weil sich noch kein Projekt im Workspace befindet, Sie sozusagen einen leeren Ordner gerade erst erworben haben.

Projekte erzeugen

Klicken Sie bei gedrückter [ctrl]-Taste in den Hintergrund des Project-Navigators, um ein Pop-up-Menü zu öffnen. Dort wählen Sie dann *New Project...* aus. Sie sehen jetzt das gewohnte Sheet, um ein Projekt anzulegen. Wählen Sie *OS X | Application | Cocoa Application* als Vorlage, und nach einem Klick auf *Next* geben Sie bitte *Project1* ein. Schalten Sie bitte alle Optionen bis auf Unit Tests und Spotlight-Importer ein. Nach einem erneuten Klick auf *Next* werden Sie – ebenfalls wie gewohnt – aufgefordert, das Projektverzeichnis festzulegen. Hier sehen Sie schon, dass ein Projekt nicht zu einem Workspace in dem Sinne gehört, dass es einen Teil des Workspaces darstellt. Es wird nur darauf verwiesen, weshalb es sein eigenes unabhängiges Projektverzeichnis erhält. Suchen Sie sich bitte ein warmes Plätzchen auf der Festplatte und klicken Sie auf *Create*. Sie können freilich auch das Workspaceverzeichnis wählen.

AUFGEPASST

Der Name, den Sie einem wirklichen Projekt geben, sollte schon aussagekräftiger sein.

Der Fenstertitel verrät es: ein Workspace mit einem Projekt.

Den Vorgang von gerade eben wiederholen Sie bitte erneut mit einem Projekt, welches Sie dann *Project2* nennen. Sie können die Projekte mittels Drag-and-drop sortieren, wobei Sie allerdings einen Moment die Maustaste über den Projekteintrag gedrückt halten müssen.

Kapitel 8

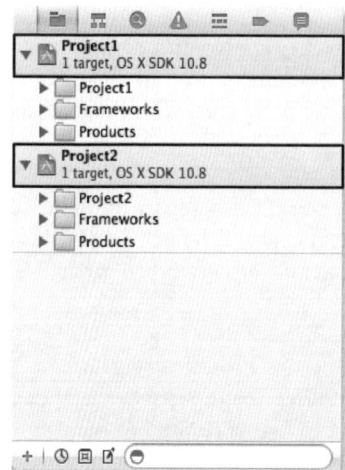

Zwei unabhängige Projekte im Workspace

Mit Workspace arbeiten

Bitte achten Sie jetzt darauf, dass in der Werkzeugleiste von Xcode unter *Scheme* der Eintrag *Project1* ausgewählt ist. Wir besprechen Schemes später. Hier sei nur erwähnt, dass damit unter anderem das aktive Projekt im Workspace ausgewählt wird.

Der Vorteil von Workspaces liegt darin, dass der Buildvorgang für alle Projekte nur ein Mal vorgenommen wird. Dies reduziert die Übersetzungszeit. Das gilt übrigens auch für die Code-Vervollständigung. Entscheidend wird dies, wenn die Projekte Dateien teilen. Das wollen wir einmal machen:

Klicken Sie bitte auf die Gruppe *Project1* im Projekt *Project1* bei gedrückter [ctrl]-Taste und wählen Sie *New File...* In dem Ihnen bekannten Sheet für Dateien erstellen Sie bitte eine Klasse mit dem Namen *Class1*, welche von *NSObject* abgeleitet ist.

AUFGEPASST

Sie können freilich die Klasse auch über das Menü erzeugen. Allerdings wird sie dann immer dem über das Scheme aktivierten Projekt zugewiesen. Da dies von der Selektion im Project-Navigator abweichen kann, sind Verwechslungen programmiert.

Es dürfte ohne weiteres Beispiel klar sein, dass nunmehr in dem Projekt 1 diese Klasse genutzt werden kann. Sie können jetzt allerdings den Header und die Implementierung von Class1 in die Gruppe *Project2* von Projekt 2 ziehen, was Sie bitte erledigen. In dem Sheet, das erscheint, löschen Sie bitte das Häkchen vor Copy Items into destinations's group folder (if needed), setzen unten das Häkchen bei Add to Targets | Project 2 und klicken auf *Finish*. Die Datei sollte jetzt in Projekt 2 erscheinen.

Damit haben Sie mitgeteilt, dass Sie den Header in Projekt 2 mitbenutzen wollen.

Die neue Klasse ändern wir jetzt in Projekt 1, indem wir einfach im Header eine Klassenmethode hinzufügen:

```
@interface Class1 : NSObject
+ (void)doSomething;
@end
```

Diese Klasse implementieren wir schnell:

```
@implementation Class1
+ (void)doSomething
{
    NSLog( @"done." );
}
@end
```

Sie haben es vielleicht schon bemerkt: Noch bevor Sie *Class1.h* speichern, wird die Datei auch in Projekt 2 als verändert markiert. Und wenn Sie jetzt Class1.h in Projekt 2 anklicken, sehen Sie bereits die veränderte Fassung. Das Projekt 2 hat jetzt also eine Abhängigkeit zu Projekt 1, nämlich die Mitbenutzung der Klasse Class1. Die Datei ist demnach also wirklich geteilt und nicht etwa kopiert worden.

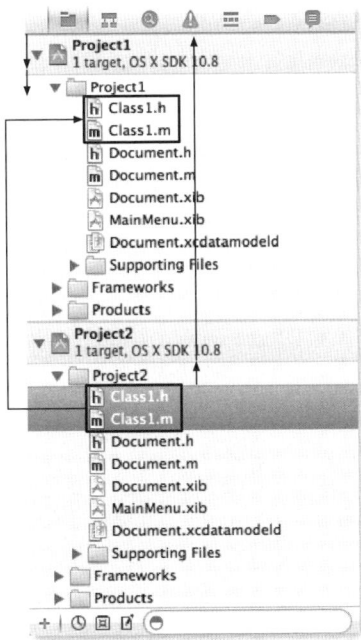

Die Dateien befinden sich in Project1, werden jedoch von beiden Projekten genutzt.

Dies ergibt sich auch aus dem Pfad, der den Dateien gegeben worden ist. Wählen Sie hierzu die Datei Class1.h im Projekt 2 an und schauen Sie dann in den File-Inspector. Sie sehen hier am Anfang zwei Pfadteile »..«, die jeweils eine Ebene hoch führen, das erste also aus der Gruppe *Project2* heraus zu Projekt *Project2*, das zweite aus Projekt *Project2* heraus in den Workspace. Danach wird der Pfad mit *Project1* für das Projekt 1 und *Project1* für die Gruppe *Project1* fortgesetzt. Genau dort befindet sich die Datei relativ zum Ort in Projekt 2.

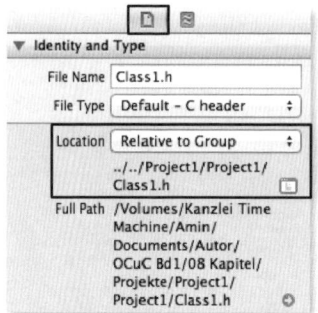

Der Weg von Referenz zum Original: raus, raus, rein, rein.

Dies bedeutet aber auch, dass Sie Projekt 2 nun nicht mehr einzeln – also außerhalb des Workspaces – kompilieren können. Denn es würde die Klasse `Class1` fehlen.

Sie können jetzt in Document.m von Projekt 2 eine Änderung einfügen:

```
#import "Class1.h"

@implementation Document

- (void)init
{
    [Class1 doSomething];
    ...
}
```

Würden Sie jetzt das Programm übersetzen und starten, wären Sie allerdings enttäuscht. Denn in dem Scheme ist immer noch Projekt 1 aktiviert. Dieses würde also gestartet. Ändern Sie also das aktive Schema bitte in *Project2* Und klicken Sie dann auf *Run*.

> **GRUNDLAGEN**
>
> Da es sich aber immer noch um dieselbe Datei handelt, muss sie bei einem Wechsel des aktiven Projektes auf *Project1* nicht erneut kompiliert werden, solange die Buildoptionen passen.

Es ist ebenso möglich, Dateien auf eine Ebene mit Projekten (also außerhalb jeden Projektes) in den Workspace zu ziehen.

8.1.3 Projekt

Der Workspace ist also eine Einrichtung, Dateien zu teilen. Das Projekt bleibt jedoch die Verwaltungseinheit, in der sämtliche Informationen gesammelt werden, sozusagen das Dokument, an dem Sie arbeiten. Zum Projekt gehören natürlich die einzelnen Dateien, aber auch Einstellungen, wie wir noch sehen werden. Auch die Ergebnisse unserer Arbeit, insbesondere also die Targets, sind Bestandteil des Projektes. Den gesamten Inhalt können Sie eben im Project-Navigator sehen.

Da wir schon viel mit Projekten gearbeitet haben, erspare ich mir weitere Ausführungen dazu. Allerdings komme ich immer wieder darauf zurück, wenn Einstellungen gemacht werden. Da das Projekt zentrale Verwaltungseinheit ist, werden Einstellungen nämlich häufig dort gemacht.

> **GRUNDLAGEN**
>
> Schon vor der Erfindung von Workspaces war es so, dass man ein Projekt in ein anderes ziehen konnte. Dann war das äußere vom inneren abhängig. In diesem Falle ist es so, dass das Öffnen des äußeren Projektes automatisch das innere mitöffnet. Der Anwendungsfall hierfür liegt darin, dass man etwa ein Framework-Projekt haben kann und eine Applikation, die das Framework benutzt. Eigene Frameworks werden in Band 2 besprochen.

8.1.4 Target

Targets sind die gewünschten Ergebnisse unserer Arbeit. In aller Regel – und vor allem während dieses Bandes – ist das Target ein Programm. Es kann sich jedoch auch um andere Dinge handeln, etwa wenn Sie ein Framework erstellen wollen.

> **GRUNDLAGEN**
>
> Für etwas versierte Nutzer sei bereits jetzt darauf hingewiesen, dass auch Unit-Tests besondere Targets darstellen. Auch Testing wird in Band 2 besprochen.

Targets spiegeln sich im Project-Navigator als Products wieder. Es bestimmt, wie aus den Gesamtdateien des Projektes das (oder die) Produkte hergestellt werden sollen. Wie bereits in Kapitel 2 gezeigt, kann damit etwa erreicht werden, dass die (allgemeinen) Buildeinstellungen eines Projektes für ein bestimmtes Target abgeändert werden.

Die Targets sind Bestandteil eines Projektes. Jedes Projekt kann dabei mehrere Targets verwalten. Ein Target gehört aber immer zu genau einem Projekt.

8.1.5 Schemes

GRUNDLAGEN

In der Toolbar steht neben dem Schema die Run-Destination, bei uns automatisch *My Mac 64-Bit*. Wichtig ist diese Einstellung für die Programmierung von iOS-Software, da bestimmt werden kann, auf welchem physikalen Gerät (iPhone etwa) die Anwendung ausgeführt oder ob sie im Simulator gestartet werden soll. Für den Mac ergibt sich ein Anwendungsfall, wenn Sie Ihre Software für 64 Bit und 32 Bit übersetzen wollen. Da jedoch auf dem Mac eine 32-bittige Software auf moderne Errungenschaften von Objective-C verzichten muss, bietet sich das nun wirklich nicht an.

Die von Xcode vorgesehenen Arbeitsabläufe

Schemes stellen sozusagen Arbeitsabläufe dar. Bitte wählen Sie in der Toolbar unter *Schemes* zunächst *Project1* und dann (Pop-up-Menü erneut öffnen) den Eintrag *Edit Scheme* aus. Die Art der Arbeitsabläufe ist dabei festgelegt. Sie erscheint am linken Rand des Sheets:

- Build – Product herstellen
- Run – Product starten
- Test – Product mit Unit-Tests ausführen
- Profile – Product mit einem Profiling-Tool ausführen
- Analyze – Product statisch analysieren
- Archive – Product archivieren, insbesondere zur Auslieferung

Jeder dieser Arbeitsabläufe besteht dabei aus drei Schritten, wie Sie sehen können, wenn Sie einen Eintrag öffnen: *Pre-Actions*, dem eigentlichen Arbeitsablauf und *Post-Actions*. Mit diesen Actions können Sie in der Konsole Skripte ausführen, etwa um externe Dateien zu aktualisieren.

Normalerweise wird von Xcode für jedes neue Target automatisch ein Scheme erzeugt. Daher kann man in diesem Falle Scheme und Target als Einheit betrachten. Wie Sie aber sehen können, lassen sich der Buildphase Targets hinzufügen, so dass wir etwa ein Scheme erstellen könnten, welches die Targets aus beiden Projekten baut.

> **GRUNDLAGEN**
>
> In Wahrheit haben wir vorhin bei der Projektaktivierung also auch nicht Projekte ausgewählt, sondern eben ein Scheme, welches ein Target benannte. Und das Target gehörte ja zum Projekt.

8.1.6 Configurations

Wichtig ist jedoch, dass ein Scheme gleich zwei Configurations – Container für die Buildeinstellungen – mitbringt. In dem Scheme-Sheet konnten Sie das auch bei den einzelnen Arbeitsabläufen – mit Ausnahme von Build – sehen. Unter der eigentlichen Bezeichnung stand klein *Release* oder *Debug*. Bisher haben wir nur mit Debug gearbeitet. Am Ende des Kapitels kommen wir auf den Release-Build zu sprechen.

Eigene Configurations herzustellen ist eher fernliegend und nur in Spezialfällen erforderlich.

Ich habe das jetzt Übersicht genannt. Und irgendwie das Gefühl, dass Sie genau diese verloren haben. Also, um es noch einmal von vorne aufzunehmen: Üblicherweise haben Sie ein Projekt, welches ein Target hat. Daran hängt ein Scheme, und dessen Configurations sind bereits korrekt vorgefertigt.

Sie können Projekt 2 bitte wieder aus dem Workspace löschen, um Verwechselungen vorzubeugen. Wir arbeiten jetzt nur noch an Projekt 1. Alternativ, dann haben Sie das gleich auch ausprobiert, können Sie den Workspace schließen und einfach Projekt 1 von der Platte öffnen. Sie hatten da ja einen Pfad angegeben ... Ich habe es so gemacht.

8.2 Projektdateien

Das Projekt fasst also vor allem die Dateien zusammen. Schauen wir uns das an:

8.2.1 Datei hinzufügen

Üblicherweise fügen Sie einem Projekt Dateien hinzu, indem Sie diese über das Menü erzeugen. Das haben Sie ja nun schon zahlreich gemacht, so dass ich darauf nicht mehr eingehen muss.

Manchmal hat man aber eine bereits fertige Datei, die man dem Projekt hinzufügen möchte, ohne eine neue zu erzeugen. Dies ist vor allem dann relevant, wenn man graphische Dateien der Aplikation hinzufügen möchte, die ja meist aus einem anderen Programm stammen. Beispiel sind hier Logos.

Kapitel 8

Sie können diese einfach an die entsprechende Stelle in der Projektleiste ziehen. Es erscheint dann ein Sheet, welches verschiedene Konfigurationsmöglichkeiten anbietet. Sie haben das vorhin schon einmal in der Übersicht (so ähnlich) gesehen, als wir ein Projekt von der Datei eines anderen Projektes abhängig gemacht haben. Wir machen das einmal mit einer beliebigen graphischen Datei, vielleicht einem Photo von Ihnen? Diese Datei ziehen Sie bitte in die Gruppe *Project1 | Supporting Files* im Project-Navigator.

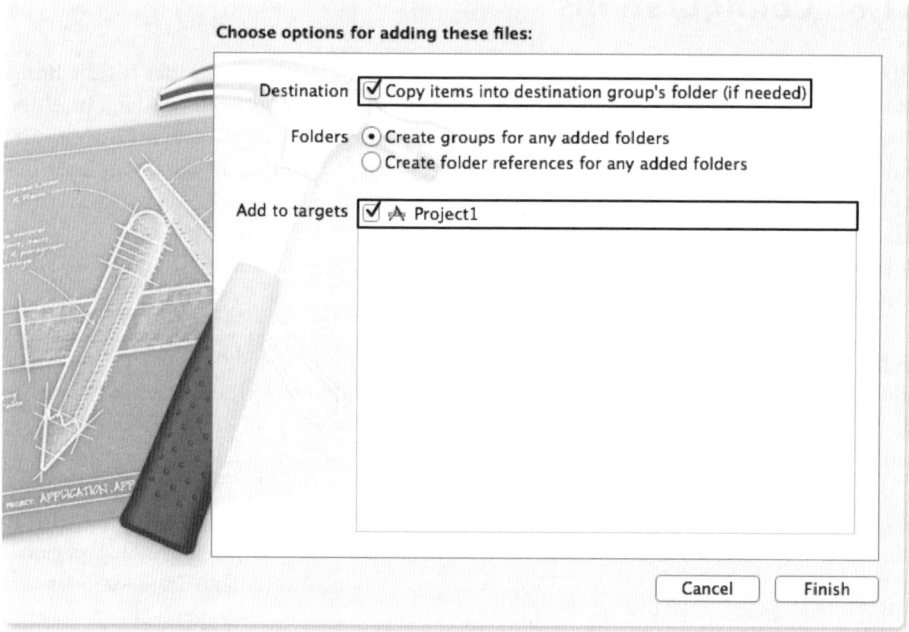

Fügt man eine Datei hinzu, so können einige Einstellungen vorgenommen werden.

Copy Files to destination group's folder

Mit dieser Option können Sie mitteilen, ob die in das Projekt gezogene Datei in den Projektordner kopiert werden soll, falls sie sich woanders befindet. Dies ist häufig der Fall, etwa wenn Sie eine Ressource hinzufügen wollen. Lassen Sie das Kästchen leer, so merkt sich Xcode den Pfad zu der Datei, ohne eine Kopie zu erzeugen. Das war vorhin bei dem Workspacebeispiel der Fall, da es hier ja gerade der Sinn ist, dass die Datei nicht doppelt existiert, sondern lediglich referenziert wird.

Setzen Sie bitte das Häkchen. Wir wollen die Ressource wirklich hinzufügen.

Create groups for any added folders und
Create Folder References for any added folders

Wenn Sie einen Ordner in das Projekt ziehen, stellt sich die Frage, wie Xcode damit umgehen soll. Zum einen können Gruppen für die enthaltenen Ordner angelegt werden, also die Ordnerstruktur in der Projektleiste als Gruppenstruktur dargestellt werden. Dies erreichen Sie mit der Option *Create groups for any added folders*.

Wählen Sie indessen *Create Folder References for any added folders*, so werden die Ordner als Datei in die Projektleiste eingefügt. Sie erkennen dies daran, dass die Ordner im Projektnavigator blau anstatt gelb dargestellt werden. Ich empfehle in aller Regel nicht die Arbeit damit, da die Synchronisation zwischen Dateisystem und Xcode aus meiner Sicht nicht sehr ausgereift ist.

Add To Targets

Da Sie mehrere Targets haben können, ergibt sich die Frage, ob eine hinzugefügte Datei zu allen Targets gehören soll. Wir verwenden nur ein Target, so dass sich die Frage nicht wirklich stellt. Wichtig ist jedoch, dass bei dem einen Target das Häkchen gesetzt ist, da es sonst zwar dem Projekt hinzugefügt wird, nicht jedoch der ausführbaren Applikation. Denn auch das Kopieren der Datei in das fertige Programm gehört zur Buildphase, die sich ja auf ein Target bezieht. Überprüfen Sie also, dass die Option eingeschaltet ist. (Auf diese Weise ist es möglich, Dateien dem Projekt hinzuzufügen, ohne dass diese mit der Anwendung ausgeliefert werden. Dies ist etwa für eigene Dokumentation wichtig, die man ja nicht so gerne an Dritte gibt.)

Die Datei ist jetzt Ihrem Projekt hinzugefügt worden. Das ergibt sich nicht nur aus dem Eintrag im Project-Navigator. Wechseln Sie vielmehr mal zu Document.xib und dort in die Media-Library. Sie finden in der Gruppe Workspace das Bild.

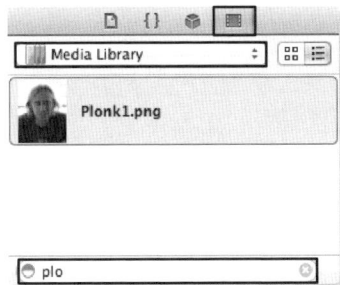

Die Bilder in unseren Targets erscheinen automatisch im Interface Builder.

Ziehen Sie es einfach mal in das Dokumentenfenster. Starten Sie das Projekt. Sie sehen das Bild auch im Fenster.

Sie können dieses Bild übrigens auch vom Programm aus laden. Dazu existiert die Methode `+imageNamed:`, welche nach einem entsprechend benannten Bild sucht. Allgemeiner geht es mit `-pathForResource:ofType:` (`NSBundle`). In jedem Falle sollten Sie diese Methoden nutzen und sich nicht über Pfadakrobatik selbst auf die Suche machen.

Wählen Sie jetzt bitte wieder im Projektnavigator die neue Photodatei an und wechseln Sie auf den File-Inspector. Nehmen Sie in der Gruppe *Target Membership* das Häkchen vor *Project1* heraus. Jetzt haben Sie Xcode mitgeteilt, dass diese Datei nicht zum fertigen Target gehört.

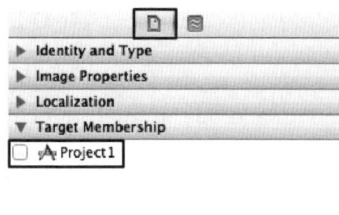

Die Targetzugehörigkeit lässt sich für jede Datei einzeln einstellen.

Das testen wir: Führen Sie über das Menü *Product | Clean* durch und übersetzen Sie das Projekt erneut. Durch das Clean wird verhindert, dass sich noch Reste aus dem letzten Buildvorgang im Zielverzeichnis befinden. Wenn Sie jetzt wieder die Anwendung starten, werden Sie bemerken, dass es nicht angezeigt wird. Stattdessen finden Sie in der Debuggerconsole:

```
>… Could not find image named 'Plonk1'.
```

TIPP

Wenn Sie mal der Meinung sind, dass Xcode völlig verrückt spielt, Dateien nicht aktualisiert, nicht übersetzt, nicht nachvollziehbare Fehler anzeigt usw., sollten Sie mal mit [Umschalttaste]+[alt]+[cmd]+K einen kompletten Clean durchführen. Das bewirkt zuweilen Wunder.

Bitte fügen Sie die Datei wieder dem Target hinzu.

8.2.2 Dateien finden

Es gibt auch den umgekehrten Weg: von Xcode in den Finder. Meist weiß man ja, wo die Dateien liegen. Aber gerade für die fertige Applikation ist das gar nicht so einfach. Öffnen Sie im Project-Navigator die Gruppe *Products* und führen Sie einen [ctrl]-Klick auf *Project1.app* durch. Nach einem Klick auf *Show in Finder* geht im Finder ein Fenster auf. Dort öffnen Sie mit einem Rechtsklick auf die Applikation das Paket (*Paketinhalt zeigen*). Dort folgen Sie dann *Contents | Resources*. Hier liegen etwa die Ressourcedateien. Aber wieso nicht unser Bild? Weil wir ja erst einmal wieder einen Buildvorgang starten müssen. Machen Sie das bitte mit [cmd]+B oder indem Sie die Applikation gleich von Xcode aus starten. Die Datei wird jetzt dem Paket hinzugefügt, wie Sie im Finder erkennen können.

8.3 Target

Wie bereits erwähnt, haben wir in diesem Buch stets ein Target pro Projekt. Aber auch in diesem Falle lassen sich wichtige Einstellungen am Target vornehmen.

Seit Xcode 4 ist das Target im Projekt verborgen. Sie müssen also im Project-Navigator auf das Projekt klicken, um an das Target zu gelangen. Im Editor auf der linken Seite müssen Sie dann in der Liste das Target auswählen.

Beachten Sie bitte, dass sich am unteren Rand des Bereichs Buttons befinden:

- *Add Target* sollte sich selbst erklären. Denken Sie bitte daran, dass sich standardmäßig ein Scheme für das Target hinzugesellt.

- Mit *Validate* können Sie die Einstellungen, die Sie jeweils in den Panes gemacht haben, validieren. Es erfolgt dann eine Plausibilitätskontrolle. Wichtig kann das vor allem bei der Übernahme von Projekten sein, die mit früheren Versionen von Xcode erstellt wurden.

- Schließlich taucht je nach ausgewähltem Pane rechts ein Button *Add...* auf, der es zulässt, zu Listen in einem Pane Einträge hinzuzufügen. Hiervon werden wir auch Gebrauch machen.

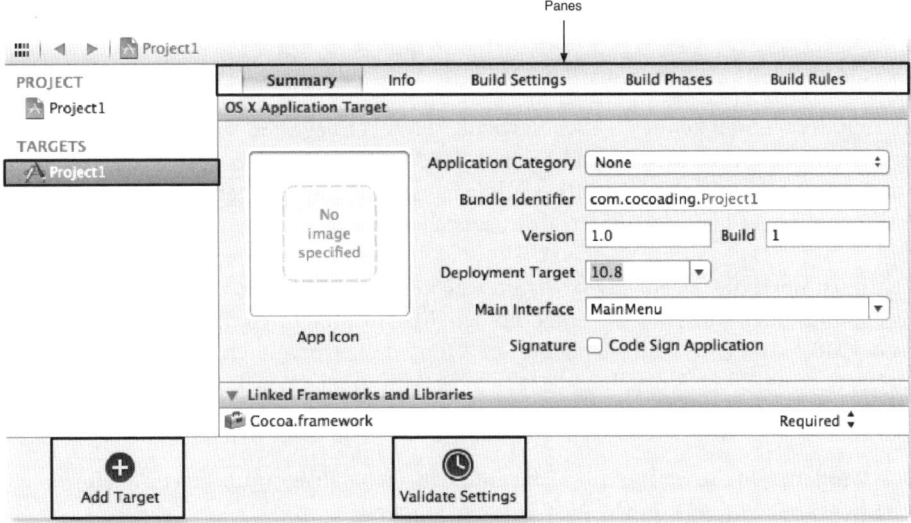

Die verschiedenen Gruppen der Target-Einstellungen

8.3.1 Summary

Hier können Sie zum einen den Namen des Targets angeben, zum anderen Target-Dependencies und Linked-Libraries. Diese Einstellungen sind zumeist auch anderweitig zu erreichen, wegen ihrer besonderen Bedeutung jedoch hier zusammengefasst.

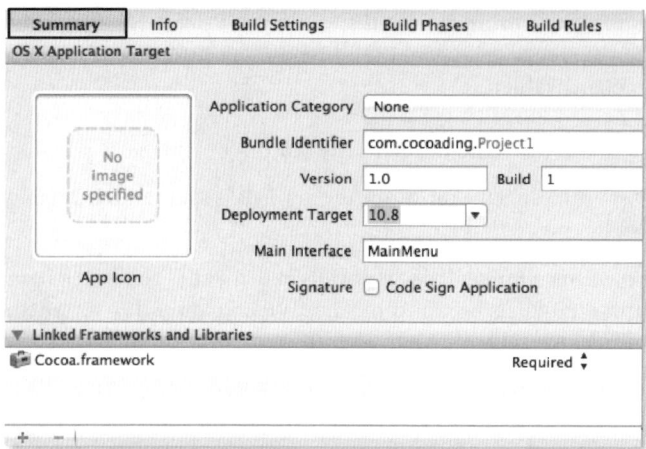

Die generellen Einstellungen eines Targets

OS X Application Target

Sie sehen unter der Rubrik *OS X Target* ein paar altbekannte Einstellungen.

Den *Bundle Identifier* kennen Sie schon von der Projektanlage her. Das Schema sollten Sie begriffen haben. Sie werden bemerken, dass Sie den letzten Teil des Pfades, den Produktnamen, nicht setzen können. Letztlich handelt es sich um den Namen des Targets, den Sie unmittelbar in der Liste der Targets links einstellen können.

Wichtig ist noch das *Deployment Target*, welches bestimmt, mit welcher Version Ihre Anwendung laufen soll. Da sich gerade auf dem Mac in letzter Zeit doch einiges getan hat, ist OS X 10.8 eine gute Wahl. Üblicherweise unterstützt man noch eine Vorversion des Betriebssystems. Diese Einstellung lässt sich bei Anwahl des Projektes in der linken Liste auch projektweit setzen.

Main Interface gibt an, welche Xib-Datei automatisch bei Programmstart geladen werden soll. Etwas anderes als MainMenu ist da kaum sinnvoll.

Code Signing erlaubt die Signierung des Codes, der damit vor Änderungen geschützt werden kann. Dies setzt einen bezahlten Entwickleraccount voraus.

Links sehen Sie zudem eine Dropbox für das *App Icon*, also das Anwendungslogo. Ein solches wollen wir mal erstellen.

Zunächst benötigen Sie ein Bild, eine Graphik hierfür. Transparenz ist zulässig. Bevor Sie jetzt langwierig einen Designer damit beauftragen, malen Sie sich schnell eines. Es sollte eine Größe von bis zu 512 x 512 Pixeln haben. Allerdings wird nicht dieses Bild benutzt, sondern eine Icon-Datei, die mehrere Bilder für veschiedene Größen beinhaltet. Um sich ein solches Icon herzustellen, wählen Sie bitte im Menü *Xcode* den Eintrag *Open Developer Tool | Icon Composer*.

Ziehen Sie jetzt bitte das Bild in die Kästchen für die verschiedenen Größen. Die Graphik wird automatisch verkleinert. Im Projektordner speichern! Ziehen Sie nun die gespeicherte Icons-Datei auf die Dropbox. Es sollte dann dort Ihr Logo erscheinen. Auch im Project-Navigator sollte die Datei sichtbar sein. Ziehen Sie diese in die Gruppe *Supporting Files*.

Wenn Sie das Programm erneut starten, sollte das Logo im Dock erscheinen.

Linked Frameworks and Libraries

Die *Linked Libraries* stellen die von Ihnen verwendeten Frameworks dar. Sie sehen hier Cocoa, da dies das Framework ist, mit dem wir arbeiten. Es sei angemerkt, dass teilweise für in OS X enthaltene Funktionalität in anderen Frameworks liegt. Sie können mal neugierig auf den Button zum Hinzufügen klicken, um sich anzuschauen, was es so gibt. In den Klassenbeschreibungen der Dokumentation wird übrigens das Framework angegeben, in dem sich eine Klasse befindet.

Entitlements

Entitlements beschreiben Berechtigungen, die die Anwendung erhält. Wie Sie vielleicht wissen, werden künftig im App Store verkaufte Applikationen in einer sogenannten Sandbox (Sandkasten) laufen, die aus Sicherheitsgründen nur eingeschränkten Zugriff auf Resourcen des Zielsystems erlauben.

Die Vergabe von Entitlements setzt voraus, dass Sie über einen bezahlten Entwickleraccount verfügen.

8.3.2 Info

Unter diesem Tab können Sie allgemeine Einstellungen treffen.

Custom Mac OS Application Target Properties

In einem Application-Bundle befindet sich eine Datei Info.plist. Diese haben Sie vielleicht schon gesehen, als Sie das Bundle vorhin im Finder öffneten. Hierin befinden sich verschiedene allgemeine Informationen für das Betriebssystem.

Viele – die Wichtigen – werden dabei in den weiteren Einstellungen gesetzt. Das erkennen Sie, wenn Sie die Liste öffnen. Da steht etwa unser Application-Icon. Für den Rest kann man hier Werte eingeben. Allerdings sollte das ebenfalls in der Regel nicht erforderlich sein. Eine

Anwendung ergibt sich aber etwa, wenn Sie auf den Eintrag *Principal Class* schauen, bei dem NSApplication eingetragen ist: Beim Laden eines Bundles wird nach der sogenannten ersten Klasse gesucht und dies instanziert. Das ist eben bei einer Applikation NSApplication. Da wir Delegates benutzen, um deren Verhalten anzupassen, müssen wir keine Subklasse von NSApplication herstellen – und hier nichts Abweichendes eintragen. Sollte dies mal ausnahmsweise der Fall sein, so wissen Sie jetzt ja, wo man seine eigene Klasse angeben muss.

Interessant könnte noch der Eintrag *Copyright (human-readable)* sein, den ich hier deshalb erwähnen möchte. Erklären sollte er sich von selbst.

Document Types

Eine Applikation legt ihre Daten ja gemeinhin auf der Festplatte in Dateien ab. Deshalb gibt es ja die sensationelle Erfindung des Menüpunktes *File | Save* bzw. *Ablage | Sichern...* Auch wenn man Core Data benutzt, das sich ja ums Speichern kümmert, gibt es verschiedene Formate, da ja die Modellbeschreibungen unterschiedlich sind. Also muss man diese den Programmen zuordnen. Und ein schönes Bildchen dafür wollen wir auch.

Wenn Sie diesen Bereich öffnen, sehen Sie schon, dass standardmäßig drei Formate vorbelegt sind. Es handelt sich um die Store-Types von Core Data. Diese sehen Sie übrigens auch, wenn Sie das Programm starten und das Dokument als Pop-up neben dem Label *File Format* sichern.

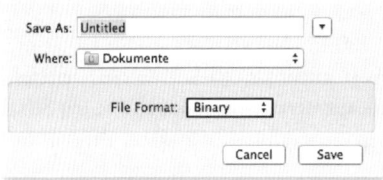

Es werden bereits drei Dateiformate mitgeliefert.

Da es sich allerdings um die Standardformate handelt, werden diese nicht automatisch der Applikation zugeordnet. Als Erstes entscheiden wir uns für *SQLite*, indem Sie die beiden anderen Einträge *Binary* und *XML* durch einen Klick auf das Kreuz am rechten Rand löschen. (Sie können es auch einfach auswählen und die Löschtaste betätigen.) Wenn Sie jetzt das Programm starten, ein Dokument anlegen und auf *sichern* klicken, werden Sie bemerken, dass die Formatauswahl automatisch aus dem Sheet verschwunden ist. Es gibt ja auch nichts mehr auszuwählen.

GRUNDLAGEN

Woher weiß das System eigentlich, dass es jetzt eine SQL-Datei anlegen soll und nicht etwa eine XML-Datei? Hierzu dient die Liste Additional document typepropertys am Ende. Öffnen Sie den isclosure und Sie sehen, dass dort ein Attribut *Core Data persistent store type* gesetzt ist.

Konfigurieren wir mal unser Dokument wie in der Abbildung ersichtlich:

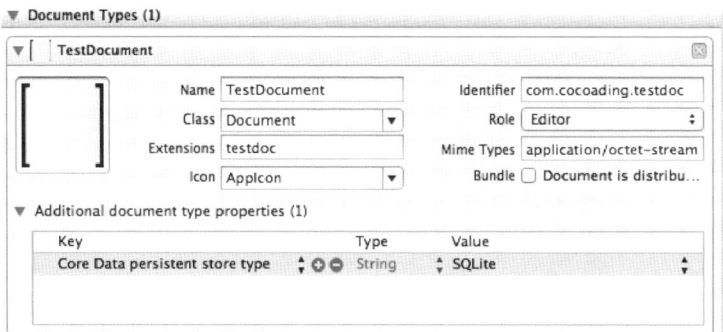

Unser eigener Dokumententyp

Ein paar Erläuterungen:

- Mit *Class* geben wir an, welche unserer Klassen das Dokument instanzieren soll. Xcode hatte uns ja bereits die Klasse Document erzeugt. Diese steht hier. Aber es lassen sich für verschiedene Dokumententypen unterschiedliche Klassen anlegen, so dass die Handhabung im Dokument einfacher wird. Meist existiert aber nur eine Klasse.
- Beim *Identifier* (Uniform Type Identifier, UTI) handelt es sich um ein von Apple standardisiertes System zur Typbezeichnung. Wir kommen gleich darauf zurück. Wichtig ist hier nur, dass Sie bitte entsprechend dem System rDNS eine eindeutige Bezeichnung vergeben.
- *Role* bestimmt, ob wir das Dokument dieses Typs nur betrachten (*Viewer*) oder auch bearbeiten können (*Editor*). Wir können unsere Dokumente natürlich auch bearbeiten. (Wobei das ja eine Lüge ist, weil wir überhaupt kein User-Interface gefertigt haben.)
- *Extension* gibt die Dateiendung an.
- *Bundle* gibt an, ob das Dokument als einfacher File oder als Dokumentenbundle behandelt werden soll. Dies kann nützlich sein, wenn mehrere Dateien zusammengefasst werden sollen.
- Schließlich geben Sie mit *Icon* ein Bildchen für die Datei an. Ich habe hier der Einfachheit halber einfach das AppIcon verwendet. Schön ist das gewiss nicht, da ein Dokumenten-Icon üblicherweise Blattform hat.

Damit haben wir das Dokumentenformat angelegt. Und sind nicht fertig. Denn außer uns weiß noch niemand davon.

Exported UTIs

Das müssen wir mitteilen: Dazu dient die Liste Exported UTIs, mit der eine Applikation (genauer: das Application-Bundle) mitteilt, welche Typen durch die Anwendung dem System hinzugefügt werden sollen.

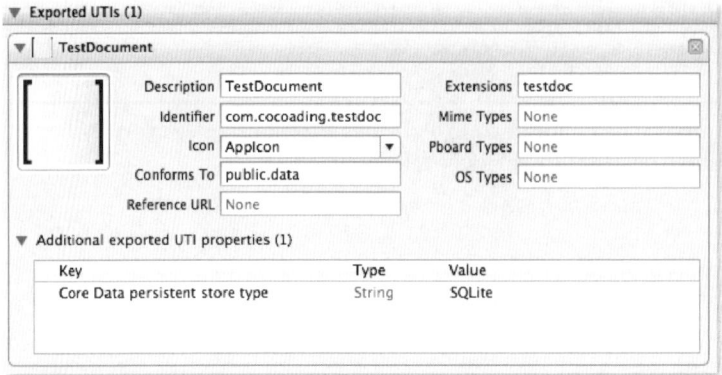

I am, what I am: Wir geben OS X unseren Typen bekannt.

Da einige Werte übernommen sind, bleibt wohl nur des Feld *Conforms To* erläuterungsbedürftig. Hiermit wird mitgeteilt, dass unser Typ ein Fall des Typs public.data ist. Bei diesem Typen handelt es sich wiederum um den Basistypen für alle Dateien.

Testen Sie das aber noch nicht. Denn wir haben das Programm noch nicht vom Finder aus ausgeführt. Es ist immer noch nicht auslieferungsfähig. Darauf kommen wir gleich.

8.3.3 Build-Settings

Die Funktionsweise der Build-Settings haben wir schon im zweiten Kapitel besprochen. Sie können sich natürlich die einzelnen Optionen mal anschauen. In drei Jahren sind Sie dann fertig.

Hinweisen möchte ich Sie allerdings auf die Struktur. Ihnen wird aufgefallen sein, dass manche Einträge einen Disclosure aufweisen, andere nur dann, wenn sich gerade die Maus über ihnen befindet. Der Disclosure deutet darauf hin, dass diese Einstellung unterschiedlich für die Configurations gesetzt ist. Ah, da sind sie wieder! Im Prinzip bedeutet dies, dass für einen Debug-Build (Entwicklungsphase) und einen Release-Build (Vertriebsphase) das Target anders gebaut wird.

Klappen Sie etwa den Eintrag *Build Active Architecture Only* auf, was bedeutet, dass das Target nur für den aktuellen Rechner gebaut werden soll. Dies ist in der Entwicklungsphase sinnvoll, da Sie ja auf Ihrem Rechner testen. Wird allerdings die Anwendung vertrieben, soll es für alle unterstützten Architekturen hergestellt werden. Aus diesem

Grunde können Sie erkennen, dass für *Debug* diese Option eingeschaltet ist, für *Release* ausgeschaltet.

Man kann übrigens innerhalb der Konfigurationen noch eine weitere Unterscheidungsebene hinzufügen, die das Ziel-SDK (also das Betriebssystem, auf dem das Programm ausgeführt wird) berücksichtigt.

> **HILFE**
>
> Eigene Configurations kann man im Info-Pane des Projektes anlegen. Wie aber bereits erwähnt, sollte das erst einmal nicht erforderlich sein.

8.3.4 Build-Phasen

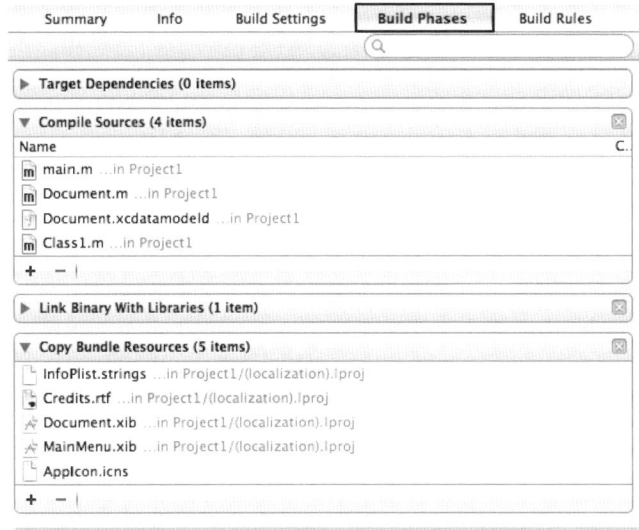

Die Schritte zum Produkt im User-Interface

Wie Sie bereits im ersten Kapitel gelernt haben, wird das Target als Produkt in mehreren Schritten erzeugt. Dies nennt Xcode die »Build-Phases«. Und ich hatte Ihnen gesagt, dass die Erläuterungen in Kapitel 1 nur den Kern betreffen, jedoch in Breite und Tiefe erweitert werden müssen. Dies erledigen wir hier.

Kapitel 8

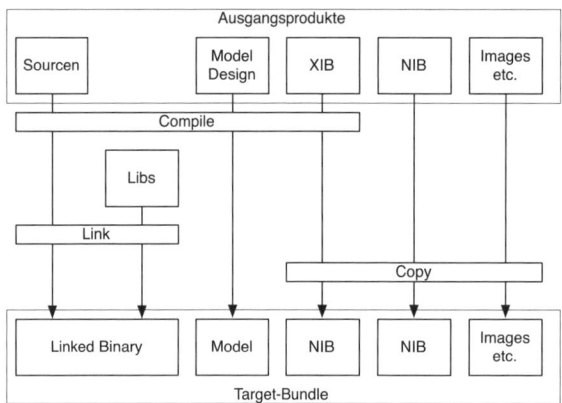

Die Schritte zum Produkt als Prozess

Es geht mir hier darum, dass Sie verstehen, wie ein Build-Prozess prinzipiell abläuft. Eingreifen müssen Sie als Einsteiger nicht. Ich gehe hierauf auch noch ein.

Besser als ein zeitlicher Ablauf ist es allerdings, wenn man sich eine Build-Phase als einen funktionellen Bestandteil des Build-Prozesses denkt: Jede Build-Phase übernimmt eine bestimmte Aufgabe. Dabei bestehen aber teilweise Abhängigkeiten. Wird die Ausgabe einer Build-Phase wieder als Eingabe einer anderen verwendet, so beachtet Xcode das und ordnet die verschiedenen Phasen zeitlich richtig an. Dies ist in der Abbildung etwa bei der Compile-Build-Phase und der Link-Build-Phase der Fall. Gelinkt werden kann ja nur etwas, was vorher übersetzt wurde.

Gehen wir die einzelnen Build-Phasen durch:

Target Dependencies
In dieser Liste können Sie Dateien eintragen, die einen neuen Build-Vorgang auslösen. Da Xcode die im Projekt enthaltenen Dateien selbst auf Abhängigkeiten überprüft, wird dies selten benötigt.

Compile Sources
Die Compile-Build-Phasen übersetzen eine Projektdatei in eine Zieldatei.

Dies kennen Sie bereits aus Kapitel 1 für Sourcecode. Aber es existieren weitere Fälle, in denen eine Übersetzung notwendig ist. Zusammengefasst:

- Zunächst werden Ihre Sources kompiliert und gelinkt. Hierum kümmert sich die LLVM/clang.
- Dann gehört hierher unser Core-Data-Model. Das, was Sie erstellen und abspeichern, ist so noch nicht auslieferungsfähig. Vielmehr wird es von einem speziellen Compiler, dem Core Data Model Compiler (momc), in eine mom-Datei übersetzt.

- Dateien, die als Xib gespeichert sind, werden vom Interface-Builder-Compiler in Nibs übersetzt. Wie Sie der obigen Graphik entnehmen können, wurden früher im Interface Build unmittelbar die Nibs editiert. Dann entfällt natürlich der Schritt.

Wie was übersetzt wird, bestimmen die Build-Rules. Diese besprechen wir ganz kurz im Anschluss.

Link Binary with Libraries
Dieser Punkt ist bereits in der Summary besprochen worden.

Copy Bundle Resources
Die Copy-Build-Phasen kopieren Dateien aus Ihrem Projektordner in das zu erstellende Programm. Das ahnten Sie schon. Xcode legt bei Anwendungen bereits die Copy-Phase *Copy Bundle Resource* an. Fügen Sie Resourcen nach dem obigen Verfahren hinzu, so werden diese standardmäßig in dieser Phase ausgenommen und damit kopiert.

Allerdings sehen Sie nicht alle Dateien, die kopiert werden. Dies liegt daran, dass zum Beispiel Sourcen vom Compiler übersetzt werden müssen. Es erfolgt also keine einfache Kopieraktion, sondern eine Übersetzung.

Copy Files und *Run Script*
Wenn Sie auf den *Add*-Button unten rechts klicken, sehen Sie zwei weitere Phasen: *Copy Files* und *Run Script*. Mit der ersten ist es möglich, weitere Dateien ins Bundle kopieren zu lassen. Hatten wir das nicht schon? Ja, hatten wir. Allerdings ist es bei der standardmäßigen Copy-Phase so, dass Xcode den Platz im Zielordner bestimmt. Hier ist es möglich, selbst Angaben dazu zu machen.

Run-Scripts sind ähnlich wie beim Scheme die Möglichkeit, vor der Ausführung des Programmes eine Befehlsliste (Skript) laufen zu lassen. Allerdings befinden sich die Run-Scripts im Bundle. Hierzu gehört daher auch die Möglichkeit, Installationsskripte laufen zu lassen.

8.4 Lokalisierung

Für die Akzeptanz einer Anwendung ist es enorm wichtig, dass der Nutzer sie in seiner Sprache bedienen kann. Aus diesem Grunde müssen alle Projektbestandteile, die natürliche Sprache beinhalten, angepasst werden. Was kommt da in Frage?

- Die mitgelieferten Ressourcen. Sie machen auch den Löwenanteil der Anpassung aus.
- Zuweilen kommt es vor, dass wir im Code Texte bauen, die der Nutzer sieht. Es ist freilich keine Lösung, den Code an die jeweilige Sprache anzupassen, da er ja funktional identisch ist. Hier wird es etwas komplizierter.

8.4.1 Ressourcen und Lokalisierung

In dem Application-Bundle befinden sich auch die Ressourcen des Projektes im Unterordner *Resources*. Wir hatten in das Application-Bundle ja bereits einen Blick hineingeworfen. Interessant ist hier der Unterodner *Resources*.

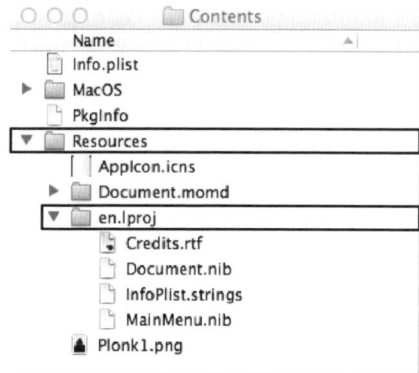

Die Verteilung der Ressourcen im ausführbaren Bundle

Als Ressourcen kommen üblicherweise in Betracht:

- die aus den Xibs übersetzten Nibs mit Fenstern, Dialogen, Menüs usw.
- eine Stringdatei mit Klartexten, die nicht in einem Nib enthalten sind, sondern aus dem Code heraus benutzt werden. Dies war etwa in unserem ersten Projekt der Fehlertext. Hiermit müssen wir uns noch befassen.
- das Managed-Object-Model einer Core-Data-Anwendung
- weitere Ressourcen wie Bilder, die wir explizit dem Projekt hinzugefügt haben
- Sprachverzeichnisse wie English.lproj

Lokalisierte Dateien

Bemerken Sie bitte, dass sich manche Ressourcen, wie etwa die Nib-Dateien, in einem Ordner mit dem Suffix .lprof (Localized Project) befinden, andere, etwa das App-Icon oder das Dokumentenmodel, nicht. Wieso nur? Das ist ja eigentlich auch richtig, weil sich Nib-Dateien der Sprache anpassen müssen, das Datenmodell hingegen nicht. Aber woher weiß das Xcode?

Diese lproj-Ordner (localized project) wie en.lproj sind merkwürdig. Habe ich noch nicht erläutert. Wählen Sie in Xcode mal im Project-Navigator Document.xib an. Im Document-Inspector erscheint ein Eintrag bei *Localization*. Wählen Sie etwa die Modeldatei Document.xcdatamodeld, so gibt es eine entsprechende Gruppe nicht. Wieder anders verhält es sich bei unserem App-Icon. Dort existiert eine solche Gruppe, die jedoch keinen Eintrag, auch keinen für Englisch, enthält. Daraus lassen sich im Hinblick auf die Lokalisierung drei Arten von Dateien schließen:

- nicht-lokalisierbare Dateien wie unser Datenmodel

- lokalisierbare Dateien, die (bisher) keine Lokalisierung aufweisen. Sie landen unmittelbar in dem Ordner *Resources*.
- Lokalisierbare Dateien, die bereits eine Lokalisierung aufweisen. Sie landen in dem Unterordner von Resources, der zur entsprechenden Sprache gehört.

Unser en.lproj ist also nichts anderes als der lokalisierte Ordner (lproj) für die Sprache Englisch (en). Deshalb befinden sich dort auch die lokalisierten Dateien. Würden Sie unserem App-Icon auch eine Lokalisierung geben, so würde es beim nächsten Build dorthin verschoben. Das ist nur nicht sinnvoll.

> **POWER**
>
> Es ist bei uns nicht sinnvoll. Aber denken Sie etwa, dass Sie eine Dating-Applikation schreiben. Als Logo haben Sie sich das Gesicht einer hübschen Frau ausgesucht. Wenn Sie das Programm verkaufen, sollten Sie es vielleicht in manchen Ländern mit einer Burka versehen. Andererseits möchten Sie dann das Programm vielleicht auch gar nicht in diesen Länder verkaufen.

Auswahl der Lokalisierung

Betrachten wir die Angelegenheit von der Laufzeit aus: Wenn Sie ein Nib laden, etwa für einen Window- oder Viewcontroller, so geben Sie ja den Namen des Nib-Files an. Das hatten wir schon, etwa:

```
DocumentWindowController* wc = [[[GroupsWC alloc] initWithWindowNibName:nibName]
```

Das gilt im Prinzip für jede Ressource. Ich hatte Ihnen oben etwa gesagt, wie Sie Bilder laden können:

```
NSImage* image = [NSImage imageNamed:@"BildName"];
```

Ihnen ist vielleicht dabei schon aufgefallen, dass gar nicht ein vollständiger Pfad angegeben wird, sondern eben wirklich nur der Name, hatte ich auch schon erwähnt. Der Grund dafür liegt darin, dass Sie mehrere gleichnamige Ressource-Dateien in einem Projekt haben können. Zur Laufzeit wird dann vom System die passende Nib-Datei gesucht. Dabei respektiert aber das Laufzeitsystem die Spracheinstellungen des Benutzers. Hat er Deutsch als Primärsprache angegeben, so wird zunächst nach einer deutschen Ressource-Datei mit diesem Namen gesucht. Wird diese nicht gefunden, so sucht das System nach der Ressource in derjenigen Sprache, die Sie als Nächstes in den Spracheinstellungen angegeben haben usw.

Lokalisierung hinzufügen

Damit wir überhaupt etwas lokalisieren können, öffnen Sie bitte Document.xib und entfernen dort das Bild. In das Fenster schieben Sie bitte nur einen Push-Button nach unten rechts, den Sie mit *Button* beschriftet lassen. Unmittelbar daneben beachten Sie die Hilfslinien, fügen Sie ein Label ein, dessen Text Sie auf *Short Text* setzen.

Jetzt kommt schon etwas, was die Lokalisierung vorbereitet: Wählen Sie Button und Label aus und wählen Sie im Menü *Editor | Pin | Horizontal Spacing* an. Damit wird festgelegt, dass der Abstand zwischen Label und Button fest sein soll. Dementsprechend wählen Sie jetzt das Label (allein) an und selektieren dann die Strebe an den rechten Fensterrand. Zur Erinnerung: Sie wird dicker. Löschen.

Das ist jetzt unser sensationelles, englisches User-Interface. Machen wir daraus ein deutsches:

Wählen Sie im Project-Navigator das Projekt aus und dann rechts im Editor ebenfalls wieder das Projekt. Wechseln Sie auf das Info-Pane. Dort findet sich unten eine Liste der Sprachen (Localization), bei der sich bitte Deutsch hinzufügen, indem Sie unten auf den +-Button klicken und dann auf German.

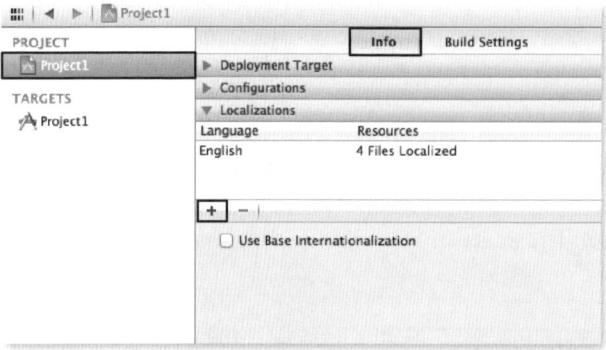

In dem folgenden Sheet sorgen Sie bitte dafür, dass nur Document.xib ausgewählt ist.

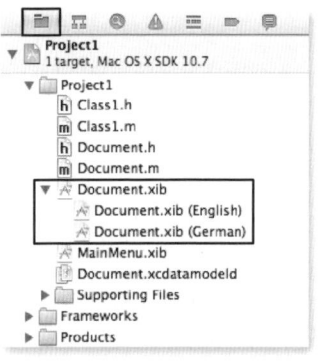

Aus 1 mach 2: Die Datei Document.xib gibt es jetzt zweisprachig.

In dem Project-Navigator können Sie jetzt sehen, dass sich in der Gruppe Document.xib nunmehr zwei Einträge befinden, für jede Sprache einer. Wenn Sie das Projekt neu übersetzen, so werden Sie auch im Application-Bundle ein entsprechendes Verzeichnis de.lproj finden, in dem sich dann – das noch inhaltsgleiche gleiche – Document.nib in deutscher Fassung befindet.

Dies liegt daran, dass wir lediglich eine deutsche Sprachvariante erzeugt haben, aber Xcode natürlich nicht automatisch für uns übersetzt. Sie können jetzt selbstverständlich die Übersetzung im Interface Builder übernehmen. Dabei gibt es aber ein Problem: Bei der nächsten Version Ihrer Software müssen Sie entweder entsprechende Änderungen in allen Sprachfassungen machen oder aber die geänderte Fassung wieder in alle Sprachen übersetzen. Nicht gut. Deshalb gibt es noch eine andere Variante:

Englische Texte extrahieren

Mit Xcode wird ein Programm namens ibtool mitgeliefert, welches in der Lage ist, Strings aus Nibs zu extrahieren und übersetzte Fassungen wieder einzufügen. Öffnen Sie wieder die Anwendung Terminal (notfalls mit Spotlight suchen, Sie kennen das schon von den Defaults) und geben Sie

```
$ cd
```

gefolgt von einem Leerzeichen ein, jedoch ohne die Eingabetaste zu betätigen. Ziehen Sie aus Ihrem Projektverzeichnis das Unterverzeichnis *Project1* (dort, wo sich wiederum die Ordner *en.lproj* und *de.lproj* befinden) in das Terminalfenster. Sie können das auch gleich aus dem Project-Navigator heraus machen. Es dürfte ein ziemlich langer Dateipfad erscheinen. Drücken Sie jetzt die Eingabetaste. Sie sind jetzt in das Verzeichnis mit den Lokalisierungsordnern gewechselt. cd steht nämlich für *change directory*. Zur Überprüfung können Sie einmal *ls* eingeben, was den Inhalt des Verzeichnisses ausgeben sollte.

> **GRUNDLAGEN**
>
> Das Terminalprogramm benutzt standardmäßig eine Bash(-Shell), die zahlreiche Kommandos bietet. Sie können im Internet das Handbuch dieser Shell herunterladen. Hier erläutere ich allerdings nur die für unsere Zwecke notwendigen Befehle.

Jetzt tippen Sie bitte

```
$ ibtool --generate-stringsfile en.lproj/Document.strings en.lproj/Document.xib
```

> **HILFE**
>
> Sollten Sie eine Fehlermeldung erhalten, dass kein Developer-Verzeichnis gefunden wurde, folgen Sie bitte dem in der Fehlermeldung gemachten Vorschlag. Sie müssen sich aber hierzu als Adminnutzer einloggen.

Wir sagen damit dem Programm, dass es aus der Datei Document.xib die Zeichenketten extrahieren und in der Datei Document.strings speichern soll. Wenn Sie im Finder im Projektverzeichnis in das Unterverzeichnis en.lproj schauen, finden Sie auch dementsprechend die Datei *Document.strings*. Ziehen Sie diese Datei nun im Projektfenster von Xcode in die Gruppe *Supporting Files* und achten Sie darauf, dass im anschließenden Sheet das Target nicht gesetzt ist. Diese Datei dient nur der Entwicklung, wird also nicht ausgeliefert. Wir haben jetzt also eine Datei mit den Zeichenketten von Document.xib erzeugt und dem Projekt hinzugefügt. Sie können im rechten Teil des Projektfensters bereits die Zeichenketten ersehen, wenn Sie die Datei im Project-Navigator anwählen. Da sich diese Datei im Ordner en.lproj befindet, geht Xcode – zurecht – davon aus, dass es sich um eine englische Sprachfassung handelt.

Bitte lassen Sie das Terminalfenster geöffnet!

Deutsche Texte erstellen

Nun müssen wir zunächst eine deutsche Sprachfassung von dieser Datei erzeugen. Hierzu wählen Sie die Datei aus und setzen im File-Inspector unter *Localization* den Haken vor *German*.

Öffnen Sie nun die deutsche Sprachfassung durch Selektion im Project-Navigator und übesetzen Sie die Texte. Aus *Button* machen Sie bitte *Knopf* und für *Short Text* wählen Sie bitte *Deutsche Texte sind lang*. Zu diesem Zeitpunkt haben wir jetzt also eine lokalisierte Fassung der Zeichenketten in unserem Nib – nicht mehr und nicht weniger.

Sprachfassung wieder einfügen

Wir müssen also noch diese deutsche Sprachfassung in unseren deutschen Documentxib einbauen. Auch hier hilft uns das ibtool. Im Terminal tippen Sie:

```
$ ibtool --strings-file de.lproj/Document.strings --write de.lproj/Document.xib en.lproj/Document.xib
```

Dadurch wird eine neue Datei Document.xib im Ordner *de.lproj* erzeugt, wobei die englische Sprachfassung als Vorlage dient und die Texte wie in der deutschen *Document.strings* gesetzt werden. Als Ergebnis können Sie jetzt einmal testweise die deutsche Version von Document.xib von Xcode aus öffnen und finden tatsächlich die Übersetzungen vor. Und dank Autolayout passt sich sogar das Design an!

> **GRUNDLAGEN**
>
> Es war also gar nicht notwendig, zunächst in Xcode eine deutsche Fassung von Document.xib zu erstellen. Ich habe dies hier nur gemacht, um Ihnen anfangs das Grundprinzip der Ordnerstruktur zu erläutern.

Wenn das Programm jetzt gestartet wird, erscheint es auch in Deutsch, weil das Ihre Standardsprache ist.

Sie können übrigens die Anwendung mit der englischen Fassung laufen lassen: Dazu wählen Sie in der Toolbar *Scheme | Edit Scheme...* und dann im Sheet links *Run* und rechts das Pane *Arguments*. In der Arguments-Liste können Sie manuell die Sprache setzen:

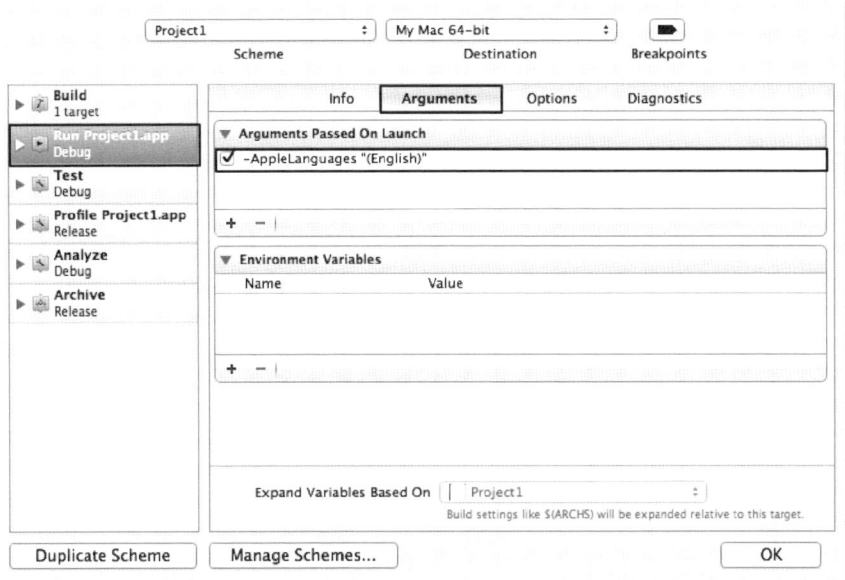

Englisch erzwungen: Unabhängig von Ihren Spracheinstellungen wird das Programm auf Englisch gestartet.

Inkrementell arbeiten

Gut, so richtig ist der Vorteil gegenüber der Übersetzung im Interface Builder nicht erkennbar. Er liegt darin, dass Sie bei der nächsten Version Ihres Programmes nur die Änderungen neu übersetzen müssen. Dazu dienen beim ibtool die Optionen *--previous-file*, bei der Sie die vorangegangene Fassung der englischen Ressource angeben, *--incremental-file*, bei der Sie die letzte Fassung der lokalisierten (deutschen) Fassung angeben, und *--localize-incremental*, mit der Sie das ibtool beauftragen, nur die Differenzen zu beachten.

Lokalisierung im Code

In wenigen Fällen benötigen Sie Klartexte, die nicht in einer Nib-Datei, sondern im Code stehen. Wir hatten dies etwa bei der Fehlermeldung im Umrechnungsprogramm in Kapitel 4. Ich hatte das unmittelbar in den Code getippt, um diesen Abschnitt, vier Kapitel später, nicht vorwegzunehmen.

Machen wir uns auch hier ein kleines Beispiel. Wenn der Button gedrückt wird, soll er seine Beschriftung ändern. Dazu brauchen wir eine kleine Actionmethode, die wir im Header des Dokumentes deklarieren:

```
@interface Document : NSPersistentDocument
- (IBAction)changeText:(id)sender;
@end
```

Entsprechend in der Implementierung:

```
@implementation Document
- (IBAction)changeText:(id)sender
{
    [sender setTitle:@"Button pressed"];
}
```

In der deutschen (!) Fassung von Document.xib verbinden Sie bitte den Button mit der Actionmethode. Unser Dokument ist File's-Owner.

Tatsächlich ist es aber kein guter Programmierstil, wenn Texte, die der Benutzer sieht, im Sourcecode stehen. Wie wollen Sie nämlich später die Übersetzung vornehmen? Starten Sie mal das Programm und testen Sie es: Natürlich erscheint da jetzt, wenngleich das Programm unter deutscher Lokalisierung läuft, der englische Text aus dem Code.

Um dieses Problem zu lösen, legen Sie bitte eine neue Datei mit *File | New | File...* an. Als Vorlage wählen Sie bitte *OS X | Resource | Strings File*. Nennen Sie die Datei *Localizable*. Wir haben jetzt eine leere Datei erzeugt. Zunächst fügen Sie bitte der Datei eine englische Lokalisierung hinzu. Löschen Sie dann in der Datei den Kommentar und fügen Sie als einzige Zeile ein:

```
"ButtonPressed"="Button pressed";
```

Ändern Sie nun die Source:

```
- (IBAction)changeText:(id)sender
{
    NSString *title = NSLocalizedString(@"ButtonPressed", @"Localization?");
    [sender setTitle:title];
}
```

Hierdurch erreichen wir zunächst, dass anstelle der Zeichenkette @"Button pressed" diejenige in unserer Datei Localizable.strings erscheint, welche dem Schlüssel ButtonPressed zugewiesen wurde. Um gleich einem Missverständnis vorzubeugen: Nicht entscheidend ist der zweite Parameter in der Klammer. Dieser wird nur dann verwendet, wenn sich in Localizable.strings kein Eintrag findet! Das ist also ein reiner Notausgang.

Starten Sie das Programm und klicken Sie auf den Button. Es erscheint jetzt der Text aus der englischen Fassung. Immerhin haben wir jetzt erreicht, dass der Klartext nicht mehr in unserer Source steht. Aber übersetzt ist er immer noch nicht.

Dazu müssen wir wiederum eine deutsche Fassung hinzufügen. Bitte machen! Öffnen Sie jetzt diese deutschae Fassung und erstzen Sie den Text *Button pressed* auf der rechten Seite durch *Knopf gedrückt*.

Übersetzen und starten Sie das Programm erneut. Wenn Sie nun auf den Button klicken, erscheint die deutsche Meldung.

> **TIPP**
>
> Sie können mehrere dieser Dateien anlegen. »Localizable.strings« ist lediglich die Defaultdatei. Daneben bietet Cocoa Funktionen und eine Methode, bei der Sie den Dateinamen als Parameter table übergeben können, etwa +localizedStringForKey:value:table: (NSBundle).

8.4.2 Das »Über«-Fenster

Ein Programm hat üblicherweise im Programmmenü einen Menüpunkt *Über Programmname*, mit dem man sich Informationen zum Programm anzeigen lassen kann. Sie können dies freilich auf verschiedene Weise implementieren:

- Sie legen sich ein Fenster in MainMenu.xib an und verbinden den Menüpunkt mit der Actionmethode –makeKeyAndOrderFront: des Fensters.
- Sie machen einen neuen Nib – was besser ist – und öffnen das Fenster mit einem Windowcontroller. Kennen Sie schon.
- Sie benutzen den Projektsupport, was wir einmal machen wollen.

In der Gruppe *Supporting Files* befindet sich eine Klartextdatei »Credits.rtf«, die standardmäßig angezeigt wird. Es handelt sich um eine normale Datei im *Rich-Text-Format* (RTF). Diese lässt sich mit den meisten Texteditoren bearbeiten und auch lokalisieren. Sie können hier einfach Ihren Kram hereinschreiben. Am unteren Ende dieser vorgefertigten Über-Box befindet sich zudem ein Copyright-Hinweis. Diesen können Sie in *nInfoPlist.strings* setzen. Das hatte ich Ihnen an entsprechender Stelle mitgeteilt.

8.5 Texteditor und Code-Generierung

Bei der bisherigen Arbeit mit Xcode sind Ihnen sicherlich einige Features des Texteditors aufgefallen. Es gibt aber weitere Helferlein, die man gesehen haben sollte.

8.5.1 Texteditor und Preferences

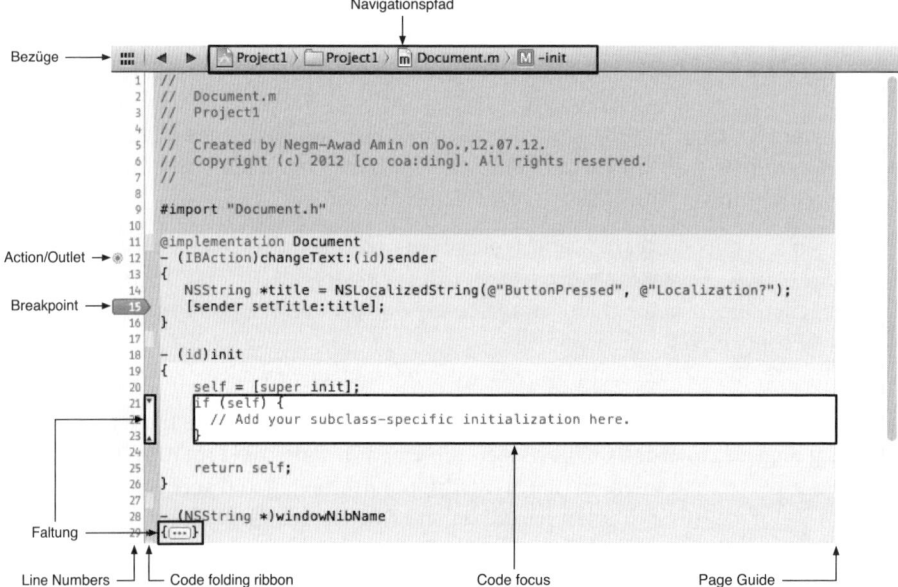

Die wichtigsten Elemente des Editorfensters

Der Editor erlaubt einiges mehr als die Eingabe von Text. Die wichtigsten Elemente habe ich oben dargestellt. Eine kurze Erläuterung, die aber Ihre eigene Spielerei zur Übung sicherlich nicht ersetzen kann. Teilweise müssen die Features unter *Xcode | Preferences | Text Editing* eingeschaltet werden.

Textvervollständigung
Der Editor von Xcode kennt einige Möglichkeiten der Textvervollständigung:

Suggest completions while typing **und** *Escape key shows code completion*
Diese Einstellung bestimmt, ob während der Texteingabe mögliche Vervollständigungen angezeigt werden sollen. Dabei kann es natürlich vorkommen, dass mehrere Vervollständigungen – etwa bei Initialisierern – möglich sind. Der Editor rät in diesem Falle die richtige.

Alternativ können Sie bei eingeschalteter Option *Escape key shows code completions* mit der Escapetaste eine Liste einblenden lassen. Ebenso möchte ich darauf hinweisen, dass die Tabulatortaste immer diejenigen folgenden Zeichen einfügt, die bei allen Möglichkeiten der Code-Vervollständigung gleich sind. Das ist deshalb sehr praktisch, weil neuerdings Apple Konstanten so benennt, dass sie denselben Anfang haben. Beispiel: NSStringEncodingConversion… Dies hat unter Aufgabe der besseren Lesbarkeit Einzug gehalten. (Vergleiche etwa: NS…StringEncoding.)

Automatically insert closing "}"
Ihnen ist es schon aufgefallen: Wenn Sie eine öffnende geschweifte Klammer tippen, wird automatisch eine geschlossene hinzugefügt und der Cursor dazwischen gesetzt. Dafür ist diese Option maßgeblich, wenn Sie das nur Ihnen bekannten Gründen einmal ausschalten wollen.

Balance brackets in Objective-C method calls
Dieses Feature ist schon unbekannter: Zuweilen weiß man am Anfang der Zeile noch nicht, wie viele öffnende eckige Klammern notwendig sind. Ist diese Einstellung eingeschaltet, so kann man einfach bei Bedarf eine schließende Klammer tippen, und der Editor sucht sich die passende Stelle für die öffnende und setzt den Cursor vor die schließende. So wird etwa aus

… [NSString alloc]

bei Eingabe einer schließenden eckigen Klammer am Ende automatisch:

… [[NSString alloc]]

Ich find's praktisch.

Code-Folding
Gerade bei komplizierteren Schachtelungen im Code ist es zuweilen schwierig zu erkennen, welcher Bereich durch eine Verzweigung oder Schleife erfasst wird.

> **TIPP**
>
> Natürlich macht es ganz unabhängig von der Hilfe des Editors Code lesbarer, wenn man auf tiefe Verschachtelungen verzichtet und Code in eigene Methoden auslagert, die einen sprechenden Namen bekommen. Von der Regel, dass kein Code-Block über den Bildschirmrand hinausragen darf, halte ich allerdings schon deshalb nichts, weil jeder einen anderen Bildschirmrand hat.

Wenn die Einstellung *Code folding ribbon* eingeschaltet ist, erscheint die Verschachtelungstiefe im Code-Folding-Ribbon als Grauverlauf. Ist zusätzlich die Einstellung *Focus code blocks on hover* aktiviert, so dehnt sich der Grauverlauf auf den Sourcecode aus, wenn Sie die Maus über dem Code-Folding-Ribbon halten.

Sie können links Blöcke, insbesondere Methoden einklappen, wenn Sie auf die winzigen Dreiecke klicken. Einen einzelnen Codeblock kann man auch mit ⌥ + ⌘ + Pfeil links/rechts schließen bzw. öffnen. Nehmen Sie noch die Umschalttaste (⇧) hinzu, so gilt dies für sämtliche Methoden.

Navigation

Mit Xcode 4 ist die Navigation zwischen und innerhalb von Dateien neu strukturiert worden. Ich meine übrigens zum Vorteil. Übrig sind jetzt jedenfalls nur noch zwei Elemente:

Navigationsleiste

Oberhalb des eigentlichen Editors befindet sich die Navigationsleiste. Sie ist hierarchisch organisiert. Ganz links erscheint also das Projekt als oberste Ebene, darin die Gruppe, die im Project-Navigator angelegt ist, dann die Datei und schließlich gegebenenfalls die Methode, in der sich der Cursor befindet, oder eine sonstige Stelle im Code. Das gilt entsprechend übrigens auch für den Interface Builder.

Sie können auf jeder Ebene den Pfad anklicken und die Schwesterelemente auswählen. Haben diese wieder Kinder, leiten Sie Submenüs dorthin, allerdings maximal bis zur Dateiebene. Man kann das vielleicht vergleichen mit der Spaltenansicht des Finders, wobei natürlich jedes Verzeichnis geplättet ist.

Dateibezüge

Etwas unscheinbar in der linken, oberen Ecke befindet sich ein Pop-up-Menü für verschiedene Dateien, die mit der aktuellen Datei in Zusammenhang stehen. Es ist hier möglich, zu dem *Counterpart* zu springen, also von Implementierung zu Header und umgekehrt. Das funktioniert von der Tastatur auch mit ⌥ + ⌘ + Pfeil hoch/runter.

Ebenso gibt es einen Eintrag für die Superklassen und die importierten Dateien.

Kodierung

Es gibt zwei Einstellungen zur Textkodierung:

- *Default line endings* bestimmt, wie der Editor das Ende einer Zeile – also wenn Sie die Zeilenschalttaste betätigt haben – abspeichert. Unter Unix ist es üblich, das Zeichen »Line Feed« zu verwenden.

- *Default text encoding*: Nicht nur das Zeilenende, sondern auch der Text dazwischen muss natürlich gespeichert werden. Da es verschiedene Zeichenformate von ASCII aus der Urzeit der Computertechnik bis zum bereits in Kapitel 4 angesprochenen Unicode gibt, kann hier das Format eingestellt werden. Die Standardeinstellung verwendet den Zeichenvorrat *Unicode*, der als *UTF8* kodiert wird. Dies ist meist sinnvoll. Für Bezeichner führt ohnehin kein Weg an ASCII vorbei. Bei Kommentaren sollte man auf Englisch setzen, so dass sich hier ebenfalls kein Problem ergibt.

Sie können übrigens in dem Datei-Inspector zu jeder Datei diese Einstellung für die geöffnete Datei setzen.

Bezeichnernutzung

Es kommt zuweilen vor, dass man sich bei der Benennung etwa einer lokalen Variable vertippt. Durch die Code-Completion wird dieser Tippfehler dann immer weiter getragen. Dagegen gibt es Abhilfe:

Ist die Einstellung *Highlight instances of selected symbol* eingeschaltet, so werden alle Nutzungen des Bezeichners mit einer getrichelten Linie angezeigt, wenn man mit dem Cursor auf ihm verweilt. In dem ebenfalls erscheinenden Pop-up-Menü kann dann ausgewählt werden, dass alle Verwendungen des Bezeichners synchron editiert werden sollen. Eindeutig praktisch.

Einrückung

Mit den Voreinstellungen für die Indention (*Xcode* | *Preferences* | *Text Editing* | *Indention*) bestimmen Sie in letzter Instanz, wie Blöcke eingerückt werden. Sie sollten sich selbst erklären.

Wenn ich mal kein Buch schreibe, bevorzuge ich es, Tabs wirklich als Tabs zu behandeln. Dies führt dazu, dass sich jeder Leser der Sources das einfach selbst setzen kann.

> **POWER**
>
> Es gibt erbitterte Streitigkeiten darüber, wo man etwa eine geschweifte Klammer aufsetzt, ob davor eingerückt wird, danach, dahinter, dabei oder sonstwo. Gleiches natürlich für die geschlossene Klammer. Ach ja, man kann auch darüber sprechen, wo Leerzeichen bei Parametern hingehören. Sie können sich stundenlang an diesen Diskussionen beteiligen. Ich empfehle Ihnen jedoch, die Zeit lieber dazu zu nutzen, sich mit einem Hammer auf die Finger zu hauen. Hierin kann man wenigstens irgendeinen Sinn erkennen.

Key Bindings

Mit den Key-Bindings können Sie in den Preferences von Xcode die Tastaturkürzel setzen. Dabei existieren *Menu Key Bindings* bzw. *Text Key Bindings*. Die ersten enthalten einfach die Kürzel für das Menü, die zweiten für den Editor. Ich bin persönlich ein Gegner von eigenen Key-Bindings, da man sich dann umgewöhnen muss, wenn man den Rechner wechselt.

Für Umsteiger sei erwähnt, dass sich komplette Key-Binding-Sets setzen lassen, die andere Editoren simulieren. Man kann sich hier auch selbst komplette Sätze zusammenbauen, was sinnvoll ist, um für andere den Standard zu erhalten.

8.5.2 Code-Generierung

An einigen Stellen bietet Xcode an, Code für uns zu tippen. Code-Completion ist davon eigentlich ein Spezialfall. Das kann die Arbeit bequemer gestalten. Aber gerade am

Anfang sollten Sie einige Male den Code noch manuell eingeben. So lernt man einfach besser. Dennoch (Sie befinden sich immerhin schon im Kapitel 8) will ich die wichtigsten Möglichkeiten kurz vorstellen.

Core-Data

Wenn Sie im Modeller von Core-Data eine Entität mit Eigenschaften definiert haben, können Sie mit *Editor | Create NSManagedObject subclass ...* den entsprechenden Sourcecode für eine Subklasse erzeugen lassen, der die Accessormethoden enthält. Das ist insofern praktisch, als dass für To-many-Relationships ordnungsgemäß typisierte Setter und sogar die speziellen To-many-Accessormethoden generiert werden. Wir haben das ja auch schon einmal gemacht.

Interface Builder

Wie bereits in Kapitel 2 gezeigt, kann man aus dem Interface Builder heraus Outlets und Actions anlegen. Ich halte das allerdings für eher unbequem.

8.5.3 Refaktorierung

Die Möglichkeiten der Refaktorierung sind jüngst deutlich gestiegen.

> **GRUNDLAGEN**
>
> Mit »Refaktorierung« oder »Refactoring« bezeichnet man die Änderung eines bestehenden Sourcecodes in eine neue Version, ohne dass von außen eine Änderung bemerkt wird. Der Begriff Refactor ist also insoweit missverständlich, als nicht die Klasse `GroupsWC` refaktoriert wird – sie ändert ja ihren Namen und das ist außerhalb von `GroupsWC` bemerkbar. Vielmehr wird der Sourcecode in seiner Gesamtheit refaktoriert, was zu einer Anwendung führen soll, die sich in ihrem Verhalten nicht unterscheidet.

Umbenennen

Xcode bietet die Möglichkeit, Bezeichner wie Klassen- oder Methodennamen auf einen Schlag zu ändern. Wir machen das einmal für die bestehende Klasse `Class1`, die ja nun wirklich keinen aussagekräftigen Namen hat. Allerdings hat sie auch keine wirkliche Funktion, so dass wir sie in `ClassA` umbenennen.

Öffnen Sie dazu Class1.h und markieren Sie den Klassennamen `Class1`, den wir ändern wollen.

```
@interface Class1 : NSObject
```

Nunmehr klicken Sie im Menü von Xcode auf *Edit | Refactor | Rename...* (Es geht auch über das Kontextmenü.) Es erscheint ein Sheet, in den Sie den neuen Namen eingeben können. Die Option *Rename related files* führt zudem dazu, dass der entsprechende Dateiname geändert wird, was auch wiederum die Imports korrigiert.

Mit *Preview* – bitte anklicken – fängt Xcode die Arbeit an und zeigt in einem neuen Sheet alle Änderungen nach Dateien sortiert. Dabei wird links die Projektstruktur dargestellt. Sie können die verschiedenen Dateien – hier zwei – anklicken und sich die jeweiligen Änderungen im Text auf der rechten Seite anschauen. Mit *Save* wird die Operation durchgeführt.

Ebenfalls ist es (im Kontextmenü) möglich, die Änderungen in die Zwischenablage zu kopieren und dies dann später zu dokumentieren. Außerdem bietet Xcode an, einen Snapshot (Schnappschuss) zu erstellen. Dieser hält den Projektzustand vor der Änderung fest, so dass man notfalls zurückkehren kann.

> **AUFGEPASST**
>
> Leider trifft Xcode nicht immer alle Änderungen richtig. Das kann auch gar nicht funktionieren, da ja auch zur Laufzeit Namen von Klassen und Methoden gebildet werden können. Und eine komplette Laufzeitanalyse ist nicht möglich. Es kann also vorkommen, dass Sie selbst noch Hand anlegen müssen.

Auslagern

Ich hatte Ihnen ja schon gesagt, dass man bei langen Codeblöcken, insbesondere Methoden, daran denken kann, diese in eigene Methoden zu kapseln. Dies ist deshalb so unbeliebt, weil man nachhalten muss, welche lokalen Variablen der neuen Methode als Parameter übergeben werden müssen. Es ist ja dazu erforderlich, den gesamten Codeblock zu analysieren. Und wer beschäftigt sich schon gerne mit dem Stuss, den er Source nennt?

Nehmen wir ein kleines Codebeispiel, welches Sie in Class1.m eingeben können, wenn Sie es nachvollziehen wollen:

```
- (IBAction)extract:(id)sender
{
    NSString *name = [sender title];
    NSString *result;
    if (name) {
        result = [name substringToIndex:1];
    } else {
        result = nil;
    }
    [sender setTitle:result];
}
```

Wir wollen den markierten Teil in eine eigene Methode auslagern. Welche Variablen benutzt dieser Codeteil? Und was gibt er als Ergebnis zurück? Ich gebe zu, dass man das hier noch recht leicht sieht. Aber ich will Ihnen zusätzliche Tipparbeit sparen. Wichtiger ist, dass Xcode das für uns analysieren kann:

Dazu müssen wir zunächst den zu extrahierenden Teil selektieren. Machen Sie das bitte mit dem fett gesetzten Code im obigen Beispiel. Im *Refactor*-Menü wählen wir nun *Extract...* an.

Es erscheint wieder ein Sheet, welches zunächst eine ganze Weile *Analyzing* anzeigt. Nach einer Weile erscheint jedoch ein Methodenprototyp, dessen Namen wir ändern können. Machen Sie das auf *shortenedName*.

Mit *Preview*. gefolgt von *Save*, wird dann die Methode erzeugt, und der bisherige Codeblock enthält nunmehr eine entsprechende Nachricht. Das ist schon 'ne geile Nummer.

Klassenhierarchie

Sie haben sicher schon im *Refactor*-Menü gesehen, dass man auch die Klassenhierarchie refaktorieren kann.

Superklasse einfügen

Wählen Sie zunächst den Bezeichner *ClassA* im Header oder der Implementierung aus. Klicken Sie nun im Refaktorierungsmenü auf *Create Superclass...* Es erscheint wiederum ein Sheet, in dem Sie den Namen der Superklasse eingeben können. Wir machen es uns einfach und wählen *SuperclassOfA*. *Preview*. *Save*.

Wie Sie sehen können, exitiert nun die neue Superklasse, und aus der Vererbung `NSObject` – `ClassA` ist `NSObject` – `SuperclassOfA` – `ClassA` geworden. Im Interface sind die entsprechenden Superklassen korrekt gesetzt.

Der Import von NSObject.h in der Superklasse ist allerdings eher befremdlich. Vielleicht wird dies demnächst beseitigt.

Code veschieben

Jetzt haben wir eine Superklasse, die leer ist. In einem realen Szenario hätte es freilich einen Grund dafür gegeben, nämlich Methoden und Instanzvariablen auf Super- und Subklasse zu verteilen. Auch dies kann Xcode für uns automatisch erledigen.

Hierzu selektieren Sie etwa *doSomething*. Klicken Sie im Refaktorierungsmenü auf *Move up...* und im Sheet dann auf *Preview*. Gleich *Save* hinterher.

Sie können nun sehen, dass sich die Methode samt Deklaration nunmehr in `SuperclassOfA` befindet, während sie aus `ClassA` verschwunden ist.

Kapseln

Hinter dem Menüpunkt *Encapsulate...* verbirgt sich die wenig interessante Möglichkeit, den Zugriff auf Instanzvariablen in Accessoren zu kapseln. Wenig interessant deshalb, weil Sie das doch ohnehin von Anfang an so handhaben. Oder hören Sie etwa nicht auf mich?

Konvertierung zu ARC

Nur vom Hauptmenü, aber nicht vom Kontextmenü aus erreichbar ist zudem die Möglichkeit, bestehenden Code zu ARC zu konvertieren (*Convert to Objective-C ARC...*). Sie als Einsteiger werden das naturgemäß weniger brauchen, da Sie vermutlich gleich mit Automatic Reference Counting programmieren. Generell sollten Sie sich aber merken, dass bei größeren Änderungen der Programmiersprache Xcode eine entsprechende Refaktorisierungsfunktion anbietet – war bei der Einführung von Objective-C 2 auch so.

8.6 Codeanalyse

Im Menü *Product* bietet Xcode mit der Funktion *Analyse* die Möglichkeit an, den Code mittels Clang-Static-Analyzer überprüfen zu lassen. Zu Zeiten des manuellen Reference-Countings war das ein probates Mittel, Speicherfehler zu finden.

Aber auch noch jetzt kann es sein, dass der Code Dinge enthält, die nicht sinnvoll sind, die man aber als Programmierer nicht mehr überblickt. Auch hier ein kleines Beispiel:

Ändern Sie bitte +doSomething

```
+ (void)doSomething
{
    NSString *name = @"Amin";
    name = @"Negm";
    NSLog( @"done." );
}
```

Okay, ich gebe zu: Hier sieht man noch, dass offenkundiger Stuss geschieht. Aber das kann auch maschinell erledigt werden. Wählen Sie im Menü von Xcode *Product | Analyze* aus und warten Sie einen Moment. In blauer Farbe erscheint ein Hinweis, der Ihnen mitteilt, dass die Zuweisung überflüssig ist.

Bei komplexerem Unfug ist das durchaus eine gute Sache.

8.7 Die erste eigene Applikation

Sie kommen zum Ende dieses Buches. Und Sie haben die Lektüre vermutlich angefangen, weil Sie eine bestimmte Anwendung programmieren wollten. Es ist jetzt also an der Zeit, dass Sie Ihre Anwendung aus dem gelernten Wissen erstellen. Legen Sie also los ...

Sie können nicht? Okay, Sie haben dieses Buch ein Mal gelesen und noch ein Mal, weil man beim zweiten Mal alles viel besser versteht. Sie haben eigentlich auch alles verstanden. Aber wenn Sie jetzt mit Ihrer Applikation anfangen wollen, stehen Sie wie ein Ochs vorm Berge.

Nein, Sie sind nicht der Erste und aktuell auch nicht der Einzige. Dieses Gefühl, alles verstanden zu haben, jedoch nichts zu wissen, hat jeder Programmierer durchlebt. Und vorher schon Goethes Faust. Es gibt Bücher dazu, wie man Applikationen schlau entwickelt und entwirft – ganz unabhängig von Programmiersprache und Framework. Aber wollen Sie die jetzt auch noch durcharbeiten? Sic!

Daher will ich hier wieder ganz untechnisch erläutern, wie Sie jetzt das gelernte Wissen auch umsetzen. Nein, nicht im Kleinen die Beispiele abtippen und verändern, sondern im Großen. Wie man halt ein Projekt so angeht ...

Ich stelle Ihnen mal die Phasen vor, mit denen ich das mache. Dem sollen Sie sich aber nicht sklavisch unterwerfen: Programmieren ist trotz aller theoretischen Fesseln ein lebendiger Prozess, der sich auf allen Ebenen ständig bewegt. Das Gerüst dient also zum Festhalten, nicht zum Einsperren. Es gibt sogar Leute, die davon ausgehen, dass sich der Prozess der Softwareentwicklung gar nicht wirklich vorhersehen lässt. Sie empfehlen daher, einfach mit einer Minimalversion anzufangen, die durch ständige Wiederholung aller Entwicklungsschritte nach und nach ausgebaut wird. Man nennt dies »Extreme-Programming« (XP).

8.7.1 Leistungsumfang

Es mag lächerlich klingen: Zunächst müssen Sie einmal festlegen, was Sie wollen. So einfach ist das nicht. Ich programmiere an einer Anwaltssoftware. Was muss eine Anwaltssoftware können? Da fallen einem Dinge ein wie Akten verwalten, Mandanten verwalten, Fristen, Termine. Es müssen Dokumente geschrieben werden können und dort sollten automatisch Dinge eingesetzt werden. Fangen Sie mit der Grundausstattung an. Man kann viel mehr mit einer Anwaltssoftware machen. Aber erst einmal das, was unabdingbar ist. Verkaufen Sie eine solche Version gleich. Sie gewinnen so Kunden und finanzieren Ihre weitere Arbeit. Apple veröffentlicht auch zunächst sehr minimale Versionen neuer Software.

Auf welchem System soll Ihre Software laufen? Grundsätzlich gilt bei einem neuen Projekt die Regel: Aktuell + letzte Version. Das wären also Lion und Mountain Lion? Snow Leopard? Wenn Sie fertig sind, ist das bereits in der Mottenkiste.

8.7.2 Arbeitsabläufe

Als Nächstes ist es eine gute Idee, die geplanten Arbeitsabläufe festzulegen. Das unterscheidet übrigens OS-X-Anwendungen von denen anderer Betriebssystemen: Es ist ganz typisch, dass sich bereits der Entwickler Gedanken darüber gemacht hat, wie ein typischer Ablauf der alltäglichen Dinge aussieht, anstatt unzählige Konfigurationsmöglichkeiten zur Verfügung zu stellen, aus denen sich dann der Benutzer ein halbwegs passables User-Interface zusammenbauen kann.

Auch in meiner Anwaltssoftware existieren solche typischen Abläufe wie »Posteingang bearbeiten«, »Akten vorlegen«, »Schreiben«, »Abrechnen«, »Fristen« usw. Manche dieser Tätigkeiten sind einfach Einstellungsfelder, andere sollten über ein eigenes User-Interface ablaufen, welches vielleicht modal ist und automatisch weitere Einstellungen vornimmt.

8.7.3 User-Interface

Ich schaue mir dann gerne gleich an, wie das Ganze auf dem Schirm aussieht. Man kann damit früh die Konsistenz prüfen. Außerdem fällt einem bei der Erstellung des User-Interfaces früh auf, dass etwas fehlt oder noch sinnvoll wäre. Es ist auch motivierend, sich die Applikation visuell anzuschauen.

Entwerfen Sie also früh ein User-Interface für die Arbeitsabläufe. Das kann, muss aber nicht im Interface Builder erfolgen.

8.7.4 Model

Im User-Interface sieht man auch gut die Daten, die man zur späteren Bearbeitung modellieren muss. Sie sollten also hier anfangen, die Attribute der einzelnen Entitäten festzulegen und die Beziehungen zwischen ihnen zu definieren. Sammeln Sie dies zunächst mit den beiden genialsten Entwicklerwerkzeugen, die jemals erfunden worden sind: mit Papier und Bleistift.

Hier muss natürlich Ordnung geschaffen werden. Denken Sie an meine Worte: Modellieren Sie so, wie etwas ist. Hierbei wird Ihnen auch auffallen, dass Sie möglicherweise Entitäten und Attribute benötigen, die im User-Interface nicht erscheinen. Ein Beispiel seien hier etwa Reihenfolgeattribute.

Wenn Sie der Meinung sind, dass Ihr Modell fertig ist, modellieren Sie es gleich im Core-Data-Modeller – oder über eigene Klassen, wenn Sie kein Core-Data verwenden.

8.7.5 Controller aufbauen

Sie sollten jetzt möglichst schnell die Grundfunktionalität der Controller implementieren, also insbesondere die Möglichkeit, Instanzen herzustellen und zu verbinden. Damit ist es Ihnen möglich, bereits früh, einfach und flexibel anpassbar ein »lebendes« Modell zu haben. Ziehen Sie also Bindings und fügen Sie Buttons zur Verwaltung hinzu.

Von diesem Ausgangspunkt aus können Sie dann nach und nach spezialisierte Funktionalität in die Controller bringen und so Ihre Applikation aufbauen. Sie erhalten dabei bereits mit wenig Code eine nutzbare Applikation.

8.7.6 Testen und Fehlersuche

Sie sollten bei jedem Entwicklungsschritt testen. Leider übersieht man leicht Auswirkungen von Änderungen, insbesondere dann, wenn die Software nicht feingliedrig strukturiert ist.

Natürlich werden Sie feststellen, dass Sie beim Programmieren Fehler machen. Die Zeit, Fehler zu erkennen und zu beseitigen, dürfte nach der Planung den größten Teil der Entwicklungszeit ausmachen. Oder umgekehrt: Nichts ist so schnell erledigt wie das eigentliche Eintippen der Sourcen.

Im zweiten Band werde ich Sie mit einer Methode traktieren, die man gemeinhin als »Unit-Testing« bezeichnet. Von Xcode wird sie unterstützt. Der Grundgedanke dabei ist, dass Sie sich zu Ihrem eigentlichen Code einen Textcode hinzuschreiben, den Sie ständig ausführen können. So kann der ordnungsgemäße Zustand des Programmes bei einer Änderung schnell überprüft werden.

8.7.7 Anwendung publizieren

Sie haben es geschafft. Die Anwendung ist zum Verkauf bereit. Sie muss jetzt nur noch publiziert werden.

Das, was Sie bisher an Projekten erstellt haben, ist unverkäuflich, weil es in der Debug-Configuration kompiliert wurde. Sie müssen also zuletzt ein eigenes Applikationsbundle erstellen, welches archiviert werden muss.

Archive-Build

Zunächst erzeugen Sie sich bitte eine Fassung des Bundles, welche zum Archivieren taugt. Dies geschieht einfach mit dem Menüpunkt *Product | Build for | Archiving*. Da das gesamte Projekt neu übersetzt werden muss, dauert das eine Weile.

Archive

Als Nächstes muss dieser Build archiviert werden. Dazu wählen Sie bitte *Product | Archive*. Nach einiger Zeit erscheint ein recht voluminöses Fenster. Links sehen Sie Ihre Projekte. Das aktuelle Projekt sollte bereits selektiert sein. Rechts sehen Sie unten in der Liste die bisherigen Archivierungen, als Erstes die jüngste, also aktuelle.

Sie sollten jetzt mit *Validate* oben rechts das Projekt noch einmal überprüfen lassen. Dabei werden Ihnen in einem Sheet die Vertriebswege *App Store* oder *Direct Distribution* angeboten. Wählen Sie das passende, wobei der Vertrieb im App Store zusätzliche Anforderungen enthält. (Glauben Sie jedoch bitte nicht, dass Sie damit sicher sein könnten, Apple akzeptiere Ihre Anwendung.)

Ist die Validierung fehlerlos verlaufen, können Sie auf *Distribute* klicken. Auch hier werden Ihnen Optionen angeboten: Im App Store, als signierte Applikation oder als freie Distribution. Bei letzterer Auswahl gibt es zusätzlich die Untertypen Xcode-Projekt, normale Applikation, mit Installer. Üblicherweise werden Sie hier die normale Applikation wählen. Wenn Sie dies tun, werden Sie auch hier aufgefordert, eine Signierung vorzunehmen, was Sie allerdings nicht machen müssen (*Don't resign*).

Wählen Sie noch einen Dateipfad, an dem das Bundle gespeichert werden kann. Es ist jetzt zur Auslieferung fertig. Viel Spaß mit den Bug-Meldungen.

8.8 Zusammenfassung

Sie haben jetzt Ihr Werkzeug leidlich kennengelernt. Damit schließt sich der Kreis von Kapitel 2: Sie sind fit dafür, typische Programmieraufgaben umzusetzen.

Sie sollten nunmehr auch grundsätzlich verstanden haben, was das Projekt an un vöör sich ist und wie es mit dem Target zusammenhängt. Außerdem können Sie wichtige Einstellungen vornehmen, um Xcode und seine Bestandteile an Ihre Gewohnheiten und Zwecke anzupassen.

Viel Spaß & Erfolg!

Index

Verzeichnis der
Schlüsselwörter und Bezeichner   734

Stichwortverzeichnis   737

Verzeichnis der Schlüsselwörter und Bezeichner

-- 169
!= 179
? 172
{} 170, 181
@"" 346
@() 339
@[] 364
@{} 366
/ 167
&& 180
++ 169
< 179
<= 179
= 359
== 178, 359
> 179
>= 179
|| 179
+ (Addition) 167
ALL 668
AND 668
ANY 668
assign 326
@avg (Key) 459
BEGINSWITH 667
BETWEEN 667
__block 193
BOOL 146
@ (Boxing) 339
break 173, 178
[] (C-Array) 152
case 173
char 146
@class 226
^{} (Closure) 190, 195
const 147, 544
CONTAINS 667
continue 178
copy (Eigenschaft) 332
@count (Key) 459
default 173
do 176
Document
   +initialize 495
double 100, 146
@dynamic 651
else 170
@encode 337, 338
ENDSWITH 667
extern 543
FIRST 669
float 146
for 176

% (Format-Specifier) 347
IBAction 92
IBOutlet 85
id 160
if 170
@implementation 93
#import 211
IN 668
- (Instanzmethode) 187
int 146
@interface 81, 200
INT_MAX 146
+ (Klassenmethode) 187
LAST 669
LIKE 667
long 146
long long 146
main() 144
MATCHES 667
@max (Key) 459
@min (Key) 459
* (Multiplikation) 167
NO 180
NONE 668
NOT 668
NSAlert 399
NSApplication 458
   -beginSheet:modalForWindow:
      modalDelegate:didEndSelector:contextInfo: 406
NSArchiver 608
NSArray 353, 363
   +arrayWithContentsOfFile 370
   +arrayWithContentsOfURL 370
   +arrayWithObjects 354, 364
   -objectAtIndex 364
   -objectEnumerator 358
   -reverseObjectEnumerator 359
   -subarrayWithRange 364
   -writeToFile:atomically 370
   -writeToURL:atomically 370
NSArrayController 458
   -add 415
   -add: 557
   -remove 415
NSBox 432, 436
NSBundle
   +localizedStringForKey:value:table: ... 719
NSButton 428
   -title 379
NSCalendar
   -components:fromDate: 352
   +currentCalendar 352
   -dateFromComponents 352
NSCharacterSet
   -whitespaceCharacterSet 349
NSClipView 445

Index

NSCoding 661
NSColor 419
  +blueColor 419
NSControl 385, 418, 420
  -doubleValue 100
  -setDoubleValue 97, 98
NSCountedSet 353, 362
NSCriticalWarningStyle 400
NSCustomView 436
NSData 333, 352
NSDate 333, 351
NSDateComponents 352
NSDateFormatter 335, 352
NSDecimalNoScale 344
NSDecimalNumber 333, 339, 395
NSDecimalNumberBehaviour 344
  -exceptionDuringOperation:error:
    leftOperand:rightOperand 344
  -roundingMode 344
NSDictionary 353
  -allKeys 363
  -allValues 363
  +dictionaryWithContentsOfFile 370
  +dictionaryWithContentsOfURL 370
  -mutableCopy 366
  -writeToFile:atomically 370
  -writeToURL:atomically 370
NSDocument 458
  -readFromData:ofType:error: 614
  -windowControllerDidLoadNib: 486
NSDragOperationCopy 681
NSDragOperationDelete 681
NSDragOperationLink 681
NSDragOperationMove 681
NSDragOperationNone 681
NSDrawer 376, 409
  -toggle 410
NSEnumerator 358
  -nextObject 358
NSFetchRequest 663
  -setPredicate 665
  -setSortDescriptors: 671
NSImage 660
NSInteger 146, 347, 608
NSKeyedArchiver 608
  -encodeFloat:forKey: 608
  -encodeInteger:forKey: 608
  -encodeObject:forKey: 608
  -finishEncoding 608
  -initForWritingWithMutableData: 608
  -setOutputFormat: 608
NSKeyedUnarchiveFromDataTransformer 661
NSKeyedUnarchiver
  -decodeFloatForKey: 615
  -decodeIntegerForKey: 615
NSKeyValueBindingCreation

  -infoForBinding: 679
NSKeyValueCoding
  -mutableArrayValueForKey: 473
  -mutableArrayValueForKeyPath: 473
  -mutableOrderedSetValueForKey: 473
  -mutableOrderedSetValueForKeyPath: 473
  -mutableSetValueForKey: 469
  -mutableSetValueForKeyPath: 469
  -setNilValueForKey: 475
  -setValue:forKey: 466
  -setValue:forKeyPath: 466
  -setValueForUndefinedKey: 474
  -validateValue:forKey:error: 475
  -validateValue:forKeyPath:error: 475
  -valueForKey: 466
  -valueForKeyPath: 466
  -valueForUndefinedKey: 474, 518
NSKeyValueObserving
  -didAccessValueForKey: 652
  -didChangeValueForKey: 653
  -willAccessValueForKey: 652
  -willChangeValueForKey: 653
NSLog() 93, 95, 156, 347
NSManagedObject
  -awakeFromFetch 646, 657, 661
  -awakeFromInsert 646, 657, 671
  -didSave 646
  -initWithEntity:
    insertIntoManagedObjectContext: 645
  -isDeleted 649
  -isInFault 649
  -isInserted 649
  -isUpdated 649
  -primitiveValueForKey: 652
  -setPrimitiveValue:forKey: 653
  -willSave 646, 661
NSManagedObjectContext 633
  -deletedObjects 649
  -deleteObject: 649
  -insertedObjects 649
  -registeredObjects 649
  -setRetainsRegisteredObjects: 647
NSManagedObjectID 680
NSManagedObjectModel 633
  -fetchRequestFromTemplateWithName:
    substitutionVariables: 670
NSManagedObjectsContext
  -updatedObjects 649
NSMangedObjectModel
  -fetchRequestTemplateForName: 664
NSMenu 389
NSMixedState 429
NSMutableArray 363
NSMutableData 352
NSMutableDate 352
NSMutableSet 333

735

- -setWithSet: 468
- NSMutableString 333, 346, 350
  - -replaceOccurrencesOfString:withString:
    options:range: 351
- NSNull 358
- NSNumber 230, 333, 338, 353
  - -boolValue 338
  - +numberWith… 338
  - -…Value 338
- NSNumberFormatter 335
- NSObject 82
  - -awakeFromNib 388
  - -class 381
  - -copy 333, 365
  - -description 348
  - -isEqual: 281
  - -mutableCopy 333
- NSOffState 429
- NSOnState 429
- NSOrderedSet 363
- NSOutlineView 451
  - -expandItem: 571
  - -reloadData 557
- NSOutlineView (Data-Source)
  - -outlineView:child:ofItem: 555
  - -outlineView:isGroupItem: 564
  - -outlineView:isItemExpandable: 555
  - -outlineView:numberOfChildrenOfItem: 555
  - -outlineView:objectValueForTableColumn:
    byItem: 556
  - -outlineView:setObjectValue:forTableColumn:
    byItem: 556
  - -outlineView:validateDrop:proposedItem:
    proposedChildIndex 585
- NSPanel 376, 537
- NSPersistentDocument 633
  - -managedObjectModel 664
- NSPoint 148, 337
- NSPopUpButton 442
  - -indexOfSelectedItem 443
  - -selectedItem 443
  - -titleOfSelectedItem 443
- NSPredicate 665
  - -predicateWithFormat: 665
- NSProgressIndicator 385, 436
- NSPropertyDescription 636
- NSPropertyListSerialization 370
  - +dataFromPropertyList:format:errorDescription 371
  - +propertyListFromData:mutabilityOption:
    format:errorDescription 371
- NSRange 148, 337
- NSRect 148, 337
- NSResponder 374, 409
  - -mouseDown: 374
  - -mouseUp: 374
- NSRoundPlain 344
- NSRuleEditor 670
- NSScanner 351
  - +localizedScannerWithString 351
  - -scanLocation 351
  - +scannerWithString 351
  - -scanUpToString:intoString 351
  - -setScanLocation 351
- NSScroller 445
- NSScrollView 444
- NSSet 333, 353, 361
  - -allObjects 363
  - -anyObject 362
- NSSize 148, 337
- NSSortDescriptor 670
  - -initWithKey:ascending: 671
- NSSplitView 435
- NSString 333, 345, 346, 365
  - -characterAtIndex 349
  - -compontentsSeperatedByString 349
  - -length 349
  - -pathComponents 350
  - +pathWithComponents 350
  - -rangeOfComposedCharacterSequenceAtIndex: 349
  - -rangeOfComposedCharacterSequenceForRange: 349
  - +string 347
  - +stringByAbbreviatingWithTildeInPath 350
  - +stringByAppendingString 348
  - +stringByExpandingTildeInPath 350
  - +stringByReplacingCharactersInRange 348
  - +stringByReplacingOccurencesOfString:
    withString 349
  - +stringByReplacingOccurencesOfString:
    withString:options:range 349
  - +stringByTrimmingCharactersInSet 349
  - +stringWithContentsOfFile:enconding:error 348
  - +stringWithContentsOfURL:enconding:error 348
  - +stringWithFormat 347
  - +stringWithString 347
  - -substringFromIndex 349
  - -substringToIndex 349
  - -substringWithRange 349
- NSStringEncoding 346
- NSTableColumn 447
- NSTableView 446
- NSTableViewDragOn 681
- NSTabView 385, 432
  - -selectNextTabViewItem: 434
- NSTextField 385, 441
  - -doubleValue 161
- NSTextFieldCell 385
- NSToolbar 410
- NSToolbar (Delegate)
  - -toolbarAllowedItemIdentifiers: 416
  - -toolbarDefaultItemIdentifiers: 416
  - -toolbar:itemForIdentifier:
    willBeInsertedIntoToolbar: 417

Index

-toolbarSelectableItemIdentifiers: 416
NSTreeController
   -childrenKeyPath 488
   -countKeyPath 488
   -setChildrenKeyPath 488
   -setCountKeyPath 488
NSUbiquitousKeyValueStore 492
NSUInteger 147, 175, 364
NSUndoManager 616
   -beginUndoGrouping 617
   -endUndoGrouping 617
   -setActionName: 626
NSURL
   +fileURLWithPath: 350
   +URLWithString: 350
NSUserDefaults
   -registerDefaults: 493
NSUserDefaultsController
   -setInitialValues: 493
NSUTF8StringEncoding 348
NSValue 333, 337, 353
   -getValue 338
   -…Value 337
   -valueWith… 337
   +value:withObjCType 337
NSValueTransformer 482
NSView 374, 376
   -addSubview: 378
   -frame 380
   -removeFromSuperview 378
   -setFocusRingType: 418
   -setNeedsDisplay: 439
   -setNeedsDisplayInRect: 439
   -setTag: 418
   -subviews 378, 381
   -superview 378, 380
   -tag 418
   -viewWithTag: 418
   -window 378
NSViewController 540
   -initWithNibName:bundle: 541
   -representedObject 570
NSWindow 374, 395, 537
   -makeKeyAndOrderFront: 497
   -orderOut 407
NSWindowController
   -awakeFromNib 516
   -setShouldCloseDocument 531
NSWindow (Delegate)
   windowWillResize: 396
<operator>= 168
% (Operator) 168
@optional 241
OR 668
* (Pointer) 154
& (Pointer) 154

@property 202
@protocol 241
readonly 204
readwrite 204
@required 241
return 185
self 188
short 146
SIZE 669
sleep() 439
SOME 668
static 147
strong (Eigenschaft) 220
struct 147
- (Subtraktion) 167
super 255
switch 173
@synthesize 212
typedef 147, 148
unichar 146
unsigned 146
weak 297
while 173, 359
? (Wildcard) 667
* (Wildcard) 667
YES 180

Stichwortverzeichnis

A

Ableitung 30
Accessor
   Arten 462
Accessoren
   Managed-Object 650
Action
   verbinden 93
Addition 167
Adresse 154
Alert 398
Alert-Sheet 399
Animation 452
Anwendung
   Planung 728
AppKit 39
Application-Controller 458
Application-Delegate 494
   Verbinden 495
Application-Objekt 295
Applikationsfenster 391, 515
Applikationsmodell 685
Archiver 606
Array 363
   Erzeugung 363
   Veränderung 364

737

Arraycontroller 483
    Einstellung 483
    freier Content 501
    gebundener Content 503
    Mehrfachauswahl 484
    Observierbare Eigenschaften 485
    und Core Data 484
    Vernichtung von Core-Data-Instanzen 647
Attribut 164
Automatic Reference Counting
    Konvertieren 727
Automatic-Support 386
Autosizing 70

B

Basisklasse 31, 225
Bedingung 178
    Entweder-Oder 179
    falsch 180
    Gleichheit 178
    Gleichheit und Zuweisung 180
    Größer 179
    Kleiner 179
    Oder 179
    Und 180
    Ungleichheit 179
    Verknüpfung 179
    wahr 180
Beziehung 164
    1-zu-1 165
    1-zu-n 165
    1-zu-n-Beziehung 587
    als Entität 672
    Contains 640
    Kardinalität 165
    Master-Detail 166
    n-zu-m 165, 640
    To-many 166
    und KVC bei To-many-Beziehung 467
    Verweis 639, 648
Beziehungen 642
Bild
    als Core Data-Attribut 658
Binary-Store 632
Binding 461, 478
    abfragen 679
    Auswahl 505
    Beteiligte Objekte 461
    Bindbare Eigenschaften 478
    Conditionally Set 481
    Continiously Updated Values 481
    Model-Key-Path 675
    Option 481
    Placeholder 481
    Validates immediately 481
    Verkettung 499

Bindings-Controller 458
Block 181
Bottom-Up 255
Box 432
    Subviews hinzufügen 432
Breakpoint 108
Build-Phasen 709
Build-Prozess 46, 709
    Abhängigkeiten 710
    Compile-Phase 710
    Copy-Phase 711
    Fehler 106
    Link-Phase 711
Bundle
    Sprachverzeichnis 712
    und Ressource 712
Button 428
    Aktionsbutton 429
    Key-Equivalent 428
    Library (Interface Builder) 73
    Status 429
    Style 428
    Umschaltbutton 429

C

C 36
Call-by-value 190
C-Array 152
    mehrdimensional 152
    Zuweisung 152
Cell 382
    Selektion 68
    und Views 382
Change-Management 628
Characterset 349
Class-Continuation 208
    Aufbau 208
    Zweck 209
Classes
    Projektleiste 77
Closure 190
    Ausführung 191
    Blockausführung 197
    Blockliteral 195
    Blockreferenz 196
    Code 191
    Kontextspeicherung 192
    Konzept 190
    Syntax 195
    Typ 197
Cocoa 22
Cocoa-Binding
    Aggregat 540
Code-Generierung 723
Coder 608
Codevervollständigung 98

Index

Collection 164, 352
   Abzählung 358
   Anzahl der Elemente 358
   Enumerator 358
   heterogen 354
   Kopie 355
   Speicherverwaltung 354
Compiler 42
Compileroptionen
   Treat Warnings as Errors 59
   Wall 59, 180
Container 164, 331
   Collection 331
   convenience Copy 333
   Dezimalzahl 339
   Immutable 332
   Mutable 332
   Skalar 331
   skalarer 333
   Struktur 337
   Wert 337
   Zahl 338
Continue (Debugger) 112
Control 385
   Control-Size 420
Controller 458
   Aufgabengebiete 512
   Klassenhierarchie 458
Controller-Schicht 75
Core Data 39, 121, 644
   Aufbau 631
   Aufgabe 628
   Begriff 628
   Codegenerierung 724
   Configuration 633
   Datenbank 628
   Dokument 631
   Fetched-Property 642
   Instanzverwaltung 644
   Managed-Object-Context 633
   Managed-Object-Model 633
   Modelbeschreibung 628
   n-zu-m-Beziehung 641
   Persistent-Document 633
   Persistenz 627
   Rückbeziehung 642
   Store-Coordinator 633
   Storetyp 632
   Undo-Management 590, 638
Core-Data-Projektart 52
Credits.rtf 719

D

Data-Source 449
   Synchronisation der Auswahl 559
   Synchronisation von Attributen 579
Data-Sources 458, 552
   Synchronisation 552
Dateipfad 350
   Komponenten 350
   Tilde 350
Datenbank
   n-zu-m-Beziehung 630
   Relation 629
Datenfluss 458
Daten (technisch) 352
Datum (kalendarisch) 351
DBA 52
Debugger 47, 108
   Continue 112
   Step Over 112
Defaults 491
   Application-Domain 492
   Argument-Domain 492
   Registration-Defaults 493
   Registration-Domain 492
   Standardeinstellung 493
Defaults-Controller 491
defaults (Programm) 497
Definition 93
Deklaration 93
Dekrement 169
Delegate
   und Notification 542
Delegating
   Protokoll 246
Delegation 344
   Fenster 395
   Toolbar 416
Delete-Rule 639
Deserialisierung 614
Designated-Initializer
   Deserialisierung 615
Dezimalbruch 147
Dezimalzahl (Container) 339
   Veränderung 340
Dezimalzahlen
   Berechnungsfehler 343
Dictionary
   erzeugen 366
   und Entität 365
Dictionary-Controller 489
Division 167
   von Ganzzahlen 168
Document 601
Document-based Application 52
Dokument 601
Dokumentation (Xcode) 101
Dokumentenfenster 391, 513
Dokumentformat
   Binary 608
Do-Schleife 176
Dot-Notation 462

Drag-and-drop 581
    Destination 581
    Outlineview 581
    Source 581
    Zwischenablage 581
Drawer 376, 409
    Content-View 409
    Parent-Window 409

E

Eigenschaft 164
    Deklaration 202
    indexed 637
    Liste 202
    optional 637
    transient 637
Embed in
    Box 432
    Scroll View 446
Embed Objects in
    Split View 435
Entität 164
    Eigenschaft 164
Entity-Description 635
Enumerator 358
Event 374
Event-Loop 573
Exception 343
Extreme-Programming 728

F

Farbe 419
    Alphawert 419
    Standardfarben 419
    Systemfarben 419
fast Enumeration 359
Fenster 376, 391
    Animation 393, 452
    Applikationsbereich 376
    Autosizing 70
    Contentview 377
    Cycling 393
    Delegate 395
    Eigenschaften 392
    Expose 393
    Full-Screen 393
    Größe 394
    Hide on deactive 393
    Klassen 376
    Released when closed 393
    Sheet 398
    Size-Pane (Inspector) 72
    Spaces 393
    Style 393
    Systembereich 376
    Textured 393
    Titelleiste 376
    Titelzeile 393
    Typ 513
    Überlappung 376
    und Views 376
    Visible at Launch 393
    Window-Level 394
Fetched-Property 642
Fetch-Request 662
    Bereichsprüfung 667
    Beziehung 666, 668
    boolsche Konstante 666
    Case-Modifier 667
    Eigenschaft 666
    Fließkommazahl 666
    Kalendarisches Datum 666
    Logische Verknüpfung 668
    Nullwert 666
    Operator 667
    Stringkonstante 666
    Stringvergleich 667
    Vergleich mit Mengenangabe 666
    Vergleich mit Mengenprüfung 668
    Vergleichsoperator 667
    Wert 666
File's Owner 128, 387
First Responder 66, 532, 662
    Windowcontroller 519
For-In-Schleife 177
Formatter 335
For-Schleife 176
Fortschrittsanzeige 436
    Animation 437
    bar 436
    Behaviour 436
    spinning 436
    Style 437
Forward-Deklaration 226
Foundation 39
Foundation Tool 143
Framework 22, 38, 45
Funktion 182
    Abbruch 185
    Deklaration 186
    Kopf 182
    Parameter 182
    Rückgabewert 183, 185

G

Ganzzahl 146
Garbage-Collection 284
Genauigkeit
    von Dezimalbrüchen 146
Gleichheit
    von Instanzobjekten 281

Index

Globale Identifier 543
GUI
    Modalität 23

H

hard reference 300
Headerdatei 43, 78
Headerview 446
Hierarchie 300
HUD-Fenster 392
Human-Interface-Guidelines 69, 391

I

ibtool 715
    Text einfügen 716
    Textextraktion 715
If-Kaskade 171
Imageview 431
Implementierung 211
Implementierungsdatei 43, 78
import 82
Import 211
importieren 44
Infofenster 513, 522
    Binding 527
    Dokument schließen 530
Infofenster (Fenstertyp) 392
InfoPlist.strings 719
Initialisierung
    Scheitern 256
    Superklasse 255
Initialisierungswert 149
Inkrement 168
In-Memory-Store 633
Inspector 376
    Interface Builder 70
Inspektor 531
    Singleton 531
    Synchronisation 531, 535, 537
Inspektoren 514
Inspektor (Fenstertyp) 392
Instanzmethode 187
Instanzobjekt 29, 163
    Core Data 645
    Erzeugung 214
Instanzvariablen 218
Integrated-Developer-Envirement 40
interface 82
Interface 199
Interface Builder 40
    Action verbinden 93
    Autosizing 70
    Codegenerierung 724
    Hilfslinien 69
    Inspector 70
    Library 67
    Selektion 68
ivar 651

K

Kardinalität
    einer Beziehung 165
Kategorie 235, 338
    Erweiterung 236
    Forward 625
    Funktionseinheit 239
    Kapselung 240
Key-Loop 420
Key-Value-Coding 460
    Accessor 463
    Array-Accessoren 473
    Compliance 466
    Indizierende-Accessoren 473
    Ordered-Set-Accessoren 473
    Set-Accessoren 471
    To-many-Beziehung 467
Key-Value-Observing 460
    automatisch 653
    manuell 653
Key-Value-Technologie 458
    Operatoren 459
Key-Value-Validation 460
Klasse 26, 76, 198
    Ableitung 200
    Aufbau 198
    Header 199
    Interface 200
    Namen ändern 724
    und Core Data-Entität 643
    Xcode 198
    Zuweisungsregeln 160
Klassenbeschreibung 199
Klassenmethode 163, 187
Klassenobjekt 26, 163
Kommentare 81
Komponente
    einer Struktur 148
Konsistenz 593
Konstante 544
Kontrollfluss 458
Kontrollstruktur 38, 169
KVC-Compliance 466

L

Label 69
length 148
Library 39
Library (Interface Builder) 67
    Buttons 73
    Label 69

Views & Cells 73
Linker 43, 45
location 148
Lokalisierung
   Klartext 717
long double 146

M

MainMenu.xib 63, 387, 389
Main-Window 537
Managed-Object
   ausformulierte Accessoren 652
   dynamische Accessoren 650
   Eigene Attributtypen 658
   Entfernen und Löschen 647
   gespiegelte Attribute 661
   Instanzvernichtung 647
   Klasseneigenschaften 655
   Objekt-ID 644, 679
   Reihenfolgeattribut 672
   Subklasse 643
   Transformable-Attributes 659
Managed-Object-Context 644
Maschinencode 41
Master-Detail-Beziehung
   Fetch-Request 666
Mehrfachauswahl 173
Menü 389
   Tag 443
Methode 25, 186
   Kopf 186
   Name 187
   Namen ändern 724
   Parameter 187
   Rückgabewert 187
   überschreiben 31
   virtuell 32
Modalität 398
Model 590
Model-Beschreibung 633, 634
   Attribut 637
   Beziehungstyp 639
   Binary-Data-Attribut 638
   Transformable-Attribut 638
   Undefined-Attribut 638
Model-Designer
   Fetch-Request 664
Modellbeschreibung
   Entität 635
Modellierung 593
   Handwerksregeln 595
Model-Viewcontroller 75
   Aufteilungsregeln 591
   Controller-Schicht 75
   Einordnung von Eigenschaften und Fähigkeiten 590
   View-Schicht 75

Module 42
Modulo 168, 396
Multiplikation 167
Multitone, *Siehe* Twintone
MyDocument.xib 63, 387

N

Nachricht 24, 97
   an Klassenobjekt 163
   self 189
New Project 51
NextStep 39
Nib-File 386
   Initialisierung 387, 486
   und Xib-File 387
Nib-Files 63
Normalisierung 593
Not A Number 341
Notification 541
   Controller 458
   Distributed 550
   Lokal 542
   Observer 458
   und Delegate 542

O

Objective-C 22
Objekt 24
   ID 159
   Kontext 188
Objekt-orientierte Programmierung 22
Objektvariablen 157
   Zuweisungsregeln 160
Operator 167
   boolscher 179
   Rangfolge 168, 180
Outlet 153
Outlineview 451
   Dragging 582
   Dropping 584
   Eintrag auswählen 560
   Eintrag editieren 561
   Wurzel 555

P

Panel 376, 537
Parameter
   Funktion 182
Persistent-Store 632
   Storetypen 632
Persistenz 590
Polymorphie 31, 229
Pop-up-Button 442
Prädikat 665

Index

Erzeugung 669
Templatevariable 669
Präprozessor 44, 81
Programmiersprache 22
Projekt 697
   anlegen 51
   Art 51
   Bestehende Datei hinzufügen 699
   Core Data 52
   Datei 53
   DBA 52
   Document-based 52
   Ressource 701
   Target 701
   Targetdateien 701
   Template 51
   Verzeichnis 53
Projektdatei 53
Projektfenster 54
Projektleiste
   Classes 77
Projektordner 53
Projektverzeichnis 53, 211
Property
   copy 222
   Skalar 225
   strong 222
   weak 225
Property-List 367
   Array 368
   Data 368
   Date 368
   Dict 368
   False 368
   info 367
   Integer 368
   Real 368
   speichern 370
   String 368
   Struktur 368
   True 368
   Umwandlung 369
   XML-Property-List 367
Property-Lists
   Defaults 367
Protokoll
   Versprechen 242
Protokoll 240, 344
   Definition 240
   Implementierung 243
   informell 240
   Typisierung 246
   Verwendung 241
Push Button
   Library 73

R

Rapid-Prototyping 484
rDNS-Format 411
Redo 616
Redundanz 593
reelle Zahlen 179
Refaktorierung 724
Reference-Counting 284
   Objektnetz 285
Referenz 300
Referenzkreis 300
Referenzzyklen
   Beim Speichern 612
Reihenfolgeattribut
   Drag-and-drop 677
Relationship 642
Relationship (Core Data)
   Cascade 640
   Deny 640
   No Action 639
   Nullify 639
Relationship-Descriptions 639
Research Assistant 101
Responder 374
Responder-Chain 521, 662
   Undo 616
Ressource
   Bundle 712
   Lokalisierung 712
Retain-Zyklen 297
   gleichberechtigte Instanzobjekte 301
   Hierarchie 299
Returnwert 99
Rückgabewert
   Funktion 183
   Methode 187
Rundungsfehler 179
Runloop 406
   Zeichnen 439

S

Scanner 351
   Lesen 351
   Position 351
Schleife 38, 173
   abweisend 176
   Abzählung einer Collection 358
   annehmend 176
   break 177
   continue 178
   Do 176
   Endlosschleife 175
   For 176
   For-In 177
   While 173

Scrollview	444
Struktur	445
Search Field	415
Selektor	401
Serialisierung	605, 607
Set	361
Counted-Set	362
Ordered-Set	363
Shallow-Copy	
Collection	355
Sheet	398, 402
deaktivieren	407
entfernen	407
öffnen	406
Size-Pane (Interface Builder)	
Fenster	72
Skalar	146
Sonderzeichen	40
Sort-Deskriptor	
Array	683
Sortierung	
Core Data	670
Model-Viewcontroller	670
Sort-Deskriptor	670
Source	41
Sourceview	449
Speicherverwaltung	283, 284
Collection	354
Core Data	647
Reference-Counting	284
Splitview	435
SQL-Store	633
Step Over	112
String	164, 345
Datei lesen	348
Erzeugung	346
Formatierungssymbole	347
String anhängen	348
Teile austauschen	349
veränderlicher	350
Webseite lesen	348
Zeichenkodierung	345
Struktur	147
Zuweisung	151
Subklasse	
erweiternd	229
spezialisierend	225
Subklassen	31
Subtraktion	167
Subview	377
Superklasse	31

T

Tablecolumn	447
Tableview	446
Data-Source	449
leere Selektion	451
Mehrfachauswahl	451
Selection	451
Spalte	447
Struktur	446
Tabulatortaste	
Key-Loop	420
Tabview	432
Tabless	434
Target	43, 703
Dateien	701
Eigenschaften	705
Tastaturbelegung	41
Terminal (Programm)	497
Texteditor	
Code-Focus	721
Code-Folding	721
Code-Generierung	720
Completion	720
Einrückung	723
Einstellungen	720
Tastaturkürzel	723
Textvervollständigung	720
Zeichenkodierung	722
Zeilenkodierung	722
Text-Edit-Preferences	
Show Line Numbers	108
Textfeld	441
Alignment	442
Toolbar	376, 410
Allowed-Items	412, 413
Default-Items	412
Delegate	416
Drucken-Item	414
erstellen	413
Farben-Item	414
Identifier	411
im Code konfigurieren	416
Item	411
Item hinzufügen	414
Item im Code erzeugen	417
Items	412
Schriften-Item	414
Selectable-Items	412
Seperator-Item	414
Tiger	416
und Fenster	410
Visible-Items	412
Treat Warnings as Errors	59
Tree-Controller	451, 488
Leaf	489
Twintone	333
Typ	28, 37, 145
einfacher	146
Protokoll	241
Type	428

Index

U

Über-Fenster 719
Undo-Management 590, 616
    implementieren 623
    und Dokument 621
    Undo-Manager 616, 624, 689
    Undo-Stack 617
Unembed 432
Unicode 345
Unit-Testing 730
UTF-8 346
UTF-16 346
UUID 411

V

Value (Container) 337
    Veränderung 338
Value-Transformer 482
    Core Data-Attribut 638
Variable 99
Vererbung 30
Verzweigung 38, 170
    Bedingte Zuweisung 172
    If-Else 170
    Switch 173
View 374, 376
    Animation 452
    Autosizing 70
    Bounds 381
    Focus-Ring-Typ 418
    Klasse 385
    Koordinaten 381
    Selektion 68
    Tag 418
    und Cells 382
    und Fenster 376
ViewAustauschen 567
Viewcontroller 387, 458, 510, 540
Viewhierarchie 377
View-Schicht 75, 374
Vorzeichen 146

W

Wall 59
Warnings all 59
weak reference 300
weiche Beziehung 300
Wertebereich
    von Skalaren 146
While-Schleife 173
Windowcontroller 387, 458, 510
    als first Responder 519
    Erzeugung im Dokument 517
    Window-Outlet 519
Window-Level 394

Workspace (Xcode) 692
Wurzelklasse 201

X

Xcode 40
    Codevervollständigung 98
    Error 105
    Installation 40
    Tastaturkürzel 723
    Warning 105
XML
    Dokumentformat 608
    Property-List 367
XML-Store 632

Z

Zahlen (Container) 338
    Veränderung 339
Zeichnen
    Runloop 439
Zeiger 153
    auf Objekt 153
    auf Variable 154
    auf Zeiger 153, 155
Zones 253
Z-Ordering 376, 394

Objective-C und Cocoa
Band 2: Fortgeschrittene

Amin Negm-Awad, Christian Kienle

»Enthielt der erste Band lediglich die Pflichtübungen, sind Negm-Awad und Kienle im zweiten Band zur Kür übergegangen. Beide Teile enthalten gemeinsam im Grunde genommen alles, was ein Entwickler über die ganzheitliche Programmierung von Cocoa-Anwendungen auf dem Mac wissen muss.« (c't 3/2011)

Amin Negm-Awad
Christian Kienle
Objective-C und Cocoa
Band 2: Fortgeschrittene

Passen Sie Ihre neu entwickelte Software an die eigenen Bedürfnisse an. Themen wie Multithreading und Systemintegration werden im zweiten Band des Objective-C-Kurses vertieft.
Wichtige Themen sind: Ableitung von Viewklassen, spezielle Fälle von Controls und Cells, Systemtechnologien Core Animatio und Core Image, Textsystem von Cocoa, Netzwerkzugriff sowie Parallelisierung. Abgeschlossen wird der Band mit einer Referenz zu Objective-C.

2011, 942 Seiten, Euro 59,95 (D)
ISBN 978-3-908497-84-4

SmartBooks
Ein Imprint der
dpunkt.verlag GmbH
Ringstr. 19b
69115 Heidelberg
fon 062212/1483-0
fax 06221/1483-99
info@smartbooks.de
www.smartbooks.de

Patrick Völcker

Spiele entwickeln für iPhone und iPad

Programmierung, Grafik, Sound und Special Effects

Die meisten Apps für iPhone und iPad sind einfache Spiele, die kurzweilige Unterhaltung bei schneller Erlernbarkeit bieten – sogenannte Casual Games.

Patrick Völcker legt den Schwerpunkt seines praxisnahen Einstiegs in die iOS-Spieleprogrammierung daher auf diese Art von Spielen. In Workshops programmieren die Leser an Hand von Klassikern wie »Doodle Jump« oder »R-Type« über 12 Spiele aus verschiedenen Casual-Games-Genres von Grund auf. Außerdem erlernen Sie das Handwerkszeug für die oft vernachlässigte Grafik- und Sound-Entwicklung und erhalten inspirierende Denkanstöße für eigene Projekte.

2012, 676 Seiten, gebunden
€ 39,90 (D)
ISBN 978-3-89864-725-0

»Den Titel ›Spiele entwickeln für iPhone und iPad‹ kann man getrost als Untertreibung verstehen. Hier gibt es nicht nur viel Input für die Spieleprogrammierung, sondern für beinahe alle Bereiche der iOSEntwicklung, gepaart mit hohem Spaßfaktor und lockerem Schreibstil. Ein Buch vom iOS-Developer für iOS-Developer.«

Benjamin Reimold, iOS-/Mobile-Developer, Codenauts UG

Ringstraße 19 B · 69115 Heidelberg
fon 0 62 21/14 83 40
fax 0 62 21/14 83 99
e-mail hallo@dpunkt.de
http://www.dpunkt.de

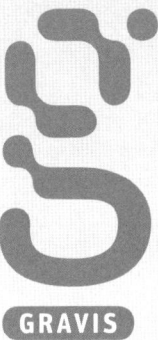

Sie hat mehr Fans als viele Rockstars. Obwohl sie niemals laut wird.

GRAVIS

Authorised Reseller

Beratung inklusive. Wenn es um Apple & Co. geht, sind Sie bei uns an der richtigen Adresse. Wir analysieren Ihre Bedürfnisse genau und verkaufen Ihnen nur das, was Sie auch wirklich brauchen. **Digitale Ideen erleben.**

Ganz in Ihrer Nähe und im Internet: **www.gravis.de**